想问就问吧：

有关中国文化的 600 个趣味问题

梦 远 编著

中国华侨出版社

图书在版编目 (CIP) 数据

想问就问吧：有关中国文化的 600 个趣味问题 / 梦远编著 . —北京：
中国华侨出版社，2014.8

ISBN 978-7-5113-4845-6

Ⅰ . ①想… Ⅱ . ①梦… Ⅲ . ①中华文化—通俗读物 Ⅳ . ① K203-49

中国版本图书馆 CIP 数据核字（2014）第 191310 号

想问就问吧：有关中国文化的 600 个趣味问题

编　　著：梦　远

出 版 人：方　鸣

责任编辑：落　羽

封面设计：李艾红

版式设计：李　倩

文字编辑：李　鹏　杨　君

美术编辑：张　诚

经　　销：新华书店

开　　本：720mm×1020mm　1/16　印张：28　字数：620 千字

印　　刷：北京鑫海达印刷有限公司

版　　次：2014 年 10 月第 1 版　2016 年 1 月第 2 次印刷

书　　号：ISBN 978-7-5113-4845-6

定　　价：29.80 元

中国华侨出版社　北京市朝阳区静安里 26 号通成达大厦三层　邮编：100028

法律顾问：陈鹰律师事务所

发 行 部：（010）58815874　　　　传真：（010）58815857

网　　址：www.oveaschin.com

E-mail：oveaschin@sina.com

如果发现印装质量问题，影响阅读，请与印刷厂联系调换。

　　人类历史的发展成果有很多表现形式，其中非常重要的一项就是文化的积累。作为人类作用于自然界和社会的成果的总和，文化包括一切物质财富和精神财富。确切地说，文化是指一个国家或民族的历史、地理、风土人情、传统习俗、生活方式、文学艺术、行为规范、思维方式、价值观念等。梁启超在《什么是文化》中称："文化者，人类心能所开释出来之有价值的共业也。"这"共业"包含众多领域，诸如认识领域的语言、哲学、科学、教育，规范领域的道德、法律、信仰，艺术领域的文学、美术、音乐、舞蹈、戏剧，社会领域的制度、组织、风俗习惯等等。中国是一个拥有五千年悠久历史的文明古国，中国文化博大精深、源远流长，是中华民族的宝贵财富。但传统文化典籍浩如烟海，在当今日新月异、发展迅速的社会情况下，许多人生活、工作繁忙，不知不觉中远离了文化熏陶。

　　文化是一个包罗万象的体系，浩如烟海，无穷无尽，任何一个人都无法做到对人类文化面面俱到、事无巨细的了解。即便是专业人士，所掌握的文化知识也不过是人类文化的冰山一角，对于大多数人来说，更是存在着难以计数的文化盲区，即使是一些常识性的问题，也并非每个人都能回答上来。但这并不表示人们乐意做一个无知的人，一个人的文化知识储备往往是其综合素质和能力的体现，了解和掌握必要的文化知识精华，是推动社会文化发展繁荣的需要，同时也有助于个人开阔视野、启迪心智、陶冶性情、增长知识，为走向成功的人生打下坚实的基础。

　　为了帮助读者更方便、更轻松、更快捷地了解和掌握必要的文化常识，开阔文化视野、丰富知识储备、提高人文修养，编者对广博的文化材料进行了恰当的取舍，选取了其中极具代表性的知识和史料，辑成此书。

　　本书结合丰富的知识类别，娓娓讲述各类有趣好玩的文化知识，包括神话传说、语言文字、文学著作、书画艺术、音乐舞蹈、戏曲表演、民俗礼仪、服饰潮流、建筑名胜、科技发明、饮食医疗、国家政治、哲学法律、军事交通、农商经贸15个篇章，既有一般常识，也有逸闻趣事和鲜为人知的典故，基本涵盖了中国文化各个方面的知识精华。

　　本书每个问题的解答篇幅短小精悍，同时具有可读性，就像一条美丽的珍珠项链，这些趣味问题就像一颗颗美丽的珍珠，只要打开本书，就可以从中享受到智慧光芒的润泽。

　　本书覆盖面大、涉猎面广，具有超强的参考性和指导性，既是一部容纳文化百科知识的实用工具书，又是休闲生活中不可或缺的文化快餐。本书以科学的体例、通俗的语言加以呈现，具有深沉的历史感和深厚的趣味性，既是一本方便实用的文化速成工具书，又可以作为一本随身阅读的消遣读物，帮助广大读者轻松掌握必备的文化知识，充实和提高自己。

　　一书在手，让你尽览中国文化全貌；一卷在手，让你轻松掌握文化知识精华。无论你从事什么职业，都可以从本书中获得你最想知道的、最需要知道的、最应该知道的趣味文化知识。

目 录

第一章　神话传说

盘古是如何开天辟地的？ 2

中国人都是女娲用泥巴捏的吗？ 2

"刑天舞干戚"中的刑天是无头巨人吗？ 3

"夸父追日"是怎样一个神话故事？ 4

共工为何发怒撞倒不周山？ 4

远古的天空真的出现过 10 个太阳吗？ 5

"燧人氏"是人工取火技术的发明者吗？ 6

为太阳神驾车的是谁？ 7

黄帝大战蚩尤的结果如何？ 7

"三皇五帝"真有其人吗？ 8

张天师是谁？ 9

大禹是如何治水的？ 9

玉皇大帝姓甚名谁？ 10

王母娘娘是何时与玉皇大帝结为夫妻的？ 11

"三星高照"具体指的是哪三星？ 11

普通武将关羽是怎样变成万民敬仰的关帝爷的？ 12

关公、赵公明、比干、范蠡，到底谁是正财神？ 13

"雷公"和"电母"有何来历？ 14

历史上到底有没有"二郎神"？ 14

古人为什么经常到"龙王庙"求雨？ 15

"千里姻缘"是用什么"线"牵在一起的？ 16

主管生育的是"送子娘娘"还是"顺天圣母"？ 17

"嫦娥"是月亮之神吗？ 17

"八仙"中不乏汉唐历史人物，他们是怎样成为神仙的呢？ 18

《天仙配》中的董永在历史上真有其人吗？ 19

过小年时祭灶王，为何向他供灶糖？ 20

仙界最窝囊的神是土地爷吗？ 21

上古四凶是指哪四位凶神？ 21

上古四灵指的是什么？ 22

第二章　语言文字

汉字是由仓颉造的吗？ 24

甲骨文是中国最早的文字吗？ 24

大篆和小篆是一大一小的区别吗？ 25

中国汉字究竟有多少个？ 26

汉字从什么时候开始"横行"的？ 27

"秦"字是秦始皇创的吗？ 28

"壹、贰、叁"等大写的数目字本义就是指数字吗？ 28

"六书"指的是六本书吗？ 29

《说文解字》是一部怎样的书？ 30

《康熙字典》的命名和康熙有关吗？ 30

"我"字最早的含义是什么？ 31

文言和白话文有什么不同？ 31

古人为什么把"家"里有"女"叫作"安"？ 32

为什么宝盖头下有头"猪"才叫"家"？ 33

"铜臭"是指铜锈而发臭吗？ 34

人们为什么要在书信落款处写上"××缄"呢？ 34

古代汉语里没有"她"字吗？ 35

古代有"时髦"一词吗？ 35

意见不同叫"相左"，为什么不叫"相右"？ 36

打败仗为什么叫"败北"，而不叫"败东"或"败
　　西"呢？ 37

购物叫买"东西"，为什么不叫买"南北"呢？ 37

"捉刀"与"代笔"原意是代人作文吗？ 38

为什么是"爱屋及乌"而不是"及"其他东西？ 38

有"下榻"，有没有"上榻"一说呢？ 39

一模一样的东西为什么叫"雷同"，而不是"风同"或"雨同"？...............................40

"马上"怎么演变成表示"立刻"？...40

话语不能吃但为何会有"食言"呢？...41

为什么把榜样人物称为"楷模"呢？...42

为什么行事要守"规矩"？..42

"退避三舍"到底退了多远？...43

"五内俱焚"的"五内"是指什么？...44

"文字"扔在地上会"掷地有声"吗？...44

"座右铭"与座位有关吗？..45

为什么把男女风流之事叫"绯闻"？...46

"雕虫小技"真的微不足道吗？...46

"天字第一号"的说法来自何处？...47

给汉字注音与外国人有关吗？...47

古代的字母和现在的字母一样吗？...48

第三章　文学著作

"诗三百"的名称从何而来？...50

"风雅颂，赋比兴"是什么意思？...50

《论语》是一部什么样的书？...51

《楚辞》是屈原一个人写的吗？...51

"风骚"一开始就有"下流"的意思吗？...52

中国文学史上第一个有正式名称的诗文派别是什么？...............................53

乐府最早是机关名吗？...53

中国最早的民歌是什么？..54

"三曹"和"三苏"都是一家子吗？...54

"竹林七贤"缘何得名？...55

"初唐四杰"是哪四个人？..55

唐代诗人中除了"仙"、"圣"还有什么? 55

"郊寒岛瘦"说的是谁? 56

"大李杜"和"小李杜"指的是谁? 56

谁的文章导致"洛阳纸贵"? 57

《百家姓》是如何排序的? 58

《论语》最早传播到哪个国家? 59

宋代的"话本"指的是说话的本子吗? 59

"二十四史"是哪二十四部史书? 60

"四书五经"指的是什么? 60

"三通"、"四史"具体指哪些书? 61

"十三经"是哪十三本经书? 62

"四大奇书"指哪四部名著? 62

散曲为什么被称为"散"? 63

窦娥到底有多冤? 64

"临川四梦"是 4 个梦吗? 64

《金瓶梅》的作者兰陵笑笑生到底是谁? 65

《古文观止》中的"观止"是什么意思? 66

《四库全书》中的"四库"是什么意思? 66

《红楼梦》的名字是怎么来的? 67

《人间词话》是一部怎样的书? 68

诗是如何的分类的? 69

古代的"词"就是现在的"歌"吗? 69

"书"叫"图书"，是因为书都有"图"吗? 70

书和"韦编"有什么关系? 70

顺口溜式的诗为什么被称为"打油诗"? 71

藏书楼"天一阁"为什么取名"天一"? 72

中国古代的四大藏书阁都在哪里? 72

底本被称为"蓝本"因为它是蓝色的吗? 73

"孤本"、"善本"是什么意思? 73

中国古代有图书馆吗? 74

什么人可以称为"读书种子"? 75

皇帝大臣们为什么要焚书禁书? 75

第四章 书画艺术

书法起源于何时? 78

"文房四宝"是哪四宝? 78

"天下第一行书"是指哪幅书法作品? 78

为什么将吴道子奉为"画圣"? 79

"唐三彩"是三种颜色吗? 80

"柳从颜出"说的是柳公权与颜真卿的师承关系吗? 80

"颠张醉素"有着怎样的"颠"和"醉"? 81

《清明上河图》描绘的是清明时节的景色吗? 81

"宋四家"中的"蔡"是蔡京还是蔡襄? 83

宋体字与宋徽宗有关系吗? 84

"丑八怪"一开始就是指人长相难看吗? 84

人们为什么称苏轼的书法为"石压蛤蟆"? 85

人们在练习楷书的时候为什么要遵循"永"字八法? 86

人们为何把绘画称为"丹青"? 86

"虎头三绝"绝在哪儿? 87

如何"装裱"书画? 88

中国的肖像画为什么叫"写真"? 89

绘画中的"意境说"是什么意思? 89

书画为何同源? 90

中国画需要怎样的绘画技法? 90

"白描"是指用白色的笔描吗? 91

"十八描"具体指什么? 91

题款与印章各有什么讲究？ 92

"八大山人"是 8 个人吗？ 92

清初"四画僧"指的是谁？ 93

"海上画派"都在海上作画吗？ 93

"岁寒三友"指什么？ 94

阎立本的《历代帝王图》有些什么特点？ 95

敦煌壁画在中国绘画史上有着怎样的地位？ 95

顾闳中的《韩熙载夜宴图》有些什么特点？ 96

范宽的《溪山行旅图》有些什么特点？ 96

王希孟的《千里江山图》有些什么特点？ 97

"篆刻"是大篆还是小篆？ 97

"云锦"和云有关吗？ 98

中国的"四大名绣"都有哪些？ 98

"泥人张"缘何得名？ 99

剪纸是一种怎样的艺术？ 100

金文有些什么特点？ 100

楷书有些什么特点？ 100

小篆有些什么特点？ 101

隶书有些什么特点？ 101

草书有些什么特点？ 102

行书的结构特点有哪些？ 102

魏碑体有些什么特点？ 103

瘦金体有些什么特点？ 103

什么是石鼓文？ 103

"钟王"之前还有哪些著名的书法家？ 104

钟繇在隶变楷的过程中起到了怎样的关键作用？ 104

第五章　音乐舞蹈

"编钟"是编在一起的钟吗？ 106

"磬"是一种什么乐器？ 106

"古琴"和"古筝"一样吗？ 107

"箜篌"是一种什么乐器？ 108

"雅乐"和"诗乐"有什么不同？ 108

"尽善尽美"和音乐有关吗? 109

"二十四况"指的是什么? 109

"五声"和"七音"分别指什么? 110

古代的"五音六律"是指什么? 110

"三分损益法"是什么意思? 111

"六代乐舞"是说六个朝代的乐舞吗? 112

《霓裳羽衣曲》的作曲是唐明皇吗? 112

《春江花月夜》是音乐还是诗? 113

人们为什么把各式各样的乐曲统称为音乐? 114

为什么把知心朋友称"知音"? 114

使孔子"三月不知肉味"的音乐是一种什么音乐? 115

"靡靡之音"是一种什么样的音乐? 116

"绝响"《广陵散》真的失传了吗? 116

是谁"对牛弹琴"? 117

中国古典"十大名曲"有哪些? 118

古曲《梅花三弄》有哪几种风格流派? 118

古曲《阳关三叠》的主题是什么? 119

古曲《高山流水》由何而来? 119

古曲《秦王破阵乐》是为了纪念什么事件? 120

古曲《汉宫秋月》的主题是什么? 120

为什么说《阳春白雪》是高雅的音乐? 120

古曲《渔樵问答》反映了一种什么生存态度? 121

古曲《兰陵王破阵曲》是为了纪念谁而创制的? 121

古曲《平沙落雁》的主题是什么? 121

古曲《十面埋伏》有些什么特色? 122

《胡笳十八拍》体现了怎样的思想感情? 122

第六章　戏曲表演

戏曲的"四功五法十要"具体指什么？ 124

"唱念做打"有哪些具体要求？ 124

"科班"是什么意思？ 125

唱戏需要哪些"行头"？ 125

"票友"如何因票结友的？ 126

京剧是如何形成的？ 126

京剧各主要流派的创始人是谁？ 127

"梨园三怪"到底有多怪？ 128

"四大徽班"具体指哪四个戏剧班子？ 128

京剧"四大名旦"和"四小名旦"都是谁？ 129

京剧脸谱为什么千奇百怪？ 130

"同光十三绝"到底有多绝？ 131

"秦腔"是秦朝时期形成的吗？ 131

川剧如何"变脸"？ 132

戏曲艺人为什么又叫"梨园子弟"？ 133

什么样的板凳才叫"冷板凳"？ 133

干杂活为什么叫"跑龙套"？ 134

为什么用"生、旦、净、末、丑"这些字眼来
　　命名角色？ 134

"压轴戏"怎么成了最精彩的那出戏？ 135

"独角戏"只有一个演员吗？ 136

向人发出挑战为什么被称为"叫板"？ 136

"跌份儿"与戏剧有关吗？ 137

相声是什么时候产生的？ 138

第七章　民俗礼仪

古代君王为什么要"南面"治天下？ 140

"拜"和"揖"是一回事吗？ 140

"三叩九拜"真的要求行礼人连拜 9 次吗？ 141

"拱手"和"作揖"一样吗？ 142

古人的"坐"、"跪"和"长跪"有什么不同？ ………………………………………142

"避席"是什么意思？ ……………………………………………………………………143

古人为什么不能穿鞋子上殿？ …………………………………………………………143

古人的座次都有哪些讲究？ ……………………………………………………………144

古人见面的时候都行什么礼？ …………………………………………………………144

"打千儿"是一种什么样的礼仪？ ……………………………………………………144

宴饮需要注意些什么？ …………………………………………………………………145

待客有哪些"之道"？ …………………………………………………………………146

进食也要讲究礼仪吗？ …………………………………………………………………146

"男女授受不亲"真的有严格要求吗？ ………………………………………………146

古代的"三书六礼"指的是什么？ ……………………………………………………147

古代的"冠礼"是如何举行的？ ………………………………………………………148

除夕为什么要"守岁"？ ………………………………………………………………148

春节时相互拜年的习俗是怎么来的？ …………………………………………………149

贴春联的传统习俗起于何时？ …………………………………………………………150

贴门神贴的都是哪些神？ ………………………………………………………………150

"福"字为什么要倒贴？ ………………………………………………………………151

给"压岁钱"的习俗是怎么来的？ ……………………………………………………152

除夕为什么"不空锅"？ ………………………………………………………………152

年初一为什么"不吃稀"？ ……………………………………………………………153

正月十五为什么要挂红灯？ ……………………………………………………………154

正月理发真的会死舅舅吗？ ……………………………………………………………155

清明扫墓踏青的习俗是怎么来的？ ……………………………………………………155

"寒食节"为什么不允许生火做饭？ …………………………………………………156

端午节为什么要插艾蒿、剪"艾虎"？ ………………………………………………157

七夕"乞巧"有何来历？ ………………………………………………………………157

重阳节为什么要登高饮酒、插茱萸？ ⋯⋯⋯⋯⋯⋯⋯⋯⋯⋯⋯⋯⋯⋯159

冬至节不吃水饺，真的会冻掉耳朵吗？ ⋯⋯⋯⋯⋯⋯⋯⋯⋯⋯⋯⋯159

腊八节为什么要喝"腊八粥"？ ⋯⋯⋯⋯⋯⋯⋯⋯⋯⋯⋯⋯⋯⋯⋯⋯160

节日庆典，中国人为什么会偏爱红色？ ⋯⋯⋯⋯⋯⋯⋯⋯⋯⋯⋯⋯161

黄色为什么会被皇家垄断？ ⋯⋯⋯⋯⋯⋯⋯⋯⋯⋯⋯⋯⋯⋯⋯⋯⋯161

男女婚配为什么要"合八字"？ ⋯⋯⋯⋯⋯⋯⋯⋯⋯⋯⋯⋯⋯⋯⋯⋯162

"拜天地"因何而来？ ⋯⋯⋯⋯⋯⋯⋯⋯⋯⋯⋯⋯⋯⋯⋯⋯⋯⋯⋯⋯163

新娘出嫁乘花轿起于何时？ ⋯⋯⋯⋯⋯⋯⋯⋯⋯⋯⋯⋯⋯⋯⋯⋯⋯163

新娘出嫁本是一件喜事，为什么要"哭嫁"？ ⋯⋯⋯⋯⋯⋯⋯⋯⋯164

"洞房"为什么不叫"新房"？ ⋯⋯⋯⋯⋯⋯⋯⋯⋯⋯⋯⋯⋯⋯⋯⋯165

"闹洞房"的习俗是怎么来的？ ⋯⋯⋯⋯⋯⋯⋯⋯⋯⋯⋯⋯⋯⋯⋯165

"男主外，女主内"的说法是怎么来的？ ⋯⋯⋯⋯⋯⋯⋯⋯⋯⋯166

"偷瓜送子"真的要去偷瓜吗？ ⋯⋯⋯⋯⋯⋯⋯⋯⋯⋯⋯⋯⋯⋯⋯167

"回门"是回哪个门？ ⋯⋯⋯⋯⋯⋯⋯⋯⋯⋯⋯⋯⋯⋯⋯⋯⋯⋯⋯167

古人起名都有哪些习俗？ ⋯⋯⋯⋯⋯⋯⋯⋯⋯⋯⋯⋯⋯⋯⋯⋯⋯⋯168

中国人为什么给孩子取"狗剩"之类的贱名？ ⋯⋯⋯⋯⋯⋯⋯⋯168

挂了"长命锁"真的会长命吗？ ⋯⋯⋯⋯⋯⋯⋯⋯⋯⋯⋯⋯⋯⋯⋯169

"抓周"预测孩子前程的习俗是怎么来的？ ⋯⋯⋯⋯⋯⋯⋯⋯⋯170

为什么要珍藏剃下的婴儿胎毛？ ⋯⋯⋯⋯⋯⋯⋯⋯⋯⋯⋯⋯⋯⋯170

祝寿的时候为什么要送寿桃？ ⋯⋯⋯⋯⋯⋯⋯⋯⋯⋯⋯⋯⋯⋯⋯171

吃"长寿面"的习俗是怎么来的？ ⋯⋯⋯⋯⋯⋯⋯⋯⋯⋯⋯⋯⋯172

古人送别时为什么要折柳枝？ ⋯⋯⋯⋯⋯⋯⋯⋯⋯⋯⋯⋯⋯⋯⋯172

药罐子为什么只能借，不能还？ ⋯⋯⋯⋯⋯⋯⋯⋯⋯⋯⋯⋯⋯⋯173

乔迁新居时"温锅"的习俗是怎么来的？ ⋯⋯⋯174

为何今人常在收银台上摆设金蟾？ ⋯⋯⋯⋯⋯⋯174

给去世的亲人烧纸钱的习俗起于何时？ ⋯⋯⋯175

入殓有哪些礼俗？ ⋯⋯⋯⋯⋯⋯⋯⋯⋯⋯⋯⋯176

披麻戴孝的习俗是怎么来的？ ⋯⋯⋯⋯⋯⋯176

凤凰有些什么祥瑞含义？ ⋯⋯⋯⋯⋯⋯⋯⋯177

龟有着怎样的祥瑞意义？ ⋯⋯⋯⋯⋯⋯⋯⋯177

鹿有着怎样的祥瑞意义？ ⋯⋯⋯⋯⋯⋯⋯⋯178

麒麟有着怎样的祥瑞意义？ ⋯⋯⋯⋯⋯⋯⋯178

鹤有着怎样的祥瑞意义？ ⋯⋯⋯⋯⋯⋯⋯⋯178

鸳鸯有着怎样的祥瑞意义？ ⋯⋯⋯⋯⋯⋯⋯179

喜鹊有着怎样的祥瑞意义？ ·····179

蝙蝠有着怎样的祥瑞意义？ ·····180

蟾蜍为什么能成为财富的象征？ ·····180

什么是饕餮？ ·····180

鱼有些什么吉祥寓意？ ·····181

十二生肖指的是哪些？ ·····181

中国"十大名花"都有哪些？ ·····181

还有哪些动物被视为祥瑞的象征？ ·····182

第八章 服饰潮流

华夏衣冠指的是什么？ ·····184

古代衣服是如何表示贵贱的？ ·····184

"冠"与"冕"都是帽子吗？ ·····185

绫、罗、绸、缎各有什么特点？ ·····186

古代"衣"和"裳"有什么讲究？ ·····187

"冕旒"和"龙袍"有何讲究？ ·····187

我国到目前为止是否有完整的冕服实物？ ·····188

古代的"石榴裙"为什么流行？ ·····189

皇帝专用的服饰称为什么？ ·····189

隋唐五代的铠甲大致有哪几种？ ·····190

女着男装的风气始于哪一朝代？ ·····191

女式大袖衫是唐代女装的代表吗？ ·····192

唐代服饰在图案上有何变化？ ·····192

唐代男装的代表是什么？ ·····193

唐装指的是什么？ ·····194

明清官服上为什么绣有"禽兽"图案呢？ ·····194

清代官员们为什么要戴顶戴、花翎？ ………………………………………195

中山装是孙中山设计的吗？ ……………………………………………………196

马褂是哪个民族喜爱的服饰？ …………………………………………………197

中国传统习俗中新娘穿什么？ …………………………………………………197

"旗袍"和旗人有关吗？ ………………………………………………………198

胡服入汉是在什么时候？ ………………………………………………………199

"穿在身上的史书"指什么？ …………………………………………………200

世界上最轻的丝制品是什么？ …………………………………………………200

我国四大美锦之首是什么？ ……………………………………………………201

手镯只是装饰用的首饰吗？ ……………………………………………………202

历朝历代的"乌纱帽"有什么不同？ …………………………………………203

"深衣"是什么？ ………………………………………………………………203

鞋子最早出现于何时？ …………………………………………………………204

古代的"凤冠"、"霞帔"是什么样的？ ……………………………………205

父母为什么总会给孩子做虎头鞋、狗头帽？ …………………………………205

女子"戴耳环"、"戴耳坠"的习惯是如何形成的？ ………………………206

花木兰"对镜贴花黄"贴的是什么？ …………………………………………207

为什么把女孩子额前的头发叫"刘海儿"呢？ ………………………………208

"铅华"和"铅"有关吗？ ……………………………………………………208

第九章 建筑名胜

现存最完整的城墙位于何处？ …………………………………………………210

"天下第一关"指的是什么？ …………………………………………………210

丽江古城是在什么时候建造的？ ………………………………………………211

海拔最高的宫殿位于何处？ ……………………………………………………211

最长的长廊在哪里？ ……………………………………………………………213

哪里的孔庙最为有名？ …………………………………………………………213

五岳中现存规模最大的岳庙是哪个？ …………………………………………214

中国佛教的"祖庭"是哪里？ …………………………………………………215

"武庙之祖"指的是哪座庙？ …………………………………………………216

天坛是怎样的一座建筑？ ………………………………………………………216

雷峰塔的历史是怎样的？ ………………………………………………………217

比意大利比萨斜塔倾斜度更大的是什么塔？ …………………………………218

哪个皇陵的建造开创了历代统治者奢侈厚葬的先例？ ⋯⋯⋯⋯219

"天下第一名楼"指的是哪座楼？ ⋯⋯⋯⋯⋯⋯⋯⋯⋯⋯⋯⋯⋯219

"江南三大名楼"之首是什么？ ⋯⋯⋯⋯⋯⋯⋯⋯⋯⋯⋯⋯⋯⋯220

四大回音建筑是什么？ ⋯⋯⋯⋯⋯⋯⋯⋯⋯⋯⋯⋯⋯⋯⋯⋯⋯221

我国最大的园林在哪里？ ⋯⋯⋯⋯⋯⋯⋯⋯⋯⋯⋯⋯⋯⋯⋯⋯222

城市里为什么建有城隍庙？ ⋯⋯⋯⋯⋯⋯⋯⋯⋯⋯⋯⋯⋯⋯⋯222

敦煌这个名字有何来历？ ⋯⋯⋯⋯⋯⋯⋯⋯⋯⋯⋯⋯⋯⋯⋯⋯223

广州被称为"羊城"，与"羊"有关吗？ ⋯⋯⋯⋯⋯⋯⋯⋯⋯⋯224

丰都为什么被称为"鬼城"？ ⋯⋯⋯⋯⋯⋯⋯⋯⋯⋯⋯⋯⋯⋯⋯225

海外华人聚居地为什么被称为"唐人街"？ ⋯⋯⋯⋯⋯⋯⋯⋯⋯226

"胡同"怎么成了街巷的名字？ ⋯⋯⋯⋯⋯⋯⋯⋯⋯⋯⋯⋯⋯⋯226

古人住的厢、舍、斋、寝、楼、阁有何区别？ ⋯⋯⋯⋯⋯⋯⋯227

四合院有什么特点？ ⋯⋯⋯⋯⋯⋯⋯⋯⋯⋯⋯⋯⋯⋯⋯⋯⋯⋯228

窑洞是什么样的？ ⋯⋯⋯⋯⋯⋯⋯⋯⋯⋯⋯⋯⋯⋯⋯⋯⋯⋯⋯230

竹楼有什么特色？ ⋯⋯⋯⋯⋯⋯⋯⋯⋯⋯⋯⋯⋯⋯⋯⋯⋯⋯⋯230

故宫被称为"紫禁城"，与"紫色"有关吗？ ⋯⋯⋯⋯⋯⋯⋯⋯231

故宫到底有多少间房屋？ ⋯⋯⋯⋯⋯⋯⋯⋯⋯⋯⋯⋯⋯⋯⋯⋯232

皇家建筑为何用"红墙黄瓦"？ ⋯⋯⋯⋯⋯⋯⋯⋯⋯⋯⋯⋯⋯232

为什么古代建筑的屋顶上常会排列一些装饰兽？ ⋯⋯⋯⋯⋯⋯233

"天安门"原名是什么？ ⋯⋯⋯⋯⋯⋯⋯⋯⋯⋯⋯⋯⋯⋯⋯⋯234

"女墙"是什么墙？ ⋯⋯⋯⋯⋯⋯⋯⋯⋯⋯⋯⋯⋯⋯⋯⋯⋯⋯235

为什么"九龙壁"被视为国宝？ ⋯⋯⋯⋯⋯⋯⋯⋯⋯⋯⋯⋯⋯236

"避暑山庄"真的是用来避暑的吗？ ⋯⋯⋯⋯⋯⋯⋯⋯⋯⋯⋯237

第十章　科技发明

哪个国家是记录日食最早的国家？ 240
古人是如何计时的？ 240
最早的恒星表是什么？ 241
中国最早的天文学专著是什么？ 242
最古老且画星最多的星图是什么？ 243
谁是第一个测量子午线的人？ 244
地动仪是何时发明的？ 245
浑天仪是个什么样的仪器？ 245
最早的印刷技术究竟是如何操作的？ 246
中国最早的天文台遗址在哪里？ 247
第一部较完整的历法是什么？ 247
现存实施最久的历法是什么？ 248
郭守敬的生平事迹是如何的？ 249
古代规模最大的历书是哪一部？ 250
最早的自然科学家传略是什么？ 250
最早的计算器具是什么？ 251
最早的物候学著作是什么？ 252
记载兰花栽培技术最早的古书是什么？ 253
我国第一部博物学著作是谁写的？ 253
牛耕技术是什么时候出现的？ 254
耧车是谁发明的？ 255
翻车是谁改进的？ 255
现存最早的化学专著是什么？ 256
弓箭是什么时候出现的？ 256
胆铜法最早出现在哪国？ 257
最早的降落伞是用来做什么的？ 258
铁犁是什么时候出现的？ 258
铸铁术是何时发明的？ 259
中国早期炼钢技术一项最突出的成就是什么？ 260
最早的错金银工艺品是以谁的名字命名的？ 260
二进位制的发明最早可以追溯到什么时候？ 261

最早的万向支架在什么时候发现？ ……………………………………262

谁是最早介绍西方几何学的人？ ……………………………………263

现存最早的数学专著是什么？ ………………………………………264

立体地图是何时发明的？ ……………………………………………265

最早发明双动活塞风箱的国家是中国吗？ …………………………265

活字印刷术是谁发明的？ ……………………………………………266

最早制造光学仪器和发明水晶眼镜的人是谁？ ……………………267

第十一章　饮食医疗

从古至今，人们的饮食都是三餐制吗？ ……………………………270

筷子真的是大禹发明的吗？ …………………………………………270

"馒头"跟"头"有什么关系？ ………………………………………271

北方为什么会有"出门饺子回家面"之说？ ………………………272

元宵和汤圆是一样的吗？ ……………………………………………273

"狗不理"包子和狗有关吗？ ………………………………………273

粽子为什么要捆起来？ ………………………………274

冰糖葫芦是谁发明的？ ………………………………275

中国古代有冰激凌吗？ ………………………………276

油条的发明和秦桧有关系吗？ ………………………276

中国有哪些著名的菜系？ ……………………………277

"满汉全席"到底有多"全"？ ……………………278

"四菜一汤"的规定是新发明还是古已有之？ ………278

人们称吃肉为"打牙祭"是因为吃肉和祭祀有关？ …279

"涮羊肉"是什么时候出现的？ ……………………280

"东坡肉"为什么以苏东坡名字命名？ ……………280

"佛跳墙"的名字从何而来？ ………………………281

高平的烧豆腐为什么名叫"白起肉"？ ……………282

菜单起源于何时？ ……………………………………282

"叫化鸡"真的是叫化子们的杰作吗？ ……………283

酒是什么时候发明的？ ………………………………284

"茶道"是起源于日本吗？ …………………………285

"乌龙茶"因何得名？ ………………………………285

《黄帝内经》真是黄帝的著作吗？ …………………286

中医为什么被称为"岐黄之术"？ 287

中药店为什么称"堂"而不称"店"？ 288

为什么要把行医说成是"悬壶济世"？ 288

官职名"大夫"、"郎中"为何成了医生的称呼？ 289

古代到底有没有能把人麻翻的"蒙汗药"？ 290

"定心丸"真是一种药吗？ 291

为什么把走方医生叫"铃医"？ 291

"夜明砂"、"龙涎香"是用什么原料制成的？ 292

"太医"和"御医"是一回事吗？ 293

中国古代有没有女医生？ 294

中国古代从来没有做过人体解剖吗？ 294

有比"牛痘"更早的"人痘术"吗？ 295

"五毒俱全"指的哪"五毒"？ 296

"五脏"、"六腑"指的是什么？ 297

"五轮八廓"是什么意思？ 297

"杏林"的说法是怎么来的？ 298

灵芝真的是"仙药"吗？ 298

真的可以"悬丝诊脉"？ 299

四诊法指的是什么？ 299

最早的针灸用针是金属的吗？ 300

世界上最早的人体模型是什么时候设计的？ 301

"药方"和"方剂"有何区别？ 302

第十二章　国家政治

"公侯伯子男"的爵位制度是从国外引入的吗？ 304

"三公九卿"具体是什么官职？ 304

"丞相"和"宰相"是一回事吗？ 306

"太子洗马"真的是为太子洗马吗？ 306

"宦官"就是"太监"吗？ 307

上朝时文东武西的列班起于何时呢？ 307

"九品中正制"最早由谁创立的？ 308

"三省六部"是什么时候创立的制度？ 309

"乌纱帽"为什么会成为官位的别称？ 309

现在的"省"与古代的"省"有关系吗？ ……………………………………310

知府见知州，谁给谁磕头？ ………………………………………………311

西方国家"内阁"与中国古代的"内阁"性质一样吗？ …………………311

"三宫六院七十二妃"，真的只有七十二个妃子吗？ …………………312

清朝为皇帝选秀有评委吗？ ………………………………………………313

"黄袍"是皇帝的"专利"吗？ ……………………………………………314

庙号、年号、谥号是一样的吗？ …………………………………………314

皇帝的龙袍上到底绣有几条龙？ …………………………………………315

从何时起皇帝的坟墓叫"陵"？ …………………………………………316

"社稷"是什么意思？ ……………………………………………………317

女主"临朝称制"的做法是从谁开始的？ ………………………………317

齐桓公为什么称管仲为"仲父"？ ………………………………………318

改元和改朝换代是一回事吗？ ……………………………………………319

东汉"清议"和魏晋"清谈"是一回事吗？ ……………………………319

武则天是中国唯一的女皇帝吗？ …………………………………………320

为什么称"唐玄宗"为"明皇"，杨贵妃为"太真"？ ………………321

史上对外自称"儿皇帝"的是谁？ ………………………………………322

宋朝"不杀文人"的祖训是怎么回事？ …………………………………323

哪个皇帝最早使用"奉天承运，皇帝诏曰"？ …………………………323

皇太极把国号改为"清"与明朝有关吗？ ………………………………324

在皇帝之最中，乾隆独揽了哪三项？ ……………………………………324

清朝时，汉族大臣为什么不能对皇帝自称"奴才"？ …………………325

什么人才能乘坐"八抬大轿"出行？ ……………………………………326

古代的官府为什么叫衙门？ ………………………………………………326

古代为什么把官员的报到称为点卯？ ……………………………………327

中国古代的官员能休假吗？ ………………………………………………328

古代官员也可以退休吗？ …………………………………………………328

"八百里加急"的公文真的要求一天飞驰八百里吗？ …………………329

第十三章 哲学法律

什么是"中庸"？ …………………………………………………………332

"五行"为何按"金木水火土"排序？ …………………………………332

什么是"阴阳"学说？ ……………………………………………………333

"八卦"是用来算命的吗？ 334

孔子"敬鬼神而远之"的态度对中国有何影响？ 335

孔子为什么对管仲赞誉有加？ 335

《孙子兵法》为什么在国外备受追捧？ 336

为什么说《春秋》一书包含着圣人的"微言大义"？ 337

"君子"和"小人"划分的依据是什么？ 338

"学在四夷"是什么意思？ 339

孔子"仁者爱人"和墨子"兼爱"一样吗？ 339

"人性本善"和"人性本恶"的说法是如何产生的？ 340

"百家争鸣"有 100 家吗？ 341

"黄老学派"和老子、黄帝有关吗？ 342

"太极图"里面暗藏着什么样的玄机？ 343

在中国古代，"诚"为什么具有至高无上的地位？ 343

"性三品说"具有怎样的哲学内涵？ 344

"道法自然"具体内容是什么？ 344

"合纵"与"连横"分别指的是什么？ 345

"忠"具体包含什么样的内容？ 345

"仁者爱人"具体指什么？ 346

"克己复礼"的哲学内涵是什么？ 346

"义"的具体内容是什么？ 347

"礼"的具体内容包括哪些？ 347

"智"的具体含义是什么？ ………………………………348

"信"具体指什么？ ………………………………………348

"勇"的具体内涵是什么？ ………………………………349

为什么庄子会有"庄周梦蝶"这么古怪的想法？ ………349

"寡欲"的具体含义是什么？ ……………………………350

"知足常乐"中的"知足"具体指的是什么？ …………351

"温、良、恭、俭、让"具体指的是什么？ …………………351

"知耻"具有怎样的哲学内涵？ …………………………352

"立德、立功、立言"出自何处？ ………………………352

"独善"和"兼济"的具体内涵分别是什么？ …………353

"万物皆是一个天理"是谁提出来的？ …………………353

"知行合一"哲学观点的具体内涵是什么？ ……………353

"无为而治"的思想内涵是什么？ ………………………354

"损一毛利天下而不为"说的是谁？ ……………………354

"中和"是一种怎样的哲学思想？ ………………………355

"男子汉大丈夫"和孟子所说的"大丈夫"是一个意思吗？ ….355

"治大国若烹小鲜"是一种怎样的哲学思想？ …………355

"小国寡民"是一种后退的意识吗？ ……………………356

韩愈坚持的"道统"是什么？ ……………………………356

"存天理，灭人欲"阐述了怎样的哲学思想？ …………357

"玄学"是一门什么样的学问？ …………………………358

"格物致知"是什么意思？ ………………………………359

"心学"就是王阳明说的凭"良知"做事吗？ …………359

明末三大思想家是谁？ ……………………………………360

历史上真有"午门斩首"的制度吗？ ………………………361

为什么要选在"午时三刻问斩"？ …………………………362

"刑不上大夫"是什么意思？ ………………………………362

"三堂会审"是哪"三堂"？ ………………………………363

古代审讯中的"五听"具体指什么？ ………………………364

"春秋决狱"是说春天秋天才审案吗？ ……………………364

"十恶不赦"具体指的是哪"十恶"？ ……………………365

"连坐"和"诛族"分别指的是什么？ ……………………366

"五刑"指的是哪5个？ ……………………………………366

为什么把砍头叫作"枭首"？ ………………………………367

司马迁所受的"宫刑"是什么样的刑罚？ 367

古人常以"七出"之罪休妻，"七出"是什么意思？ 368

"幽闭"是一种怎样的刑罚？ 369

谁规定的"笞刑"只打屁股不打背？ 369

为什么监狱又叫"班房"？ 370

第十四章　军事交通

古代的"三军"也是指陆、海、空吗？ 372

我国第一支建制骑兵是何时出现的？ 372

楚汉之间的最后一次战役发生在哪一年？ 373

西汉的骑兵配有马镫吗？ 374

"飞将军"真是一个命运不济的人吗？ 375

"匈奴未灭，何以家为"是谁的豪言壮语？ 376

"云台二十八将"都有谁？ 376

赤壁之战，曹操是败于火攻还是败于瘟疫？ 377

哪次战役奠定了三国鼎立的基础？ 378

空城计名闻天下，诸葛亮真用此计吓退了司马懿吗？ 379

宋元的"最后一战"是指哪场战役？ 380

诸葛亮的《八阵图》就是一座石阵吗？ 381

"大战三百回合"中的"回合"是什么？ 382

"冠军"开始就是指比赛的第一名吗？ 382

"将军"这个称谓是怎么来的？ 383

古代的军队依据什么给军人加官进爵？ 384

皇帝召岳飞退兵的 12 道"金牌"究竟为何物？ 384

古代战争中有"斗将"行为吗？ ……………………… 385

古代军队真的是"击鼓而进"、"鸣金收兵"吗？ …… 386

古代战争中使用密码吗？ …………………………… 386

清朝的"八旗制度"到底是怎么一回事？ ………… 387

哪次战争标志着中国开始沦为半殖民地半封建社会？ .389

晚清士兵军服后为什么有的写"兵"，有的书"勇"？ 389

"盔"与"甲"有何区别，它们是什么样的装备？ 390

我国最早的海军基地在哪里？ ……………………… 391

谁发明了最早的机关枪？ …………………………… 391

指南车最早在什么时间出现？ ……………………… 392

我国第一辆电车在哪里出现？ ……………………… 393

我国第一条自办的铁路是什么？ …………………………… 393

我国第一台自制的蒸汽机车何时试制成功？ ……………… 394

世界上海拔最高的铁路在哪里？ …………………………… 395

我国最大的港口在哪里？ …………………………………… 396

中国最长的石拱桥位于何处？ ……………………………… 396

全世界最长的铁路公路两用吊桥在哪里？ ………………… 397

我国第一条海底隧道何时开通？ …………………………… 398

第十五章　农商经贸

"五谷"具体指哪几种农作物？ ……………………………… 400

"一亩三分地"作何解释？ …………………………………… 400

"耒"和"耜"各有什么用途？ ……………………………… 401

人们一开始就用牛耕地吗？ ………………………………… 401

"布衣"就是指棉布做成的衣服吗？ ………………………… 402

胡萝卜何时传入中国？ ……………………………………… 403

黄瓜的颜色并不黄，可为什么要叫黄瓜呢？ ……………… 403

冬瓜、西瓜和南瓜是以什么命名的？ ……………………… 404

"商人"的名称来自商朝吗？ ………………………………… 404

古人为什么把富翁称为"陶朱公"？ ………………………… 405

古人为何把路费叫"盘缠"？ ………………………………… 406

算赋和口赋有什么不同？ …………………………………… 406

"一条鞭法"是什么？ ………………………………………… 407

中国古代的户籍制度是怎样的？ 407

货币单位"元"是怎么来的？ 408

古人为什么把钱称作"孔方兄"？ 408

古代有没有"下海"一词？ 409

我国古代有经纪人吗？ 409

为什么人们要用"市井"来指称商品交换的
　　场所？ 410

会计这个职业最早出现在什么时候？ 411

"店小二"的称呼是怎么来的？ 411

古代酒店、饭店为何多挂有幌子？ 412

什么是"水牌"？ 412

旅店最早出现在何时？ 413

中西的海上交通道究竟是"丝绸之路"还是
　　"陶瓷之路"？ 414

当铺是如何兴起的？ 414

"上当"与当铺有关吗？ 415

"元宝"一词是怎么来的？ 415

中国最早的票号出现在何时？ 416

"榷场"是什么场？ 417

清代著名的商帮有哪些？ 417

"会馆"原是一个什么所在？ 418

买办是什么意思？ 419

第一章

神话传说

盘古是如何开天辟地的？

相传，在远古时期，天与地还没有分开，整个宇宙就是一片混沌，像个大鸡蛋。就是在这一片混沌当中，孕育着人类的老祖先盘古。经过了 18000 年，发育成熟的盘古睁开眼想看看周围都有什么，没想到眼前只是一片模糊。这让他闷得心慌。随后，他就拿起手中的斧子朝四周砍去，混沌被他劈开了。这其中轻且清的东西上升变成了天，重且浊的东西则下沉变成了地。盘古怕天与地再合在一起，就站立在天与地之间，用头顶着天，用脚踏着地。天，每天增高一丈；地，每天增厚一丈，盘古也随着它们的增长而增长。

又过了 18000 年，天升得很高了，地已经很厚了，盘古的身体也变得极长。天与地的构造完成之时，盘古被这项长久吃力的工作累倒了。他死后，高大的身躯轰然倒在大地上。紧接着，盘古身体发生了变化：他呼出的气变成了天空中的风和云，他的声音变成了惊天动地的雷霆；他的眼睛一只变成了太阳，另一只变成了月亮；他的头变成了东岳泰山，脚变成了西岳华山，肚子成为了中岳嵩山，两只手则分别成为了南岳衡山和北岳恒山；他的血液变成了奔流的江河，筋脉成了道路，肌肉成了田土；他的头发和胡须变成天上的繁星，身上的汗毛变成了花草树木，牙齿和骨头变成了金属和玉石；就连他身上流出的汗水，也变成了雨露和甘霖，滋养着万物。

盘古是中国古代传说中的祖神。关于盘古的传说，最早见于三国时的《三五历纪》。后来的《述异记》、《五运历年纪》、《玄中记》都有类似的记载。中华大地上也有很多关于盘古的遗迹。此外，在我国西南的壮、侗等少数民族中，也都有关于盘古的神话。

中国人都是女娲用泥巴捏的吗？

女娲是中国古代神话传说的创世女神，是中华民族的母亲。那么女娲到底是什么样子的呢？她又是如何创造人类的呢？

据说，女娲人首蛇身。盘古开天辟地以后，她就游历在天地间。时间一长，她觉得一个人很孤寂，便想造一些生灵，让天地间充满生气。于是，她开始了自己的创世工作：正月初一造鸡，初二造狗，初三造羊，初四造猪，初六造马。到了初七这一天，女娲仿照自己的样子，用黄泥捏出一个个小泥人，然后对着这些小泥人吹了一口气，小泥人便成为活人。不过，她在捏人的时候，给人捏了双脚来代替蛇尾。所以，人是两只脚而不是蛇一样的尾巴。捏了整整一天，女娲筋疲力尽，数数却没有多少人。女娲觉得这样效率太低，就从附近找来一根藤条，沾上泥浆向地上挥舞起来。洒在地上的点点泥浆，变成了一个个的小人。

慢慢地，地上的人就越来越多。

　　一天，女娲见自己造出来的小人衰老死亡了，感到很伤心。为了能让人类永续存在，不致灭绝，她又创造了婚姻制度，让人们能凭借自己的力量繁衍下去。因此，后人也把女娲奉为婚姻女神。

　　再后来，颛顼与共工之间发生一场战争。战败的共工发出愤怒的呐喊，撞倒了不周山。不周山是西方支撑天地的柱子，它一倒，天就露出一个大窟窿，地下的洪水喷涌而出，山林燃起大火，猛兽们也跑出来袭击人类。人类陷入了空前的灾难中。

　　看到遭受苦难的人类，女娲的心里很痛苦。她决定把天补好，结束这场灾难。女娲找到五色石子，把它们在火中熔化成石浆，然后用石浆把天上的大窟窿补好。随后，她又斩下龟的四脚，用它们撑起倒塌的半边天。最后，女娲将收集来的芦草烧成灰，堵住奔流的洪水。

　　人类又恢复了以前安乐的日子。

▲女娲造人

"刑天舞干戚"中的刑天是无头巨人吗？

　　刑天是《山海经》中记载的无头巨人，也是"上古十大魔神"之一。人都是有头的，那么刑天的头哪里去了呢？

　　据传，刑天是炎帝身旁的一员大将，身形巨大，力大无比。炎帝被黄帝打败后，刑天曾多次劝炎帝重整旗鼓，卷土重来，但都遭到炎帝的拒绝。性情刚烈的刑天非常不满，便独自去找黄帝报仇。

　　刑天右手拿斧，左手持盾，向黄帝的宫殿杀去。听说刑天前来寻仇，黄帝大怒，立即拔出宝剑和刑天搏斗。两人激烈厮杀，不知打了多长时间，也不知战了多少回合，直到打到常羊山附近，还是没分出胜负。常羊山在炎帝之国，刑天可不愿在这里被击败，便使出浑身解数，与黄帝激战。

　　黄帝久经沙场，经验老到。他趁刑天不防，挥剑向刑天的脖子砍去。刑天招架不及，头颅被斩落下来。落到地上的刑天之头，顺坡向常羊山脚下滚去。被斩首的刑天蹲下身子，想找回自己的头颅。他摸遍了周围的山地，也没能找到。由于失去眼睛，他没有看见自己的头就在他身处的常羊山脚下。

　　黄帝担心刑天找到头颅后会恢复原身再和自己交战，就拿起手中的宝剑向常羊山劈去。随着一声巨响，常羊山被劈成了两半，刑天那硕大的头颅就势滚进山谷。随后，那两半山又合二为一，把刑天的头颅埋葬在里面。

　　刑天感觉到了周围的变化，知道黄帝已经把自己的头颅埋进山腹，但是他并没有气馁。他站起来，依然右手拿斧，左手持盾，向着天空胡乱挥舞。陷入黑暗的刑天暴怒，以两个乳头当作眼睛，张开肚脐做嘴，继续与黄帝搏斗。黄帝看到刑天如此凶悍，心中升起敬畏之情，便放弃了战斗。

刑天虽然失败，但是他永不妥协的精神却永远激励着后人。晋朝的大诗人陶渊明写诗对刑天的这种精神大加赞颂，诗中云："刑天舞干戚，猛志固常在。"

"夸父追日"是怎样一个神话故事？

夸父是上古神话中追逐太阳的巨人，他是幽冥之神后土的后代，居住在荒野的成都载天山上。

看着天空中的太阳，夸父想：为什么太阳每天都从东边升起，晚上又从西边落下呢？如果它总是挂在天上，一直是白天，那该多好啊！东升西落的太阳又住在什么地方呢？于是夸父决定追上太阳去问个究竟。

作出追日决定的夸父手拿拐杖，开始了追逐太阳的旅程。太阳在不断向西移动，夸父就跟着太阳拼命地向西跑。他跨越高山，迈过丛林，终于追到太阳要下山的地方了——禺谷。这时，夸父感觉非常口渴，便跑到黄河边去喝水。他把黄河水喝干了，没能解渴，然后又跑到渭河边，把渭河的水也喝干了，还是不管用。夸父就想去北方的大泽，还没有跑到那里，他就渴死了。

临死前，夸父抛掉了手中的拐杖，然后永远地闭上了眼睛。拐杖落地的地方，立刻长出一片茂盛的桃林。

夸父追日的故事主要记载于《山海经·海外北经》和《大荒北经》。《列子·汤问》中也有记载，只是在手杖化为桃林的问题上有些出入。《列子》说夸父"弃其杖，尸膏肉所浸，生邓林"。据清朝学者毕沅考证，"邓"、"桃"两字读音相近。因此，邓林就是前面两本书中提到的桃林。

虽然夸父追日没有成功，但是后人依然被他这种精神鼓舞着。晋陶渊明就曾在《读山海经》中写道："夸父诞宏志，乃与日竞走。"关于夸父追日的解释与评价还有许多，不管正确与否，都没有削弱"夸父追日"的影响力。

共工为何发怒撞倒不周山？

共工是中国古代神话中的天神，人面蛇身，满头红发，坐骑是两条龙。

相传，颛顼是黄帝的孙子，他聪慧而又有智谋，统治的疆域很广，在民众中有很高的威望。在当时有个部落的首领叫共工氏，他想推翻颛顼，成为最高的统治者。为此，两人之间发生了一场激烈的斗争。

共工带领反叛的军队，向颛顼处杀去。颛顼并没有惊慌，他点燃了 72 座烽火台，召集四方的诸侯来支援，并亲自挂帅，前去迎战。

两队人马由天上杀到了凡间，又从凡间杀回了天上，胜负难分。此时，颛顼手下的人越来越多：人形虎尾的泰逢从和山驾着万道祥光赶来了；虎头人身的计蒙从光山乘着疾风骤雨也来了；长着两个蜂窝脑袋的骄虫从平逢山带领毒蜂毒蝎也来了。共工的手下却越来越少，他的大将柜比先是被砍掉了一只胳膊，接着脖子也被砍断；王子夜被乱兵加身，头、胸腹、四肢甚至牙齿都被砍得散落在地上。

双方厮杀到西北的不周山下，共工身边只剩一十三骑。看到越来越多颛顼的部下向自己杀来，绝望的共工发出愤怒的呐喊，驾起坐骑飞龙，一头撞向不周山的半山腰。刹那间，只听见轰隆隆的巨响，不周山被拦腰撞断，整个山体崩塌下来。不周山本是撑天的柱子，它的崩塌也让天地间发生了巨变：西北的天空因失去支撑而向下倾斜；拴系于北方的太阳、月亮、星星也都没办法固定，纷纷挣脱束缚，向倾斜的西天滑去，形成了我们今天看到的日月星辰东升西落的运行线路，并且解除了白天永远是白天，黑夜永远是黑夜给人们带来的痛苦。在东南方，系着大地的绳子也断了，大地向东南方塌陷。于是，江河的水都向东南方流去。

远古的天空真的出现过 10 个太阳吗？

据说，在尧帝时期，天空中有 10 个太阳。

传说太阳的母亲是天帝的妻子羲和，她在和天帝结婚后，生了 10 个太阳。这 10 个太阳生活在大海以外的东方一个叫汤谷的地方，他们就住在汤谷的扶桑树上。

在天地之间，每天都有一个太阳坐着神龙驾驭的车穿越天空，给人们带去光明和温暖，剩下的九个就留在汤谷嬉戏玩耍。

突然有一天，太阳们厌倦了这样的工作方式，他们想：如果我们能一起去天上玩，那该多好啊！于是一天早上，10 个太阳就一起跑到天上。天空出现 10 个太阳，大地上的生灵都遭殃了。原本天上有一个太阳，就可以供给人们足够的光和热，地上还有丰富的水分滋养着万物。可这 10 个太阳一起出现在天空中时，大地被烤焦了，庄稼被晒死了，河流和大海也干枯了，百姓们没有了食物。许多妖怪猛兽也都乘机出来残害人们。

人间的苦难惊动了上天。

▲后羿射日

天帝赐给神射手后羿神弓和神箭，让他帮助尧消灭那些残害人们的妖怪猛兽，并吓唬一下那 10 个太阳，让他们能乖乖听话，不再胡闹下去。

后羿带着天帝赐予的神弓神箭来到人间，看到烤焦的大地上民不聊生，就劝告 10 个太阳应该每天只出来一个。太阳们根本不听后羿的劝告，在天上嬉闹依旧。被激怒的后羿拿出神箭，一支接一支地向太阳们射去，一连射下了 9 个太阳。

后羿还要再射，而尧认为太阳对人们的生产和生活是有很大帮助的，就阻止后羿再射下最后一个太阳。有了前边九个太阳的教训，第十个太阳再也不敢胡闹了，每天乖乖地东升西落，给大地带来温暖和光明。

从那以后，天下太平，人们在这一个太阳的照耀下过着安定、幸福的生活。

"燧人氏"是人工取火技术的发明者吗?

燧人氏是上古神话中人工取火的发明者，生活在远古时期。

在遥远的古代，人们还不知道用火。为了充饥，人们采食果子，或在河里捉来鱼虾，剥去皮或壳，生吃里面的肉。有时，人们还会猎杀动物，但都是剥了皮，把割下的肉和着血一起吃下去。这样吃东西，不仅味道不好，而且伤害肠胃，使人生病。

天上的大神伏羲看到人们这样艰难地生活，心里感到很难过。他决定把火传给人们，便先让人们知道用火的好处。于是，伏羲在森林降了一场雷雨，雷击在树上，森林里起了大火，人们吓得四处逃跑。雷雨过后，大地变得潮湿寒冷。惊散的人们又重新聚集在一起，来到火烧后的森林里。有个年轻人勇敢地走到仍在燃烧的山火旁，感到身上温暖多了，他告诉大家火能给大家带来温暖。这时人们又发现被烧死的动物发出一阵阵香味，便从火中拿出来分吃。他们发现，烧过的动物肉味道非常好。人们知道了火的好处，就找树枝点燃。为了把火保存下来，每天都派人看守着火种。可是有一天，看火的人睡着了，火也熄灭了，人们又回到了以前没有温暖、生吃食物的痛苦日子。

大神伏羲看到人们又失去了火，就潜入最先发现火的用处的年轻人梦里，告诉他西方有个遂明国，可以去那里找到火种。年轻人醒来后，就踏上了寻找火种的征途。

走了很久，这位年轻人终于来到遂明国。可是，这里却是一片漆黑，他没有发现火种。失望的年轻人就到一棵叫"遂木"的大树下休息。突然，年轻人看见眼前有一闪一闪的亮光，就去寻找光源。他发现有几只鸟在啄树上的虫子吃，每啄一下，树上都会出现火花。年轻人好像明白了什么，就折了些枯干的小树枝。他拿起这些干树枝来钻大树枝，果然出现了火花，但却没办

▲ 石镰　新石器时代
新疆阿克塔拉出土，它的镰体是弧形的，其中一端比较宽，装柄用；另一端是尖状的，内侧磨为锋刃。

法点着火。他没有灰心，找来更多的树枝，一直钻磨，终于点着了干燥的小树枝。

年轻人回到家乡，把"钻木取火"的方法教给大家。人们又吃上烧熟的食物，并且可以在黑夜里享受火的温暖了。后来，人们称这个年轻人为"燧人"，就是取火者的意思，并把他推举为首领。

为太阳神驾车的是谁？

在中国远古神话中，给太阳神驾车的人名叫羲和，他每天驾着由6条无尾龙拉的车子，载着太阳在天上驰骋。

屈原的《离骚》有这样的话："吾令羲和弭节兮，望崦嵫而无迫。"这句话的意思是说，羲和不慌不忙地赶着车，和太阳一起走在回家的路上。这架车起点在东方的汤谷，终点在崦嵫。崦嵫是个古代的地名，在今天的甘肃省境内。史书对起点一般没有别的称呼；对终点还有一些别的称呼，如蒙汜、蒙谷、虞渊之汜等。李白的《蜀道难》中有"上有六龙回日之高标"的诗句，引述羲和驾六龙之车的传说。《促织》中说："东曦既驾，僵卧长愁。"东曦就是指在东方的羲和。"东曦既驾"的意思是说羲和已经驾起6条无尾龙拉的车，载着太阳从东方出发了。也就是说，东方的太阳已经升起来了。

关于羲和还有一些别的传说。中国最古老的图书——《尚书》里写道："乃命羲和，钦若昊天，历象日月星辰，敬授人时。"意思是说，于是命令羲和注意观察太阳的运行和循环，推测出日月星辰的运行规律，帮人们找出计算时间的方法。在这里，羲和就是天文官，他掌握着时间的节奏，每天由东向驱使着太阳前进。还有的传说称羲和是太阳的母亲，比如《山海经·大荒南经》里有这样的记载："东海之外，甘泉之间，有羲和国。有女子名羲和，为帝俊之妻，是生十日，常浴日于甘泉。"这句话是说，东海之外的羲和国有一个女子名叫羲和，她做了帝俊的妻子，生下10个太阳。

种种传说，虽然内容不一，但都与太阳和历法有关。所以，后人多用羲和来代指太阳。例如，晋人葛洪在《抱朴子》中写道："昼竞羲和之末景，夕照望舒之余耀。"

黄帝大战蚩尤的结果如何？

之所以在远古时代的众多英雄中，单单炎、黄二帝被中国人奉为始祖，乃是因为炎、黄部落初次形成了华夏族的雏形。

传说在大约5000年前的黄河流域，存在着许多刚从母系氏族社会转化为父系氏族社会的部落。在众多部落之中，有两个部落最强大。一个是以炎帝为首领的部落，生活在中国西北地区的姜水附近；另一个是以黄帝为首领的部落，生活在西北地区的姬水附近，后来搬到涿鹿（今河北省涿鹿、怀来一带）。其中炎帝号神农氏，据说他率领其部落制作耒耜、

▲ 黄帝陵冢
位于陕西省黄陵县城北的桥山上。

种植五谷，并通过遍尝百草发明了医药，是中华农耕文明的创始者。而黄帝号轩辕氏，他率领其部落养蚕织丝，制作出了衣服，并学会了盖房子，还创造了文字和历法，将中华原始文明推向了新的历史阶段。

在当时的长江流域有一个九黎族，其首领名叫蚩尤，非常凶悍霸道，经常侵扰其他部落。有一次，蚩尤部落侵占了炎帝的一块地方，炎帝率兵与之大战，却被蚩尤打败。炎帝向黄帝求助，黄帝于是联合炎帝与蚩尤在涿鹿举行了大战。后世许多文献中都提到这次战斗，称为"涿鹿大战"。在涿鹿大战中，黄帝打败了蚩尤，将蚩尤杀死，并将他的部族赶到了偏远的地方。

打败蚩尤后，黄帝与炎帝为争夺部落联盟领袖的地位，又打了几次仗。结果炎帝落败认输，归顺了黄帝部落。其他众多部落也都纷纷归顺，于是黄河流域的部落逐渐形成了一个大的部落联盟，以黄帝为首领。这个部落联盟后来逐渐融合为一个语言、习惯、生产生活方式类同的族群，此即是华夏族的雏形。因此，后世的中国人将炎黄二帝视为中华民族的人文始祖，自称是炎黄子孙。为了纪念这两位传说中的共同祖先，中国人还在黄河边上的陕西省黄陵县北面的桥山上建造了一座"黄帝陵"；在陕西宝鸡市，则有"炎帝陵"。每年都有世界各地的华人代表前去公祭这两位中华民族的始祖。

"三皇五帝"真有其人吗？

我们经常能在书本上看到这样的句子："自盘古开天辟地以来，从三皇五帝到如今，中华文明已有五千年的历史。"

用斧头开天辟地的盘古，无疑是神话传说中的人物。那么"三皇五帝"究竟是谁？他们是传说中的人物，还是真有其人呢？

史料记载中，有些说"三皇"是燧人、伏羲和神农氏，"五帝"是黄帝、颛顼、帝喾、尧、舜；有些说"三皇"是伏羲、神农、共工，"五帝"是少昊、颛顼、帝喾、尧、舜。总之，众说不一。大部分的意见是"三皇"为燧人氏、伏羲氏和神农氏，"五帝"为黄帝、颛顼、帝喾、尧帝、舜帝。

此外，"三皇五帝"是人是神，也没有明确的论断。比如，"三皇"中的太昊伏羲氏，史料记载他为古代东夷的部落首领，根据阴阳的变化创制了八卦，还模仿蜘蛛结网发明了渔网，并创制了乐器"瑟"，这很明显属于人类的行为。可是，他却是人头蛇身，用现在的眼光来看，恐怕只能排入妖怪的行列。

又如，神农氏。相传他用树木制作了耒、耜等农具，并发明了草药，为人治病。他虽然有着人身，却是牛头。

和人最相近的要算燧人氏。传说他发明钻木取火，以在森林中捕食野兽为生。

到了"五帝"时期，这些古代的英雄们已经没有牛头或蛇身的怪异长相了。他们不仅和人类一样吃肉食，吃水果，而且更热衷搞发明。比如，仅黄帝就发明了养蚕、缫丝、舟车、文字、音律、算术、历法、棺椁、器皿等。

这些仅属于传说，因为没有确切的年代，也没有相关的资料来证明。我们也可以说，"三皇五帝"是后代人将先夏文化时期现实中的人物与神话传说结合而产生的人物。也可把他们看作是中国祖先处于史前各个不同文化阶段的象征。

不管是否真有其人，我们仍然景仰这些古代的英雄们。

张天师是谁？

"张天师被娘打——有法没处使"是句歇后语。显然，先不管这张天师是谁，有什么"法"，被娘打时也只能乖乖领受。而人们之所以选择张天师作为例子，则是为了更加强调这种无奈，因为张天师以法力高强著称。人们一般用这个歇后语形容一个人遇到特殊的情况，虽然本来是有手段的，却无法施展出来。那么，张天师是谁，他有些什么法术呢？

张天师，指的是道教创始人张道陵。张道陵，字辅汉，东汉末年生于沛国丰（今江苏省丰县）。为创汉功臣张良之八世孙，史书又称其为张陵。他不仅熟悉《道德经》等道家经典，还是一位大儒，从其学者有千余之众。据说他夜里被太上老君托梦授以"正一盟威符箓"，学得驱使神灵之法。太上老君又授予他三五斩邪雌雄剑、阳平治都功印、平顶冠、八卦衣、方裙、朱履等法宝。从此他成了专门驱赶妖魔鬼怪的天师，并创立了道教，后在龙虎山修道炼丹，最终得道成仙。

至于法术，应该说我们常见的后世道士之术基本上都是由张道陵传下。具体而言，道教的炼丹之术，以及咒语符术，都是张道陵所创。尤其捉鬼驱邪之法，可说是张道陵乃至后世天师派道士的看家本领。而"张天师被娘打，有法没处使"里所说的"法"着重强调的，便是张道陵的捉鬼驱邪之术。

大禹是如何治水的？

史前社会里，洪水泛滥成灾。炎黄时期，共工氏居地的三分之二被洪水淹没；尧舜之时，洪水涨到了山腰，淹没了丘陵；到了禹的时候，十年九涝。共工氏治水采用填堵的办法，能

▲ 禹王治水　版画

够在小范围内暂时奏效，但不能根除水患，所以他遭到了失败。鲧沿用共工的老办法，也没有成效。大禹从前人的失败中总结经验教训，采用新的方法治理洪水。他利用自然地形，把高地筑高加固，把低地挖得更低，让水流顺畅地排出，同时选择适当的地方蓄水用于灌溉。这个办法以疏导为主，把治水患和兴水利结合起来，取得了很大的成功。大禹有顽强奋斗、公而忘私的精神，他治水时在外 13 年，以身示范，辛苦劳作，三过家门而不入。这种艰苦奋斗的精神受到了后世的高度赞扬。

玉皇大帝姓甚名谁？

玉皇大帝作为中国道教里面的一位神，全称为"昊天金阙无上至尊自然妙有弥罗至真玉皇上帝"，最早出现于唐宋时期，是中国古代早期的天帝崇拜与道教结合而产生的一位人格神。中国自殷商以来，一直有对于天的崇拜，将天人格化为皇天上帝、太昊等，早期的帝王祭祀最隆重的对象便是这位天帝。后来，随着道教的兴起和佛教的传入，天帝的影响力越来越小，其地位被西方来的如来佛所取代。道教为了对抗佛教，建立了自己的一系列的神，并将统领众神的"头领"称为玉帝、玉皇。玉皇大帝先是在民间开始流行，到宋代，宋真宗为尊崇道教，正式将玉皇大帝列为国家的祭祀对象，从此民间与国家的道教信仰合流。

本来，在道教中，玉皇大帝的地位并不尊崇，开始仅仅是"三清"之一元始天尊属下的诸神。但皇帝和民间都尊崇他，道家便将玉皇大帝地位一提再提，直至仅居"三清"之下，成为众神之王。他在道教神阶中修为境界不是最高，但是神权最大。总管三界，上掌三十六天，下握七十二地，掌管一切神、佛、仙、圣，以及人间、地府之事。

玉皇大帝地位提高之后，关于他来历的道家书籍也多起来，据《玉皇本行集》载，玉帝本为光明妙乐国王子，舍弃王位，在晋明香严山中学道修真，辅国救民，度化众生，历亿万劫，终为玉帝。而按照《玉皇经》所载，玉帝年龄应该为 130 多亿岁，这和今天所考证的宇宙的年龄 140 亿岁相接近。

王母娘娘是何时与玉皇大帝结为夫妻的？

王母娘娘，又称西王母，是中国古代传说最多的神仙，在《山海经》、《庄子》、《尚书》、《列子》、《淮南子》等书中均有记载。据《山海经》记载，西王母原为昆仑山主，半人半兽，呲牙蓬发，是一位掌握凶杀及灾病的凶神；而在《竹书纪年》中，王母娘娘则被记载为一个昆仑山附近的一个小国的国王，是人而非神；《穆天子传》中，西王母又成了一个能歌善舞、多情善感的仙女，等等。综合这些文献记载，许多学者认为西王母确有其人。在青海湖以西曾经存在一个西王母国，这是一个由母系氏族游牧民族组成的国家，西王母可能是其国王或女酋长。

东汉以后，随着道教的产生与发展，西王母成了道教所拜的一个神仙，被尊为"西元九灵上真仙母"，后来又加上了更复杂的"白玉龟台九灵太真金母元君"封号。

至于西王母嫁给玉皇大帝，则是子虚乌有的事。两者同为道教所尊奉的神仙，但至今为止，没有哪本道教典籍中有两者是夫妻的记载。在北宋的《太平广记》中，也还根本看不出玉皇大帝与王母娘娘有任何关系。直到南宋以后，由于剧作家和小说家们的作用，王母娘娘才莫名其妙地"嫁"给了玉皇大帝。尤其小说《西游记》中把他俩配为夫妻，影响广泛。而这也符合人们内心的皇帝该有皇后的心理，于是从此人们普遍认为玉皇大帝和王母娘娘就是夫妻。

"三星高照"具体指的是哪三星？

在中国人众多的吉利话中，"三星高照"一句话就包含了三个角度的祝福。那么，"三星"具体是哪三星呢？

"三星高照"原本是天文现象，指每年除夕夜三颗星星会在南面天空达到一年中的最高位置，所以民间有"三星高照，新年来到"的说法。这三颗星是冬季星座之王猎户座"腰部"的三颗发青蓝色光的亮星。每年除夕晚上9时，"三星"准时升入正南方天空。"三星"后来被人们分别说成是福星、禄星、寿星，并成为分别掌管福气、功名、寿命的神仙。此后，"三星高照"也就成一句吉利话。

福星又称福神，在道教里大名紫微大帝。福神掌管人间福气的分配，在民间地位相当尊崇。其形象也是天庭饱满、地格方圆的富贵之象，与财神赵公明有些像。这位福神据说由唐代道州（今湖南道县）刺史阳城死后担任。

禄星，又称文昌星，掌管人间功名利禄，主要是读书人的保护神。尤其隋朝开始科举制度之后，禄星在民间开始备受崇敬。其形象是一派朝廷大员气度，手下小厮前呼后拥，高贵不凡。关于禄神的具体"人选"，最有影响的说法是梓潼神张亚子，又称"文昌帝君"。

张亚子是蜀人张育与亚子两位人物合并而成的神灵。张育乃是在东晋时期为抗击前秦苻坚而战死的起义领袖，蜀人将他与原先的梓潼神亚子合称张亚子，共奉为梓潼神。禄星后来又莫名其妙地有了送子功能，据说专送状元，苏洵称苏东坡兄弟便是禄星给他送的。

寿星，可能是人们印象最深的一个了，经常以额头突出的老人形象出现在年画上。一般人们认为寿星是南极老人星，也称南极仙翁。世人多认为长寿之人彭祖死后成为寿星。而寿星之所以有个大额头，多半是古代养生术所营造的一种意象。比如被古人视为长寿象征的丹顶鹤的头部便是高高隆起。另外，也有人猜测，寿星的额头是一种返老还童的象征。婴儿的头往往就因头发稀少，额头看上去比较显眼。

普通武将关羽是怎样变成万民敬仰的关帝爷的？

在历史上，真正的关羽不过是一员普通的武将，但是，随着社会的演进，这位战功平常的将军却成了备受万民敬仰的关帝爷。这到底是为什么呢？

关羽，字云长，河东解州（今山西解州）人氏。因杀人逃亡河北涿郡，与张飞一起投奔正在招兵买马的刘备。刘备因军功升任平原相，关羽和张飞则为别部司马。此后，刘备在战争中屡遭挫败，关羽一度依附曹操，并因解"白马之围"被封为"汉寿亭侯"。后来，关羽辞别曹操寻归刘备。赤壁之战后，刘备入川，留关羽镇守荆州。刘备称汉中王，封关羽为前将军。公元 219 年，关羽发兵攻魏，降于禁，斩庞德，威震华夏。同年吕蒙白衣渡江，偷袭荆州得手，关羽败走麦城，被擒身亡。后来，蜀国后主谥之为"壮缪侯"。

▲关公秉烛夜读图

据传，关羽死后，屡屡显灵，保佑一方百姓，尤其是下层的弱势小民，因此受到民间的崇拜。因战乱或生活所迫流离失所的游民在浪迹江湖过程中，会有一种强烈的无力感，他们特别需要关羽这样的英雄所具备的无所畏惧、重朋友、讲义气的精神。再加上关羽本人也是游民出身，所以为下层民众所认同。

到了宋代，通俗文艺兴起，说三国成为其主要话题。而其中的关羽戏成为当时"说话"的热门，并为不同阶层的人们所喜闻乐见。宋元之际，评话和小说中构造出"桃园三结义"、"夜读春秋"、"青龙偃月刀"、"赤兔马"、"千里走单骑"、"过五关"、"斩六将"、"古城聚义"、"华容道义释曹操"等情节，关羽的形象日渐丰满并开始定型。

民间对关羽的信仰和崇拜引起了统治者的重

视。为了褒扬勇武、忠诚和重义精神，宋朝以后的皇帝不断加封关羽。

宋徽宗先追封关羽为"忠惠公"，再进为"崇宁真君"，后又封为"昭烈武安王"和"义勇武安王"。宋高宗封关羽为"壮缪义勇武安王"。宋孝宗封关羽为"壮缪义勇武安英济王"。元文宗封关公为"显灵义勇武安英济王"。明太祖朱元璋明令拜关公，并在1394年在南京建关公庙。明神宗封关羽为"三界伏魔大帝神威远镇天尊关圣帝君"。从此以后，关羽就成了"关帝"爷了。到清朝，对关羽的崇拜更是登峰造极。顺治皇帝封关羽为"忠义神武关圣大帝"。康熙帝封关羽为"伏魔大帝"，并于1703年亲临关公故乡解州拜灵题匾。乾隆帝加封关羽为"忠义神武灵佑关圣大帝"。嘉庆、道光、咸丰、同治年间，皇帝又多有加封题字匾。到光绪年间，关羽的封号为"忠义神武灵佑仁勇威显护国保民精诚绥靖翊赞宣德关圣大帝"，长达26个字。

政府的推崇，在关羽崇拜中起到了推波助澜的作用，致使民间关帝崇拜之风更盛。民众把关帝视为武神、财神和正义之神。当人们需要帮助的时候，都会祈求关帝保佑。

关公、赵公明、比干、范蠡，到底谁是正财神？

送子娘娘和财神大概是中国人最常供奉的两尊神了。这也反映了中国人一向最大的两个愿望：求子与求财。其中，尤其是关于财神的说法，可谓说不清，理还乱。

在民间，关公、赵公明、比干和范蠡都被当成财神供奉。除此之外，还存在"文财神"财帛星君，"偏财神"、"五路财神"等说法。那么，到底谁才是人们最该拜的正财神呢？

一般而言，在众多财神之中，人们普遍认为赵公明是正财神。

赵公明又称玄坛真君、赵公元帅，是众多财神之中影响最大的一位。明代以来，许多商店、住宅都供奉他的神像。他面似锅底，手执钢鞭，身骑黑虎，极其威武。周围常放着聚宝盆、大元宝、宝珠之类的宝贝，更加强了财源茂盛的效果。

其实，赵公明作为道教神，并非一开始便是财神。晋《搜神记》记载，他本是人间春夏秋冬四大瘟神之中的秋季瘟神，是个人们唯恐躲之不及的角色。但到了明朝，《历代神仙通鉴》中却介绍称赵公明本是终南山人，秦时避乱修仙，后来被玉帝封为"神宵副帅"，正式职业是为张天师守护仙炉，镇守龙虎山。但同时，谁要是想求财，他也能帮帮忙。后来在小说《封神演义》中，姜太公封神时，封赵公明为"金龙如意正一龙虎玄坛真君"，职责是专司金银财宝，迎祥纳福，并为其配了招宝四天尊作为副手。从此，赵公明开始掌管天下财富。随着小说的广泛流传，明代之后，民间开始广泛供奉。

至于其他几位财神，比干本是商纣王时的大臣，因为犯言直谏被纣王挖了心。人们认为无心之人比较公平，将其拜为文财神；关公作为财神主要是商人之中流行。商人做生意最讲究忠诚与信义，关公作为忠义精神的楷模，便被人们拜为财神，以维护商业世界的道德秩序。因其本是武将，成了武财神；范蠡本是一个商人，因善经营，人们也将他拜为财神。

"雷公"和"电母"有何来历？

雷公、电母二神是一对掌管打雷与闪电的夫妻搭档。他们二位虽然在道教的神中地位不算高，但因为其职权与农业生产离不开的下雨密切相关，所以在民间还是颇受尊崇。道教的祈雨仪式中，常将雷公电母作为主要的祈求对象。那么，雷公、电母的来历究竟是什么呢？

先说雷公。雷公信仰起源于早期的自然崇拜，后来才逐渐人格化。关于其来历，有多种说法。有人说其为浮黎元始天尊第九子玉清真王所化；也有说其为轩辕黄帝死后所化；明代小说《封神演义》中，则把商朝太师闻仲封为雷神。《搜神记》中则记载了这样一个故事：雷州半岛有一户姓陈的猎户，上山打猎时见到一个巨大的肉球。猎户不知何物，便抱回家中。没想到刚抱到家，肉球被雷劈开，从中出来一个小男孩。猎人为其起名"陈文玉"，周围人则称其为雷神。陈文玉长大后做了雷州刺史，为百姓做了许多好事，深受拥戴。他死后百姓怀念他，便为他立庙，敬为雷神。综合这些说法，雷公的产生过程与其他诸多神仙差不多，先通过自然崇拜创造神职出来，然后再把人间受爱戴之人推上这一神职。

电母的崇拜当是从雷公崇拜中分化出来的。早期的雷公本来兼管闪电，后来人们可能考虑到阴阳搭配，便为其配了一个女搭档。然后两人日久生情，干脆结了婚，逻辑与情理上想必大致如此。另外，民间也有一个关于电母来历的传说，说一个孝顺寡妇被婆婆误会为不孝，请来雷公劈死了她。后来这婆婆发现自己误会了儿媳，请求雷公度化她生还。雷公却只能将人劈死，不能将人救活，于是奏明玉帝。玉帝便封此寡妇为电母，让她负责在雷公劈人之前分辨清楚这是好人还是坏人，以免再击错人。传说打雷之前总是先出现闪电，就是这个原因。

历史上到底有没有"二郎神"？

在《西游记》中孙悟空大闹天宫时，最好看的部分应该是"孙悟空大战二郎神"一段了。两"人"的本领实在是不分高下。那么，这个神通广大的二郎神是如何产生的呢，在历史上有没有原型呢？

二郎神，又称灌口二郎，是道教中颇有名的神人。民间多认为他原居四川灌县，具有防止水灾的功能。关于其历史原型，有多种说法，下面是比较普遍的几种。

李二郎说。我们知道，战国时期的秦国蜀郡太守李冰在成都平原上修建了都江堰，从而成就了成都平原天府之国的美誉。据蜀中民间传说，在修建都江堰的过程中，李冰有个被人们唤作"李二郎"的次子，曾协助父亲"凿离堆、开二江"，立下了大功。人们为纪念这位"李二郎"，便建庙将他作为神灵奉祀。后来元代皇帝封之为"英烈昭惠显圣仁佑王"，

▲二王庙

后人为纪念李冰及其子二郎治水的功劳，在都江堰修建了"二王庙"，在二王庙的墙壁上刻有"深淘滩，低作堰"的治水六字诀。

"二郎神"走出四川，成为人们普遍供奉的神仙。

赵二郎说。说隋朝有个文人叫赵昱，隐居在青城山修道。后来隋炀帝强迫他做官，他便做了四川嘉州太守。据说当时灌江中常有蛟龙兴风作浪，危害一方。这位赵昱自恃练过几年道术，便带了把刀跳入江中，杀死蛟龙，之后他便挂官隐去不知所终。于是嘉州人将之奉为神明，在灌江口为之立庙。因他在家排行老二，人们唤之"灌口二郎"。

杨二郎说。南北朝时氐族的有个领袖人物叫杨难当，他是氐王杨盛的第二子，继承了长兄杨玄之位，因此传说中被称为二郎。历史上杨难当的统治中心在甘肃武都的仇池，曾据有宕昌之地，即今邻近灌口的松潘，还曾派兵深入川境。四川本是羌氐族旧地，容易慑服于他的兵威。于是由传说而信仰而立庙崇祀，便成为唐宋以来所谓灌口神的起源。而后世小说中又有人将宋徽宗宠信的一个宦官杨戬与之附会在一起，于是二郎神的"杨戬"之名广为流传。

古人为什么经常到"龙王庙"求雨？

龙王又称龙王爷，是人们对龙的人格化崇拜。中国早期因为图腾崇拜而产生了龙，但只是把它当成"四灵"之一的瑞兽，道教里的龙则是神仙乘坐的一种比马要高级一些的坐骑，都没有龙王的说法。后来佛教传入，才带来了龙王的说法，称其为水族之主。佛教关于龙王的说法深受民间欢迎，道教紧随其后，也有了"龙王"的说法。民间最后融合佛、道说法形成了一个大致统一的龙王谱系：以方位为区分的有"五帝龙王"，以海洋区分的"四海龙王"，另外，所有的湖海河川、渊潭池沼以及井、泉之内都有大小龙王驻扎。其中，以"四海龙王"威力最大。

龙王作为水族之神，与中国人关系不大，人们一向忌惮的是他掌管旱涝的权力，因此对龙王格外敬畏。所谓"天皇皇来地皇皇，海里有个海龙王。广钦顺闰多厉害，旱涝丰欠由它掌"。每逢风雨失调，久旱不雨，或久雨不止时，人们都要到龙王庙烧香祈愿，以求龙王治水，风调雨顺。但人们对于龙王也并不是一味敬畏，据说如果求雨之后，依旧不下雨，人们便要将它的塑像从庙里抬出来曝晒，以强硬的姿态要求他下雨，直到下雨才把它抬回去。

"千里姻缘"是用什么"线"牵在一起的？

"千里姻缘一线牵"是民间的一句老话，说的是人世间的男女，缘分是注定的，即使相隔千里，也必定会沿着一系列看似偶然的事件最终成就一番姻缘。而在男女双方看来偶然的姻缘背后，却是早有一位神仙用一根神奇的红线将他们拴在了一起，想跑都跑不掉。这句话是世人根据唐朝人李复言的短篇小说《续玄怪录·定婚店》总结出的。

唐代有个叫韦固的书生，有一次路过宋城（今河南商丘）时投店住下。晚上在房间外闲逛时，韦固看到有个老人坐在石阶上，借着月光在翻看一本书，旁边则放着一个大布袋。他出于好奇，凑上前去看那书，却发现自己一个字都认不出，于是问老人这是什么书。老人道："这是天下人的姻缘簿。"韦固又问袋中何物，老人说："红绳子，是用来系住该成为夫妇的男女的脚的。即使是仇敌之家，贫贱悬殊，远隔天涯，只要是系了绳子，这对男女便最终会成为夫妇。"韦固一听，忙打听自己未来的妻子在哪儿。老人告诉他，是村头卖菜的瞎老婆的 3 岁幼女。韦固一听很不乐意，心想：那个小女孩儿又穷又脏，我可不想要；再说等她长大，得 10 年之后了，我怎么会一直等这么个脏丫头呢？有一天，韦固路过瞎老太的菜园子时，看到那个小女孩在院子里玩。他一狠心，找了块石头朝小女孩扔去，结果打在了小女孩眉心上，小女孩"哇"的一声哭了，韦固撒腿跑了。10 年后，韦固任相州（今河南安阳）参军，刺史王泰很赏识他，并将侄女嫁给了他。韦固的妻子容貌很美，但眉间却有一小块疤，韦固于是问她疤的来历。妻子告诉他："我是刺史的侄女。当年我父亲在宋城当县令，病故在任上，母亲不久也病故，瞎眼的奶娘带着我卖菜为生。有一天，一个坏男孩莫名其妙地向我扔石头，打到了我的眉心，留下了这个疤。"韦固一听惊呆了，于是将 10 年前遇到月下老人的事情告诉了妻子。夫妻二人因此相信他们的缘分是天定的，更加恩爱。

韦固夫妇初次见面的宋城与成就姻缘的相城，相距较远，后人便由故事进一步发挥，提出了"千里姻缘一线牵"的说法。而那个月下老人，则被人们称为月老，成了传说中的婚姻之神。

主管生育的是"送子娘娘"还是"顺天圣母"？

严格区分的话，"送子娘娘"和"顺天圣母"的具体职责有所区别。"送子娘娘"主要是负责让女子怀孕，而"顺天圣母"则是负责保佑女子生育时平安。

民间不少地方认为，"送子娘娘"乃是九天玄女所化。九天玄女原是中国古代神话中的女神，后被道教奉为负责生育的女神。据说她原来是一个鸟身人头的怪物。上古时代，黄帝与蚩尤大战时，蚩尤使用巫术呼风唤雨，黄帝无可奈何。正在黄帝发愁时，飞来一只长了个女子脑袋的鸟。这只鸟对黄帝说："我是九天玄女，王母派我来教你战法。"黄帝于是在九天玄女的帮助下战胜了蚩尤。

后来，各地纷纷筑起玄女庙。因传说九天玄女善长房中术，因此经常有一些女子前来拜访，期望她能保佑自己怀孕。久而久之，不少地区的九天玄女也便成了送子娘娘。尤其北京地区的玄女庙，古时前来求子的人络绎不绝。

"顺天圣母"则是保佑女子生育平安的女神。古时卫生条件差，接生婆本身也不怎么懂医术，女子生育时经常出意外，因此女子生育被称作"过鬼门关"。"顺天圣母"这位助产的神正是在这种背景下产生的。

传说"顺天圣母"原名陈进姑，又名临水夫人、顺懿夫人，原是五代时期福建人。据说陈进姑有个哥哥叫陈守元，在山中学道。一天，陈进姑去山中给哥哥送饭，半路上看到路旁一个饿晕的老太太，动了恻隐之心，将饭送给老太太吃。没想到这老太太却是个神仙，见陈进姑是个善良之人，便教了她一套法术，陈进姑从此成了远近闻名的神姑。后来当地出现蟒蛇，经常吃人，闽惠宗王延钧便下诏让陈进姑除害。陈进姑带了把剑进入蛇洞，将蟒蛇杀死。惠宗王封她为顺懿夫人。

陈进姑死后，闽人建庙供奉，称顺懿夫人庙。开始时她只是负责保佑人们平安消灾之类，后来传说临产女子到她庙里上香之后，都能顺利生产，于是她便逐渐成了专门负责保佑女子临产安全的神仙。她的许多庙也被改为临水夫人庙、助生娘娘庙。

"嫦娥"是月亮之神吗？

在世界上，许多国家都有自己的月神。而在中国，一般以嫦娥为月神。在中国的神话传说中，嫦娥是一个美丽、善良、婉约的女子，因为偷食了仙药而飞到月亮上。在《山海经》、《淮南子》、《搜神记》等典籍中对此事均有记载。

传说，远古时候，天上出现了10个太阳，晒得庄稼枯死，民不聊生。有个叫后羿的英雄，同情人们，于是跑到昆仑山顶，用箭射下了9个太阳，并严令第十个太阳必须要按时起落，造福人间。于是人间又恢复了正常。王母娘娘为奖励后羿的为民除害行为，送了他一颗不死药。

后羿有个美丽的妻子叫嫦娥。嫦娥对不死药非常好奇，于是趁后羿不在家时，偷吃了不死药。没想到这不死药不仅让人不死，还会让人变成飞仙。嫦娥不由自主地向天上飘去，最终飞到了月亮上。从此，她永远一个人孤单地留在了月宫里，成了一种凄凉之美的象征。

嫦娥自从飞到月亮上之后，世间的人都非常关心她，据说中秋节就是为了纪念嫦娥而设。而对于嫦娥的评价，则是褒贬不一。同情她的人将她拜为月亮女神，称之为月宫娘娘。有人还编出了嫦娥吃药是出于逼不得已的理由，并将她与后羿的爱情与牛郎织女的相提并论，视为中国古代神话里的两大凄美爱情故事。而对她背叛丈夫、偷药的行为不肯原谅的人，则视她为月中之精。

"八仙"中不乏汉唐历史人物，他们是怎样成为神仙的呢？

对于"八仙"，可能大家都不陌生。"八仙"是指历史上得道成仙的 8 个人，分别是铁拐李、汉钟离、张果老、蓝采和、何仙姑、吕洞宾、韩湘子、曹国舅。他们到底是如何成仙的呢？

▲八仙图 清 黄慎 绢本

八仙为我国喜闻乐见的神话人物，其中张果老倒骑毛驴、铁拐李遍走天下、韩湘子捻箫而吹、吕洞宾仗剑天涯等故事为人所乐道。正是"八仙过海，各显神通"。本图人物形神各异，个性突出，传神入化，笔触劲健流畅、顿挫有致。构图上，人物正、侧、立、蹲、躬身各异，错落有致而避免呆板，而每人形姿又符合其个性特征。八仙似欲跃出画端，踏波而去。

铁拐李，本名李玄，隋朝人，据说其遇到太上老君而得道。李玄本非瘸子，一日他神游华山赴太上老君之约，嘱徒弟如果他 7 天后不回的话，就化了他的肉身。没想到徒弟因母病急着回家，6 天后便化了李玄肉身。李玄的魂魄回来后无处可附，只好附在瘸丐的尸体上。

汉钟离，本名钟离权，是汉朝大将。他在一次战争中，被嫉妒他的上司梁翼故意配了 3 万老弱残之兵，兵败逃跑迷路，遇到一个胡僧传授他青龙剑法和金丹术。后来钟离权又遇见华阳真人和仙人王玄，得到了"长生诀"。最后他来到崆峒山隐居修炼，最终得道成仙。

倒骑毛驴的张果老据说本是一个穷苦的赶驴车的人。一天路过一座庙宇，看到里面在煮肉，就进去偷吃。没想到当时煮的是千年人参精，张果老于是得道成仙。他的驴因为喝了汤，也一道成了仙。

吕洞宾是唐朝京兆人，是一个饱读诗书的书生，本来意在仕途。他有一天偶遇汉钟离，汉钟离施法使其做梦中了状元，然后又获重罪家破人亡。吕洞宾于是彻悟人间富贵的虚幻，跟随汉钟离学道成仙。

何仙姑是八仙之中唯一的女性，本名何琼，广州增城人。何琼13岁时入山采茶，遇到吕洞宾，教她吃云母粉成仙的方法。何于是发誓不嫁，每天在山谷中修行，最终成仙。

蓝采和，唐开元天宝人，本来在勾栏里唱歌，后来被汉钟离引度成仙。

韩湘子，传说是唐代大文人韩愈的侄子，性格放荡，嗜好饮酒，不喜读书。后跟随吕洞宾学道，最终位列仙班。

曹国舅，是宋仁宗的大舅子。因触犯国法，被包拯所抓。得宋仁宗帮助被释放后大彻大悟，遁入山林学道。最后被吕洞宾和汉钟离引度成仙。

《天仙配》中的董永在历史上真有其人吗？

董永与下凡的天仙女的故事，在中国已经流传了近两千年。关于这个民间神话故事，最早的记载始于汉代，以后各朝代都有改编和补充。这个故事最初在黄河流域流传，魏晋时期，随着北方人因为战乱南迁，董永事迹便流传到了全国各地。董永的传说形式多种多样，影响非常深远。那么，历史上是否真有董永其人呢？关于这一点，人们的看法是不一致的。

有人认为，董永是文学故事人物。他们的观点是，董永的故事有各种详细的记载，但又各不相同，这说明董永的故事显然是经过编造的。从而否定董永其人的存在。《辞海》的编者就说："其事始见于曹植《灵芝篇》，《搜神记》亦有记载，当为魏晋间流行故事。"即是流行故事，其中人物当然不必认真。

但更多的人认为历史上确有董永其人。在汉代刘向《孝子图》、唐代李翰《蒙求》、元代郭居业《二十四孝》、清代《历代孝子录编》及《中国人名大辞典》等中均有记载，说董永是汉代千乘人。

汉代刘向《孝子图》虽然已经失传，但在唐代的《法苑珠林》和宋代的《太平御览》中都有引用，内容也基本相同。这说明董永的故事在刘向生活的西汉末年已经开始流传。东晋干宝的《搜神记》、东汉时代的武氏墓群石刻以及湖北的《孝感县志》都表明董永是汉代千乘人。汉代的千乘县和千乘郡都属青州管辖范围内，在今天的山东省高青县境东部，东邻现在的博兴县。

《博兴县志·人物志》中记载："董永墓在今崇德社（今陈户镇），去墓数里有董家庄，永故宅也。"董家庄在今天的博兴县陈户镇，在汉代属于千乘郡千乘县。董家庄就是董永的故乡，博兴县志所载的与上面提到的各种书中说法是吻合的。

董家庄原有董公庙，虽然现在已经不存在了，但《山东通志》中记载："董公庙在城（今博兴县城）东北三十里祀董永。"

以上的资料证明了董永的故乡就是现今山东省博兴县陈户镇董家庄。

董永确有其人，那么与仙女的故事呢？认为董永确有其人的观点是：董永卖身葬父确有其事；与仙女的故事，只是人们美好的愿望。

过小年时祭灶王，为何向他供灶糖？

灶王，俗称灶王爷，也称灶神。灶神是掌管人们厨房事务之神，并负责保佑一个家庭的平安。另外，灶神还有一个职责是监督人间善恶，并每年向玉帝汇报一次。

灶神的起源很早，夏代时，灶神已是民间广泛供奉的大神。灶神的产生，大概与早期人们对火的崇拜的有关。后来，人们逐渐将其人格化，产生多种关于灶神来历的传说。一说灶神乃是炎帝所化；另说则认为其为黄帝所化，等等。炎、黄二帝一向被尊奉为华夏文明的祖先，被拉到灶神的位置上，也可见灶神在早期社会中的尊崇地位。除此之外，流传最广的一种说法则是认为灶神是一个叫张单的人死后所化。

传说很早以前，有个叫张单的农人，他有个美丽的妻子和 6 个女儿，却没有儿子。一天晚上，张单与妻子一起玩游戏，因为输赢吵了起来。越吵越凶，张单开始怪罪妻子没有生儿子。妻子觉得委屈，便收拾东西要走。张单虽然心里想挽留，但因为倔强，就任由妻子离家出走了。

张单的妻子无处可去，最后流落到了一个贫穷的老太太的住处，老太太收留了她。因为张单的妻子本身带有福气，几年后，老太太家竟然成了富有人家。几年来，张单的妻子一直很惦记张单和女儿，她托人到家中打听家里的消息。没想到她离家不到一年，张单便很快穷得卖了土地和房屋，带着女儿流浪去了。

一天，张单流浪到了妻子的家门前。妻子一下认出了他，悲喜交加。但为照顾张单自尊，便没有相认，而是让下人带他们到厨房用餐。用完餐后，张单得知女主人便是他妻子，羞愧难当，当场撞死在了炉灶上。

玉皇大帝知道此事，很同情张单，便派他当灶神。让他监督人间夫妻的对

▲灶君

话，以免他们再发生类似的事。后来灶神职责逐渐扩大，干脆家庭中所有的事情都要向玉帝汇报。

据说灶神每年小年，也即腊月二十三要上天庭汇报人间善恶。于是人们便要在这天祭祀他，为他送行。表面上说是送行，其实是算计他。供奉的食品中多是一些糖，称为灶糖。目的是为了粘住他的嘴，使他到天庭上无法说话，也就无法向玉帝打小报告了。

仙界最窝囊的神是土地爷吗？

在电视剧《西游记》里我们发现，有两种神最窝囊，一种是山神，一种土地爷。这两种神经常被他们管辖地面上的妖怪所驱使，却又敢怒不敢言。其实山神并非都窝囊，一些名山的山神地位相当高，比如"五岳"的山神都是封了帝的。这么看来，真正窝囊的就是可怜的土地爷了。

在南方民间有一些土地庙，往往既狭小，又简陋，拜祭者少有，供桌冷清，根本无法跟大神的殿堂相比。而在中国北方，土地爷往往根本就没有祠庙，要么是在其他神仙的祠庙里给他安排一个角落，要么便是在桥亭或村庄旁边给他砌一个简陋的小神龛。

之所以会这样，一方面，在道教的神中，土地爷属于最低等级的一种神。除了与门神、财神、灶神之类的神仙平级之外，基本上见到其他的神仙都得俯首听命，甚至连人间的一些大官都比他的职位高。《夷坚志》里记载，一位土地曾给当地一个叫何生的录事参军托梦，说郡守经常从他的庙前过，郡守比他的职位要高，他作为小官理应回避，因此求何生在他庙门口挂一道帘子。

其实，土地爷并非一直都这么窝囊。据考证，土地在古代早期时候，即是社神。社神的地位就高多了。古人注重天地观念，先祭天帝，接下来就是社神了，以求他保佑万物生长，五谷丰登。当时祭社神，乃是上自王公、下自黎民的一件大事，祭祀典礼由天子或地方行政长官亲自主持。据说社神原本有两个，一个是句龙，是共工氏之子；另一个是禹，因治水有功，被封为社神。

东晋之后，句龙与禹作为社神逐渐被人们淡忘，社神分散成了无数个地方小土地神。这样，土地神便由原来的掌管大地万物，变成了只管一个县甚至一个乡那么大的地盘。人们对他就越来越冷淡了。到明清小说中，作为现实的反映，土地便成了连妖怪都能驱使的窝囊小神了。

上古四凶是指哪四位凶神？

上古四凶原本是上古时代的四个罪大恶极的部族首领。《左传》记载他们被尧流放到了边远地带。后来这四个人在民间传说中逐渐演变成了四种邪恶的魔兽，分别是穷奇、梼杌、混沌、饕餮。

穷奇是中国传说中抑善扬恶的恶神。据《山海经》记载，它个头如牛，外形像虎，披有刺猬的毛皮，长有翅膀，叫起来像狗，喜欢吃人。据说穷奇听说两个人在争斗，就赶去将正义的那个人吃掉；听说谁忠诚讲信义，就将他鼻子咬掉；而听说谁犯下恶行，就会捕捉野兽送给他。因此古人便用穷奇形容有恶劣癖好的人。至于穷奇的来源，《史记·五帝本纪》言："少昊氏有不才子，毁信恶忠，崇饰恶言，天下谓之穷奇。"

梼杌。《史记·五帝本纪》记载："颛顼有不才子，不可教训，不知诘言，告之则顽，舍之则嚣，傲狠明德，以乱天常，天下之民，谓之梼杌。"后来颛顼这个不成器的顽固儿子成了怪兽。《神异经·西荒经》记载："西方荒中，有兽焉，其状如虎而犬毛，长二尺，人面，虎足，猪口牙，尾长一丈八尺，搅乱荒中，名梼杌。"后人常以梼杌形容顽固不化之人。

浑沌。据《左传》记载，混沌由昔帝鸿氏的一个不成器儿子演变而来。传说它住在昆仑山以西，外形像狗，但个头比狗要大得多。据说它有眼睛但不会看，有耳朵也不会听。它听说谁德行比较高尚了，便要去给他制造麻烦；听说谁是个恶人，它便会赶去听从他的指挥。人们经常用它来形容是非不分之人。

饕餮。关于饕餮来历的说法有两种。一种说法，是传说轩辕黄帝大战蚩尤，蚩尤被斩，其首落地化为饕餮；另一种则认为饕餮乃是炎帝后裔缙云氏之子，一向贪婪无度，不体恤穷人，因此被人比喻为凶兽。据说饕餮没有身体，只有一个大头和一个大嘴，十分贪吃，见到什么吃什么，由于吃的太多，最后被撑死。它是贪欲的象征。

上古四灵指的是什么？

四灵，指被古人视为吉祥的象征的四种动物，分别是龙、凤、麒麟、龟。

龙，为四灵之首。龙乃百鳞之长，是一种长着马头、鹿角、鹰爪、蛇身、狮尾的复合型动物。它能走，能飞，能游泳，有兴云降雨的本领，一直是中国人的集体图腾。

凤，即凤凰，为百禽之长，也是吉祥的象征。这种鸟，外形大体上是一种长了鸡冠的孔雀。凤凰分雌雄，雄的叫凤，雌的叫凰，常用来象征男女间的爱情。

麒麟，传说它为百兽之长。是一种身体像鹿，身披鳞甲，头上长独角的动物。一般被视作仁兽，被帝王看成是太平盛世的象征。

龟，四灵中唯一现实存在的动物，传说为百介之长。因其长寿，被视作长寿的象征。

第二章
语言文字

汉字是由仓颉造的吗？

汉字史上流传着仓颉造字的故事，仓颉是谁？汉字真的是他造的吗？

仓颉，号史皇氏，是黄帝时的史官，《说文解字·叙》记载："黄帝之史仓颉，见鸟兽蹄迒之迹，知分理之可相别异也，初造书契，百工以乂，万品以察。"这段记录表述的就是仓颉造字的事迹。《吕氏春秋·审分览·君守》称："奚仲作车，苍颉作书，后稷作稼，皋陶作刑，昆吾作陶，夏鲧作城，此六人者，所作当矣。"所谓的"苍（仓）颉作书"，并不是说仓颉一个人完全地将文字发明创造出来，而是说仓颉将民间既有的图画文字进行广泛搜集，并加以认真整理，从而创制出一套成体系的规范的象形文字。《荀子·解蔽》记载："好书者众矣，而仓颉独传者壹也。"这是在说，当时从事文字整理工作的也并非仅有仓颉一人，因为仓颉的成果最佳，所以只有这一套文字独自传承了下来。

关于汉字的起源，除了仓颉造字说，还有结绳说、八卦说、图画说和契刻说等。

结绳说。《周易·系辞下》："上古结绳而治，后世圣人易之以书契，百官以治，万民以察。"从史料中以及民族学和民俗学的大量材料来看，文字产生之前，确实存在着漫长的结绳记事时期。至于怎样打结记事，唐人孔颖达在《周易正义》中引述东汉人郑玄的话说："事大，大结其绳；事小，小结其绳。"但是，结绳只能用来帮助记忆，不能用来记录语言，所以结绳不是文字。

八卦说。今人罗君惕在《六书说》一文中认为："结绳与文字没有什么关系，而八卦与文字的关系则很密切。如八卦的阳爻作'—'，即演变为'一'字；两个阳爻作'－－'，即演变为'二'字。"现在已经证实，甲骨文、金文中确实有这类八卦符号。但是卦爻符号单纯而有限，不可能演化出众多的汉字。

图画说。很早以前，古人就已经有了"书画同源"的观念。宋代郑樵《通志·六画略》中说："书与画同出。"甲骨文、金文中的图形文字，书写逼真，与图画几乎没有多大差别，这些，显然是在图画的基础上简化而成的，如象、牛、鱼、龟、弓等。汉字起源于图画，已经为学术界普遍接受。汉字虽然起源于图画，但是图画并不等于汉字，只有当图画具有了一定的读音和含义时，才能成为汉字。

甲骨文是中国最早的文字吗？

甲骨文，又称"殷墟文字"、"王八担"、"殷契"，是殷商时期刻在龟甲和兽骨上的一种文字。所谓"龟甲"是指乌龟的腹甲、背甲，兽骨主要是指牛的肩胛骨。殷商时期，统治者迷信，常用这些物品进行卜筮活动，并将结果记录在上面。19世纪末期，甲骨文被大量发现，迄今为止已发现的甲骨大约有 15 万片，4500 多个单字，其中已经被识别的有 1500 多个。

▲ 大型涂朱红牛骨刻辞　商

商朝的甲骨文是占卜时刻在龟甲或者兽骨上的象形文字，也称卜辞。河南安阳殷墟有大量出土。

甲骨文大量记录了殷商时期的天文、气象、历法、地理、方国、征伐、刑狱、农业、畜牧等方面的资料。就其特点而言，主要包括以下几个方面：一是异体字较多，特别是一些会意字，古人只求偏旁搭配起来表意明确，因此，现代汉语的一个字在甲骨文中可能有几十种写法。二是字体笔画不一，一些象形字中古人只求描述实物的特征，而对笔画、笔顺并不严格要求。三是以实物的繁简来决定字体的大小，有时候一个字可以占到好几个字的位置。四是笔画较细，以方笔居多。

甲骨文是中国已发现的古代文字中时代最早、体系较为完整的文字，已经完全具备了汉字"六书"的构字原理。那么它是中国最早的文字吗？

要弄清楚这个问题，就首先要明确什么是文字。一般认为，文字是文化的载体，所谓文字就是具有特定表义功能的书面书写单位。相传中国的造字者为仓颉，据《荀子·解蔽》载："好书者众矣，而仓颉独传者壹也。"《吕氏春秋》中也有"奚仲作车，仓颉作书"的说法。仓颉是黄帝时的史官，造字的初衷是因为当时结绳和刀刻的记事方法已经不能满足需要，另一说是其绳结记录的史书在给黄帝提供史实时出了差错。具体动机我们已无从知晓，但可以肯定那个时代已经有了文字，比殷商甲骨文历史要早得多。从考古上看，龙山文化和仰韶文化的陶器上也已经出现了文字意义的刻划符号，这也比甲骨文早很多。

从仓颉造字成功，再历经甲骨文、大篆、小篆、隶书、楷书、草书诸般字体演变，终于形成了我们现在的汉字，也成就了泱泱中华五千年文明。

大篆和小篆是一大一小的区别吗？

大篆，是古代汉字字体的一种，因其著录于字书《史籀》，故也称籀文，《汉书·艺文志》记载："《史籀》十五篇，周室王太史籀作大篆。"《说文解字》中所收的 225 个籀文，就是许慎依据所见到的《史籀》9 篇而集入的，这是当今研究大篆的主要资料。大篆是继承金文发展而来的，形成于西周后期，其特点为线条均匀柔和、简练生动，并且字形结构趋于规范，奠定了汉字方块构形的基础。"篆"字的含义，据《说文解字》，篆是"引笔而箸之于竹帛"的意思，大篆是相对于后来的小篆而言的，指通行于春秋战国时期的秦国文字，在广义上还包括其他各国的文字。唐代初年在天兴县陈仓（今陕西宝鸣）南之畴原出土的径约三尺的石墩上所刻的"石鼓文"被认为是大篆的真迹。

秦始皇统一天下后，开始着手统一文字的工作，由丞相李斯负责，在秦国原来使用的大篆的基础上，通融其他各诸侯国的字体，对字体进行简化，并且取消异体字，创制出了统一的文字书写形式，即小篆，又称为秦篆。小篆的出现，标志着中国古代文字的第一次统一，在汉字发展史上是一次关键性的转折。小篆字体的特点是点画均为线条，粗细一致，圆起圆收，端庄严谨，有实有虚，疏密得当，从容平和，劲健有力。虽然西汉末年之后，小篆逐渐被隶书所取代，但由于其字体优美，故颇为书法家所青睐，2000 余年来，始终是一种重要的书法字体。古代印章几乎一律采用小篆，因此又称为篆刻。

可见，大篆和小篆并不是一大一小的区别，而是文字统一前和统一后的区别。

中国汉字究竟有多少个？

我们每天都在使用汉字，汉字与我们的生活密不可分，很难想象一个没有汉字的世界会是什么样子。但实际上我们经常使用的汉字非常有限，据统计，1000 个汉字能覆盖约 92% 的书面资料，2000 个字可覆盖 98% 以上，3000 个字时就可达到 99%。所以常用的汉字大概在 3500 个左右。如果你还想进一步阅读一些古籍的话，最多只要再增加一倍。

换句话说，我们经常使用的汉字不过几千字，那我们不经常使用或从来没使用过的汉字又有多少个呢？要回答这个问题可能有点困难。因为自仓颉造字开始，人们对于汉字的创造活动就一直没断过，我们很难做个准确的结论。过去的字典只是讲收录了多少汉字，而不是说汉字就只有字典中那么多，毕竟由于编撰者经历和阅历的有限，难免有所遗漏，而且有很多古体字已经消失，难以统计。

当然，这并不表示我们不能得出一个结论。已通过专家鉴定的北京国安资讯设备公司汉字字库，共收录有出处的汉字 91251 个，是目前收入汉字最全的字库。所以我们可以大概地说汉字有 9 万多。

说到汉字，就让人想到字典。无论是民间还是皇室，中国历来就有编撰字典的传统。中国最早按字的形体和偏旁编排的第一部字典《说文解字》共收录汉字 9353 个，南朝时顾野王所撰《玉篇》共收录 16917 字，宋朝官修的《集韵》收字 53525 个，《康熙字典》收字 47035 个，日本《大汉和字典》收字 48902 个，《汉语大字典》收字 54678 个。

20 世纪编辑出版的《中华字海》是迄今为止收录汉字最多的字典，共收字 85000 个。它涵盖了过去编撰的字典中的全部汉字，另外添入了佛经、道藏难字、敦煌俗字、宋元明清俗字、方言字、科技新造字以及一些人名和地名用字，是一部研究汉语言文字的极佳字典。

汉字从什么时候开始"横行"的？

大家都知道，中国古人的书写方式与现代人存在很大差异。现代人一般是从左到右，横着写；古人则是从右向左，竖着写。是什么导致了古人的这种书写习惯，又是什么原因让我们改变了这种习惯呢？

其实说来话长。自结绳记事以来，我们祖先的写作介质一直在发生变化。从龟甲兽骨、青铜器皿、竹简丝帛再到现在通行的纸张。中国汉朝以前是没有纸的，主要用竹简来作为书写工具（丝帛较贵），但竹简偏于狭长，汉字又是方块字，毛笔比现代的钢笔、圆珠笔所占的书写范围要大很多。古人为了书写方便，就采用竖写的方式，然后把一个个竹简穿起来，就是简书。

在东汉蔡伦改进造纸术后，由于人们已经习惯了竖写，所以这种习惯就被保留。直到清朝中后期，西学东渐，要求文字改革的呼声越来越高，其中

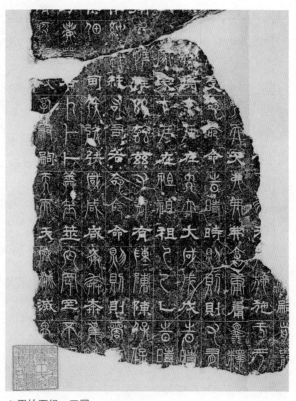

▲ 正始石经　三国

魏正始二年(公元241年)立，又名《三体石经》，用古文、篆书和隶书字体书刻，建于洛阳太学门前(今洛阳市偃师县)。石经共27块，后佚失，自宋以来屡有残石出土。

就包括改变过去从右向左竖写的书写习惯。清末刘世恩写的《音韵记号》就是一本"横行"排版的书。

中华人民共和国成立后，一些学者如郭沫若、陈嘉庚先后向国家提出汉字"横行"的建议。受当时学术界影响，1955年1月1日元旦出版的《光明日报》率先采用汉字从左向右，横行排版的方式；到1955年11月，全国17家中央级报纸已有13家采用横排方式，1956年1月1日，《人民日报》也改为横排，至此全国响应。

汉字"横行"不是人们求新求异的结果，而是带有一定的必然性。第一，当时世界上的众多媒体和刊物都是采用横版的方式，要与世界接轨并赶上时代步伐。第二，汉字横排有利于阅读。科学研究表明，人眼横着看的视域要比竖着看高。横着看方便阅读，可以在一定程度上降低视觉疲劳。第三，便于各种数理化公式以及各种外国地名、人名书写。

"秦"字是秦始皇创的吗？

大家都看过国产大片《英雄》，相信对里面的大秦军队的盛势一定记忆犹新。旌旗蔽日，上书一个斗大的篆书体"秦"字。然而，"秦"字真是在秦统一六国前就有的吗？

正史缺乏相关的记载，不过一些民间传说倒是描写得很生动。据说"秦"字在春秋战国时期写作"栞"。在秦灭六国后，始皇陛下为重立国号召集群臣议事。他说："自盘古开天辟地以来,谁的功绩最大？"

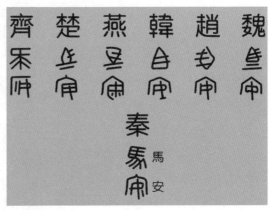

▲秦统一文字表

有臣答曰："功过是非皆载于《春秋》。"于是嬴政谓臣："寡人乃千古一帝，就以《春秋》各一半定国号吧。"这便是"秦"字的由来。

至于秦王为什么不用"栞"字作国号，传说秦王觉得此字寓意不好：一木上栖二王，一山岂容二虎，二虎相争，必有一伤，国无宁日也。还有人说，嬴政在造出"秦"字后大感得意，一大臣进言："秦字上半部分：春无日；秦字下半部分：秋无火。春无日，则万物难以生长茂盛；秋无火，则百谷难以成熟。乃不祥之兆也。"嬴政听罢，大为恼火，平生得意之笔竟被臣下如此奚落，于是他很快将那人处死。至此，谁也不敢再提国号的意见了。

还有人联系后来的"焚书坑儒"事件大作文章。认为"火"便是"焚书"，"日"便是"坑儒"。"火"作"焚书"很好理解，那为什么"日"便是"坑儒"呢？原来"日"在甲骨文或篆文中是一个圆圈内有一点，圆圈表示日轮，中间的一点表示阳光。秦始皇所挖的活埋坑亦为圆形，一个个被扔进去的儒生便是那"日"中的一横了。

但以上都只是传说，经不起考证。实际上"秦"字早在秦以前就有了。"秦"字最早出现在甲骨文中，是从事农业生产的秦人所创造出来的图腾字，即"秦象抱杵舂禾之形"。具体说来，是加工稻谷之义。并且，从西周封国开始，直到秦朝灭亡，秦人的国号从来没有更改过，根本没有所谓的"重建国号"之事，当然更没有秦始皇造"秦"字的荒诞之说。

"壹、贰、叁"等大写的数目字本义就是指数字吗？

大家知道，银行记账或签发票据都要使用大写数目字，如"壹、贰、肆、捌"等，目的是为了防止人们篡改票据。但"壹、贰、叁"等大写数目字最初并不是用来表示数字的，这中间经历了漫长的历史演变。

"壹"本是会意字，最初通作"一"，表示专一的意思。到了春秋时，"壹"才被作为数字使用，如《管子》中就有"六月而且壹见"的句子。"叁"是"参"的俗体字，意思是参加、拜访，何时被作为数目字现已无从考证。"伍"也是会意字，指旧时军队的编制，五人为一伍。"陆"是指高出水面的陆地。"柒"是"漆"的俗体字，本义是一种木名。

"贰、肆、捌、玖、拾"本义也和数目无关。"贰"指副职；"肆"是放肆的意思，如成语"肆无忌惮"；"捌"是指一种无齿的耙，农具；"玖"是指黑色的美玉；"拾"与现代汉语意义区别不大，是拾起、捡起的意思，如"路不拾遗，夜不闭户"。它们被作为大写数目字是在武则天时期。相传当时国库管理混乱，出现了很多贪赃枉法的官吏。武则天为了澄清吏治，防止他们随意涂改单据，就下令统一汉字大写数目字。于是十个小写数字的大写形式就被固定了下来。

武则天对于规范汉字大写数目字有重大贡献，但大写数目字被广泛作为记账方式是在明代。史载朱元璋时期，户部侍郎郭桓勾结其他中央、地方官员，大肆贪污国库钱粮，被查处后朱元璋先后颁布了多条惩治经济犯罪的禁令，其中就包括将记载钱粮的小写数字改成大写数目字。此后一直沿用至今。

"六书"指的是六本书吗?

"六书"一词最早见于《周礼·地官》："保氏掌谏王恶，而养国子以道，乃教之六艺……五曰六书，六曰九数。"但是这里没有写出"六书"详细的名称，也没有对"六书"的解释。对六书最早的解释出现在西汉刘歆所著的《七略》中，《汉书·艺文志》转载如下："古者八岁入小学，故周官保氏掌养国子，教之六书，谓象形、象事、象意、象声、转注、假借，造字之本也。"东汉许慎在《说文解字·叙》中对"六书"进行了正式的定义："周礼八岁入小学，保氏教国子先以六书：一曰指事，指事者视而可识，察而见意，上、下是也；二曰象形，象形者画成其物，随体诘诎，日、月是也；三曰形声，形声者以事为名，取譬相成，江、河是也；四曰会意，会意者比类合谊，以见指伪，武、信是也；五曰转注，转注者建类一首，同意相受，考、老是也；六曰假借，假借者本无其字，依声托事，令、长是也。"后世对"六书"的解释，皆以许慎之说为本。所谓"六书"，指的就是指事、象形、形声、会意、转注和假借这6种造字方法，严格来说，其中仅前4种为造字方法，因为转注和假借涉及到的是文字的使用，并不创造新字。具体说来，指事和象形属于独体造字法，象形是一种最原始的造字方法，即用图画来表示事物，在文字的演进过程中，图画性逐渐减弱，而符号性则逐渐加强；象形造字有着很大的局限，因为一些较为抽象的意义难以用图画表示出来，这就由指事的方法来进行补充，与象形字相比，指事字的抽象意义更强，有着更为显著的符号性特点。形声和会意则是合体造字法，形声字由形旁（又称"义符"）和声旁（又称"音符"）组成，形旁表示字的含义或类属，声旁则表示字的发音；会意字由两个或更多的独体字构成，几个字形共同表达这个字的含义，有些会意字同时也兼有形声字的特点，两者不是截然分开的。转注和假借是文字运用的方法，假借指的是同音替代的现象，也就是说有一些语言没有文字与其对应，这时就找发音相同的字来进行书写；对于转注，不同的学者有不同的看法，可以归结为形转、义转和音转这三种解释，但不论实际含义是哪种，转注产生的是多字同义的现象，相应地，假借产生的是一字多义的现象。

《说文解字》是一部怎样的书？

《说文解字》是中国汉语史上最早且最具权威的汉字字典。作者许慎，字叔重，汝南召陵（今河南郾城）人，中国古代著名经学家、文字学家。该书编撰的目的是为了解决东汉时期今文经学家与古文经学家之间的"文字释义之争"。书中根据古文对汉字的结构形体进行分析，揭示出汉字形、

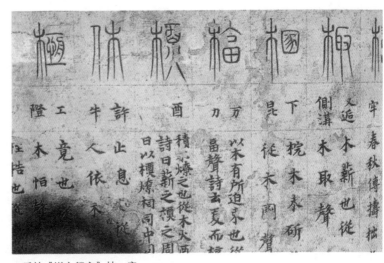

▲手抄《说文解字》帖　唐

音、义三者的正确关系，从而批判和否定了当时今文经学家以隶书形体解字、望文生义的做法。全书体例完整，编排有序，以小篆为主体，以偏旁为部首，根据不同的偏旁，分 540 部。其中，以"一"部为开始，以"亥"部为结束，对每个字的解说都采取先义、后形、再声的固定格式，书中收录篆文达 9350 余字，既收录了先秦时期的字，又包括了汉时期新创的字。《说文解字》对研究汉字的发展历程、汉语文字工具书的编写以及了解中国古代对汉字学理论的研究与发展都有着极其重要的作用。《说文解字》所使用的部首编排方法至今仍然使用，它在中国文化史上占据着重要的地位。

《康熙字典》的命名和康熙有关吗？

《康熙字典》是古代收字最多、影响最大的一部字典，由张玉书、陈廷敬等 30 多位著名学者奉诏编撰，始于康熙四十九年（1710 年），成于康熙五十五年（1716 年），康熙皇帝亲为此书作序，并将其命名为"字典"，以取字书之"典常"的意思，"字典"之名即

源于此。《康熙字典》在明代《字汇》和《正字通》的基础上增订而成，收字47035个，远远超越了此前历代的各种字书。在体例上，以楷体为正体，分为214个部首，同一部首的字按照笔画多少进行排列，采用反切法注音，并且将《唐韵》、《广韵》、《集韵》等重要韵书的音切一一列出，释义则以《说文解字》、《尔雅》、《释名》、《方言》、《广雅》等权威的字书为依据，对每个义项始见于何处也都作了明确的标注。《康熙字典》成书后，以其卓越的丰富性、详备性和权威性，成为人们读书识字所依赖的基本工具书。

"我"字最早的含义是什么？

"我"是第一人称的代词，指自己。无论书面语还是口语，都是使用频度最高的几个字之一。你是否知道，"我"最早指的是一种杀人的凶器呢？

"我"是会意字，从戈；甲骨文中的"我"字形如兵器。戈是古代常见的一种兵器。戈者，秘也，长六尺六寸，其刃横出，可勾可击，与矛专刺、殳专击者不同，亦与戟之兼刺与勾者异。戈盛行于商至战国时期，秦以后逐渐消失。其突出部分名援，援上下皆刃，用以横击和钩杀，勾割或啄刺敌人，因此，古代叫作勾兵或称啄兵。后来从"戈"中引申出"杀"的含义，因此《说文》中又云："我，古杀字。"

"戈"还可代指战争，如干戈，"偃武息戈，卑辞事汉。"可见"我"从单纯指兵器，再到"杀"、"战争"等义是经过一定的历史演变的。但何时开始指称自己的呢？"戈"在古代是一种很有代表性的武器，能够激发大家的斗志。戈兵属于国家的正规军，《礼记·檀弓下》有大丈夫当"持干戈以卫社稷"，因此武士常持戈以自恃。战争中持戈的军队称"戈方"，与其他兵种相区别，"戈"便有了"我们"的意思。

西周时期，"我"开始代指自我，正式成为第一人称代词。但古代使用最多的还是"余"、"吾"，第二人称也用"汝"、"尔"，而不是"你"。"我"、你"这些现代交际经常使用的名词是伴随着元杂剧、明清小说以及近代白话文运动而逐步确立其地位的。

文言和白话文有什么不同？

文言是古代具有正宗地位的书面语言。"文言"一词，出自《易传》中的篇名，孔颖达解释："文谓文饰，以乾坤德大，故特文饰以为文言。""文饰"即是有文采的意思。在先秦时期，书面语言和口头语言的差别不是很大，主要的区别是书面语言比口头语言更为精练简洁，辞藻也更为优美和典雅，不仅表现力更为丰富，而且蕴涵着一种审美的因素。后来，经秦汉及至唐宋，书面语言和口头语言越来越分化，并最终形成两套语言系统。一个人需要接受良好的文化教育才能够对文言运用自如，文言也成为人们身份和教养的标志，不会文言者被归为"引车卖浆者之流"，而文言自身所具有的典丽精致、雅秀俊逸的特别

▲《水浒传》是一部当时的白话小说

美感，也的确是作为口头语言的白话所无法比拟的。文言是中国古代官方文献和正统文学所使用的语言，源远流长，虽然在近代的新文化运动之后，白话取代了文言的正统地位，但是文言也绝非自此被弃置不顾，一些重要的文史学术著作依然采用文言来写作，例如鲁迅的《中国小说史略》、陈寅恪的《柳如是别传》、钱锺书的《谈艺录》等。出于继承优秀而丰富的古代文化传统的需要，能够阅读文言依然是当代中国人应当具备的文化素质。

白话文又称"语体文"，是古代书面语言的一种，白话文之"白"，是与文言文之"文"相对应而言的，意为不加修饰，是对日常口头语言的照直记录。当然，语言从口头到书面总是有所变化的，只是白话文与口头语言基本上是一致的，不会差异到可能发生理解困难的那种程度。白话文并非是近代才出现的，而是自古有之，只是在古代，作为正宗书面语言的是文言文，白话文是不登大雅之堂的。历代的白话文基本是在通俗文学作品中使用，如汉魏乐府民歌、唐代变文、宋元话本、明清小说等。明清时期，虽然白话长篇小说取得了辉煌的成就，成为这一历史阶段代表性的文学体裁，但是占据正统地位的仍然是以文言文创作的诗文，白话文真正占据主流地位，是在新文化运动时期。

古人为什么把"家"里有"女"叫作"安"？

"安"字上面宝盖头，本义为空间，后指"家"。所以"安"为"家中有女"，那么古人为何又如此造字呢，这又反映了古人什么样的观念呢？

"安"的意思是安静、安宁、祥和。为何"家中有女"方为"安"呢？原来在古代，女人一个人在外是非常危险的。因为古代多是部落杂居，部落间经常发生械斗和暴力冲突，女子很容易成为掳掠的对象。在畜牧农耕发明后，女子一般不再出外采集，转而采桑养蚕，织布断锦，在家足不出户，负责相夫教子。这样就减少了抛头露面的机会，避免了很多外界来的伤害，即"女居家则安"。

《诗经·桃夭》中更是描绘了一个如桃花般美丽的女子出嫁时的情景，其中"之子于归，宜其室家"则反映了古人家无"女"不成的观念。在儒家伦理看来，也是先修身、齐家，然后才是治国，平天下。而成家始于"婚"，婚姻的本质是家中有"女"，如果没有女主人，就不是一个完整的家庭，因此家中有女人方为"安"。

"安"经常与"宁"连在一起用，家中有丁方为宁，男女俱全，于是享福得安宁。这其实是古代农耕社会的真实写照。古代家庭产生后，男耕女织，缺一不可。男主外，女主内，有男在家，可以决定家中大小事宜，方得宁静；有女在家，负责一家人的饮食起居、照顾孩子，方得安适。而一个缺少女子的家庭，无论如何都是很悲哀的，难得"安"。一个家庭男女角色不可或缺，因此"安宁"二字也就很少分开，成了生活的常见词。

为什么宝盖头下有头"猪"才叫"家"？

"家"是一个非常温馨的字眼，很多人一生漂泊在外，但到了最后都还是要叶落归根，回到故土。"家乡"、"家国"这些词语曾经牵动着多少游子和古今仁人志士的心。据《周礼·小司徒》注："有夫有妇，然后为家。"可见，"家"至少由夫妇二人构成。我们常说的"成家"其实就是指结婚，一男一女相互结合的过程。

"家"从偏旁和部首角度分析，为宝盖头下有头猪。那为什么"宝盖头下有头猪"就是家了呢？宝盖头，最初的含义就是指一定的空间。比如"宇宙"一词，"宇"表示四面八方的空间，"宙"表示古往今来的时间，二者都是宝盖头，前者表示空间"于"此，后者表示"空间"的来由。后来原始居民发明了房子后，宝盖头就常用指屋顶或者房屋。"宝盖头下有只猪"的含义就是房子里养了一头猪。

远古时代，人们慢慢懂得了养殖动物。最初被圈养的动物就包括"猪"。"家"一词可能来自那个时代。人们把猪养在屋里，有了一定的生活来源，就成为一个"家"了。在那个时代，人们没有别的收入，猪就是财富的象征。也就是说，仅仅结婚是不够的，夫妻还有一定的财富和收入来源，这才是一个和美幸福之"家"。

▲青瓷宅院 三国
此院落平面方形，围墙环绕，双坡檐顶，大门上有一门楼，四角设角楼，正中有房舍，四角设圆形仓座，为当时民居建筑的重要资料。

如《尚书·皋陶谟》："夙夜浚明有家。"《诗经·桃夭》注："室为夫妇所居，家谓一门之内。"很好地区别了我们现在常连在一起使用的"家室"，"室"比"家"的概念外延小，仅指夫妻所居之处。现代问人有没有"家室"，本义是"你家里有没有室"（意为夫妻起居之所，其实是委婉地问你有没有妻子。）

"铜臭"是指铜锈而发臭吗？

▲半两钱及钱范　秦

"铜臭"意为铜钱的臭（气）味，用来讽刺唯利是图的人。1985 年公布的《普通话异读词审音表》把"臭"注音为"xiù"，但我们通常读"chòu"。这个词语出自《后汉书·崔骃列传第四十二》："久之不自安，从容问其子钧曰：'吾居三公，于议者何如？'钧曰：'大人少有英称，历位卿守，论者不谓不当为三公；而今登其位，天下失望。'烈曰：'何为然也？'钧曰：'论者嫌其铜臭。'"

东汉桓帝、灵帝时，纲纪败坏，官职可以公开买卖。崔烈已为朝廷重臣，但他仍不满足于现状，而在卖官鬻爵的腐败中以五百万钱买得"司徒"一职，从而得享"三公"之尊。有一日他问儿子崔钧："吾居三公，于议者何如？"崔钧如实回答："论者嫌其铜臭。"后来人们便以"铜臭"一词来讥讽俗陋无知而多财暴富之人。

关于"铜臭"的解释，《现代汉语词典》解释为铜钱的臭气。"臭"若读"xiù"则作"气味"解，如《诗经·文王》"无声无臭"，《孟子》中有"口之于味也，目之于色也，耳之于声也，鼻之于臭也，四肢之于安佚也，性也"。

《聊斋志异·席方平》中二郎的判语："羊某：富而不仁，狡而多诈。金光盖地，因使阎摩殿上尽是阴霾；铜臭熏天，遂教枉死城中全无日月。余腥犹能役鬼，大力直可通神。宜籍羊氏之家，以尝席生之孝。"这里的"臭"指臭气、恶气应无疑问。

当然以上只是学术上的争论，并不影响我们在现实生活中使用这个词。

人们为什么要在书信落款处写上"××缄"呢？

写信的朋友在寄信人地址栏内经常能看到"××缄"的字样。"缄"的本义是什么，我们常说的"缄口不语"、保持"缄默"和这里的"××缄"有联系吗？

缄，《尔雅》释义为"索也"。本义是指捆箱子用的绳子，如东汉许慎编撰的《说文解字》注解为："缄，束箧也。"《汉书·外戚传》中"使客子解箧缄未已"中的"解箧缄"就是解开捆箱子的绳子。

"××缄"最初的含义就是"××捆信"。古代在没有发明纸信封之前，使用过相当长时间的"双鲤鱼"和简牍信封。汉以前，主要用"双鲤鱼"信封。这种信封由两块鲤鱼形木板制成，中间夹着信纸，外面又有绳索捆束。如"呼儿烹鲤鱼"，即解绳开函，"中有尺素书"即开函看到用素帛写的书信。汉代信封以简牍（竹或木片）做成，用绳索捆绑后，在绳结处加上封泥。

汉以后，纸张开始普及，纸质信封出现。寄信人"××缄"的习惯仍然保留。直到今天，我们写信还经常用上"××缄"的字样，意思是"××封信"。"缄口不语"的"缄"字含义也来自这里，意思是保持沉默、不说话。

古代汉语里没有"她"字吗？

现代汉语中，我们经常使用第三人称代词"她"来指称女性。但在古汉语中是没有"她"字的，我们表达第三人称使用"之"或"他"。"他"在宋元的话本、戏曲中可以泛指第三称的一切事物，包括男人、女人以及其他无生命的东西。

"她"的产生是在新文化运动后期，其创造者是刘半农。当时普遍提倡白话文，大量引进了西方现代文化。但在翻译欧美文学作品时，汉语第三人称不能区分性别，造成了很大的混淆和不方便。

鲁迅先生曾尝试过使用"伊"来代指女性，但"伊"来自古汉语和南方方言（本义并非专指女性）。使用起来一不切实际，二不方便，很难推广。刘半农在其1917年翻译的英国戏剧《琴魂》中，试用了自己创造的新字"她"，引来保守势力的攻击和反对，舆论争论十分激烈。随后，刘半农撰写学术论文《"她"字问题》，并将文章寄回上海发表。他的新诗《教我如何不想她》更是脍炙人口，表达了一个海外游子对祖国母亲"她"的思念。

刘半农创造了"她"字，结束了汉语中第三人称男女表达混乱的现象，丰富发展了汉语言文字。鲁迅先生曾高度评价说，"她"字的创造是"打了一次大仗"。

古代有"时髦"一词吗？

"赶时髦"现在是个很流行的词语，意即追求某种流行趋势和时尚元素。据说这个词和"粉丝（fans）"、"咖啡（coffee）"一样是个外来词，是英文"smart"的缩写。"smart"的本义为"精致，聪明"，音译过来就是"时髦"的意思，但真是如此吗？

其实，"时髦"在中国产生非常早。"髦"是个会意字，从髟，从毛。髟，长发下垂的样子。本义为毛发中的长毫。据《说文解字》中解释："髦，发也。"《山海经·南山经》："如狸而有髦。"唐代玄应《一切经音义》："髦，发中毫者也。"可见"髦"既可以指动物皮毛，也可指人的头发。《礼记·曲礼》中"乘髦马"意为骑一种浑身长毛的马。"髦"还通"牦"，中国西部青藏高原上的"牦牛"最初可能为"髦牛"，如《史记·西南夷列传》："取其髦牛，以此巴蜀殷富。""髦"还可以指幼儿垂在前额的短发，如《诗经·鄘风·柏舟》注："髦者，发至眉。子事父母之饰。"

"髦"不知何时产生"俊杰"之义。中国古代有"凤毛"之说，比喻不可多得的人才，关羽被称作"美髯公"，可见胡须和头发在古代是审美的一种要素。"髦"既为长发，由是有"美"意，进而比喻才俊或杰出之士。这种表达出现得很早，《诗经》中就有记载。另如《尔雅》："髦，俊也。"《诗·大雅·思齐》："誉髦斯士。"《诗·小雅·甫田》："烝我髦士。"《仪礼·士冠礼》："髦士攸宜。"

可见"髦"在古代就有时尚和审美的要素在里面。现在说的"时髦"是指一种行为模式流传现象。它的发起者多为社会名流，主要表达一种自我的宣扬和个性，模仿和暗示性强烈。

意见不同叫"相左"，为什么不叫"相右"？

我们每个人都有两只手，两只手协作，人类就可以做很多事情。比如一只手按住纸，另一只手写字；一只手握住零件，另一只手拧动螺丝。可以说，左手和右手是不分家的，离开任何一只都会给我们的学习和生活带来极大的不便。

左右手的关系是如此密切，我们也常使用它们的引申义。比如意见不同叫相左，那为什么不叫相右呢？

据有关学者考证，左右手虽然功能大致相同，但灵活性却有区别。一般而言，我们习惯于用右手，右手的灵活性要远远超过左手。比如我们可以用右手写字、绘画、雕刻、刺绣，用左手就往往难以完成。所以在古人看来，右手具有"灵巧、帮助"的含义，而"左手"由于不具备"右手"的灵活性，往往给人笨拙、违逆的感觉。由此引申到人们的观点不同上，就产生了意见相左的说法。

如果有相右的说法，那也应该是表达意见的相同。当然，语言文字的发展过程有其自身特点，为什么没有产生相右的说法可能与我们已经有了大量表达意见一致的词汇有关。"意见相左"这个词语之所以产生，可能是为了委婉地表达不同意见。比如你与某人意见不和，在表达时使用"我与他意见相左"，而不用"相反、相悖"这类感情色彩浓烈的词语，可以有效降低对立和冲突，还可以在一定程度上显示出你容人的雅量。

打败仗为什么叫"败北"，而不叫"败东"或"败西"呢？

"败北"就是打败仗，也引申为做事不成功，竞争或竞选失败。那么，"败北"一词究竟何义，是战败后往北逃跑吗？

"北"在古代汉语中的本义为"背"或"相背"。古时两军交战，若一方败退则以"背"对胜利的一方。所以"北"就有了失败的义项。《孙子·军争》："佯北勿从。"这个"北"，也是"败"或"败逃"，意为"敌人假装败逃，不要盲目追赶"。贾谊《过秦论》中说的"追亡逐北"，意为"追杀败逃的敌军"。

▲彩绘军阵俑　西汉

在中国古代汉语中存在大量和方位有关的词汇，很多来自周易的卦爻辞，还有一部分来自于人们对社会生活的观察和体验。仔细考察这些词源，对我们加深对传统文化的理解有极大的帮助。拿"败北"这个词语来讲，如果我们不知道"北"的古义是"背"或"相背"，就很难理解为什么不可以把"败北"改成"败东"或"败西"，还可能以为"败北"就是向北方逃跑的意思。

购物叫买"东西"，为什么不叫买"南北"呢？

"东西"是物品的代称。我们上街购物叫买"东西"。既然方位名词"东西"可以指代所购之物，那么"南北"为什么不可以呢？

一说认为，购物称"买东西"源于中国古老的周易理论。阴阳五行学说认为，东方甲乙木，西方庚辛金，南方丙丁火，北方壬癸水。东西为金木，具有有形实体和价值；南北为水火，为虚。中国古代购买物品所用之器皿多为"竹木"编制而成，遇水则漏，遇火则焚。因此，上街购物称买"东西"，而不称买"南北"。

另一说认为，"买东西"一词来自中国唐代集市贸易的"东西二市"。唐朝是中国封建社会的顶峰。都城长安既是全国的政治、经济、文化中心，又是一座国际化的大都市。由宫城、皇城、郭城三部分构成。其中，手工业、商业主要集中在城市的东西两边。由于购物往往需要既跑东市，又看西市，这样东来西去，来回折返，久而久之，"买东西"就成了购物的代名词了。

这两种说法均有一定的合理性。首先，中国传统五行学说一定程度上影响了城市布局。南北多为通渠，"天子坐北而朝南"；东西为实体，故城市商圈多分布于东西方向。在此基础上形成"东西"二市，于是"买东西"也就成了购物的代名词。

"捉刀"与"代笔"原意是代人作文吗？

"捉刀"常与"代笔"连用。中国古代的文字最初是用刀子刻在龟甲和兽骨上的。后来发明简牍后，人们用毛笔在上面写字，如果发现错误需要更正就用刀子削去，再重新写。所以"刀"和"笔"关系密切。

"捉刀"一词来自于南朝宋人刘义庆所著《世说新语·容止》，其文字如下："魏武将见匈奴使，自以为形陋，不足雄远国；使崔琰代，帝自捉刀立床头。既毕，令间谍问曰：'魏王何如？'匈奴使答曰：'魏王雅望非常；然床头捉刀人，此乃英雄也。'魏武闻之，追杀此使。"

这段话意思是说，曹操在统一北方后，适逢匈奴使臣来朝见。曹操认为自己长相不够威严，难以达到震慑之目的。于是便命长相俊朗、气宇非凡的崔琰代替自己坐在床上，而自己扮成侍卫提刀立于床边。参拜结束后，魏王命间谍去问匈奴使者："对魏王印象如何啊？"匈奴使臣答曰："魏王俊美，风采高雅，但是，床边捉刀的那个人气度威严，非常人可及，是为真英雄也！"曹操听后，怕使者泄漏了真相，于是便派人杀了这个使者。

这个典故中，"捉刀人"是请别人代替自己的人，与现在词义并不一致。至于后来人们用"捉刀"来比喻代替他人作文章，大概是词语流传过程中出现了转义现象。所以，我们常说的"捉刀代笔"，意为替别人撰写文章。此外，替他人代写公文和状词的人旧时被称为"刀笔吏"，也足可见"捉刀"和"代笔"的密切关联性。

为什么是"爱屋及乌"而不是"及"其他东西？

"爱屋及乌"从字面上理解是爱人之屋连带喜欢上人家屋顶上的乌鸦，引申为由于喜欢某人或物，连带与他有关系的人或物也喜欢。乌鸦在中国古代多有不祥的意味，如最早的一部诗歌总集《诗经》中就有"瞻乌爱止，于谁之家"的句子。由喜欢一个人，进而连带有一定不祥意味的乌鸦也喜欢，足见爱之深、情之切；有过分宠爱的含义。

这个成语与"武王伐纣"有关。话说周武王在牧野击败商纣，纣王自焚于鹿台，周武王率领大军进入朝歌。面对大量商朝的旧吏和士众，武王问计于太公："对殷商旧臣怎么处理？"太公回答："臣闻之也：爱人者，兼其屋上之乌；不爱人者，及其胥余。何如？"

意思是爱一个人，连他屋上的乌鸦也一起爱；讨厌一个人，连同他的下属也一起讨厌。

但召公并不同意姜子牙之说，他认为有罪的固然该杀，无罪的不如留下。但武王并不赞成留下商纣面前的这帮谗臣小人。这时，周公说话了："依臣之见，不如让他们回家耕地，这样既可以显出大王的宽大，又可以避免他们再滋生事端。"武王觉得这个主意好，就按周公说的做了，果然，天下很快安定下来，商人也没有发生大的暴乱。

于是，"爱屋及乌"这个成语也便流传开来。后人多喜欢用这个典故，如唐代诗人杜甫《奉赠射洪李四丈》："丈人屋上乌，人好乌亦好。"宋朝人周敦颐的《濂溪诗》："怒移水中蟹，爱及屋上乌。"陈师道《简李伯益》："时清视我门前雀，人好看君屋上乌。"

有"下榻"，有没有"上榻"一说呢？

"榻"在古代是床的一种，矮而狭长，可以自由移动或悬挂。《孔雀东南飞》中有"移我琉璃榻，出置前窗下"的说法。所谓"下榻"本义是指放下榻准备睡觉。王勃《滕王阁序》赞美洪州人才辈出，云："物华天宝，龙光射斗牛之墟；人杰地灵，徐孺下陈蕃之榻。"徐孺，又名徐稚，东汉豫章南昌人，是当时的名士。徐孺家贫，但从不喜结交权贵。由于德才兼备多

▲榻上弈棋

次被征辟，但徐稚都婉言谢绝，被当地一些人誉为"南州高士"。

"徐孺下陈蕃之榻"讲述的是陈蕃向徐孺请教的故事。据《后汉书·徐稺传》记载："蕃在郡不接宾客，唯稚来特设一榻，去则县之。"《后汉书·陈王列传》也有类似记载："郡守招莫肯至，唯陈蕃能致焉。学而不名，特设一榻，去则县之。"这里的"县"同"悬"，"下榻"的本义就是徐稚来了后，放下"榻"来供其住宿。后来就用这个典故表示虚心求教，尊重客人，"下榻"也逐渐成了客舍的雅称。

榻平时是被悬起来的，只有睡觉时才放下来，故为"下榻"。"榻"虽然有床的含义，但不像我们说"上床"那样可以说"上榻"。床一般固定，比人身体位置略高，故为"上床"睡觉；榻则不一样，狭长而矮，还容易移动，所以只能"下"而不能"上"，再加上当年陈蕃还把它挂得很高，所以只能是"下榻"了，现在已经是约定俗成的说法。

一模一样的东西为什么叫"雷同"，而不是"风同"或"雨同"？

很多人喜欢看电视剧。在字幕部分经常看到："本剧纯属虚构，如有雷同，纯属巧合。"意思是说如果存在与社会生活中事件相同的地方，那也只是巧合。这么做可以解决很多版权或侵权的问题，类似于一个公告或申明。

"雷同"一词究竟何来，为何不称"风同"或"雨同"呢？这里有个缘故：雷在古代易经中为震卦。震卦是万物生长或茂盛的开始。春雷过后，万物与之相和，得阳光雨露而繁盛。雷常与电相伴而生，所谓"电闪雷鸣"；雷也常与回声相联系，如雷声过后，山川、溪谷皆有回声。看起来就像是在附和"雷公"一样。

"雷同"有附和的意思，多指旧时文人没有自己观点，而附会古人的见解。如《礼记·曲礼》说："毋剿说，毋雷同。"汉代郑玄注："雷之发声，物无不同时应者。人之言当各由己，不当然也。"

因此"雷同"一词的来历应取"雷声过后，万物与之相应"的意象。虽万物与之相和，譬如空谷回声，终究不同于雷声，虽形似而不神似。说"雷同"，有时也包含谦虚的意思。风雨虽然也是自然现象，但终没有"雷声"发出，万物与之相应的现象。所以，我们看到的也只有"雷同"，而无"风同"或"雨同"了。这也说明，任何语言现象都存在一定的客观依据，而不是完全来自我们的主观臆造。

"马上"怎么演变成表示"立刻"？

"马上"有"立刻"的意思。那么，为什么"马上"可以表达"立刻"的意思，这个词在古代还有别的意义吗？

"马上"从字面上理解，就是骑在马上。中国古代打仗的将军多骑马，在马上进行比武或弓矢对射，因此有征战武功的含义。如《史记·郦生陆贾列传》："陆生时时前说称《诗》《书》，高帝骂之曰：'乃公居马上而得之，安事《诗》《书》？'陆生曰：'居马上得之，宁可以马上治之乎？'"这段话是说陆生经常在高帝面前讲《诗经》和《尚书》这两部儒家经典，高帝不高兴，就说："都是马上得天下，没听说读书可以办到的。"陆生反应也快，随即回答道："可以马上得天下，但可以在马上治理天下吗？"这里"马上"就是"武治"的含义。明王世贞《艺苑卮言》卷八："明兴，高帝创自马上，亦复优礼儒硕。"这里是说高帝的天下都是马上打下来的，但同时也很重视儒家的治国作用。

"马上"第二个含义是指在朝为官。古时官员有骑马或坐轿上任的习惯，在"马上"意味着在职。如《中国现在记》第二回："既而一想，我亦是个男子汉大丈夫，小虽小，到底还在马上，不比他失势之人，我又何必怕他？"从维熙《远去的白帆》："寇安老头当时还在马上，他把这对情侣饲养在龙眼葡萄棚架之下。"

至于"马上"表示"立刻"的含义就比较有争论了。有说来自古代的一员武将，当时正在烽火前线，忽然收到皇帝病危的消息，于是一直骑着马就奔着京城去了。这里"马上"强调事情的紧急，来不及下马。有人说这与中国古代大思想家荀子有关，据说他有一次不小心从马上摔下来，后人就称"马上就来"表示变起于仓促之间，极言时间短。不过也有人认为马在古代可以说是最快速的交通工具了，在"马上"意味着已经做好一切的准备，有可以"立刻"出发的含义。

至于准确的来历，现在已不可考，但历代习惯用法中颇多"立刻"之意，现在更为白话文常用。如元无名氏《陈州粜米》第三折："爷，有的就马上说了罢！"老舍《黑白李》："老四，也不催我，显然他说的是长久之计，不是马上要干什么。"

话语不能吃但为何会有"食言"呢?

"食言"从字面上理解就是吃了话语。显然话语是不能吃的，那为什么我们经常用"食言"这个词语呢？与之类似的表达还如"吞进肚子里的话吐出来"。话真能吞吗，又怎么吐出来？

其实这些都是形象的表达。"食言"表示不遵守自己的承诺，不讲信用。自己说了的话经常不算，故谓"食言"，与"吞"、"吐"话语的表达相仿。它来自于"食言而肥"这个典故，与春秋时一个叫孟武伯的大臣有关。

《左传·哀公二十五年》中有这样一段话："公宴于五梧。武伯为祝，恶郭重，曰：'何肥也？'季孙曰：'请饮彘也！以鲁国之密迩仇雠，臣是以不获从君，克免于大行，又谓重也肥。'公曰：'是食言多矣，能无肥乎？'"鲁哀公出访越国回来，季康子和孟武伯到五梧这个地方迎接。君臣在一起宴饮，孟武伯很讨厌受哀

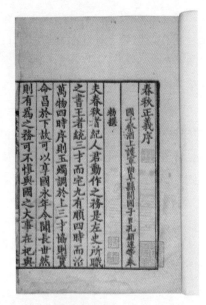

▲《左传》书影

公宠爱的郭重，就借敬酒的机会说："你怎么这么肥啊？"季康子，名肥，听了这话很不高兴，就说："要罚这头猪（指孟武伯）喝酒！鲁国紧挨着仇人，臣下因此不能跟随君王，才避免远行。郭重跟着君王奔波辛苦，孟武伯却说长得肥胖。"哀公就势指桑骂槐，说："这个人吃自己的话多了，能不肥胖吗？"

这是君臣交恶的一个典型例子。孟武伯这个人向来言而无信，经常说话不算话，鲁哀公很讨厌他。所以借此机会，对他大加讽刺，搞得孟武伯面红耳赤。当然，鲁哀公也因此得罪了孟武伯，孟武伯后来给哀公制造了不少麻烦。

后来就用这个词语表示人不守信用，只图自己占便宜。如明代高明《琵琶记·南浦嘱别》："孩儿，既蒙张太公金诺，必不食言；你可放心早去。"

为什么把榜样人物称为"楷模"呢？

"楷模"就是榜样。我们一般把人的模范行为、榜样作用、为人师表的风范称为"楷模"。这个词由来已久，如《后汉书·卢植传》："故北中郎将卢植，名著海内，学为儒宗，士之楷模，国之桢干。"

卢植，字子干，东汉涿郡涿县（今河北省涿州市）人。声如洪钟、性刚毅有大节，常怀济世志，少与郑玄师从马融，通古今学，为当时大儒。著有《尚书章句》、《三礼解诂》。《后汉书》上那段话是曹操赞美卢植的，说他为儒学大家，士人的楷模，国家的栋梁。

"楷模"一词虽与卢植有一定关联，但最初却是指的两种树。楷树俗名黄莲树，是制作家具的好材料，又易于雕刻，不腐不折且木纹清晰可见。相传在孔子墓前，生长着一株楷树，为子贡所植。此树树干挺拔，枝繁叶茂，长势端庄，巍然兀立，正气浩然，为诸树之榜样。但后来被雷电击毁，今仅存"楷碑"和"楷亭"。模树，其叶随时令而变，春天青翠碧绿，夏时赤红似血，秋日洁白如玉，冬则乌黑如墨。因其各季色泽纯正，"不染尘俗"，便为诸树榜样。相传，在周公墓旁，生长着一棵这样的树木。据明朝叶盛《水东日记》载："吴正道，东隅人，明六书，许慎《说文解字》不足者补之，临川吴文正公澄问曰：'楷模二字假借乎？'曰：'取义也。'曰：'何以取木为义？'曰：'昔模木生周公冢上，其叶春青夏赤秋白冬黑，以色得其正也。'"这里的模树颇为神奇，颜色可随季节而变，而不像其他树木春绿秋枯，有"不落世俗"之义。

周公和孔子都是后世儒家推崇的圣人。于是，人们便用生长在他们墓旁的树木来比喻他们正直高尚的人格。因此，才有了"楷模"的说法。因为这两种树是其他树的榜样，后来借物喻人，"楷模"就成了我们生活中那些值得敬的人或事了。

为什么行事要守"规矩"？

我们常说"没有规矩，不成方圆"。意思是没有一定的规则和法度，就很难办成事情。告诉人们要遵守一定的社会秩序和法度，才能保证人类生活和生产活动的顺利进行。在法律中，经常使用"规矩"这个词，即强调法律规定的是社会道德的底线和一般规则，任何人都不应该触犯它。

"规矩"现在是一个词，以前是分开的，指木匠用的两种工具。规，就是圆规，用来画圆；距，又叫曲尺或直尺，呈直角，是木匠打制方形门窗桌凳等必备的工具。没有了"规"和"矩"这两样工具，自然画不了方圆，木工师傅也就难以完成家具的制作了。

当然，"规矩"一词的含义远不是木匠工具那么简单。近年，新疆维吾尔自治区吐鲁番出土了一张《伏羲女娲图》。这幅绘于汉代的图画中，伏羲为男身，女娲为女身，两人侧身相对，各举一手。伏羲举手执矩，女娲举手执规，另一手则抱住对方的腰，下半身作蛇形交绕。他们高举着规和矩，意味着作为中华人文始祖，最大的贡献就是为后人确定了行为准则，并初步对人类社会的秩序做出了规范。规和矩，标志着人类社会建立了不同于动物世界的活动法则。

故而，"规矩"就是指规则和法度。"守规矩"就是告诉人们不要乱来，要受道德和法律的约束。但后来词义有所变化，如"循规蹈矩"、"规行矩步"等都是表示拘泥于旧的原则或规则，没有创新，含有一定的贬义。

"退避三舍"到底退了多远？

"退避三舍"现多指退让和回避，缓和冲突。舍是古代行军路程的单位，"一舍"为三十里，"三舍"就是九十里。字面上的意思就是向后退让九十里地，以表示尊敬和谦让。语出自《左传·僖公二十三年》："及楚，楚之飨之，曰：'公子若反晋国，则何以报不谷？'对曰：'子女玉帛则君有之，羽毛齿革则君地生焉。其波及晋国者，君之余也，其何以报君？'曰：'虽然，何以报我？'对曰：'若以君之灵，得反晋国，晋、楚治兵，遇于中原，其辟君三舍。若不获命，其左执鞭弭、右属櫜鞬，以与君周旋。'"

这个典故与春秋五霸之一的晋文公有关。晋文公就是公子重耳。春秋时候，晋献公听信谗言，杀了太子申生，又派人捉拿申生的异母兄长重耳。重耳闻讯，逃出晋国，在外流亡19年。这段对话发生在重耳流亡楚国期间。据说重耳到了楚国，楚王热情接待了他，并对他说："公子你如果回到晋国，会如何报答我呢？"重耳说："美女和丝帛这些东西您都有，羽毛和齿革楚国也都盛产，晋国有的楚国都有，您叫我如何报答你呢？"楚王就说："话虽如此，总要报答我一下吧！"重耳说："如果托您的福，我能返回晋国。如果将来有一天，晋和楚发生战争，我当向后退让90里地，以示尊敬。如果还是不能得到您的原谅，我就左手拿鞭子和弓箭，右手带着盛着弓箭的袋子，来与您交战。"

▲晋文公复国图卷（局部）　南宋　李唐

后来重耳果然回到晋国，并当上国君。他励精图治，晋国很快强盛起来。公元前 632 年，楚国和晋国的军队交战。晋文公为了实现他许下的诺言，下令军队后退 90 里，驻扎在城濮。楚军见晋军后退，以为对方害怕了，马上追击。晋军利用楚军骄傲轻敌的弱点，集中兵力，大破楚军，取得了城濮之战的胜利。

现在多用"退避三舍"来表达暂时回避和缓和矛盾，不与人正面交锋或起冲突。

"五内俱焚"的"五内"是指什么?

"五内俱焚"常用来比喻异常焦急的心情。"五内"指的是五脏。中国传统中医理论认为人有"五脏六腑"，其中"五脏"指心、肝、脾、肺、肾，"六腑"指胆、胃、小肠、大肠、膀胱、三焦。五脏主要是贮藏精气，六腑主要是消化食物，吸其精华，弃其糟粕。

"五内俱焚"是指五脏都像着了火一样，比喻异常焦急的情势。这句话出自东汉末年蔡文姬所著的《悲愤诗》："见此崩五内，恍惚生狂痴。"意思是见到这种情景，五脏仿佛都崩碎了，恍恍惚惚生出很多妄念来。

蔡文姬，东汉末年著名才女和文学家。其父蔡邕是曹操的挚友和老师，是当时有名的文学家和书法家，还精于天文数理、妙解音律。在父亲的影响下，蔡文姬既博学能文，又善诗赋，兼长辩才与音律。可惜当时社会动荡，蔡文姬被掳到匈奴，并嫁于左贤王为妻，饱尝了异乡生活的悲苦。曹操统一北方后，感念恩师对自己的教诲，用重金将蔡文姬赎回。

蔡文姬的人生是不幸的，但她的文章却得以流传。如《胡笳十八拍》和《悲愤诗》。《悲愤诗》是中国第一首自传体五言长篇叙事诗。这首诗的第一部分主要表达董卓作乱，百姓流离失所，自己被掳和想念亲人的情感。其中的"见此崩五内"之句，被后人提炼为成语"五内俱焚"。

至于如何由"崩"而"焚"，可能与传统中医有关系。我们常说"上火"、"肝火过旺"都是表达一种内热的症候，与人心情焦躁不安非常相似，而五内俱"崩"似乎有点夸张了。

"文字"扔在地上会"掷地有声"吗?

"掷地有声"这个词语是形容文章写得优美、铿锵有力，而不是说东西摔到地上，清脆有声。

"掷地有声"出自《镜花缘》八十一回："不但独出新裁，脱了旧套；并且斩钉截铁，字字雪亮，此等灯谜，可谓掷地有声了。"形容灯谜出的精巧、字字珠玑。有关这个成语的典故却不是来自这里，它与晋朝一个叫孙绰的人有关，原作"掷地金声"。

据《晋书·孙绰传》记载，孙绰少有才名，擅长写文章。他曾在浙江会稽一带住了十多年，足迹遍及浙江的山山水水。在游览天台山后，写成一篇《游天台山赋》，描写了天台山优美的自然风光。他本人自我感觉非常满意，拿给朋友范启观阅，并夸口道："你就是把它仍在地上，也能发出钟磬那么响亮的声音来！"果然范启看后赞不绝口，非常欣赏。

原句为："卿试掷地，当作金石声也。"金石指古代的钟磬一类的乐器。"掷地金声"比喻文章笔力遒劲、厚重稳实，具有很强的感染力。成语"掷地有声"便由此演变而来，通常用来赞美别人的文章。如果望文生义，单从字面理解，以为任何东西都可以"掷地有声"，那就大错特错了。

"座右铭"与座位有关吗？

"座右铭"指为人处世所遵守的基本原则和方法。它可以是一两句言简意赅的话，也可以是一句诗、格言或谚语。座右铭的作用是激励和约束自己。这个词语最早见于《文选·崔瑗〈座右铭〉》吕延济题注："瑗兄璋为人所杀，瑗遂手刃其仇，亡命，蒙赦而出，作此铭以自戒，尝置座右，故曰座右铭也。"

东汉的崔瑗喜欢意气用事。他的兄长崔璋被别人杀了，崔瑗替哥哥报仇后，四处逃命。等到朝廷特赦的时候才得以重回家乡。为此，他作了一篇铭文，告诫自己行事不可鲁莽。由于放在座位的右边，所以就叫"座右铭"。

▲《文选》书影

关于铭有两种含义：一是在器物、碑碣上面记述事实、称颂功德的文字。如中国古代的"金铭"、"墓志铭"等。二是自警的文字，如"座右铭"。但最初的"铭"却是一种盛酒的器皿。

相传春秋时期，齐人为纪念齐桓公修了一座庙宇。里面摆放着一种装酒的器皿，叫敧器。一次，孔子和他的学生前往拜庙，说："敧器空着的时候就倾斜着；把酒或水倒进去一半，就直立起来；敧器装满，还是会倾斜。所以过去齐桓公总是把敧器放在他座位右边，用来告诫不可骄傲自满。"从孔子的话里，我们可以看出最初的"座右铭"是一种"物铭"，与敧器有关。

现在的"座右铭"通常指我们最信奉的格言或警句，很多是名人名言。我们每个人都应该有自己的座右铭，以之鞭策自己不断去取得新的进步。

为什么把男女风流之事叫"绯闻"？

经常在电视上看到，某某明星又闹绯闻了，于是炒得沸沸扬扬、满城风雨。"绯"读"fēi"，一声，而不是我们通常读的三声。"绯闻"又称"桃色新闻"，指有关男女之间不正当关系的新闻。

"绯"在古代汉语中是"红色"的含义。如《说文新附》："绯，帛赤色也。"韩愈《区弘南归》："佩服上色紫与绯。"中国古代有"绯衣"的说法，指红色的衣服。绯也来形容桃花，如"绯桃"，意为红色的桃（花）。可见"绯闻"被称为"桃色新闻"主要因为二者在颜色上的一致性。

桃或桃花在中国古代有特殊的意义。桃花盛开于四五月间，正是草长莺飞、万物生长的好时节。各种动物开始忙着求偶，准备繁衍后代。春天的"春"在古代诗歌中本来就有情色的含义，如"春宵苦短"。旧时妓院也多以"春×楼"命名。所以，"春"本有情色之意象，"桃花"就是这种意象的指代。

旧时封建礼教甚严，"桃色新闻"也多用于描述男女之间的不正当关系。所谓人言可畏，也有很多因此而自杀的事例。现在随着社会的开放，人们的价值观念的改变，"绯闻"更多用来描述男女的暧昧关系。

"雕虫小技"真的微不足道吗？

"雕虫小技"比喻微不足道的技能。虫：虫书体，古代的一种字体。这个词语最早见于《北史·李浑传》："尝谓魏收曰：雕虫小技，我不如卿。国典朝章，卿不如我。"

"雕虫小技"从字面上理解是"雕刻虫书体这种技能"，含微不足道的意思。这个成语是从"雕虫篆刻"中演化而来的。这里的"篆刻"是指在木板上刻写篆书体的字，"雕虫"与上面含义同。由于这两种技能在当时非常普通，因此引申为微不足道的技巧。

在西汉扬雄的所著《法言·吾子》中有下面一段话："或问：'吾子少而好赋。'曰：'然。童子雕虫篆刻。'俄而曰：'壮夫不为也。'或曰：'赋可以讽乎？'曰：'讽乎！讽则已，不已，吾恐不免于劝也。'"表达了扬雄对于当时浮夸而言之无物的"赋"这种文体的看法，认为其不过是"雕虫篆刻"的微末技巧。

有人说扬雄本来是西汉的辞赋大师，为何自己贬低起"赋"这种文体来了。这可能与扬雄入朝为官后心态的变化有关系。在《隋书·李德林传》："雕虫小技，殆相如、子云之辈。"这句话中得到印证。

"雕虫篆刻"表达可能过于文言，后人就用"雕虫小技"加以替代。当时主要为了反对魏晋南北朝时期辞藻华丽，却言之无物的文风，曰"赋"为雕虫小技。现在则泛指一切微不足道、不入流的技能或技巧。

"天字第一号"的说法来自何处?

中国古代有"三、百、千"的说法。"三"是指《三字经》，"百"指《百家姓》，"千"就是这里的《千字文》。虽然数字排在"三"、"百"之后，但在这三部经典中，《千字文》却是成书最早的。相传为南朝梁武帝时散骑侍郎、给事中周兴嗣所作。

据说梁武帝萧衍为教诸王书法，叫殷铁石从王羲之的作品中拓出一千个不同的

▲草书《千字文》

字，每个字一张纸。然后交给周兴嗣命其编缀成有内容的韵文。周用了一夜将其编完，累得是须发皆白。不过好歹交了差，还得到了不少赏赐。

《千字文》共 1000 字，以"天地玄黄，宇宙洪荒"句作为开头。"天字第一号"的"天"字就来自这里，意为《千字文》的第一个字。"天字第一号"意为第一或第一类中最好的，喻指最高、最大或最强的。

现在我们也经常使用"天字第一号"的说法。比如"天字一号商标"、"天字一号店"、"天字一号药铺"等。总之，我们的文化和社会习惯深受传统的影响。

给汉字注音与外国人有关吗?

汉字注音经历了漫长的历史发展。从最初的音节整体描述，到声韵二分的反切注音，到音节中切分声调的纽四声法注音，再到注音字母和汉语拼音方案，每一步都是当时学术背景和历史的反映，都是多元文化相互碰撞的结果。

中国最早给汉字注音的是东汉的许慎。在其编撰的字典《说文解字》中，当他认为某些字应该注明读音时，就用直音法为其注音（用另一个音同或相近的字代替）。但这种方法有缺陷，如陈澧《切韵考·通论》："古人音书，但曰读若某，读与某同。然或无同音之字，则其法穷；或虽有同音之字，而隐僻难识者，则其法又穷。"后来产生了声韵二分的反切注音，在此基础上再加上声调，就是纽四声法注音。

这一时期的注音以汉字为主，音标化注音要晚些。明朝时，中国与西洋列国通商，万历年间，一些天主教徒为传教来到中国。为了学习汉语，他们用拉丁和罗马字母给汉字注音。当时鼎鼎大名的意大利传教士利玛窦于 1605 年在北京出版了《西字奇迹》一书。罗常培根据该书的汉字与拉丁文对照的译文，整理出一个包括 26 个声母和 44 个韵母的汉语拼音方案。1626 年，法国耶稣会传教士金尼阁 (1610 年来华) 在杭州又出版了《西儒耳目资》，在利玛窦的注音方案基础上做了一定的修改。后人称之为"利金方案"，打开了汉字音标化、音素化注音的大门。

从明朝、清朝到中华人民共和国成立，几百年间产生了几十种拼音方案。这些音标注音字母有汉字笔画式、速记符号式、拉丁字母、数码式、自造符号式等；从音节的拼音方式看，有声韵双拼制、音素制、三拼制等。

中华人民共和国成立后，汉字的注音方式才得到统一。1955 年，在北京召开的全国性现代汉语规范问题学术会议公布了《汉语拼音方案》，后经 1958 年全国人民代表大会第五次会议通过。至此，汉字注音、记音才走上规范化道路。

古代的字母和现在的字母一样吗？

字母，含有一切文字之母的意思，古代是指汉语声母的代表字，唐末僧人守温参考梵文字母而选出 30 个汉字来代表声类，后来有人将其增加为 36 个，称为"三十六字母"，即见、溪、群、凝、端、透、定、泥、知、彻、澄、娘、帮、滂、并、明、非、敷、奉、微、精、清、从、心、邪、照、穿、床、审、禅、晓、匣、影、喻、来、日。"三十六字母"反映的是中古后期也就是唐宋时期的声母系统，与上古音和现代语音有所差别，据学者考证，上古汉语实际应用的是 26 个声母，而现代汉语拼音中的声母则为 21 个。

第三章
文学著作

"诗三百"的名称从何而来？

提起"诗三百"，可能许多人马上想到《论语》中的那句："诗三百，一言以蔽之，曰：思无邪。"这句话表明孔子不仅是个深邃的思想家，而且是一个一流的文学评论家。"思无邪"，短短三个字道出了诗歌的本质，无论古代诗歌还是现代诗歌，其实质都不过是这三个字。

"诗三百"即《诗经》，编撰于先秦时期，是中国第一部诗歌总集。其名称本来是《诗》，后来可能因总共有 305 篇，时人取其整数称其为"诗三百"。西汉时，儒生们出于对孔子的尊敬，将之称为《诗经》，因为"经"在古代乃是对特别尊崇的书的称呼。

▲诗经图册之八月剥枣　清　吴求

《诗经》里的诗其实本是用来配乐的歌词。因此，"诗"本身衍生于"歌"，这也是"诗"被称为"诗歌"的原因。按照音乐性质，《诗经》被大体上分为风、雅、颂三类。风，是不同地区的地方音乐，多为民歌，产生于民间；雅，是宫廷宴飨或朝会时的乐歌，多由贵族文人创作；颂，是宗庙祭祀的乐歌和史诗，内容多是歌颂祖先功业的，全部由贵族文人创作。

《诗经》中的诗歌写作年代是从西周初年至春秋中叶，大约 500 年，所反映的社会生活内容十分丰富，对于 2000 多年前的政治经济、战争徭役、祭祀典礼、世俗人情、生产生活等均有所涉及，具有重要的文献价值。

"风雅颂，赋比兴"是什么意思？

所谓风、雅、颂，是指《诗经》按音乐划分的三个类别。"风"是指国风，即西周时期各国的民间歌谣。"雅"，是周王京畿的乐歌，又分大雅、小雅。"颂"是形容、赞颂的意思，是当时统治者进行祭祀时的乐歌。

所谓赋、比、兴，是《诗经》主要的表现手法。"赋"，是铺陈的意思，对事物进行直接陈述。"比"就是比喻，以彼物比此物。"兴"，就是联想，触景生情，因物起兴。这种艺术表现手法，是诗歌创作的主要形象化方法。

《论语》是一部什么样的书？

　　《论语》是一本记录孔子及其弟子言行的书。全书约 1.2 万字，共 20 篇，大部分内容是孔子对于其弟子所提问题的回答，因此也可以说这本书是孔子几个弟子的课堂笔记合在一起的集子。另外书中也记录了一些孔子弟子的言行。书中的语言言简意赅、含蓄隽永，对于孔子的政治理想、伦理主张、道德观念以及教育原则等均有所反映，并生动地刻画了孔子和一些弟子的人物形象。《论语》刚开始在儒家经典中地位并不高，一度被称为"小经"，南宋后因为理学家朱熹的推崇而日渐成为儒家"第一经"。其博大深刻的思想至今仍影响着中国以及东亚、东南亚许多国家。

　　至于《论语》究竟编纂于何时、由谁编纂，历来说法不一。

　　关于《论语》的编纂者，一个比较笼统的说法是《汉书·艺文志》中的"众弟子咸记之"。这里的众弟子，不少学者推测为仲弓、子夏等人。同时，也有不少人认为《论语》为孔子弟子曾子和有子两人的门人所作。因为在书中，除孔子外，只有这两人被尊称为"子"，并且书中记录两人的言论也比较多。唐代的柳宗元则进一步认为《论语》为曾子及其弟子所编，因为书中对曾参无一处不称"子"，而且记载他的言行和孔子其他弟子比较起来为最多。宋代理学家"二程"与近代的思想家梁启超也持此观点。还有一种说法认为《论语》是曾子门人讲述，由秦汉儒生编辑总结而成。

　　而关于《论语》的成书时间，目前只能推测出一个大致的时间。《论语》里不仅记录了孔子与学生之间的问答，而且记录了孔子的弟子子夏、子张、曾子等与再传弟子之间的对话。这其中，子张小孔子 48 岁，子夏小孔子 44 岁。他们收有学生，应该是孔子死后许多年了。另外，《论语·泰伯》篇中记载有曾子病危将死时与弟子孟敬子的对话。孟敬子是鲁国大夫孟武伯儿子的谥号，他死于战国初期，而曾子死于公元前 436 年左右。因此，《论语》成书应该在公元前 400 年前后。

　　综上可以推测，《论语》应该是在战国初期，孔子死后大约 60 年，由其弟子或再传弟子，或者弟子与再传弟子一起编辑而成的。

《楚辞》是屈原一个人写的吗？

　　"楚辞"，是战国时代的伟大诗人屈原创造的一种诗体。作品运用楚地的文学样式、方言声韵，叙写楚地的山川人物、历史风情，具有浓厚的地方特色。如宋人黄伯思所说，"皆书楚语，作楚声，纪楚地，名楚物"。

　　西汉末年，刘向将屈原、宋玉的作品以及汉代淮南小山、东方朔、王褒、刘向等人承袭模仿屈原、宋玉的作品共 16 篇辑录成集，定名为《楚辞》。楚辞遂又成为诗歌总集的名

▲九歌图卷　清　汪汉

称，并成为继《诗经》以后，对中国文学具有深远影响的一部诗歌总集。由于屈原的《离骚》是《楚辞》的代表作，故楚辞又称为"骚"或"骚体"。

"风骚"一开始就有"下流"的意思吗？

"风骚"一词在现如今的很多时候是作为贬义词来使用的。当人们形容一个女性水性杨花的时候，就说她"风骚"，形容女人卖弄风情时，就说她"卖弄风骚"。

其实，"风骚"原本不是这个意思。"风骚"开始指两本书，分别是《诗经》和《楚辞》。《诗经》中最著名的是《国风》；《楚辞》中最著名的是《离骚》，所以古人便用"风骚"一词作为这两本书的并称。由于这两本书是中国古代诗歌现实主义和浪漫主义传统的源头，后人就用"风骚"来代指文学或文采，用"骚人"来指称文人墨客。

北宋孙光宪的《北梦琐言》有这样一句话："沙门贯休，钟人离也，风骚之外，精于笔札。"这其中的"风骚"指的就是文采的意思。清代诗人赵翼也曾在《论诗》中写道："李杜诗篇万口传，至今已觉不新鲜。江山代有才人出，各领风骚数百年。"意思是说李白和杜甫的诗流传到现在已经不是很新鲜了，总会有天才一辈辈地出现，分别引领着数百年的文学潮流。

到了明清时期，"风骚"开始引申出别的意思。在《红楼梦》中形容王熙凤"身量苗条，体格风骚"，这里的"风骚"明显与之前的意思不同，应该作为容貌俏丽来理解。再后来，"风骚"一词渐渐引申出风光、光彩之义，进一步又引申出风流放荡，再引申出举止轻佻的意思。"风骚"一词之所以会有如此变化，大概是因为明清之际，很多文人举止风流、行为浪荡的缘故吧。当然，这只是个推测，真实的原因已不可考。

中国文学史上第一个有正式名称的诗文派别是什么？

江西诗派是中国文学史上第一个有正式名称的诗文派别。

北宋后期，黄庭坚在诗坛上影响很大，追随和效法黄庭坚的诗人颇多，逐渐形成以黄庭坚为中心的诗歌流派。宋徽宗时，吕本中作《江西诗社宗派图》，认为陈师道等25人与黄庭坚是一脉相承的，因为他们大部分的籍贯为江西，故称其为"江西诗派"。

宋末方回因为诗派成员多学杜甫，就把杜甫称为江西诗派之"祖"，而把黄庭坚、陈师道、陈与义三人称为诗派之"宗"，提出了江西诗派的"一祖三宗"之说。

江西诗派的诗歌理论强调"夺胎换骨"、"点铁成金"，即或师承前人之辞，或师承前人之意；崇尚瘦硬奇拗的诗风；追求字字有出处。在创作实践中，"以故为新"。作为宋代最有影响的诗歌流派，它的影响遍及整个南宋诗坛，余波一直延及近代的同光体诗人。

乐府最早是机关名吗？

乐府原是指管理音乐的机关，最早见于汉惠帝时，汉武帝将其扩充为大规模的专署。主要功能是收集民间音乐，创作歌辞，改编曲谱，以供宫廷娱乐和庙堂祭祀，使当时的民歌得到很好的保存。后人就把乐府里收集的诗歌称为"乐府"、"乐府诗"或"汉乐府"。

汉乐府的最大特点就是叙事性，即"缘事而发"，长篇叙事诗《孔雀东南飞》可以说是汉代乐府的杰出代表。东汉时期还出现了文人模仿乐府形式的五言诗。

汉乐府不仅哺育了当时文人的诗歌，而且对魏晋乃至唐代诗人都有巨大影响，建安文人都喜欢用乐府旧题反映社会的离乱；唐代李白、杜甫也都有乐府题诗作，白居易更是创作了大量的新乐府诗，并发起了新乐府运动。

中国最早的民歌是什么？

中国古代最早的民歌是《击壤歌》。《击壤歌》最早见于东汉王充的《论衡》一书。相传唐尧时有老人击壤而歌，词云：

"吾日出而作，日入而息。凿井而饮，耕田而食。帝力于我何哉？"

其大意是：我每天太阳一出就开始劳动，太阳落山才回家休息。自己动手凿井而得到水饮，自己动手耕作才得到饭吃。帝王对我又能怎么样呢？

这首民歌，文字简朴、明白晓畅，抒发了劳动者的自豪之情。

▲击壤之戏

"三曹"和"三苏"都是一家子吗？

"三曹"是指汉魏间曹操、曹丕、曹植三父子。因他们政治上的地位和文学上的成就对当时的文坛很有影响，所以后人合称之为"三曹"。

曹操是建安时期杰出的文学家，开创了建安文学的新风气。曹丕擅长诗文及辞赋，代表作《燕歌行》，全诗均用七言，句句押韵，在中国七言诗的发展史上占有重要地位。曹植是第一个大力创作五言诗的文人，把文人五言诗推到了一个前所未有的高峰，他的五言诗作品标志着文人五言诗的完全成熟，他的散文和辞赋也表现出了很高的思想性和艺术性，最著名的就是《洛神赋》。

"三苏"指北宋散文家苏洵和他的儿子苏轼、苏辙。

宋仁宗嘉定初年，苏洵和苏轼、苏辙父子三人都到了京城东京（今河南开封市）。由于欧阳修的赏识和推誉，他们的文章很快著称于世。士大夫争相传诵，一时学者竞相仿效。宋人王辟之《渑水燕谈录·才识》记载："苏氏文章擅天下，目其文曰三苏。盖洵为老苏、轼为大苏、辙为小也。""三苏"的称号即由此而来。

"三苏"之中，苏洵和苏辙主要以散文著称，苏轼则不但在散文创作上成果甚丰，而且在诗、词、书、画等各个领域中都有重要地位。

"竹林七贤"缘何得名？

"竹林七贤"是指魏晋时期的嵇康、阮籍、山涛、阮咸、向秀、刘伶、王戎七位文士。他们经常在竹林里携手共游，开怀畅饮，高谈阔论，所以被人们称为"竹林七贤"。

当时的社会动荡不安，司马氏和曹氏争夺政权的斗争异常激烈，民不聊生。文士们不仅无法施展才华，而且时时担忧性命安全，因此崇尚老庄哲学，从虚无缥缈的神仙境界中去寻找精神寄托，用清谈、饮酒、佯狂等方式来排遣苦闷的心情。"竹林七贤"就是这些文士们的代表。在文学上，竹林七贤的作品基本上继承了建安文学的精神，但由于当时的血腥统治，作家不能直抒胸臆，所以不得不采用比兴、象征、神话等手法，隐晦曲折地表达自己的思想感情。

"初唐四杰"是哪四个人？

"初唐四杰"是初唐文学家王勃、杨炯、卢照邻、骆宾王的合称。《旧唐书·杨炯传》说：杨炯与王勃、卢照邻、骆宾王以文诗齐名，海内称为王杨卢骆，亦号为"四杰"。

他们都是官小而名大、年少而才高的诗人，在初唐诗坛的地位很重要，上承梁陈，下启沈宋，其中卢、骆长于歌行，王、杨长于五律。后人所说的声律风骨兼备的唐诗，从他们才开始定型。

▲ 王勃像　　　　▲ 杨炯像　　　　▲ 卢照邻像　　　　▲ 骆宾王像

唐代诗人中除了"仙"、"圣"还有什么？

唐朝是诗歌发展的鼎盛时期，很多诗人都有自己的雅号。

诗祖——陈子昂。元代方回称"陈拾遗子昂，唐之诗祖也"。

诗杰——王勃。其诗流利婉畅，宏放浑厚，独具一格，人称"诗杰"。

诗佛——王维。因其虔诚信佛，在部分诗歌中宣扬佛教，赞美佛教的无声寂灭而得名。

诗星——孟浩然。清代陆凤藻《小知录》称"诗星，孟浩然也"。

诗天子——王昌龄。他有"诗家天子王江宁"的美誉。

诗仙——李白。因其诗歌雄奇豪放而得名。

诗圣——杜甫。其诗沉郁顿挫，倾慕圣贤。

诗骨——陈子昂。其诗词意激昂，风格高峻，大有"汉魏风骨"，被誉为"诗骨"。

诗豪——刘禹锡。唐代白居易称"彭城刘梦得，诗豪也"。

诗魔——白居易。其作《与元九书》"劳心灵，役声气，连朝接夕，不知其苦，非魔而何"。

诗囚——孟郊、贾岛。元好问《放言》称"长沙一湘累，郊岛两诗囚"。

诗鬼——李贺。因其诗歌设想奇绝，瑰丽凄恻而得名。

诗奴——贾岛。一生以作诗为命，好刻意苦吟，人称其为"诗奴"。

"郊寒岛瘦"说的是谁？

郊寒岛瘦指唐朝著名的两位诗人孟郊和贾岛，二人以苦吟著称，因其平生遭际大体相当，诗之风格清奇悲凄、幽峭枯寂，格局狭隘窄小、破碎急促，且讲究苦吟推敲，锤字炼句，往往给人以寒瘦窘迫之感，故被后世并称为"郊寒岛瘦"。最早提出这一评语的是苏轼："元轻白俗，郊寒岛瘦。"

"大李杜"和"小李杜"指的是谁？

唐朝诗人中有两个"李杜"，李白和杜甫并称"大李杜"，李商隐和杜牧并称"小李杜"。

李白，字太白，号青莲居士，又号"谪仙人"，中国唐代伟大的浪漫主义诗人，被后人称为"诗仙"。李白生活在唐代极盛时期，怀有"济苍生"、"安黎元"的理想，他的大量诗篇，既反映了那个时代的繁荣气象，也揭露和批判了统治集团的荒淫和腐败，表现出蔑视权贵，反抗传统束缚，追求自由和理想的精神。在艺术上，他的诗想象新奇，构思奇特，感情强烈，意境奇伟瑰丽，语言清新明快，气势雄浑瑰丽，形成豪放、超迈的艺术风格，达到了中国古代浪漫主义诗歌艺术的高峰。唐朝文宗御封李白的诗歌、裴旻的剑舞、张旭的草书为"三绝"。

杜甫，字子美，自号少陵野老，世称杜少陵，曾任左拾遗、检校工部员外郎，因此后世称其为杜工部。杜甫是伟大的现实主义诗人。杜甫以古体、律诗见长，作品的风格"沉郁顿挫"。杜甫生活在唐朝由盛转衰的历史时期，其诗多涉笔社会动荡、政治黑暗、人民疾苦，一生写诗 1400 多首，其中很多是传颂千古的名篇，他的诗被誉为"诗史"，后人尊称他为"诗圣"。对后世影响深远。

李商隐，字义山，号玉溪生、樊南生，晚唐著名诗人。祖籍怀州河内（今河南沁阳市或博爱县），生于河南荥阳（今郑州荥阳）。其诗构思新奇，风格浓丽，尤其是一些爱情诗写得缠绵悱恻，为人传诵。但过于隐晦迷离，难于索解，至有"诗家总爱西昆好，独恨无人作郑笺"之说。

杜牧，字牧之，京兆万年（今陕西西安）人。唐文宗大和二年进士，历任监察御史，黄州、池州、睦州等地刺史，以及司勋员外郎、中书舍人等职。杜牧有政治理想，但由于秉性

▲太白醉酒图 清 改琦

刚直，屡受排挤，一生仕途不得志，因而晚年纵情声色，过着放荡不羁的生活。杜牧的诗、赋、古文都负盛名，而以诗的成就最大，与李商隐齐名，世称"小李杜"。其诗风格俊爽清丽，独树一帜。尤其长于七言律诗和绝句。

如果说李白、杜甫共同创造了盛唐诗歌的一个几乎无可企及的巅峰，那么李商隐和杜牧则在晚唐业已没落的诗风中添上瑰丽的一页。

谁的文章导致"洛阳纸贵"？

"洛阳纸贵"的故事出自《晋书·文苑·左思传》。说的是西晋泰康年间，洛阳一个叫左思的文学青年写了一篇叫《三都赋》的文章，由于写得太好，时人争相传抄，结果竟然导致洛阳市面上的纸一下子涨了两三倍。对于一个写文章的人，还有什么是比这更高的荣耀呢？

《三都赋》是汉代流行的赋体文，该文从历史、地理、物产、风土人情等角度，对三国时期的魏都邺城、蜀都成都、吴都南京进行了描写。全文总共1万多字，对3个都城的描写分别成篇，构思巧妙、文笔精当，乃是千古名篇。

左思小时候不但其貌不扬，身材矮小，而且看上去脑子也有些呆呆的，实在没人相信他会在文学上或者其他任何事上有所成就。做御史的父亲就一直对他非常不看好，经常在朋友面前说后悔生了这个儿子。左思长大后，他父亲还对朋友讲："唉，左思虽然成年了，但他现在的知识和才能，还不如我小时候呢。"

左思嘴上不说什么，心里却不服气，暗暗发奋。他看到当时流行的东汉班固写的《两都赋》

和张衡写的《两京赋》，虽然佩服其宏大气魄，可也看出了其中华而不实、大而无当的弊病，于是他决定自己写一篇同类型但更朴实的《三都赋》。左思先是广泛搜集资料，然后闭门写作十年，文章始成。

一开始，因为左思名不见经转，文章并不被时人认可，当时的著名文学家陆机还讥讽他的文章只配给自己盖酒坛子。不甘心的左思带着自己的文章前去拜见当时的著名文学家张华，得到了赏识。张华还将左思的文章推荐给皇甫谧，皇甫谧也很欣赏，并亲自为之作序。

直到这时，《三都赋》的价值才被人发现，一下子广为流传。《三都赋》字数不少，毛笔字又相当占纸，而且当时的纸刚刚发明，市面上可能本也不会太多，因此纸在短期内涨价，想必并非夸张。后人便用"洛阳纸贵"来形容某人的文章写得了不得。

《百家姓》是如何排序的？

《百家姓》相传由北宋初年吴越钱塘地区的一个书生所编撰。书中将常见的姓氏编成四字一句、两句一韵的短文，读来朗朗上口，易学好记，流传广泛，影响深远。其与《三字经》、《千字文》并称"三百千"，是中国古代幼儿的启蒙读物。书中之所以按照"赵钱孙李"的顺序排列，并非依据各姓氏人口数量，而是受到当时政治的影响。

据宋人王明清考证，《百家姓》之所以将赵姓排在第一位，乃是因为当时宋朝皇帝为赵匡胤，赵乃国姓。而在宋朝建国之初，还另有政权并存。浙江有称王吴越国的钱镠，另外还有定都金陵的南唐后主李煜，所以钱、李二姓也被排在了前面。而据说编写《百家姓》的书生是钱塘人士，就将吴越王钱镠的正妃的孙姓排在了李姓之前，最终形成"赵钱孙李"的顺序。接下来的"周吴郑王"则都是钱镠的其他后妃的姓氏，而后面的姓氏安排都大抵受当时门第政治的影响。

在中国古代，尤其是流行世家门第政治的魏晋南北朝以后，人们非常重视姓氏，因为它往往代表了一个人的家族地位，是一个人参加社交活动的一个重要名片。唐代曾以政治地位排出过名门八姓，彼此世世通婚。因此姓氏排序也便不可马虎半点了。当时朝臣编撰《氏族志》时，曾按旧日大族顺序在最前面分别排出"崔、卢、李、郑"四姓，惹得唐太宗很不高兴。朝臣只好按新的次序重新排列，自然，李姓被排在了第一位。而明代所编写的《千家姓》，也将朱姓排在了第一位。

需要说明的是，《百家姓》中并非只有 100 个姓氏，"百"只是一种泛称，并且其具体的数目在不同的朝代也有所不同。最初的《百家姓》收录了 411 个姓，至元代，由于连年战火，留下来的版本残缺不全，数目有所减少；明代版本则又做了增补，记录总共 438 姓，其中 408 个单姓，38 个复姓；清朝人又进一步增补到 504 个，包括单姓 444 个，复姓 60 个，便是我们今天所看到的《百家姓》了。

《论语》最早传播到哪个国家?

孔子的思想不仅影响了中国两千多年,而且波及到东亚、东南亚等中国周边地区。作为孔子思想载体的《论语》在东亚、东南亚的早期流传情况,在时间上不好准确界定先后顺序,只能大体上确定它最早是传播到了朝鲜半岛、日本、越南这些地区。

因为地利之便,早在西汉时期,《论语》便流传到了当时朝鲜半岛。当时的百济非常推崇儒家文化,还聘请南朝梁的博士前去讲授《论语》。高丽和新罗的社会风气虽然崇尚佛教,但其政治和伦理层面则已经"儒化",并设太学,开科取士,其中《论语》为必考内容。据说当时在朝鲜被誉为"海东孔子"的大儒崔冲尤其善讲《论语》。

《论语》传播到日本的具体时间不好界定。有确切年份记载的是,公元285年,日本的应神天皇听说朝鲜半岛的百济国五经博士王仁非常有学识,派使者请其往日本讲学。王仁到日本时带了《论语》10卷和《千字文》,至此,《论语》正式传到日本。之后,《论语》在日本广为传播。日本历史上最贤德的圣德太子把《论语》的中心总结为"礼"和"仁",他所制定的日本宪法的前身《十七条宪法》就是以《论语》为基础衍生出来的。8世纪,日本颁布了《大宝律令》,其中规定,《论语》为学生必读书籍。

而《论语》在越南的传播也可以追溯到汉代。中国在秦汉时期曾在越南北部设郡。汉光武帝时,儒生任延前往越南做太守。任延带去了许多儒家典籍,其中便有《论语》。任延在任期间,兴办教育,教授儒学,《论语》开始在越南传播。在越南的吴朝、丁朝和黎朝(相当于中国秦汉至北宋时期)《论语》慢慢传播。经李朝、陈朝、胡朝至后黎,儒学在越南达到全盛。15世纪中期,黎太宗采取儒臣建议,举行科举制度,《论语》乃是必考内容。

宋代的"话本"指的是说话的本子吗?

宋代,随着城市经济的发展,大量的商人和手工劳动者涌入城市,逐渐形成了一个结构复杂的市民阶层。由于相对有闲有钱的市民阶层的崛起,城市文化需求便多起来,于是各种民间艺人纷纷向城市会聚。在北宋的东京(开封)、南宋的临安(杭州)等大城市里,产生了许多被称为"瓦舍"的娱乐场所。在"瓦舍"内,各种综合性民间娱乐节目连番上演。在众多娱乐节目中,"说话"是其中之一。

"说话"现在一般称为"说书",即由民间艺人口头为观众讲述一些小说、历史故事、谜语、佛经故事等,一般是有说有唱。而"话本"便是这些说唱艺人在"说话"时所用的故事底本。有的详细一些,可以直接当故事读;有的则仅仅是简略大纲,起个提示作用。具体而言,"说话"分为小说、说经、讲史和合生四种,因此"话本"也就分为这四类。

小说家的话本，从题材上分为公案、爱情、神仙鬼怪三类。全部为短篇小说，故事人物一般为中下层民间人物。在来源上，绝大部分是从传奇和笔记小说中抄录而来，只是讲时换作更通俗的口语。语言特色上，"话本"中一般都穿插不少诗词，里面经常出现模仿听众对"说话"艺人提问的"说话的"这种称呼短语。从小说史的角度来说，宋元话本是中国小说史的一个重要发展阶段。

讲史家的话本，又称"平话"，如《三国志平话》。一般讲长篇历史故事，每次结束时故意卖个关子，吸引听众下次来听。史话本一般在开头有一首诗，以总括历史或以评论发端，结尾时又有一首，用于慨叹历史。在语言上，则半文半白，通俗易懂。"说经"包括说参请、说诨经等，一般是讲佛经故事。《大唐三藏法师取经记》便是小说《西游记》的雏形。"合生"，也作"合笙"，一般是两个人插科打诨，相当于后来的相声。

另外，在广义上，宋时的诸宫调、影戏、傀儡戏的脚本也可以称为话本，还有人把明清人摹拟小说话本而写的短篇白话小说统称为话本。

"二十四史"是哪二十四部史书？

"二十四史"是乾隆皇帝钦定的 24 部纪传体正史的总称。这些史书记载了上起黄帝时代，下到明朝崇祯十七年（1644 年）4000 多年的历史。"二十四史"共 3213 卷，约 4000 万字，使用统一的本纪、列传的纪传体的形式编写。它们分别是：《史记》（西汉·司马迁）、《汉书》（东汉·班固）、《后汉书》（南朝宋·范晔）、《三国志》（西晋·陈寿）、《晋书》（唐·房玄龄等）、《宋书》（南朝梁·沈约）、《南齐书》（南朝梁·萧子显）、《梁书》（唐·姚思廉）、《陈书》（唐·姚思廉）、《魏书》（北齐·魏收）、《北齐书》（唐·李百药）、《周书》（唐·令狐德棻等）、《隋书》（唐·魏徵等）、《南史》（唐·李延寿）、《北史》（唐·李

▲《汉书》作者班固像

延寿）、《旧唐书》（后晋·刘昫等）、《新唐书》（宋·欧阳修、宋祁）、《旧五代史》（宋·薛居正等）、《新五代史》（宋·欧阳修）、《宋史》（元·脱脱等）、《辽史》（元·脱脱等）、《金史》（元·脱脱等）、《元史》（明·宋濂等）和《明史》（清·张廷玉等）。这些史书勾勒出中国历史的主干，是中国古代史的权威读本。

"四书五经"指的是什么？

古人说到读书，指的就是读"四书五经"。读其他的书，不叫读书，叫消遣。

南宋理学家朱熹将《礼记》中的《大学》、《中庸》两篇单独提出来，和《论语》、《孟

子》并列在一起作为读书人必读的四本儒家经典。因为它们分别出于早期儒家的四位代表性人物曾参、子思、孔子、孟子，所以称为"四子书"，简称为"四书"（也称四子）。

"五经"是儒家作为学习基础的古代五本经典书籍的合称，相传它们都经由儒家创始人孔子编辑或修改。儒家本来有六经，分别是《诗经》、《尚书》、《仪礼》、《乐经》、《周易》和《春秋》。因秦始皇"焚书坑儒"，《乐经》失传。明清科举选仕，试卷命题必出自"四书五经"。这也正是古人将读"四书五经"视为唯一正统的原因。

"三通"、"四史"具体指哪些书?

中国学界一向有"四书、五经、三通、四史"的说法。"四书"、"五经"上文已述，那么"三通"、"四史"又分别指的是什么呢？

先说"三通"。"三通"其实是三本历史书，分别是《通典》、《通志》和《文献通考》。中国的正史，即"二十四史"有两个特点：其一，除《史记》外，基本上各个朝代各自作史，缺乏贯通；其二，一般以记人、记事为中心，对于典章制度则只是顺带，而非专门记述。而"三通"在时间上，打破朝代界限，从上古一直写到"当代"；在内容上，"三通"则以记录礼仪、风俗、政治、经济、兵役制度等为中心，为后人研究古代社会提供了重要的文献资料。

"三通"中，最早出现的是唐朝杜佑所撰的《通典》。《通典》乃是中国第一部典章制度专史，记录了上自远古时期，下至唐代天宝末年的各种社会政治、经济制度。《通志》乃是宋代人郑樵所作，其中记录了上古至隋唐的各种制度。在体裁上，《通志》不拘一格，由纪、传、谱、略、载记等5种体例共同构成，堪称别具一格。《文献通考》是"三通"中最晚出现的一本，作者为宋代的马端临。就其体例与内容来看，《文献通考》乃是《通典》的扩大与续作。

"四史"，简单说，就是"二十四史"中写得最好的4部。这4部书乃是"二十四史"的前四史，分别是《史记》、《汉书》、《后汉书》、《三国志》。一方面，这4本史书因为评价客观、历史隐晦少，在作史态度上成为后世典范；另一方面，这4本书在体例上开创了后世史作的范例，相当于给后世史书基本定下了写作框架；最后，这4本史书无论在历史见识，还是在文采上，都异乎寻常，因此不仅是史学著作，而且历来被当成文学作品来读。《史记》更是被清代著名文学评论家金圣叹列为"六才子书"的第三才子书。正是因为这些原因，这4本书才被单独列出，另立门户。据说学历史的人刚接触史书时，因为没时间详细通读"二十四史"，便是先读"四史"，基本把握了中国历史的脉络，然后再选择自己喜欢的时代史研读，由此也可见"四史"在"二十四史"中的特殊性。

"十三经"是哪十三本经书？

十三经是指儒家的 13 部经典：《诗经》、《尚书》、《周礼》、《仪礼》、《礼记》、《周易》、《左传》、《公羊传》、《谷梁传》、《论语》、《尔雅》、《孝经》和《孟子》。十三经的称呼大约形成于南宋时期，是儒家的经典，也是儒家思想的精华所在。

从传统观念来看，《易》、《诗》、《书》、《礼》、《春秋》被称为"经"，《左传》、《公羊传》、《谷梁传》属于《春秋经》的"传"，《礼记》、《孝经》、《论语》、《孟子》被称为"记"，《尔雅》是汉代经师的训诂之作。"经"的地位最高，"传"、"记"次之，《尔雅》为最低。十三经的形成经历了一个长期的过程。在汉代，以《易》、《诗》、《书》、《礼》、《春秋》为"五经"，受到政府的重视，立于学官。唐朝时期，又增加了《仪礼》和《春秋》三传，形成了"九经"。五代时，又收入《论语》和《孟子》，形成"十一经"。到了南宋时期，又加上了《尔雅》和《孝经》，"十三经"最终确立。"十三经"在古代中国有着高不可攀的地位，每一经都有皇帝钦定的权威注释，南宋时被汇编成规模宏大的《十三经注疏》。这部内容丰富的丛书，保留了许多珍贵的史料和文献，具有巨大的价值。

"四大奇书"指哪四部名著？

"四大奇书"，指《三国演义》、《水浒传》、《西游记》和《金瓶梅》4 本古典长篇小说，因为均为明代人所写，又称"明代四大奇书"。这种说法最早由明末小说家冯梦龙提出。所谓"奇"者，除了指内容和艺术上的新奇之外，还指这几本书对于小说体裁本身的开拓。"四大奇书"分别开创了中国古典章回小说的历史演义传统、英雄传奇传统、神魔小说传统、世情小说传统四大传统。

《三国演义》成书于元末明初，由罗贯中在民间传说和有关话本、戏曲的基础上写成，是中国第一部长篇章回体小说。小说文不甚深，言不甚俗，气势雄浑，娓娓道来。

《水浒传》也是创作于元末明初，作者施耐庵。同《三国演义》一样，它也是在民间故事和话本、戏曲基础上创作而成。《水浒传》是中国第一部描写农民起义的小说，全书围绕"官逼民反"这一线索展开情节，讲述了政治上一个永久的话题——合法政权体制内的反叛者与政权的关系。该小说被清代著名文学评论家金圣叹评为"六才子书"之中的"第五才子书"，并被其从一百回删减至七十回。

《西游记》先是由许多民间艺人口头创作，在嘉靖年间，由吴承恩最后完成。它是中国最优秀的神话小说作品，书中借助唐朝僧人玄奘法师西天取经的故事，熔佛、道于一炉，幻想出了一个超自然的世界。

《金瓶梅》不同于前面 3 部的集体创作，是中国第一部文人独创的长篇小说，成书时间大约在明万历年间。作者署名兰陵笑笑生，至今不知究竟为何人。《金瓶梅》的题材由《水浒传》中"武松杀嫂"一段故事演化而来，是第一本将目光投向市井小人物的小说。《金瓶梅》对后世小说产生了非常大的影响，《红梦楼》就明显地受到它的影响。因其淫秽内容太多，成为明清以来历代禁书。

散曲为什么被称为"散"？

散曲，元人称为"乐府"或"今乐府"。散曲之所以称为"散"，是与元杂剧的整套剧曲相对而言的。

散曲的产生与词产生的情形十分相似，它产生于民间的俗谣俚曲。金元时在北方起源，故又称北曲，包括小令、套数和介于两者之间的带过曲等主要形式。散曲从结构上可分为小令、中调和长调。

散曲的特点主要有：在语言方面，既有一定格律，又有口语的自由灵活；在艺术表现方面，更多采用"赋"的方式，加以铺陈叙述；押韵比较灵活，可以平仄通押，句中还可以衬字。北曲衬字可多可少，南曲有"衬不过三"的说法。

散曲有三种基本类型：小令、套数，以及介于两者之间的带过曲。

小令又叫"叶儿"，其名称源自唐代的酒令。其基本特征是单片只曲，调短字少。还有一种联章体，则是由数支小令联合而成，又称"重头小令"，同题同调，内容相联，首尾句法相同，每首小令可以单独成韵，最多可以达百支。

"套数"，又称"套曲"、"散套"或"大令"，是从唐宋大曲、宋金诸宫调发展而来。其定制一

▲杂剧图 元

此图为山西省洪洞县广胜下寺水神庙壁画，再现了元泰定元年(1324年)四月忠都秀作场演北曲杂剧的情况。壁画上部有一帐幔，上写"大行散乐忠都秀在此作场"，下部绘两块壮士持剑斗蛟的画面。演员排列成两行，后排乐工立于作场人身后，大鼓置于上场门处，一末上场的角色寒帘探望。前排演员居中者为主唱角色正末，在整个舞台中占据突出地位。这种伴奏演出形式形成了中国戏曲600年来的传统规则。

般有 3 个特征：一是全套必须押韵相同；二是有尾声；三是同宫调的两个以上的只曲连缀而成。

带过曲是由同一宫调的不同曲牌组成，曲牌最多不超过三首。带过曲属于小型曲组，与套数比，容量小得多，且没有尾声，是介于小令与套数之间的特殊形式。

窦娥到底有多冤？

《窦娥冤》，元代关汉卿的代表作，是中国十大悲剧之一的传统剧目。是一部具有较高文化价值和广泛群众基础的名剧。据统计，中国约 86 个剧种上演过此剧。

《窦娥冤》全名《感天动地窦娥冤》，故事渊源于《列女传》中的《东海孝妇》。主要讲述的

▲《窦娥冤》书影　　　　▲《窦娥冤》插图

是窦娥被无赖诬陷，又被官府错判斩刑的冤屈故事。

全剧四折一楔子。楚州贫儒窦天章因无钱进京赶考，无奈之下将幼女窦娥卖给蔡婆家为童养媳。窦娥婚后丈夫去世，婆媳相依为命。蔡婆外出讨债时遇到流氓张驴儿父子，被其胁迫。张驴儿企图霸占窦娥，见她不从便想毒死蔡婆以要挟窦娥，不料误毙其父。张驴儿诬告窦娥杀人，官府严刑逼讯婆媳二人，窦娥为救蔡婆自认杀人，被判斩刑。窦娥在临刑之时指天为誓，死后将血溅白绫、六月降雪、大旱三年，以明己冤，后来果然一一应验。3 年后窦天章任廉访使至楚州，见窦娥鬼魂出现，于是重审此案，为窦娥申冤。

"临川四梦"是 4 个梦吗？

"临川四梦"，又称"玉茗堂四梦"，指明代剧作家汤显祖的《牡丹亭》、《紫钗记》、《邯郸记》和《南柯记》。前两者是儿女风情戏，后两个是社会风情剧。

"临川四梦"是汤显祖毕生思考人世现实与生命意义的结晶。文辞优美，对人生的深刻反思亦超越了同时代的文学著作。汤显祖同时代人王思任在概括"临川四梦"的"立言神旨"时说："《邯郸》，仙也；《南柯》，佛也；《紫钗》，侠也；《牡丹亭》，情也。"

"临川四梦"的 4 个梦境演绎了纷繁世间事。《紫钗记》描写的是霍小玉与书生李益喜结良缘，被卢太尉设局陷害，豪侠黄衫客从中帮助，终于解开猜疑，消除误会的悲欢离合的幻梦。《牡丹亭》描写杜丽娘因梦生情，伤情而死，人鬼相恋，起死回生，终于与柳

梦梅永结同心的痴情。《南柯记》讲述了书生淳于棼于梦中做大槐安国驸马，任南柯太守，荣华富贵梦醒而皈佛的故事。《邯郸记》则表现了卢生梦中娶妻，中状元，建功勋于朝廷，后遭陷害被放逐，再度返朝做宰相，享尽荣华富贵，死后醒来，方知是一场黄粱梦，因此而悟道的警醒。

《金瓶梅》的作者兰陵笑笑生到底是谁？

要说中国乃至世界古往今来最为神秘的一个笔名，大概要算兰陵笑笑生了。这个署在明代小说《金瓶梅》上的名字，几百年来，成了诸多金学家和普通读者百般探索的谜。也难怪，《金瓶梅》在万历年间一问世便被誉为"第一奇书"；另外，其又是中国第一部文人独创的小说，第一部将目光从帝王将相、才子佳人身上转移开，投向普通人日常生活的小说，在文学史上地位极高。

目前为止，历代学者对兰陵笑笑生的真实身份共提出了60多种说法。我们简单介绍几种主要的。

"嘉靖名士说"。虽然具体人选不定，但几百年下来，金学家们对于这位兰陵笑笑生的在世时间达成比较一致的看法，认为他是一位嘉靖年间的名士。另外，因书中多山东口语，不少学者推测作者是山东人。并有人进一步作出推测，认为作者是山东峄县人。由此，不少学者认为《金瓶梅》作者该是明嘉靖年间山东峄县的一个名士。至于具体人选，有人提出是山东峄县人贾三近，他曾任嘉靖年间的兵部右侍郎，是个名士。也有人认为是贾三近的父亲贾梦龙，因为他的生卒年代与《金瓶梅》成书时代基本吻合，他创作的诗词也可在《金瓶梅》中找到。还有人认为是明代著名诗人谢榛，他是山东临清人。

除"嘉靖名士说"，被多数人认可的便是"王世贞说"了。王世贞是嘉靖年间的著名文学家。传说王世贞的父亲被权臣严嵩害死。王世贞听说严嵩的儿子喜欢看淫书，为替报父仇，写了《金瓶梅》，并在每页书上抹了毒药后，把书送给严嵩的儿子。严嵩的儿子一边沾吐沫一边翻书，最后被毒死。这是流传范围最广也是流传时间最长的说法。这个故事本是对一些明清学者经考证得出的"王世贞说"观点的附会，但此观点本身并非无稽之谈。

▲《金瓶梅》故事图　清

"屠隆说"。屠隆是明代著名戏曲家，为人放荡不羁，豪放好客，纵情诗酒。此说也比较流行。

"李开先说"。李开先也是有名的戏曲家，山东章丘人。这也是一种比较流行的说法。

此外，冯梦龙、唐伯虎、汤显祖这些著名文人也都被后世疑为躲在兰陵笑笑生后面的神秘人。总体而言，这个谜至今还未解开。

《古文观止》中的"观止"是什么意思？

《古文观止》是自清代以来最为流行的古代散文选本之一。"观止"二字，出自《左传·襄公十九年》，吴季札在鲁国欣赏周王室的音乐，看到舞蹈《韶箾》时，他赞叹："德至矣哉！大矣。"认为此舞无美不具，接着又说："观止矣！若有他乐，吾不敢请已。"意思是这些音乐舞蹈美妙到了极点，其他的都不必看了。后人便以"观止"二字称赞所见事物尽善尽美，无以复加。"古文观止"便意指这些文章已经是古文中最好的，其他文章都不能超越。

事实上，《古文观止》里所选的文章整体上确实代表了中国文言散文的最高水平，也是当得起"观止"二字的。该书由浙江绍兴的吴楚材、吴调侯叔侄二人在清康熙年间共同选编而成。二人乃是教书先生，选编《古文观止》本是用作教授学生写作的教材的。

《古文观止》全书收入上起周代下讫明末的历代优秀文章 222 篇，大体反映了先秦至明末散文发展的整体面貌。入选本书的都是历代语言精炼、短小精悍、便于传诵的佳作。其中西汉以前的文章，左丘明的《左传》选录 34 篇，加上其他先秦作品，先秦作品总共有 70 篇，占《古文观止》全书的 1/3；对两汉的文章，编者比较重视司马迁的《史记》，选了 14 篇；唐代文章以"唐宋八大家"中的韩愈、柳宗元为主；宋文以欧阳修、苏轼为侧重点；秦文仅选李斯一篇，六朝文章选 6 篇，元代一篇未选，明代选入 18 篇。

《古文观止》之前的古文选本，大多依据昭明太子萧统《文选》的体例，分类烦琐，常以条目为主线，阅读使用都很不方便。《古文观止》则以时代为纲，作者为目，阅读方便，查看快捷。在问世后的 300 多年里，成为最流行、最有影响的初学古文选本，常作为私塾及学堂的启蒙读本。另外，在书中文章中间或末尾，选者有一些批注，也对初学者理解文章有一定帮助。

《四库全书》中的"四库"是什么意思？

《四库全书》乃是中国最大的一部丛书。清乾隆年间，清朝国力正值康乾盛世的顶峰，乾隆怀着整理文化典籍和销毁"反动"书籍一公一私两个目的，组织大量人力财力，耗时近 10 年，编修了《四库全书》。其中共收书 3460 多种，79000 多卷，36000 多册。而这么多的书整理在一块儿，总要有个章法，"四库"正是对这些图书的分类方法。"四库"又称"四部"，分别是经、史、子、集。这是中国自汉代以来形成的比较普遍的图书分类方法。《四库全书》的"四库"之下又分许多小类。经部包括《周易》、《尚书》、《诗经》、《周礼》、《仪礼》、《礼记》、《左传》、《公羊传》、《谷梁传》、《论语》、《孝经》、《尔雅》、《孟子》等；史部包括"二十四史"、《资治通鉴》等；子部包括先秦诸子、两汉经学、魏晋玄学、宋明理学、清代朴学等著述，及部分佛、道典籍、古代小说等；集部包括楚辞、汉赋、骈文、唐宋诗词、元曲、历代文集等。

《四库全书》修成后，乾隆命人抄成7部，分别藏于清代南北七大藏书阁，即紫禁城文渊阁、沈阳故宫文溯阁、圆明园文源阁、承德避暑山庄文津阁（北四阁）和镇江文宗阁、扬州文汇阁和杭州文澜阁（南三阁）。之后，这7部《四库全书》伴随着康乾盛世的余光，在安定和荣耀中度过了半个世纪。此后，在中国近代连绵不断的战争炮火中，厄运不断。其中文源阁本在1860年英法联军火烧圆明园时被焚毁；文宗、文汇阁本在太平天国运动期间被毁；杭州文澜阁藏书楼1861年在太平军第二次攻占杭州时倒塌，所藏《四库全书》散落民间。后经多次修补后恢复，但仍然散佚过半，目前藏于浙江省图书馆。文渊阁本原藏于北京故宫，后经上海、南京转运至台湾，现藏于台北故宫博物院，这也是保存最完好的一部。文溯阁本1922年险些被卖给日本人，现藏于甘肃省图书馆。承德避暑山庄文津阁本于1950年代被政府调拨到中国国家图书馆。总体算起来，7套《四库全书》目前还存3套半。

《红楼梦》的名字是怎么来的？

《红楼梦》被评为中国最具文学成就的古典小说及章回小说的巅峰之作，被视为"中国四大名著"之首。自它成书之日起，曾先后用过《石头记》、《情僧录》、《风月宝鉴》、《金陵十二钗》等名称。甲戌年间，《脂砚斋重评石头记》又将其更回旧名。直到1784年，这部长篇小说才正式题名为《红楼梦》。

《红楼梦》以一个神话故事为开篇。楔子中讲道：远古时代，西北边的天空漏了一个大洞，女娲娘娘为了解救苍生，炼了36501块石头补天。将天修补好后，还剩了一块石头，女娲便将它丢弃在了青埂峰下。看到其他石头都能够补天，唯独自己被人遗弃，这块石头终日唉声叹气。日久天长，这块石头竟吸收了天地之精华，日月之灵气，修成了人身。见到天上灵河岸边一株绛珠仙草快要枯萎了，便以甘露浇灌，这株仙草得以存活，并且修成女身。

▲《红楼梦》书影 乾隆年间抄本
《红楼梦》为曹雪芹毕生心血所注，代表了我国古典长篇小说的最高成就。曾有人评曰："字字看来皆是血，十年辛苦不寻常。"

▲红楼夜宴图　清

她不忘救命之恩，誓要以泪回报。后来，这块石头想要到人间感受浮生，绛珠草便追随而来。于是小说中婉转曲折的爱情故事便出现了。

作者在书中写道，《红楼梦》所述，都为石头自说。因空空道人发现它之时，石头上面就写满了文字。上面记载，皆是那顽石游历人间经历的过往。而且，在甲戌本的《凡例》中，也作过这样的解释："《石头记》是自譬石头所记之事也。"无独有偶，《脂砚斋重评石头记》也曾出现过"非作者为谁，余又曰，非作者，乃石头耳"的字样。如此一来，我们便可以得出，小说中所说的石头即为作者、作者就是石头的结论。因而，将这部书定名为《石头记》就再名副其实不过了。

到了 1784 年，梦觉主人为这部书作序的时候，才将其题名为《红楼梦》。此后，这个书名得到大众认可。相较于《石头记》，《红楼梦》给人更多的似真非真，似假非假，空灵梦幻的感觉。"红楼"两字，将书中众多女子隐喻其中。因此"红楼梦"最终取代"石头记"成为这部名著的名字。

《人间词话》是一部怎样的书？

《人间词话》是王国维关于文学批评的著述中最为人所重视的一部作品，也是晚清以来最有影响的著作之一。"境界说"是《人间词话》的核心，统领其他论点，又是全书的脉络，沟通全部主张。

这是接受了西洋美学思想洗礼后，以崭新的眼光对中国旧文学所作的评论，但又脱弃西方理论之局限，力求运用自己的思想见解，尝试将某些西方思想中之重要概念，融入中国固有的传统批评中。

《人间词话》已初具理论体系，在旧时诗词论著中，称得上屈指可数。许多人把它奉为圭臬，把它的论点作为词学、美学的根据，影响深远。

诗是如何的分类的?

按音律分,可分为古体诗和近体诗两类。古体诗主要是指唐以前的诗歌,包括古诗、楚辞、乐府诗。"歌"、"歌行"、"引"、"曲"、"吟"等古诗体裁也属古体诗。古体诗不讲对仗,押韵较自由。与古体诗相对的近体诗又称今体诗,是唐代形成的一种格律体诗,分为绝句和律诗两种,其字数、句数、平仄、用韵等都有严格规定。绝句,每首四句,五言的简称五绝,七言的简称七绝。律诗,每首八句,五言的简称五律,七言的简称七律,超过八句的称为排律(或长律)。

按内容分,可分为叙事诗、抒情诗、送别诗、边塞诗、山水田园诗、怀古诗(咏史诗)、咏物诗、悼亡诗、讽喻诗等。

古代的"词"就是现在的"歌"吗?

词最初称为"曲词"或"曲子词",别称有长短句、曲子、乐府、乐章、琴趣、诗余。起于五代与唐,盛于宋。原是配乐歌唱的一种诗体,句的长短随歌调的改变而改变。

明代徐师把词的形式概括为:"调有定格,句有定数,字有定声。"总的来说,词的形式有以下特点:

1. 每首词都有一个词牌。一般说,词牌并不是词的题目,只是相当于词谱而已。到宋代,有些词人为了表明词意,常在词牌下面另加题目,或者还写上一段小序。

2. 一般词牌的字数和句子的长短都是固定的,有一定的格式。

3. 词中声韵的规定特别严格,用字要分平仄,且每个词牌的平仄都有所规定,各不相同。

4. 词一般都分上下两阕(或上下两片),极少数只有一阕,或三阕以上。

词按照字数大致可分为三类:小令、中调、长调。58字以内为小令,59字至90字为中调,91字以上为长调。

按照风格可分婉约派和豪放派。婉约派的代表人物有南唐后主李煜、宋朝的柳永、秦观、周邦彦、晏殊、李清照等。豪放派的代表人物有宋朝的苏轼、辛弃疾、岳飞、陈亮、陆游等。

词牌,就是词的格式的名称。

词牌一般有3个来源。一是来自乐曲的名称。例如《菩萨蛮》、《西江月》、《风入松》、《蝶恋花》等,都是属于这一类的。二是摘取一首词中的几个字作为词牌。例如《忆江南》本名《望江南》,但因白居易有一首咏"江南好"的词,最后一句是"能不忆江南",所以词牌又叫《忆江南》。三是来自词的题目。《渔歌子》咏的是打鱼,《浪淘沙》咏的是浪淘沙,《更漏子》咏的是夜。这种情况是最普遍的。

凡是词牌下面注明"本意"的,就是说,词牌同时也是词题。但是,绝大多数的词都不是用"本意"的，因此，一般是在词牌下面用较小的字注出词题。

"书"叫"图书"，是因为书都有"图"吗？

▲ 金刚经

迄今发现的最早印刷品是公元868年的《金刚经》，长5米，宽2.7米。本图是卷首的图画，画上是佛陀与其弟子须菩提交谈的情景。

生活中，人们经常将"书"称为"图书"。类似的，借阅书的地方似乎本应叫"书馆"，却被叫作"图书馆"；与书相关的行业不叫"书行业"，而叫作"图书行业"，似乎书是离不开图的。"图书"的说法既然是从古代流传下来的，是不是古代的书都有图？

"书"被叫作"图书"的原因，现在已经不太可考。但可以肯定的是，自古以来，书与图都是紧密联系在一起的。在《周易·上悉辞》里，便记载了"河出图，洛出书"的上古神话故事。显然，先秦时期，"图"与"书"便被人们习惯性地联系在一起。另一方面，"书"这个字，在古代有"文字"的意思。而我们知道，汉字起源于象形文字，本是由图形演变而来。因此，在古人的思维习惯里，图与字，大概本是一种东西。由此看来，"图"与"书"连在一起也是很自然的了。

另外，从古代早期的书来看，也的确是文字与图画并重的。在古代，教育不发达，识字的人很少。图画是可以绕过文字直接传递信息的。因此，为向那些不识字的人讲述故事、宣传伦理道德等，大部分书籍都是图文并茂的，在文字旁边往往配有图画作直观展示。因此，中国自古有"左图右史"（史指文字）的说法。尤其是宗教性质的书籍，因为要面对大量不识字的下层民众，更需要借助于图画来宣扬教义。佛教的许多宣传性质的典籍，干脆没有文字，全部由图画构成。基督教在中国传播时，也借用大量的图片来宣扬教义。直到清末民初之际，为向普通民众普及科学、民主等西方现代观念，许多知识分子所办的宣传刊物还大量采用图画形式，一时画册、画报风靡于世。

事实上，从宋代起，古书上的图画开始逐渐减少，人们更重视文字的作用，但"图书"的说法还是一直沿用了下来。

书和"韦编"有什么关系？

据司马迁在《史记·孔子世家》中介绍，孔子晚年研究起了《周易》，而且到了痴迷的程度。说孔子因为翻阅《周易》次数太多，以至于"韦编"断了三次。"韦编"具体是什么东西？

怎么翻书多了，"韦编"就断了？这还要从中国早期的图书说起。

我们知道，中国的造纸术到汉代才发明。在这之前，中国人虽然早就创造了文字，但是传播起来并不方便。开始，人们将文字写在甲骨、石头、金属上，这样的文字载体作为保存资料的性质，还勉强凑合，但在使用的过程中，无论是阅读，还是携带都相当困难。这些东西也很难称得上是图书。大概从周代起，人们开始用竹片作为文字的载体。这种载体使阅读方便了很多，而且竹片的形状可以削得比较规则，连在一起之后还可以卷起来，看上去也像个书的样子了。因此中国最早称得上图书的便是这种竹简图书。

竹简图书是将竹子劈成一片一片之后连在一起制成的。一根竹片称为"简"，多根"简"用绳子编起来便成"册"。"册"是个象形字，表示竹片穿起来的样子，同时，也称作"编"或者"篇"。其中，用丝绳将"简"编起来的叫丝编，用皮绳编的叫韦编。编好的图书，再卷起来便成为一卷。文章长了，则可以多分几卷。至今，卷、篇、册这些说法还是形容图书的量词。而现在许多与书有关的字都有竹字头，比如书籍的"籍"、户口簿的"簿"等。

这种竹简图书的容量非常小。一般而言，一片简上都只能竖写一行字，一卷竹简正反两面写，也就几百字。因此这种图书虽然比骨头、石头方便些，但还是笨重得很。据说秦始皇完成全国统一大业后，每天要看100多斤重的竹简文书。西汉时的文学家东方朔给汉武帝写了一篇奏章，用了将近3000枚竹简，只好找人吃力地抬进宫去。由此可见，古人所说的"读万卷书"，听起来挺吓人，实际上现代许多喜欢阅读的人可能已经做到了。

顺口溜式的诗为什么被称为"打油诗"？

诗歌本来是属于文人圈子的高雅艺术，但自从出了"打油诗"，诗歌的姿态也便放低了许多，那些学识不高，甚至不通文墨的人也都敢堂而皇之地吟几句诗了。所谓"打油诗"，就是顺口溜式的诗。这种诗不讲究平仄对仗，意境不高，辞藻不美，只讲究趣味性，供人一乐。那么，这种诗为何被称为"打油诗"呢？

唐代时南阳有个书生，姓张，名打油。张打油生性达观幽默，虽考取功名未成，仍整日悠哉闲逛，自得其乐。据说他酷爱民间文艺，尤其喜欢做顺口溜诗。闲逛时，张经常兴之所至，便随口诌上一首，以过诗瘾。"江山一笼统，井口一窟窿，黄狗身上白，白狗身上肿。"便是他的杰作。

话说有一天，张打油又出来溜达，走至一个新落成的县衙，看里面无人，便悄悄进去参观。临走时诗兴又发，在洁白的墙壁上留下了大作一首："六出九天雪飘飘，恰似玉女下琼瑶。有朝一日天晴了，使扫帚的使扫帚，使锹的使锹。"县太爷听说后，十分生气，便下令抓了张打油。县太爷在大堂上责问张打油为何要乱写乱画，张打油答道："吟诗作文，乃高雅之事，何在乎区区一面墙壁。"县太爷一听他口气挺大，便以当时的南阳城被"安史之乱"的叛军围困为题材，要求他作诗一首。声称如果做得好，便不再治他罪。张打油稍加思索便吟道："贼兵百万困南阳。"县太爷也是懂文墨之人，暗觉气势不凡。接下来张又道："也无救兵也无粮。"县太爷觉得这句便略微失去气势了。最后，张收尾道："有朝一日城破了，哭爹的哭爹，叫娘的叫娘。"干脆成了打趣的俏皮话，在场的人一听都笑了。县太爷觉得虽然境界不高，但也颇有几分意思，于是便放了张打油。

后来此事传开，张打油成了名人。人们便将这种顺口溜诗称为"打油诗"了。

藏书楼"天一阁"为什么取名"天一"？

▲天一阁之尊经阁

天一阁乃是古人留下的一座私人藏书楼。古代文人普遍有藏书的爱好，所谓"黄金散尽为收书"。尤其是做了官的文人，因为有经济实力，往往都有不小的藏书量。

范钦在嘉靖朝任兵部右侍郎，在退休后，他回到家乡宁波，于嘉靖四十年（1561 年）建造了天一阁。之所以取名"天一"，倒不是因为范钦决心将他的藏书楼建为天下第一藏书楼，而是取义于汉郑玄《易经注》中"天一生水"之说。因为火是藏书楼最大的祸患，而"天一生水"，可以以水克火。只是没想到的是，这个名字无意中也应了"天下第一"的含义，天一阁后来还真成了天下第一藏书楼。

因为禁止外姓入阁，天一阁的书一直不为外人所知，直到 1673 年（清康熙十二年）明末清初思想家黄宗羲才有幸成为外姓人登阁第一人。自此以后天一阁才进入相对开放的时代，但仍只有一些真正的大学者才被允许登阁参观，因此明清大学者均以登阁为荣。

后来清乾隆皇帝下诏修撰《四库全书》时，范钦的八世孙范懋柱进献所藏之书 638 种。于是乾隆皇帝敕命测绘天一阁的房屋、书橱的款式，兴造了著名的"南北七阁"，用来收藏所撰修的七套《四库全书》，天一阁从此名闻全国。

中国古代的四大藏书阁都在哪里？

中国现存藏书楼最著名的 4 个，其中一个为"天一阁"，另外三个分别是"皕宋楼"、"嘉业堂藏书楼"、"文渊阁"。

"皕宋楼"由晚清浙江人陆心源建造，总藏书量达 15 万卷。但因陆的长子陆树藩后来经商失败，藏书全部外卖日本。

"嘉业堂藏书楼"位于浙江省湖州市南浔镇，由浙江巨富刘承干于 1920 年兴建。该楼是中国近代规模最大的私家藏书楼，其中多海内孤本、珍本，尤以收藏地方志最多最全而著称于世。

"文渊阁"位于故宫东华门内文华殿，乃乾隆依照"天一阁"样式所建的全国七大藏书楼之一。其中所藏最有价值的《四库全书》于 1948 年被国民党运往台湾省，现藏于台北"故宫博物院"。

底本被称为"蓝本"因为它是蓝色的吗？

"蓝本"一词，原是古人印刷书籍过程中的一个专用词。

在古代，人们称雕版或活字版印刷的图书为"版本"。因版印书一般为墨印，故又称"墨本"。明清之际，技术进步，出现了红色、蓝色印本，分别称"朱印本"、"蓝印本"。这种"朱印本"、"蓝印本"并不批量印刷，而是在用以印刷的模板做好之后，刊刻人先以红色或蓝色印出几本，用作校对之用，以改正模板中的错误，相当于现在印刷过程中的"校样"。定版之后再用墨印正式批量印刷。《书林清话》载："其一色蓝印者，如黄记《墨子》十五卷……此疑初印样本，取便校正，非以蓝印为通行本也。"因这些本子是一部书成版以后最初印制的，常称为"初印红本"、"初印蓝本"。又因"初印蓝本"最常见，所以，人们便把印刷工作底本简称为"蓝本"。

后来"蓝本"一词逐渐演变，不再局限于印刷领域，引申为一种泛泛意义上的原始的参照物。

"孤本"、"善本"是什么意思？

"孤本"的概念比较清晰，世间只此一本的古代书籍，便是孤本。并且，不仅"孤"，还要有价值。举例来说，曹雪芹的《红楼梦》本来是写完了的，但被乾隆皇帝毁去了后面的四十回，现在的版本的后四十回系高颚续写。如果谁手头有曹雪芹的全本《红楼梦》，便是"孤本"。但如果是一本无足轻重的书的唯一手稿，则未必是"孤本"。

"善本"的定义要稍微复杂一些，总体而言，可归结为两个标准，一是内容上无错讹，二是注解上能更接近文章本义。

所谓无错讹，一方面是指完整，既没有遗漏，也没有多余，这是针对书在印刷或抄写时可能在校对方面出现的错误而言；另一方面，是指书本身与原文文字符合，这是针对书的内容在传世过程中可能出现的错误而言。因为时间越早的版本在文字上应该越接近原书，因此，《文物法》规定，凡清乾隆六十年（1795 年）以前出版的图书，都在国家法律保护之内，不得走私出口。这里只是在时间上大致划定了一个界限，并不绝对，1795 年之前的书未必便是"善本"。

而在注解上更接近文章本意，则是从人们对书的内容的理解角度来说的。因为许多古书因成书久远，读起来文字障碍颇多，要想弄懂作者原意，往往需要借助前人注疏。比如我们现在所阅读的先秦著作，大多都需要借助汉代以来的注解。因此，这个注解的版本也相当重要。一般而言，自然是学问越高的人做的注解越好；另一方面，那些御用文人受政治力量驱使而做的穿凿附会的解释则没多大价值。因此，注者不受政治干扰、思想独立也至关重要。

除以上两个标准，也有人从印刷技术、用纸敷墨、装帧技巧等方面考虑，认为古代印刷、装帧得比较好，或者纸张、墨水精良的书也算是"善本"。这是从书籍本身的艺术性来看的。

中国古代有图书馆吗？

现代社会，图书馆是一个常见的机构。几乎每个城市都有面向全体市民开放的公共图书馆，每个学校也都有图书馆，连一些大的企业也有图书馆。那么，在中国古代，有图书馆吗？

其实，早在周朝就已经有图书馆了，当时称为"盟府"，也叫"故府"。而当时的图书馆长则称作"柱下史"。道家创始人老子所担任的周朝守藏室之史，其实就是国家图书

▲岳麓书院

馆馆长。后来，秦始皇焚书坑儒，图书馆消失。至汉代，朝廷又开始建图书馆，当时称"秘阁"、"秘府"，设专职官员管理。之后，直到清末，政府图书馆再也没有消失过。特别是唐宋明清四代，图书馆得到极大发展。唐代，像魏徵这样的大臣都出任过"图书馆长"之类的职务，专门负责搜集收买天下之书，并组织人抄写备份。据说，当时的"图书馆"还专门聘用女子管理员。宋代，太宗建立崇文院，专作藏书之地，后来又另设书库，叫秘书阁。明清之际，印刷术的发展使得国家藏书得到空前发展。明朝朝廷的"图书馆"叫文渊阁，其中收入中国最大的类书、世界上第一部大百科全书《永乐大典》。清代统治者为体现对文化的尊重，在全国各地建有七大藏书阁。

除官方图书馆,民间图书馆也广泛存在。具体有三类,一是书院图书馆,二是私人藏书楼,再就是寺庙里的藏经楼。

自唐代直到清末,书院作为中国一个独特的教育、学术机构,自然是少不了图书馆的。岳麓书院的御书楼直到现在都藏有大量图书。而私人收藏家们的图书也相当可观。宋代著名的个人藏书家宋敏求藏书3万卷,并且公开允许爱书之人借阅;明朝官员范钦建造的"天一阁",到今天已成为亚洲最古老的图书馆。另外,寺院里的藏经楼,并非如武侠小说里写的那样藏的都是武功秘籍,并且也不止佛经,而是收藏各种书籍,也称得上图书馆了。

什么人可以称为"读书种子"?

关于"读书种子",应该说有广义和狭义两种意思。

广义上讲,那些有上进心、志于读书又表现出一定灵性的青少年均可称为"读书种子",相当于现在的中小学里成绩好的学生。如宋代周密的《齐东野语·书种文种》中言:"山谷云:'士大夫子弟,不可令读书种子断绝,有才气者出,便当名世矣。'"关于"读书种子"的说法,最早的文字记载也只能追溯到宋代。可见,"读书种子"刚产生时便是指这种广义上的意思。

而狭义上来讲,"读书种子"指的是在文化上能够承先启后的读书人。这比广义的"读书种子"的标准可就高多了,恐怕只有历代顶尖级的文人学者才能担得起这种称呼。这种狭义的"读书种子"的意思,产生于明朝,其具体来源还有个相当惊心动魄的历史故事。

明太祖朱元璋死后,其孙建文帝继位,而建文帝的叔叔燕王朱棣因为不满建文帝的削藩政策而起兵造反。朱棣在军事上取得优势,准备南下进攻南京。军师姚广孝向朱棣谏言道:"城下之日,彼必不降,幸勿杀之,杀孝孺,天下读书种子绝矣。"意思是攻破南京后,方孝孺肯定不会投降,但是你不要杀他,杀了他,天下读书种子就绝了。但最终朱棣还是杀了方孝孺,并且是以"诛十族"的残酷方式。显然,这里的"读书种子",就非一般意义上的志于学习的年轻人了。方孝孺乃明代名儒宋濂得意门生,为当时名流大家。《明史》记载:"孝孺工文章,醇深雄迈,每一篇出,海内争相传诵。"自此,"读书种子"便具有了新的更高标准的含义,指那些在学问上能够继往开来的大学问家。

皇帝大臣们为什么要焚书禁书?

提到焚书禁书,可能人们马上想到的是秦始皇的"焚书坑儒"。其实,焚书禁书,秦始皇既非最早,也非独有。在秦始皇之前,秦孝公早就焚书在先;在秦始皇之后,南朝梁元帝、北魏太武帝、唐武宗、清代乾隆皇帝等统治者都曾发动大规模的焚书禁书运动。另外,除皇帝外,一些大臣也扮演了禁书的帮凶。至于历次禁毁的原因,则不一而足。

▲秦始皇焚书坑儒图　清

这件清代的帛画以想象的方式向我们展现了秦始皇当年焚书坑儒的情形，图中在朝堂之上秦始皇巍然高坐，腐儒战战兢兢求命于下，朝堂之外已有许多儒士被绑，或被杀扔入坑中，或被押在坑边。

据《韩非子·和氏》记载，秦孝公曾听从商鞅的建议，下令焚烧《诗》、《书》，以此来"明法令"。实则为一种愚民政策，让人们没有自己独立的思想，只唯政府法令马首是瞻。这是中国历史上第一次有记载的烧书。

接下来的秦始皇的焚书与禁书，尽人皆知的。秦始皇焚书禁书更是明目张胆的愚民政策了。秦始皇打算将秦王朝传万世的，这些"祸乱人心"的诸子百家之作自然需要烧毁了。

南朝梁元帝的"焚书"的理由则令人啼笑皆非。公元 554 年，西魏南下攻梁，梁军节节败退。梁元帝觉得自己读书万卷还要亡国，那读书还有何用？于是烧了 14 万册书籍。

许多人可能以为编纂《四库全书》是乾隆的伟大功绩，殊不知，乾隆组织编纂《四库全书》时，焚毁各种典籍达 71 万卷之多，乃历代焚书规模最大的一次。所以鲁迅说"清人纂修《四库全书》而古书亡"。

除皇帝之外，大臣烧书的也不少。北宋蔡京、南宋秦桧掌权时，都曾禁书、焚书。尤其是秦桧，前后焚书 11 年。事实上，历史上的焚书禁书，远远不止这几次。总体而言，古代皇帝大臣的焚书禁书，一般都是出于一种牵制人们思想、维护统治的需要。

第四章

书画艺术

书法起源于何时？

中国书法起源于春秋末期。当时传统文字的艺术化现象开始出现，为求视觉上的美观，原有笔画开始被加上圆点、波折或鸟形装饰等，成为后世"鸟篆"、"虫篆"或"缪篆"的起源。进入战国后，除了广泛应用的草篆，连同重要礼器上的铭文，都一改春秋之前的工整与刻板，普遍都进行了美化处理。

"书法"一词最早的出现，是在宋梁间论书的著作中，当时有"书学"、"法书"、"书道"之称，它既是汉字的书写方法，也是一种以汉字为载体、以毛笔为书写工具的线条造型艺术。

"文房四宝"是哪四宝？

"文房"之名起源于南北朝。当时所谓"文房"，是指国家典掌文翰之处。唐宋以后，文房则专指文人书房。南唐后主李煜，喜好文学，收藏甚丰，今见其所藏的书画皆押有"建业文房之印"。北宋雍熙年间，翰林学士苏易简以笔墨纸砚"为学所资，不可斯须而阙"，撰《文房四谱》五卷，分笔谱二卷，砚、纸、墨各一卷。各卷分述：叙事、制造、杂说、辞赋诸事，博收约取，内容详赡。故文房从此有"四谱"之名。南宋初，叶梦得撰《避署录话》谓"世言徽州有文房四宝"，故《文房四谱》又称《文房四宝谱》，以笔、墨、纸、砚为文房之宝用。四宝品类繁多，丰富多彩，名品名师，见诸载籍。长期以来，浙江湖州之湖笔，广东肇庆（隋唐时为端州）之端砚，安徽泾县（旧属宣城郡）之宣纸，安徽歙县（旧为徽州府治）之徽墨，至今仍负盛名，被说成是"四宝"代表。

"天下第一行书"是指哪幅书法作品？

东晋书法家王羲之被后人誉为"书圣"。人们称他的书法"飘若游云，矫若惊龙"，"龙跳天门，虎卧凤阁"，"天质自然，丰神盖代"。他的主要书法作品有楷书《黄庭经》、《乐毅论》，草书《十七帖》，行书《姨母帖》、《快雪时晴帖》、《丧乱帖》、《兰亭集序》等。其中，以《兰亭集序》的声誉最高，被视为"天下第一行书"。

《兰亭集序》也叫《兰亭序》、《禊序》。东晋永和九年（353 年），王羲之和谢安、孙绰等四十几人，在山阴的兰亭举行"修禊"礼。期间众人作诗行文表达对兰亭美景的赞叹，王羲之写《兰亭集序》作为众人所写诗文的序。作为一篇序文，《兰亭集序》不仅文字优美，章法更为古今第一。北宋书法家黄庭坚这样称赞《兰亭集序》："《兰亭序》草，王右军平生得意书也，反复观之，略无一字一笔，不可人意。"解缙也在《春雨杂述》中赞叹道："右军之叙兰亭，字既尽美，尤善布置，所谓增一分太长，亏一分太短。"可见，《兰亭集序》的行书艺术可谓精美绝伦。整篇《兰亭集序》总共 324 个字。每字各生妙趣，行云流水，笔锋圆转，收放自如。序文中很多相同的字，

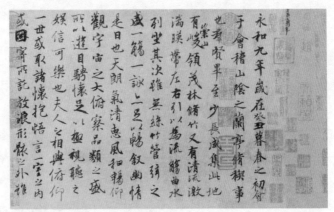

▲《兰亭集序》帖　东晋　王羲之

都被王羲之写出了不同的风格，可谓重字不重形。这一点，也是《兰亭集序》书法艺术的精妙之处。

据说王羲之写完了之后，因为极为喜爱，便重新誊写了几份。但是看上去都没有最初的那份精妙。后来，唐太宗得到了《兰亭集序》真迹，曾令工匠临摹石刻，作为赠送大臣的大礼。人们普遍认为，现存的《兰亭集序》并非是王羲之的真迹，真迹早已随着唐太宗的驾崩而成为了殉葬品。

为什么将吴道子奉为"画圣"？

在中国绘画史上，被称为绘画大师的人很多，诸如顾恺之、阎立本、徐渭、李唐等，多不胜举，但是享有"画圣"美誉的，却只有吴道子一人。是什么原因使人们对吴道子的评价如此之高呢？

吴道子是唐代的画家。唐玄宗赐名为"道玄"，画史称他为"吴生"；民间画工尊他为"祖师"。他善长画佛道、神鬼、人物、山水、鸟兽、草木、楼阁等。据记载，吴道子曾经在长安、洛阳两地的寺观中，绘制过 300 多堵壁画，竟然没有一幅雷同，可见吴道子的壁画造诣。他的画风自成一体，不拘一格。苏轼在《书吴道子画后》中评价说："出新意于法度之中，寄妙理于豪放之外。"吴道子的人物画生动传神，线条明朗，衣褶飘逸，极具动态效果。故而，时人称吴道子的画为"吴带当风"。

吴道子从小失去双亲，生活清苦。他曾跟随张旭、贺知章学习过书法，但没什么成就。于是，他开始专心于绘画，20 多岁已经成为小有名气的画师，当时便有人评价他的画作为"穷丹青之妙"。后来，吴道子的画作被唐玄宗看中，召入宫中，并下诏说"吴道子只能为皇帝一人作画"。从此，吴道子便开始了宫廷画师的生涯。相传，当年唐玄宗想念蜀地风光，要吴道子前去写生。吴道子巡查一番回来，竟没带一张草本。他在大殿当场作画，提笔一气呵成，将嘉陵绝妙风光尽展无遗。

在吴道子之前，山水画并不是一个独立的画种。他在绘画山水时，采用了一种笔近意远"疏体"的画法，使得山水画独立出来。在绘画史上，此谓开山之创。他作画速度极快，挥笔即就。古人赞评说"笔才一二，象已应焉"。他的画作不仅集聚了民间画的精华，还吸收了外来画的精妙画艺，形成了新的风格。这种画风对当时的画坛影响很大，也为后世的绘画开辟了新路。

尽管吴道子一生所创画作很多，但是流传下来的真迹却凤毛麟角。现存吴道子的壁画真迹有《云行雨施》、《溪谷图》等。

"唐三彩"是三种颜色吗？

唐三彩是一种盛行于唐代的陶器，以黄、白、绿为基本釉色，故称为"唐三彩"。

唐三彩吸取了中国国画、雕塑等工艺美术的特点，采用堆贴、刻画等形式的装饰图案，线条粗犷有力。以造型生动逼真、色泽艳丽和富有生活气息著称。

▶三彩鞍马　唐

唐代骑兵极为强大，对军马的饲养非常重视，故而唐代各种马饰种类繁多，三彩军马俑很是普遍。此马身体强壮，四肢劲健，弯头站立，马体洁白，鬃毛深黄，身佩翠绿色的辔头、鞍具，系黄绿色杏叶形饰，装饰华丽，白、绿、黄等色交相辉映，形成强烈的对比，显得白马更富生气。

唐三彩分布在长安和洛阳两地，在长安的称西窑，在洛阳的则称东窑。

"柳从颜出"说的是柳公权与颜真卿的师承关系吗？

书法家柳公权是师从颜真卿吗？不然书法史上为什么会有"柳从颜出"的说法呢？

颜真卿是唐开元年间的书法大家。他自幼家贫，但勤奋上进。为学习书法，他先后师从褚遂良、张旭。后来，在吸收了初唐四家书法特点基础上，融汇篆隶和魏碑笔意，创出了一种气势恢宏、体态丰满、遒劲有力的字体，被世人称为"颜体"。"颜体"字一改古体楷书的书写风格，使楷书有了新的气象。

欧阳修评价颜真卿说："斯人忠义出于天性，故其字画刚劲独立，不袭前迹，挺然奇伟，有似其为人。"《续书断》说颜真卿是自王羲之之后中国书法史上的又一集大成者。他的《祭侄文稿》享有"天下第二行书"的美誉。米芾在《书史》中也对颜真卿的书法评价颇高："《争座位帖》有篆籀气，为颜书第一，字相连属，诡异飞动，得于意外。"

作为唐朝最后一位书法大家，柳公权因官至太子少师，又有"柳少师"的别称。他的字曾受到了唐穆宗、敬宗、文宗三朝皇帝的青睐。足见他的书法在唐朝是极受推崇的。据说，当年穆宗曾向他请教过如何写得一手好字，柳公权仅用9个字便概括了写好字的要诀："用笔在心，心正则笔正"。因此话有讽谏之意，史称"笔谏"。

柳公权最初学习书法时，曾以王羲之的书法为范本。但效果不佳，遍临名家后，他发现颜真卿和欧阳询的字最为精妙。于是，他在吸取"颜体"书法艺术的基础上，创造出一种刚劲挺拔的"柳体"字。这样看来，"柳从颜出"的说法确实有道理。由于柳公权的书法字形匀称、瘦而劲挺，后人又将它和颜真卿的"颜体"合称为"颜筋柳骨"。

"颠张醉素"有着怎样的"颠"和"醉"？

"颠张醉素"指的是唐朝的两位草书书法家。

张旭，字伯高，吴郡人。他少年时即好书法，出仕后初为常熟县尉，后官至金吾长史，故人称"张长史"。张旭为人洒脱不羁，豁达大度，才华横溢，学识渊博，与李白、贺知章交情甚密，杜甫将他三人列入"饮中八仙"。张旭的书法始于张芝、二王一路。他的楷书端正严谨，规矩至极，黄庭坚誉之为"唐人正（楷）书无能出其右者"。

张旭把当时流行的"今草"书体，发展成为笔法放纵、字形繁多变化的"狂草"体，做到笔未落而意在先、书虽尽而心相连，成为中国狂草书体的奠基人。其代表作《草书古诗四首》笔画丰满，行文跌宕起伏，动静交错，满纸如云烟缭绕，是草书中的巅峰之作。

张旭"狂草"书法的出现，打破了中国汉字的基本构成，把中国书法推到了纯艺术的高峰。

怀素，字藏真，俗姓钱，永州零陵（今湖南零陵）人。以"狂草"名世，史称"草圣"。怀素7岁时为僧，自幼对书法怀有浓厚兴趣，经禅之余，勤学书法。因为无钱买纸练字，他就在寺旁空地种下许多芭蕉，以蕉叶代纸练字，故名其庵为"绿天庵"。经长期勤学精研，秃笔成堆，埋于山下，名曰"笔冢"。旁有小池，常洗砚水而变黑，名为"墨池"。怀素草书，笔法瘦劲，飞动自然，如骤雨旋风，随手万变。他的书法虽率意颠逸，千变万化，而法度俱备。怀素传世书迹有《自叙帖》、《苦笋帖》、《食鱼帖》等。米芾《海岳书评》云："怀素如壮士拔剑，神采动人，而回旋进退，莫不中节。"

后人评其书法，继承张旭笔法，而有所发展，所谓"以狂继颠"，并称"颠张醉素"。怀素与张旭形成唐代书法双峰并峙的局面，也是中国草书史上两座不可企及的高峰。

《清明上河图》描绘的是清明时节的景色吗？

《清明上河图》是中国十大传世名画之一。在这幅画里，张择端以娴熟的绘画技巧，精工细描，尽展汴京繁荣景象。据统计，画中人物共1643人，牛马208只。它采用散点透视的绘画方法，将农村的宁静安逸和城市的热闹繁荣集中展示在一幅图画中。画中人物表情生动，场景疏密有致，节奏韵律性极强。整幅画气势恢宏，仿佛整个北宋汴京的车水马龙，街道风物全在眼前一样。这幅高度写真的作品，为后人研究北宋历史文化提供了宝贵资料。

关于《清明上河图》中所描绘的时令，画界存在着两种观点。一种观点认为，根据画中景象推断，这是一幅展示汴京清明时节场景的图画。据考证，《清明上河图》的最早收藏者是宋徽宗。"清明上河图"的名字也是他题上去的。据《味水轩日记》记载，《清明上河图》中，热闹的河堤之上，柳枝飘摇，正是清明时节人们游春场景的再现。加之《清明上河图》真迹中，有宋徽宗的"瘦金体"题词"水在上河春"，又有双龙小印为证。所以，"清明"时节是名副其实的。

孔宪易先生在《清明上河图的"清明"质疑》中，提出了《清明上河图》中所反映时节的另一种观点。据他考证，《清明上河图》曾名《西湖争标图》。被定名为"清明"是应进献帝王歌功颂德之需而改的。"清明"并非是时节的含义，而是借助画中一片繁荣祥和景象，颂扬帝王统治下的开明盛世。依据图中场景推断，这更像是一幅秋景图。

▼清明上河图(局部)　北宋　张择端
这是一幅巨幅风俗画，描绘的是北宋都城汴京(今河南开封)清明时节汴河及其两岸的风光。作品生动地记录了中国 12 世纪城市生活的面貌，这在我国乃至世界绘画史上都是独一无二的，堪称中国绘画的骄傲。

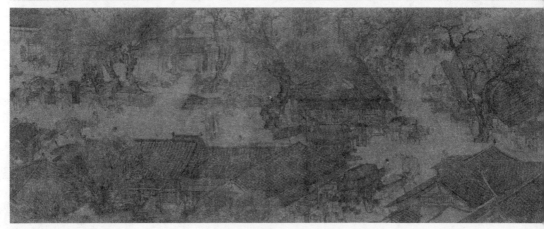

"宋四家"中的"蔡"是蔡京还是蔡襄?

书法史上论及宋代书法，素有"苏、黄、米、蔡"四大书家的说法，此四人被认为是最能代表宋代书法成就的书法家。前三家分别指苏轼、黄庭坚和米芾。从书法风格上看，苏轼丰腴跌宕，天真烂漫；黄庭坚纵横拗崛，昂藏郁拔；米芾俊迈豪放，沉着痛快。他们都善学古人又富于创新精神，书风自成一格，时人推崇备至，列于四家，向无异议。唯独列于四家之末的"蔡"，究竟指谁，却历来就有争议。

一般认为所谓蔡是指蔡襄，他的书法取法晋唐，讲究古意与法度。其正楷端庄沉着，行书淳淡婉美，草书参用飞白法，谓之"散草"，自成一体，非常精妙。蔡襄的书法备受宋仁宗推崇，列于四家应是当之无愧的。然而，明清以来，又有另一种说法，认为"蔡"原本是指蔡京，只是后人厌恶其为人，才以蔡襄取代了他。明书画鉴赏家张丑在《清河书画舫》中说："宋人书例称苏、黄、米、蔡者，渭京也。后人恶其为人，乃厅去之而进君谟书耳。君谟在苏、黄前，不应列元章后，其为京无疑矣。京笔法姿媚，非君谟可比也。"清杭世骏《订讹类编续编》也将"苏黄米蔡非蔡襄"，作为"人讹"的一个事例。可见，

明清时"蔡京说"曾有很大影响。平心而论，"蔡京说"的提出确有一定的道理。蔡京的书法艺术有姿媚豪健、痛快沉着的特点，与保持着较多"古法"的蔡襄相比，蔡京的书法似乎更富有新意，也更能体现宋代"尚意"的书法美学情趣。因而在当时已享有盛誉，朝野上下学其书者甚多。元陶家仪《书史会要》曾引当时评论者的话说："其字严而不拘，逸而不外规矩，正书如冠剑大人，议于庙堂之上；行书如贵胄公子，意气赫奕，光彩射人；大字冠绝占今，鲜有俦匹。"甚能反映蔡京当时在书法艺术上的地位。看来，"蔡京说"并非无稽之谈，而"蔡襄说"也有理有据。由于蔡京身为"六贼"之一，人们从感情上实难接受他，于是人们多倾向于蔡襄说。

宋体字与宋徽宗有关系吗？

关于宋体字的起源，大致有两种说法。一说它是由甲骨文，到秦始皇"书同文"，最终由书法家们集汉字特点，简化汉字结构而成的字体；二说它是应雕版印刷术的需要，而发明出来的印刷字体。

在第二种说法中，有人认为它是在宋徽宗独创的字体"瘦金体"基础上发展而来的。"瘦金体"也称"瘦筋体"，又有"鹤体"的雅称。瘦金体字形瘦长，又挺拔傲立。书写柔缓又强劲顿挫。横带收锋，竖有顿笔，撇捺甩出锋利不飘。整个字体看下来，柔中带刚、刚柔相济，是宋徽宗时期御用文书的专用字体。

据说，瘦金体最终衍生成宋体字与宋朝宰相秦桧有关。秦桧因写得一手娟秀字体，又极尽迎合奉承之能事，而深得宋徽宗的喜爱。在处理文牍过程中秦桧发现，各地呈上来的公文字体五花八门，阅读起来极为不便，于是他便有心规范字体。为了讨徽宗欢心，秦桧在模仿徽宗"瘦金体"字的基础上，取汉字精简笔划，创造出来了一种新的字体形式，时人称之为"秦体"。后来，秦桧因陷害忠良而成为千古罪人。人们便以朝代名称，将"秦体"字更名为"宋体"。

关于这种说法，文献中并没有明确记载。但是据汉字学家考证，如今我们所用的宋体、仿宋体，从字形到笔锋上，都和瘦金体一脉相承。

"丑八怪"一开始就是指人长相难看吗？

生活中，人们常称长相难看的人为"丑八怪"，这是为什么呢？

其实，"丑八怪"得名于"扬州八怪"。在这里，"八"指的八位画家。"扬州八怪"是一群画风相似、兴趣相投的画家。因其所好相近，便在画界形成了独立的一派。其中又以李鱓、汪士慎、高翔、金农、郑燮、黄慎、李方膺、罗聘等人为代表。

"扬州八怪"的成员，大都是些不得志的知识分子。他们也曾十年寒窗苦读，但是换来的结果要么是被排挤罢黜，要么是仕途无望。对社会的不满和相似的生活经历造就了他们相似的格调：生活上，蔑视世俗，狂放不羁；画风上，不拘形式，标新立异。他们的绘画大都以花鸟虫鱼为题材，注重表意达情，抒写对社会黑暗的愤懑，个性极强。这种画风与当时的正统画派格格不入，因而被视为不合群的一派。于是，正统派画家便对他们排挤打压，贬斥他们为"丑八怪"。

"八怪"之中，尤以郑燮（郑板桥）、金农和汪士慎最为有名。他们的书画取材简单，但是风格犀利，冲突传统礼教。尽管他们的画风不受传统画派的喜欢，却因取材于生活，抒发的是真性情而得到了百姓的喜爱和欣赏。

后来，人们将"丑八怪"拓展到了生活领域，泛指那些和五官端正的人相比相貌丑陋的人。其中便是借用了"丑八怪"另类怪异的内涵。

人们为什么称苏轼的书法为"石压蛤蟆"？

北宋文豪苏轼以飘逸洒脱的诗词闻名于世。除此之外，苏轼的书法也是一流的。他与黄庭坚、米芾、蔡襄并称为"宋四家"。那么，苏轼的书法有什么特色，人们为什么用"石压蛤蟆"来评价他的字呢？

在书法上，苏轼专长行书和楷书。他曾经自评说："我书造意本无法，自出新意，不践古人。"从流传下来的苏轼真迹来看。苏轼的字既有天真烂漫的韵调，又有饱满强劲的丰腴之态。其下笔有神，流畅自然。他的书法汲取晋、唐、五代书法名家所长，揉以自己对生活、对诗文、对汉字的独特理解，不拘泥于古体，自成一派，创造出一种具有苏氏特色的书法风格。黄庭坚曾在《山谷集》中评价道："本朝善书者，自当推（苏）为第一。"

关于苏轼的字被评为"石压蛤蟆"，有这样一段趣事。《独醒杂志》卷三中记载说："东坡曰：'鲁直（黄庭坚字）字虽清劲，而笔势有时太瘦，几如树梢挂蛇。'山谷曰：'公之字固不敢轻论，然间觉褊浅，亦甚似石压蛤蟆。'二公大笑，以为深中其病。"

苏轼本比黄庭坚年长几岁，由于经常在一起切磋诗文，推敲书法画艺，两人渐渐成了亦师亦友、无话不谈的忘年交。黄庭坚虽然也以诗词见长，但是他在书法上的成就要略胜

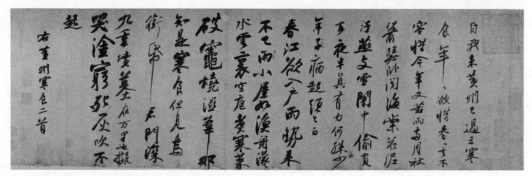

▲黄州寒食诗卷　北宋　苏轼

一筹。他学习书法最初学习周越，又取法颜真卿、怀素、焦山等人，最终自成体系。他的字虽凝劲有力，但是每一个字为了突出其中的一些笔画，往往写得特别夸张，以致结构变化性极强，整体呈现出中间细腰的效果。所以苏轼调侃黄庭坚的字为"几如树梢挂蛇"。对于苏字所呈现的头向上斜，脚向下伸的结构特点，黄庭坚则概括为"石压蛤蟆"。可以说，两人是在调侃的同时，也精准地指出了对方书法的不足之处。纵观苏轼的书法，确有鼎石施力的效果。因而，后人延用了黄庭坚的这句调侃之词，将苏轼的书法概括为"石压蛤蟆"。

人们在练习楷书的时候为什么要遵循"永"字八法？

所谓的"永"字八法，指的是以"永"字的八个笔画，即点、横、竖、钩、提、撇、短撇、捺，阐述的是楷书笔势和组字方法。中国书法大体以"永"字的这八笔为基础，因而，人们在练习楷书的时候，都以"永"字八法为基本原则。

据《玉堂禁经》记载："八法起于隶字之始，后汉崔子玉历钟王以下，传授所用八体该于万字。""大凡笔法，点画八体，备于'永'字"。意思说，"永"字八法源于古代的楷书。其八划为基本笔画，是万字的基础。《雪庵八法·八法解》又补充说道："历代以下，书者工于笔法之妙。其名世者，如魏晋之钟繇、王羲之，唐之欧（阳询）、虞（世南）、柳（公权）、颜（真卿）之辈，亦各家有书，所传之，惜乎沦没日久，真迹不存，惟羲之'永'字八法，共《三昧歌》流传在世。"这种观点认为，"永"字八法是从崔子玉、钟繇、王羲之等人传下来的书法之道。

还有观点认为"永"字八法是智永或张旭所创。虽然关于"永"字八法的起源说法不一，但都认同其在楷书中的地位。"永"的 8 个笔划各有笔势，想要写好楷书，确实要从练习"永"字入手。

人们为何把绘画称为"丹青"？

人们常把绘画称为"丹青"。《汉书·苏武传》载道："竹帛所载，丹青所画。"最初，"丹青"指的是古代绘画中常用的两种颜料。丹，指的是朱砂；青，指的是青。因这两种颜料不易褪色，所以备受画者的喜爱。

汉代的陆贾在《新语》中说道："民弃本趋末，伎巧横出……丹青玄黄琦玮之色，以穷耳目之好，极工匠之巧。"意思说，绘画中，人们广泛使用"丹青"这两种颜料。最初，"丹青"仅指代红、青两种颜色。后来，绘画中的所有色彩都被泛称为"丹青"。因而，由各种色彩绘出的图画，便被人们通称为"丹青"。一些杰出画家，绘画高手也被称为"丹青手"、"丹青妙手"。

"中国画"又名"国画"。在绘画艺术史上，中国画的起源可以追溯到 5000 多年前仰韶文化中的"鹳鱼石斧图"。但是以"中国画"一称享誉世界，则要从清代与西洋画相对的画作说起。《颐园论画》中说："西洋画工细求酷肖。"也就是说，西洋画重写实，尤以素描和油画驰名。

与西洋画不同，中国画更重意境和神韵。中国画按使用材料和表现方法，主要分为工笔、写意和兼工带写3种，具体可分为水墨画、重彩、浅绛、工笔、写意、白描等；按题材又可分为人物画、山水画、花鸟画、动物画等。按照画幅大小和形状及折叠方式，可以分为横向的长卷、横批，纵向展开的条幅、中堂，仅有一尺见方的册页、斗方，画在折扇、团扇等扇子上的扇面等。

中国画在创作上重在传达出物象的神态情韵和画家的主观感受，造型上讲求"妙在似与不似之间"和"不似之似"，对那些能体现出神情特征的部分往往会采取夸张甚至变形的手法加以刻画，而不是追求实际的相像。在构图上，中国画讲求经营，重视虚与实、疏与密的配合与平衡，力求打破时空的限制，构造出一种画家心目中的景象。中国画善用水墨，创造出极为丰富的笔法和墨法，同时墨还可以与色相互结合，形成墨色互补的多样性。以这些独特的笔墨技巧，如点、线、面作为状物传情的表现手段，描绘对象的形貌、骨法、质地、光暗及情态神韵，传情达意，具有独立的审美价值。中国画，特别是中国文人画，讲求诗、书、画、印的有机结合。画面上题写的诗文跋语，既是画面的有机组成部分，同时还能表达画家对社会、人生及艺术的思考和认识，在深化主题的同时，提升画作的文化品位。

中国画在观察认识、形象塑造和表现手法上，与西方绘画相比，有着迥异风格和独特的艺术趣味。中国画对客观事物的观察、体认、再现，以及借物传情的艺术构想，渗透着画家的社会意识，使绘画具有相应的认识作用、教育作用和高度的审美价值，体现出中国人独特的思维方式、哲学观念和审美情趣。

"虎头三绝"绝在哪儿？

东晋画家顾恺之，小字虎头，世人又称他为"顾虎头"、"虎头将军"。他出生于书香门第，从小能诗善赋，书法精湛，绘画称绝。他是中国绘画理论"六法论"的奠基者。世人这样评价他的画作："法如春蚕吐丝，初见甚平易，细看则六法兼备；设色以浓彩微加点缀，不晕饰，运思精微，襟灵莫测，神气飘然。"顾恺之自评说："四体妍蚩，本无关于妙处，传神写照，正在阿堵之中。"除了上述评价外，顾恺之还有"虎头三绝"的称号。那么，这"三

▲顾恺之像

▲女史箴图(唐摹本)

图卷采用一文一图的形式，每图前楷书"箴"文。人物用游丝描，细劲流畅，不唯造形准确，于神情也描绘得颇为生动。画中含身挡熊的冯媛在众人恐慌避走之时傲然不惧。对镜梳妆的姬妾，典雅秀逸姿态从容，表现出贵族女子的特征。

绝"又是绝在哪儿呢？

所谓"三绝"指的是"才绝"、"画绝"和"痴绝"。

"才绝"说的是顾恺之的才思敏捷，多才多艺。作为绘画界的一代宗师，顾恺之诗、文、赋、书无一不通。其文学造诣颇深，现流传于世的有《雷电赋》、《观涛赋》、《冰赋》、《湘中赋》等。尽管数量有限，但从中可窥知其文学修为。

"画绝"指的是顾恺之的精湛画技。顾恺之师从卫协，尽得真传。此后，他在认真观察事物的基础上，开拓新领域，创出了自己独特的画风。顾恺之画人物，传神之处在眼睛。据说，当年建康瓦官寺修建，因为资金筹措不足，一度停工搁置。顾恺之听说了，便在寺院一面墙上画了幅维摩诘居士像。画作完成之时，栩栩如生的人物唯独少了双眼睛。顾恺之放出话去："观点睛，头天十万，第二天减半，第三天随意布施。"想一睹顾恺之点睛的人蜂拥而至，不长时间便收到一百万。就这样，顾恺之帮助瓦官寺筹足了修建寺院的银子。顾恺之作画擅长利用各种绘画技巧遮掩缺陷，扩大美感。史上有名的殷仲堪画像，便是顾恺之运用飞白画法的杰作。此举掩盖了殷仲堪的眼疾，突出了他的神韵。

"痴绝"是说顾恺之爱开玩笑。他"好谐谑"，也禁得起别人的玩笑。此外，"痴绝"还指他作画行文纯真自然，不矫情做作。在他的作品里，总有一种大智若愚的憨傻之气。有人认为，顾恺之所以如此，实际上是对当时社会的蔑视，也是明哲保身的一种手段。

如何"装裱"书画？

装裱是装饰书画、碑帖等的一门特殊技艺。古代的装裱叫"裱背"，亦称"装潢"，又称"装池"。据明代方以智的一般装裱样式《通雅·器用》载，"潢"犹池也，外加缘则内为池；装成卷册谓之"装潢"。

中国的装裱工艺是伴随着中国绘画的历史而产生发展的，从现今保存的历史资料看，早在 1500 年前装裱技术就已经出现了。一般是先用纸托裱在绘画作品的背后，再用绫、绢、纸等镶边，然后安装轴杆成版面。传统的装裱成品按形制可分为挂轴、手卷、册页、折页四大类。画心的托裱是整个装潢工艺中的重要工序。明代周嘉胄的《装潢志》、清代周二学的《一角篇》，均是中国系统论述装裱的专门著作。

中国的肖像画为什么叫"写真"？

杜甫的《丹青引赠曹将军霸》中写道："将军善画盖有神，偶逢佳士亦写真。"这里所说的写真，指的是曹将军的肖像画。那么，人们为什么要把中国的肖像画称为"写真"呢？如今我们所说的"写真"，与杜甫诗中所说的写真是一个含义吗？

古时，肖像画又叫写真。它还有写照、传神、写貌、写像、影像、追影、写生、容像、像人、祖先影像、禅宗祖师像、顶相、仪像、寿影、喜神、揭帛、代图、接白、帝王影像、圣容、衣冠像、云身、小像、行乐图、家庆图等别称。在中国传统绘画题材中，人物、山水、花鸟是三大类别，肖像画便是人物画别中的一个分支。

据湖南长沙马王堆西汉墓出土的帛画显示，早在汉代，我国的肖像画艺术水平便已经达到了一定的高度。作为人物形象的描绘，肖像画要求做到形神统一。在以绘画技巧描摹人物外部特征的同时，还要求将人物内在的性格特点，情态特征表现出来。可以说，一幅肖像画是个人外在形象、内在精神的全面真实展示。因而，人们将其命名为"写真"、"传神"等。

东晋画家顾恺之曾经说过："传神写照，正在阿堵之中。"说的便是肖像画表现人物的关键所在便是传神逼真。明代以后，受西方肖像画绘画风格影响，我国还出现了一个新的绘画派别——写真派。他们以画家曾鲸为代表，专以写真为题材。

现如今，"写真"的含义被人们扩大化。其含义和古代的肖像画之"影像"的别称含义颇为相似，但是却不单单指代肖像那么简单了。其中包括了"摄影"、"照片"的内涵。

绘画中的"意境说"是什么意思？

"意境说"先出现于文学批评领域，后来绘画中也引入了"意境"的概念。清代画家笪重光在《画筌》一书中正式使用"意境"一词来阐述绘画理论问题，而在此前，意境的理念早就蕴涵于绘画的创作之中，最早可以追溯到魏晋时期"澄怀味象"、"得意忘象"等观念的提出，到宋元时期经过苏轼诗画一体的艺术主张和倪瓒的"逸气说"、钱选的"士气说"的陶铸，"意境说"走向成熟的发展阶段。"意境说"突破了绘画单纯再现客观事物的观念，而赋予了绘画表现主观精神的功能，使得绘画出现了以情构境、托物言志的新的创作取向，令画家通过对境象的把握与经营而实现"情与景汇，意与象通"的艺术效果，对中国传统绘画特别是山水画产生了极为深远的影响。

书画为何同源？

书画同源，即绘画和书法两者渊源同出，彼此借鉴，密切相关。唐代张彦远在《历代名画记·叙画之源流》中说："是时也，书画同体而未分，象制肇始而犹略。无以传其意，故有书；无以见其形，故有画。"这说的就是远古时期文字与图画是同体的，因为起源相同，书法与绘画在表现形式方面，尤其是在笔墨运用上具有许多共同的规律，在精神气度上更是彼此相通，而书法与绘画所用的工具亦同为笔、墨、纸、砚，两者从本质上来讲都属于平面造型艺术。艺术家往往兼长书画，而中国画的本身就结合着书法艺术，在一幅画面上，绘画与书法相得益彰。

▶秋山问道图　五代　巨然
此图绘山峦重重叠起，其下溪流清澈见底，山中有小路曲折蜿蜒。有茅舍数间，掩映于山坳深处。整幅画面意境闲雅，布局精密。

中国画需要怎样的绘画技法？

写意和工笔是中国画的两个基本技巧。

写意俗称"粗笔"，是与"工笔"相对的一种绘画技法，可分为"大写意"和"小写意"两种。通过简练概括、放纵恣肆的笔墨，着重表现描绘对象的意态神韵。它出现于工笔人物画成熟之后，是由宋代的梁楷创造的。明代中期，水写意画迅速发展，泼墨大写意画非常流行，出现了很多名家，如人称"青藤白阳"的徐渭和陈淳，就是当时成就突出的两位画家。

徐渭是明代著名的书画家，是当时最有成就的写意画大师。他的写意花鸟，用笔豪放，笔墨淋漓，注重内心情绪的抒发，如《墨葡萄图》等。他独创的水墨写意画的新风，对后世产生了极大的影响。陈淳擅长泼墨大写意的花鸟画，他的作品不讲究描画对象外表的形象，而是追求画面的生动，在淡墨运用方面有一种特殊效果，如《红梨诗画图》等，其人物画寥寥数笔，令人回味，山水画水墨淋漓。

工笔，又称"细笔"，与写意相对，为细致写实的中国画技法，特点是注重线条美，造型严谨，一丝不苟。工笔的技法又可分为描、分、染、罩。描，即白描，就是先分别用浓墨、淡墨描出底稿；分，即用墨色上色，用清水分蕴开来，以表现出画面的层次；染和分的程序一样，但用的不是墨色，而是用彩色来分蕴画面；罩，指的是整体上色。

中国的工笔画起于战国，到两宋走向成熟。工笔画是中国画中追求"形似"的画种，关注"细节"，注重写实，图人状物"尽其精微"，力求"取神得形，以线立形，以形达意"，获取神态与形体的完美统一。历代工笔画名家有唐代的周昉、张萱，五代宋朝的黄筌、赵佶，明代的仇英等人。著名作品有《簪花仕女图》、《虢国夫人游春图》等。

"白描"是指用白色的笔描吗？

白描是中国画的绘画技巧之一，什么样的画法被称为白描？

白描，指中国画中单用墨色线条勾描形象而不施彩色的画法。白描可分为单勾和复勾两种。单勾即用线一次勾成，或用一色墨，或根据不同对象用浓淡两种墨；复勾则仅以淡墨勾成，再根据情况进行复勾，其线条并非是依原路刻板地复迭，要求流畅自然，以达到加强画面质感和浓淡变化的效果，使得物象更具神采。由于物象的形、神、光、色等都要通过线条来表现，所以白描画法有着较高的难度，但是其具有朴素简洁、概括明确的特点，因而常用于人物画和花鸟画，顾恺之、李公麟等都是中国古代著名的白描大师。

"十八描"具体指什么？

中国画中衣服褶纹有18种描法，称为"十八描"。分别为：1.高古游丝描：为工笔画法，线条细而均匀，多为圆转曲线，顿笔为小圆头状。2.琴弦描：比高古游丝描略粗，用颤笔中锋，线中有停停顿顿的变化，多为直线，有写意味道。3.铁线描：比琴弦描粗些，用笔中锋，转折处方硬似铁丝弄弯的形态，顿笔也是圆头。4.混描：基本上是一种写意画法，先用浓墨皴衣纹，墨未干时，间以浓墨，讲求"浓破淡"的墨法变化。5.曹衣出水描：来自西域画家曹仲达，其画佛像衣纹下垂、繁密，贴身如出水状，故称"曹衣出水"，受印度健陀罗艺术的影响，用笔细而下垂，成圆弧状，讲求线条之间的疏密变化。6.钉头鼠尾描：行笔方折多，转笔时线条加粗，收笔尖而细。7.橛头钉描：是一种写意笔法，用秃笔，侧锋入笔，线条粗而有力，顿头大而方。8.马蝗描：顿头大，行笔曲折柔软，但很有力。9.折芦描：

多为直线，用笔粗，而转折多为直角，折笔时顿头方而大。10. 橄榄描：顿头大如同橄榄，行笔稍细，粗细变化大。11. 枣核描：顿头如同枣核状，线条行笔中亦有枣核状的用笔变化。12. 柳叶描：用笔两头细，中间粗。13. 竹叶描：与柳叶描类似，有时不相区分。14. 战笔水纹描：如山水画水纹之画法，表现薄而褶多的衣纹。15. 减笔描：大写意笔法，极为简练，用笔粗而一气呵成，一笔中有墨色变化。16. 枯柴描：水墨画笔法，用笔粗，水分少，类似皴法，笔势往往逆锋横卧。17. 蚯蚓描：用篆书笔法，线条圆转有力，粗细均匀，曲折多而柔软。18. 行云流水描：表现软而弯转的衣纹。

题款与印章各有什么讲究？

自元代以后，多数中国画都形成了画面、题款、印章并举的传统形式。那么，这题款和印章都有些什么讲究呢？

题款，也称落款、款识、题画、题字，等等。凡在书画上标上姓名、年月、诗文等都称为题款。它对构图起着稳定平衡作用，能弥补绘画构图的不足，是整幅作品的重要组成部分，同时还能增添诗情画意，补充画者想要表达的内容。

具体而言，在画面上题写诗文，叫"题"，题画文字，有题画赞、题画记、题画跋、题画诗（词）等。在画上标志年月、

▲校尉之印章　三国

签署名号、盖章等，叫作"款"。款文也可以记写籍贯、年龄等，若为他人作画，往往要写上受赠者的称谓。题款对款文的文采和书法的水平都有很高要求，字体不限，但是必须和画的内容、风格和意境相配合。

中国画的印章有姓氏章、姓名章、名章、字号章、年代章、收藏章、闲章之分，印章的书体有大篆、小篆、隶书、草书、行书之分，印章的字体与形式也必须和画相偕。所有形式的章，其位置和内容都有相应的要求，不能随便，但唯独闲章的位置可以较为灵活，内容也可以活泼，警句、诗词、成语、短句等都可以，但正所谓"闲章不闲"，它并非可有可无。在一些古画名画上，我们常能见到繁多的收藏章，有的甚至在空白处盖满了收藏章，元代钱选的《浮玉山居图》流传到清末时，画上已经有 300 余方印章，作为鉴别真伪的证据，它们起了巨大的作用。

"八大山人"是 8 个人吗？

翻看中国绘画史总会看到"八大山人"这一称呼，"八大山人"是 8 个人吗？实际上"八大山人"只是一个人，他叫朱耷，是清代画家、僧人。朱耷是江西南昌人，明宗室后裔，明亡后出家。他性情孤傲倔强，行为狂怪，以诗书画发泄其悲愤抑郁之情。作为明宗室后裔，

身遭国亡家破之痛，一生不与清王朝合作。

朱耷擅花鸟、山水，其花鸟承袭陈淳、徐渭写意花鸟画的传统，发展为阔笔大写意画法。其特点是通过象征寓意的手法，并对所画的花鸟、鱼虫进行夸张，以其奇特的形象和简练的造型，使画中形象突出，主题鲜明，甚至将鸟、鱼的眼睛画成"白眼向人"，以此来表现自己孤傲不群、愤世嫉俗的性格，从而创造了一种前所未有的花鸟造型。其画笔墨简朴豪放、苍劲率意、淋漓酣畅，构图疏简、奇险，风格雄奇朴茂；他的山水画初师董其昌，后又兼取黄公望、倪瓒之长，多作水墨山水，笔墨质朴雄健，意境荒凉寂寥。

实际上，八大山人是朱耷的号，朱耷的号、别名特别多，除八大山人外还有雪个、个山、个山驴、驴、驴屋、人屋、良月、道朗等。至于八大山人号，乃是他弃僧还俗后所取，始自59岁，直至80岁去世，以前的字均弃而不用。所书"八大山人"含意深刻，其于画作上署名时，常把"八大"和"山人"竖着连写。前二字又似"哭"字，又似"笑"字，而后二字则类似"之"字，哭之笑之，即哭笑不得之意。他有诗"无聊笑哭漫流传"之句，以表达故国沦亡、哭笑不得的心情。

清初"四画僧"指的是谁?

在中国绘画史上，朱耷、石涛、髡残、弘仁号称清初的"四画僧"，他们的艺术成就，为清代沉寂已久的画坛引入了一股清流，开创了时代的新风，并赋予中国绘画革新求变的时代精神，是中国清代绘画发展的高潮。这4位因为遭逢时代剧变而遁入空门的画僧，之所以在艺术上成就非凡，可以说与他们波澜不息、血泪交集的生平有着极大的关联。

朱耷，号八大山人。擅花鸟、山水，其花鸟承袭陈淳、徐渭写意花鸟画的传统。山水笔墨质朴雄健，意境荒凉寂寥。

石涛，工诗文，善书画。其画擅山水，兼工兰竹。其山水广泛师法历代画家之长，将传统的笔墨技法加以变化，又注重师法造化，从大自然吸取创作源泉，并完善表现技法。其花鸟、兰竹，不拘成法，自抒胸臆，笔墨爽利峻迈，淋漓清润，极富个性。

髡残，善画山水，亦工人物、花卉。山水画主要继承元四家传统，尤其得力于王蒙、黄公望。构图繁复重叠，境界幽深壮阔，笔墨沉酣苍劲。

弘仁，从宋元各家入手，推崇倪瓒画法，为新安画派奠基人。

"海上画派"都在海上作画吗?

海上画派，通常是指19世纪中叶至20世纪初期，一群活跃于上海地区的画家。海派画家集中在清末民初的上海，因为地域之便，他们有机会不断接触外界的新鲜事物，这为艺术的发展提供了丰厚的土壤。海派画家以传统文化为基础开拓了新的画风。这些画家性格迥异，画风多样，代表人物有"海上三任"、虚谷、吴昌硕等。

"海上三任"指的是名扬中外的晚清上海著名画家任熊、任薰和任颐。其中任颐在艺术上成就最高、影响最大。任熊，海上画派早期的领袖人物之一，人物、花卉、山水无不擅长，特别以肖像画著称。他的笔法清新活泼，画作很有装饰趣味，深受当时人们喜爱。代表作品有《自画像》等。任薰是任熊的弟弟，特别善画花鸟，用笔风格劲挺，他的人物画画风与任熊非常相近。任颐，浙江萧山人。专工人物、花鸟，常以风土人情和民间传说入画，画中融汇了艺术与现实。他的人物画题材广泛，具有非常独特的风韵，很注重写生。山水也是他所擅长的题材。他的通景屏《群仙祝寿图》是近代绘画中少见的佳作，特点是构思奇妙，人物形象生动，精美程度令人惊叹。任颐以他自身中西贯通的极高绘画素养，最终成为晚清画坛上最杰出的画家之一。画僧虚谷的山水画《观潮图》、《日长山静图》等作品，笔法冷隽，风格洒脱清秀；吴昌硕作为海派的中坚人物，将书法、篆刻融入绘画创作当中，韵味独特。

总而言之，海上画派艺术特点是题材以花鸟画为多，其次人物，再次山水，在笔法墨法的应用上，简逸明快，追求意境。习惯于借古喻今，借物寓意，讲究内涵充实。他们的画作兼有商业价值和欣赏收藏价值。

"岁寒三友"指什么？

岁寒三友指松、竹、梅。这三种植物经冬不凋且迎寒开放，因称"岁寒三友"，常比喻友谊的忠贞。

松树四季常青，姿态挺拔，象征着青春常在和坚强不屈。

竹是高雅、纯洁、虚心、有节的象征，古往今来，"不可一日无此君"已成了众多文人雅士的偏好。

梅花姿、色、香、韵俱佳。宋人林和靖的诗句"疏影横斜水清浅，暗香浮动月黄昏"，将梅花的姿容、神韵描绘得淋漓尽致。

以松竹梅合成的岁寒三友图案是中国古代器物、衣物和建筑上常用的装饰题材，也成为诗人、绘画常见的表现对象。

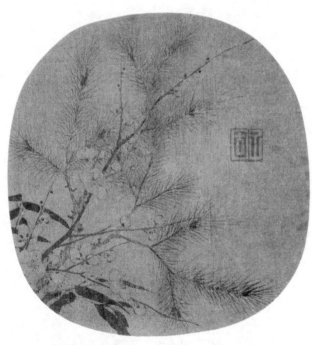

▲ 岁寒三友图
全图清而不凡，秀而淡雅，表现了作者清高超脱的精神境界。

阎立本的《历代帝王图》有些什么特点？

《历代帝王图》，又称《古帝王图》，刻画了两汉、南北朝至隋代的13位帝王形象：汉昭帝刘弗陵、汉光武帝刘秀、魏文帝曹丕、吴主孙权、蜀主刘备、晋武帝司马炎、陈文帝陈蒨、陈废帝陈伯宗、陈宣帝陈顼、陈后主陈叔宝、北周武帝宇文邕、隋文帝杨坚和隋炀帝杨广。此图的每个形象都寓有褒贬，而这一褒贬又是寓于每个帝王的性格和精神气质之中的。在表现帝王的形象时，作者善于通过人物的面容、眼神、眉宇和神情，来刻画不同的个性、气质，以表达作者对前代帝王的评价。如杨坚，不仅表现了"体貌奇特，仪表绝人"，而且以深沉的眼神、紧闭的双唇，显示出"雄图内断、英谋外决"的性格，这与杨广的虚浮外貌、萎靡身躯形成对照。此图卷有别于魏晋时"秀骨清像"的类型化表现，而使人物肖像画达到一个新的水平。

敦煌壁画在中国绘画史上有着怎样的地位？

敦煌壁画是敦煌石窟艺术形式中最重要的组成部分。敦煌石窟（包括敦煌莫高窟、西千佛洞、安西榆林窟在内）共有历代壁画5万多平方米，是中国也是世界上壁画最多的石窟群。按照壁画所描绘的内容可分为佛像画、经变画、故事画、供养人画像等。

敦煌壁画填补了我国唐代以前绘画传世作品极为稀少的重大空缺。敦煌完整保留了自北朝至元代的佛教绘画真迹，是我国最为完整的宗教绘画体系，这些是探索中国美术发展史最系统、最丰富的历史资料。此外，敦煌壁画蕴涵了诸多历史时段中国绘画技

▲伎乐奏团图　唐　敦煌石窟　壁画

此壁画非常珍贵，它并非想象的菩萨图像，而是真实的描摹自那个时代乐团演奏的情况，也就是说，它为当时当地的流行音乐留下了图画史实记录，为日后的考证提供了珍贵的史料。右边3位的乐器，由上而下依序是箜篌、冬不拉、琵琶；左边3位由上而下依序是手摇铃鼓、横笛、排笙；中间的舞者正跳着反弹琵琶舞。

法与绘画风格的承传与沿革。从中可以看出我国各个朝代绘画风格、技巧的发展与演变。其博大精深的内涵，为后世画家提供了丰富的营养。著名画家张大千就曾在敦煌临摹学习将近 3 年，对他的绘画艺术产生了巨大影响。

顾闳中的《韩熙载夜宴图》有些什么特点？

此图以手卷形式，一共用 5 个场景——琵琶独奏、六么独舞、宴间小憩、管乐合奏、夜宴结束，描绘了整个夜宴的活动内容。在场景之间，顾闳中非常巧妙地运用屏风、几案、管弦乐品、床榻等之类的器物，使之既有相互连接性，又有彼此分离感；既独立成画，又是一幅整画。实际上，这不仅仅是一张描写韩熙载夜生活的图画，更重要的是它反映了当时的时代风貌。画家观察细微，不放过任何一个细节，把官居中书舍人的韩熙载纵情声色、欢宴达旦的情景描绘得淋漓尽致，人物的音容笑貌栩栩如生，活脱绢上。以致在这幅巨作中，40 多个神态各异的人物，虽一再重复出现，而面目始终保持统一，但性格突出，神情变化多端。《夜宴图》从一个侧面，十分生动地反映了当时统治阶级的奢靡生活。

▲溪山行旅图　北宋　范宽

范宽的《溪山行旅图》有些什么特点？

《溪山行旅图》是范宽的代表作，也是中国绘画史上的杰作。这件作品给人的第一感觉就是气势雄强，巨峰壁立，几乎占满了画面，山头杂树茂密，飞瀑从山腰间直流而下，山脚下巨石纵横，使全幅作品体势错综。在山路上出现一支商旅队伍，路边一湾溪水流淌，正是山上流下的飞瀑，使观者如闻水声、人声、骡马声，也点出了溪山行旅的主题。范宽以雄健、冷峻的笔力勾勒出山的轮廓和石纹的脉络，浓厚的墨色描绘出秦陇山川峻拔雄阔、壮丽浩莽的气概。这幅竖长的大幅作品，不仅层次丰富，墨色凝重、浑厚，而且极富美感，整个画面气势逼人，使人犹如身临其境一般。

王希孟的《千里江山图》有些什么特点？

《千里江山图》是北宋青绿山水画作品。作者王希孟描绘了岗峦起伏的群山和烟波浩渺的江湖；依山临水，布置了渔村野市、水榭亭台、茅庵草舍、水磨长桥，同时穿插了捕鱼、驶船、行路、赶脚、游玩等人物活动；刻画人物精细入微，虽细小如豆，而意态栩栩如生；描绘飞鸟虽轻轻一点，却具翱翔之势。作者设色继承了唐以来的青绿画法，于单纯统一的蓝绿色调中求变化；用赭色为衬托，使石青、石绿颜色在对比中更加鲜亮夺目；整个画面雄浑壮阔，气势磅礴，充满着浓郁的生活气息；将自然山水，描绘得如锦似绣，分外秀丽壮美，是一幅既写实又极富理想色彩的山水画作品。此图既壮阔雄浑而又细腻精到，不愧是青绿山水画中的一幅杰作。

▲千里江山图（局部）
画面整体布局疏密相间，浑然天成。作者成功地将平远、深远、高远交替使用，使观者时而如行走山径，时而如驾舟水面，时而又如立足山巅，从不同角度领略山川的万千姿态。

"篆刻"是大篆还是小篆？

篆刻又称为"玺印"、"印"或"印章"等，是用篆书刻成的印章，是一种特有的传统艺术和实用艺术品。篆刻艺术是书法、章法、刀法三者完美的结合。在一方印中，既有书法笔意，又有绘画构图，还有刀法雕刻，可谓"方寸之间，气象万千"。篆刻在2000多年中出现了两个高度发展的阶段。

一是战国、秦汉、魏晋六朝时期，被称为"古代篆刻艺术时期"，其用料主要为玉石、金、牙、角等。这一时期尤以汉代玺印为代表。汉印结体简化，笔画平整方直，并以鸟虫书入印，装饰性很强。汉代铸印庄重雄浑，凿印健拔奇肆，成为后世篆刻艺术的重要渊源。

二是明清时期，这一时期篆刻艺术大放异彩。明代中叶，印章由实用品，或书画艺术的附属品，发展为一门独立的篆刻艺术。自从明篆刻家文彭之后，篆刻艺术繁荣起来，形成了徽派、浙派、皖派等很多篆刻流派，出现了何震、程邃、丁敬、邓石如、黄牧甫、赵之谦、吴昌硕等篆刻艺术家。

"云锦"和云有关吗?

南京云锦是中国优秀传统文化的杰出代表，因其绚丽多姿，美如天上云霞而得名，至今已有 1500 余年的历史。南京云锦与成都的蜀锦、苏州的宋锦、广西的壮锦并称"中国四大名锦"。

吴村梅有一首词描写南京云锦："江南好，机杼夺天工，孔雀妆花云锦烂，冰蚕吐凤雾绡空，新样小团龙。"南京云锦配色多达 18 种，运用"色晕"层层推出主花，富丽典雅、质地坚实、花纹浑厚优美、色彩浓艳庄重，大量使用金线，形成光彩纷呈的独特风格。

南京云锦的产生和发展与南京的城市史密切相关。南京丝织业最早可追溯到三国东吴时期，东晋末年，大将刘裕北伐，灭秦后，将长安的百工全部迁到建康（今南京），其中织锦工匠占很大比例。后秦百工中的织锦工匠继承了两汉、曹魏、西晋和十六国前期少数民族的织锦技艺。417 年东晋在建康设立专门管理织锦的官署——锦署，被看作是南京云锦正式诞生的标志。从元代开始，云锦一直为皇家服饰专用品。明朝时织锦工艺日臻成熟和完善，并形成南京丝织提花锦缎的地方特色。清代在南京设有"江宁织造署"，《红楼梦》作者曹雪芹的祖父曹寅，就曾任江宁织造 20 年之久。这一时期的云锦品种繁多，图案庄重，色彩绚丽，代表了历史上南京云锦织造工艺的最高成就。南京云锦在元、明、清王朝是皇室御用龙袍、冕服，官吏士大夫阶层的贵妇衣装，以及民间宗室，喜庆、婚礼服饰的材料。

中国的"四大名绣"都有哪些?

苏绣已经有 2000 多年的历史。苏绣自古以精细、素雅著称，构图简练，主题突出。其技巧特点可概括为"平、齐、细、密、匀、顺、和、光" 8 个字。最细的将一根丝线劈成 48 股，一般人用肉眼无法看清。在种类上，苏绣作品主要可分为零剪、戏衣、桂屏三大类。其中以"双面绣"作品最为精美。双面是在绣品的正反两面绣图案，两面的形象、针法相同，针脚藏而不露。

湘绣创始于楚国，清代时成为长沙城乡的主要手工艺。它在湖南民间刺绣的基础上，吸收苏绣和广绣的优点而发展起来的。它以彩色散丝作绣线，除运用"齐针"、"接针"、"打粉针"等针法外，独创"掺针"法，掺针针脚参差自如，使不同色的线相互掺和，逐渐变化，色彩丰富饱满，色调和谐。湘绣的图案借鉴了中国画的长处，所绣多为山水、人物、花鸟、翎毛、走兽，生动逼真，长于绣狮、虎题材。

▲ 精美的苏绣

粤绣在唐代时水平已经很高。艺人以孔雀羽毛扭为绒缕，绣制服饰，金翠夺目，用马尾缠绒，作为勒线，绣制轮廓，增强了表现力。中华人民共和国成立以后，粤绣得到进一步发展，不断出新。粤绣构图饱满，繁而不乱，装饰性强，色彩浓郁鲜艳，绣制平整光滑，金银垫绣富于立体感，富丽堂皇。粤绣题材广泛，以百鸟朝阳、龙凤、博古类最多。

蜀绣集中于四川成都。蜀绣在晋代被称为蜀中之宝。蜀绣以软缎和彩丝为主要原料，用晕针、切针、拉针、沙针、汕针等100种针法，充分发挥了手绣的特长，形成了浓厚的地方风格。蜀绣题材多为花鸟、走兽、山水、虫鱼、人物，品种除纯欣赏品绣屏以外，还有被面、枕套、靠垫、桌布、头巾、手帕等。

"泥人张"缘何得名?

天津泥人张彩塑是一种深得百姓喜爱的民间美术品，它创始于清代道光年间，流传、发展至今已有180余年的历史。

泥人张的创始人张明山，自幼随父亲从事泥塑制作，练就一手绝技。他18岁即得艺名"泥人张"，以家族形式经营泥塑作坊塑古斋。他只须和人对面坐谈，搏土于手，不动声色，瞬息而成。面目径寸，不仅形神毕肖，且栩栩如生，须眉欲动。

"泥人张"的彩塑，把传统的捏泥人提高到圆塑艺术的水平，又装饰以色彩、道具，形成了独特的风格。

剪纸是一种怎样的艺术？

▲ 红绸舞　剪纸

剪纸是具有独特艺术风格的民间艺术，它用手工刻制，再点染以明快鲜丽的色彩而成。劳动人民把它作为年节的装饰，贴在纸窗上，所以又叫作"窗花"。

剪纸的历史源远流长。《史记》中"剪桐封弟"的故事，叙说了西周初期，成王将梧桐叶剪成玉圭图样，送给其弟姬虞，封他为唐国（今山西西南部）的诸侯。据说，这是中国最早的剪纸记载。南朝梁宗懔《荆楚岁时记》云："正月七日，为人日。以七种菜为羹，剪彩为人，或镂金箔为人，以贴屏风，亦置头之鬓。"可见，南北朝时剪纸已成为民间美化生活的主要活动之一。

金文有些什么特点？

金文，又称铭文或钟鼎文，是铸或刻在青铜器上的文字，承接甲骨文发展而来。初始于商末，盛行于西周，记录的内容与当时王公贵族的活动息息相关，多为祀典、赐命、征伐、围猎以及契约之事，以周宣王在位时期铸造的毛公鼎金文（又称西周金文）为代表。毛公鼎铭文共 32 行，497 字。据统计，目前发现的金文约有 3005 字，可辨识的，共计 1804 字，比甲骨文略多。由于商周盛行青铜器，而青铜礼器以"鼎"为代表，乐器以"钟"为代表，因其刻于青铜器、大钟之上，所以也称为"钟鼎文"。金文可分为四种：殷金文（约公元前 1300 年～前 1046 年）、西周金文（约公元前 1046 年～前 771 年）、东周金文（公元前 770 年～前 222 年）和秦汉金文（公元前 221 年—220 年）。

▲ 毛公鼎铭文

毛公鼎是现存西周青铜器中铭文最多的一个，其文字奇逸飞动，气象浑雄，是西周金文的代表作。

楷书有些什么特点？

楷书，字形较为正方，是由古隶演变而成的，初期"楷书"，仍残留极少的隶笔，结体略宽，横画长而直画短。观其特点，诚如翁方纲所说"变隶书之波画，加以点啄挑，仍存古隶之横直"。东晋以后，南北分裂，书法亦分为南北两派。北派书体，带着汉隶的遗型，笔法古拙劲正，而风格质朴方严，长于榜书，这就是所说的魏碑。南派书法，多疏放妍妙，长于尺牍。唐代推崇王羲之的书法，因此南派书体大行其道，成为楷书的主流。唐代的欧阳询、颜真卿、柳公权和元代的赵孟頫对楷书多有创新，自有风格，被誉为"楷书四大家"。到了清朝，楷书书风渐趋死板，于是书法家又从北派中寻找灵感，因而大力推崇魏碑体楷书，直接促成了清朝碑学的兴起。

小篆有些什么特点？

秦始皇统一六国之后，有感于全国文字的繁杂和书体的不一，于是提出"书同文"，文字统一，书体统一。秦始皇命令擅长书法的李斯去做这项工作。李斯于是推行小篆作为统一标准字体，因此小篆又被称为"秦篆"。小篆的制定是中国第一次有系统地将文字的书体标准化。秦代小篆风貌，可由现存的《泰山刻石》、《琅琊台刻石》及权量铭文等遗物中得见之。小篆的笔画较细，所以也有"玉箸篆"之称；在字形上呈长方形，结构往往有左右对称的现象，给人挺拔秀丽的感觉。汉代小篆化长为方，改变了秦篆修长圆挺的字形与风格。三国至隋，小篆字体变化又有异于汉，以《天发神谶碑》为代表。

▲篆书四言联　清　吴大澂

小篆字体优美，历来为书法家所喜爱，唐代的李阳冰、清代的邓石如都是篆书高手。吴大澂也是清代篆书名家，此联释文为：友天下士，读万卷书。

唐代李阳冰创"铁线篆"。清代邓石如则熔铸秦汉两代篆书为一体，形成了独特风格，成为继李斯、李阳冰之后第三个篆体书法的杰出代表人物。

隶书有些什么特点？

隶书是一种庄重的字体，书写效果略微宽扁，横画长而直画短，讲究"蚕头雁尾"、"一波三折"。隶书起源于秦朝，在东汉时期达到顶峰，书法界有"汉隶唐楷"之称。隶书基本是由篆书演化来的，主要将篆书圆转的笔划改为方折，书写速度更快，在木简上用漆写字很难画出圆转的笔画。

西汉初期沿用秦隶的风格，到新莽时期开始产生了点画的波尾的写法。东汉时期，隶书产生了众多风格，留下大量石刻。魏晋以后，草书、行书、楷书迅速形成和发展，隶书虽然没有被废弃，但变化不多。清代，在碑学复兴浪潮中隶书再度受到重视，出现了郑燮、金农等著名书法家，在继承汉隶的基础上加以创新。隶书的演变过程称为"隶变"，隶变承前启后，对草书和楷书的形成有重要的作用。

草书有些什么特点？

草书是汉字的一种字体，因字迹潦草而得名。草书的特点是结构简省、笔画连绵。

草书形成于汉代，是为了书写简便在隶书的基础之上演变出来的，有章草、今草和狂草之分。章草笔画省变有章法可循，代表作有三国吴皇象《急就章》的松江本。今草不拘章法，笔势流畅，代表作有晋代王羲之《初月》、《得示》等帖。

狂草出现于唐代，以张旭、怀素为代表，笔势狂放不羁，成为完全脱离实用的艺术创作。狂草的代表作，如唐代张旭《肚痛》等帖和怀素《自叙帖》，都是现存的珍品。

行书的结构特点有哪些？

行书是介于楷书、草书之间的一种字体，是楷书的草化或草书的楷化。行书的笔势不像草书那样潦草，也不要求楷书那样端正。特点如下：

一、大小相兼。每个字呈现大小不同，存在着一个字的笔与笔相连，字与字之间的连带，既有实连，也有意连，有断有连，顾盼呼应。

二、收放结合。线条短的为收，线条长的为放；回锋为收，侧锋为放；多数是左收右放，上收下放，但也可以互相转换，不排除左放右收，上放下收。

三、疏密得体。上密下疏，左密右疏，内密外疏。中宫紧结，凡是框进去的留白越小越好，画圈的笔画留白也是越小越好。布局上字距紧压，行距拉开，跌扑纵跃，苍劲多姿。

四、浓淡相融。书写应轻松、活泼、迅捷，掌握好疾与迟、动与静的结合。墨色安排上应首字为浓，末字为枯。线条长细短粗，轻重适宜，浓淡相间。

▲相鹤经 清 金农

金农书法效法汉魏诸碑，鼎力创新，遂有"漆书"揭其风格。冬心之"漆书"，乃是其个性之展示，其横笔粗直，起收如切、如斫，撇纵之际，细劲锋利，整体构字明朗，色效甚佳。其所取法乃是《天发神谶碑》、《国山碑》，取丝缕于人，而成布帛于自家机杼，此轴可谓冬心"漆书"名作。

魏碑体有些什么特点？

魏碑体是指南北朝时期北朝的碑刻书法作品的统称，其特点是笔力、字体强劲，是后世书法的一种楷模。现存的魏碑书体都是楷书，因此有时也把这些楷书碑刻作品称为"魏楷"。

魏碑体的特点主要有以下三点：1、横画和捺画保持隶书的特点，常伸展到字形边界甚至超出边界；2、字形与隶书相比呈扁方形；3、突出的特点是撇捺向两侧伸展，收笔前的粗顿以及抬峰，使整个字形厚重稳健略显飞扬、规则中正而有动态，颇具审美价值。康有为称魏碑有十美，概括了魏碑书法雄强、朴拙、自然天成的艺术特点。

▲元怀墓志拓片（局部）　北魏
魏碑是楷书的一种，康有为对魏碑推崇备至，称其有"十美"。元怀墓志于1925年出土于河南，是魏碑的代表作品之一。

瘦金体有些什么特点？

宋徽宗赵佶是个天分极高的书画家。他的书法，早年学薛稷、黄庭坚，参以褚遂良诸家，出以挺瘦秀润，融会贯通，变化二薛，形成自己的风格，号称"瘦金体"。其特点是：瘦直挺拔，横画收笔带钩，竖划收笔带点，撇如匕首，捺如切刀，竖钩细长；有些联笔字像游丝行空，已近行书。其用笔源于褚、薛，写得更瘦劲；结体笔势取黄庭坚大字楷书，舒展劲挺。他的瘦金体书法独步天下，至今也没有人能够超越，真可谓是古今第一人。宋徽宗传世的瘦金体书法作品有《瘦金体千字文》、《欲借风霜二诗帖》、《夏日诗帖》等。

什么是石鼓文？

石鼓文刻于十座花岗岩石墩上，因石墩形似鼓，故称为"石鼓"。石鼓文上承西周金文，下启秦代小篆。是中国现存最早的刻石文字。其笔法方正、均衡，布局紧凑，笔法圆阔，极为周致。为历代习篆书家所喜爱。

石鼓文于唐代出土于天兴三畤原（今陕西省宝鸡市凤翔三畤原），唐代诗人韩愈曾作《石鼓歌》，其中有"周纲凌迟四海沸，宣王愤起挥天戈"的诗句。可见，在唐代普遍认为石鼓文出于周代。至宋代，欧阳修仍认为石鼓文为周宣王时期史籀所作。近代罗振玉《石鼓文考释》和马叙伦《石鼓文疏记》将石鼓文的历史缩短到了秦代，认为是秦文公时期出现的。郭沫若又考证石鼓文的制作年代为秦襄公八年（公元前770年）。

石鼓文于唐末流散，现存的石鼓文是宋朝收集的十石鼓，但有的字已经残缺不全，其后又经历多次战乱迁徙，现存于北京故宫博物院。

"钟王"之前还有哪些著名的书法家？

李斯，秦朝丞相，"书同文"的主要推动者。他擅长小篆，其书法运笔坚劲畅达，线条圆润，结构匀称，点画粗细均匀，既具图案之美，又有飞动之势。代表作有《泰山刻石》、《峄山刻石》、《琅琊台刻石》等。

史游，西汉元帝时期人，精字学，工书法。他公元前 40 年前后作《急就章》一篇，后人称其书体为章草模范。章草之名，即由此而来。

蔡邕，生活于东汉晚期，是蔡文姬的父亲，官拜左中郎将。蔡邕通经史、善辞赋，还精通音律、书法，其书法精篆、隶，尤以隶书造诣最深，名望最高，有"蔡邕书骨气洞达，爽爽有神力"的评价。其代表作有《熹平石经》，据传《史晨碑》也出自蔡邕之手。蔡邕还著有《笔法》一书，论述了书法运笔技巧，传说钟繇曾在韦诞处见此书，索书不得，几致吐血。韦诞死后，他盗掘韦诞墓，终得此书。

张芝，东汉敦煌人，擅长草书，曹魏书法家韦诞称他为"草圣"，他的草书精劲绝伦，被称为今草。传说他临池学书，池水尽黑。王羲之推崇钟繇、张芝两家，狂草大师怀素承认从"二张"（张芝、张旭）得益最多。

皇象，三国时期东吴书法家。其书法被视为东吴"八绝"之一。其字沉着痛快，"似龙蠖蛰启，伸盘复行"。在魏晋时期与张芝、索靖、钟繇并称为"书圣"。《天发神谶碑》据传为他所作。

索靖，晋朝敦煌人，擅长于书法，特别是草书。数年前争议颇大的《出师颂》即署名为他所作。

钟繇在隶变楷的过程中起到了怎样的关键作用？

钟繇，字元常，颍川长社（今河南长葛县东）人，举孝廉为郎，历官侍中尚书仆射，封东亭武侯。魏国初建，迁相，明帝即位，迁太傅，世称"钟太傅"。工书，师法曹喜、蔡邕、刘德升，博取众长，兼善各体，尤精于隶书和楷书。点画之间，多有异趣，结体朴茂，出于自然，形成了由隶入楷的新貌。钟繇与张芝、王羲之齐名，并称"钟张"、"钟王"，同张芝、王羲之、王献之合称书中"四贤"。《书法正传》中说："钟繇书法，高古纯朴，超妙入神。"真迹今已不存，宋以来法帖中所刻《宣示表》、《荐季直表》、《力命表》等，都后人临摹。唐张怀瑾《书断》称："真书绝妙，乃过于师，刚柔备焉。点画之间，多有异趣，可谓幽深无际，古雅有余，秦汉以来，一人而已。"钟繇在中国书法史上影响很大，历来都认为他是中国书史之祖。他对书法的看法也对后世产生了重大影响，其书论散见于后世文集中。

第五章
音乐舞蹈

"编钟"是编在一起的钟吗？

▲编钟 战国

编钟又叫歌钟，是中国古代一种重要的打击乐器，是钟的一种，由若干个大小不一的钟按照音阶有序地排列悬挂在木架上而构成的，每个钟的音高各不相同。编钟的历史能够上溯到3500年前的商代，但当时编钟较为简单，多见的是3枚一套。后来整套编钟的数量开始不断增加，形成较大的规模。

古代的编钟是帝王和贵族专用的乐器，是等级与地位的象征，多用于宫廷演奏。一般在重大事件如征战、朝见或祭祀等活动时进行演奏。1978年从湖北省随州市西郊曾侯乙墓出土了一套曾侯乙编钟。这套编钟的音域可以达到5个八度，音阶结构基本上与现代的C大调七声音阶接近。它规模宏大，制作精美，整套共65件，其中有19件钮钟，45件甬钟以及一件镈钟，总重达2500多千克。全套钟保存完好，可随意拆卸。钟上有大量关于音乐知识的篆体铭文，这些铭文是研究先秦音乐史的珍贵文字资料。经专家演奏测试，曾侯乙编钟的音响已构成倍低、低、中、高4个色彩区，能演奏任何音阶的乐曲，同时能够胜任采用和声、复调以及转调手法的乐曲，称得上是音乐奇迹。编钟是中国古代音乐艺术和青铜铸造工艺的完美结合，令世人无法不为中国古代音乐辉煌的成就而惊叹。

"磬"是一种什么乐器？

磬是一种中国古代的石制打击乐器，通常悬挂在架子上，演奏时用木锤敲击，可发出悦耳动听的鸣响。磬的历史非常悠久，出现年代可追溯到母系氏族社会，也叫作"石"、"鸣球"等。当时的人们常常会在猎取劳动成果后，敲击石头，以其清脆悦耳的声音来烘托气氛。这就是磬最初的原型。磬出现以后，被广泛用于历代统治者的各种宫廷场合的音乐中。

磬拥有非常古朴的造型和精美的外观。按照它的使用场所和演奏方式，可分为特磬和编磬两种。特磬专门用于皇帝祭祀时的演奏，编磬由若干个磬编成一组而成，挂在木架上进行演奏，主要在宫廷音乐中使用。寺庙中也使用磬。在出土曾侯乙编钟的曾侯乙墓中，出土了有古代楚文化特点的编磬32枚。这套完整的编磬是用石灰石、青石和玉石制成的，悬挂在青铜磬架上，共分两层，具有清脆响亮的音色。相关部门曾经制作出曾侯乙编磬的复制品，严格按照原件的规格和形制进行制作，验证了编磬动听的音色。磬是中国音乐史上独特的一种乐器，古老而优美。

"古琴"和"古筝"一样吗？

琴又称瑶琴、玉琴、绿绮，现代一般称为古琴、七弦琴。琴历来被认为是高雅的艺术，古人常以"琴、棋、书、画"并称，把它看作是君子必备的文化修养，因此中国文人多擅弹琴，如孔子、嵇康、欧阳修等。

琴在中国至少已有3000多年的历史，现在考古发现的最早实物，是湖北随县出土的战国初期的10弦古琴和湖南长沙马王堆出土的7弦汉琴。琴的全身为扁长共鸣箱，面板多用梧桐木制作。琴头有承弦的岳山，琴尾有承弦的龙龈和护琴的焦尾，整个显得宽头窄尾。在面板的外侧有13个圆点状的徽，它是音位和泛音的标志，一般由贝壳制成。琴上有7弦，古代用丝弦制成。琴的声音清脆悦耳，表现力强。传说伯牙志在山水的时候琴声能"峨峨兮若泰山，洋洋兮若江河"，遇雨心悲的时候还能"为霖雨之操，更造崩山之音"，琴的表现力可见一斑。琴有独奏、琴箫合奏、琴歌、雅乐合奏4种传统的演奏形式。著名的琴曲有《流水》、《酒狂》、《广陵散》等。

古筝是中国一种具有优美音色和丰富表现力的民族拨弦乐器。它有着悠久的历史，早在战国时期，古筝就在秦国流行，所以它又被称为"秦筝"。古筝的流传甚广，从岭南至内蒙，几乎遍及整个中国。最初的古筝是从战国时期一种竹制的五弦乐器演变而来，秦汉时期，五弦发展为12弦，隋唐时期为13弦，元明时期为14弦，清代时期为16弦。后经改良，由17、19弦不等而发展到21～25弦，筝弦也由原来的丝弦改为钢丝弦等。这样，古筝的音域和表现力得到很大提高，深受人们欢迎。它既可用作独奏、重奏、合奏，也可用作戏曲、曲艺和舞蹈等的伴奏。古筝的音色清越、高洁、典雅，委婉动听，具有一种幽远的神韵。轻拂宛如行云流水，重扫势若山崩海啸。它既能细致微妙地刻画人们的内心感情，也能描绘激动人心的壮观场面；无论是如泣如诉，还是慷慨激昂，或是激越高歌浅声吟唱它都可

▲ 鸣凤琴(正面)　北宋

以表现得淋漓尽致。左手的揉、按、点等手法尤能体现古筝的音韵特色。

古筝在长期的流传过程中，与当地戏曲、说唱和民间音乐相融汇，形成了各种具有浓郁地方风格的流派。传统的筝乐被分成南北两派，其中以陕西、山东、河南和客家等曲最为著名。《渔舟唱晚》和《汉宫秋月》是古筝中的名曲。

"箜篌"是一种什么乐器？

箜篌历史悠久，是中国古老的弹拨乐器，又称"坎侯"。早在春秋战国时期，就已经出现了箜篌的雏形。盛唐时期，箜篌的演奏技艺随着经济文化的飞速发展达到了相当高的水平。古代的箜篌既是宫廷队使用的乐器，也是深受民间喜爱的乐器，一度广为流传。箜篌还曾经传入日本、朝鲜等邻国，并受到人们的喜爱。在日本东良大寺的寺院中，至今还保存着两架中国唐代的箜篌残品。中国古代流传的箜篌主要分为卧式箜篌和立式竖箜篌两种，后来又出现了雁柱箜篌。竖箜篌的形状像半截弓背，在向上弯曲的曲木上设曲形共鸣槽，整体结构中还有脚柱和肋木支撑着 20 多条弦。演奏时演奏者将箜篌竖抱于怀，从两面用双手的拇指和食指同时弹奏，这个弹奏姿势，唐人称之为"擎箜篌"。新型的雁柱箜篌是仿照古代立式竖箜篌的基本造型，在其基础上改进研制而成。其外形近似于西洋竖琴，不同的是它有两排琴弦，每排有 36 根弦，每根弦都是由"人"字形的弦柱支撑，看上去，这种箜篌的形态比较像天空中飞翔的雁阵队形，所以得名为"雁柱箜篌"。箜篌拥有宽广的音域和柔美的音色，表现力丰富，既能演奏旋律，也能很好地演奏和弦。

"雅乐"和"诗乐"有什么不同？

"雅乐"就是"优雅的音乐"的意思，是中国古代的宫廷音乐，用于祭祀天地、祭祀祖先、朝贺、宴飨等各种仪式典礼中。西周建立后，周公制礼作乐，其中一部分就是雅乐。周朝把礼、乐、刑、政并列，政权、法律、礼仪和雅乐构成了西周奴隶主贵族统治的支柱。《周礼》所记载的周朝的各种贵族礼仪中与雅乐有关的有：郊社（祭天地神明的祭典）、尝禘（贵族祭其祖先的祭典）、食飨（政治上外交上的宴会等，包括大飨、燕礼、大射、养老等）、乡射（乡里中官僚和地主们比射的集会）、王师大献（战争胜利时举行的凯旋庆典）、行军田役（用于军事演习性质的狩猎）。它的主要目的是使参加典礼的贵族受到教育和感化。雅乐的歌词大都载于《诗经》中的"大雅"、"小雅"和"颂"中。雅乐的主要乐器是编钟和编磬，其他乐器还有特钟、特磬、柷、敔、古琴、搏拊、埙等。随着周朝的衰落和社会的发展，民间的俗乐逐渐取代了雅乐。

诗乐就是《诗经》所用的音乐。《诗经》不仅奠定了中国古代文学现实主义的基础，而且在当时都是歌曲，是中国古代最珍贵的艺术遗产之一。

《诗经》中"风"(国风)是"民俗歌谣之诗";"大雅"是"会朝之乐";"小雅"是"燕飨之乐";"颂"是"宗庙之乐歌"。风有十五国风,是各地的民歌,文学成就最高。雅分大雅、小雅,多为贵族祭祀、朝会、燕飨之诗歌,小雅中也有部分民歌。颂是宗庙祭祀时用的诗歌。《诗经》中的歌曲,在周朝非常流行。这些歌曲有歌唱的、合奏的,也有单项乐器演奏的。有些用乐器所奏曲目("笙诗")没有歌词,所以在《诗经》中只有篇名,称为"佚诗"。《诗经》中的歌曲是周朝贵族教育的主要科目,称诗、书、礼、乐"四术"。它在当时的社会生活中,占有很重要的地位。可惜的是,由于时代久远,《诗经》的乐曲没有传留下来。后来,《诗经》被儒家奉为经典,成为"六经"之一。

"尽善尽美"和音乐有关吗?

尽善尽美是孔子的音乐观。孔子的思想核心是"仁",提倡"仁"的音乐。孔子认为,尽善尽美的音乐就是"仁"的音乐。这个标准来自于孔子对《韶》乐的评价:"《韶》尽美矣,又尽善也;谓《武》尽美矣,未尽善也。"孔安国注言道:"《韶》,舜乐名也,谓以圣德受禅,故尽善也。《武》,武王乐也,以征伐取

▲孔子闻《韶》图

天下,故曰未尽善也。"意思是舜因为具有美德而受禅即位,故歌颂他的《韶》乐尽美也尽善。周武王则是征伐商纣,以武力夺天下,故歌颂他武功的《武》尽美却未尽善。可见孔子评价音乐的标准有两个,一个是音乐表现内容的"善",一个是音乐艺术形式的"美"。而"善"在两者之间又居于主要地位,这充分体现了儒家的音乐为政治服务的思想。此外,从孔子的这句话我们还可以看出儒家重视音乐内容与形式的统一,也就是要和谐。

"二十四况"指的是什么?

《溪山琴况》是《乐记》、《声无哀乐论》之后的中国又一部重要音乐美学论著。一般认为,《乐记》是儒家音乐思想的代表,重音乐的社会作用;《声无哀乐论》是老庄道家思想的代表,注重音乐的审美特征;而作于明末清初的《溪山琴况》,则吸收和融合了儒道释三家思想,是古代音乐美学的集大成之作。

《溪山琴况》是一部全面系统的琴学论著，作者是著名琴家徐上瀛。徐上瀛，名珙，别号青山，是著名的古琴流派虞山派的传人。他不仅琴艺精湛，而且善于总结前人琴学理论。他在《溪山琴况》中提出了琴乐审美的二十四况，即"和、静、清、远、古、澹、恬、逸、雅、丽、亮、采、洁、润、圆、坚、宏、细、溜、健、轻、重、迟、速"。这 24 个字，不仅是对古琴审美特征的概括，而且几乎适用于所有的中国音乐。这二十四况大致可分为两类，前 9 况主要表示一种风格，后 15 况则是对琴音音质音色的特定要求。

二十四况中，"和"最重要，《琴况》开首就说琴："其所首重者，和也。""和"就是中和，讲节制，有分寸。这之后的"静"、"清"、"澹"等诸况都与之联系，体现了儒道释三家思想在音乐上的融合。

"五声"和"七音"分别指什么？

东汉学者郑玄在《史记·乐书·集解》中指出："宫、商、角、徵、羽，杂比曰音，单出曰声。""宫""商""角""徵""羽"，这几个字相当于今天简谱中的"1、2、3、5、6"。中国传统采用的音阶，就是用这 5 个字表示的五声音阶，以及以此为基础的七声音阶。这 5 个音叫作正音，七声音阶中，除了这 5 个音外，再加上 2 个偏音。传统的七声音阶有 3 种，最常见的叫作正声音阶，也叫作"雅乐音阶"或"古音阶"，是由五个正音和"变徵"、"变宫"两声组成。"变徵"相当于简谱中的 4，"变宫"相当于简谱中的 7。"变"在中国传统音乐理论中的意思是"低"。"变徵"、"变宫"就是比"徵"、"宫"低半个音的音。另外两种如下：一种是五个正音和"清角"、"变宫"的"下徵音阶"，也叫"清乐音阶"或"新音阶"；还有一种叫作"清商音阶"或"燕乐音阶"，由五个正音加"清角"与"清羽"构成。"清"在中国传统音乐理论中表示"高"，"清角"比"角"高半个音，"清羽"比"羽"高半个音。

"宫商角徵羽"起源于何时，现在还没有定论，但在春秋时各种典籍已记载了，所以可以推断它们的出现不迟于春秋，甚至可推到西周或者商代。

古代的"五音六律"是指什么？

《尚书》中记载："予欲闻六律，五声，八音，在治忽；以出纳五言，汝听。"《孟子》中也有"不以六律，不能正五音"的说法。那么，"五音六律"究竟指的是什么呢？

五音，是最古老的音阶，又名"五声"。据说，它是根据乐器埙所发出来的 5 种声音而得名的。它的概念最早出现在《周礼·春官》："皆文之以五声，宫商角徵羽。"古人还认为，宫、商、角、徵、羽五声音阶，与人的不同发音部位喉、齿、牙、舌、唇相配。《玉篇》和《广韵》都持这种观点。

五音的说法源于五行。中国文化是一种综合性极强的文化，古人认为万事万物都有某种联系，"五音"和"五方"、"五行"等都存在对应关系。具体如下：

五音：宫商角徵羽

五行：土金木火水

五方：中西东南北

五脏：脾肺肝心肾

五色：黄白青赤黑

宫，为五音之主，又名五音之君。是与脾相对应，从喉发出的音位。它的声音舒缓悠长，给人一种柔滑之感。宋张炎《词源·五音相生》中说："宫属土，君之象……宫，中也，居中央，畅四方，唱施始生，为四声之纲。"商，是五音中的第二级，与肺相对，是从齿发出的音位。它的声音短促清脆，犹如金属碰撞之音。角，居于商之后。与肝相对应，是从牙发出的音位。这个音位调长并且沉闷，古语有"角属木，民之象"的说法。徵，与心相对应，从舌出音。从心而出声势雄明。古人评价为"徵属火，事之象"。羽，是五音中的第五级。与肾相对应，从唇发声。它的声音细长如水。古语云："羽属水，物之象。"

律，是中国传统音乐理论中衡量音高的标准。它由 12 个音高组成，古人分别将其命名为：黄钟、大吕、太簇、夹钟、姑洗、仲吕、蕤宾、林钟、夷则、南吕、无射、应钟。人们将这十二律按照从低到高的顺序排列，排在奇数位的 6 个音被称为"六律"；排在偶数位的则被称为"六吕"。有时，人们也称六律为六阳，六吕为六阴。

由于五音六律相结合，组成了音调的结构韵律。所以古人经常将"五音六律"合称，以指代音乐。

"三分损益法"是什么意思？

三分损益法，是中国古代制定音律时所用的生律法，最早见于《管子》："凡将起五音，凡首，先主一而三之，四开以合九九，以是生黄钟小素之首以成宫；三分而益之以一，为百有八，为徵；不无有三分而去其乘，适足以生商；有三分而复于其所，以是生羽；有三分去其乘，适足以是成角。"这段话的意思是：凡是要起奏五音声调，先确立一弦而对其进行三等分，经过 4 次三等分的推演以合九九八十一之数（即3 的 4 次方），由此产生黄钟小素的音调，这个作为基准音的声调就是宫声；3 除 81 而将其一份加在 81 上，得 108，就是徵声；不再用 3 除而令 108 减去其 1/3，得数 72，由此而成为商声；再用 3 除 72，并加在它的原数上，得到 96，就是羽声；

▲管仲像

对 96 进行三分再减去其 1/3，得数 64，就产生角声。简单地说，三分损益法就是根据某一标准音的管长或弦长，依照三分之一的长度比例进行加减，从而推算出其余一系列音律的管长或弦长。三分损益包含"三分损一"和"三分益一"两层含义。三分损一是指将原有长度作三等分而减去一份，而三分益一则是指将原有长度作三等分而增添一份。两种方法交替、连续运用，各音律就相应而生。

"六代乐舞"是说六个朝代的乐舞吗?

宫廷雅乐在周朝的代表作品当数"六代之乐"：《云门》、《咸池》、《大韶》、《大夏》、《大濩》、《大武》。由于它们都是歌舞乐三位一体，又称为"六舞"。

第一代乐舞：《云门》，歌颂黄帝的丰功伟绩，以黄帝所在氏族的图腾为云彩而得名。第二代乐舞：《咸池》，亦称《大咸》，表现了祭奠祖先和祈求祖先保佑的内容。之所以叫《咸池》，是因为在神话传说中，咸池是日落之地，也是祖先亡灵栖息的地方。第三代乐舞：《大韶》，简称《韶》，因以排箫为主要伴奏乐器，又名《箫韶》，传说是舜时代的宗教性乐舞，该乐舞有 9 次变化，歌也有 9 段，在后世又被称为《九歌》。它是远古时期最为著名的乐舞，孔子在齐国听《韶》乐之后"三月不知肉味"，并赞叹道，"韶尽美矣，又尽善也。"尽善尽美的成语由此得来。

第四代乐舞：夏时的《大夏》，主要歌颂大禹治水的功绩。这个乐舞也有 9 段，用籥伴奏，又称作"夏籥九成。"第五代乐舞：《大濩》是赞颂商代君王成汤伐桀的功绩。"濩"本是指用音乐舞蹈形式祭祀祖先的巫术活动，后来将这类巫术活动中表演的音乐舞蹈专称为"濩乐"。《大濩》表演时场面壮观、气势宏大，集商朝乐舞之大成。第六代乐舞：周朝的《大武》，歌颂周武王讨伐商纣的胜利。《大武》是这一时期宫廷歌舞的最高典范，在表演时，舞分 6 场，乐也分 6 章。这些歌曲的唱词，被收集在《诗经》的《周颂》中。

六代之乐是当时宫廷最具权威性的祭祀礼乐，也是"乐教"的经典教材。周朝的"大司乐"，就是专门设立的音乐教育机构的总长官。下面有高、中、下三级乐官和乐工，等级分明，职责明确，构成了系统地管理和排演礼乐、教习礼乐的机构。

《霓裳羽衣曲》的作曲是唐明皇吗?

《霓裳羽衣曲》是唐代最负盛名的歌舞大曲之一，对于它的创作来历，众说纷纭。比较可信的是《霓裳羽衣曲》是由唐玄宗吸收西凉都督杨敬述所献的印度《婆罗门曲》创作而成。但是在歌舞的结构方面则遵循中原传统的相和大曲、清商大曲的三段式，分为散序、中序、破 3 个部分。因此《霓裳羽衣曲》是中外音乐相交融的结晶。

此曲的音乐以古老的《长安鼓乐》为素材，舞蹈则以敦煌壁画飞天的舞姿为借鉴，采用唐大曲结构形式精心排演而成。《霓裳羽衣曲》是女子舞蹈，表演者穿着孔雀毛的翠衣和淡彩色或者月白色的纱裙，肩着霞帔，头戴着"步摇冠"，身上佩戴许多珠翠，宛如美丽典雅的仙子。在表演舞蹈之前，先是一段"散序"，乐队的金、石、丝、弦等乐器次序发音，以独奏、轮奏等方式，演一段悠扬动听的旋律。在接着的"中序"的慢拍子中，装饰华美的舞者才开始上场。中序的节奏疏换，舞姿主要是轻盈的旋转、流畅的行进和突然的回身，尤其是柔软清婉的"小垂手"舞姿，行动轻灵又迅急，衣裙像浮云般飘起，宛若仙子踏云而来。到"曲破"之后，节奏就加快了，急剧的舞蹈动作使身上环佩缨络叮当碰撞，这时，还有整齐的合唱，富有表情的说白，极富感染力。最后是"尾声"，节拍又慢下来，最后在一个拖长的音阶中终结。《霓裳羽衣》的演出方式并不完全固定，杨玉环表演过独舞形式的，也有双人舞形式的，后来也有用百名宫女组成的大型舞队表演成群舞。

《春江花月夜》是音乐还是诗？

《春江花月夜》诗是中国唐代诗人张若虚的一首名诗，描绘春天夜晚江畔的景色。诗歌沿用陈隋乐府旧题来抒写真挚感人的离别情绪和富有哲理意味的人生感慨，语言清新优美，韵律婉转悠扬，完全洗去了宫体诗的浓脂艳粉，给人以澄澈空明、清丽自然的感觉，清末王闿运评价称"张若虚《春江花月夜》用《西洲》格调，孤篇横绝，竟为大家；李贺、商隐，挹其鲜润；宋词、元诗，尽其支流"，足见其非同凡响的崇高地位和悠悠不尽之深远影响。该诗中的"春江潮水连海平，海上明月共潮生"、"江天一色无纤尘，皎皎空中孤月轮"、"此时相望不相闻，愿逐月华流照君"等皆是描摹细腻、情景交融的极佳之句。闻一多称之为："诗中的诗，顶峰上的顶峰。"一生仅留下两首诗的张若虚，也因这一首诗，被喻为"孤篇横绝全唐"。

《春江花月夜》曲又名《夕阳箫鼓》、《浔阳琵琶》、《浔阳夜月》。它主要描绘的是月夜春江的迷人景色，赞颂了江南水乡的优美风姿。

它原是一首著名的琵琶传统大套文曲，明清时广为流传。乐谱最早见于鞠士林（1820年前）的手抄本，1895年李芳园在编集《南北派十三套大曲琵琶新谱》时

▲春江花月夜图

收入此曲，曲名《浔阳琵琶》。后人将此曲改为丝竹合奏，并根据《琵琶行》中的"春江花朝秋月夜"改名为《春江花月夜》。改编后的乐曲用二胡、琵琶、古筝、洞箫、钟、鼓等乐器演奏。全曲中没有一件乐器是从头演奏到底，但又一气呵成，毫无断线之感。全曲分为 10 段，按照中国古典标题音乐的传统，每段都有一个小标题。它们是江楼钟鼓、月上东山、风回曲水、花影层叠、水深云际、渔歌唱晚、回澜拍岸、桡鸣远濑、欸乃归舟和尾声。《春江花月夜》旋律古朴、典雅，节奏平稳、舒展，意境深远，具有很强的艺术感染力。

所以历史上既有诗歌《春江花月夜》，也有音乐《春江花月夜》。

人们为什么把各式各样的乐曲统称为音乐？

词典上对音乐的解释为：用有组织的乐音来表达人们思想感情、反映现实生活的一种艺术。分为声乐和器乐两大门类。可见，音乐是"音"和"乐"两部分的合成。据出土文物显示，作为一门古老的艺术形式，音乐的历史可以追溯到新石器时代。当时的音乐是以歌、舞、乐相结合的形式存在的。氏族中关于"三人操牛尾，投足以歌八阕"的记载便是说的这种"音乐"形式。还有《云门》、《大夏》、《韶》、《琴操》等，都是古代的"音乐"。只是人们并不以"音乐"来称呼它。

将"音乐"合起来用以指代各式各样的乐曲，始见于《吕氏春秋·大乐》中。书中这样说道："音乐之所由来者远矣。"后来，有人将英文的"music"翻译成了汉语"音乐"一词，"音乐"这个称呼才被人们更广泛地使用开来。

如今的音乐形式多种多样，其基本要素包括节奏、曲调、和声、力度、速度、调式、曲式、旋律等。

为什么把知心朋友称"知音"？

俗话说"千金易得，知音难觅"。"知音"常用来形容彼此了解，情投意合的人。那么，"知音"这个词是怎么来的呢？

古有诗云："摔碎瑶琴凤尾寒，子期不在对谁弹！春风满面皆朋友，欲觅知音难上难。"该诗说的便是"知音"一词的由来。

俞伯牙是春秋战国时期有名的音乐家。他不仅精通音律，更弹得一手好琴。然而纵使他琴艺高超，却始终曲高和寡，没有几个人能够听懂他的琴曲。

有一次，俞伯牙因公务来到汉阳江口。黄昏时分，俞伯牙命船夫停船靠岸，调琴弹奏起来。伴着朦胧夜色，草场间传出悠扬曲调。弹琴间隙，俞伯牙听见草丛中有声响，便命书童前去查探。待书童回来，身边又跟了一个人。俞伯牙询问方知，此人名叫钟子期，是附近古娄子村的樵夫。砍柴回家途中，他听到有人弹琴，便隐匿在草丛中欣赏起来。

俞伯牙觉得此人是在说大话，一个樵夫，怎能懂得他琴中表达的情感。便想试探试探他。于是，俞伯牙转弦弹奏了一支表达泰山雄险的曲子。站在一旁的钟子期屏息凝神，表情随着俞伯牙的琴曲不断变

▲伯牙鼓琴图卷 元 王振朋

伯牙袒胸坐石上，子期侧身叠腿坐石上，双手合掌，一足微翘，似随琴声打着节拍。

幻。一曲弹罢，钟子期叹道："妙曲，高山巍峨，雄险非常。"俞伯牙听后，不禁对钟子期刮目相看。随即调整琴弦又弹一曲，钟子期面容平静，如浴春风，悠然说道："潺潺溪流，东流到海。由微波荡漾，到波涛澎湃。"俞伯牙听罢激动不已，终于找到了能听懂自己琴曲的人了。于是，他邀请钟子期来到自己船中。两人把酒言欢，畅谈琴曲，并结为兄弟，相约来年此时此地再相聚。

第二年，俞伯牙守信而来，却不见钟子期的身影。经过打听才知道，早在几个月前，钟子期就去世了。当地人说，他为了遵守和俞伯牙的约定，特意告诉家人将他葬在江边。俞伯牙听后，心痛不已。他来到钟子期坟前，弹奏起《高山流水》。弹罢摔琴长叹："知音不在，还有谁能懂我琴音。"

战国时的《列子·汤问》，详细记载了这段佳话。后人在俞伯牙和钟子期相遇的地方筑起了伯牙台，以纪念他们"以琴觅知音，摔琴祭友人"的感人故事。"知音"也成了知心朋友的代名词。

使孔子"三月不知肉味"的音乐是一种什么音乐？

《论语·述而》中记载："子在齐闻《韶》，三月不知肉味，曰：'不图为乐之至于斯也！'"这段话是说孔子在齐国的时候，曾经和太师讨论音乐。闻听《韶》乐，孔子深深地被吸引，以至于3个月尝不出肉是什么滋味。那么这种《韶》乐究竟是种什么样的音乐让孔夫子如此着迷呢？

据史料记载，孔子不仅治学严谨，在音乐方面也颇有造诣。孔子访问东周洛邑的时候，曾跟周敬王的大夫苌弘学习过一段时间的音乐。学习期间，俩人经常讨论音乐。有一日，他们谈到了音乐中的高雅之曲——《韶》乐。孔子说道："尽管我很喜欢音乐，但是却不是十分精通。我知道《韶》乐和《武》乐都很高雅，是流行于诸侯国宫廷的一种音乐。只是不知道，这两种音乐的区别在哪里？"苌弘解释道："依我对音乐的理解，《韶》乐曲调优雅宏大，是种和谐之乐；《武》乐则侧重表现豪放壮阔。这是两者乐风上的不同。"

孔子听了，感叹道："《韶》乐、《武》乐各有所长。《韶》乐尽善尽美；《武》乐尽美不尽善啊。"

后来，孔子游历到了齐国，有机会欣赏到了《韶》乐。就是在这段时间里，孔子对《韶》乐的痴迷达到了"三月不知肉味"的程度。

说起这种让孔子痴迷的音乐，要追溯到 5000 多年前的舜帝时代。据《竹书纪年》记载："有虞氏舜作《大韶》之乐。"可见，《韶》乐是舜创作的一种乐曲。舜作这种乐曲的目的是为了歌颂尧的功德。

"靡靡之音"是一种什么样的音乐？

《论语》中记载："颜渊问为邦，子曰：'行夏之时，乘殷之辂，服周之冕，乐则《韶》、《武》，放郑声，远佞人。郑声淫，佞人殆。'"意思说，孔夫子不仅是儒家学派鼻祖，还是一位音乐爱好者。他所推崇的音乐为古韵《韶》、《武》之类，而他最厌恶的，就是当时流行的郑乐。他称这种音乐为"淫声"、"靡靡之音"。那么，这种音乐究竟是什么样的音乐呢？

靡靡意为柔弱，萎靡不振、颓唐。靡靡之音指的是软绵绵、萎靡不振的音乐。现指颓废淫荡或低级趣味的乐曲。

据《韩非子》记载，靡靡之音起源于商代。商纣王荒淫无度，不但终日泡在酒池肉林中，日日还要笙歌曼舞。当时弹奏乐曲的乐师都绞尽脑汁翻新花样，唯恐因不能令纣王满意而身首异处。

据说，当时有位专门收集、整理乐曲的乐师，名为师延，由于常年与音乐为伴，又经过钻研苦练，弹得一手好乐器。纣王听说了，便命人将师延带到宫中为其演奏。师延以高雅音乐见长，纣王所喜爱的类型，根本不是师延所好。因而，一连几天，师延都没能让纣王满意。纣王下了最后通牒，如果师延还不能弹奏出令他高兴的曲子，就要被处死。迫于无奈，师延改变了曲风。结合所搜集来的音乐，创出了一种让人听了就会心生柔情蜜意的乐曲。纣王听了，十分高兴，便整日陶醉其中，连酒池肉林都引不起他的兴趣了。没过多久，武王伐纣，商灭亡。《史记·殷本纪》中将师延创的这种音乐称之为"北里之舞，靡靡之乐"。后来，人们便把那些消磨人意志的歌舞通称为"靡靡之音"。

"绝响"《广陵散》真的失传了吗？

相传，魏晋时期的音乐家嵇康因反对司马集团的统治而被害。临刑前，他最后一次弹奏心爱的《广陵散》。一曲完毕，嵇康仰天长叹："我不怕死，只可惜这《广陵散》恐怕要成为绝响了。"说罢摔琴就刑。《世说新语·雅量》中详细的记载了这一段历史："嵇中散临刑东市，神气不变。索琴弹之。奏《广陵》。曲终曰：'袁孝尼尝请学此散，吾靳固不与，《广陵散》于今绝矣！'"那么，《广陵散》真的随着嵇康之死而失传了吗？

▲ 剔红竹林七贤长方盘　明
竹林在河南辉县西南，后建七贤祠。

《广陵散》又名《广陵止息》。"广陵"是古代扬州的名字，"散"在乐曲中，指代的是操、引乐曲之类的音乐。以《广陵散》为名的乐曲大概成型于汉魏时期。最早关于《广陵散》记载，见于魏《与刘孔才书》："听广陵之清散。"可见，"广陵散"是一种扬州的古乐。根据史料记载，嵇康所弹奏的《广陵散》实际上是在扬州古乐基础上，经过加工创造出来的一曲琴乐。在嵇康之后，《广陵散》因他的慷慨悲歌，而被更多的人知道。

据蔡邕的《琴操》记载，《广陵散》表现的是聂政刺韩王的故事。聂政的父亲为韩哀侯铸剑，因误期被韩王杀害。聂政长大后，母亲告诉了他父亲之死的真相，聂政发誓刺杀韩王，为父报仇。聂政习武练剑，入宫行刺未成。于是逃进深山学琴，苦练10年，习得卓绝琴艺。回到韩国后，聂政在街市弹琴，听者围堵，马牛止步。聂政名声鹊起，引得韩王召见。聂政把锋利短剑藏于琴内进宫。在韩王殿上，聂政奏出仙乐般的琴声。韩王、大臣和侍卫们听得如醉如痴。在他们放松警戒的时候，聂政突然抽出短剑，猛扑上去，将韩王刺死。聂政本人也自杀身死。后来，人们将这段可歌可泣的历史故事编入《广陵散》中。整部曲子由井里（聂政故乡）、取韩、亡身、含志、烈妇、沉名、投剑、峻迹、微行组成，表现了聂政刺韩王的全过程。嵇康临刑前，弹奏这首曲子，正是借助《广陵散》的战斗气氛来抒发自己反抗强暴的抗争精神。

事实上，《广陵散》并没有因嵇康的死而绝响后世。明代朱权编印的《神奇秘谱》中，收录了《广陵散》的谱曲。全谱共45个乐段，分别表现了"刺韩"、"冲冠"、"发怒"、"报剑"等内容。中华人民共和国成立后，古琴家管平湖先生根据《神奇秘谱》，将这首旷古绝曲复原，使得《广陵散》重现人间。

是谁"对牛弹琴"？

人们常把听不懂别人说的话，说话之人白费口舌称为"对牛弹琴"。这个成语是怎么来的，当初真的有人对牛弹琴吗？

"对牛弹琴"出自南朝梁代僧佑的《弘明集》："昔公明仪为牛弹清角之操，伏食如故。非牛不闻，不合其耳矣。转为蚊虻之声，孤犊之鸣，即掉尾奋耳，蹀躞而听。"相传，战国时代有一个名为公明仪的音乐家。他痴迷音乐达到了废寝忘食的程度。为了提高他的音乐技能，公明仪经常外出练琴。在高山流水间，在乡间草场上都曾留下过公明仪练琴的足迹。

有一天，微风习习，艳阳高照。公明仪便带着他的琴来到一处旷野，准备一展琴技。摆好琴后，公明仪刚好看到不远处一头老黄牛正在悠闲地吃着青草。公明仪心想：大家都说我琴技高超，不如我弹首曲子给这头老黄牛听，看它是否能听懂我的琴。

于是，公明仪挑了自己最得意的一首曲子《清角之操》弹了起来。但是他弹了很久，老黄牛依然盯眼前的青草，对公明仪所弹之曲没有任何反映。公明仪感到很不解，自己琴艺已经达到了炉火纯青的地步了，老黄牛怎能不为所动呢？有些固执的公明仪，又弹奏了很多首曲子，黄牛依然我行我素。公明仪懊恼不已。经牧人指点，公明仪终于明白，他所弹奏的曲子是人们所能理解的节奏，而非黄牛能够听懂的韵律。若想让黄牛也对他的琴艺感兴趣，要以黄牛的兴趣为出发点。

听罢，公明仪调了下琴，以简单明快的音符，试着模仿出蚊子、牛犊的声音，很快，黄牛开始摇尾巴，四处张望。后来，黄牛竟然来到公明仪的琴前，侧耳倾听起来。公明仪领悟到，琴虽可以弹奏出各种曲调，但是要想让人听得懂，必须因人而异。

根据这一典故，后人便得出和糊涂人讲道理，是白费口舌；说话不看对象，也是"对牛弹琴"。

中国古典"十大名曲"有哪些？

中国十大古典名曲包括：《高山流水》、《梅花三弄》、《夕阳箫鼓》、《汉宫秋月》、《阳春白雪》、《渔樵问答》、《胡笳十八拍》、《广陵散》、《平沙落雁》、《十面埋伏》。只是听了这些名字就已经为之动情，中国古曲的韵味之美，可见一斑。这些古曲的由来都有一个美好的传说，曲子的意境也由此而来。据专家考证，这些古代名曲的原始乐谱大都失传，今天流传的不少谱本都是后人伪托之作。即便如此，这些古曲仍然是不可多得的经典之作。

古曲《梅花三弄》有哪几种风格流派？

《梅花三弄》，又名《梅花引》、《梅花曲》、《玉妃引》，是中国传统艺术中表现梅花的佳作。据《太音补遗》和《蕉庵琴谱》载，它原本是晋朝桓伊所作的一首笛曲，后来改编为古琴曲。琴曲的乐谱最早见于《神奇秘谱》。乐曲通过梅花的洁白芬芳和耐寒等特征，借物抒怀，来歌颂具有高尚节操的人。此曲共有十个段落，因为在结构上采用循环再现的手法，重复整段主题三次（上准、中准、下准三个部位演奏），每次重复都采用泛音奏法，故称"三弄"。《梅花三弄》有三种风格流派：一是吴景略《琴谱谐声》（清 1820 年刻本）的琴箫合谱，技巧加花较多，风格洒脱，节奏规整。二是张子谦《蕉庵琴谱》（清晚期 1868 年刊本）中的《梅花三弄》，节奏较跌宕自由，人称《老梅花》。三是傅雪斋演奏的《梅花三弄》，节奏规整，风格清丽，被称为《新梅花》。

古曲《阳关三叠》的主题是什么？

《阳关三叠》是根据唐代诗人王维《送元二使安西》一诗而谱写的一首琴歌。王维这首诗在唐代就曾经以歌曲形式广为流传，后来又被谱入琴曲，以琴歌的形式流传至今。因为诗中有"渭城"、"阳关"两处地名，因此又称为《渭城曲》或《阳关曲》。后来经过筝家的移植而成为古筝独奏曲，该曲同《梅花三弄》相似，乐曲因用一个曲调（主题乐调）作变化反复，叠唱三次，故称"三叠"。乐曲优美典雅，不愠不火，不紧不慢，表现了依依惜别友人的感人场面。现存《阳关三叠》琴歌谱共 30 多种，它们在曲式结构上有些区别，曲调却大同小异。全曲曲调纯朴而富有激情，略带淡淡的愁绪，以同音反复作为结束音，强化了离情别意及对远行友人的关怀，与诗的主题十分吻合。

古曲《高山流水》由何而来？

古代琴曲《高山流水》取材于"伯牙鼓琴遇知音"的故事，有多种谱本。传说先秦的琴师伯牙一次在荒山野地弹琴，樵夫钟子期竟能领会这是描绘"巍巍乎志在高山"和"洋洋乎志在流水"。伯牙惊曰："善哉，子之心与吾同。"

子期死后，伯牙痛失知音，摔琴断弦终身不弹，有高山流水之曲即由此而来。

乐谱最早见于明代《神奇秘谱》，此谱之《高山》、《流水》解题有："《高山》、《流水》

▲高山流水遇知音

二曲，本只一曲。初志在乎高山，言仁者乐山之意。后志在乎流水，言智者乐水之意。至唐分为两曲，不分段数。至来分高山为四段，流水为八段。"2000 多年来，《高山》、《流水》这两首著名的古琴曲与伯牙鼓琴遇知音的故事一起，在人民中间广泛流传。

古曲《秦王破阵乐》是为了纪念什么事件？

《秦王破阵乐》是唐时著名歌舞大曲，原是唐初军歌，主要是歌颂唐太宗李世民（秦王是他的封号）的英勇战绩。公元 620 年，秦王李世民打败了叛军刘武周，巩固了刚建立的唐政权。于是，他的将士们遂以旧曲填入新词，为李世民唱赞歌："受律辞元首，相将讨叛臣。咸歌《破阵乐》，共赏太平人。"公元 633 年，李世民亲自设计了《秦王破阵乐舞图》，据图可知，舞队的左面呈圆形，右面呈方形；前面模仿战车，后面摆着队伍，队形展开像簸箕伸出两翼、作成打仗的态势。太宗叫吕才按图教授给 128 位乐工，经常穿甲持戟练习。此曲即为这场乐舞的主题曲。

古曲《汉宫秋月》的主题是什么？

《汉宫秋月》为中国著名十大古曲之一，原为崇明派琵琶曲，现在流传的演奏形式有二胡曲、琵琶曲、筝曲、江南丝竹等，主要表达的是古代宫女哀怨悲愁的情绪以及一种无可奈何、寂寥清冷的生命意境，以唤起人们对她们不幸遭遇的同情。筝曲演奏运用了吟、滑、按等诸多技巧，风格纯朴古雅，是一首有代表性的山东筝曲；二胡曲则速度缓慢，用弓细腻多变，旋律经常出现短促的休止和顿音，音乐时断时续，加之各种复杂技法的运用，表现了宫女哀怨、悲愁的情绪，具有很深的艺术感染力。琵琶曲，又名《陈

▲昭君出塞

隋》，以歌舞形象写后宫寂寥，更显清怨抑郁，有不同传谱。目前一般是据无锡吴畹卿所传，但刘德海加上了许多音色变化及意向铺衍的指法，一吟三叹，情景兼备，很有感染力。

为什么说《阳春白雪》是高雅的音乐？

《阳春白雪》原本是春秋战国时期楚国的两首高深的歌曲名，即《阳春》和《白雪》，是由楚国著名歌舞家莫愁女（姓庐，名莫愁）在屈原、宋玉的帮助下传唱开来的，至今已有 2000 多年的历史。现存琴谱中的《阳春》和《白雪》是两首器乐曲，相传这是春秋时期

晋国的师旷或齐国的刘涓子所作。《神奇秘谱》在解题中说："《阳春》取万物知春，和风淡荡之意；《白雪》取凛然清洁，雪竹琳琅之音。"后来泛指高深的、不通俗的文学艺术。阳春白雪虽被指称高雅艺术，但古曲《阳春白雪》在很多书籍里被解题时，都称它以清新流畅的旋律、活泼轻快的节奏，生动地表现了冬去春来，大地复苏，万物欣欣向荣，生机勃勃的初春景象。阳春白雪的典故和琴曲《阳春白雪》年代相隔太远，已无音乐上的关联。

古曲《渔樵问答》反映了一种什么生存态度？

《渔樵问答》是一首古琴曲，存谱最早见于明代萧鸾撰写的《杏庄太音续谱》（1560 年）。萧鸾解题为："古今兴废有若反掌，青山绿水则固无恙。千载得失是非，尽付渔樵一话而已"。近代《琴学初津》说此曲："曲意深长，神情洒脱，而山之巍巍，水之洋洋，斧伐之丁丁，橹声之欸乃，隐隐现于指下，迨至问答之段，令人有山林之想。"此曲在历代传谱中，有 30 多种版本，有的还附有歌词。现存谱初见于明代。此曲通过渔樵在青山绿水间自得其乐的情趣，表达出对追逐名利者的鄙弃。乐曲采用渔者和樵者对话的方式，以上升的曲调表示问句，下降的曲调表示答句，旋律飘逸潇洒，表现出渔樵悠然自得的心态。

古曲《兰陵王破阵曲》是为了纪念谁而创制的？

《兰陵王破阵曲》是唐代假面舞蹈，源于北齐，盛于唐代。此舞是表现北齐兰陵王高长恭作战的勇猛英姿，为带有简单情节的男子独舞。兰陵王是北齐文襄皇帝高澄第三子高肃，因其骁勇善战，屡建奇功，被封为兰陵郡王。兰陵郡王英俊潇洒，他怕自己的相貌不能威慑敌军，便戴上一面凶恶的面具，令敌军望而生畏。最著名的一次战役是邙山之战，北周发兵十万攻打北齐，并大败北齐军于邙山，进而围困都城洛阳。兰陵王带领五百骑士救援，两次冲入敌阵，在金墉城遭到围困，由于戴假面，城上士兵认不出他，怀疑是敌人的计谋。兰陵王摘下假面对守城齐军示以面容，城上军心大振，立刻放箭射敌，并开城与敌决战，北周军大溃而逃。为庆祝胜利并赞颂兰陵王的威猛，将士们编了《兰陵王破阵曲》，戴着面具边舞边歌。

古曲《平沙落雁》的主题是什么？

《平沙落雁》是一首古琴曲，最早刊于明代《古音正宗》，又名《雁落平沙》，其意在借鸿鹄之远志，写逸士之心胸。自其问世以来，刊载的谱集达 50 多种，有多种流派传谱，仅1962 年出版的《古琴曲集》第一集就收入了六位琴家的演奏谱，关于此曲的作者，有唐代陈立昂之说，宋代毛敏仲、田芝翁之说，又有明代朱权所作之说。因为没有可靠的史料，很难证实究竟出自谁人之手。《平沙落雁》的曲意，各种琴谱的解题不一。《古音正宗》中说此曲："盖取其秋高气爽，风静沙平，云程万里，天际飞鸣。借鸿鹄之远志，写逸士之心胸也。"全曲委婉流畅，隽永清新。

古曲《十面埋伏》有些什么特色？

《十面埋伏》流传甚广，是传统琵琶曲之一，又名《淮阳平楚》。这是一首历史题材的大型琵琶曲，它是中国十大古曲之一。关于乐曲的创作年代迄今尚无定论。资料追溯可至唐代，在白居易写过的著名长诗《琵琶行》中，可探知白居易曾经听过有关表现激烈战斗场景的琵琶音乐。本曲现存乐谱最早见于 1818 年华秋萍编的《琵琶行》。乐曲描写公元前 202 年楚汉战争垓下决战的情景。汉军用十面埋伏的阵法击败楚军，项羽自刎于乌江，刘邦取得胜利。明末清初，《四照堂集》的"汤琵琶传"中，曾记载了琵琶演奏家汤应曾演奏此曲时的情景："当其两军决战时，声动天地，屋瓦若飞坠。徐而察之，有金鼓声、剑弩声、人马声……使闻者始而奋，继而恐，涕泣无从也。其感人如此。"

《胡笳十八拍》体现了怎样的思想感情？

《胡笳十八拍》原本是一首琴歌，相传为蔡文姬所作。它由 18 首歌曲组合而成声乐套曲，用琴伴唱。"拍"在突厥语中即为"首"，起"胡笳"之名，是琴音融胡茄哀声之故。现在以琴曲流传最为广泛。

▲蔡文姬胡笳十八拍图　南宋　李唐

在琴曲中，蔡文姬移情于声，借用胡笳善于表现思乡哀怨的乐声，融入古琴声调之中，表现了一种浩然的怨气。汉末大乱，连年烽火，蔡文姬在逃难中被匈奴所掳，流落塞外，后来与左贤王结成夫妻，生了两个儿女。在塞外度过了 12 个春秋，但她无时无刻不在思念故乡。

平定中原后，汉朝与匈奴修好，派使邪路用重金赎回文姬。于是她写下了著名长诗《胡笳十八拍》琴歌等版本。曲调虽然各有不同，但都反映了蔡文姬思念故乡而又不忍骨肉分离的极端矛盾的痛苦心情。音乐委婉悲伤，撕裂肝肠。

第六章

戏曲表演

戏曲的"四功五法十要"具体指什么？

戏曲艺术将表演技巧概括为四功、五法与十要。

四功是戏曲演员的 4 种基本功夫：唱功、做功、念白与武打。

五法，指的是手、眼、身、法、步。手指手势，眼指眼神，身指身段，步指台步。至于法，则解释不一。一说是"身法"应作为一项；一说是应称"手眼身步"法。这样，五法就变成四法了。还有认为"法"是"发"之误，指的是"水发"技术，但是"发"已包括在十要之中。按程砚秋的见解，"法"则应改为"口"，"口法"是为了练好唱念功夫。

十要包括水袖、髯口、翎子、扇子、靴子、帽翅、马鞭、笏板、牙和水发。

"唱念做打"有哪些具体要求？

唱、念、做、打是戏曲表演中的 4 种艺术手段，同时也是戏曲演员表演的 4 种基本功，通常被称为"四功"。"唱"指歌唱，"念"指具有音乐性的念白，二者构成歌舞化戏曲表演艺术两大要素之一的"歌"；"做"指舞蹈化的形体动作，"打"指武术和翻跌的技艺，二者结合，构成另一大要素"舞"。

戏曲在长期发展的过程中，逐渐融合唱念做打各种艺术手段，为搬演故事、塑造人物形象服务。早在汉代百戏中就有《东海黄公》的节目，通过武术和杂技，表演简单的故事。唐代盛行歌舞，以载歌载舞著称。宋杂剧演出分"艳段"、"正杂剧"、"杂扮"三部分，把歌舞、戏剧、杂耍集于一台，起了相互影响和融合的作用。元杂剧在表演上已有简单的武打。明代弋阳、昆山诸腔勃兴以后，在声乐和舞蹈技艺的结合方面渐趋完善。清乾隆、嘉庆年间，徽调与汉调合流，继承昆、弋的传统，吸收各种地方戏的优点，逐步向京剧演变，大致到了同治、光绪前后，一个以唱念做打多样统一的完整艺术形式才日臻成熟。

中国戏曲剧种繁多，表演上运用的艺术手段也各有侧重。大抵搬演生活小戏的

▲昆曲《单刀会》剧照

花鼓、采茶等系统的剧种，载歌载舞；由坐唱形式搬上舞台的滩簧、曲子等系统的剧种，侧重说唱；昆曲、高腔、皮簧、梆子系统的剧种，唱念做打四功并重。中华人民共和国成立以来，各剧种相互促进，共同提高，上述差别已逐渐缩小，各剧种大都具备了唱念做打的艺术手段。

"科班"是什么意思？

我们常说"科班出身"，这个"科班"是什么意思？

科班是戏曲用语。戏班以演戏为主，科班以学戏为主。科，即品类、等级之意，因自汉以来，学人经科试以定次第等级，因此旧时投师学艺也称为入某一科，同年入学者为同科。考入或经人介绍加入某一学戏的班子的某一科，即称为进班入科，亦可称加入某一科班。如富连成班就分为喜字科、连字科、富字科、盛字科、世字科、元字科、韵字科、庆字科等8科。

科班均供奉唐明皇为祖师爷，并每日朝拜，凡入科班一定要立字据，如同定下卖身契约，不仅要打骂体罚，而且科满后要效力3年，因此旧时学戏称为打戏，坐科7年称为7年大狱。

科班起源于明代。随着戏曲的形成和发展，戏曲除官办的梨园、教坊之外，大多数都是采取口传心授的方法，或拜师学艺，或艺学家传（所谓"门里出身"）。这两种授徒的规模和作用都带有局限性，难以适应舞台艺术的平衡发展，于是采用以班代班方式培养演员的大小班和专门培养童伶的科班便相继出现，其性质仍然是师徒相传。明代嘉靖年间已有海盐子弟班和昆曲大小班或科班。清中叶之后，随着地方戏的勃兴，科班如雨后春笋，风靡各地。道光时苏州有昆曲科班，北京有老嵩祝班；咸丰、同治间又有全福昆曲科班和河北农村的双顺、永和、永胜及梆子科班。之后，又有四箴堂科班、益合昆弋科班等。清末民初，又相继出现了一批规模较大、专门培养童年演员的科班。其中有代表性的如富连成社、崇雅社、易俗社、昆剧传习所等，都积累了丰富的传艺经验，形成了一套严格的教学方法，许多知名的戏曲演员大多是这些科班出身。但由于受社会条件的局限，经费匮乏，人力不足，科班能够维持的时间不长。

科班本义是指旧时学、演结合的戏剧班子，是成为演员（旧称戏子）的必须也是唯一途径。后来科班就引申为正规的职业技能教育的统称，所谓科班并非指"出身"，而是指经过经过正规的培训。

唱戏需要哪些"行头"？

行头是金、元时起对戏具的统称。《扬州画舫录》称"戏具谓之行头，行头分为衣、盔、杂、把四箱"。

衣箱，分大衣箱、二衣箱、三衣箱。大衣箱包括各种长短袍服，二衣箱包括各种武装

▲ 清代戏衣——女帔

帔一般为皇帝、文官便服和士绅常服。男帔及足，女帔及膝。夫妻之帔花色相对，称对帔。

人员的装束，三衣箱即演员所穿内衣及塑形用品。盔头箱，主要是盔、帽、冠、巾 4 种。杂箱指彩匣子、水锅和梳头桌。把箱即旗把箱，包括各种兵器、文房四宝等道具。

一套完整的行头，在演出时均有一定的使用章程和规范，如衣箱上的十蟒十靠都必须按上五色和下五色，即红、黄、绿、白、黑、蓝、紫、粉、古铜、秋香十色的顺序摆放；后场桌上的道具必须根据戏码的变换而变换。以保证演员穿、扎、戴、挂、拿，有条不紊地进行。

"票友"如何因票结友的?

票友是戏曲界的行话，指会唱戏而不专业，以演戏为生的爱好者。相传乾隆年间，流传着一种名叫"清音子弟书"的曲种，为八旗子弟所创，当时曾分西城调和东城调，西城调类似昆曲。演唱的曲目多编自于小说和戏曲，曾一时盛行京城及东北各地。八旗子弟无论到哪处演唱，都须得到批准，在所领到的龙票上注有"发给××票房"字样，凭此方可聚会演唱。至康熙年间，清朝统治已经稳定，此活动逐渐停止。因其属于业余爱好，不取任何报酬，清中叶以后，便把不取报酬的业余戏曲、曲艺演唱者及乐师称之为"票友"。

据说昔日中国戏坛有许多名票友，其演技、唱腔、扮相，都胜过台上正角，京华、沪宁都有名噪一时的票友。票友大多数是为自唱自娱，如清朝的皇帝爱新觉罗·载湉、贝勒爱新觉罗·载涛、夏山楼主、袁世凯的公子袁克文、同仁堂的经纪人周子衡和上海的杜月笙、银行老板冯耿光、张伯驹、生理学家刘曾复都是造诣很深的名票，为京剧的发展作出了重要贡献。但也有不少人由业余转为专业演员，如老生张二奎、孙菊仙、汪笑侬、言菊朋、郭仲衡、奚啸伯，花脸黄润甫、金秀山，小生德珺如，老旦龚云甫、卧云居士，琴师李佩卿都是京剧舞台上举足轻重的艺术家。

京剧是如何形成的?

京剧作为中国的国粹已有 200 年历史了，它以其高超的表演艺术和深厚的文化内涵著称于世。

▲清代《拿花蝴蝶》戏画
画中六人各持刀剑，分派厮杀。舞弄之姿夸张优美，一手握兵刀防守进攻，一手在做各种姿势，烘托出热闹的打斗气氛。戏剧的"打"具有独立的审美地位。

京剧的前身是安徽的徽剧，俗称"皮黄戏"。清朝乾隆五十五年（1790年）起，原在南方演出的三庆、四喜、春台、和春四大徽班相继进入北京演出，他们把汉调、秦腔、昆曲的曲调及表演方式融入了徽剧，并将其演变成一种更为美妙的声腔，称为"京调"。清代末期民国初期，京班掌控着上海的全部戏院，于是"京调"正式被称为"京戏"。

京剧音乐属于板腔体，唱腔以徽调的二黄和汉调的西皮为主，称为"皮黄"。经过无数艺人的长期舞台实践，京剧在文学、表演、音乐、唱腔、锣鼓、化妆、脸谱等各个方面，形成了一套规范的程式。京剧在表演上歌舞并重，融合武术技巧，多用虚拟动作，节奏感强，技艺高超，唱腔悠扬委婉，念白也带有音乐性，形成了中国戏曲"唱念做打"有机结合的表演艺术体系。

京剧各主要流派的创始人是谁？

京剧自产生之日起就产生了不同的流派，京剧流派主要是指演员的表演艺术风格和艺术特点，并且这种风格特点得到师承和传播。

须生：谭派——谭鑫培；汪派——汪桂芬；孙派——孙菊仙；汪派——汪笑侬；王派——王鸿寿；刘派——刘鸿声；余派——余叔岩；言派——言菊朋；高派——高庆奎；马派——马连良；麒派——周信芳；新谭派——谭富英；杨派——杨宝森；奚派——奚啸伯；唐派——唐韵笙。

小生：程派——程继先；姜派——姜妙香；俞派——俞振飞；叶派——叶盛兰。

武生：李派——李春来；俞派——俞菊笙；杨派——杨小楼；盖派——盖叫天。

旦角：陈派——陈德霖；王派——王瑶卿；梅派——梅兰芳；程派——程砚秋；荀派——荀慧生；尚派——尚小云；筱派——筱翠花；黄派——黄桂秋。

花旦（青衣）：张派——张君秋。

老旦：龚派——龚云甫；李派——李多奎；孙派——孙甫亭。

净角：何派——何桂山；金派——金秀山；裘派——裘桂仙；金派——金少山；郝派——郝寿臣；侯派——侯喜瑞；裘派——裘盛戎。

丑角：王派——王长林；萧派——萧长华；傅派——傅小山；叶派——叶盛章。

"梨园三怪"到底有多怪？

戏曲中有"梨园三怪"的说法，他们都是谁？到底有多怪？

梨园三怪都生活在清朝末年。

跛子孟鸿寿。孟鸿寿幼年得了软骨病，身长腿短，身体纤弱。他苦学苦练，扬长避短，后来，成为戏院竞相邀请的丑角大师。

瞎子双阔亭，自幼学戏，双目因疾失明，更加勤学苦练。在台下走路要用人搀扶的他，上台表演却寸步不乱，终于成为名须生。

哑巴王益芬，出身艺人家庭。平日在后台看父母演戏，一一默记于心。每天早贪黑练功，长年不懈，终成为有名的二花脸。

"四大徽班"具体指哪四个戏剧班子？

中国的国粹京剧，是在融合了徽调和汉戏的基础上形成的。北京算是京剧的摇篮，而"四大徽班"进京可以说是京剧发展的里程碑。

"四大徽班"指的是：三庆班、四喜班、和春班、春台班。最早进到京城来的，是徽班中的三庆班。据说，清朝的统治者都很喜爱戏曲。地方经常借各种庆典之由，向皇帝献媚。乾隆五十五年（1790 年）秋天，乾隆帝八旬寿辰，各地更是借机奉承，纷纷派出实力演出队伍到京城贺寿，阵容十分强大。在祝寿的演出队伍中，有一支由扬州戏曲艺人高朗亭撑台戏班，名为三庆班。他们以唱二黄声调为主，又兼具昆曲、吹腔、梆子的戏风。形式多样，曲调优美，贴近生活。颇受当时北京百姓的喜爱。一场祝寿演出下来，三庆班名声大噪。

后来，三庆班在京城中落下了脚。在不断吸收其他戏曲艺术精华的基础上，三庆班进一步完善，深受京城人民的喜爱。听说三庆班在京城尝到甜头，四喜、启秀、倪翠、春台等安徽戏班相继进京寻求发展。一时之间，融合了多种戏曲风格的徽戏成为了京城戏曲的主流，致使当时在北京发展的秦腔、昆剧一度受到了冷落，甚至还有很多秦腔、昆剧演员转入徽班。

渐渐地，进京的徽班开始合并，最终形成了实力强大的"四大徽班"：三庆班、四喜班、和春班、春台班。其中，三庆班以出演整本大戏出名；四喜班以昆曲风格为主导；和春班

▲徽班进京 清

清代乾隆年间（1736~1795年）活跃于北京剧坛的4个著名安徽戏班（三庆、四喜、和春、春台）同时适应北京观众多方面的需要和发挥各班演员的特长，逐渐形成了四大徽班各自不同的艺术风格，表现为三庆的轴子（指三庆班以连演整本大戏见长）、四喜的曲子（指四喜班以演唱昆曲戏著称）、和春的把子（指以擅演武戏取胜）、春台的孩子（指以童伶出色），出现了"四徽班各擅胜场"的局面。嘉庆、道光年间（1796~1820年），汉调（又称楚调）艺人进京，参加徽班演出。徽班又兼习楚调之长，为会合二黄、西皮、昆、秦诸腔向京剧演变奠定了基础。因此"四大徽班"进京，被视为京剧诞生的前奏，在京剧发展史上具有重要意义。清末宣统二年（1910年），"四大徽班"已相继散落。

则以武戏吸引观众眼球；春台班则是突出孩童戏曲的特点。

可以说，"四大徽班"的进京，使得我国的戏曲事业有了飞跃性的发展。尤其是在融合了楚调、西皮调的基础上，所形成的"皮黄戏"影响最大。也是在这个戏种的基础上，京剧开始形成、发展，并日臻成熟。

京剧"四大名旦"和"四小名旦"都是谁?

京剧有"四大名旦"和"四小名旦"之分，指的都是谁?

梅兰芳（1894 ~ 1961年），出身于京剧世家，在他从艺的50多年里，对旦角的唱腔、念白、舞蹈、化妆等各方面都有创造性发展。他在《宇宙锋》、《贵妃醉酒》、《霸王别姬》、《穆桂英挂帅》等戏中创造了姿态各异的古代妇女形象，在国内和国际上享有很高的声望。

程砚秋（1904 ~ 1958年），他的戏路极广，不仅有《玉堂春》等青衣戏，也有《游龙戏凤》、《刺红蟒》等花旦、刀马旦和武旦戏。另外他在《窦娥冤》中饰窦娥，《青霜剑》中饰中雪贞。他主演的《贺后骂殿》、《锁麟囊》等戏都盛极一时。

尚小云（1900 ~ 1976年），曾被评为"第一童伶"。他在《二进宫》、《祭塔》、《昭君出塞》等戏中塑造了一批巾帼英雄和侠女烈妇，在京剧表演艺术上也是独树一帜。

荀慧生（1900 ~ 1968年），他能使梆子旦角艺术熔青衣、花旦、刀马旦的表演于一炉，在唱腔方面，他从昆曲、梆子、川剧中吸取精华，与京剧老生、小生、老旦的旋律融合，创造自己独特的唱腔。他擅长扮演天真、活泼、温柔的妇女，以演《红娘》、《钗头凤》、《荀慧娘》等剧著名。

1927 年梅、程、荀、尚确立"四大名旦"之后，青年旦角演员不断涌现。为了选拔优秀人才，1936 年秋天，由北京《立言报》主持，专门接待各界投票评选"四小名旦"。投票结果前四名是：李世芳得票 5800 张，毛世来得票 5000 张，张君秋得票 4800 张，宋德珠得票 3600 张，成为当年轰动一时的京剧"四小名旦"。

1940 年，北平《立言画刊》在长安剧场组织四小名旦合作演出《白蛇传》，李世芳、宋德珠合演《金山寺水斗》；毛世来演《断桥》、《合钵》；张君秋演《祭塔》，"四小名旦"遂成定论。

"四小名旦"演艺超群但风格各异——李世芳唱做俱佳，有"小梅兰芳"之称；毛世来深得"花旦大王"筱翠花的真传，擅演《十三妹》等剧；张君秋博采众长，创立了"张派"艺术；宋德珠工刀马旦、武旦，以武功和"出手"见长，世称"宋派"。

京剧脸谱为什么千奇百怪？

丰富多彩的脸谱是京剧的一大特色。那么，这些五颜六色的脸谱有什么含义呢？脸谱又是什么时候产生的呢？

说起脸谱的起源，便要追溯到周代的面具"傩"。这是一种绘有黄金四目的驱鬼面具，是宗教中驱鬼舞者必戴的一种道具。汉代，在表演杂技的艺人中，兴起了戴面具之风。人们称这种戴面具表演的艺人为"象人"。

南北朝时期，戴面具表演歌舞极为盛行。据说，以这种方式演出是为了歌颂兰陵王的丰功伟绩。传说兰陵王貌相俊美，虽然所向披靡，但是面相却缺少些凶悍霸气。所以，每逢上阵，他都要带上凶煞假面，以震慑敌军。后来，人们为了纪念他，编排了一出男子独舞。当时表演独舞的演员脸上就带了假面。

到了唐代，这种"假面"舞已经成为戏曲的主要表演形式。它在"假面"基础上作了完善。直接以粉墨，油彩涂绘面部，以展示不同人物形象。这种方式相较于"假面"来说，更能彰显人物的表情、性格，观众也更容易识别辨认。

根据描绘着色方式，脸谱可分为揉、勾、抹、破 4 种基本类型。其中，揉脸是一种最古老的脸谱形式，主要表现的是威武正色；勾脸是一种比较绚丽的脸谱，彰显华丽气色；抹脸多为浅色粉墨盖脸，是奸诈之人面相底色；破脸指的是面相扭曲的画法，这样观众可以一目了然地看出扮演的角色为丑角或反面人物。

除此之外，脸谱的颜色也是评判角色类型的一个标准。例如，红脸表示赤胆忠心，黑脸表示铁面无私，白脸奸诈多疑，黄脸凶暴勇猛，蓝脸坚毅果敢等。如今，脸谱已经成为京剧中的一大亮点，吸引了很多中外好奇者的眼球。

▲《同光十三绝》画像（摹本） 清 沈容圃绘

沈容圃为光绪年间北京画师，绘清同治、光绪年间北京昆曲、京剧著名演员13人剧装写真图。全画长达丈余，绘13位演员。面目须眉，各具神情，色泽妍雅，栩栩如生。自左向右：郝兰田（饰《行路训子》康氏），张胜奎（饰《一捧雪》莫成），梅巧玲（饰《雁门关》萧太后），刘赶三（饰《探亲家》乡下妈妈），余紫云（饰《彩楼配》王宝钏），程长庚（饰《群英会》鲁肃），徐小香（饰《群英会》周瑜），时小福（饰《桑园会》罗敷），杨鸣玉（饰昆曲《思志诚》闵天亮），卢胜奎（饰《战北原》诸葛亮），朱莲芬（饰《玉簪记·琴挑》陈妙常），谭鑫培（饰《恶虎村》黄天霸），杨月楼（饰《四郎探母》杨延辉）。它记录了同治、光绪时期京剧舞台演出的一些实况，为研究京剧史的珍贵资料。

"同光十三绝"到底有多绝？

"同光十三绝"是徽班进京后由演唱徽调、昆腔衍变为京剧的13位奠基人，又都是技艺非凡的表演艺术家。当时的画家沈容圃参照清朝中叶画师贺世魁所绘《京腔十三绝》戏曲人物画的形式，把这13位前辈画在一幅画面上，挂在北京前门廊房头条东口听诚一斋店铺里，流传很广。

画中绘老生4人：程长庚饰《群英会》之鲁肃，卢胜奎饰《战北原》之诸葛亮，张胜奎饰《一捧雪》之莫成，杨月楼饰《四郎探母》之杨延辉。

武生1人：谭鑫培饰《恶虎村》之黄天霸。

小生1人：徐小香饰《群英会》之周瑜。

旦角4人：梅巧玲饰《雁门关》之萧太后，时小福饰《桑园会》之罗敷，余紫云饰《彩楼配》之王宝钏，朱莲芬饰《玉簪记·琴挑》之陈妙常。

老旦1人：郝兰田饰《行路训子》之康氏。

丑角2人：刘赶三饰《探亲家》之乡下妈妈，杨鸣玉饰《思志诚》之闵天亮。

"秦腔"是秦朝时期形成的吗？

秦腔发源于古代陕西、甘肃等地的民间小曲，成长壮大于历史文化名城西安，历经各朝各代的艺术家反复锤炼、创造，而逐渐形成。古时陕西、甘肃一带属秦国，所以称之为"秦腔"。因为早期秦腔演出时，常用枣木梆子敲击伴奏，故又名"梆子腔"。秦腔成形后，流传全国各地，因其一整套成熟、完整的表演体系，对各地的剧种产生了不同程度的影响，并直接影响了梆子腔剧种的发展，成为梆子腔剧种的始祖。

秦腔的表演技艺朴实、粗犷、豪放，富有夸张性，生活气息浓厚，技巧丰富。其身段和特技有：趟马、吐火、喷火、担子功、翎子功、水袖功、扇子功、鞭扫灯花、顶灯、咬牙、耍火棍、跌扑、髯口、跷工、獠牙、帽翅功等。秦腔的唱腔分为欢音和苦音两类，欢音善于表现轻快活泼、喜悦的感情，而苦音则长于表现悲愤、凄凉的感情，丰富多彩的唱腔能够很好地表现各种感情。秦腔的主要伴奏乐器为板胡。秦腔的角色分类有"十三门二十八类"之说，即角色分为四生、六净、二旦、一丑等 13 门，而这 13 门又可细分为 28 类。各门各类都有其特色，都有著名的演员、著名的戏剧段落。

秦腔的传统剧目数以万计，其中以取材于"三国"、"杨家将"、"说岳"等英雄传奇或者悲剧故事的剧目居多，剧目无论在数量还是题材的广度都居全国 300 余种戏剧之首。其中经常演出的曲目有《春秋笔》、《八义图》、《紫霞宫》、《玉虎坠》、《和氏璧》、《麟骨床》等。

川剧如何"变脸"？

▲ 川剧绝活——变脸

变脸是戏曲的情绪化妆。用于表现剧中人物情绪的突然变化，或惊恐，或绝望，或愤怒等。许多剧种都有变脸，以川剧最为著名。

相传"变脸"是古代人类面对凶猛的野兽，为了生存把自己脸部用不同的方式勾画出不同形态，以吓唬入侵的野兽。川剧把"变脸"搬上舞台，用绝妙的技巧使它成为一门独特的艺术。

变脸的手法大体上分为 3 种：抹脸、吹脸、扯脸。此外，还有一种"运气"变脸。

抹脸是将化妆油彩涂在脸的某一特定部位上，到时用手往脸上一抹，便可变成另外一种脸色。吹脸只适合于粉末状的化妆品，如金粉、墨粉、银粉等。扯脸是事前将脸谱画在一张一张的绸子上，剪好，每张脸谱上都系一把丝线，再一张一张地贴在脸上。丝线则系在衣服的某一个顺手而又不引人注目的地方。随着剧情的进展，在舞蹈动作的掩护下，一张一张地将它扯下来。

戏曲艺人为什么又叫"梨园子弟"?

《儒林外史》第三十回说道:"通省梨园子弟各班愿与者,书名画知,届时齐集湖亭,各演杂剧。"意思是说,各个班子的戏曲艺人将齐聚湖亭,表演看家本领。通常,人们将戏曲艺人称为"梨园子弟"。那么,戏曲和梨园有什么关系,人们为何要这样称呼戏曲艺人呢?

戏曲艺人被称为"梨园子弟"是从唐玄宗时期开始的。据《新唐书·礼乐志》记载:"玄宗既知音律,又酷爱法曲,选坐部伎子弟三百,教于梨园。声有误者,帝必觉而正之,号皇帝梨园弟子。"从历史资料中可以看出,唐玄宗李隆基是个多才多艺的皇帝,不但懂音律,打得一手好羯鼓,还是个戏曲行家。他曾经挑选了300名乐工舞女,置于梨园中亲自调教。如果乐工弹奏有破音走调的,唐玄宗一听就能听出来。

据说,当时的梨园只是皇宫之中的一个果树园,场地空旷,花蝶飞舞。乐工弹奏,宫女翩然起舞,人景合一。可以说,梨园既是人间仙境,也是培训演员的基地。所以,后人便以"梨园子弟"来称呼这些乐工舞女。因此唐玄宗也被称为戏曲的祖师爷。随之衍生而来的,还有"梨园行"——戏班子;"梨园世家"——戏曲家庭;"梨园界"——戏曲界等。

"梨园弟子"虽然泛指戏曲演员,但是,他们在梨园中的分工却是很细的。按照类别分,梨园子弟分为乐部和舞部。其中,乐部又分为坐部和立部。所谓的坐部,指的是一些资历高、技艺好的演员,因他们可以坐在堂上表演而得名。与之相对,立部则是只能站在台下弹奏的乐手。根据各自扮演角色,所在声部不同,立部又细分为男部、女部和小部(儿童)。舞部则根据舞蹈的形式划分为文舞和健舞。据唐代皇家墓室壁画显示,这一时期的宫廷曲艺,已经达到了极为繁盛的程度。

什么样的板凳才叫"冷板凳"?

生活中,人们常称那些不被重视的人为坐冷板凳。那么,这个"冷板凳"究竟是种什么凳子?为什么人一坐上去就要受冷落呢?

"冷板凳"一词源于梨园行。在戏曲行当里,有演戏的,还有伴奏的。通常演员在台上演,伴奏者坐在下场门侧,被幕布遮掩着,观众基本上看不到敲锣打鼓的人。整个戏曲跌宕起伏,除了靠演员的唱念做打之外,锣鼓起到了不可忽视的烘托渲染作用。如果场上只有演员清唱,显然气氛不够热闹。因而,人们以锣鼓班坐的长条板凳来指代敲锣鼓的人缺场,将冷场的清唱称之为"冷板凳"。

后来,人们取"冷板凳"的引申义,将那些受冷落、不受重视的人称为"坐冷板凳"。

干杂活为什么叫"跑龙套"？

文艺圈里，经常提到"跑龙套"一词。词典中对"跑龙套"的解释为：原指戏曲中拿着旗子做兵卒的角色，后比喻在人手下做无关紧要的事。其实，"跑龙套"一词源于"龙套"。所谓的"龙套"指的是戏曲表演上的一种戏服。这种戏服上绣有龙纹，且为套头装。穿这种衣服的演员通常没有台词，只是在台上走走过场，因而得名"跑龙套"。

沈从文曾写过一篇名为《跑龙套》的文章，文中说："跑龙套在戏台上像是个无固定任务角色，姓名通常不上海报，虽然每一出戏文中大将或寨主出场，他都得前台露面打几个转，而且要严肃认真，不言不笑，凡事照规矩行动，随后才必恭必敬的分站两旁。"

在曲艺界里，除了有主要演员和次要演员外，还需要一些陪衬烘托场面。而出演烘托场面的人物通常就被称为"跑龙套"。最早，充当跑龙套的人，多由戏班里的新人担任，四人组成一个单位，叫作堂。像这类的"跑龙套"大都是侍从衙役，主要的演出活动是呐喊助威。如果戏曲所表现的是战争场面，那么这些"跑龙套"的便要从主角们的刀枪剑戟下来回穿梭，以表示兵丁冲锋陷阵，"跑龙套"的时而还要摇旗呐喊增添声势。通常，"跑龙套"的人手里拿着门枪旗、红门旗、飞虎旗，或风旗、水旗、火旗、云牌等。所以有些曲目里，打旗的演员也被称为"跑龙套的"。

新人们通过"跑龙套"这一过程，不仅熟练了基本功，还增强了表演技能。当新人们将这些杂技练到炉火纯青的地步之后，他们开始饰演锣、伞、报之类的带有少量台词的角色。随着艺龄及演技的增长，他们才有可能成为配角，甚至是主角。

如今，人们已经很少严格划分"跑龙套"和正式演员之间的区别了。在拍戏人手不够时，很多演员都会临时客串一下"跑龙套"的。这个角色虽然看着不起眼，但是在整个故事情节中，却起着不可忽视的烘托作用。

为什么用"生、旦、净、末、丑"这些字眼来命名角色？

在中国戏曲发展早期，戏曲角色的名称一直在变化。直到元代，角色的名称才基本固定，大体分为生、旦、净、末、丑五类。随着戏曲文化的进一步发展，末角逐渐被划归到生角中。所以，如今的戏曲行里，多以生、旦、净、丑来划分角色类型。那么，人们为什么要用生、旦、净、末、丑这样的字眼来命名角色呢？

关于戏剧角色名称的由来，历来说法不一，其中最主要的观点有两种。第一种观点认为，生、旦、净、末、丑的划分源于古印度梵剧。人们取元代的《青楼集》为证："院本始作，凡五人：一曰副净……一曰副末……一曰引戏……一曰末泥……一曰装孤，杂剧则有旦、末。旦本女人为之，名妆旦色；末本男子为之，名末尼。"据文献考证，这些角色名称确与古印度梵剧中的角色有一脉相承之处。

　　另一种观点是从中国传统文化的角度评析生、旦、净、末、丑名称的由来。这种观点较于前一种观点，更受曲艺界的推崇。这种观点认为，戏曲中角色名是角色反意的用法。

　　通常扮演生角的人为男性。根据年龄角色，又分为老生、小生、武生、红生等。整场演出中，生角是关键。因而，要求生角做到唱腔唱词纯熟，能够灵活演出。于是，人们反"熟"的意思将其命名为生。

▲秦腔《三滴血》场景雕塑
这是丑角表演的一个场景。

　　旦是女性演员的称呼。根据年龄身份分为青衣、花旦、刀马旦等。人们认为，傍晚时分才是女性活动的时刻，而且女为阴。所以便将与阳相对的阴命名为"旦"，用以代指女角。

　　净是花脸角色。这类角色主要以各色油彩的脸谱彰显人物性格或相貌的与众不同。所以，人们反脸不干净之意，将其命名为净角。饰演净角的为男性演员，按唱功和表演，又分为正净和副净。

　　扮演丑角的人，通常是灵活聪明之人。整部戏的诙谐气氛要靠这个角色烘托。他们的扮相比较怪异。人们取丑之意称呼这个角色。其中丑角又分为文丑、武丑。

　　已划归为生角的末角大都是些中年男子扮演，又名"末泥"、"末尼色"。是戏曲演出中，最先出场的引戏演员，所以人们反"首"出场称他们为"末"角。

"压轴戏"怎么成了最精彩的那出戏？

　　所谓的"压轴戏"并非字面上所指的最后一个演出的节目，它是京剧中的术语。在京剧形成今天这种表演形式之前，一场戏通常是由5出戏构成的。当时的京剧一般在下午一两点钟的时候鸣锣开演，直到午夜散场。在长时间的演出中，为了吸引观众眼球，迎合观众生活规律，戏曲演员将整场演出分成了5大块。

　　鸣锣开唱便算"开锣戏"，唱了一两个小时之后，观众明显有些困乏。演员就会抖出些提神的剧目，给观众缓解一下疲劳。这出叫"早轴子"。到了傍晚时分，在观众有些饥肠辘辘，准备回家吃晚饭的时候，戏班子便抬出一场闹戏，暖暖场，这个环节叫"中轴子"。待到大家吃饱喝足，戏班子便开始整场演出的正戏部分，精彩的节目也开始登台亮相了。到倒数第二场的时候，吊了观众一天的胃口，该是表演精彩绝活的时候了，这场戏中，一般会请出班子里的名角出场。所以，整部戏里，前后几出戏都是为倒数第二场名角儿演出作铺垫的，因而倒数第二场被称为"压轴戏"。也唯有这一场，最让观众叫好。整部戏曲唱到这个时候，夜深了，戏也渐渐接近尾声了。最后，为了表示感谢，戏班通常会安排一场"送客戏"，称为"大轴子"。这场热闹的武戏结束后，观众也就散了。

随着京剧的不断发展，这样的演出形式渐渐被一整部完整情节的戏曲曲目替代。但是"压轴戏"这个戏曲术语却被人们保留下来，并在其他领域更广泛使用起来。人们借助于戏曲中"压轴戏"，表示最精彩的演出部分。

"独角戏"只有一个演员吗？

"独角戏"又称"滑稽戏"，有时也写作"独脚戏"，是用上海方言表演的传统戏。最初，"独角戏"戏如其名，是只有一个人的演出。独角戏有两种表演形式：外部独角戏和内心独角戏。

外部独角戏指的是演员虚拟人物场景，对观众说话，以幽默诙谐的语言，滑稽的表演和观众互动。内心独角戏则指的是演员一个人自说自话，自我剖析的一种表演形式。现如今，这种"独角戏"成为娱乐脱口秀的前戏。在节目之前，来段"独角戏"起到抛砖引玉，开启下文的作用。

后来，这种独角戏吸收了小热昏、文明戏等戏曲的艺术形式，渐渐演变成一人身兼数职，扮演多种角色，或有很多人参与的戏曲表演形式。1920 年前后，上海文明戏艺人王无能以"独角戏"之名挂牌演出。随后，"独角戏"在大江南北红火起来，两人、三人的"独角戏"表演形式相继出现。1930 年代，"独角戏"进入了繁盛时代，出现了诸如江笑笑的"笑笑剧团"之类的"独角戏"团体。同时也出现了很多"独角戏"名演员，如姚慕双、周柏春等。

现如今，"独角戏"日臻成熟。它是地方戏曲中，深受百姓喜爱的一个戏种。简单的道具、夸张的动作、多样的形式、诙谐的语言，滑稽的表演等，已经成为"独角戏"的标志。尽管很多曲目都已经被翻演了很多次，百姓仍然看得津津有味，乐在其中。其中《哭妙根笃爷》、《宁波空城计》、《七十二家房客》便是最为经典的几部曲目。

向人发出挑战为什么被称为"叫板"？

生活中，人们喜欢把向人发出挑战称为"叫板"。那么，"叫板"这个词是从何而来，人们为什么要用"叫板"来表达这个意思呢？

《顾误录》中解释说："板，古拍也。"在古代乐曲中，板和鼓是打拍子常用的工具。板所打出来的是强拍，鼓打出来的是次强拍或弱拍。根据这种打拍方式，中国传统戏曲中，又提出了"板式"一说。所谓的"板式"是指戏曲音乐的节拍和节奏形式。其中包含板眼和下板形式两层含义。"板眼"指的是强拍、次强拍和弱拍相结合的节拍形式，又分为一板一眼（二拍子）、一板三眼（四拍子）等形式；"下板形式"指的是节奏的形式。以戏曲唱腔为例，字随板出的叫"应头板"，后半拍出字的叫"腰板"等。根据节拍节奏的强弱舒缓，又将板式分为叫板、起板、转板、留板、歇板、砸板等。

"叫板"作为戏曲中的术语，指的是演员以一定的唱腔示意司鼓，下面的唱段是什么节奏的板式。叫板通常用在戏曲中的慢板、二六板、箭板、滚板等板式中。它的曲调以散板为主。为了能够使表演更加艺术，演员在道白的最后一句上运用叫板的方法，或以语气示意，或用动作唱腔示意，司鼓铜器便会转奏出下一唱段的板式。就是因为这样，人们才会将叫板引出下文，挑出新板式的意义引申为挑衅或挑战。

▲升平雅乐图 清 张恺
图中所绘为清宫廷戏曲乐队。清代宫廷内有掌管戏曲演出的机构，初称"南府"，至道光七年（1827年）改名"升平署"。乐队年节和宫廷喜庆典礼时奉命演出。乐队中出现的乐器有板鼓、堂鼓、手锣、钹、中堂锣、笛子、唢呐等。

"跌份儿"与戏剧有关吗?

北京人管丢面子、失身份叫"跌份儿"，有的时候也说成"丢份儿"。显然，"份儿"这个词有身份、面子、份子的意思。那么，像"跌份儿"这样的词是从何而来呢？

在旧时代的戏曲行业和其他服务行业里，人们的收入是不按工资计算的。当时采取的工资发放制度为：总收入分成份儿，按职位人头发放。以戏班子为例，通常，班主和头牌拿大份。其他成员按照职位类别、人头等条件拿份子。有的人可以拿到几份，有的人甚至只能拿到半份。

后来，在戏剧、服务行业中，便流行起一种说法：得到足份儿的"工资"便是"够份儿"；没拿到足份的"工资"便是"不够份儿"。同种行业之间，必然存在份大份小，身份地位通过所拿份子便一目了然。所以，"份儿"也就成了身份地位，甚至是面子的象征。

那些能够拿到足份"工资"的人，如果"工资"涨了，人们便称之为"拔份儿"；如果"工资"降了，那就意味着"跌份儿"了。随着中华人民共和国的成立，这种工资制度逐渐被新的劳动体制所代替。"分份"一说便退出了"工资"领域。但是人们却把它拓展到了生活中。借助它的引申义，来指代身份、面子，并一直沿用。

相声是什么时候产生的？

相声，又名像声、象声。据史料记载，早在春秋战国时期，就已经出现了"单口相声"，当时人们称之为"滑稽戏"。后来，经过不断的融合发展，相声才最终演变成了今天的样子——讲究说学逗唱的滑稽性舞台表演形式。

关于相声的起源，有人认为源自于口技艺术。康熙年间的李声振在《口技》中记载道："口技俗名'象声'。以青绫围，隐身其中，以口做多人嘈杂，或象百物声，无不逼真，亦一绝也。"《燕京岁时记》补充道："像声，即口技，能学百鸟音，并能作南腔北调，嬉笑怒骂，以一人而兼之，听之历历也。"从这两部书中所载我们可以看出，清人将口技艺术称为"象声"。此时的"象声"是一种娱乐性的声音模仿，并没有语言、肢体表演形式。

还有观点认为，相声是由唐朝的"双人相声"即"参军戏"发展而来。据《乐府杂录》记载："开元中，有李仙鹤善此戏，明皇特授韶州同正参军，以食其禄。是以陆鸿渐撰词'韶州参军'，盖由此也。"这种参军戏是种对口相声。表演者穿军绿色衣服，与现在对口相声相似，一个为逗哏，名为"参军"，扮演灵活机敏的角色；另一个为捧哏，名为"苍鹘"，饰演愚笨迟钝的角色。俩人以生活为基点，语言诙谐幽默，行为滑稽搞笑，有时也兼具讽刺戏谑。必要时，伴有歌舞吟唱。

随着相声艺人的不断崛起，相声的表演形式不断丰富扩展。人们在融合了口技、戏曲等多种艺术的基础上，将相声发展成了一种遍及全国，雅俗共赏的艺术形式。在这期间，涌现出了很多著名相声艺人和相声流派。例如清末民初相声"八德"：裕德龙、马德禄、李德锡、焦德海、刘德志、张德泉、周德山、李德祥。

第七章
民俗礼仪

古代君王为什么要"南面"治天下？

古代方位表示尊卑，划分得很清晰，南面被视为尊，正房通常坐北朝南。生活中朝南而坐的通常也都是尊者。那么，这个习俗又是从何而来呢？

我国位于北半球，房屋朝南采光效果自然最好，这也是房屋建筑坐北朝南的自然原因。但是，对于君王"南面"治天下，尊长坐北朝南见后生影响最大的，当属周易八卦、五行学说。按照《周易》的说法，南为离。离有明的含义，指的是光明，世间万物都可见。也就是说，阳光自南方照射过来，只要面朝南方，便可集天地之精华、日月之灵气。在五行中，南方又属火相。因而，南面便被人们视为赤地、上者，是尊位。

后来，以南为尊的观念成为主流。除秦面东而治外，之后历朝基本南向。据史料记载，天子登基，君权神授，自然是人间至尊。坐北面南，不仅有彰显其地位不凡，还有面向光明，吸纳天地之气，统御天下的意味。由此，历代帝王便形成了"南面"治天下的定式。"南面称王"的说法也因此形成。

还有一种说法认为，古代君王大都以北方为上首。因而，面南而治能够体现出皇室在北方的权威。有临北坐镇，傲视南土的意思。

帝王之家如此讲究方位，民间自然也有此说法。据《汉书》载："定国乃迎师学《春秋》，身执经，北面备弟子礼。"可见，拜师的人都要面向北方给师傅行礼。因而，拜师学艺，或者臣服某人又有了"北面"的别称。古时大户人家通常都会在正厅的北面设置一张座椅，主人面朝南坐在这张座椅上，招待访客或主持家庭会议。坐北朝南者的地位，昭然可见。

"拜"和"揖"是一回事吗？

在古代，"拜"又称"跪拜礼"，是最常见的礼仪。所谓"拜"，古人解释说"以头着地为拜"，起初当为一种表示臣服的礼仪。后来推而广之，表示下对上的敬意。由于古人没有椅子，都是席地而坐，行"拜"礼时，必然先"跪"下，所以，"拜"和"跪"是不分家的，故称"跪拜"。

"拜"最典型的动作是"以头着地"，根据头接触地时间的长短，"拜"可分为"稽首"和"顿首"两种，"稽首"礼头接触地时间长，表达尊重程度也高；"顿首"礼头接触地时间短，敬意略低于"稽首"礼。这两种礼仪一般用在臣对君、下级对上级、晚辈对长辈。

"拜"礼中还有一种空首礼，不要求以头着地，行这种礼时，跪在地上，双手拱至地上，然后垂头到手就可以了，这种礼是君对臣、上级对下级、长辈对晚辈所施的"跪拜"礼的答礼。

由此可见，"拜"是十分隆重的大礼，用在庄重的礼仪场合。而"揖"礼，行礼的形式和使用的场合都不相同。通常情况下，行"揖"礼时行礼人是站立的，双手合握，从上而下。《东南纪闻》中说："古所谓揖，但举手而已。"这种礼是一种相见礼，用于人们见面时的场合。古人礼仪烦琐，既便是作"揖"，行礼人也会根据对象，按要求实行不同程度的拱手方式。显然，"拜"和"揖"是完全不同的两种礼仪。

"三叩九拜"真的要求行礼人连拜 9 次吗？

在古代礼仪中，"九拜"是明确的，礼制对其行礼方式和使用场合都有详细的规定，但"三叩"却不是古礼，只是民间对"跪拜"礼的俗称。由此可见，"三叩九拜"只是人们对隆重大礼的民间称谓而已。具体说来，"三叩九拜"便是指上文"拜"礼中的"稽首"礼。

古代"九拜"包括：稽首、顿首、空首、振动、吉拜、凶拜、奇拜、褒拜、肃拜。

九拜中最隆重的要算是稽首了。这种礼，不仅要求行礼人头触地，而且要"头至地多时"，是"拜中最重，臣拜君之拜"。具体行礼细节为：行礼的时候，行礼者首先屈膝跪地，左手按在右手上，然后拱手于地。接下来，行礼人的头慢慢触地。头触地的具体位置是在膝盖之前，双手之后。头触地后，要停留一段时间。

上述动作为一次行礼，古人为了表示尊重，有时候这样的礼节要反复做几次，通常以 3 次或 9 次居多，于是便有了"三叩九拜"的说法。由这些动作和次数，我们不难看出，这一礼节是何等的庄重。因此，这个礼常在臣子拜见君王时所用。后来，儿子拜父亲，祭祀时拜天拜神，拜祖拜庙；新婚夫妇拜天地、拜父母；扫墓时拜墓等，也都用这样的大礼。

九拜中的其他几项具体如下：

顿首，和稽首礼叩拜方式相差不多，只是头要轻叩地面，而非俯首。

空首，施礼人跪拜，拱手俯身行礼。

振动，丧礼用，顿首恸哭，浑身振颤，以哀逝者。

吉拜，宾客在丧家守制 3 年后见丧家时施行，先施空首礼，再施顿首礼。

▲臣子拜见皇帝图

图中皇帝高坐于堂上，左右有太监、仕女侍候，堂下一臣子匍匐在地上毕恭毕敬地叩头，似乎在等待皇帝的吩咐。这幅图表现了封建社会臣子对皇帝的绝对服从。

凶拜，居丧者拜宾客之礼，和吉拜礼相反，先行顿首礼，后施空首礼。

奇拜，指拜一次。

褒拜，指拜了又拜。

肃拜，身体呈跪姿，以手触地，抬头。

"拱手"和"作揖"一样吗？

拱手是中国古代一种常行的礼节，在上古时期就已产生，做法是双手抱拳前举，近似于带手枷的奴隶，原初的含义为表示愿做对方的奴仆，以表示一种相当的尊敬。清代学者阎若璩在对《论语》的注释中提到："古之揖，今之拱手。"但是拱手与作揖并不完全相同，拱手仅仅是双手抱拳前举而已，作揖则还要配合两臂的上下左右等方向性的动作，正式的作揖还要鞠躬，后来揖礼简化，在行用的时候常常变成了拱手，而拱手与作揖这两个概念也就时常混用。

作揖是中国古代的一种表示敬意的礼节行为，至今仍在用，其方式为双手抱拳前举，同时身体略弯，也有很多时候仅仅是举手而已。作揖起源很早，相传在夏代就已经出现，在西周时期就很为流行了。据《周礼》记载，根据双方的地位和关系，作揖的种类有土揖、时揖、天揖、特揖、旅揖、旁三揖等。土揖是拱手前伸而稍向下；时揖是拱手向前平伸；天揖是拱手前伸而稍上举；特揖是一个一个地作揖；旅揖是按等级分别作揖；旁三揖是对众人一次作揖 3 下；此外，还有一种表示特别敬意的长揖，即拱手高举，自上而下向人行礼。一般而言，作揖是恭敬之心的一种表达，但在个别时候却有着反面的含义，《汉书·高帝纪》记载郦生见刘邦的时候不拜而长揖，表达出一种不敬服的心态，当然，这并非是作揖本身的含义，而是说按照礼节，本应当致以更为尊贵的行礼方式，这时如果用作揖来代替的话反而显得不敬了。严格来讲，作揖抱拳的通常方式是右手握拳，左手成掌，包住或者盖住右手，这称为"吉拜"；反之则为"凶拜"，也就是左手握拳，右手成掌，这种作揖方式一般用于丧礼的场合。这一区别的源起为一种诚意的表示，因为大多数人右手为主手，在攻击他人的时候主要用的是右手，作揖时左手在外，而将用于攻击的右手盖在里面，是一种友好的表示与真诚的传达。

古人的"坐"、"跪"和"长跪"有什么不同？

坐，是人体态势的一种，泛指将臀部依靠在可以支持身体重量的物体上，用臀部来代替两脚着力的姿势，当今一般指将臀部放在椅、凳之类的坐具上，古时因为没有椅子，人们坐的方式与现代有所不同，在正式的场合是席地而坐，两膝着地，臀部压在脚跟上，这种方式腿部受到的压迫很严重，日常生活中并不全都如此，只是因为其姿势较为美观，而成为一种表示庄重的正坐。

　　跪的姿势是两膝着地或着席，直身，臀部不着脚跟，是一种对地位高者表示尊敬的姿势，古人席地而坐，在有急要之事或谢罪之时，也会采取跪的方式，有时单膝着地也称之为跪。

　　长跪是跪的一种最为郑重的方式，特点是挺身直立，用膝盖和脚趾来支持身体，拜跪时习惯上以先下右膝为礼。

"避席" 是什么意思？

　　避席，是古代的一种表示尊敬的行为，古时没有椅子，人们席地而坐，在需要的时刻离开席子站立一边，也就是避席。《孝经》中记载了曾子在听孔子讲课的时候接到提问即避席而立的故事，颇为传诵，引为美谈。避席最初只是个别行为，后来则为人效仿，成为社会上通行的一种礼节。魏晋时期，椅子由少数民族传入中原，人们逐渐不再习惯于坐在席子上，避席之礼也就无从谈起，但并没有消失，而是转化为新的"避席"方式，当今通常的离座起立以表敬意的礼节也就是古代避席之礼的转化。

▲古人有时坐于席上

古人为什么不能穿鞋子上殿？

　　据《礼记》记载："待坐于长者，履不上于堂。解履不敢当阶，就履，跪而举之，屏于侧。"可见，古人对什么时候穿鞋、什么时候脱鞋是十分讲究的。之所以如此规定，是与古人的生活习惯密切相关的。

　　在古代，无论帝王将相还是贫民百姓，都是要脱鞋进屋的。因为在古代，居家没有桌椅板凳、沙发条几之类的陈设，只是在室内铺上"筵"和"席"。"筵"是席的一种，通常铺在下面，"席"则铺在"筵"的上面。在正堂里也可能全都铺有"筵"，进屋要走过"筵"，然后落座于"席"上。如果穿鞋直接进屋，必然会弄脏人家的"筵席"，极不礼貌。后来，脱鞋进屋由卫生的需要转化成一种礼仪，这样做成了对主人的一种尊重。

　　据《吕氏春秋》记载，有一次，文挚因为穿着鞋子去拜见君王，君王看见了，连理都没理他。像这样的情况，算文挚幸运，如若遇到个严厉的君王，小则罢官，重则会被关到牢里。

　　普通人家，讲究还不是太严格，但是在见帝王以及一些重要礼仪上，穿鞋、脱鞋则要谨慎小心了。通常，人们进屋之前，要把鞋子脱在屋子门前的台阶之下，并且将鞋放在不妨碍进出的地方，出来之后再将鞋子穿上。据《左传》记载，人们为此还设立了专门放鞋的"鞋架"。但是并不是所有的场合脱鞋就意味着尊重礼貌。《礼记》中说，凡是一些葬礼或者祭祀场合，都要穿鞋，室内是不能露脚趾头的。

古人的座次都有哪些讲究？

古时座次有着严格的尊卑之分。在筵席上，最尊的座次是坐西面东，其次是坐北向南，再次是坐南面北，最卑是坐东向西。《史记·项羽本纪》中载有："项王、项伯东向坐，亚父南向坐……沛公北向坐，张良西向侍。"其中，项王的座次最尊，而张良的座次最卑。在举行朝会的时候，则是背北面南为尊，所以称帝叫作"南面"，而为臣则叫作"北面"。另外，通常的看法是，右者为尊，因此遭受贬谪称为"左迁"，而在座次的排定上，地位次尊的人则居于最尊者的右边。

古人见面的时候都行什么礼？

▲揖礼

见面礼，即见面时所行用的礼节。古人常用的见面礼有揖、拱和拜等。揖是古人相见的最常用的礼节，具体又分为 3 种：没有婚姻关系的异性之间，行礼时推手微向下；有婚姻关系的异性之间，行礼时推手平而致于前；一般的同性宾客之间，行礼时推手微向上。另外还有长揖，是一种不分尊卑的相见礼，拱手高举，自上而下，较普通的揖程度更深一些。拱，是两手在胸前相合以表示敬意，《论语》中记载一次子路见到孔子时"拱而立"，就是行用的拱礼。拜，古人见面时最为庄重的一种礼节。早时的拜，只是拱手弯腰而已，两手在胸前合抱，头向前俯，额触双手。《孔雀东南飞》中的"上堂拜阿母"，指的就是焦仲卿对母亲所行的这种拜礼。后来拜则主要指跪拜，臣民在面见皇帝的时候都要行跪拜礼。

"打千儿"是一种什么样的礼仪？

在古代，人们见面为了表示对人的尊重，通常会行一些礼节，见到皇上要三叩九拜，见到长辈大官要跪拜，见到平辈要作揖。清时，有一种左膝前屈，右腿后弯，上体稍向前倾，右手下垂的动作，叫作"打千儿"。

"打千儿"是最常见的请安礼，介于作揖、下跪之间（请安礼具体又可以分为"打千儿"、"问安礼"、"跪安礼"、"蹲安礼"几种）。

关于"打千儿"的由来，有两种说法，其一："打千儿"原是明代军礼。据《大明会典》所载，明朝全国的指挥使司和各卫所都使用这种礼节。原因在于，兵士甲胄在身，不便向上级军官行跪拜礼，变通为屈一膝或半膝。时间一长，便成了固定礼节。建州女真习得此礼，努尔哈赤建后金国后保留。八旗人家的晚辈见长辈，奴仆见主人，还有在亲友相见时，都行这个礼。其二：这种礼产生于辽金时代，是满族人对尊长，或下级对上级施行的礼节，平辈相见表示敬重时也行此礼。

"打千儿"之礼有男女之别。男性行礼的具体动作为：行礼人先立正站直，将左右袖口拂掸，随后左脚向前迈半步下屈，右膝下跪，右手下垂，俯身低头，同时口中说"××给××请安"，说完站起身，恢复立正神态，就算行礼完毕。

满族女人喜穿一种名为花盆底的鞋子，穿上这种鞋，行走活动都不是十分灵便，因而，她们在行打千儿礼的时候，通常是左右脚稍微前后相错，双手交叠放于腰间轻轻一蹲。

宴饮需要注意些什么？

作为汉族传统的古代宴饮礼仪，自有一套程序：主人折柬相邀，到期迎客于门外。宾客到时，互致问候，引入客厅小坐，敬以茶水、烟或点心。《清稗类钞·宴会》云："（客来）即就坐，先以茶点及水旱烟敬茶，俟筵席陈设，主人乃肃客一一入席。"客齐后导客入席，以左为上，视为首席，相对首座为二座，首座之下为三座，二座之下为四座。客人坐定，

▲宴饮图

明张岱《夜航船》载："十月朔拜墓，有司进暖炭，民间作暖炉会。"图为众人围坐宴饮的热闹场面。

由主人敬酒让菜，客人以礼相谢。席间斟酒上菜也有一定的讲究：应先敬长者和主宾，最后才是主人。男女同席时，则先女宾后男宾。酒要斟至八分满为宜。上菜时要先上冷菜后上热菜。上全鸡、全鸭、全鱼等大菜时，不能把头尾朝向正主位。宴饮结束，主人要将客人让入客厅小坐，上茶，交谈至辞别。这种传统宴饮礼仪如今在中国大部分地区仍完整保留。

待客有哪些"之道"？

对待客之礼，《周礼》、《仪礼》与《礼记》这儒家经典三礼中已经记载得非常详细。凡是陈设便餐，带骨的菜肴放在左边，切的纯肉放在右边。干的食品菜肴靠着人的左手方，羹汤放在靠右手方。细切的和烧烤的肉类放远些，醋和酱类放在近处。蒸葱等伴料放在旁边，酒浆等饮料和羹汤放在同一方向。这些规定都是从用餐实际出发的，并不是虚礼，主要是为了取食方便。仆从摆放酒壶酒樽，要将壶嘴面向贵客；端菜上席时，不能面向客人和菜肴大口喘气，如果此时客人正巧有问话，必须将脸侧向一边，避免呼气和唾沫溅到盘中或客人脸上。主人要作引导，要作陪伴，主客必须共餐。尤其是有长者在席时，酌酒时须起立，离开座席面向长者拜而受之。长者表示不必如此，少者才返还入座而饮。如果长者举杯一饮未尽，少者不得先干。凡是熟食制品，侍食者都得先尝一尝。如果是水果之类，则必让尊者先食，少者不可抢先。

进食也要讲究礼仪吗？

进食之礼在先秦时已有了非常严格的要求，直至现在。一般要坐得比尊者长者靠后，而进食时要尽量坐得靠前一些，以免不慎掉落的食物弄脏了座席。主人不能先吃完而撤下客人，要等客人食毕才停止进食。宴饮完毕，客人自己须跪立在食案前，整理好自己所用的餐具及剩下的食物，交给主人的仆从。更有"共食不饱"、"共饭不泽手"、"毋口它食"、"毋啮骨"、"毋投与狗骨"、"毋扬饭"、"毋刺齿"、"当食不叹"等许多饮食礼仪。这些进食之礼曾作为许多家庭的家训，代代相传。食礼为先，食礼是饮膳宴筵方面的社会规范与典章制度，餐饮活动中的文明教养与交际准则，体现了赴宴人与东道主的仪表、风度、神态和气质。

"男女授受不亲"真的有严格要求吗？

明沈采《千金记》第十一出："多谢客官。自古道'男女授受不亲'，侍奴家放在地下，客官自取。"那么，"男女授受不亲"这条规则的约束力到底如何呢？

据《孟子》记载，男女授受不亲，是一种礼仪。授受，就是施与和接受；"授受不亲"，就是指没有亲属关系的男女不得有身体接触。

《礼记》中记载了这样一段对"男女授受不亲"的要求：孩子（指姐弟或兄妹）长到 7岁以后，男孩与女孩就不能在一起睡觉了，也不能在一起吃饭。而且，男人和女人是不能杂坐的，就是使用同一套洗漱用品都是不被允许的。可见这"男女授受不亲"的要求有多苛刻。

其实在战国之前，男女交际上并没有这么严格规定，人们群居而生，这种礼仪是行不通的。有资料记载，在西周时期仲春之月，男女是可以自由相会，嬉戏玩耍的。西汉以后，儒家学说取得正统地位，礼教受到贵族之家的重视，豪门望族强调男女隔离，防范夫妻之外的两性有过多的接触，但并不十分严格。宋代程朱理学兴起后，出现了"男女之大防"的说法，官宦之家，多将妇女禁于内室，不许她们迈出家门。

为了达到控制女性的目的，男人还向女人灌输贞操观念。因此，许多正常的行为都被视为不检点的行为，并因这种扭曲的"贞节"观酿成悲剧。明清文献记载，有女子曾因看见赤膊的男人，便认为不洁而自杀。

古代的"三书六礼"指的是什么？

三书六礼指的是中国古代婚嫁礼仪的程序。三书指的是聘书、礼书和迎亲书。聘书就是订亲书，即男女双方正式缔结婚约，纳吉（过文定）时用。礼书就是过礼之书，即礼物清单，书中详列礼物种类和数量，纳征（过大礼）时用。迎亲书指迎娶新娘之书，用于结婚当日（亲迎）接新娘过门时。

六礼指的是纳采、问名、纳吉、纳征、请期和亲迎。纳采，男方家请媒人去女方家提亲，女方家答应

▲过礼图

议婚后，男方家备礼（通常以活雁作礼，表示忠贞不二）前去求婚。问名，俗称"合八字"。即男方家请媒人问女方的名字和出生年月日，并将女方的生辰八字放在祖先灵案上观察。如果家中平安无事，就把男方生辰八字送给女方。女方家把男方的生辰八字放置在佛像前。如果三日家中无事，就同意缔结婚姻。纳吉，又称小定或文定，也就是订婚。男女双方家平安无事后，男方备礼通知女方家，告知决定缔结婚姻，送给女方金戒指。纳征，又称纳币，大聘或完聘，即男方家送聘礼给女方家。请期，又称择日。即男家择定婚期，并征得女方家同意。亲迎，即新郎到女家迎娶新娘。

古代的"冠礼"是如何举行的？

在古代，若要举行成人礼，女子 15 岁，男子则要等到 20 岁。那么，在古代成人礼是如何举行的？

古代的男女都是要蓄长发的，当他们到达受礼的年龄时，男子把头发盘成发髻，叫结发，并戴上帽子，因而，成年礼在古代又叫"冠礼"。

据《礼记·曲礼》记载："二十而弱，冠。"《说文》中解释道："冠，弁冕之总名也。谓之成人。"也就是说，20 岁的男子，即将步入成年。加冠意为成年，通常在加冠的同时，还要给参加成年礼的男子取字。古人都有名和字，名是在人出生后所起，字则要等到成人礼的时候，由德高望重的长辈或贵宾来取，以表期望，鞭策鼓励之意。

据记载，"冠礼"源自周朝，它是由早期原始社会的一种仪式演变而来。在远古时代，男女青年进入成年阶段，便要举行一种名为"成丁礼"或"入社式"的仪式，为的是指引青年过成人的生活，后世也就延续了这种为青年举办成人礼的活动。

古代的"冠礼"是十分讲究的，举行冠礼的日子要通过"筮日"的方式来确定，仪式在宗庙中进行。举行仪式之前，参与仪式的人员都要沐浴斋戒，仪式当天所穿服饰也是有礼法考究的。"冠礼"中，通常受冠者要依次戴上三顶帽子，被称作"三冠"。第一顶缁布帽表示已经是成年人了，可以独立行事；第二顶一般是由兽皮做的皮弁，表示国家兴亡，匹夫有责；第三顶为素冠，这是古人在祭祀典礼中常戴的帽子，表示有了祭祀的资格。

每次加冠，授冠者都要说一些祝词，或寄予厚望或指明方向，然后加字祭拜先祖。之后受冠者要一一参拜长辈。仪式结束后，举办"冠礼"的主人要大摆宴席，宴请来宾，宾客也会送上礼物以表祝贺。

这种仪式到清朝便已逐渐淡化，只是在男子成年的时候，家人小聚以表庆祝。

除夕为什么要"守岁"？

除夕不睡的习俗名叫"守岁"。人们为什么要"守岁"呢？

"守岁"又叫"熬年"。相传，古代有种叫"年"的怪兽，每到年三十晚上它都要出来作祟。原本辞旧迎新的喜庆日子，成了人们最不愿意过的时间。到了年三十，家家户户早早地料理完家务，门窗紧闭。因为害怕年来为祸，所以没有人敢睡觉。为了消除"年"即将到来的恐惧，人们便准备出一年里最丰盛的晚餐，一家人齐聚餐桌前，说笑逗乐，畅想未来美好生活，借此挨到天明。三十晚上一过，人们便张灯结彩，燃放鞭炮，庆祝自己躲过"年"的毒手，熬过了"年"关。后来，民间就逐渐形成了除夕守夜的习俗。

早在西晋，就有文献记载有关守岁的事宜。《风土志》中说，除夕晚上，大家互相赠送礼物，预祝对方新的一年财运当头，讨个好彩头，这叫"馈岁"；准备丰盛的酒席，祭神祈福，这是人们告别旧的一年的方式；一家人其乐融融地聚在餐桌前，互相沾点福气，这是所谓的"分岁"；彻夜不眠，欢声笑语一直到天明这就是"守岁"。

俗话说："一夜连双岁，五更分二年。"也就是说，除夕这天晚上，人们不仅要告别旧的一年，迎接新一年的到来，同时，人们年龄也要再长一岁，所以就有了"此夜守岁惜年华"的说法。

春节时相互拜年的习俗是怎么来的？

过了大年三十，人们开始走亲访友，互相拜年道贺。据说，这一习俗源于一种怪兽。

相传，古代有种人面独腿的怪兽，叫作"年"，每到除夕都要出来兴风作浪。到了三十这天，家家紧闭门窗，围坐在丰盛的年夜饭前，互相打气壮胆，祈愿能平安地度过除夕。三十一过，"年"也就离开了。因而，能活过三十，就算闯过了"年"关。到正月初一，侥幸生存下来的人们便互相道喜，庆祝大难不死。后来，春节拜年的习俗也就延续了下来。

关于拜年，还有这样一段趣事：李世民发动玄武门之变，程咬金、尉迟敬德等人立下汗马功劳。随着李世民帝位的稳固，元老们也开始居功自傲。尤其程咬金，总觉得自己追随李世民最早，劳苦功高无人能及，满朝文武，谁都不放在眼里。鄂国公尉迟敬德也认为自己功不可没，与程咬金相比并不逊色，所以两人针锋相对，关系逐日恶化。

▲清代皇宫春节习俗图

李世民看到了他们钩心斗角，便忧心忡忡，不知如何化解。魏徵见了进谏说："万岁，您的愁苦我了解，来之前，我早已为陛下想好了解决的办法，不知道皇上是否肯采纳。"李世民一听，急忙道："爱卿尽管讲，能解决矛盾，我愿意接受。"魏徵道："明日是年三十，您在早朝的时候屈尊给大臣们拜个年。就说新年讨吉利，希望大家初一也能互相拜年道贺；拜年时不光要说吉利话，还要检讨自己的言行，以求新年有个新气象。"

李世民一听，这也没什么大不了的，倒不妨试试。于是第二天上朝，李世民按照魏徵的建议拜完了年，吩咐道："明日免朝，都相互拜年去吧。"大臣哪有敢违背的，所以年初一一早，文武百官热闹了起来。程咬金还是不肯低头，正在家里想怎样做才能不违皇命，尉迟敬德登门拜年来了。程咬金一看尉迟敬德先礼让一步，自己也就让步了。于是，两人互相道贺，说起自己的不是。通过拜年，两人的疙瘩解开了。

现在，拜年是人们沟通感情、互相表达祝愿的一种方式。

贴春联的传统习俗起于何时？

除夕这天，人们除了要守岁，吃年夜饭，家家户户都不忘贴春联。大红的春联贴在门两侧，喜庆又吉祥。那么，是从什么时候开始有了贴春联的习俗呢？

春联由古代的桃符演化而来。桃符起源很早，据《后汉书·礼仪志》记载："正月一日，造桃符著户，名仙木，百鬼所畏。"可见，最初的桃符是用来驱除鬼怪的。

传说，古代有种凶残无比的怪兽，为害甚烈，无人能降住它。后来，有两位居住在山林中的专门整治妖魔鬼怪的神仙，用桃枝降服了这头怪兽。于是，民间相传，只要门上悬挂桃枝，上面刻上两位神仙的名字，任何妖魔鬼怪都不敢上前。这种桃枝就被人们称为"桃符"，也就是所谓的镇鬼灵符。后来，人们便延续了这种风俗。

桃符开始演变成春联，源起于五代十国时期。据史书记载，后蜀主孟昶曾经令学士张逊在桃木板上题词。张逊写完后，蜀主一看，不对仗，便提笔写道："新年纳余庆，嘉节号长春"，这便是中国历史上最早的一副"春联"。但是此时，文献里并没有出现"春联"的字样，人们依然称之为桃符。之后的很长一段时间里，人们都保留着挂桃符的习俗。宋王安石诗云："千家万户瞳瞳日，总把新桃换旧符。"足见新年悬挂桃符，已经风行。

随着纸张的出现，人们便将厚重的桃木板换成了轻便的红纸张。

直到明代，桃符才正式以"春联"的身份亮相。《簪云楼杂话》记载说，明太祖朱元璋规定，不论公卿士庶，大门上都要贴一副春联，而且皇帝会亲自审查。于是，大街小巷的门庭上贴满了画有各样花色的春联。据传，朱元璋出城审查时，发现一户屠夫家没有贴春联，便提笔在门前写到"双手劈开生死路，一刀割断是非根"的对句。百姓看了，都觉得这春联题得恰到好处，又对仗工整。后来，春联也就成了年俗文化中的独特文学样式。

春联又被称作"对联"，在 1000 多年的发展过程中，春联文化日臻成熟。如今，对联已经不仅仅是春节的贺词，更是传统文化的象征。

贴门神贴的都是哪些神？

门神的前身是桃符，又称"桃版"。古人认为桃木是五木之精，能制百鬼。门神传说是能捉鬼的神荼、郁垒。

班固的《汉书·广川王传》中记载，广川王的殿门上曾画有古勇士成庆的画像，短衣大裤长剑。到了唐代，门神的位置便被秦叔宝和尉迟敬德所取代。

据说，唐太宗李世民在玄武门事变中，杀了自己的亲哥亲弟，心里总是疑神疑鬼的，整夜不得安宁。为消除李世民心中的恐惧，秦叔宝和尉迟敬德二人披盔带甲，连续几夜站在宫门外守护。李世民心里踏实了，便安心地入睡。

这使李世民满心欢喜，称赞秦叔宝和尉迟敬德说："两位将军真是门神啊！"

随后，李世民又找来画师给他们画像，并把画像悬挂在宫门左右。于是，这一习俗开始在民间广为流传。

"福"字为什么要倒贴？

春节贴"福"字的风俗由来已久，《梦粱录》中就曾记载了春节家家户户张灯结彩，挂门神，贴福字的喜庆场面。有的人家还会将"福"字倒贴，意思是借着"倒福"讨个"福到"的口彩。

相传，清代的恭亲王府中，有一个能言善辩的管家，不但人机灵，还写得一手好书法。每年的春节，王府里的春联"福"字都是出自他手。转眼又是一个春节到来，管家照例在大红纸上写了几个龙飞凤舞的"福"字。欣赏片刻之后，便叫来家丁，让他们将"福"字贴到王府大门、仓库等地方。王府中有一名新进的家丁，大字不识一个，看着"福"字只管往上贴。在大门上，他恰巧把"福"字贴颠倒了。

恭亲王福晋看到大门上硕大个"福"字居然是倒着挂在上面的，顿时火冒三丈，不由分说便命人鞭笞那个家丁。管家一听，慌忙跪下解释道："奴才听说，恭亲王寿高福大造化大，如今王府门上的大'福'字都到（倒）了，这是大吉大利的征兆啊。"福晋一听，这话说得在理，于是便赏了管家和家丁各五十两银子。后来，倒贴福，福气"到"也就成了百姓们讨吉利的说法。

其实，在传统民俗中，在哪里倒贴福字是有讲究的，并不是倒贴哪里都可以。人们常说"破五之前不扫地，垃圾藏在筒子里"，意思是说在正月初五之前，是不能除尘倒垃圾的，否则会把财运和福气都扫光，到出门，这样一年都不会交到好运。所以，人们除了不倒垃圾之外，通常会在垃圾桶和水缸等地方贴上个"倒福"，这样就冲淡了将福倒出去，走霉运的忌讳。

除了这两个地方，装东西的箱子和衣柜上，也会被贴上"倒福"，意味着将福压进了箱子底，福气留在了家里，财源广进。

而大门上所贴的"福"字，是开门迎福的意思。

▲倒福字

这个"福"字表示福气源源不断地来到家中，一般不允许福字"倒"贴在门口。所以，大门上所贴福字是不能倒贴的。

如今，人们贴福更注重的是一种喜庆，所以，哪里倒贴、哪里正贴的忌讳已经被人们淡化了，福"倒"即福"到"的说法被更多的人所接受。

给"压岁钱"的习俗是怎么来的？

相传，古代有种叫祟的小怪兽，性情十分古怪，专喜欢在过年的时候摸小孩子的头，偷取他们的思想。八仙听说了，便化身为八枚铜钱来到人间，此时恰逢年关。

有一家穷人，夫妻俩老来得子，喜欢得不得了。除夕这天，老两口怕祟来偷孩子的思想，便哄着孩子玩，不让他睡。孩子小，困了便要吵，夫妻俩实在没办法了，便将家里仅有的八枚铜钱，拿出来给孩子当玩具玩。夜深了，孩子玩累了攥着铜钱睡着了，夫妻俩也不知不觉地进了梦乡。

祟看见这家人都睡了，便偷偷地溜进他们的家。它伸出手刚想去摸孩子的头，便被八束金光击得连连后退。从此，祟再也不敢来偷小孩的思想了。原来，夫妻俩给孩子的这八枚铜钱正是八仙所化。

后来人们听说，只要在孩子手里放些钱，祟就不敢靠近孩子了，便纷纷效仿。于是，民间就流行起了过年给孩子压"祟"钱的习俗。压祟，意味着辟邪、避晦气。渐渐地，"压祟钱"谐音作"压岁钱"，成了老人们表达对小辈们祝福的一种形式。

据史料记载，最早的压岁钱，并不是普通的流通货币，而是一种专门铸造出来，用以压鬼避邪的钱形佩饰品。在汉代出土的文物里，一些钱币形状的佩饰上，刻有龙凤、斗剑、双鱼等吉祥图饰；有的佩饰上甚至还印有诸如"去殃除凶"的字样，人们把这种压岁钱称为"压胜钱"。

还有一种说法认为，压岁钱是由古代的春日散钱风俗演变而来。据《燕京岁时记》记载，在民间，人们通常会用彩线将铜钱串联起来，再编成龙形，将这种东西放在床角，作为护身符。这种钱串，俗称压岁钱。一般情况下，长辈会直接把编好的铜钱给晚辈，希望压岁钱能给孩子带来一年的平安吉祥。这种做法，在明清时期最为盛行。

到了近代，压岁钱逐渐地成了人们表达美好祝愿，祈愿大吉大利的一种形式。比如，送小孩子几张新的连号纸币，意为"连连发"；晚辈给长辈包个红包，意为压岁，"长命百岁"。压岁钱也就成了另一种文化内涵的载体。

除夕为什么"不空锅"？

在民间，有"除夕夜，锅压粮，新的一年粮满仓"的说法。也就是说，除夕这天，家里的锅是不能空着的。这个说法和习俗是怎么来的呢？

关于"除夕不空锅"的习俗，并没有明确的史料记载源于何处，但是民间却流传着这样一段故事：传说，明太祖朱元璋当皇帝之前，终日乞讨为生。作为男儿，朱元璋还能忍受风餐露宿，甚至吃了上顿没下顿的生活，但是他年事已高的老母亲却受不了这种折磨。看着年岁已大、身体虚弱的母亲还要忍饥挨饿，朱元璋心里很不是滋味。

又一个农历新年来到了，正是家家团聚欢宴的时节。到处流浪的朱元璋看着日渐消瘦的老母，心里愧疚不已。他四处乞讨，可是大过年的谁会待见要饭的。在街上来来去去几十个来回了，他竟没讨到半粒粮食，一气之下便起了贼念。

趁着夜黑，他连摸了几户人家，但是家家锅里都是空空如也。本就饥饿难耐的朱元璋更加愤怒，抄起人家的锅就走。他想：没饭吃，我总可以拿锅换点粮吧。刚走出几步，朱元璋便觉得这么做有些不妥。虽说自己没饭饿得发昏，但是人家如果没了锅，怎么做东西吃啊，年怎么过，这不是又连累一家人挨饿吗！想到这儿，他便把人家的锅放回了灶台。

后来，朱元璋苦尽甘来，当上了衣食无忧的皇帝。但是每每想到自己曾经因为一餐饭而做出的羞愧事，便懊悔不已。于是，他下令：每到年三十，家家户户的锅都不许空着。里面可以放些熟干粮、白米等粮食，让那些因饥饿而起邪念的人拿去充饥。这样一来，那些人就不会去偷别人家的锅了。从此，民间便形成了"除夕不空锅"的习惯。

时至今日，在一些地方仍保留着除夕"压锅"的习俗。每到年三十，人们就会将收获的粮食做成各种各样的食物放在锅里。这样做不单是为了那些无处乞食的乞丐，还有着陈粮留新年，新年吃旧粮，年年有余粮的美好祈愿。

年初一为什么"不吃稀"？

中国人的传统佳节是很有民族特色的。单单一个新年，讲究就颇多。比如，民间就有"年初一，不吃稀"的说法。稀粥是养胃的最好食物，为什么年初一就不能吃了呢？

说起"年初一，不吃稀"，要从中国人的传统观念讲起。古人认为，"稀"含有"少"、"薄"之意，与贫穷相关；而人们渴望的则是与"稀"相反的"厚"，因为它有"多"、"稠"之意，与富裕相关。所以，如果年初一吃稀饭，这一年的头开得就不好。年头喝稀，一年都不会吃上丰盛的东西，换句话说，这一年都不会过得太富裕。

人们忌讳年初一吃稀，不仅仅是因为吃稀要过穷日子，还因为吃稀会把人们的好运气带走。如果一年里，人们出门办事老是遇

▲ 饺子是深受人们喜爱的一种面食，是有中国特色的元素符号之一。

着阴雨，或者这一年做的事情总是泡汤，肯定会有人说"你年初一吃的稀饭吧"。这不是一句嘲讽的话，而是民间的说道和信仰。

为了避忌讳，年初一的三餐都不会有稀饭的影子。即使是穷人家，在大年初一，也会尽量做干食，为的就是新的一年能有所转变，交上好运。

另外，初一吃稀饭，还被人们视为糊涂的象征，这一说法源于人们对稀饭本身的认识。稀饭通常是黏稠的粥，古人认为新年伊始吃了这种浆糊一样的饭，一年都会浑浑沌沌，不但日子过不好，事情也会做得一塌糊涂，大人们生活事业混乱；孩子们学习成绩不会提高。总之，年初一吃了稀饭，所有的霉运都会缠上身。

时间一久，这一民俗禁忌也就流传了下来。如此看来，人们在年初一避开吃稀，无非是想在新的一年里有个好的开始，是人们祈愿新年新气象的美好愿望罢了，与时运并没有直接的因果关系。

正月十五为什么要挂红灯？

在中国，有正月十五闹元宵的民俗。每到元宵佳节，不但家家户户挂着喜庆的大红灯笼，就连大街小巷都张灯结彩，人们赏灯游园，一片祥和景象。那么，正月十五人们为什么要挂红灯笼呢？

相传唐朝末年，黄巢带领起义军沿长江一路攻到濮州。但是，起义军连续奋战 3 天，没有撼动濮州城池半分。眼看就要到年关了，再拖下去军中将士就会无心恋战。于是，黄巢决定进城摸摸情况，寻找濮州城难以攻克的原因。

黄巢乔装成卖汤圆小二哥，偷偷进入城内。刚进城不久，便听街道上一片慌乱声，众官兵高呼："不放过一个卖汤圆的，黄巢进城了。"黄巢心想，军中定是出了内鬼，看来此行凶多吉少，还是先避避风头再说。于是，他闪身跑进了旁边的小巷，翻身进了一家庭院。人刚落地，便碰到一名老汉。黄巢拱手说道："老人家，我被官兵追捕，实有隐情。还望老人家行行好，助我逃过此劫。"老汉看黄巢不像恶人，便将他藏在自家的醋缸里。

此时，官兵已经搜寻到了这里，不由分说将老汉家翻了个底朝天，但还是没有发现黄巢踪迹。待官兵走后，老汉引出黄巢说："我家里尚有老小，恐不能帮你太多。我能做的也只能这样了，你还是自己想办法出去吧。"黄巢听了，向老人表示感激，并询问老汉有没有逃出城去的地方。老汉对黄巢说："城中天齐庙城墙南，有一个豁口，平时少有人注意，你可从那里出城。"黄巢听后，松了一口气。他向老汉问道："老人家，你可知我是何人？"老汉徐徐答道："你一来，我便知黄将军入城了。"黄巢听后跪谢老汉，并告知老汉："您可取些红纸扎成灯笼，待我军攻进城时，看见红灯笼，定不伤恩人分毫。"说完转身离开。

老汉知道黄巢军早晚会攻入城内，便将这个消息悄悄地告知了乡里百姓。一时之间，红灯遍地。待黄巢军攻入城内，凡是红灯笼人家，概不骚扰，只取恶霸贪官府宅。此时，正值正月十五。后来，正月十五挂红灯，闹元宵，逛庙会，赏河灯的习俗也就延续了下来。

不管由来如何，正月挂红灯的习俗已经成为我们传统文化的重要内容，当然，它还将继续流传下去。

正月理发真的会死舅舅吗？

中国大多数地方流传着"正月不理发"的习俗，据说"正月理发死舅舅"。那么，头发和舅舅有什么必然的关系呢？

清军入关后，为了维护"削平四周，留守中原"的治国主张，决定推行一种奇怪的发式：将头发从前部到脑顶剃去，再将四周的发际全部剃光，只留下中间集中的一块和一个长长的大辫子。

经历了无数次朝代更迭的汉人对于谁当皇上这样的事情并没有太多的关心，但是"身体发肤，受之父母，不敢毁伤，孝之始也"。清政府的政策遭到了中原的强烈抵抗，清政府便提出"留头不留发，留发不留头"。在清政府的高压下，一些文人士大夫就以"正月不剃头"来表达对明王朝的思念，实为"思旧"，为了掩人耳目，讹传为"死舅舅"。

清明扫墓踏青的习俗是怎么来的？

杜牧诗云："清明时节雨纷纷，路上行人欲断魂。"短短两句，便将清明的清冷凄凉衬托得淋漓尽致。清明，又被称为鬼节，每逢此节，人们便会踏青扫墓。那么，人们为什么要在清明节这天踏青扫墓呢？

在中国，清明、中元、寒衣被称为三大鬼节。这三大鬼节，最为国人重视的就是清明节。据说，清明扫墓早在西周时期便已成俗，它是由古代帝王春天祭祖的习俗演变而来。后来，这种宫廷祭祖礼仪推广到了民间，春日祭祖的习俗渐渐形成。

清明节最重要的内容是上坟扫墓。从古至今，每逢清明，几乎所有的家庭都会派人前往家族墓地，为已故的亲人上供烧纸，给冥府的亲人"送物送钱"。祭奠之余，还要给祖坟填土加固，以免墓地被虫兽盗洞，扰了死者的安宁。由于清明节备受国人重视，便和春节、中秋、端午一起，并称为汉族的四大传统节日。

清明节又被人们叫作寒食节。据史料记载，寒食节本在清明的前几天。这一天里，人们要禁火，吃冷食，祭祖。但是并没有文献记载，寒食节上坟的习俗源自何处。唐玄宗曾经下诏说："寒食上坟，礼经无文，近世相传，已成习俗，应当允许，使之永为常式。"后来，寒食节与清明节逐渐合为一天，寒食节上的一些习俗也就迁移到了清明节。白居易曾有诗云"乌啼鹊噪昏乔木，清明寒食谁家哭"。从某种意义上说，清明节承载了两个节日的内涵。

清明是二十四节气中的一个节气，大约在每年阳历4月5日左右。4月里，雨水逐渐增多，万物复苏。俗话说："清明前后，种瓜点豆。"可见，此时的气温已经回暖。这一时期，也是传染病多发的季节，古人认为踏青折柳能够防止病毒侵害。清明踏青由此而来，而现代人则把它当成锻炼身体的方式。后来，清明节又增添了折柳、蹴鞠、荡秋千等文娱活动。如今清明节，举家春游，做些户外运动已成为流行风尚。

"寒食节"为什么不允许生火做饭？

相传，春秋战国时期，公子重耳为逃避晋献公宠妃俪姬的迫害，流亡异乡。颠沛流离之中，食不果腹是常有的事。据说有一天，几天没吃饭的重耳饿昏了过去。追随他的臣子们也饿得东倒西歪，重耳这一昏，他们更像无头苍蝇一般，乱作一团。

随臣中，始终伴随左右的介子推看着昏迷的重耳，狠了狠心，走到小树林里。他撩起衣襟，割下了大腿上的一块肉，忍着剧痛，把肉煮熟了喂给重耳吃。有了充饥的食物，公子重耳总算捡回了一条命。

流亡 19 年后，重耳在秦国的帮助下重返晋国，登上了国君的宝座。这就是晋文公。为了感谢那些当年与他患难与共的臣子们，晋文公给狐偃等人加官进爵，并且赏赐大量财物，唯独冷落了介子推。介子推心想：贵人多忘事，可与之同苦，不能共享富贵啊。于是，他什么也没说，便回乡去了。

晋文公听说介子推走了，十分懊悔，因为他连恩人都给忘记了！醒悟过来的晋文公赶紧派人去请介子推回朝，然而接连派出的几批人，都没能请回介子推。晋文公不甘心，便亲自到介子推家请罪。到了介子推家，只见门已上锁，屋内空无一人。询问邻人，才知道介子推早已带着老母隐居绵山了。

晋文公想：介子推这是心里有怨气，不想见我啊。我一定得把他找回来，重谢他的救命之恩。想到这儿，晋文公便带人来到绵山，命官兵搜山寻找恩人。但是，官兵搜遍了全山，也没见介子推的影子。这时有人献策："山中除此路之外别无下山之途，我们不如放火烧山，介子推那么孝顺，就算他不愿出山，也肯定不忍老母受苦，必会从此路下山来。"晋文公一听，好主意，便下令放火烧山。大火点燃，整个绵山成了一片焦土。等在路口的晋文公一行，直到大火熄灭，也没见有人从山中出来。晋文公下令进山再找，终于有人在一棵大树下发现了已被烧焦的介子推。死前，他还背着自己的老母亲。

▲《焚绵山》戏画

看着被烧焦的尸体，晋文公懊悔不已。为了

纪念介子推，他下令改绵山为介山。并规定，放火烧山这一天，举国上下禁火默哀，全民只能吃寒食。此后每年的这个时候，晋文公都来介山祭奠介子推。寒食节由此而来，民间也就流传下来寒食节吃寒食、忌烟火的习俗。

寒食节在清明前后，人们很容易混淆两个节日的日期，后来，寒食节渐渐与清明节合并在了一天，寒食节的习俗也就移到了清明节上。寒食节渐渐被人们淡化。

端午节为什么要插艾蒿、剪"艾虎"？

端午节，民间有吃粽子、插艾蒿、剪"艾虎"的习俗。吃粽子是为了纪念屈原，那么插艾蒿、剪"艾虎"又是为了什么呢？

有这样一种说法认为，五月是"毒月"，五月中尤以五月初五这天毒气最重。相传，这天是天帝派天神向人间散播瘟疫的日子。不单天降瘟疫，世间的蛇、蜥蜴、蜈蚣、蝎子、癞蛤蟆等毒物也会在这天兴风作浪，一些妖魔鬼怪也会趁百毒入侵之时出来害人。为了驱邪镇妖，人们将画有钟馗、张天师等图案的捉鬼降魔符咒贴在大门上；为了驱瘟解毒，人们还在符咒旁边挂上艾蒿等药草。后来，便形成了端午挂门神、插艾草、贴"艾虎"的习俗。

据说，"艾虎"是张天师的坐骑，是一头很有灵性的神兽，具有镇邪驱魔的法力。据《岁时广记》记载，端午这天，许多人将艾草扎成小老虎的形状，或悬挂于门前，或戴在身上；也有人用红纸剪出小老虎图案，粘于艾叶上，制成饰物佩戴于头上，用来防毒除瘟。

另外，人们还会折些菖蒲、艾蒿等植物，悬挂在房门窗前。人们相信，这些草药与瘟疫毒虫相克，放在身边，可以保佑身体健康。古人这样做虽有迷信成分，但是其中不乏科学依据：艾蒿、菖蒲之类，久置于床前，散发出来的气味融合在空气中，确有驱蚊防毒的功效，而且菖蒲还有祛风、凝神的作用。

古人认为，雄黄酒能杀百虫，治百邪，防百病。因而，在端午节还有用雄黄粉清洁屋子，用雄黄酒擦拭皮肤的习俗。

时至今日，人们虽然不再相信端午避邪除瘟的迷信说法，但作为传统文化，插艾蒿、剪"艾虎"的习俗依然被延续下来。

七夕"乞巧"有何来历？

农历的七月初七是七夕节，这一天，牛郎织女鹊桥相会，以解相思之苦。世间男女便在这天祭拜牛郎织女星，希望找到终身伴侣。民间还有少女七夕"乞巧"的习俗，这是为什么呢？

唐朝王建有诗云："阑珊星斗缀珠光，七夕宫娥乞巧忙。"说的就是七夕节里，少女们乞巧的情形。事实上，有关七夕乞巧之事，早在汉代便有文献记载。

▲乞巧图卷　清　丁观鹏
每年阴历七月七日晚上，妇女们在院子里陈设瓜果，向织女星祈祷，请求帮助她们提高刺绣缝纫的技巧。

　　相传，王母娘娘的小外孙女织女随众姐姐下凡游玩的时候，爱上了放牛娃牛郎。从小与哥哥相依为命的牛郎在人间吃尽了苦头，遇到美丽善良的织女，自然珍惜得不得了。牛郎有一头神奇的老黄牛。在它的帮助下，两人背着天庭偷偷地结了婚，生下一儿一女，过起了男耕女织的幸福生活。牛郎勤劳肯干，织女心灵手巧，俩人日子过得温馨甜蜜。但时隔不久，王母娘娘便知道了这件事。神仙与凡人私会已是违反天条的大罪，更何况还有了孩子。盛怒下的王母娘娘将织女带回了天庭，从此不许牛郎织女见面。

　　牛郎终日思妻日渐消瘦，老黄牛见了，心痛不已。它对牛郎说："等我死后，你披着我的皮到天庭找织女，这是我能为你做的最后一件事了。"牛郎听了，潜然泪下。老黄牛死后，牛郎披着牛皮，带着孩子便上天来寻织女。王母娘娘见了，恼羞成怒，拔下玉簪划了条银河，把牛郎织女隔在银河两边。织女见状，极为悲伤，整日茶饭不思，隔河眺望丈夫和儿女；这边的牛郎也领着孩子，向河对岸日夜遥望。王母娘娘看在眼里，心有不忍，最终做出让步，准许牛郎织女，每年的七月七相见一次。于是民间便有了七夕牛郎织女鹊桥会的传说。

　　织女是天上最巧的神仙，据说能织就五彩祥云。人们相信，七月七日，只要虔心祭拜，织女定会将自己的一手巧活传于人间，使少女成为巧妇。因而，七夕节上，除了坐看鹊桥会，葡萄架下听情话的习俗外，少女中又流行起了贺双星，乞巧手的习俗。

　　七夕来临，少女们不但会准备"五子"敬献织女，还要举行形式多样的乞巧活动。有的地方会举行穿针乞巧的活动，在这个活动中，谁穿的七孔针越多，谁的手越巧；有的地方，少女们还通过投针验巧，喜蛛应巧等方式，来向织女乞巧。相传，七夕的露水是牛郎织女的眼泪，涂在眼睛和手上，人就会变得眼明手巧。至今江浙的部分地区还保留着这样的习俗。

重阳节为什么要登高饮酒、插茱萸?

王维在《九月九日忆山东兄弟》中说道: "遥知兄弟登高处, 遍插茱萸少一人。" 古人认为, 九为阳数, 九月九日两九相连, 谓之重阳。那么重阳这天, 人们登高饮酒, 遍插茱萸赏秋菊的习俗是怎么来的呢?

《九日与钟繇书》中记载: "岁往月来, 忽复九月九日。九为阳数, 而日月并应, 俗嘉其名, 以为宜于长久, 故以享宴高会。" 在这之前, 人们虽没有将重阳作为节日过, 但却有重阳畅饮、赏菊的习惯。直到唐代, 重阳才正式作为节日被确定下来。

重九登高饮酒, 插茱萸源自一个古老的传说。

俗话说 "请神容易送神难", 但是东汉时期的汝河一带, 人们没请, 瘟神却自己找上了门。自从瘟神来到这里, 汝河一带瘟疫横行, 当地人口几近灭绝。有一个叫恒景的年轻人, 曾经感染瘟疫, 几番挣扎, 终于在鬼门关前捡回了一条命。经历过生死的他决定求仙学医, 救家乡父老于水火之中。

经过多方打听, 恒景来到一座高山上, 找到了隐居深山的仙长。仙长听说了恒景的遭遇, 便收他做了徒弟, 教他降妖之道, 救人之法。经过几年的修炼, 恒景出师了。临下山之前, 仙长对恒景说: "那瘟神奇恶无比, 为师送你一方斩妖剑。回去之后, 待世间双阳之时, 你引乡人到深山躲藏。我已为你备下辟邪的茱萸叶, 你将茱萸发到乡人手中, 定可保乡人平安。为师再送你瓶黄菊酒壮胆, 你放心斩魔除瘟去吧。"

恒景回到家乡, 等到九月初九这天, 按照仙长交代, 将乡人带至附近高山上。他把师傅所赠茱萸发到乡人手里, 叮咛他们无论发生什么都不要丢掉手中之物。他还将仙长为他准备的菊花酒分给乡人喝, 这才到汝河引瘟神出洞。

原本嚣张无比的瘟神刚一浮出水面, 迎面一股茱萸香扑来, 被熏得连晃两下。恒景乘机持利剑猛刺, 击中瘟神要害。准备还击的瘟神被恒景身上的黄菊酒气所镇, 无法回神。恒景趁此机会将瘟神斩杀。

为了庆祝瘟神被 "送走", 乡人手持茱萸欢呼雀跃, 家家开怀畅饮。此后每年的九月九人们都登高饮酒以示庆祝。于是, 民间便形成了重阳插茱萸、登高饮酒的习俗。

冬至节不吃水饺, 真的会冻掉耳朵吗?

民间有 "冬至节, 不吃水饺冻掉耳朵" 的说法。老北京还有俗语说 "冬至馄饨夏至面"。为什么会有这些说法呢?

据史料记载, 冬至作为节日来过, 源于汉代。唐朝以后, 这一天又多了祭祖的习俗。《清嘉录》中说, 冬至节和农历的新年差不多, 是人们很重视的一个节日。冬至节这天, 皇帝不上朝, 店铺不开张。

据说, 冬至节 "不吃水饺, 冻掉耳朵" 的说法, 源自于医圣张仲景的 "祛寒娇耳汤"。

相传, 东汉末年, 各地灾害不断, 瘟疫横行。告老还乡的 "医圣" 张仲景虽然整日忙于治病救人, 但仍然有很多乡人得不到及时救治。话说有一年冬天, 天气特别寒冷。忍饥挨饿, 加之疾病缠身的百姓抵抗力下降, 不少人耐不住严寒, 耳朵上生了冻疮, 严重者一命呜呼。张仲景分身无术, 看在眼里, 痛在心上。

为了帮助百姓解除冻灾, 张仲景研制了一个名叫 "祛寒娇耳汤" 的方剂。他让人在村口空地上支起一口大锅, 将那些祛寒草药放在锅中煎熬, 再将暖身排毒的辣椒粉撒入锅中, 煮好之后, 命人将这些材料包进了面皮中, 分给百姓吃。这种东西既可以充饥, 又能治病祛寒。人们吃了张仲景做的药食, 感到浑身发热。时日不多, 耳朵上的冻疮便结痂痊愈了。

此后, 人们为了纪念张仲景治病救人的事迹, 便在每年冬至节这天吃药食。后来, 这种药食发展成为水饺。由此民间流传, 冬至节吃水饺, 耳朵就不会冻掉。

有关冬至节吃水饺, 老北京还有这样一种说法: 古代, 北方匈奴经常骚扰边疆百姓, 为害最烈的两个臭名昭著的匈奴首领名叫 "浑" 和 "屯"。终日生活在恐慌中的百姓痛恨匈奴, 便用肉馅包成大肚水饺, 把这种食品叫作 "浑屯"。在冬至节这天, 边地百姓都会制作这种食品, 吃了泄愤。他们相信, 这样一来, 匈奴人就会得到惩罚。久而久之, 民间便形成了冬至节吃大肚水饺的习俗。后来, 人们就将 "浑屯" 谐音说成了 "馄饨"。

腊八节为什么要喝 "腊八粥"?

腊月初八被人们称为腊八节。民间传说, 腊七腊八, 冻掉下巴。所以, 腊八节这天家家户户都要熬腊八粥喝, 以防下巴被冻掉。那么, 这一习俗是从何而来呢?

据史料记载, 农历的十二月, 夏代被称为 "嘉平", 商朝称为 "青祀", 到了周代, 又名 "大蜡"。大蜡节这天, 周代帝王要举行比较隆重的祭典——冬祭。《说文》中有 "冬至后三戌日腊祭百神" 的记载。后来, 大蜡节祭祀百神的习俗流传到了民间, "大蜡之月" 也被简称为 "腊月"。到了南北朝时期, 腊祭确定在了腊月初八这天, 腊八节由此得来。

除了上述说法, 关于腊八节的起源, 还有另外的说道。

相传, 佛教始祖释迦牟尼修道成佛之前, 曾是古印度北部一个小国的王子。因为心系苍生, 又看不惯婆罗门教的神权, 便离家出走, 潜心苦修, 希望能够找到拯救苍生的方法。一天, 奔波苦修的释迦牟尼又饿又累, 晕倒在了路边。一位牧牛女看见了, 便挤了些牛奶, 就着身上仅有的干粮喂释迦牟尼吃。醒来后的释迦牟尼谢过恩人, 便盘坐在路边的菩提树旁, 继续思考。腊月初八这天, 望着璀璨的星空, 释迦牟尼悟透了世间的一切, 修道成佛。

后来, 弟子们为了纪念释迦牟尼成佛, 也为了感谢救助佛祖的牧牛女, 便将腊八这天定为佛教节日。这一天, 僧人们手捧钵盂, 到街上化缘。他们将化来的米、枣、胡桃、松子、栗子等煮成粥，发给门徒以及挨饿的人们吃。腊八喝粥的习俗由此而来。因为包含了佛家寓意，人们又称腊八粥为佛粥。

关于腊八喝粥的习俗，还有观点认为，源自腊八赤豆打鬼一说。古人向来相信鬼神。据说腊八这天，鬼怪将会出来作祟，只要用红豆击打他们，他们便不敢靠前。后来赤豆打鬼逐渐演化成了赤豆熬粥，祛病镇邪的说法。

有关腊八节，还有观点认为是为了纪念岳飞；也有人说，腊八吃粥源自明太祖朱元璋。种种说法，至今不一，但是腊八吃粥的习俗，却被人们一直延续着。

节日庆典，中国人为什么会偏爱红色？

以如火的红色作为喜庆象征古已有之。世间的颜色那么多，为什么唯独红色如此受宠呢？

在人类文明之初，红色并未像现在这般受重视。远古时期，人们以黑、白为主色，黄色为吉色。周代，王室之中开始用红色绸幔作为宫中装饰，红色点缀之风初见端倪。至于红色成为高贵的色彩，则是汉高祖刘邦所定。传说刘邦乃是"赤帝之子"，赤，古语中红的意思。刘邦当了皇帝以后，把红色定为皇家御用色彩。从此，红色逐渐成为喜庆祥和的主色调。

相传，红色成为吉色，还与"年"有关。古代有种叫"年"的怪兽，每年的除夕夜，它都要出来为祸人间。有一次，正当它准备兴风作浪的时候，被人们欢庆春节时燃放的爆竹吓跑。胆大的村人趁它慌张之际，手持火把出来追赶。看见熊熊火光，"年"兽吓得狼狈逃窜。人们发现，"年"害怕响声和红色。于是，民间便形成了过年放鞭炮，贴红纸的习俗。因此，古人认为红色可以辟邪驱魔。

红之所以能够长"盛"不衰，除了本身具有的浓烈色调之外，还因为它为百色之本。色彩之中，红、绿、蓝被并称为三原色。也就是说，众多的颜色，都可以通过这3种基色调和出来。于是，这浓艳庄重的红色便有了根基、本源的含义，被历代帝王所推崇。故而，红色又被赋予了庄严、神圣的内涵。在皇宫中、公章上，到处可见醒目的红色标记。时至今日，象征着激情、奋进、吉祥喜庆的大红色，仍然是人们节日庆典的首选。

黄色为什么会被皇家垄断？

婚俗中，有这样一种说法，新娘子结婚这天，穿的新鞋子里要垫一副崭新的黄鞋垫，意为"脚踏黄金"。生活中，人们除了对红色情有独钟外，黄色更是被尊为贵色。在封建帝王时期，黄色是皇家专属。那么，黄色是在什么时候有了这么高的地位的呢？

在古代的很多传说中，"黄"都扮演了重要角色。女娲造人取材于黄泥；源于黄河流域

▲努尔哈赤像

的华夏民族始于炎黄二帝；上穷碧落下黄泉，人生轮回转世等。可见，"黄"自古就是一种重要的颜色。

据史料记载，上古时期，人们以黑、白为主色。古人认为，大地是生存之本，人们靠天吃饭，从土地中获取食物。于是，土地便成了人们顶礼膜拜的神明。这种思想贯穿了整个农耕时代。

五行说法中，土在中央，是中央正统方位。按照《说文》中的解释，土地之色为"黄"。这种说法正好应和了古代的崇地说。所以，"黄"便被视为了中央之位，这也是黄为尊色的本源所在。

汉语中，黄与皇同音。所以，黄便有指代帝王的引申义。自秦始皇之后，黄成了皇家主色。据史书记载，唐高祖时期，曾经下令只有天子才能身着黄色衣服，其他公卿士庶都不得逾越此令，这也是最早将黄色据为皇家所有的诏令。至赵匡胤黄袍加身，宋朝统治者进一步加强对黄色的独霸。以至从宋代起，黄色被皇家垄断。

为了彰显皇家地位的至尊无上，从宋朝开始，帝王之都开始采用黄色琉璃瓦为顶。此后的封建王朝一直延用。

随着时代的发展，民间也开始使用起了黄色。时至今日，黄色所代表的高贵，仍然是其他颜色无法取代的。

男女婚配为什么要"合八字"？

人们通常用"八字还没一撇"，来形容男女之事没有半分眉目。男女情事和八字有什么关系呢？难道八字有一撇，就说明好事将近了？而且古代男女婚配，还有"合八字"的说法，这又是为什么呢？

现代人结婚，追求的是自由，靠的是感情，只要相处融洽便符合结合的条件。在古代，自由恋爱是不被封建礼教所允许的。两人必须依媒妁之言成婚。但是，即使有媒妁之言，两个人想要结合在一起，还要看看俩人八字是否合适。

所谓的八字，指的是人的生辰八字。即将出生的年、月、日、时与天干地支相配，两两一组，四组相加正好 8 个字。通常，保媒的人将双方庚帖互换后，便会根据双方的生辰八字来推算，两个人生活在一起是否合适。

合八字，主要依据的是五行学说：木生火，火生土，土生金，金生水，水生木；水克火，火克金，金克木，木克土，土克水的说法。如果两个人的八字相生相合，那么这两个人便是天作之合，结婚后就会幸福美满。如若八字相制相克的两个人结合，重者可能导致家破人亡，轻者夫妻不睦。

有的地方，依照男女双方的生肖属性推算八字，比如，民间有"白马怕金牛，鼠羊不到头，蛇见猛虎如刀锉，猪见婴猴泪长流"的说法。

古人十分迷信，重视命理，所以在婚姻大事上，自然要做一番考究。诸如"命中带煞"、"两金不宜"、"金木不嫁"之类都是婚俗中的忌讳。人们无法解释身边发生的一切，于是宁愿以八字相生相克之说来择亲，也不愿冒招灾引祸的风险。

现在，随着人们思想的解放，婚配靠的两人的感情，而不是八字。

"拜天地"因何而来？

古人结婚，最重要的仪式是拜堂成亲。届时，新娘头蒙红盖头，新郎以红绸牵着新娘走过红地毯，然后司仪官高喊"一拜天地"、"二拜高堂"、"夫妻对拜"、"送入洞房"……古人为什么要先拜天地呢？

在中国的传统婚俗中，拜天地、拜高堂、夫妻对拜统称为拜堂，有时也称为"拜天地"，而夫妻只有行过这一礼节，才算成为合法夫妻。"拜天地"相传始于唐代，源自一个民间神话传说。

女娲造人之初，她只造了一个男人，天地万物都归他所用。这个人物质生活虽然丰足，但精神生活很空虚，整天一个人形影相吊，有点寂寞无聊。所以男人每晚对着月亮，抱怨生活的单调。一个月圆之夜，这小伙子又开始喋喋不休。月老终于按捺不住了，到了女娲那里，请女娲再造个人给这小伙子做伴。于是女娲就造了个女人。

正在小伙子叹气的时候，白胡子月老带着姑娘出现在了小伙子面前，并为二人主持了婚礼。在举行新婚仪式时，月老对那对新人说："你俩先拜谢天公土地，你们今后的生活还要仰仗他们啊。"新人拜过天公土地。以后，凡新婚皆先拜天与地，形成"拜天地"仪式。

新娘出嫁乘花轿起于何时？

古时候的婚俗讲究颇多。除了有人保媒、门当户对作为前提条件外，新人结婚，还要经历马拉松式的"婚礼"。"纳采"、"问名"、"纳吉"、"纳征"、"请期"、"迎亲"几个环节一个也不能少，然后方能将新娘娶回家。

作为女主角的新娘子，不但要身着喜服，头蒙喜帕，而且必须乘坐花轿到新郎家。花轿，源自古代的"轿子"。据《史记》记载，古代有一种名为"肩舆"的交通工具，是轿子的雏形。到了唐朝，文献中开始有了"轿子"的字样。此时的轿子被称为"步辇"，通常只有皇帝一人可以享受。

据史料记载，南宋孝宗皇帝曾为皇后设计了一顶"龙肩辇"。这种辇以红绸罩顶，上面绣有四条游龙。辇中软椅绸幔，奢华高贵，最适合妇人乘坐。之后，帝王在纳妃之时，都会以类似"龙肩辇"的轿子迎亲，以彰显皇家气派。因为华美精致，人们就称这种轿子为"彩舆"，这便是最早的花轿。后来，轿子由皇宫专属，逐渐成为达官贵人、年老妇女出门的代步工具，花轿迎亲的习俗也在民间流行起来。

迎亲时所用的花轿种类多样。和现在的彩车差不多，轿子越是奢侈华美，越能彰显娶亲人的地位。富贵人家为了炫耀，通常采用镶金缀银的八人抬花轿。普通人家，则简单的饰以红绸，二人抬之以示隆重。

新娘出嫁本是一件喜事，为什么要"哭嫁"？

▲ 光绪大婚图

古时候，新娘在出嫁前几天要"哭嫁"，母亲、姐妹、亲属要陪着一起哭，而且哭得越伤心越好，以示不忘父母的养育之恩。如果出现嫁而不哭，新娘就会被四邻认为没有教养，传为笑柄。有些地区甚至会把哭嫁当作衡量女子才智和贤德的标准，要是新娘在出嫁时不哭，就会被认为是才德低劣，被人瞧不起。有的出嫁姑娘不哭还会遭到母亲的责打。哭嫁风俗不知起源于何时。据古籍记载，战国时期赵国公主嫁到燕国去作王后。临别时，公主的母亲赵太后"持其踵，为之泣，祝曰，必勿使返"。

在一些地区和民族，哭嫁非常流行。海岛洞头人家的传统婚礼，除了坐花轿、拜堂外，新娘还要在出嫁时以哭嫁贯穿始终。新娘从梳头开始哭和唱哭嫁歌，一直到辞别家人，坐上花轿，还哭唱个不停。土家族女子婚前要唱哭嫁歌，在婚前半月至一月就开始哭唱。哭嫁的形式有一人哭、二人对哭、多人一起哭。哭唱的内容大多是感谢爹妈的养育之恩，兄嫂、姐妹的离别之情。

"洞房"为什么不叫"新房"？

古语云："人生四大喜：久旱逢甘雨，他乡遇故知，洞房花烛夜，金榜题名时。"如今，四喜之中，尤以洞房花烛夜，金榜题名时最能引起人们的共鸣。通常，人们将新人所居的房间叫"洞房"，这是为什么呢？

《词源》中解释说，洞房指的是深邃的内室。如此看来，能被称之为洞房，必是深幽之屋。这深邃之室最终演化为新郎的结婚用房，与一个传说有关。

帝尧时代，在今山西临汾的西边，有一座姑射山，山上有一个深邃的山洞。据说，这是鹿仙的住所。相传，上古时期，刚刚称帝的尧为了了解人民生活状况，经常到民间访查。他忧民之所忧，苦民之所苦。

有一次，尧正在与牧人闲聊，远处走过一位亭亭玉立、相貌美丽的女子。少女手中的火把照亮她的面庞，尧顿觉此女非同凡俗。经过打听，他才知道，这个女子竟然是山中鹿仙。仔细询问，得知鹿仙经常帮助当地的人民。

回到寝宫后，尧对鹿仙朝思暮想。在与众大臣商议之后，尧便带着人下山寻访鹿仙。众人正在山中行走，一条巨蟒拦住了去路。尧率众人与巨蟒展开了激烈的搏斗。在大家快要支撑不住的时候，一头美丽玲珑的梅花鹿出现在了巨蟒身边。梅花鹿抬脚轻轻一踏，巨蟒顿时僵如木棍。

尧知道是鹿仙解围，便软语挽留。化为人形的鹿仙也被尧的风采吸引，两人一见倾心。于是他们来到了鹿仙洞，当晚便结为夫妻。在他们携手走向婚床的时候，洞外紫光乍现，星光璀璨。这便是尧娶鹿仙的传说，"入洞房"也由此产生。

还有观点认为，"洞房"源自古人居住的山洞。黄帝一统天下后，改群婚为一夫一妻制，为避免抢婚，便在新人所居山洞外砌高墙，谓之"洞房"。尽管说法不一，"洞房"一词却流传了下来。

"闹洞房"的习俗是怎么来的？

婚礼中，闹洞房是最受年轻人喜爱的一个环节。亲戚朋友在一起肆无忌惮地闹上这一回，既宣告了新郎单身时代的结束，又庆祝了新人的喜结连理。那么，闹洞房的习俗是因何而来呢？

相传，"斗数之主"紫微星经常到凡间游玩。一次，紫微星看到一户人家正在娶亲，便来到他家凑热闹。浩浩荡荡的迎亲队伍吹锣打鼓而来，场面十分热闹。但是在迎亲队伍的后面，却跟着一个披头散发的女鬼，紫微星知道，这是恶鬼伺机行凶，便悄悄地混了迎亲队伍中，观察动向。

新人拜天地的时候，紫微星发现女鬼不见了踪影，便四处寻找。在洞房门口，紫微星闻到了恶鬼的气息，他守在洞房门口准备拦截新人。拜完天地的新人，在众人簇拥下来到了新房门口。急于看到新娘子的新郎谢过亲友后，推门便想入内。紫微星连忙抵住门板说道："新郎不可贸然入内，里面藏有厉鬼，非你等能够降服。"众人一听，都聚拢过来，央求紫微星指点破解之法。紫微星笑道："鬼虽厉害，毕竟阴气过重，只要你等一起入内，阳气旺盛。大家欢声笑语闹到晨光乍现，恶鬼自然返回阴间。"于是，本应夫妻二人独处的花烛夜，成了众人欢闹的"吓鬼"夜。到了五更，恶鬼果然飘走了。

后来，民间便流传"洞房之时闹一闹，妖魔鬼怪都吓跑"的说法。

如今，人们闹洞房是为了增加婚礼的喜庆热闹气氛，"闹洞房"不但可以让新娘子与亲朋好友熟络，还可以增加新人的洞房情趣。

"男主外，女主内"的说法是怎么来的？

▲ 女性带孩子照顾老人

"男主外，女主内"，是中国传统的性别观念，意为男性主导家外的事务，而女性负责家内的事情。《周易》第三十七卦曰："家人，利女贞。"解释卦义的象辞说："女正位乎内，男正位乎外。"据《周易正义》，王弼注云："家人之义，各自修一家之道，不能知家外他人之事也。统而论之，非元亨利君子之贞，故利女贞，其正在家内而已。"孔颖达疏云："家人之道，必须女主于内，男主于外，然后家道乃立。"这些讲的都是"男主外，女主内"方才是持家的正道。出于两性天然的特点，幼小的子女需要由母亲来照顾，这样，出外谋生的任务就主要落在了父亲身上，作为父亲的男性也就因而掌握了经济权力。在母系社会时期，由于人们群居而不知其父，所以女性处于主导地位，进入父系社会后，群婚现象瓦解，男性开始承担起主要的角色，因之而形成了男尊女卑的观念。如此一来，"男主外，女主内"虽然原本只是一种正常的性别角色分工，但是在既有性别歧见的影响下则转变为一种限制女性自由参与社会活动的理论，将女性的活动空间严格地束缚在闺阁之内，使得女性成为纯粹的"内人"。

"偷瓜送子"真的要去偷瓜吗?

在我国的很多地方,都流行着"偷瓜送子"的习俗。要是哪家的媳妇婚后久不生子,亲戚邻人便会在中秋之夜,伴着皎洁的月光,到别人家的地里,偷偷地摘个冬瓜。然后将冬瓜装扮成小孩子的模样,送到不生育的妇人家里。据说,妇人抱着冬瓜睡上一夜,再将冬瓜吃掉,十有八九会怀上孩子。巴蜀民歌中唱道:"生育艰难暗带愁,乡邻送子贺中秋;冬瓜当作儿子耍,喜得闺人面带羞。"

据说,"偷瓜送子"这种具有地域特色的民俗,源自伏羲女娲坐葫芦成亲的故事。

《独异志》中记载,人类的始祖伏羲、女娲兄妹,是从昆仑山的葫芦里生出来的。后来他们又坐葫芦成亲,繁衍了汉、彝、苗等九族。在各民族中,都有伏羲、女娲坐葫芦成亲的传说。只不过,各民族中,这段传说被赋予了不同的文化内涵。

在少数民族中,很多地方,都有祭拜葫芦的民俗。另外,葫芦外形酷似母体,其下部肚大籽多,引申为多子多福。于是,人们效仿祖先坐瓜成亲,渐渐形成了偷瓜送子的习俗。

关于"偷瓜送子",还有种观点认为,"瓜"和人们出生时"呱呱"哭声谐音,偷瓜送子,无非是借着瓜的谐音讨个好彩头。而且民间还有送南瓜的习俗,"南瓜"者,"男瓜"也,送南瓜也就是希望妇人生个男孩。

"回门"是回哪个门?

回门是旧时汉族婚姻风俗。婚后三、六、七、九、十日或满月,新郎新娘携礼品,随新娘返回娘家,拜新娘的父母及亲属,称"回门"。这是一种必不可少的礼节,是婚事的最后一项仪式。

回门一般在上午9、10点钟动身,新郎新娘要购买新娘家人喜欢的礼品,礼品一般为4件。回到娘家,新郎新娘首先要问候老人。这时新郎就应改口,跟新娘一样,称岳父岳母为父亲、母亲。女家设宴款待,新郎入席上座,由女方尊长陪饮。就餐时,新郎新娘一一向父母、亲友和邻里敬酒。饭后,新郎新娘陪父母聊天,听听他们的教诲,然后告辞回家,并要主动邀请岳父岳母和兄弟姐妹到自己家里做客。有的地区也可小住几日。这种风俗起源于上古,称"归宁",意为婚后回家探视父母。后世名称不一,宋代称"拜门",清朝时北方称"双回门",南方称"会亲"。河北地区称"唤姑爷",浙江杭州称"回郎"。

古人起名都有哪些习俗？

姓名学是中国的国粹，渊源于中国古代诸多先贤的哲学思想。孔子曾说，"名不正则言不顺。"苏东坡也说，"世间唯名实不可欺。"都道出了姓名对人的重要性。因此，取名之事实乃人生之大事，轻视不得。所以，在民间流传着多种多样的关于取名的传统习俗。

主要的取名习俗有以下几种：

节令法：根据孩子出生时的节令与花卉取名。如春花、夏雨、兰贞、雪梅等，常见于女性。

地名法：比如沈申（上海）、袁晋（山西）、黄云生（云南）等。也有从祖籍及出生地中各取一字，缀联成名，主要是以纪念为主。

盼子法：父母连连产下女婴，盼子心切，便会在为女儿取名时用一些谐音字，如根（跟）弟、玲（领）弟、招弟、盼弟等。

抱子法：夫妇膝下无子，从外地或外姓抱养一个孩子。此类孩子的名字中，常有一个"来"字，如来宝、来娇等。

体重法：鲁迅的小说《风波》中描绘："这村庄的习惯有点特别，女人生下孩子，多喜欢用秤称了轻重，便用斤数当作小名。"如"九斤老太"，这是流行于浙东民间的一种特殊取名风习。

排行法：兄弟双名，其上字或下一个字相同，叫排行。如我们熟悉的《水浒传》中的阮氏三兄弟：阮小二、阮小五、阮小七。

五行法：根据五行缺行取名。旧时民间取名，要请算命卜卦者推算小孩的"五行"和"八字"。假如某人命中五行缺少某一行或二行，那就得用缺行之字，或用缺行作偏旁的字取名补救，否则孩子会命运多舛。如鲁迅小说《故乡》中闰土名字的由来：因为他是"闰月生的，五行缺土，所以他的父亲叫他闰土"。

中国人为什么给孩子取"狗剩"之类的贱名？

在中国，人们有给孩子起小名的习惯，尤其是在农村，诸如狗剩、铁蛋儿之类的贱名多不胜举，人们为什么要给孩子起这种小名呢？

有关起小名的习俗，在秦汉时期就已经存在了。有种观点认为，给孩子起贱名，源自古人的名字。古代的男人，经常会有名、字、号等。所谓的名，是孩子出生后父母亲给取的；到孩子成年之后，由长辈赐予字，寄托对孩子的期待和祝愿。在这以前，父母为了表达对孩子的宠爱，会给孩子起个小名，亲人或朋友都如此称呼孩子。秦汉之后，人们认为小名不雅、不够庄重，才立了"正名"。

但是更多的观点认为，人们之所以会给孩子起小名，源自古人的迷信。人们认为，孩子若想平安顺利地长大成人，必须有一个能够承载命运的名字。

在生产力比较落后的古代，孩子夭折的事情经常发生。人们不认为这是现实原因造成的，而是妖魔鬼怪在作祟。笃信神明鬼怪学说的人，为给孩子保命，想出了给孩子起贱名的方法。巧合的是，经常被家人唤贱名的孩子，要比没有贱名的孩子好养活得多。于是，人们更加相信，孩子有了小名，妖魔鬼怪会因贱名而厌弃这个孩子。妖精不喜，魔鬼不爱的孩子自然就会远离灾祸，平安健康。

通常，人们会借用身边的飞禽走兽，花鸟虫鱼的名字唤自家小孩，这样不仅好记，而且不易为鬼怪识别。而且，诸如"阿猫"、"狗蛋"、"牛娃"之类，更是象征着如动物般健壮，并富有生机。总之，起贱名是大人保护孩子，祝愿孩子健康长寿的一种表达方式。

如今，给孩子起贱名的习俗已经越来越少了。

挂了"长命锁"真的会长命吗？

相传，夏代的少康王生在战乱的时局中。他的父亲夏王相战死在寒浞手中后，母亲后缗怀着他只身一人逃到娘家。惊吓加上营养不良，造成后缗早产。颠沛流离，又寄人篱下的后缗，看着夏后氏唯一的传人，心中感慨万千。为了养活夏后氏唯一的血脉，后缗命人铸了把长命锁，上面刻有"长命百岁"4个字，戴在少康脖子上。她希望少康能够平安地长大成人，如大禹般长命百岁。

后来，少康历经劫难，重振夏朝雄威，并开创了"少康中兴"的局面。于是，人们相信给孩子带长命锁，就能使孩子消灾免祸，健康成长。

关于长命锁，还有另外的说法。长命锁又叫"寄名锁"，它是由人们所佩戴的"长命缕"而来。《红楼梦》

▲长命锁

中，薛宝钗便佩戴着这种物件。据史书记载，在汉代，戴长命缕的习俗便已形成。最初，长命缕并不似现在这般形似锁状，而是与端午节人们所佩戴的五彩线十分相似。

到了魏晋时期，五彩绳成了人们佩戴于身上的装饰物，或配在手腕，或系在脚脖上。宋朝，巧于设计的人们又将五彩绳编成珠结，此时的五彩绳又有了"彩结"、"珠结"的别称。明代，这种饰物成了儿童身上的专属装饰，由五彩绳进一步演化成佩于脖子上的长命锁。

通常，长命锁以金银为材质制成，上面刻上"长命百岁"、"福寿万年"之类的字样，旁边以祥云莲花、游龙八宝等纹样为装饰。锁，有锁住、挂牢的意思。人们希望借助锁的含义，祈求孩子健康成长。等孩子平安地长到成年，长命锁才摘下来。

"抓周"预测孩子前程的习俗是怎么来的？

俗话说,三岁看到老。在民间,还有孩子满一周岁,通过"抓周"预测孩子将来命运的习俗,这又是从何而来呢？

相传,"抓周"活动兴起于魏晋南北朝时期。据史料记载,刚刚登上东吴帝位不久的孙权,痛失爱子。太子位空缺,众皇子无不觊觎,于是拉帮的拉帮、结伙的结伙。表面风平浪静的孙权心里明白得很。一日,一介布衣景养托人带话说,要觐见皇上并献计。孙权一听,立刻派人请他入宫。景养来到宫中,行完大礼缓缓说道: "陛下,古人说,龙生九子各有不同。您想选个德才兼备,又有雄才大略的皇子做接班人,固然不错,但从江山万年考虑,还应该看看他们的下一代是否有福德。"孙权一听有道理,便请景养详细说明。景养又道: "待良辰吉日,陛下取一宝盆。里面放上珍珠翡翠、绥带典章,请皇孙自行挑选。从他们所取之物,便可看出他们心性所向。"

孙权便照着景养的建议做了。结果,只有孙和之子孙皓手持典章绥带,爱不释手。孙权觉得这是天意,便立孙和为太子。众皇子不服,纷纷抗议。孙权抵不过众人的反对,便改立孙亮为太子。孙亮继位没过几年,就被一场突如其来的政变轰下了台,孙休接替孙亮为吴主。孙休寿终正寝后,当初抓着绥带典章不放的孙皓成了皇位的继承人。老臣们感叹说: "命当如此,早已天定！"通过这件事,人们相信,在孩子周岁的时候举行"试儿"活动,便可预测孩子将来的命运。周岁"抓周"习俗也就流传下来。

人们在举行抓周活动时,一般会将珍宝美食、弓矢纸笔、绣针刀剪之类摆在孩子面前,让孩子自己选择。选珍宝美食者必是贪食惜财之人,选弓矢纸笔者可为文官武将；女孩子要是选了绣针刀剪,定是巧手之妇。关于"抓周"一事,很多史料中均有记载。

为什么要珍藏剃下的婴儿胎毛？

婴儿出生一个月叫满月,在民间,庆贺满月的仪式和活动多种多样,丰富多彩。其中,喝满月酒和剃满月头是延续至今最为重要的。

婴儿满月的礼俗流行于唐朝。到了南宋,几乎所有官宦和富有的人家要为婴儿举办"洗儿会",这是一种很隆重的风俗。主人家要在婴儿出生满一个月的日子发请贴宴请亲友,亲朋好友会在这一天携带各种礼品前来向婴儿表达祝福。到了近代,婴儿满月时的庆祝方式有了不同,满月时外婆要为婴儿准备一份丰盛的礼物,包括面条、粽子、馒头和一只活鸡,有的还会送婴儿用的帽、鞋、袜、衣服等,俗称"拿满月"。中午时分,亲朋好友聚在一起,觥筹交错,祝福声此起彼伏。这种情景就是历代相沿的"满月酒"。

"剃满月头"是婴儿满月的另外一项重要仪式,在民间也叫落胎毛。在中国,不同的地方剃满月头的习俗是不一样的，有不同的说法和讲究，但其中有一个共同点是胎毛不能剃光。一般情况下是在头顶心或近脑门处留下一撮，俗称桃子头、桶盖头、米囤头等。另外，还有一些地区的习俗是把落胎毛的仪式放在婴儿出生满百天时举行，称为剃百日头，留一撮毛和郑重处理落发的习俗与剃满月头基本一致。

关于珍藏剃下胎毛的意义，也有众多讲法。有些地方的风俗是将其搓成一个圆球挂在床檐正中，意在孩子长大离家后，胎发团还挂在母亲的床上，可以永远受到母亲的护佑；有些地区的习俗是用线绳将胎发吊在窗台上牢牢系住，说这样就可以使小孩经受风吹雨打，有利于小孩的成长；有的地方则是将胎发盛入金银小盒，或用彩色的线结成绦络，认为这样做可以起到辟邪的作用；还有的地方是将胎发用红布包起来，缝进小孩儿的背心或夹袄中，认为如此便能使小孩儿顺利成长。

祝寿的时候为什么要送寿桃？

蛋糕店里，贺寿的蛋糕样品上，总是点缀着一颗大大的寿桃。在贺寿图上，我们也经常会看到诸如"南山不老松"、"东海长流水"、"童子抱桃"的图案。"南山不老松"、"东海长流水"都含有生命长久、生生不息的意思。那么，寿桃又有怎样的内涵呢？祝寿送寿桃又是从何而来呢？

有关祝寿送寿桃，民间流传着一个传说。在诸侯纷争的春秋战国时期，18岁的孙膑想寻求发展，便有心深造。于是他背井离乡，到了云囂山拜师鬼谷子，跟他潜心学习兵法。一晃12年过去了。一天，已到而立之年的孙膑望着天上的皓月，又思念起了家乡的老母。鬼谷子看出孙膑的忧伤，劝道："你来此已经十余载了，万物生灵尚知回报养育之恩，你非无情，也该对老母有个交代了。"孙膑听罢，谢过恩师，便准备回家探亲。

在孙膑临行之前，鬼谷子来到他的房间。递给孙膑一颗新鲜的桃子说："为师送你一个桃子，此桃非普通桃子，你且带回家献与老母吃。"说罢，鬼谷子转身离开。

▲饮酒祝寿图轴 明 陈洪绶

图中做寿之人居中，头裹软巾，方面大耳，神情轩昂，两侧侍女抱匜捧罐而立，身后一仆从拄杖侍立，石案对面二人或卧于芭蕉叶上，举杯对饮，或坐于石凳上以杖撑身，另一手伸入水中。三人皆面红耳赤，呈现醉意，然各具姿态。

孙膑日夜兼程，终于在老母六十大寿这天赶到了家。看到家里人大摆筵席为老母贺寿，孙膑不禁伤心落泪，愧叹这些年自己一直没尽到孝道。来到大厅，看到满头白发的老母，孙膑心中更是自责不已。老母亲看到孙膑，不禁潸然泪下，母子互相倾诉一番相思苦之后。孙膑拿出师傅所赠的桃子献与老母。

孙母刚吃了一口，众人惊奇地发现，老人家如雪的白发顷刻间化为青丝，本已衰老的容颜又焕发出了青春的光彩。众人无不惊叹感慨。孙膑心知，定是恩师所赠的桃子发挥了神奇的作用。

乡人听说了这件事，便四处传扬。人们都说，只要在老人过寿的时候吃上个桃子，老人就会青春常驻，健康长寿。"寿桃"因此得名。于是，民间便流行起祝寿送桃子的习俗。

吃"长寿面"的习俗是怎么来的？

过生日的时候，除了生日蛋糕，最有传统意味的便是那碗热腾腾的长寿面了。人们在生日这天吃长寿面，意为"长命百岁"。那么，吃长寿面的习俗源于何时？又是由什么而来呢？

从历史文献中，我们可以发现，古代帝王追求长生不老的脚步始终没有停止过。现实中得不到长生药的皇帝，便想求助于神明保佑。

相传，有一天，汉武帝在与大臣游园的时候，看到满园春色，不禁感叹人生苦短。他对大臣说："都说人中越长，寿命越长。人中一寸相当于 100 岁呢。不知道我这人中还能不能长。"话音刚落，近臣东方朔大笑出声。汉武帝甚是愤怒，问道："爱卿如此大笑，不知所为何事？"东方朔连忙解释到："陛下息怒，我所笑乃寿星彭祖。相传彭祖活了 800 岁，照这个说法，他的整张脸得多长啊。"众人一听，也跟着哈哈大笑起来。

后来，便流行起了一种说法。想长寿，脸必长。古语中，面有脸的意思。希望长寿的人们根据"面"的这个引申义，在面上做起了文章。于是，"长寿面"诞生了。人们希望，通过吃"长寿面"，能够长命百岁，长长久久。后来，过生日吃长寿面的习俗便流传开来。

如今的长寿面五花八门，甚至成了一种饮食文化。有的地方的长寿面，面宽，配以骨肉浓汤，意为"富贵宽心面"。还有的地方在面中加入青菜、鸡蛋等，意为"幸福圆满，长青常有"。

不论长寿面的花样如何翻新，其承载人们祝福长寿内涵的宗旨始终未曾变过。

古人送别时为什么要折柳枝？

李白有诗云："谁家玉笛暗飞声，散入春风满洛城。此夜曲中闻折柳，何人不起故园情。"哀婉的思乡之情被"闻折柳"一语道破。折柳是人们寄托相思之苦的一种意象。在古代，人们送别，除了肠断望尽天涯路，十里长亭目相送外，也会折柳相赠。那么，折柳送别的习俗源于何时呢？

据史料记载，人们以柳寄情原始于汉代。《诗经·小雅·采薇》中写道："昔我往矣，杨柳依依；今我来思，雨雪霏霏。"说的是离人在春光明媚，万物尚青之时离开，归来时，却是一幅白雪皑皑的冬景。其实，这里作者是借景物烘托离别的心情。在这之后的很多乐府民歌中，开始陆续出现以杨柳表离别的诗句。

汉语中，柳与"留"谐音。人们希望通过折柳，表达挽留离人的心情。亲人们依依惜别，难舍难分的情愫就像随风飘荡的柳枝一样绵绵无期。俗话说："有心栽花花不开，无心插柳柳成荫。"人们送离人折柳，又意在祝愿远行的亲人或朋友，能够如同折柳一样，到哪里都能有旺盛的生命力，不因背井离乡而不适。折柳在身，便如亲人在旁，随遇而安。

据说，在古代的长安灞桥长堤上，每相隔几米的距离，便有一株如丝绦般的垂柳。此地是出入长安的必经之路，因而有很多人在此送别。微风吹拂着岸边的杨柳，更增添了人们的离别感伤。于是，人们折下柳枝送与离别之人，带着柳枝离开的人，便会如柳枝一样易于生存，并以柳枝遥寄相思无解之情。唐代张九龄有诗云："纤纤折杨柳，持此寄情人。"

折柳意象产生后，文人墨客对其加以拓展升华，使得送别感怀的场景，更显得意境缥缈。折柳惜别以表祝愿的情结也更加浓重了。

药罐子为什么只能借，不能还？

在山西晋南一带，流传着这样一种说法：药罐子只能借，不能还。药罐子的主人家明知道有借无还，非但不会生气，还会很高兴地把药罐子借出去。俗话说："好借好还，再借不难。"为什么晋南地区会有这样的习俗呢？其中有什么讲究吗？

一般人家是不会置办药罐子之类的物件的，只有那些有久病之人的家庭，不得已才会购置药罐子。如果哪家人生病了，需要熬中药，那么便要到别人家借药罐子。通常，药罐子用完后，人们会将药渣全部倾倒出门，取药"倒"病除之意。另外将药倒在十字路口上，被众人践踏，也有病被带走，消除病患的含义。处理完药渣之后，将药罐放置好，除非主人家来索回，否则是不能主动送回药罐的。

▲ 熬药炉 明

中药煎药有文火、武火之分，先煎后下之别。古代上层社会都有专用熬药炉。图为明太医熬药炉，制作精致，造型美观，腹壁有纹饰，整体及炉膛较炊饮用炉小巧。

人们认为，购置药罐是招灾引病之举。主人家将药罐借出，意味着送病出门，自然很乐意将药罐借出了。如若主人家煎药还须索回药罐，借罐之人便要在药罐中放些钱财等，压一压病气。拿到药罐往家中返的主人，中途不得在别人家停留。不然，会将病患带至所到之家。这便是人们愿意借出药罐的真正原因。

其实，置药罐，借药罐，还药罐，并不能决定病症的去留，这不过是人们祈愿无病无灾的一种迷信说法而已。

乔迁新居时"温锅"的习俗是怎么来的？

"温锅"顾名思义就是"使锅发出热量"，指炒菜做饭方面。当一户人家乔迁新址或建新房后，锅、碗、瓢、盆和灶台都是新的，未经"温"过。"温锅"就是第一次做饭，当然要邀请亲戚朋友来热闹一番。加上我国过去民间夫妻自立，修建新房往往花了很多积蓄，也需要亲朋帮衬着点过日子，于是便有了"温锅"的习俗。

"温锅"又叫"温居"、"添囤"、"暖房"。新房落成后，乔迁或兄弟分家一方迁进新宅，热情邀请亲戚朋友前来认识新家门，亲友、邻居携带礼品前去庆贺，主人设宴款待来贺者。这是"众人添柴火焰高"互助传统的一种表现。

今天中国一些地区依然保留了这些习俗，但由于地域差异也存在区别。一般而言，"温锅"象征着一对新夫妻的自立，所以亲人所送之物也包含了祝福之意，所送礼品的花样也很多，有送钱的，有送鸡鸭鱼肉、酒食的，还有送对联匾额或镜子炊具等日常生活用品的。娘家人一般送来的都是炊具，如锅、勺子之类。比较有特色的是送两斤豆腐、豆芽，两条鲤鱼，皆有好事成双之意。豆腐是"都富"，豆芽代表"儿孙满堂"，鲤鱼象征年年有余。

为何今人常在收银台上摆设金蟾？

金蟾，传统吉祥工艺品，做成蟾蜍之形。其造型各异，一般为坐蹲于金元之上的三足蟾蜍，背负铜钱串，体态肥硕，满身富贵之气，有"吐宝发财，财源广进"之美好寓意，所以民间有俗语"得金蟾者必大富"也。

"刘海戏金蟾"这个典故出自道教，由传说中辟谷轻身的人物附会而成。图画一般是一蓬发少年以连钱为绳，戏钓金蟾构成。金蟾是一只三足蟾蜍，古时认为得之可致富。寓财源兴旺，幸福美好之意。这里面还有个传说：刘海是吕洞宾弟子，武艺高强，喜欢周游四海，降魔伏妖，布施恩德以造福苍生。一天，他降服了一只长年危害百姓的金蟾精，在打斗过程中，金蟾被其宝剑削断一足，所以以后的金蟾多为三足。自此金蟾臣服于刘海门下，为求将功赎罪，金蟾使出绝活咬进金银财宝，助刘海造福世人，帮助穷人，发散钱财。人们便叫它"招财蟾"。

给去世的亲人烧纸钱的习俗起于何时？

民间有"烧七"的习俗。意思是说，在死者下葬后的 49 天内，每隔 7 天，亲人们便要到坟前烧纸送钱，这样才能保证死者有足够的钱花，平安地到达地府。给亡者烧纸钱，这个习俗是源于何时呢？

相传，东汉蔡伦改良了造纸术后，不仅自己成了名人，家境也富裕起来。他还将这门技术教给了哥嫂，希望他们也能发家致富。然而，心性急躁的蔡莫（蔡伦哥哥）刚学到了皮毛，便迫不及待地开店做生意了。当时，人们对纸的重视不够，加之蔡莫的纸张粗制滥造，所以，店里生意十分冷清。

望着已经积压的纸张，蔡莫夫妻俩终日茶饭不思。一天夜里，正在熟睡的左邻右舍听到蔡莫家传出哭声，纷纷赶过来一探究竟。刚一进门，就看到大堂之上放着一口棺材，蔡莫跪在棺材前，泪如雨下。蔡莫一边哭一边往火盆里放纸。邻人上前询问方知，慧娘（蔡妻）突染急病，刚刚离世。

众人听了，都感叹不已，劝蔡莫节哀。就在这时，木棺中发出咚咚响声，还在迷梦中的邻人顿时睡意全无。只听棺内有人说道："相公，给我开门，我回来了。"蔡莫早已吓得魂不守舍，哪里敢近前丝毫。"相公，真的是我，你开门我再与你细说。"棺材里又传出话来。在邻人的帮助下，蔡莫颤抖着打开棺木。慧娘容光焕发地走了出来。

在鬼门关绕了一圈的慧娘说道："我本来已经到了地府，阎王要我受苦赎罪。我被押往刑场的路上，小鬼接到阎王令放我回人间。询问了才知道，原来相公送了阎王很多金银财宝。"蔡莫惊诧道："我未曾见过阎王，如何给阎王送财宝了？"慧娘说："你所烧的纸，就是阴间钱财。阎王看你送了那么多，才如此开恩的。"

▲北京出殡行列图　清

众人一听，纷纷抢着买蔡莫家的纸，准备在鬼节焚烧，以求死去的亲人起死回生。一时之间，蔡莫家的纸供不应求。原来，这是蔡莫和慧娘演的一出戏，并非真的转世还阳。后来，民间便流行起了烧纸钱的习俗。

有观点认为，为死者烧纸送钱，送盘缠，是源自佛家、道教的生死轮回说。人们相信，人死后，有灵魂存在。为了让死去的亲人能在阴间少遭些罪，心诚的人们烧纸钱给他们，希望他们在另一个世界能过上好日子。

烧纸送钱亡者自然不会收到。但是人们宁愿通过这种方式缓解对亲人的相思之苦，并借助这种方式继续尽着世间没有完成的孝道，聊以自慰。

入殓有哪些礼俗？

入殓有"小殓"和"大殓"之分。

小殓是指为死者穿衣服。在民间的习俗里，入殓的衣服和被子忌讳用缎子，因为"缎子"谐音"断子"，一般用绸子，"绸子"谐音是"稠子"，可以福佑后代多子多孙。殓衣又忌讳用皮毛制作。用兽皮做被子的话，死者来世会转生为兽类的。替死者穿好衣服后，又拿一碗温和的水，用一块新棉花，蘸着水，将亡人的眼睛擦洗擦洗，叫作开光，这也是孝子亲手做的事。

"大殓"是指收尸入棺。这就意味着死者与世隔绝，与亲人最后一别。收尸盛殓的棺材，是以松柏制作的，忌讳用柳木。松柏象征长寿。柳树不结籽，或以为导致绝嗣。大殓的时间是在小殓的第二天，就是人死后的第三天举行。当主人"奉尸殓于棺"时，家人要捶胸顿足、号啕大哭。

尸体、殉葬物放妥后，接着要钉棺盖，民间称为"镇钉"。镇钉一般要用七根钉子，俗称"子孙钉"，据说这样能够使后代子孙兴旺发达。入殓后，雨打棺。否则，以为后代子孙会遭贫寒。入殓前后，停棺在堂，直至出殡。

披麻戴孝的习俗是怎么来的？

在中国传统葬礼上，亲属都要披麻戴孝为死者送殡。披麻戴孝的丧葬队伍浩浩荡荡，哭声抢天动地，纸钱漫天飞舞。这个习俗是因何而来呢？

说起披麻戴孝，还要从魏晋时期的丧葬五服说起。五服从重到轻分别为：斩衰、齐衰、大功、小功、缌麻。按照五服制度规定，血缘关系越近，所穿丧服越重。丧服轻重不同，所制丧服材质、样式、穿着时间又有所不同。

所谓的披麻戴孝，通常指的是披麻布服，头戴白孝，垂到腰间。

如今，城市中通常以胸前佩戴白花，手臂上缠黑纱来代替传统的披麻戴孝。但是在有些地方，披麻戴孝的习俗仍然延续着。

凤凰有些什么祥瑞含义？

凤凰，亦称为朱鸟、丹鸟、火鸟、鹠鸡。凤凰和麒麟一样，是雌雄统称，雄为凤，雌为凰，其总称为凤凰。凤凰齐飞，是吉祥和谐的象征。它跟龙的形象一样，愈往后愈复杂，有了鸿头、麟臀、蛇颈、鱼尾、纹、龟躯、燕子的下巴、鸡的嘴。自古以来凤凰就是中华民族文化中的重要组成部分。

凤凰的起源约在新石器时代，原始社会彩陶上的很多鸟纹是凤凰的雏形，距今约 6700 年的浙江余姚河姆渡文化出土的象牙骨器上就有双鸟纹的雕刻形象，这双鸟纹应是古代凤凰的最早记载。

凤凰也是中国皇权的象征，常和龙一起使用，凤从属于龙，用于皇后嫔妃，龙凤呈祥是最具

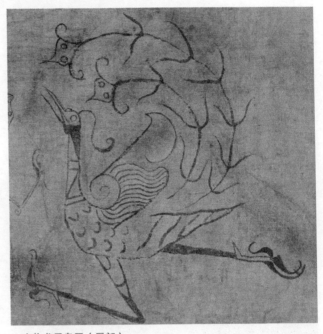

▲人物龙凤帛画（局部）

一只展翅飞舞的凤，它引颈抬头，尾上的两根翎毛清晰可见。画中勾勒用笔流畅，线条曲直配合得当，用色十分讲究，整幅画显得协调并富有装饰意味。很显然，作者是经过精心设计处理过的。这是一幅带有迷信色彩的风俗画，画中的妇女在向墓中死者祝福。有人认为，画中妇女就是墓主人，她在祈求龙凤引导她升入天国，以求得再生。

中国特色的图腾。民间美术中也有大量的类似造型。凤也代表阴，尽管凤凰也分雄雌，但一般的是将其看作阴性。

凤凰亦有"爱情"、"夫妻"的意思。《诗经·大雅》载："凤凰于飞，刿刿其羽。"比喻夫妻和好恩爱。另外，神话中说，凤凰每隔五百年，就要背负人间的所有仇恨恩怨，纵身于烈火中，然后以更美好的躯体得以重生。因此，凤凰也有永生、美丽之意。

龟有着怎样的祥瑞意义？

龟是四灵中唯一真实存在的东西，据说也是所有动物中寿命最长的。人们不仅把龟当作健康长寿的象征，也认为它具有预知未来的灵性。远古时期，每当重大活动，都要请巫师烧龟甲，然后根据龟甲上爆裂的纹路来占卜吉凶。所以，人们都称龟为"神龟""灵电"。

在古代帝王的皇宫、宅院和陵墓里，都有石雕或铜铸的神龟，用来象征国运的久远；不少人起名字时，也愿意用上"龟"字，如"龟年"、"龟龄"等，以求长寿。

鹿有着怎样的祥瑞意义？

鹿在古代是很常见的动物，所以在生活中鹿之意象亦为人们所常用，如"逐鹿中原"即指竞争天下。鹿性情温顺，形象秀丽，尤其梅花鹿棕红色背毛配以白色斑点，备受人们的喜爱。《诗经·鹿鸣》中说："呦呦鹿鸣，食野之苹。"是说鹿遇到食物会鸣叫，以召唤同伴共同进食，后来人们常以此来比喻君臣间像鹿一样有乐共享。此外，鹿在古代还被视为"神物"，认为鹿能给人带来吉祥幸福和健康长寿——寿星就是骑着梅花鹿的。此外鹿、禄谐音，因此鹿常常也被视为禄位、财富的象征。

麒麟有着怎样的祥瑞意义？

▲ 颐和园里的麒麟

麒麟，亦作"骐麟"，雄性称麒，雌性称麟，古代传说中的仁兽、瑞兽，是中国古代传说中的一种动物，与凤、龟、龙共称为"四灵"。被称为圣兽王，主太平、长寿。

麒麟在中国传统民俗文化中备受喜爱，如麒麟送子就是传统民俗画的常见题材。传说孔子将生之夕，有麒麟衔玉书至其家，上写"水精之子孙，继衰周而素王"，意谓他有帝王之德而未居其位。因此民间有"麒麟儿""麟儿"之美称。古时，民间普遍认为，求拜麒麟可以得子。唐杜甫《徐卿二子歌》："君不见徐卿二子多绝奇。感应吉梦相追随。孔子释氏亲抱送，并是天上麒麟儿。"

麒麟按分类有送子麒麟、赐福麒麟、镇宅麒麟，其名字代表其寓意。麒麟因其深厚的文化内涵，深受人们喜爱。

鹤有着怎样的祥瑞意义？

所谓仙鹤，实际上就是丹顶鹤，其性情高雅，形态美丽，素以喙、颈、腿"三长"著称，直立时可达一米多高，看起来仙风道骨，被称为"一品鸟"，地位仅次于凤凰。古人多用翩翩然有君子之风的白鹤，比喻具有高尚品德的贤能之士，把修身洁行而有时誉的人称为"鹤鸣之士"。

鹤为长寿仙禽，具有仙风道骨，据说，鹤寿无量，与龟一样被视为长寿之王，后世常以"鹤寿"、"鹤龄"、"鹤算"作为祝寿之词。鹤常为仙人所骑，老寿星也常以驾鹤翔云的形象出现。鹤也常和松被画在一起，取名为"松鹤长春"、"鹤寿松龄"；鹤与龟画在一起，其吉祥意义是龟鹤齐龄、龟鹤延年；鹤与鹿、梧桐画在一起，表示"六合同春"；画着众仙拱手仰视寿星驾鹤的吉祥图案，谓为"群仙献寿"；鹤立潮头岩石的吉祥图案，名叫"一品当朝"。

而鹤、凤、鸳鸯、鹡鸰和黄莺的画称为"五伦图"，凤象征君臣，鹤象征父子，鸳鸯象征夫妻，鹡鸰象征兄弟，黄莺象征朋友。

鸳鸯有着怎样的祥瑞意义？

在我国古代，最早是把鸳鸯比作兄弟的。《文选》中有"昔为鸳和鸯，今为参与商"，"骨肉缘枝叶"等诗句，此处鸳鸯比喻兄弟之情。将鸳鸯比作夫妻，最早出自唐代诗人卢照邻《长安古意》诗，诗中有"愿做鸳鸯不羡仙"一句，赞美了美好的爱情，以后一些文人竞相仿效。

崔豹的《古今注》中说："鸳鸯、水鸟、凫类，雌雄未尝相离，人得其一，则一者相思死，故谓之匹鸟。"在人们心目中，鸳鸯是永恒爱情的象征，是一夫一妻、相亲相爱、白头偕老的表率，自古以来，

▲鸳鸯

在"鸳侣"、"鸳盟"、"鸳衾"、"鸳鸯枕"、"鸳鸯剑"等词语中，都含有男女情爱的意思，"鸳鸯戏水"更是我国民间常见的年画题材。其实这只是人们看见鸳鸯在清波明湖之中的亲昵举动，通过联想产生的美好愿望，于是人们将自己的幸福理想赋予了美丽的鸳鸯。事实上，鸳鸯在生活中并非总是成对生活的，配偶更非终生不变，在鸳鸯的群体中，雌鸟也往往多于雄鸟。

喜鹊有着怎样的祥瑞意义？

喜鹊自古以来就被中国人视为好运与福气的象征，农村喜庆婚礼时最乐于用剪贴"喜鹊登梅枝"来装饰新房，寓意"喜上眉梢"。此外，在中国的民间传说中，每年的七夕人间所有的喜鹊会飞上天河，搭起一条鹊桥，引分离的牛郎和织女相会，因而在中华文化中鹊桥常常成为男女情缘的象征。

人们相信喜鹊能报喜。据说贞观末年有个叫黎景逸的人，家门前的树上有个鹊巢，他常喂食巢里的鹊儿，长期以来，人鸟有了感情。一次黎景逸被冤枉入狱，受尽折磨。突然有一天，他喂食的那只鹊停在狱窗前欢叫不停，他暗自想大约有好消息要来了。果然，三天后他被无罪释放，因为喜鹊变成人，假传圣旨释放了他。有了这些故事印证，画鹊兆喜

的风俗大为流行，品种也有多样，如两只鹊儿面对面叫"喜相逢"；双鹊中加一枚古钱叫"喜在眼前"；一只獾和一只鹊在树上树下对望叫"欢天喜地"，等等。

蝙蝠有着怎样的祥瑞意义？

蝙蝠是哺乳动物；又名仙鼠、飞鼠。蝙蝠简称"蝠"，因"蝠"与"福"谐音，人们以"蝠"表示福气，福禄寿喜等祥瑞。民间绘画中画五只蝙蝠，意为"五福临门"。旧时丝绸锦缎常以蝙蝠图形为花纹。婚嫁、寿诞等喜庆妇女头上戴的绒花（如"五蝠捧寿"等）和一些服饰、器物上也常用蝙蝠造型。

但蝙蝠也有形象不佳的一面，冯梦龙在《笑府·蝙蝠骑墙》中写道："凤凰寿，百鸟朝贺，唯蝙蝠不至。"它说自己不是鸟类而是一种四足动物。后来轮到麒麟过生日，百兽都来朝贺，蝙蝠又不到。这次它说自己有翅膀能飞，是鸟不是兽。这个笑话，讽刺蝙蝠是一个滑头的骑墙派。

蟾蜍为什么能成为财富的象征？

▲ 刘海戏蟾

人们通常把蟾蜍叫金蟾，古语讲"家有金蟾，财源绵绵"。传说中的三脚蟾蜍，通常被人们看成是财富的象征。传说它能口吐金钱，是旺财之物。相传此三脚蟾蜍原是一只妖邪，且法力高强，喜爱金银财宝，还危害人间老百姓。最后被修道士"刘海"收服，能吐出义钱，来济贫助人。三脚蟾蜍天性喜欢金银财宝，对钱财有敏锐洞悉力，很会挖掘财源。刘海禅师平生喜欢布施济贫，得到三脚蟾蜍之相助，救济贫穷百姓无数。此后，三脚蟾蜍被认定为"招财宝物"。金蟾的造型很多，一般为坐蹲于金元之上的三足蟾蜍，背负钱串，丰体肥硕，满身富贵自足，有"吐宝发财，财源广进"的美好寓意，所以民间有俗语"得金蟾者必大富"也。放置此物于家居或商铺之中，定然财运亨通，大富大贵。

什么是饕餮？

饕餮是中国传说中的一种凶恶贪食的野兽。《山海经》载，羊身，眼睛在腋下，虎齿人爪，是一种想象中的神秘怪兽。有一个大头和一个大嘴。这种怪兽没有身体是因为它太能吃，甚至把自己的身体也吃掉了。饕餮是贪欲的象征，所以常用来形容贪食或贪婪的人。古代青铜器上面常用它的头部形状做装饰，叫作饕餮纹。传说是龙生九子之一。一说是断头的蚩尤。现在则用来形容极度好食的人。

鱼有些什么吉祥寓意?

鱼在中国图案中是一个流传极广的装饰形象。我们可以看到,早在原始时期的彩陶上,就已经出现了许多优美生动的鱼形装饰形象。

在骨刻、石刻、玉雕、陶瓷彩绘以及织绣等历代工艺美术品中,众多的鱼形更是形态生动、造型优美,实在是中国图案美术中的珍品。中国人喜爱鱼纹,更赋予它一定的人情味。人们把盼望书信交流的美好情感称作"鱼雁传书",把夫妻恩爱称作"如鱼得水"。鱼与"余"和"裕"音同和相近,因此,鱼一直都是民间吉祥物之一,例如过年时的百姓都喜欢吃鱼,以希望年年有余、生活富裕。

十二生肖指的是哪些?

中国"十大名花"都有哪些?

中国十大名花,指的是:

梅花、牡丹、菊花、兰花、月季、杜鹃、荷花、茶花、桂花、水仙、另外也有人剔除了水仙和月季这两种花卉,而将芍药和君子兰列入其中。十大名花的美称如下:

月季——花中皇后

水仙——凌波仙子

牡丹——花中之王、富贵花

兰花——花中君子、天下第一香、空谷佳人

菊花——花中君子、花中隐士

梅花——花中君子、雪中高士

荷花——出水芙蓉、花中仙子、花中君子

杜鹃花——花中西施

桂花——九里飘香、十里飘香、花中仙客

茶花——花中珍品、花中娇客、花中妃子

还有哪些动物被视为祥瑞的象征?

除了龙凤龟麟、鹤鹿鸳鸯等吉祥动物之外,还有一些动物也被中国人赋予了祥瑞意义。

狮子。狮子是异国野兽,以其勇猛受到中国人的喜爱,常常被当作神佛人物的座骑,因而更具神性。在宅院门前，人们往往会摆一对石狮子，以示威严。逢年过节人们还以舞狮的方式进行庆贺，祈求来年风调雨顺、万事顺遂。

大象。大象和狮子一样，也是外方进贡的神兽。古代皇室往往会养些大象，以备礼仪之用，显示皇家威严。玉石雕塑中，在大象背上放一个瓶子，寓意"太平有象"。

蝴蝶。蝴蝶因"梁祝"的传说而被人们视为爱情的象征，同时蝶谐音"耋"，即八九十岁。人们往往画小猫扑蝶的图献给老人，谐音"耄耋"，以此祝愿老人长寿。小孩的长命锁也被打造成蝴蝶的形象或錾刻蝴蝶花纹，也是期盼孩子长命百岁的意思。

虎。人们往往画虎贴在门上或挂在厅中，以驱邪镇宅。

羊。"羊"谐音"阳"、"祥"，被视为吉祥的象征。

其他还有鹌鹑（"鹌"谐音"安"，象征平安）、猴子（"猴"谐音侯，寓意封侯）等等。

第八章
服饰潮流

华夏衣冠指的是什么？

华夏衣冠，也就是汉服，是中国汉族的传统服饰的总体系，又称华服。华夏衣冠的由来可以追溯到三皇五帝时期，一直到明代，连绵几千年，具有华夏人民一直不更改的服饰的基本特征，这一时期汉民族所穿的服装，被称为华夏衣冠。

华夏衣冠的主要特点有交领、右衽，不用扣子，而用绳带系结，给人以洒脱飘逸的印象。这些特点都明显区别于其他民族的服饰。

华夏衣冠有礼服与常服之分。从形制上看，有"上衣下裳"制（裳在古代指下裙）、"深衣"制（把上衣下裳缝连起来）以及"襦裙"制（襦，即短衣）等类型。其中，上衣下裳的冕服是帝王百官最隆重正式的礼服；"袍服"（深衣）为百官及士人常服，襦裙则是妇女喜爱的穿着。普通劳动人民一般上身着短衣，下穿长裤。

华服在明代后期又发展出了类似于清代服饰的对襟立领纽扣（但与清代服饰不同，明代纽扣细小，用金属制造，位于不显眼位置；清代服饰以显眼的布扣为主）。华夏衣冠的基本款式大约有 9 类，在基本款式下又根据它在领口、袖型、束腰、裁剪方式等的不同变化演绎出了几百种款式。

华夏衣冠虽是平面裁剪，但用料远远多于覆盖人体的需要。在裁剪之时，看上去虽然是平面直线的，但是穿在人的身上，再配合上束腰等手段，就会因身材的不同，呈现出不同的曲线，无论从正面、侧面还是背面，都十分优美动人，同环境融为一体，成为灵动的艺术品。

汉服不仅仅重视人体的各个侧面的线型，还注重人和环境对服饰的影响。汉族传统服装中，贵族服饰的大袖，不仅是袖径的宽大，也表现在袖子的长度超长。官员和老人的袖子延至手后，还可以挽回相当的长度。

汉服袖径宽可达 1.33 米，这种宽大的剪裁，使得汉服在穿着起来以后，可以行成如行云流水般的线条，随风而动，却毫不拖拉，给人仙风道骨之感。

古代衣服是如何表示贵贱的？

现代生活中，对穿衣并没有条条框框的限制。那么在古代，人们也可以随心所欲地穿衣服吗？

以等级制度森严著称的封建社会，当然不允许人们想穿什么就穿什么。这不但是法律制度的规定，还是封建礼制的要求。按照礼法要求，人们不仅要注意言谈举止，更为重要的是，要"量体裁衣"，穿适合自己身份等级的衣服。如若不然，甚至可能引来杀身之祸。

关于古代服饰划分等级的分类，大致有以下几种：

材质表贵贱。在古代，平民百姓是没有资格穿绫罗绸缎的。通常，只有皇室宗族、达官贵人能够身着锦帛。没身份、没地位的黎民百姓只能穿粗布麻衣。因而，古代的平民百姓又被称为"布衣"。

颜色明地位。上古时期，人们以黑白为主色，红为吉色，黄色为贵色。后来，黄色渐渐成了皇家专属。这在服饰文化上，也有所体现。史书中所载的"白衣"、"乌衣"便是身份地位较低的人所着服饰。"白衣"指的是没有官职的平民，也指未考取功名的读书人；"乌

▲战国时期贵族服装复原图

战国时期纺织业有了很大发展，首先，发明了脚踏板织布机，可手脚并用，大大地提高了生产效率。其次，提花工艺和刺绣技术的广泛应用使得纺织品的质量提高。

衣"通常指的是地位较低的胥吏所穿的黑服。而像"朱绂"、"紫绶"之类，则指的都是地位较高的人。晚唐诗人韦庄有诗云："朱绂皆大夫，紫绶悉将军。"另外，在官场中，通常穿青绿官服的，多为六品以下官员；着紫红官服的，大都为五品以上。

纹饰划等级。这种等级划分标准通常适用于官场，这样说，是因为纹饰划分等级主要体现在官员所穿的服饰上。据史料记载，天子所穿之服，也就是龙袍，上面绣有日、月、星、辰、山、龙、雉、宗彝、水草、火、粉米、黼（斧形）、黻（亚形）。取其九五至尊，庄重威严，光明贤德之意。诸侯之位，所着服饰纹饰绣以龙以下的图案；士族则只能用水草、火两种图案。

衣服长短显身份。"孔乙己是唯一一个穿长衫，站着喝酒的读书人。"说明穿长衫的人有一定的身份地位，本该坐着喝酒的。诸如伙计、下等人之类，则只能穿短衫，站着喝酒。可见，在古代，人们穿衣的要求是很严格的。

"冠"与"冕"都是帽子吗？

古代男子20岁的时候要行冠礼，从这个时候起，男子开始戴一种叫"冠"的头饰。"冠"也是贵族成年男子的必备饰品。一般情况下，小孩、平民、罪犯、异族是不能够戴冠的。所以，"冠"被视为古代划分地位等级的标志。但是帝王登基，通常说"加冕"，而不说"加冠"，

难道"冕"比"冠"还要尊贵？"冠"和"冕"有什么区别呢？

据说，"冠"和"冕"都是帽子的一种。据《后汉书》记载："上古衣毛而冒皮。"后人作注说：冒，指的是帽子。所以有观点认为，在上古时期，就已经出现了帽子。此时，它是人们御寒保暖、遮日防雨的工具。随着生产力的发展，等级制度的建立，才出现了"冠"、"冕"这样的分类。

冠不仅是一种头饰，还是礼仪、身份的象征。冠不似我们现在看到的帽子，它只是遮住头顶一部分。古人用冠来罩住头顶的发束，以笄固定。有的冠圈两旁还有两条丝绳，用以固定冠圈。据史料记载，除了从是否佩戴冠饰上，可以看出等级尊微外，还可以从所佩戴之冠的种类上区分地位。在古代，按照位别高低，冠可以分为通天冠、进德冠等。通常，通天冠为帝王所戴之冠，进德冠为朝廷重臣所戴之冠。

据考证，冕的出现要早于冠。作为一种最为尊贵的礼冠，最初，冕只有封建帝王以及士大夫以上的官员才能够戴。到了南北朝以后，它成了皇帝一人的专属。冕一般外黑内红。上方有一块长方板，称为延。冕前低后高，延前后两端缀有数串圆珠子，取目不斜视之意。冕的两旁通常缀有两条丝带或绵丸，意为充耳不听谗言。据有些史料记载，天子冕前后所缀珠线被称为旒。因其前后各有十二旒，天子之冕又被称为"十二旒冕"。佩戴旒冕是帝王的象征，因而继承皇位，又有了"加冕"之说。

绫、罗、绸、缎各有什么特点？

绫是中国传统丝织物的一类，在绮的基础上发展起来的。始产于汉代以前，盛于唐、宋。绫光滑柔软，质地轻薄，用于书画装裱，制作衬衫、睡衣等。

最早的绫表面呈现叠山形斜路，"望之如冰凌之理"，故名。绫有花素之分。《正字通·系部》中记载："织素为文者曰绮，光如镜面有花卉状者曰绫。"

绫在汉代以前就有了，唐代的官员们都用绫做官服。在繁多的品种中，浙江的缭绫最为有名，宋代在唐的基础上又增加了狗蹄、柿蒂、杂花盘雕和涛水波等名目，并开始将绫用于书画装裱。

运用罗绸织发使织物表面具有纱空眼的花素织物，统称罗。罗的品种有横罗、直罗、花罗。罗产于杭州，因此又称杭罗。杭罗由于历史悠久，品质优良，成为罗的传统名品。

它是纯蚕丝织物，特点是风格雅致、质地紧密结实、纱孔通风、穿着舒适。

绸是丝织品中最重要的一类，专指利用粗丝乱丝纺纱织成的平纹织品。两晋南北朝时期，绸开始有粗、细之分。汉唐时期，中国丝绸即已通过丝绸之路，远销中亚、欧、非各国。明清以来绸成为丝织品的泛称。

绸类织物品种很多，按所用原料分为真丝类、柞丝类、绢丝类等，色泽鲜艳、斜纹道清晰、手感平滑，主要用于高档衣服的里绸。

缎俗称缎子，是利用缎纹组织的各种花、素丝织物。缎纹组织中，经、纬只有一种以浮长形式布满表面，并遮盖另一种均匀分布的单独组织点，因而织物表面光滑有光泽。经浮长布满表面的称经缎；纬浮长布满表面的称纬缎。缎类织物是丝绸产品中技术最为复杂，织物外观最为绚丽多彩、工艺水平最高级的一类品种。

古代"衣"和"裳"有什么讲究？

我国的衣裳文化源远流长。据《易·系辞下》记载："黄帝、尧、舜垂衣裳而天下治。"可见在很久以前，古人就制定了衣裳制度。古人的衣服以交领右衽为主，也有圆领、直领，无扣系带，宽衣大袖，线条柔美流畅。商代时，上衣下裳的衣裳制度基本形成，帽、冠、发式、鞋子也随之产生。在古代社会，人们出于对天地祖先的崇拜，认为上衣象征天，天未明时是玄（黑）色；下裳象征地，而地是黄色。所以古人祭祀天地、祖先的衣裳（祭服）都是上玄下黄。而在日常生活中，衣裳的颜色要求就不十分严格了。西周时，宗法分封制确立后，等级制度也随之形成，对服饰的要求也严格起来，衣裳也随之出现了不同的等级。

隋唐时，随着社会的发展，上衣下裳已经不符合时代要求。裙子逐渐只限于女子穿用，而男子则穿袍子。但在正式的朝贺或祭祀时，君臣们仍然穿正式的上衣下裳的朝服。

"冕旒"和"龙袍"有何讲究？

冕旒是古代帝王、诸侯、卿大夫参加重大祭祀典礼时所戴的礼帽，是礼帽中最尊贵的一种，后来专指皇冠。

冕外面为黑色，里面为朱红色，上面是一块长方形的版，叫延，延的前端有一组缨，穿挂着玉珠，叫旒。天子有十二旒（排），《礼记·玉藻》："天子玉藻，十有二旒。"《淮南子·主术训》："古之王者，冕而前旒。"诸侯有九排，上大夫有七排，下大夫有五排。南北朝后只有皇帝才可以戴冕，所以"冕旒"成为皇帝的代称。

龙袍，又称龙衮、黄袍，因袍的主要颜色为黄色，上面绣龙纹而得名，是皇帝专用的袍，

▲舞伎图　唐
图中舞伎着一件黄蓝色卷草纹白袄，红裙曳地，脚登高头青绚鞋。

后泛指古代帝王穿的龙章礼服。龙袍的特点是盘领、右衽、黄色。龙一般为 9 条：前后身各 3 条，左右肩各 1 条，襟里 1 条。这样正背各显 5 条龙，意味"九五至尊"。清代龙袍下摆等部位绣有水浪山石图案，称"水脚"，意味一统山河。在封建社会，臣民严禁穿龙袍，否则就是谋反。

我国到目前为止是否有完整的冕服实物？

冕服是古代礼服的一种。它由冠（冕冠）、上衣（玄色，即黑色）、下裳（一般为红色或黄色）、舄（一般指重木底鞋，是古代贵族的鞋），以及蔽膝（遮盖大腿到膝盖）、绶（指丝带）、佩等配件构成。

冕服之制，相传殷商时期就有，到了周朝，定制规范、完善，自汉代以来历代沿袭，源远流长。

冕服的种类、使用范围、章纹分布等多有更定和演变，各个朝代都不一样。冕服制度一直沿用到明朝，直至清朝建立，因服饰政策进一步变更冕服制度在中国也随之终结，但冕服上特有的"章纹"仍然饰于清代帝后的礼服、吉服等服饰上。

冕服等级由高到低分为 6 种。主要以冕冠上"旒（礼帽前后的悬垂物）"的数量和长度及衣、裳上装饰的"章纹"种类和个数等内容来区别，但它们又都是黑色上衣配红色下裳，也就是所谓的玄衣纁裳（注：此六冕之制，后世各代多不完全照搬）。

大裘冕：王祭祀天帝所用，配有十二旒冕冠，大裘、玄衣纁裳。上衣绘日、月、星辰、山、龙、华虫六章纹，下裳绣有藻、火、粉米、宗彝、黼、黻六章纹，共 12 章，因此又称为十二章服。

衮冕：王的吉服，配有九旒冕冠，玄衣纁裳。上衣绘有龙、山、华虫、火、宗彝五章纹，裳绣有藻、粉米、黼、黻四章纹，共 9 章。

鷩冕：王祭祀先公、飨射所用，配有七旒冕冠、玄衣纁裳。上衣绘华虫、火、宗彝三章纹，裳绣有藻、粉米、黼、黻四章纹，共 7 章。

毳冕：王祭祀山川所用，配有五旒冕冠、玄衣纁裳。上衣绘宗彝、藻、粉米三章纹，裳绣有黼、黻二章纹，共 5 章。

绣冕：王祭祀社稷、先王所用，配有四旒冕冠、玄衣纁裳。上衣绣粉米一章纹，裳绣有黼、黻二章纹。

玄冕：王祭拜群小，也就是祀林泽坟衍四方百物时所用，配有三旒冕冠、玄衣纁裳。上衣无章纹，裳绣有黻一章纹。

1957 年，北京明神宗定陵出土有明代冕服上的冕冠、裳、中单、蔽膝、绶、佩、大带等各部分，但独缺上衣，因此我国到目前为止尚未发现有完整的冕服实物。

古代的"石榴裙"为什么流行?

石榴裙是古代裙子样式中的一种,裙子的颜色是与石榴花一样的大红色,从整体上来说,除了石榴花那样的红色以外,没有其他的颜色掺杂,女子穿起来显得别有一番风味,同时也是女子对自己自信的一种显露,因此,在石榴裙问世后,很受年轻女子的青睐。

▲古装仕女

有一句话是这么说的"拜倒在石榴裙下",是用来比如男子对美丽女子的崇拜并为之倾倒。而这句话的来源和杨贵妃有着一定的联系:杨贵妃是唐明皇宠爱的妃子,很是喜欢石榴花,也特别喜欢穿绣满石榴花的裙子,而唐明皇因为过分地宠爱杨贵妃而荒废了朝政,朝中的大臣便把自己的不满加于杨贵妃,且见到她不施君臣的礼仪;在一次宴席上,杨贵妃将朝中大臣对她不施礼的情形告诉了唐明皇,唐明皇当场下令所有的大臣见了杨贵妃必须得下跪,否则就以欺君之罪惩罚。群臣无奈,君命不得不从,也就逐渐有了"拜倒在石榴裙下"这么一说。久而久之,便演变成了表示男子对女性崇拜倾倒的俗语。

其实石榴裙在古代可以那么流行,主要特点在于石榴裙可以使女子更加美丽动人,彰显成熟高贵的气质,给人一种清新自然的感觉,同时也将女子的一种内在自信表达了出来。在古诗词中,我们能看到诗人对于石榴裙的描述及对穿着石榴裙的女子的赞美。如万楚在《五月观妓》中说:"眉黛夺将萱草色,红裙妒杀石榴花。"南北朝诗人何思徵以"风卷葡萄带,日照石榴裙"来暗比心中美女。

穿着石榴裙的女子展现了她们优美的姿态同时,也倾注了让人们对其的喜爱,使之一直广为流传而经久不衰。

皇帝专用的服饰称为什么?

龙袍是皇帝的朝服,上面绣有龙形图案。它是皇帝的专用服装,还被称为龙衮。

龙袍的特点是盘领、右衽、黄色。龙袍上的各种龙章图案,历代均有变化。龙数一般为 9 条：前后身各有 3 条，左右肩各 1 条，襟里藏 1 条，于是正背均显 5 条，吻合帝位"九五之尊"的地位。清代龙袍还绣"水脚"（下摆等部位有水浪山石图案），隐喻山河统一。

龙袍是古代皇帝参加庆典活动时穿的礼服。龙袍的空地是明黄色，领、袖俱石青色，片金缘。上面绣有 12 个团龙以及日、月、星辰、山、龙、华虫（雉的异名）、宗彝（长尾猴尊）、藻（垫玉的彩色板）、粉（古代绣在衣上的白色或有色粉末）、火（物体燃烧时所发出的光和焰）、米（古代绣在衣上的花纹）、黻（古代礼服上白与青相间的花纹）的形象，其余是排列均匀的"如意头"、"蝙蝠"及象征富贵的字纹样。

龙袍的色彩选用十分考究，并十分严格。古代人使用的色彩并不单纯是为了美观，同时又是作为一个种族或是部落的标志。在远古旧石器时代的山顶洞人穿着采用赤铁矿染色；夏代崇尚黑色；周代崇尚红色；秦崇尚黑；汉灭秦后崇尚黄。汉文帝刘恒穿的龙袍第一次采用了黄色，之后长期以黄色为最高贵，它象征中央，因此，这种风气一直沿袭下来，直到封建社会结束。

龙袍上的字纹样的颜色由淡月白色、品月及普蓝组成，"蝙蝠"有朱红、香色、枣红、绛色、青铜色等数种颜色构成。"如意头"有明蓝、月白、藏青与水红、桃红、枣红、雪灰两种颜色组成。

龙袍在封建社会是帝王和权力的象征，因此，具有非常深刻的中华民族文化的烙印。

▲彩绘贴金武官俑　唐
此俑所穿铠甲颜色华丽，边缘绘绿、红、蓝等色构成的宝相花纹。

隋唐五代的铠甲大致有哪几种？

隋唐五代的铠甲大致分为隋代的两裆铠和明光铠，唐代的明光、光要、锁子、山文、鸟锤、细鳞甲，以及五代时期的皮甲。

隋代使用最普遍的铠甲是两裆铠和明光铠。两裆铠的结构较前代有所进步，形制也有一些小的变化。身甲一般由全鱼鳞形状的小甲片编制，长度已经延伸至腹部，取代了原来的皮革甲裙。身甲的下摆是弯月形、荷叶形甲片，用来保护小腹。这些改进大大增强了腰部以下的防御。明光铠的形制基本上和南北朝时期相同，只是腿裙变得更长。

初唐的铠甲和戎服基本保持着南北朝至隋代的样式与形制。贞观以后，进行了一系列服饰制度的改革，逐渐形成了具有唐代风格的军戎服饰。高宗、则天两朝，国力鼎盛，天下承平，上层集团奢侈之风日益严重，戎服和铠甲大部分脱离了实用的功能，演变成为以美观豪华的装饰为主要作用的礼仪服饰。

　　"安史之乱"后，铠甲和戎服又重新恢复到了金戈铁马时代的实用功能。特别是铠甲，晚唐时就形成基本固定的形制，唐代的铠甲，据《唐六典》记载，有明光、光要、细鳞、山文、步兵、皮甲、鸟锤、木甲、白布、皂娟、布背、锁子、马甲 13 种。其中，明光、光要、锁子、山文、鸟锤、细鳞甲是铁甲，后三种则是以铠甲甲片的式样来命名的。皮甲、木甲、白布、皂娟、布背，则是用制造材料命名。在铠甲中，仍以明光甲的使用最普遍。

　　唐代用于实战的，主要是铁甲与皮甲。除铁甲与皮甲外，唐代铠甲中比较常用的，还有绢布甲。绢布甲是用绢布一类纺织品做成的铠甲，它结构比较轻巧，外形美观，却没有防御能力，故不能用于实战，只能作为武将平时服饰或是仪仗用的装束。

　　五代时期在服饰上基本沿袭唐末制度，明光甲已基本退出历史舞台，铠甲重新又全用甲片编制，形制上变成两件套装。披膊同护肩连成一件；胸背甲和护腿连成另一件，以两根肩带前后系接，套在披膊护肩之上。另外，五代继续使用皮甲，用大块皮革制成，并佩兜鍪以及护项。

女着男装的风气始于哪一朝代？

　　唐代的社会风尚较为开放，女着男装就是始于并兴盛于这一时期。

　　《旧唐书·舆服志》记载道："或有着丈夫衣服、靴、衫，而尊卑内外斯一贯矣。"这明确说明了女着男装的情形。《新唐书·五行志》记载："高宗尝内宴，太平公主紫衫玉带，皂罗折上巾，具纷砺七事，歌舞于帝前。帝与后笑曰：'女子不可为武官，何为此装束？'"可明显看出，皇帝对此也是抱着宽容欣赏的态度，完全没有呵斥女儿不守礼法。虽说这太平公主这一举动有些恃宠撒娇，但也说明了唐初已经出现女着男装的案例。

　　女着男装在中国封建社会中是比较罕见的现象。《礼记·内则》曾规定："男女不通衣服。"尽管事实上不会这么绝对，但是女子着男装，常常会被认为是不守妇道、不够本分。虽然在汉魏时也有男女服式差异比较小的现象，但那不属于女着男装。只有在风气非常开放的唐代，女着男装才得以蔚然成风。女着男装的风气流行，还应将一部分起因归于游牧民族的影响。因为当时影响中原发展方向的外来服饰，绝大多数都是马上民族的服饰，而那些讲究贴身的服饰，对唐代女人的着装意识形成了一种渗透式的影响，同时创造出一种适合女着男装的气氛。

　　女着男装的风气在大唐开元、天宝年间盛行。《中华古今注》记："至天宝年中，士人之妻，著丈夫靴衫鞭帽，内外一体也。"《新唐书李石传》还有记载："吾闻禁中有金鸟锦袍二，昔玄宗幸温泉与杨贵妃衣之。"由此可以看出，当时女子仿制男装，穿着男装已极为普遍。

　　在永泰公主墓东壁壁画上发现的"半露胸"的绘画，与"女着男装"的案例，从侧面反映了当时社会思想开放的程度，也可以想象出唐代女性的开放自由。

女式大袖衫是唐代女装的代表吗？

提及唐代女装的代表，"女式大袖衫"一定是其中之一。女式大袖衫是指唐代女子的特宽大袖礼服。它比通常的宽袖外衣更为宽大，在普通中衣外或披或系，大气飘逸。

有一种说法称：这种宽大衣式的兴起，同讲究狭窄的胡服有关系。唐时国力鼎盛，对外交往频繁，胡服也在这一时期进入中原。但是若放任胡服的流行，就会有被文化渗透丧失自我的危险。虽然大唐国力鼎盛，对文化影响颇有自信，但仍旧有人担心无节制地效仿胡风将会带来一些消极的影响。

唐文宗似乎不能够忍受胡风满天下的趋势。他认为，泱泱中华应拥有属于中华的特色装束，怎么可以一味地追捧胡人的装束呢？况且，短窄衣男女无别，令不少人不舒服。于是在大和二年（公元 828 年）的五月丁亥日，唐文宗遣宦官向公主们宣布了一道圣旨：今后每逢召对之日，不得广插钗梳，不可穿短窄衣服。也就是要求公主们在觐见之日，要穿上能代表中华气度的衣裳，以做天下表率。

文宗之后，比较宽大的女装样式开始流行。仕女们渐渐发现了这种宽衣的美丽大气，开始舍得在衣袖与裙裾上使用大量的好面料，它们的长、宽都比初唐时增加了一倍左右。首先是外套大衣追求宽大华丽，再就是贴身单衣向更宽松的方向发展。一些贵族妇女身穿锦绣长裙，裙子用锦带系在胸部，宽大的下摆托在地上，上身不穿厚厚的内衣，而是仅着一件薄薄的纱衣，风流百态，以女性特有的妩媚打破传统的封闭。

大袖衫的兴起充分反映了唐代繁华、昌盛、大气的文化特征，展现出当时华丽开放的审美风尚。

唐代服饰在图案上有何变化？

唐代的服饰图案更改了原来那种天赋神授的创作思想，根据真实的花、草、鱼、虫进行写生，服饰图案的设计更趋于表现自由、丰满的艺术风格。

唐代的女子装束，不光被当时人们所崇尚，甚至今日，人们在观赏唐代服饰时，亦觉

▲簪花仕女图　唐　周昉

兴奋异常。它是充满朝气、令人振奋、使人心醉的服饰。它的色彩也非浓艳不取，各种艳丽的颜色争相媲美，不甘于疏落寂寞，再杂之以金银，使得唐服愈加炫人眼目。它的装饰图案，大都鸟兽成双，花团锦簇，祥光四射，生趣盎然，展示着大唐盛景。

晚唐时期的服饰图案更加精巧美观。花鸟图案、边饰图案、团花图案在帛纱轻柔的服装上争妍斗盛。正如五代王建所写："罗衫叶叶绣重重，金凤银鹅各一丛，每翩舞时分两向，太平万岁字当中。"

唐代融合了周代服饰图案的严谨、战国的舒展、汉代的明快、魏晋的飘逸，又在这个基础上更加华贵，使服饰、服饰图案达到了历史上的高峰；唐代的服饰、服饰图案对后世的影响一直沿续到今天。

唐装本身品类多，善变化，从外形到装饰均大胆吸收外来服饰特点，多以印度、伊朗、波斯及北方和少数民族服饰为参考，来充实唐代服饰文化，使得唐代服饰更显丰富多彩、富丽堂皇、风格独特、奇异多姿，成为中国历史服饰中的一朵奇葩。

唐代男装的代表是什么？

唐代男子服饰，在延续传统的交领、对襟汉服的基础上，多了新的款式。其一是幞头，其二是圆领窄袖袍衫。所以说"幞头纱帽"与"圆领袍衫"为唐代男子最主要的服饰。

"幞头"指的是一种包头用的青黑色纱罗软巾，又有"乌纱"之称。唐时以幞头袍衫为尚，是一种"首服"（指头上的冠戴服饰）。相传南北朝时开始出现，最初名叫"帕头"，到唐朝时改称为"幞头"。因为用纱罗为制作材料，时人嫌其软而不挺，就用桐木片做帽架形状将其支起戴于头上。裹幞头时除在额前打两结外，又在脑后留两角，使其自然下垂。唐代以后，人们又在幞头里面增加了一个固定的饰物，名为"巾子"。巾子的形状各个时期有所不同。随着历史的发展，除巾子外，幞头的两角也有许多变化，到了晚唐五代，人们取消额前的两结，将垂于脑后的两角用铜、铁丝为干，将其左右撑起，成为"硬角"。"幞头"的样式也富于变化，尤其是在唐武德初年到开元年间的100多年里，"幞头"的形制经历了几次较大的变化。

唐代的男子服装主要是圆领袍衫。传统的冠冕衣裳只是在隆重的场合，如祭祖天地、宗庙的时候偶尔用一下，其他时间则以"幞头袍衫"为尚。袍服的使用十分广泛，上至帝王，下至百官，礼见宴会都可以穿着，甚至可以将它用作朝服。袍服的款式，各个时期不尽相同，早期袍服的袖子多为大袖，但大袖对域外的民族来说，就不太适宜。因北地寒冷，不便采用大袖，进而采取紧裹双臂的窄袖。

随着南北风俗习惯的相互渗透，这种紧身、窄袖的袍服样式，也被汉族人民所接受，而且成为唐代袍服款式的代表。

唐代官吏的主要服饰就是圆领窄袖袍衫。另外，在袍下放一道横襕，也是当时男子服饰的一大特点。从众多传世图画来看，这种圆领袍衫在非正式场合里流行一种"潇洒穿法"：不合颈下胸上的一段，让袍子前面的一层襟自然松开垂下，形成一个翻领的样式。

唐装指的是什么？

唐装原来是指唐代的汉服，沿袭了从东汉以来华夏妇女传统的上衣下裳制。现代意义上的唐装泛指带有中国风格的服饰。

现在的唐装是由清代的马褂演变而来的，它的款式结构有四大特点：一是立领，上衣前中心开口，立式领型；二在于连袖，即袖子与衣服整体没有接缝，以平面裁剪为主；三是对襟，也可以为斜襟；四是直角扣，也就是盘扣，扣子由纽结与纽襻两部分组成。

现在的唐装已经历了很多改良。比如现在的中式服装很少有连袖，因为连袖就等于服装没有肩部，也不可以用垫肩，那样肩部就不够美观；传统的满式服装（旗袍、马褂）是不收腰的，女士穿着缺乏曲线美，现在的中式服装都改为收腰的了。过去的裙子下摆非常窄，走路时只能迈碎步，现在把裙摆做大了，便于活动。

唐装有其独特之处，穿着时应综合考虑到年龄、身份、场合等一系列因素。男的应选择厚实的织锦缎，女的最好着重于飘逸的丝绸。十八九岁的青年就不适合穿太过方正的唐装，而应该挑选那些滚边细腻的、短小的，从而显出其特有的时尚和活泼。晚宴等正规场合适合穿晚礼服式唐装；喜庆场合当然选择亮色；至于在街上，则适于穿暗色调的好。

明清官服上为什么绣有"禽兽"图案呢？

看明清时期的电视连续剧，可以看到众文武官员身着官服，头戴官帽，稍加留意不难发现，不论文官还是武官，胸前、背后皆配有动物图案。仔细观察，其图案又有所不同。

有些绣着仙鹤，有些绣着鹌鹑，有些绣着麒麟，有些绣着犀牛。总之，类型多样，不一而足。那么，政府为什么要规定在官服上绣这些图案呢？

原来是为了区分官职的大小。而为这些图案是官服制成后补缀上去的，固被称为"补服"或"补子"。不同的图案代表不同的官阶、身份与贵贱。只要一望官服上的"禽兽"图案，便可知道其人的品位和官阶，这和当今军人制服上的肩章有异曲同工之妙。

文官与武官所补缀的"禽兽"图案也有区别，主要是文官采用飞禽饰样，武官采用走兽图案。

文官补缀的图案分别为：一品为仙鹤，二品为锦鸡，三品为孔雀，四品为云雁，五品为白鹇，六品为鹭鸶，七品为鸂鶒，八品为鹌鹑，九品为练雀。

武官补缀的图案分别为：一品绣麒麟，二品为绣狮，三品绣豹，四品绣虎，五品绣熊罴，六品绣彪，七品绣犀牛，八品与七品相同也绣犀牛，九品绣海马。

▲ 织锦一品文官仙鹤补子

▲ 刺绣二品武官狮补子

▲ 织锦都御史獬豸补子

▲ 刺绣都御史獬豸补子

▲ 缂丝五品武官熊罴补子

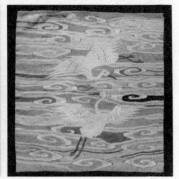
▲ 缂丝六品文官鹭鸶补子

　　制作这些"禽兽"图案的机构，是皇家专门织造丝绸锦缎的织造衙门。皇家织造衙门聚集了天下的能工巧匠，他们用各种绣丝彩料，运用精湛的织绣技术，织绣出了栩栩如生的图案。

　　这种补缀制度，到清朝时非常严格，任何人不得随意增添，否则将以刑法论处。如年羹尧的儿子因穿了四团龙补服，导致雍正在给年羹尧定罪时，就有"非其人，不得服其服，顺礼也"的罪名。尽管清廷三令五申禁止私自补缀比自己官职高的"禽兽"，还是有官员因自己的职位低，为了利益，冒着杀头的危险，找绣工造假。而那些只为谋取利益，穿着官服不办实事的官员，便被老百姓称为"衣冠禽兽"。

清代官员们为什么要戴顶戴、花翎？

　　随着封建社会的发展，服饰也在不断变化。到了清朝，服饰经过漫长的演变，变得更为系统了。清廷对官员的服饰有极其严格的规定，官位不同，服饰的品质、数量、颜色也各不相同，甚至连帽子上一颗小小的珠子也有各种规定。这体现出森严的等级观念，而顶戴、花翎则是官员级别高低最典型的标志。

　　"顶戴"，就是官员戴的帽顶。从颜色来看，一、二品是红色；三、四品是蓝色；五、六品是白色；七品以下为金色。即使相同颜色的顶戴也不尽相同，比如，一、二品有纯红和杂红之分；三、四品有亮蓝和暗蓝之分；另外，进士、举人、贡生都戴金顶，生员、监生戴银顶。

此外，"顶戴"上戴的东西也有严格的区分：一品戴珊瑚；二品戴起花珊瑚；三品戴蓝宝石或蓝色明玻璃；四品戴青金石或蓝色涅玻璃；五品戴水晶或白色明玻璃；六品戴砗磲或白色涅玻璃；七品戴素金顶；八品戴起花金顶；九品戴镂花金顶。"花翎"是皇帝赐予的一种插在帽子上的装饰品。"翎"分"蓝翎"和"花翎"。蓝翎是鹖翎，花翎是孔雀翎，它有单眼、双眼和三眼之分。六品以下的官员只赏给蓝翎，五品以上的官员赏给单眼花翎。双眼花翎赏给大官，三眼花翎只赏给皇族或是有特殊功劳的重臣。

一般来说，除军功外，非"异常劳绩"不得褒奖花翎，而且，限定每案不得超过 3 名。1848 年（道光二十八年），因修皇族的族谱，提调官增庆被奏赏花翎。从此，诸如皇上"山陵奉字"、海运事宜、劝捐、抽厘之类，都相互保荐花翎。大保案迭兴，加官加衔，各种新奇花样不可胜举，戴花翎者满街都是。到清朝末年，甚至用钱也可以买到"花翎"，此时，清王朝已到了穷途末路的地步。

中山装是孙中山设计的吗？

▲ 孙中山像

20 世纪六七十年代，中山装被人们视为国服。与外国的西装类似，它是具有中国特色的正装。它以明朗的线条，利落的剪裁，穿着舒适受到国人的喜爱。据说，它的设计者是民主革命领袖孙中山。

中山装诞生自 1923 年，当时孙中山在广州担任元帅一职。自辛亥革命推翻封建帝制以后，受外国思想文化影响，中国人的生活习惯、穿着打扮都发生了很大的变化。尤其是作为港口城市的广州，这种变化更为明显。看着人们混乱的着装，孙中山觉得外来的西装式样烦琐，穿着刻板，活动起来并不方便。但是，中国本土的长衫马褂既不具备西装正式庄重的特点，也不能突出解放了思想的中国人奋发向上的精神。所以，他决定设计一套有中国特色的正装。

孙中山找来在元帅府任职的黄隆生。他曾是河内一家洋服店老板，因热心于民主革命事业，又恰在河内与孙中山偶遇，就加入了兴中会，追随孙中山来到了广州。两人商量之后，决定以当时南洋华侨中最为流行的"企领文装"为样板，以西装衬衣的硬领为领口特点，再融以中华民族传统服装特色，最终设计并制作出了一套既庄重，又穿着舒适、活动方便的中山装。

中山装的上衣前身有四个口袋，含有礼、义、廉、耻之意。上面的两个口袋可以插些钢笔之类，下面的口袋设计成了"琴袋"的式样。兜上还配以兜盖，这样装进的东西便不易丢失；衣服设对襟五颗纽扣，象征着行政、立法、司法、考试、监察独立行使权力；袖口上安放的 3 颗纽扣不仅是为了装饰，还有民主革命"民族、民权、民生"三大口号的内涵；整个中山装的后背通体而成，没有破缝，象征着国家和平统一。裤子的设计以简单为主。左右分设暗袋，在前面还有一个小暗袋专门用来装表；右后臀上设有带盖暗袋作为装饰。

1930 年，中山装一度被定为国服。中山装不仅是一种服装款式，更是一个时代的象征。

马褂是哪个民族喜爱的服饰？

马褂本是满族人骑马时穿的服装，以此得名。它原来是清代的"行装"之褂（男性正装"袍褂"的外褂较长，长及膝盖或更偏下，与短款的马褂不同），后逐渐成为日常穿着的便服，到了民国时期又升格为礼服，统一用黑色面料，织暗花纹，不作彩色织绣图案。

马褂在清初为一般士兵穿着，康熙时富贵之家也有穿的人。由于时代不同，用料、颜色、缀饰也有不同。乾隆时曾流行毛朝外的皮马褂，都是用珍贵裘皮，不是一般人所能拥有的。辛亥革命后，政府曾经把黑马褂、蓝长袍定为礼服，长袍马褂一度流行。

马褂的样式包括琵琶襟、大襟、对襟三种。琵琶襟马褂，因为它的右襟短缺，又叫缺襟马褂，穿上它可以行动自如，常用作出行装束。大襟马褂，则是将衣襟开在右边，四周用异色作为缘边，一般作常服使用。对襟马褂，它的服色在各个时期有多种变化：刚开始沿袭了传统的天青色，至乾隆中期又流行玫瑰紫，后来又推崇深绛色（人称"福色"），到了嘉庆年间，则流行泥金与浅灰色。大袖对襟马褂可代替外褂而作为礼服使用，颜色多用天青色，大小官员在谒客时常穿此服。

马褂中有一种颜色不可以随便使用，那就是黄色。黄马褂，是皇帝御赐的服装。穿着这种赐服的人，主要有 3 类：一是随皇帝"巡幸"的侍卫，被称为"职任褂子"；二是行围校射时，中靶或者获猎多者，称为"行围褂子"；三是在政事与战事中建有功勋者，称为"武功褂子"。

中国传统习俗中新娘穿什么？

嫁衣是中华民族特别是汉族婚礼中新娘所穿的传统服饰。一般是红底缎绣金纹，宽袖窄腰，下身为宽筒长裤。

在中国的传统习俗中，嫁衣是女孩子一辈子最重要的服装。大多女孩自小就开始做自己的嫁衣，一直做到出嫁前才完成，因此，这件嫁衣也寄托着女孩子少女时代全部的梦想。

古时，民间旧俗中新娘的传统嫁衣是：头戴凤冠，脸遮红方巾，颈套项圈天官锁，胸挂照妖镜，上身内穿红娟衫，外套绣花红袍，肩披霞帔，并挎个子孙袋，手臂缠"定手银"；下身着红裙、红裤、红缎绣花鞋，一身红色，千娇百媚，喜气洋洋。

在浙江富阳一带，当花轿抬至女家，放在簸箕上面时，新娘才开始化妆换衣，换好小衫裤后，要站在在蒸桶上面穿红棉袄和红棉裤。更有趣的是，头上戴好凤冠，准备穿大红裙时，要把 12 个鸡蛋从裤腰里放下去，从裤脚下滚出来，俗传这样可以使新娘婚后不论哪个月生孩子都如母鸡下蛋一般，轻快、顺利。

福建泉州旧俗是新娘在出嫁前进行一种叫作"笄礼"的装扮。花轿到来时，新娘在送嫁娘的伴引下在厅中梳妆，俗谓"对轿梳妆"。由一个被称为"宾"的有福的妇人为她加冠笄，然后由送嫁娘为新娘服背子，"宾"给新娘穿肚裙，肚裙用红布做成，裙内有袋子，袋里放入皂荚、泥孩子、铁采尾、猪肉片等 18 样东西。

广西苍梧一带新娘出嫁时必须穿黑衣、黑裤、黑袜、黑鞋，奇特得令人咋舌。浙江嵊县山区，新娘则需穿素服上轿，到了男家才能换吉服举行婚礼。江苏靖江一带的新娘出嫁，也穿着朴素：土青布衣、土青布裙。

陕北一带旧俗中，准备上轿的新娘，身穿红衣、绿裤、花鞋，头戴鲜花，千娇百媚，可却要按俗规用锅黑把新娘漂亮的脸蛋涂得黑漆漆的，与花枝招展的服装形成巨大的反差。迷信传说，假若不这样做，在迎娶途中新娘就会被鬼怪劫去。

古时的嫁衣一定要量身定做，手工缝制，才能显现它的珍贵和唯一。

"旗袍"和旗人有关吗？

旗袍是中国一种富有民族风情的妇女服装，它是由满族女装演变而来。因满族又称"旗人"，所以这种女装被称为"旗袍"。它的特点是立领，右大襟，紧腰身，两边下摆开衩，布料多用缎子，领子、襟、袖的边缘都用宽边镶滚。清朝建立后，旗袍开始只在满族妇女中流行，后来汉族妇女也纷纷穿旗袍。清朝末年，旗袍的样式日益繁多，出现了立领，袍身刺绣，镶滚复杂，有三镶三滚、五镶五滚甚至十八镶滚等样式。

20 世纪 20 年代，受西方和日本服饰影响，上海妇女对旗袍加以改进，将刺绣和镶滚工艺由繁变简，收紧腰身，突出了人体曲线美。这种新式旗袍立即风靡全国。20 世纪 30 ~ 40 年代，旗袍在长度、领、袖等部分又发生较大的变化，称改良旗袍，成为盛行的女装。

▲ 女性旗装

胡服入汉是在什么时候？

由于塞外民族西戎和东胡的服装与中原地区宽衣博带式的汉族汉服，有较大差异，古代华夏汉人把西方和北方各族胡人所穿的服装统称为胡服。

胡服的特征是翻领、对襟、窄袖。在陕西等地的墓中壁画有大量反映这一史实的壁画。新疆吐鲁番阿斯塔那出土的绢画中也出现过穿着这类服装的妇女。

胡服入汉始于赵武灵王胡服骑射的改革。根据《史记·赵世家》记载，赵武灵王在进行此次服制改革前，也存在一些顾虑，他知道要改变周公、孔子传下来的衣冠礼仪之制势必会受到谴责，于是便同先王贵臣肥义商议："今吾将胡服骑射以教百姓，而世必议寡人，奈何？"肥义是一

▲赵武灵王胡服骑射复原图

个少有的深明大义之人，他支持武灵王说："王既定负遗俗之虑，殆无顾天下之议矣。"他的话坚定了武灵王改革的信心："世有顺我者，胡服之功未可知也。虽驱世以笑我，胡地中山吾必有之。"之后，他又说服了叔父公子成，武灵王愤怒地斥责那些坚决反对这一做法的大臣。

赵武灵王觉得每一个适应时代潮流的人，都应该懂得"法度制令各顺其宜，衣服器械各便其用"，而不是拘泥于古代的礼法，墨守成规。为了给全军做出表率，赵武灵王带头穿起胡服，还要求身边的将军、大夫、嫡子、官吏全部穿胡服，从而结束了这场争论。赵武灵王所使用的"胡服"，主要是窄袖短衣和合裆长裤。窄袖短衣方便射箭，合裆长裤便于骑马，为了与这些服装相配套，还一并采用了当时流行于西域的冠帽、腰带以及鞋履等。

因为北方寒冷，当地人的冠帽上常常带有貂尾，冠的造型则如簸箕，赵国接受了这种冠式，并对其做了一些改进，如将原来用于御寒的貂尾改为冠上的一种饰物，插在冠的两侧，并添加金珰附蝉。几年后赵武灵王传位给儿子赵惠文王，就用儿子的名字为此冠命名，时称"赵惠文冠"。这种冠饰的形象，在洛阳金村战国墓出土的铜镜上有所反映。

初唐至盛时期，中原与西域经济文化交往频繁及胡舞的兴盛，胡服也流行起来。在唐代以锦绣浑脱帽，翻领窄袖袍，条纹小口裤及透空软锦鞋为形制的胡服卡弗坦，流行于西

域地区以及波斯等国。胡服在唐朝开元、天宝年间流行，女子在那时也流行穿胡服骑马。到了宋明时期，汉族皇帝才颁布法令禁止胡服和胡俗，复兴汉服和汉文化。

"穿在身上的史书"指什么？

苗族服饰图案背后的意义和由来代表着苗族人民的感性经验和对客观世界的解释，所以，有人把苗族服饰称为"穿在身上的史书"。

苗族服饰图案是一个随着苗族服装发展起来的装饰艺术。至今仍应用于日常的服饰与生活用品之中，还具有实用功能和审美功能相结合的特点，被赋予了继承民族传统、纪念祖先和传承祖训等丰富多彩的内涵和意义。

苗族服饰分为童装、男装和女装。苗族男装的色彩和装饰比较单调，没有女装鲜艳与丰富。女装又有便装与盛装之分，平时穿着的服装叫便装，它的色彩花样及装饰没有节庆时节婚时穿的盛装鲜艳。

苗族服饰闻名于世靠的是它夺目的色彩、繁复的装饰以及耐人寻味的文化内涵。苗族服饰图案承载着传承本民族文化的历史重任，因此也就具有了文字的某些功能。由于历史的原因，这些图案所代表的文字功能和它所传达的特定含义也蒙上了一层神秘的色彩，这也是苗族服饰图案所具有的独特魅力。

苗族服饰的历史十分悠久，从苗族服饰图案符号所代表的文化内涵看，苗族服饰已有几千年的历史。苗族凭借强烈的民族认同感，依靠世世代代口传身授，将流传千年的故事、先民居住的城池，迁徙漂泊的路线等浩如烟海的事件融进服饰文化当中。同时也一针一线绣进衣冠服饰，世代传承，时刻铭记。因而，苗族服饰被誉为"无字史书"和"穿在身上的史书"。

从苗族服饰中可看出苗族历史的发展进程和文化沉积，它是苗族文化体系的重要组成部分，集中反映了苗族在与自然抗衡过程中对事物的认识，在服饰上也体现了苗族独特的审美情趣。

世界上最轻的丝制品是什么？

世界最轻的丝织品是长沙马王堆出土的素纱禅衣，重量仅 49 克（一说 48 克），由于丝纤度非常细，现代工艺也没办法仿制。

1972 年在中国湖南省长沙马王堆汉墓一号墓出土的素纱禅衣，衣长 128 厘米，通袖长190 厘米，由上衣与下裳两部分构成。交领、右衽、直裾。面料是素纱，缘为几何纹绒圈锦。素纱丝缕极细，共用料约 2.6 平方米，重仅 49 克，还不到一两。可以说是"薄如蝉翼"、"轻若烟雾"，且色彩鲜艳，纹饰绚丽。禅衣用纱料制成，因无颜色，没有衬里，出土遣册称它为素纱禅衣。它代表着西汉初养蚕、缫丝、织造工艺的最高水平，国家一级文物，现藏于湖南省博物馆。

唐代大诗人白居易在《缭绫》中曾写道："应似天台山上明月前，四十五尺瀑布泉，中有文章又奇绝，地铺白烟花簇霜。"世人都认为诗中那缥缈若雾般轻盈、晶莹如水般剔透的缭绫不过是诗人贯用的艺术夸张，直到闻名于世的马王堆汉墓的发掘，墓中大量丝织品，特别是两件素纱衣的出土，证实了诗人的描写并非仅凭想象夸张而作，而是据实形象化的描写。

上乘的纱料，以蚕丝纤度匀细见长。素纱衣每平方米纱料仅有 15.4 克，并不是因其织物的孔眼大，空隙多，而是纱料的旦数小，丝纤度细。经过测定，素纱禅衣的蚕丝纤度只有 10.2 ~ 11.3 旦，而现在生产的高级丝织物的纤度还有 14 旦，这足看出汉代缫纺蚕丝技术的高度发展。

此件禅衣的组织结构为平纹交织，它的透空率一般为 75% 左右。制织素纱所用原料的纤度较细，表明当时的蚕桑丝品种与生丝品质都很好，缫丝织造技术也已经发展到相当高的水平。这件禅衣如果除去袖口与领口较重的边缘，重量只有 25 克左右，折叠后甚至可以放入火柴盒中。它不仅是西汉纱织水平的代表作，更是楚汉文化的骄傲。

▲马王堆出土帛画 西汉

我国四大美锦之首是什么?

蜀锦是中国四川省成都市所出产的锦类丝织品，起源于战国时期，距今已有 2000 余年的历史，因其历史悠久、工艺独特，有中国四大名锦之首的美誉。蜀锦织造技艺是国家级非物质文化遗产之一。

汉朝时成都的蜀锦织造业就十分发达，朝廷还在成都设有专管织锦的官员，因此成都也称为"锦官城"，简称"锦城"；而环绕成都的锦江，也是因为有众多民众在其中洗濯蜀锦而得名。

蜀锦质地坚韧且丰满，纹样风格秀丽，配色典雅不俗，如唐代蜀锦的图案有格子花、纹莲花、对禽、龟甲花、联珠、对兽等，十分丰富。在宋元时期，发展出了纬锦，其纹样图案有庆丰年锦、盘球、翠池狮子、灯花锦、云雀，还有瑞草云鹤、百花孔雀、宜男百花、如意牡丹等。在明代末年，蜀锦受到摧残，到了清代又恢复生产，此时的纹样图案有梅、竹、牡丹、葡萄、石榴等。

蜀锦的品种繁多，较传统品种有雨丝锦、方方锦、散花锦、浣花锦、铺地锦、民族锦、彩晕锦等。其中雨丝锦的特点是锦面用白色与其他色彩的经丝组成，色络由粗渐细，白经由细渐粗，交替过度，形成色白相间，显现明亮对比的丝丝雨条状，雨条上再饰以各种花纹图案，粗细匀称，既能调和对比强烈的色彩，还突出了彩条间的花纹，具有烘云托月的艺术效果，给人以一种轻快而舒适的韵律感。

蜀锦的图案丰富多彩，常见的有天安门、望江楼、百花潭、杜甫草堂、芙蓉白凤、莲池鸳鸯、蝶舞花丛、翔凤游龙、葵花、梅竹、牡丹、龙凤等。其中方锦的特点是缎地纬浮花，在单一的色上，用彩色经纬线配以等距不同色彩的方格，方格内饰以不同色彩的圆形或椭圆形的古朴典雅的花纹图案，像梅鹊争春、风穿牡丹、望江楼、百花潭等。

蜀锦大多以经向彩条作为基础起彩，或彩条添花，它的图案繁华，织纹精细、配色典雅，独具一格，是一种具有民族特色与地方风格的多彩织锦。

手镯只是装饰用的首饰吗？

手镯是众所周知的一种饰品，然而手镯在古代却不仅仅是用于装饰，它有着自己所特有的含义，更多的是作为一种男女恋人之间信物。

在古代，不同地位身份的男女佩戴不同的手镯，有着不同的意义：对于女性而言，手镯作为一种结婚的象征，所以在古代，女子是不能随便佩戴手镯的，因为女子一旦戴上了手镯，就表明你已经成家了；但对于男子而言，手镯则代表了一种身份地位或是所从事工作的性质。随着时间的推移，手镯的佩戴也逐渐被认为是女子手臂的一种审美，修长细瘦的女子手臂，再戴上手镯之后，也是一种美的展现。

手镯在古代也作为一种信物，作为信物的来源有着一个美丽的传说：传说在很久之前，一位龙宫王子因爱上了一位凡间女子而触犯了天条，受到了玉帝的惩罚，可是王子却无法忘却自己的心上人，于是王子就把自己变成了手镯，这样就可以和自己心爱的女子长久在一起，同时还能在皓腕间呵护自己心爱的女子。随着传说在民间的逐渐流传，手镯也逐渐成为了恋人之间的信物，手镯也变成女子所特有的护身符，寓意保护自己心爱女子永远平安和吉祥，呵护其一生。在我国古代，手镯一直是成对出现的，男女各一个，寓意好事成双、夫妻之间幸福美满的意思。同时，手镯也被认为是能逢凶化吉、永保平安的物品。

随着时代发展，手镯的种类也越来越多，手镯更多地是作为一种装饰品出现在人们的视野里。

历朝历代的"乌纱帽"有什么不同？

乌纱帽原来是民间常见的一种便帽。官员头戴乌纱帽源于东晋，但作为正式"官服"的一个组成部分，却是始于隋朝，兴盛于唐朝，到了宋朝时加上了双翅，明朝以后，乌纱帽才正式作为当官为宦的代名词。

早在东晋成帝时，凡在都城建康（今南京）宫中做事的人，都戴一种用黑纱做的帽子，人称"乌纱帽"。到了南北朝宋明帝时期，这种帽子在民间也流传开来。于是，"乌纱帽"就成为民间百姓常戴的一种便帽。

隋唐时，天子百官士庶都戴乌纱帽。但为了适应封建社会的等级制度，隋朝用乌纱帽上的玉饰多少来表示官职大小：一品有9块，二品有8块，三品有7块，四品有6块，五品有5块，六品以下就不用玉块装饰了。

宋太祖赵匡胤登基之后，为防止议事时朝臣交头接耳，就下诏书改变了乌纱帽的样式：在乌纱帽的两

▲ 寇准像

边各加一个翅，自此只要脑袋一动，软翅就忽悠悠悠颤动，皇帝居高临下，看得清清楚楚；且在乌纱帽上装饰不同的花纹，以区别官位的高低。

明朝时候，乌纱帽的样式有了关键性改变。明代开国皇帝朱元璋定都南京之后，在洪武三年作出规定：凡文武百官上朝和办公时，一律要戴乌纱帽，穿圆领衫，束腰带。另外，取得功名却未授官职的状元、进士，也可戴乌纱帽。并把制作样式规范为：以藤丝或麻编成帽胎，涂上漆后，外裹黑纱，呈前高后低式，两侧各插一翅。从此，"乌纱帽"就成为官员的一种特有标志。乌纱帽成为官帽之后，老百姓自然不能再戴了。

到了清代，官员的乌纱帽被换成红缨帽，但至今人们仍习惯于将"乌纱帽"作为官员的标志，"丢掉乌纱帽"就意味着被削职为民。

"深衣"是什么？

深衣是直筒式的长衫，是衣、裳连在一起包住身子，分开裁却又上下缝合。通俗地说，深衣也就是上衣和下裳相连在一起，用不同色彩的布料来做边缘（又称"衣缘"或"纯"）；它的特点是使身体深藏不露，雍容典雅。现代人文学者还将深衣作为华夏民族的代表性服装来推广。

深衣具体形制的每一部分都具有极深的含意，而"深意"的谐音就是"深衣"。如在制作中，先将上衣下裳分裁，然后在腰部进行缝合，作为整长衣，以示尊祖承古。深衣的下裳用 12 幅度裁片缝合，来对应一年中的 12 个月，这是古人崇敬天时意识的反映。采用圆袖方领，来表示规矩，意在行事要合乎准则；垂直的背线表示做人要正直；水平的下摆线以示处事要公平。

深衣面料多为白布或者麻布，其束腰的腰带原是被称作"大带"或"绅带"的丝带。战国时期，受到西北游牧民族的影响，用皮带配钩制成带钩，因为它结扎便利，所以逐渐取代了丝带。深衣的式样新颖，穿着舒适便利，并且裁制简便省工，所以很快流行开来，直至东汉，成为社会上最盛行的服式。

深衣主要有两种式样，分曲裾与直裾，它流行于不同的年代。从春秋战国至秦汉时期，一直流行曲裾深衣。特别是到了汉代，深衣已经成为女性的礼服。与战国时期相比，汉代的深衣在形制上多是单层，下裳裁成 12 片；从外观看，衣襟更长，缠绕层数更多，下摆增大呈喇叭状，衣长曳地，行不露足；从穿着上看，腰身通常紧裹，腰带系扎在缠绕的衣襟末端，来防止松散。由于这种深衣的右衽斜领领口很低，能露出它里面的里衣衣领，因而得名为"三重衣"。其袖型有宽窄两种，袖口都要镶边。

另有一种被叫作"袿衣"的服式，形似深衣，只是在底部有衣襟曲转缠绕而形成的上宽下窄、呈刀圭形的两尖角，是贵妇的常服。

鞋子最早出现于何时？

鞋子有着十分悠久的发展史，大约在 5000 多年前的仰韶文化时期，就出现了用兽皮缝制的最原始的鞋。

鞋子是一种保护脚不受伤的物品。最早人们为了适应特殊的情况，不让脚难受或受伤，就发明了毛皮鞋子。鞋子发展到现在，样式极其繁多。

在新疆楼兰出土的一双羊毛女靴，距今已有 4000 年，整双鞋由靴筒与靴底两大部分组成，堪称"世界第一靴"。在 3000 多年前撰写的《周易》上已经出现了代表鞋的"履"字。战国时的孙膑因被庞涓敲碎了膝盖骨，不能行走就用硬皮革裁成"底"和"帮"，由此发明了高皮绚，也就是后来的靴子。中国历史博物馆里就珍藏着一双 2000 多年前的皮绚。

后来，随着鞋的制作材料、式样、用途越来越多，鞋的种类也开始丰富起来。根据制作材料的不同通常可以将鞋分为草葛、布棉与皮革 3 种。其中布棉鞋是指用大麻丝、绫、绸、锦等织物布缝合成的鞋。汉代多呈分叉形，底用麻线编织，又称为双尖翘头方履；魏晋时期，则流行在鞋的前端绣双兽纹饰。

北齐时，"屐"成为一种时尚。它是有木齿的鞋，由扁、系、齿三部分构成。而由皮革、棉毡等制成的皮鞋或皮靴又称"马靴"或者"高统靴"，原来是北方游牧民族所穿，有旱靴、皮靴、毡靴、花靴、单靴、棉靴、云头靴、鹅顶靴等类。南北朝时期靴子在北方广泛流行，后传至江南，到了唐代已官庶咸宜，直至明清才被朝廷下令禁止百姓穿靴，只有官宦才可穿靴。

宋代也普遍流行皮制的鞋子，男性多穿小头皮鞋，女性多为圆头、平头或者翘头，上面也饰各式花鸟图纹。元朝末年开始出现鞋头高耸、鞋底扁厚的女式布帛鞋，这种鞋让人体显得格外修长。到了明清，鞋的制作方法和式样，越发考究起来。明代的鞋多以厚实为主，北方多穿菱纹绮履，江南多着棕麻鞋。

就像所有的服饰一样，鞋子在某些时候，也代表着一个人的身份地位。但是，除了对一双罕见的鞋子啧啧称奇以外，我们最关心的，其实是鞋子究竟合不合脚的问题。

古代的"凤冠"、"霞帔"是什么样的?

凤冠是古代皇帝后妃的冠饰，其上饰有凤凰样珠宝。明朝妇女出嫁时也可佩戴。明朝凤冠是皇后受册、谒庙、朝会时戴用的礼冠，其形制承宋之制而又加以发展和完善，更显雍容华贵之美。

冠上饰件以龙凤为主，龙用金丝堆累工艺焊接，呈镂空状，富有立体感；凤用翠鸟毛粘贴，色彩经久艳丽。凤冠上金龙升腾奔跃在翠云之上，翠凤展翅飞翔在珠宝花叶之中。凤冠口衔珠宝串饰，金龙、翠凤、珠光宝气交相辉映，富丽堂皇，非一般工匠所能达到。

霞帔是中国古代妇女礼服的一部分，类似披肩。帔子出现在南北朝时期，宋代将它列入礼服行列之中。明代时发展成了霞帔，由于其形美如彩霞，故得名"霞帔"。它的形状宛如一条长长的彩色挂带，每条霞帔宽三寸二分，长五尺七寸，用时绕过脖颈，披挂在胸前，下端垂有金或玉石的坠子。

▲明仁孝文皇后像

父母为什么总会给孩子做虎头鞋、狗头帽?

旧时民间，父母有给孩子做虎头鞋、狗头帽的习俗。活灵活现的虎头鞋、狗头帽做工精细，刺绣美观，是中国民间传统的手工艺制品。那么，人们给孩子做虎头鞋、狗头帽仅仅是因为它好看吗?

虎是中国古代的四大吉兽之一，又是百兽之王。人们认为，有虎相伴，必定避邪免灾，永保平安。待孩子长到一岁之时，父母便做虎头鞋给孩子穿。鞋头被一个大大的虎头所占据。在有的地方整只鞋都做成老虎的样子。虎头为鞋面，虎身为鞋帮。有民谣说："头双蓝，二双红，三双紫落成。"意思是孩子要穿 3 种颜色的虎头鞋。第一双为蓝色，意为拦住孩子保性命；第二双为红色，意思是避邪免灾；第三双为紫色，取平安长大成人之意。

关于狗头帽，民间有这样一个传说：在浙江宁波一带，有一大户人家。主人叫桂根，已经年过 60 了还没有子嗣。一日，夫妻俩听闻弟弟过世，便有心减轻弟媳的负担，将弟弟家中两个孩子之一带过来抚养。怎奈弟媳误解了他们一番好意，不但没有让他们带走孩子，还恶语相向。

老两口叹着气回到家中。没过多久，桂根媳妇竟然怀孕了。两口子高兴得不得了。怀胎十月，转眼到了分娩的时候。恰巧这时桂根家的铺子出了问题。不得已，他将产婆提早叫来，让她照顾临产的妻子。

处理完店里的事情，桂根心急如焚地赶回家中。然而到了家，他看到的却只有泪流满面的老伴，竟没有孩子的踪影。问了才知道，原来老伴生下的孩子不会哭，不一会儿就憋死了，怕桂根看到伤心，产婆已经将孩子扔了。听到了这个消息，桂根失声痛哭，自己的孩子还没见上一眼就没了。

第二天，夫妻俩被自家的老黄狗叫醒。循声过去，只见狗窝里躺着一个刚出生不久的婴儿。桂根老伴一看，正是昨日死去的孩子，小孩面色红润正睡得香甜。老两口赶紧把孩子抱到了屋中。原来，弟媳妇早就觊觎桂根家的财产了，本来以为他们没有子嗣，哪成想桂根老来得子。于是，她买通产婆，在孩子出生之时将他掐死。然而，产婆做的这一切却被桂根家的老黄狗发现了。老黄狗尾随产婆，将她丢弃的婴儿衔了回来。守了一夜，孩子才渐渐恢复呼吸。

后来，这件事在民间传开。人们觉得，是狗保住了孩子的性命。民间也就兴起了做狗头帽给孩子戴的习俗。人们相信，给孩子戴上了狗头帽，孩子就可以消灾免祸、大吉大利了。

女子"戴耳环"、"戴耳坠"的习惯是如何形成的？

自古女子爱打扮。仔细观察，你会发现，就连小巧玲珑的耳朵上，都被做了精心的修饰。那么，最初，人们是因为什么穿耳洞、戴耳饰的呢？

考古学家认为，远古人时期，人们就有穿耳洞的习惯。《山海经》中记载说："有儋耳之国，任姓禺号子，食谷。北海之渚中，有神，人面，鸟身，珥两青蛇，践两赤蛇，名曰禺强。"后人解释道："珥，瑱也。"也就是说，在古代，人们穿耳洞，戴一种叫作"珥"的装饰物。这种"珥"便是我们现在所说的耳环，也叫"瑱珰""珰"等。

关于女子为什么佩戴耳环，历来说法不一。其中较为流行的，有以下几种观点：

辟邪说。远古时期，人们常佩戴各种各样动物的牙齿、坚果等装饰物。人们认为，佩戴这些东西，不仅可以划分种族、炫耀能力，还可以起到辟邪免灾的作用。在氏族争斗中，它也可以保护脖子不受兵器伤害。随着人类文明的不断发展，这些具有辟邪功能的动物骨骼，渐渐成了妇女们的装饰品。

卑贱说。据《留青日札》记载："女子穿耳，带以耳环，盖自古有之，乃贱者之事。"于是，有观点认为，女子佩戴耳饰，其实是对女子的一种警告。据说，这一风俗源于少数民族。有些女子因不甘独守深闺，经常跑出家门游乐。所以人们就想出在女子耳朵上穿孔悬珠坠的主意。这样，她们行动就会起有所牵累，只能在家恪守妇道了。后来这种行为在汉族流传开来。根据这个说法，民间还衍生出了女孩小的时候就要穿耳洞，以表示从小谨记礼教的说法。后来人们发现，戴耳饰有装饰的作用。久而久之，便形成了女子穿耳洞、戴耳环的习俗。

花木兰"对镜贴花黄"贴的是什么？

北朝民歌《木兰诗》在描写木兰从战场上回到家中，卸去戎装，恢复女装时写道："脱我战时袍，著我旧时裳。当窗理云鬓，对镜帖花黄。"那么"花黄"究竟是什么？

花黄是古代流行的一种女性额饰，又称额黄，是把黄金色的纸剪成各式装饰图样，或是在额间涂上黄色。这种化妆方式起源于南北朝，当时佛教的盛行，爱

▲古时女性皆有花黄

美求新的女性从涂金的佛像上受到启发，将额头涂成黄色，渐成风习。南朝梁简文帝萧纲《美女篇》云："约黄能效月，裁金巧作星。"就是指额黄。

关于"花黄"的来历，民间还流传着这样一个故事。南北朝刘宋时，宋武帝有位女儿寿阳公主，生得十分美貌。有一天，她在宫里玩累了，便躺卧于宫殿的檐下，当时正逢梅花盛开，一阵风过去，梅花片片飞落，有几瓣梅花恰巧掉在她的额头。梅花渍染，留下斑斑花痕，寿阳公主被衬得更加娇柔妩媚，宫女们见状，都忍不住惊呼起来。从此，爱美的寿阳公主就常将梅花贴在前额。寿阳公主这种打扮被人称为"梅花妆"。传到民间，许多富家大户的女儿都争着效仿。但梅花是有季节性的，于是有人想出了法子，设法采集其他黄色的花粉制成粉料，用以化妆。这种粉料，人们便叫作"花黄"。

为什么把女孩子额前的头发叫"刘海儿"呢？

为了美观，有些人会在额前留些头发，人们称这些头发为"刘海儿"。刘海的样式繁多，有齐刘海、斜刘海、超短刘海等。那么，人们为什么要称呼额前短发为"刘海儿"呢？

关于"刘海儿"名称的由来，民间有这样两种说法：一种说法是，相传，五代十国时期，有个叫刘海的人。经钟离汉指点，他参悟人生，放弃仕途潜心修道。终于有一天，他功德圆满，得道成仙。在道教中，他拥有很高的声望。据说，刘海的额前总是垂下一绺短发，这在古代人的发式上是不常见的。人们认为羽化成仙的他，神通广大，是吉福的象征。于是，人们开始以他的形象为参照，也在额前留一排短发，并以"刘海儿"之名称呼，祈愿自己也能够像刘海一样吉祥富贵。通常，留"刘海"的主要是妇女和小孩子。男子则是将头发全部束在头顶，露出全额。

另一种说法是，古时候，小孩子在未成年以前，头发都是垂下来的。所以，孩童的额前总是垂有一排短发。此时，额前的短发并不叫"刘海儿"。人们将男孩额前垂的短发称为"兆"，将女孩额前的垂短发称为"髦"。当男孩子长到 20 岁，女孩子 15 岁的时候，男孩要行冠礼，女孩要行笄礼，意味着他们告别孩童时代，长大成人。他们改变儿时的打扮，做成人装束：男子戴冠束发，女子盘发梳髻。有些女子觉得儿时留的"髦"具有修饰美化的作用。她们便在成人发式基础上，保留了儿时前额留短发的特点。因为这种发式是孩童时所留，所以，人们就称它为"留孩"。又因民间有关于道教真人"刘海"的传说。人们为了讨口彩，便将"留孩"谐音成了"刘海儿"。

"铅华"和"铅"有关吗？

我们常说"洗尽铅华"，这个"铅华"是什么意思？铅华，是中国古代妇女用的化妆品。古代的妆粉里面会添加铅，所以铅华指妆粉。中国妇女使用妆粉至少在战国就开始了，最古老的妆粉有两种成分，一种是以米粉研碎制成；另一种妆粉就是将白铅化成糊状的面脂，俗称"胡粉"。因为它是化铅而成，所以又叫"铅华"，由于它质地细腻，色泽润白，并且易于保存，所以深受妇女喜爱，久而久之就取代了米粉的地位。古诗词中经常出现铅华的影子。曹植《洛神赋》："芳泽无加，铅华弗御。"唐代刘长卿《戏赠于越尼子歌》："北客相逢疑姓秦，铅花抛却仍青春。"清纳兰性德《菩萨蛮》词之二："小屏山色远，妆薄铅华浅。"这里的铅华指的都是古人用的化妆品，而我们经常使用的"洗尽铅华"则用到了它的比喻义，即比喻虚浮粉饰之词。如清戴名世《与刘言洁书》："君子之文，淡焉，泊焉，略其町畦，去其铅华，无所有乃其所以无所不有者也。"

但铅是一种有毒化学物质，所以如今的化妆品对铅的含量有着严格的规定，每千克含铅杂质不能超过 40 毫克。

第九章
建筑名胜

现存最完整的城墙位于何处？

现存最古老的城墙是西安城墙，位于陕西西安市中心区。西安城墙是中国古代城市、城堡和城池抵御外侵的防御性建筑，包括吊桥、闸楼、箭楼、正楼、角楼、敌楼、"女儿墙"、垛口等一系列军事设施，构成严密完整的军事防御体系，是中国保存最为完整的城墙。

西安城墙呈长方形，完全用黄土分层夯打而成。古代的武器装备比较落后，并且城门是唯一的出入通道，因此城门成为封建统治者苦心经营的防御重点。西安城墙有 4 座城门，分别为长乐门、安定门、永宁门和安远门，这些城门又分别有正楼、箭楼、闸楼三重防御城门。

位于最外面的闸楼，主要用来升降吊桥。位于中间的箭楼，正面和两侧都设有方形的窗口。位于最里面的是正楼，正楼是城的正门。围墙连接了箭楼与正楼，供人通过，叫作瓮城，瓮城中还设有通向城头的马道，上面设有台阶，便于上马。

城墙四角都有突出城外的角台。这些角台大部分是方形，只有西南角，设为圆形。角台上还修有比敌台更高大的角楼，表明这里在战争年代具有极其重要的地位。城墙上外侧筑有 5984 个垛墙，又称雉堞，雉堞上面有用来瞭望和射箭的垛口。"女墙"是内侧的矮墙，没有垛口，用来防止士兵往来行走时跌下去。

正对城门处设有可以随时起落的吊桥。升起的时候可以阻断进出城的通道。城四周环绕着很深很宽的护城河，起到防御作用。

现存的城墙建于明洪武七年到十一年（1374 ~ 1378 年），距今已有 600 多年历史，可以说是中国现存最完整的一座古代城垣建筑，也是中世纪后期中国历史上最著名的城垣建筑之一。

"天下第一关"指的是什么？

山海关在古代被称为榆关，也叫作渝关，又叫临闾关，向来有"天下第一关"的美誉。

明朝洪武十四年（1381 年），中山王徐达修建了界岭、永平等关，并在这里创建了山海关。之所以命名为山海关，是它北倚燕山、南连渤海的缘故。

山海关的城池周长约为 4 千米，整个城池和长城相连，以城为关。城厚 7 米，高 14 米。全城有 4 座主要的城门，是一座防御体系较为完整的城关。山海关以威武雄壮箭楼为主体，旁边为靖边楼、临闾楼、牧营楼、威远堂、东罗城、瓮城、长城博物馆等长城建筑，完美地展示了中国古代城防建筑的独特风格。

"天下第一关"匾额由明代著名的书法家萧显所写，长 5 米多，高 1.5 米，字为楷书，与城楼的风格浑然一体，艺术价值很高。

山海关是一座历史悠久的文化古城。明代的城墙、保存完好的街道小巷使得古城更加古朴典雅。当然，最有特点的应该是关城东门，天下第一关的城楼耸立在长城之上，气势恢宏。登上城楼的二楼，可以看到山海关的全貌和关外的景色。向北望去，可以看到角山长城的雄姿。

▲ 明崇祯山海关镇炮

山海关依山临海，形势险要。1644年4月，吴三桂引清军入山海关，击败李自成。清军由此进入中原。

在万里长城上漫步，可以感受到炎黄子孙的非凡智慧与祖先的伟大。

丽江古城是在什么时候建造的?

丽江古城又称为大研镇，最初建于宋末元初（12 世纪末～13 世纪初），盛于明清，距今大约有 800 年的历史，是第二批被批准的中国历史文化名城之一。

丽江古城位于云贵高原，海拔为 2400 余米，是一座没有城墙的古城。古城融合了纳西、汉、白等民族建筑艺术的精华，基本保留了大片明清年代的土木结构居民建筑，大多为三坊一照壁的楼房。当然，其中也不乏四合院的存在。丽江古城的建筑非常精巧，生动灵活，门窗上雕饰的花鸟图案色彩艳丽。街道依山傍水，用红色的角砾岩来铺，干净整洁，不泥泞，不飞灰，石上也有很多精美的花纹图案，古朴自然。

在丽江古城，不得不提的还有泉水。清澈的泉水分成三股主流穿城而过，在城区变幻的细流穿越大街小巷，流遍千家万户。

丽江古城城市布局错落有致，民居既融和了各民族的精华，又有纳西族的独特风采，既具有山城风貌，又富于水乡韵味。丽江古城拥有悠久的历史，古朴自然，综合价值和整体价值较高，反应了地方特色和民族风情，也反映了当时社会的进步和风貌。

丽江古城蕴涵着丰富的民族传统文化，集中体现了纳西民族的兴旺与发展，不仅是研究中国文化史、建筑史不可多得的重要遗产，更是研究人类文化发展的重要史料。

海拔最高的宫殿位于何处?

布达拉为梵文普陀罗的音译，寓意圣地普陀山，因此布达拉宫又称"第二普陀山"。它屹立在西藏首府拉萨市区西北的红山之上，是一座规模宏大的宫堡式建筑群，也是我国

▲ 布达拉宫

海拔最高的宫殿。

布达拉宫始建于 7 世纪，是公元 641 年文成公主嫁至西藏，松赞干布为公主而建，后毁于雷火、战乱。17 世纪中叶，五世达赖喇嘛在山上重建宫殿。1645 年动工，先建白宫，后造红宫，于 1693 年落成，工程历时 50 年。以后历世达赖继续扩建，形成今日的规模。

布达拉宫占地总面积为 41 万平方米，主体建筑由玛布日山南、北麓奠基，依山迭砌，直至山顶，几乎占据了整座山峰。殿宇高大，巍峨耸峙，其东西长 360 多米，高 117 米，外观 13 层（实为 9 层），为石木混合结构。红宫居中，东连白宫，西接僧舍（扎厦）。三大部分功能不同的建筑组群贯通结合，浑然一体，形成一个红、白色彩鲜明对比，层次高低错落，前后参差，体形方圆，大小变化的整体。

白宫有 7 层，是达赖喇嘛理政和生活起居的宫殿。其中，第 4 层的东大殿是最大的殿堂，长 27.8 米，宽 25.8 米，内设达赖宝座，这里是达赖举行座床、亲政大典等重大宗教和政治活动的场所。第 5 层和第 6 层是摄政办公和生活用房，第 7 层是达赖常住的两套寝宫，因为终日阳光朗照，因此又有东、西日光殿之称，里面各包括朝拜殿、小经堂、习经室及卧室等。

红宫主要建筑是达赖的灵塔殿和各类佛堂，内有各世达赖灵塔殿 8 座，其中，五世达赖的灵塔殿最大，殿高 3 层，内有 16 根大方柱，柱上有雕刻精美、沥粉贴金的斗拱或雀替支撑梁枋。灵塔高 14.85 米，外由金皮包裹，珠玉镶嵌，富丽堂皇。西大殿面积达 725.7 平方米，高 6 米多，是红宫中最大的殿堂，也是五世达赖灵塔殿的享殿。柱头、雀替、梁枋等木构件上镂空雕刻精致、色彩鲜艳。据说，红宫诸佛殿中仅法王洞（曲结朱普）和圣者殿（帕巴拉康）是吐蕃时期遗存的建筑，分别供奉松赞干布、文成公主、尺尊公主及大臣的塑像和松赞干布所依本尊观音像等。其他主要佛殿还有达赖世系殿、持明佛殿、释迦牟尼殿、坛城殿等。红宫西部的十三世达赖灵塔殿是最晚期的建筑，于 1933 年动工，3 年完工，其宏大规模可与五世达赖灵塔殿相媲美。

布达拉宫的屋顶和窗檐全部用木制成，屋顶采用具有汉代建筑风格特点的攒尖式和歇山式。屋角翘起，飞檐外挑，脊饰采用镏金装饰，有摩蝎鱼、金翅乌、宝瓶等。屋檐下的墙面用镏金的铜饰来装饰，这些铜饰的内容是佛教法器式的八宝，具有非常浓重的藏传佛教色彩。

布达拉宫内珍藏有丰富的历史文物。包括近万幅唐卡（卷轴画）和大量经卷，如贝叶经、甘珠尔经等和明代以来各种封达赖喇嘛的金册、玉册、金印等，表明了历史上西藏地方政权与中央政府的隶属关系。宫中还藏有许多工艺品，如金银制品、瓷器、珐琅器、玉器等。

这座凝结着藏族劳动人民智慧又目睹汉藏文化交流的古建筑群，已经以藏传佛教圣地的地位和特有的雄姿成为了藏民族的象征。

最长的长廊在哪里？

风景秀丽的北京颐和园万寿山南坡与昆明湖之间的狭长地带，有一条共 273 间的彩色画廊，这就是名传天下的长廊。它东起邀月门，西止十丈亭，全长 728 米，1992 年被世界吉尼斯纪录认定为世界最长的长廊。

乾隆十五年（1750 年），长廊建成。后来，长廊被英法联军烧毁。光绪十二年（1886 年），长廊重建。

长廊临昆明湖、傍万寿山，蜿蜒曲折。长廊之上，雕梁画栋，一幅幅斑斓的彩画，色彩鲜明，富丽堂皇，绚丽无比，风采迷人。廊上的每根枋梁上都有彩绘，共有 14000 余幅关于山水风景、花鸟鱼虫、人物典故的图画。许多画面是乾隆皇帝南巡时临摹的沿途景色。画中的人物都取材于中国的古典名著《红楼梦》、《西游记》、《水浒传》、《三国演义》、《聊斋》、《封神演义》等，因此，长廊是一条名副其实的艺术画廊。

长廊中间建有象征春、夏、秋、冬的"留佳"、"寄澜"、"秋水"、"清遥" 4 座八角冲檐的亭子。这些建筑以排云殿为中心，向东西两个方向对称展开，将万寿山前的建筑连贯起来。长廊东西两边各有伸向湖岸的一段短廊，把对鸥舫和鱼藻轩两座临水建筑连接起来。长廊沿途花树繁密，山水秀丽，景色宜人。

廊的地基随着万寿山南麓地势的高低而起伏，走向随着昆明湖北岸的凹凸而弯曲。建筑设计师巧妙地利用廊间的建筑作为变向和高低的连接点，避免了长廊过长、过直和地势不平的缺点，营造出了曲折、绵延、无尽的廊式。

哪里的孔庙最为有名？

孔庙又被称为文庙，从汉武帝"罢黜百家，独尊儒术"之后成为祭祀孔子和推广儒家文化的重要礼制性建筑，几乎遍布全国各地。其中，山东曲阜的孔庙最为著名。

鲁哀公十七年（公元前 478 年），曲阜孔庙以皇宫的规格建成。孔庙以孔子的故居为庙，经过历代的扩建与增修，数量很多。根据史料，明代全国就有约 1560 所府、州、县三级文庙，清代更甚，达 1800 多所。

曲阜孔庙属于祭祀孔子的本庙，占地面积约 95000 平方米，是一片庞大的建筑群。曲

▲ 孔庙杏坛
位于孔庙大成门与大成殿之间甬道正中，原为孔子旧宅教授堂遗址，宋时将此堂旧址"除地为坛，环植以杏，名曰杏坛"。整个建筑玲珑典雅，为孔子从事教育活动的重要标志。

阜孔庙前为栽种桧柏的神道，体现出一种庄严肃穆的气氛，能够把人们崇敬的情绪调动起来。孔庙以南北为中轴，分为左、中、右三路，庙的纵长为 630 米，共分为九进院落，气势恢宏，布局严谨。

孔庙内的十三碑亭、大成殿以及圣迹殿东西两庑陈列有大量的碑碣石刻，尤数汉碑数量最多。此外，历代碑刻的珍品也有很多。汉代之后的碑刻有 1044 块，记录了封建皇帝加封、追谥、修建孔庙和祭祀孔子的事情。当然，其中也不乏文人学士、帝王将相谒庙的诗文题记。这些碑刻对研究封建社会经济、政治、文化、艺术等有极其重要的作用。

除碑刻外，孔庙还有许多著名的石刻艺术品，主要包括汉画像石、明刻圣迹图和明清雕镌石柱等。汉画像石有 90 余块，题材非常广泛，记录了人们的社会生活、神话传说、历史故事等。

曲阜孔庙现存规模仅次于故宫古建筑群，是中国三大古建筑群之一，是中国古代大型祠庙建筑的典范，是中国历史最长、渊源最古的建筑物，在世界建筑史上占有重要的地位。

五岳中现存规模最大的岳庙是哪个？

中岳庙指的是嵩山中岳庙，原名太室祠，位于河南嵩山南麓的太室山脚下，是五岳中现存规模最大、保存较完整的古建筑群，也是河南省规模最大、最完整的古代建筑群，为国家级重点文物保护单位。

秦代，中岳庙初步创建，用来祭祀太室山神。西汉元封元年（公元前 110 年），汉武帝游览并礼祭嵩山，人们为了使已入晚年、好大喜功、贪恋长寿的汉武帝高兴，精心设计了一场骗局，使皇帝和随行的官员在登上太室山时听到很神奇的"万岁"的声音。

果不其然，汉武帝听后非常高兴，马上下令祠官扩建太室神祠，不准砍伐山上的树木，而且还给神祠供奉了山下的百产，从而巩固了中岳庙的地位。同时，太室山还被封为"嵩高山"，简称"嵩山"，和本来就有的四岳并列，称之为"中岳"。

中岳庙的地理位置得天独厚，"背倚黄盖峰，面对玉案山"，总面积达 11 万平方米，规模非常宏伟，布局十分谨严，红墙黄瓦，气势恢宏。

中岳庙的规格很高，依照山势的倾斜坡度，由南向北，依次依层建造。庙院东西宽166米，南北长650米，高差达到了37米。中岳庙的中轴建筑中有一个七进11层的院落，东西则有6座宫院，现共存有514间古建筑。其中，尤以中岳庙大殿最为有名，成为河南省现存最大的古代单体木构建筑，也是五岳庙中规模最大、规格最高的殿堂。

中岳庙犹如一位老人，静谧地肃立着，对游人诉说中国辉煌的古代文明。中岳庙历经2000多年的风吹雨打，沧海桑田，经过数代人不懈的修葺重建，才得以完好地保存到现在。

中国佛教的"祖庭"是哪里？

河南白马寺创建于东汉永平十一年（68年），位于河南省洛阳老城以东12千米处，是佛教传入中国之后兴建的第一座寺院，有中国佛教的"祖庭"之称。

白马寺建造在洛水、邙山之间，已有1900多年的历史，以它高峭的宝塔、巍峨的殿阁、独特而美好的景色吸引着络绎不绝的中外游人。

它的建造与我国佛教史上著名的"永平求法"有着密不可分的联系。传说，汉明帝刘庄晚上在南宫就寝，梦到一位神仙金色的身体有光环围绕，并降落在衙殿中。第二天得知，梦里的居然是佛，于是派遣使臣秦景、蔡音等前往西域拜求佛法。蔡、秦等人在月氏（今阿富汗一带）与天竺（古印度）高僧竺法兰和迦什摩腾相遇，所以邀请佛僧到中国去宣讲佛法，之后便用白马驮着佛像、佛经，千里迢迢，历经艰辛，终于在永平十年（67年）抵达京城洛阳，宣讲佛法。

之后，汉明帝下令仿造天竺的建筑样式修建寺院。为了铭记白马驮经的功劳，寺院取名为"白马寺"。从这之后，历代的高僧甚至外国的名僧都会到这里求法，所以白马寺被尊为"祖庭"。

白马寺的院落是长方形，坐北朝南，寺内的主要建筑有天王殿、大雄殿、接引殿、大佛殿、齐云塔等。该寺自从建寺以来，经历了多次兴废，其中，建筑规模最大的是在武则天时期。

寺内保存了大量元代夹纻干漆造像，如十八罗汉、三世佛、二天将等，十分珍贵。1961年，白马寺被中华人民共

▲白马寺山门

和国国务院公布为全国第一批重点文物保护单位。

"武庙之祖" 指的是哪座庙？

解州关帝庙是目前我国最大的关帝庙，位于山西运城市解州镇西关。解州关帝庙北靠银湖（盐池），面对中条山，景色十分秀丽。因为解州东南 10 千米处的常平村是三国蜀将关羽的故乡，所以解州关帝庙是武庙之祖。

关帝庙兴建的历史非常早。根据记载，陈隋时期，解州关帝庙就已经开始修建了。宋元明清时期，在对关公美化、圣化和神化的基础上，解州关帝庙进行了大规模的修复、扩建和重建的工作。

到了清朝末年，关帝庙多次遭遇火灾，损失惨重。庆幸的是，后来，政府对关帝庙进行了修复和重建。中华人民共和国成立之后，解州关帝庙被列为国家重点文物保护单位，又一次被修复和维护。

目前，解州关帝庙的占地面积约为 7.3 万平方米。庙宇中的众多建筑坐北朝南，沿南北向中轴线分四大部分有序展开。为纪念刘、关、张桃园结义，中轴线的南端建立了"结义园"。中轴线北端的主庙是进行祭祀关公活动的主要场所。一座"万代瞻仰"的石牌坊建于中轴线东端，"威震华夏"木牌坊则建在西侧。

解州关帝庙这座气势恢宏、历史悠久的古老庙宇有着自己独特的价值与意义。它代表了中国博大精深的传统文化，一朝又一朝的封建统治者在这里向臣民灌输封建伦理道德和封建纲常思想；而百姓在社会压迫下从关公身上汲取仗心而起、勇于抗争的精神和力量。因为有了关帝庙，人们得以将"忠"、"诚"、"信"、"义"一代代传承，时至今日，它已成为传统民族文化的精神纽带和实物载体，并为现在和将来的道德文化发展提供有益的参考和借鉴。

天坛是怎样的一座建筑？

天坛在明永乐十八年（1420 年）开始建造，最初实行天地合祀，叫作天地坛。嘉靖九年（1530 年）实行四郊分祀制度后，在北郊另建地坛，将天地坛改名为天坛，专门从事祭天、祈雨和祈谷等活动。

北京天坛的占地面积为 272 万平方米，主要的建筑包括圜丘、祈年殿等。祈谷坛与圜丘坛之间用墙相隔，分居中轴线南北。圜丘于明嘉靖九年建成，又因为是举行"祀天大典"的地方，所以被称为祭天台。坛墙北圆南方，表示天圆地方的寓意。皇穹宇等建筑都位于圜丘坛内，而祈年殿、祈年门、皇乾殿等建筑则位于祈谷坛。

祈年殿是古代明堂式建筑中仅存的一例，也是天坛的主要建筑。明永乐十八年（1420 年），祈年殿建成，当时被称为"大祀殿"。祈年殿为矩形，直径 24.2 米，高 38.2 米，里面分别包含了四季、十二月、十二时辰以及周天星宿等寓意。

天坛的圆形围墙被称为回音壁，墙体光滑坚硬，利于声波反射，再加上本身圆周曲率精确，因此声波可以沿着墙体连续传播，发出回音，甚是神奇。

天坛的两次劫难分别来自英法联军和八国

▲ 天坛

联军的侵略。当时，几乎所有的陈设和祭器都被他们掳去。更为甚者，八国联军还把司令部设在这里，把大炮架在圜丘坛上，对紫禁城和正阳门展开攻击。

1961 年，天坛被国务院公布为全国重点文物保护单位，1998 年又被联合国教科文组织确认为世界文化遗产。2009 年，北京天坛入选中国世界纪录协会中国现存最大的皇帝祭天建筑。北京天坛处处展示中国古代特有的象征、寓意等艺术表现手法，是中华文明长期积淀的产物。

雷峰塔的历史是怎样的？

雷峰塔地处浙江杭州，又名黄妃塔，传说是吴越王钱弘俶为了庆祝宠妃黄氏得子而建造的。又因为雷峰塔地处杭州西湖南岸夕照山的最高峰——雷峰顶上，所以取名为"雷峰塔"。旧塔在 1924 年倒塌，现在已经重建。

雷峰塔是于北宋太平兴国二年（977 年）建造的一座佛塔。元朝时，雷峰塔还保存得较为完好，因此有"千尺浮图兀倚空"的记载。雷峰塔于明朝嘉靖年间被毁。当时，倭寇怀疑塔内藏有明朝的军队。最终，除砖体塔身外，雷峰塔木质的塔檐、栏杆、塔顶、平座等结构都被烧毁。

此外，还有一个传言，说雷峰塔的塔砖可以用来驱病、强身，甚至安胎，所以很多人就开始在塔砖上磨取粉末，甚至有人趁此机会从塔内偷取经卷，谋得私利。雷峰塔坍塌于 1924 年 9 月 25 日下午，其原因是内部被挖空，导致塔不堪重负。

1999 年 10 月，杭州市决定重新建造雷峰塔。2002 年 10 月 25 日，新雷峰塔在旧塔的原址上正式建成，塔座部分成为遗址的展示厅，并陈列许多的文献资料，供人观赏。

雷峰塔原塔一共有 7 层，重檐飞栋、窗户洞达、壮丽美观。塔基底部存放有龙莲座释迦牟尼佛坐像、佛螺髻发舍利的纯银阿育王塔等数十件佛教珍贵文物的井穴式地宫。此外，雕版印刷的佛教《一切如来心秘密全身舍利宝箧印陀罗尼经》经卷藏于古塔的转塔内，十分珍贵，为佛教的研究提供了实物资料。

雷峰新塔建在遗址之上，完全按照南宋初年重修时的设计大小和风格建造。塔通高为 71.679 米，由台基（起到保护罩的作用）、塔身和塔刹 3 部分组成，其中塔身高为 49.17 米。新塔外观是一座 8 面、5 层楼阁式塔，塔身的设计沿袭了被烧毁前的平面八角形楼阁式造型，再用铜瓦覆盖，飞檐翘角下挂着铜风铃，古色古香，风姿绰约，还兼具遗址文物保护罩的功能。

雷峰塔之所以闻名，一般的说法是，它与北山的保俶塔同位于一条中轴线上，是西湖塔中的一组对景。在雷峰塔塌之前，西湖上曾呈现出"南北相对峙，一湖映双塔"的美景。

比意大利比萨斜塔倾斜度更大的是什么塔？

在辽宁省葫芦岛市绥中县前卫镇的塔根胡同内，矗立着一座古老的宝塔，由于这座宝塔是歪的，所以被称为前卫歪塔，也名瑞州古塔。它的倾斜度比意大利比萨斜塔更大。

前卫歪塔虽然几经地震与洪水破坏，却始终斜而不倒。塔身高为 10 米，向东北方向倾斜 12°，塔尖水平位移为 1.7 米。

前卫歪塔塔座是须弥式，中间有砖雕花卉，雕有莲花"卍"字纹、卷云纹等纹的平座被三面的斗拱托起。平座上是莲座，莲座上就是塔身。塔身 4 个方向都有佛龛供奉佛像、神位的小阁子。佛龛四面雕有莲蓬图案，而有两侧雕的是卷草纹。前卫歪塔的每面柱顶用普柏枋连接，再用斗拱挑起塔檐。斜塔风景独特，当人们站在塔下斜视，会觉得斜塔似乎要迎面倒下，给人惊心动魄的感觉。

前卫歪塔什么时候开始倾斜已经无法考证，专家推测，前卫塔是在明朝的一次地震中倾斜的。明隆庆二年（1568 年），地震活跃地带辽西走廊发生了大地震，宁远、前卫城中很多房屋被震得面目全非，宁远卫城作为明朝在关外的坚固城堡，其城墙也被震塌。所以他推测，前卫塔也是在这个时候倾斜的。当然，除此之外，风力、地下水侵蚀等因素也会对它的倾斜产生影响。

从倾斜角度来看，前卫歪塔堪称世界第一。意大利比萨斜塔的倾斜度是 5°40′，我国的上海松江县天马山护珠塔倾斜度是 6°52′，南京方山定林寺的倾斜度是 7°59′，而前卫歪塔的倾斜度为 12°。因此，前卫歪塔被称为"世界第一斜塔"，实属当之无愧。

哪个皇陵的建造开创了历代统治者奢侈厚葬的先例？

秦陵兵马俑被称为"世界第八大奇迹"之一，于 1974 年在陕西省临潼县西杨村被发现，位于临潼县城以东的骊山脚下，秦始皇陵园东侧 1000 米处。秦始皇嬴政从即位时就营建陵园，修筑时间长达 38 年，工程浩大，气势恢宏，开创了历代封建统治者奢侈厚葬的先例。

秦陵兵马俑共有 3 个兵马俑坑，一号坑为"品"字形的步兵部队，面积达 14220 平方米，东西长 230 米，南北宽 62 米，深约 5 米，是一位叫杨新满的农民在打井时发现的。二号坑占地面积为 5000 平方米，形状为曲尺形，由骑兵、步兵（包括弩兵）和战车等组成，是一支多兵种的特殊部队。三号坑面积达 520 平方米，形状为凹字形，属于指挥机关，统帅一、二号坑。3 个坑所包含的数量极多、价值极高，共有 7000 余件陶俑、400 余匹陶马、数十万件兵器和

▲秦兵马俑一号坑

100 余辆战车，为研究秦朝的相关历史提供了丰富的实物依据。

秦始皇陵兵马俑分为步兵、骑兵、弓弩手等。步兵和骑兵身材魁梧，体格匀称；战马体形健硕，昂首伫立，肌肉丰满，鬃毛分飞，机警敏捷，活灵活现；武器种类繁多，栩栩如生。兵马俑充分体现了秦陶俑雕刻崇尚写实、手法严谨、性格鲜明、形象生动的艺术特点，表现了极高的造型艺术，展示了秦始皇统一六国、威震四海的恢宏气势，堪称世界上精美绝伦的文化艺术宝库。

秦始皇陵兵马俑是现实主义的完美杰作，保留了极高的历史价值。这种陵寝制度为以后历代帝王陵墓所效仿。

"天下第一名楼"指的是哪座楼？

黄鹤楼位于湖北省武汉市蛇山的黄鹤矶头，是江南三大名楼之一，也是国家旅游胜地四十佳之一，素有"天下江山第一楼"的美称。黄鹤楼在北宋至 20 世纪 50 年代属于道教的圣地，成为吕洞宾传道、修行和教化的场所。

黄鹤楼于三国时代东吴黄武二年（223 年）建立。

唐永泰元年（765 年），黄鹤楼已经初具规模，但之后战乱频繁，导致黄鹤楼屡建屡废，

仅在明清两代就被毁 7 次，并维修和重建了 10 次，所以便有了"国运昌则楼运盛"的说法。最后一座黄鹤楼于同治七年（1868 年）建造，光绪十年（1884 年）被毁，现在遗址上只留下被毁前的一个铜铸楼顶。1981 年，黄鹤楼又一次重建。

黄鹤楼以清代的"同治楼"为原型，高度为 51.4 米，建筑面积达 3219 平方米，共有 5 层，屋面用黄色琉璃瓦覆盖，绚丽无比，雄伟而多姿，众多的圆柱和翘脚更使黄鹤楼增添了无限魅力。

黄鹤楼中部大厅正面的墙上有很多优美的浮雕，上面表述的是历代关于黄鹤楼的神话传说。3 层设有夹层的回廊，陈列着与此相关的诗词书画。2、3、4 层外还有四面回廊，用来远眺观景。5 层是瞭望厅，在这里可将大江景色尽收眼底。

黄鹤楼占据着独特的地理位置，背倚武昌城，面临扬子江，相对晴川阁，由于它这种地理位置以及前人流传至今的诗词、文赋、匾额、楹联、民间故事和摩崖石刻等，黄鹤楼成为自然价值和文化价值都很高的名楼，享有"天下绝景"和"天下江山第一楼"的美誉。

"江南三大名楼"之首是什么？

滕王阁位于南昌城西，赣江之滨，与湖北黄鹤楼、湖南岳阳楼并称为"江南三大名楼"，因为初唐诗人王勃的《滕王阁序》，让它在三大名楼中最为著名，被称为"江南三大名楼"之首。

▲ 滕王阁

滕王阁是多层单檐歇山顶式阁楼建筑。现存的阁是 1985 ～ 1989 年重建的，它是一钢筋混凝土仿宋阁楼式建筑。

滕王阁在唐永徽四年（653 年）建造，当时，唐高祖李渊的儿子李元婴在这里任洪州都督，李元婴受到宫廷生活的影响，在调任洪州都督的时候，他从苏州带来一班歌舞乐伎，整天在都督府里歌舞娱乐，后来便在临江的地方建造了这座阁楼，成为盛宴歌舞的地方。李元婴贞观年间，曾经在山东省滕州任职为滕王，而且还在滕州建造了一个阁楼叫作"滕王阁"，所以他把洪州的阁楼也称"滕王阁"。

滕王阁的主体建筑净高为 57.5 米，面积是 13000 平方米。滕王阁的台座约为 12 米高，总共分为两级。台座上的主阁从外面看为 3 层，实际上里面有 7 层，包括 3 个明层，3 个暗层和屋顶中的设备层，构成了"明三暗七"的结构。

阁楼采用碧色的琉璃瓦，光彩夺目，仿宋形式的正脊鸱吻，高达 3.5 米，风格独特。台座底下还有两个南北相通的人工湖，其中，北湖上建有九曲风雨桥，楼跟湖交相辉映，景色宜人。

滕王阁实际上是古代储藏经史典籍的地方，与图书馆的性质类似。封建士大夫们也总喜欢在这里宴请和迎送宾客。典型的例子是，明代的朱元璋在鄱阳湖之战中大胜陈友谅后，就在这里设宴，还命令大臣们作诗填词。

1983 年 10 月 1 日，滕王阁于举行了奠基大典，开始又一次重修。1985 年 10 月 22 日重阳节，正式开工重修，于 1989 年 10 月 8 日重阳节胜利落成，给古城南昌增色添辉不少，吸引着纷至沓来的中外旅客。

四大回音建筑是什么？

回音建筑是我国古代劳动人民巧妙地运用回音的原理而建成，现在比较著名的回音建筑有 4 处，包括重庆潼南石琴、北京天坛回音壁、山西蒲州普救寺塔和河南三门峡市蛤蟆塔。

重庆潼南石琴位于涪江岸边。潼南定明寺的右侧有 36 级石梯，这些石梯摩岩而凿，就像一把巨大的石琴。行人走在石梯上，踏上每个阶梯，犹如踩到一根琴弦，发出"咚！咚！咚！"的琴音。最奇妙的是，有七级石阶还能踏出高低不同的音调，极为美妙，神奇悦耳，所以又被称为"石磴琴声"。

北京天坛的回音壁内侧墙面光滑平整，利于反射，声音沿着内壁不断反射，久久回荡，悠远绵长，令人称奇。如果站在壁前小声地哼唱，和声会随之而起，婉转动听，深沉悠扬。当放声歌唱的时候，回声会从四面八方传来，让人心旷神怡，感受美好，深深陶醉其中。

普救寺塔又被称为舍利音塔，位于山西永济县普救寺内。塔共有 13 层，高 50 多米，塔身为方形。登塔的人把石头扔在地上就会发出回音，如果把石头扔在前面的空地，回声会从塔底传来；把石头投在后面的空地，回声从塔顶传来。这些现象是由于塔身中空而导致。普救寺塔还有一个名称叫作"莺莺宝塔"，因为古典名著《西厢记》的故事素材源于此，为了纪念崔莺莺而得名。

蛤蟆塔位于河南三门峡市，建于清康熙年间，当人们站在离塔身四周几丈远的地方击掌或叩石的时候，塔内便会传来类似蛤蟆"呱呱呱"的回声，回声伴随着叩石、击掌的加速会越来越响亮、逼真，如有万千只蛤蟆在鼓膜低唱，妙不可言，发人遐思。

我国最大的园林在哪里？

▲ 苏州拙政园

我国最大的园林是苏州园林。苏州园林是指苏州城内的园林建筑，以私家园林为主，起始于春秋时期的吴国，形成于五代，成熟于宋代，兴旺于明代，鼎盛于清代。

苏州是我国著名的国家级历史文化名城，有"人间天堂，园林之城"的美誉。这里山清水秀，城市格局完整，自然景观优美，是著名的旅游胜地，也是江南的经济文化中心。苏州以园林典雅而闻名天下，有"江南园林甲天下，苏州园林甲江南"的说法。驰名中外的苏州园林采用缩景的手法，给人以小中见大的艺术效果，为苏州赢得了"园林之城"的称号。

苏州园林虽小，但景致独特。这是因为古代造园家通过各种艺术手法，独具匠心地创造了各种美景。他们栽植花木，叠山理水，用大量的楹联、书画、匾额、碑石、雕刻、家具陈设和各式摆件等配置园林建筑，创造了独特的意境，反映了古代文化意识、审美情趣和哲理观念，从而显得诗情画意，为文人所称咏。

在园中行游，景物变幻无穷，有时幽深，有时明媚，令人赏心悦目。此外还有图案精致的花窗，悠远的小路，醉人的芳香，让人回味无穷，流连忘返，达到"不出城廓而获山水之怡，身居闹市而得林泉之趣"，"虽由人作，宛若天开"的艺术境地。

苏州园林以意境见长，以独具匠心的艺术手法在有限的空间内点缀安排，移步换景，变化无穷。1985 年，它被评为中国十大风景名胜之一。1997 年，苏州园林作为中国园林的代表被列入《世界遗产名录》，成为中华园林文化的翘楚。

城市里为什么建有城隍庙？

在鲁迅的小说里，我们经常会看到"城隍庙"，这里或是插科打诨的混乱场所，或是风声鹤唳、阴森恐怖的"人间地狱"。在民间，城隍庙更是个神出鬼没、怪事连连的场所。

庙，我们都知道是用来做什么的，它是古代祭奉神灵的场所，用来做宗教祭祀。城隍庙又是种什么庙呢？"城隍"最早可以追溯到《周易·泰封》："城复于隍，勿用师。"

这里所言的"城"指城壁城墙，"隍"指城堑，也就是城外的壕沟，古代又叫护城河。因而，城隍也就有了守护城池的护城河之意。中国人民自古就有供神祈福的习俗，因而，城隍一词便由其本意被幻化为城市的守护神。

《礼记·郊特性》有载："天子大蜡八。"也就是说，腊月天子要祭祀八位神灵，其中第七神就是水庸神。郑玄解释说，水即是隍，庸就是城，水庸神即城隍神。由此可见，周代"水庸神"还是自然神。在三国时期，民间开始祭祀城隍神，不过，当时的城隍并没有具体的姓名，也是自然神。

到了唐朝，随着城市的兴起和商业经济的繁荣，城隍信仰开始盛行。许多官吏为地方消灾祈福时，往往去祭拜城隍神，比如大名鼎鼎的韩愈、杜牧、韦良宰、张九龄等人都曾为地方风调雨顺而去拜祈求城隍，并留下相关诗文。

这一时期，城隍神本身也发生转变，城隍由原来的自然神，演变成文臣武将死后的人鬼神。比如，杭州城隍庙所供奉的神乃是吴尚书屈晃之子屈坦；绍兴府的城隍名叫庞玉，此人曾当过越州总管；鄂州城隍名为焦明……可见，唐代各地所奉城隍神都是有名有姓的人，不再是模糊的自然神。此时，城隍神的职掌也发生变化，他们不仅是城市的守护神，也是掌管一方民众生老病死的冥官。因而民间又开始祭奉城隍爷，为的是超度亡灵，惩凶佑善。宋朝以后，城隍庙更是门庭若市。

到了明朝，出身市井，与土地庙曾有因缘的朱元璋将城隍爷推崇到了极致。据史料记载，朱元璋曾下旨封开封、临濠、束和、平滁四城的城隍为王；封各府城隍为监察司氏城隍威灵公；州城隍为监察司氏城隍显佑侯；县城隍为监察司氏城隍显佑伯，并且下令重建各地城隍庙，其规格与当地官署衙门一模一样。

从有史记载到现在，城隍已经被人们赋予了很多传奇色彩，它不仅是一个崇拜对象，更承载着一部民俗文化的演变史。

敦煌这个名字有何来历？

敦煌莫高窟被称为东方世界的艺术博物馆，这里不仅有庞大的洞窟群、精美的彩塑、辉煌的壁画，还有数量惊人的佛教经卷。1900年，被外国人偷走的藏经洞文献，在当时便震撼了全世界。敦煌的文化源远流长，是考古学家和文艺界研究的焦点。翻开历史卷册，我们不难发现，随着朝代的变迁，很多地理名称都会有或多或少的变化，唯独敦煌，几乎没有任何更改，这是为什么呢？

"敦煌"一词最早出现在《史记·大宛列传》中。据该书记载，张骞出使西域，途径"敦煌"。返回长安后，他向汉武帝讲述了出使途中的所见所闻，便提到"敦煌"。张骞对它赞美有加，使汉武帝对此地生出几分向往。后来，西汉获得此地，便设立了敦煌郡。

敦煌位于西域的交通要道上，关于敦煌地名的由来，一直没有得出定论。有观点说，

▲农耕图　敦煌莫高窟壁画

敦煌是汉武帝设郡而得名。比如，东汉应劭就说："敦，大也。煌，盛也。"后人李吉甫补充说："敦，大也，以其广开西域，顾以盛名。"显然，他们认为"敦煌"是汉朝人命名的。但是，随着对文献研究的加深和考古资料的不断出土，这个说法逐渐被否定。

据《史记》和《汉书》记载，"敦煌"一词在敦煌郡、敦煌县之前已经出现，所以有学者认为，"敦煌"当是少数民族语言的音译。证据是张骞在写给汉武帝的奏折中，经常把"敦煌"、"祁连"连用。"祁连"是少数民族语言音译，而"敦煌"也应如此。

考古资料表明，敦煌原著居民为火烧沟人。在战国至秦汉时期，敦煌与祁连山之间住着塞种人、乌孙人和月氏人。后因月氏人强大而独占河西水草丰美之地。北方匈奴冒顿单于崛起后，击败月氏人，这里成了匈奴的领地。因而，有学者认为"敦煌"是匈奴语的音译，但是匈奴对此并没有文字记载。

还有学者认为，根据人们习惯将边疆地区的地名、族名取两个字简译的习惯，认为"敦煌"是吐火罗的简译。《山海经·北山经》中所载吐火罗的简译为"敦薨"，从而得出《史记·大宛列传》中的"敦煌"也是源于这一族名。

有关"敦煌"来历，一直没有得出确切结论，但是学术界可以肯定的是，"敦煌"是少数民族语言的音译。

广州被称为"羊城"，与"羊"有关吗？

素有"国际花园城市"之称的广州，位于北回归线附近，年平均温差很小。广州一年四季气候温润、百花盛开，因而便得了"花城"的美誉，但是广州还被人们称为"羊城"，这就让人费解了，经贸发达的广州难道还产羊？

广州被称为"羊城"已经有 2200 多年的历史了。相传公元前 9 世纪，广州只是西周的一个小城邑，名叫楚庭。在西周末期，广州一带连年灾害，土地荒芜，农民颗粒无收。上苍看到百姓怨声载道，便派出五位仙人，骑着五色仙羊，踏着五朵祥云来救难。仙人施法，向人间普降甘露；每只羊衔来一棵麦穗，施雨后仙人把五棵麦穗赠与人间，以保人间永无饥渴。随后，仙人腾空而去，而五只仙羊则化为石头留在广州的山坡上。从此，广州风调雨顺，人民丰衣足食，成为岭南地区的富饶之地。过上安康生活的人们并没有忘记仙人的恩泽，他们修五仙观来祭拜 5 位仙人，广州也就有了"羊城"、"五羊城"、"穗城"的别称。

其实，在这个神话的背后，有着这样的历史背景：在远古时代，大约 5000 年前，广州一带就有人类在此捕鱼开展农业活动。据史料记载，西周末年，天灾连年，诸侯征战不断，民不聊生。因而中原一带的百姓便开始了举家南迁，这在中国历史上是一次较大规模的迁徙活动。当时的广州地处珠江三角洲地区，南面临海且雨量丰沛、气候温和，自然是南迁百姓的首选。凭借广州的临海之利，还有肥沃的土地，来到此地的人民过上了丰衣足食的生活。秦汉时期，广州经济繁荣起来，随着对外贸易的兴起，它也成为海上"丝绸之路"的始发港。

关于仙人所乘之羊，《说文解字》中解释道："羊，祥也。"至今广州一带还有"种姜养羊，本少利长"的说法。相关资料表明，羊是北方动物，是随着人们南迁，迁移到南方，并开始圈养。"五羊衔穗降恩泽"虽然具有神话色彩，但是却从另一个侧面体现出了人们的美好生活愿望，折射出了当时的历史概况。

丰都为什么被称为"鬼城"？

丰都位于四川东部的长江北岸，千年以来一直有"鬼城"之称。事实上却是溪水潺潺，山花欲燃，风光迤逦，鸟语泉鸣，俨然传说中的仙人福地。这么一个地方，怎么就成了"鬼城"呢？

在丰都城内，有一座风景秀丽的平都山，是传说中道教七十二福地中的第四十五福地。据东汉的《列仙传》和晋朝葛洪的《神仙传》记载，汉代时曾有王方平和阴长生二人弃官到此修道，最后终得道升天而去。因此，这里成了远近有名的仙山，不少仙人到此来拜访。如传说中的何仙姑、吕洞宾都曾前来拜访过。

王、阴两人的故事也开始在民间广为流传。一开始，人们简称二位仙人为"王阴"，不成想传着传着便成了"阴王"，又有好事者进一步将之联想成"阴间之王"，于是丰都一下子从仙境变成了阎罗王所主宰的鬼城了。

到东汉末年，道教早期形态五斗米教流行于四川，丰都是当时的道教重镇之一。四川自古巫文化发达，五斗米教更是因为与巫术多有结合，在当时被称为"鬼道"，五斗米教的道士也被称为"鬼吏"。随着时间的流转，鬼文化不断在民间浸淫，本是仙境的丰都的鬼气越来越浓厚，最终成了"鬼城"。宋代以后，对阴曹地府充满好奇的人们借由佛教与道教对阴曹地府的描述，加上自己的想象，在丰都修了诸如奈何桥、鬼门关、十八阎罗殿等冥府建筑，使之成了名副其实的"鬼城"。

海外华人聚居地为什么被称为"唐人街"？

▲伦敦唐人街

说起唐人街，首先要从唐人说起。秦汉时期，中国北方（中原和关中）经济繁荣，人文荟萃，那里的居民因大汉王朝的缘故以汉人自居。到了唐朝，从贞观之治开始，到开元年间，社会经济便进入高度繁荣，封建文化也灿烂辉煌，世界各国使节来朝不断，国家实力臻于鼎盛。唐朝的疆域最西到达咸海，最北达西伯利亚。这一时期，与唐朝来往的各国就已经开始称华人为唐人了。尽管唐朝走向衰亡，但唐朝经济文化对外国的影响始终是其他朝代无法企及的，因而"唐人"一称一直沿用下来。《明史·真腊传》记载："唐人者，诸蕃呼华人之称也，凡海外诸国尽然。"

随着经济文化的交流，国人开始迁居国外。在异国他乡，华人群居而生，形成了一个小的聚居地，开展他们的海外生活。纳兰性德在《渌水亭杂识》中记载道："日本，唐时始有人往彼，而居留者谓之'大唐街'，今且长十里矣。"后来"唐人街"也就被用来指代海外华人居住的地方。

唐人街又被称为华埠或者中国城。据相关历史遗迹及出土文物表明，早在 12 ~ 14 世纪，印尼的苏门答腊岛东北岸就出现了中国城。后来，印度、欧洲、美国等地都出现了唐人街。在美国、加拿大、澳大利亚等国的唐人街里，华人凭借本国的工艺及所学技能，在异乡生存。随着唐人街人口的增多，那里的华侨逐步修建和完善各种公共设施，修寺庙，兴学堂，积极开展各种文化活动，传承和传播中华文明。

久而久之，唐人街就在全球各地形成了一种文化，一种有东方特色的专属镇，虽然其范围不止一条街，但人们仍然习惯用"唐人街"来指代这样一种华人居住区域。

"胡同"怎么成了街巷的名字？

2008 年北京奥运会，除了奥运会场馆及开幕式引起轰动外，北京传统四合院、胡同以及地方民俗也是外国人津津乐道的话题之一。汪曾祺曾写过《胡同文化》，通过文章，我们不仅对北京的胡同有了初步了解，还知道了胡同所承载的文化内涵。但是说到胡同，人们不仅要问：为什么会有这个名字呢，胡同又和街巷有什么关系呢？

汉语词典里，"胡同"也叫"里弄"、"巷"。是指城镇或乡村里主要街道之间的、比较小的街道，分死胡同和活胡同。死胡同末端连着居民区，活胡同则是沟通村镇里各条街道的路径。

▲北京的胡同

"胡同"最初意为行走之地，该词最早出现在元杂剧中。因而，有学者据此得出"胡同"一词始于元朝的结论。但是，这个说法并没有得到普遍认可，关于"胡同"一词的由来，众说纷纭。综合各家说法，主要的观点有以下几种：

其一，"胡同"源于蒙古族语"水井"，最初发"忽洞"的音。蒙古族习惯以"井"作为地方命名的依据，于是建立元朝后，便将此语带到中原，谐音做"胡同"。

其二，蒙古族进关之前，中原人称他们为胡人，所以，元建都后，人们就把他们居住的地方叫作"胡同"。

还有观点认为胡同实为南宋"火巷"的转译音。当时所建"火巷"鳞次栉比，和胡同相连的四合院形状极为相似，后传成"胡同"一词。

那么，"胡同"是从什么时候开始变为街巷的专有名称的呢？

据有关资料显示，在元代，"井"和"胡同"都有"市"的意思。在一些文学作品里，就常用"市井"来表示民间。元朝定都大都，也就是现在的北京城，其建筑风格呈现出豆腐块风格，街道多为南北分布，东西穿插小巷，街道布局形成"井"字结构。"胡同"也就和"井"同称为市井街道了。

从元朝开始，北京有史记载的胡同最多时有6000条之多。经过不断的演变，胡同成了北京城的一大特色。它不仅仅是一种交通通道，更是传承文化、记载历史、讲述社会生活的一部实物史诗。

古人住的厢、舍、斋、寝、楼、阁有何区别？

古代建筑中，厢、舍、斋、楼、阁之类多不胜举。《西厢记》中，与莺莺幽会的张生，便是借住在普救寺的西厢之中。厢，古汉语中又写作"箱"。《说文解字》中说："凡堂之内，中为正室，左右为房，所谓东房、西房也。"这里所说的东房、西房，指的便是厢房。据汉代的资料显示，古人在堂室外还筑有一道墙。其中，北半部分，即房与墙之间的间隔叫作东夹西夹，南半部分叫作东堂西堂，也叫东箱西箱。有一种观点认为，箱指的是

▲ 此图所绘群山环抱，丛林掩映，楼阁台榭，端庄典雅。庄园外，流云绿水，舟楫往来，一派悠闲脱俗的田园境界。相传宋代秦少游在病中观赏了朋友送给他的《辋川图》摹本，觉得自己身临其境，不久便痊愈了。此说或许夸张，但王维的山水画能给人以精神上的陶冶和身心上的审美愉悦，却是无人置疑。

君王办公的正室东西方向的屋子。《周昌传》有："吕后侧耳于东箱听。"后来，人们将南北向分布的正房两侧的房子通称为"厢房"。

舍泛指房屋。《说文解字》中说，"舍"指的是市居之所，包括客栈、旅馆、庐室之类。在古语中，天子所赐的舍称为侯馆；客栈之类称为旅舍。人们也以"舍"作代词使用，借指破旧或简陋之家。如"庐舍"、"茅舍"、"寒舍"等。

古代的斋室一般指的是书房和学校。斋，常含清心雅静、读书思过之意。在宗教信仰中，一些斋戒场所也称为斋室。

说到寝，人们经常想到的就是卧室。《尔雅·释宫》中说："无东西厢有室曰寝。"也就是说，在古代，没有东西厢的堂室总称为寝。到了周代大寝为堂，小寝为室。同时，寝还有指代帝王宫室的意思。后来，人们将很多人睡觉的大房间称为寝。

所谓的楼指的是很多层的屋子，在古代称为重屋。《古诗十九首》中有"西北有高楼，上与浮云齐"的诗句。可见，当时的"楼"和现在所指的"楼"相差无几。只是，据古籍记载，古时候，人们住的楼大多是木制或南方竹制二层楼。楼上并不住人，而是放些杂物。

作为古代一种特有的建筑形式，阁最初指的是阁板。后来，阁成了与楼相对应的架空小楼房。多为四边形或多边形，周围雕栏回廊，作藏书、游园远眺之用。在南方，楼房上的小房间也被称为阁。古代有些女子居住的场所亦有"阁"之称，因而，女子出嫁有"出阁"的说法。

四合院有什么特点？

四合院指的是 4 座单体房屋分别在东、南、西、北四面，中间围合成一个露天庭院的建筑组合。在历史发展过程中，四合院得到了中国人的钟爱，宫殿、庙宇、官府包括各地的民居都广泛地使用这种形式。

在诸多类型的四合院中，北京四合院卓尔不群，经过数百年的营建，北京四合院从材料选择、平面布局到内部结构、细部装修都形成了特有的京味风格。

四合院属砖木结构建筑，门窗栋梁等均为木制，周围以砖砌墙。门窗及檐口椽头的油漆彩画，虽没有宫廷的华丽辉煌，但也颇有意趣。习惯用磨砖、碎砖垒墙，变废为宝，所谓"北京城有三宝——烂砖头垒墙墙不倒"。屋瓦大多用青板瓦，正反互扣，或者不用铺瓦，直接青灰抹顶，称为"灰棚"。

除了一些小规模的单院形式外，北京四合院多数分为前（外）后（内）二院。外院横长，从东南角的大门进入，迎面就是一座筑砖影壁，与大门组成一个小小的过渡空间。由此西转进入外院。大门之西正对民居中轴的南房，称"倒座"，用来供客人休息，外院还有男仆室及厨房、厕所；由外院通过垂花门式的中门，便进入宽阔的庭院，这就是全宅主院。

主院中，北面正房称"堂"，大多为三间，遵守着"庶民庐舍不过三间五架，不许用斗拱，饰彩色"的明清规定。正房的开间和进深要比厢房为大，左右两边各接出耳房，由尊者长辈居住。耳房前有小小的角院，十分安静，所以也常用作书房。这种一正房两耳房的布局称作"纱帽翅"。正房前面，院子两侧有厢房陪衬，作为后生晚辈的居室，营造了良好的空间感觉。

正房、厢房朝向院子都有前廊，用"抄手游廊"把垂花门与这三座房屋的前廊连接起来，沿着游廊穿行，不必经过露天场地。廊边还有栏杆和凳子，可在廊内欣赏风景。这是四合院的一大风情。

四合院的房屋都采用青瓦硬山顶。正房之后有时有一长排"后照房"，或作居室，或为杂屋。也有的民居在房后或者一侧再接出一座四合院，以居内眷，也有的在一侧接出宅园。

四合院的每一处都很有讲究，开在前左角的民居大门称"青龙门"，根据后天八卦，北为坎，东南为巽，故此种布局称坎宅巽门，象征吉祥平安。王府的宅门则放在中轴线上，人们认为以王侯之尊不需要坎宅巽门也可以免除外邪侵害。而从实际效果来看，宅门不设在中轴线上，使得进入四合院必先通过一个小小过院，有利于保持民居的私密性，营造"曲径通幽"的氛围。在全国各地的民居中，坎宅巽门也十分流行。

门的大小和规格也很讲究，等级最高的是广亮门，它和再小一些的金柱大门、

▲北京四合院

蛮子门都用于官宦人家。虽非官宦而相当殷实的人家用如意门。最小的是墙门，没有进深，门上有小屋顶，有的砌通天柱，颇有西洋气息。

作为民居，北京四合院最直接的感觉是浓厚的生活气息，庭院方阔，大小合宜。院中还栽花置石，一树海棠花配以石榴盆景，大缸养的金鱼寓意吉利，自然亲切，把天地拉近人心。可在院内临时搭建大棚，举办婚丧大事，以待宾客。尤其是抄手游廊，把庭院分成几个自然的空间，但分而不隔，虚虚实实，家庭成员在这里进行亲切的交流，其乐融融。

北京四合院内环境优雅，花木扶疏，丁香、海棠、山桃花争奇斗艳，枣树、槐树则是孩子玩耍的好去处。盆栽花木最常见的是石榴树、夹竹桃、金桂、杜鹃、栀子等。阶前花圃中的草茉莉、凤仙花、牵牛花、扁豆花，更是四合院的日常点缀。清代有句俗语形容四合院："天棚、鱼缸、石榴树，老爷、肥狗、胖丫头。"可以说是四合院生活比较典型的写照。

四合院历史悠久，自元代正式建都北京时就出现了，至明清逐渐完善，最终成为北京城的象征。

四合院的结构，在中国传统住宅建筑中非常典型。院落宽绰疏朗，四面房屋彼此独立却又有游廊连接，起居方便。对外只有一个街门，关起门来是封闭式的住宅，自成天地，具有很强的私密性，非常适合家居。院落宽敞，植树栽花，饲鸟养鱼，叠石造景。这里不仅是舒适的住房，更是大自然与人工共同创造出的美好天地。

窑洞是什么样的？

窑洞是中国北方黄土高原上特有的民居形式。窑洞民居可分为地坑式、沿崖式和土坯式 3 种。地坑式窑洞在地面挖坑，内三面或四面开凿洞穴居住，有斜坡道出入。沿崖式窑洞是沿山边及沟边一层一层开凿窑洞。土坯拱式窑洞以土坯砌拱后覆土保温。

西方环境建筑学家认为，地坑式窑洞建筑是完美的不破坏自然的文明建筑。整体上看，窑洞是自然图景和生活图景的有机结合，渗透着人们对黄土地的热爱和眷恋之情。

竹楼有什么特色？

傣家人的竹楼是坝区类型，由于天气湿热，竹楼大都依山傍水。村外榕树蔽天，气根低垂；村内竹楼鳞次栉比，竹篱环绕，隐蔽在绿荫丛中。云南景洪县的曼景兰寨和橄榄坝就是坝区傣家竹楼的标准型。

过去，傣家竹楼按社会阶级分为官家（召）竹楼和百姓竹楼两种。官家竹楼宽敞高大，呈正方形，屋顶带三角锥状，颇类西方的"哥特式"建筑，用木片复顶。整个竹楼用20 ~ 24 根粗大的木柱支撑，木柱建在石墩上，有的横梁上雕刻花纹呈弓形，特别是缅寺和亭阁都有这种花纹，这是受佛教文化影响的结果。屋内横梁穿柱，结构简单。上木梯后即为"掌房"，正屋为客室，中置火塘，侧旁分隔为 2 ~ 3 间，是主人夫妇和孩子的卧室。

故宫被称为"紫禁城"，与"紫色"有关吗?

1407 年开始，明成祖朱棣下令在北京修筑故宫，历时 14 年修成。后来，明清诸皇帝多有扩建，最终成了现在的规模。故宫堪称中国历史上最大最宏伟的皇宫，到皇帝彻底退出历史舞台，先后有 24 位皇帝在此居住过。故宫又名紫禁城，将它命名为紫禁城，这是为什么呢，难道与紫色有关吗?

去过紫禁城的人就会明白，向来以红黄标榜尊威的皇家宫殿，自然以红砖黄瓦为主要色系。用"紫"来定名，与古代"天人合一"思想有关。

古人喜欢夜观天象，因而经常将一些天文现象与生活联系起来。古代的天文学家把天上的恒星分三垣、二十八宿以及其他星群。通过观察，古人发现，三垣之一的紫微垣在三垣中间，位置几乎不变。它的周围，有北斗七星，以及其他恒星围绕，形成群星拱卫之势。因而，古人就把紫微星看作是"星帝"，有"斗数之主"的称号。

古人所说的紫微星其实就是北极星。这么命名并不是因为它是紫色的，而是因为它位居中正。人们认为，它所在的位置就是天帝住的地方紫宫，是天地中央。封建帝王登基即位，以天子自称，善于游说纵横的人便以紫气东来，福光满天来迎奉。这就为皇权增加了神秘色彩。帝王为天子，于是，帝王的宫殿便以"紫极"、"紫垣"等来命名。紫禁城的称呼便由此而来。

紫禁城的修建，不仅体现了古代的封建宗法礼制，还参考紫微垣的天体分布来进行设计。其中轴线上从前到后坐落着三殿、三宫和御花园，两边又筑殿宇楼阁。紫禁城占地 72 万平方米不仅规模宏大、屋宇众多，还在周围筑起 10 米多高的城墙，四面修筑高大宫门，墙外是宽达 52 米的护城河。朝廷规定，进出紫禁城的人员都要经过严格检查，除了宫女太监，

▲ 故宫全景图

大臣都要经皇帝宣了才能入内。如此体现皇家威严的帝王之都，黎民百姓只能远远观瞻，帝王之都成了名副其实的禁地，因而人们便将故宫称为"紫禁城"。

故宫到底有多少间房屋？

北京的故宫号称是世界上最大的皇家宫殿建筑群，占地面积约 72 万平方米，宫殿楼阁 9000 多间，气势恢宏，金碧辉煌。然而近年来，关于故宫房间数的话题一直是人们关注的热点，这样庞大的一座建筑，究竟有多少房间呢？

据史料记载，故宫历经了 560 多年沧桑，见证了 24 位皇帝的历史。历朝帝王不断扩建，其规模不断增大。相传故宫房间有 9999 间半，作为真龙天子的帝王，为了彰显他的至高无上，又表明他对天的敬仰，所住宫殿仅比万间天宫少半间房。

古人认为数分阴阳。在尊崇五行学说的古代，以阳为尊，而九是阳数中的最大者，五居中央，因而九五有高贵帝王之尊。纵观整个故宫，它的建筑充分展示了国家中心，天子之尊的思想，整座皇宫建筑以单数为基底，阳尊为主调。

在故宫的整个建筑格局中，到处都蕴含着"九五"之数。位于中轴线上的天安门城台设 5 个门洞，面阔 9 间，进深 5 间。而故宫中那座设计精巧，造型独特的九龙壁更是将"尊九"理念发挥到了极致。故宫中的半间房，指的是文渊阁楼下西头的一小间面积格外小的房间。它虽然打破了房间数奇数的惯例，但是却取"九五至尊"之说，承"天一生水，地六成之"之意。故宫在建筑结构上不仅对称美观，还符合了帝王尊贵至上的心理。

事实上，相关资料表明，故宫中有大小院落 90 多座，房屋有 980 座，房间数为 8707 间，这里所指的房间，并不是传统意义上的房间，而是指包括四柱亭阁在内的殿、堂、宫、楼、轩、阁、斋等，其规模之大、建筑类型之全、装饰之富丽堂皇，令人叹为观止。

皇家建筑为何用"红墙黄瓦"？

中国人喜红色，因为红色意味着吉祥、喜庆。生长在皇城根儿的人都知道，朱红的城墙、明黄的琉璃瓦是皇城最气派的标志性建筑。走访历代古都，几乎都有这一特点。红墙黄瓦为什么如此受皇家的喜爱呢？

古代的帝王，不仅要将自己的出身渲染得神乎其神，以显示他的神圣不可侵犯，就连他的居住场所也要处处彰显尊贵，因而，吉祥高贵的红色一直被古代帝王定为宫殿的主色。公元前 11 世纪的周代王宫，就采用红色来修饰宫殿。到了汉朝，汉高祖以"赤帝之子"自称，把红色定为皇家御用色彩。

在五行学说里，土位居中央，其色为黄。根据相生相克原理，赤火与黄土相生，是吉相。唐朝初年，唐高祖规定民间不得用黄色为衣，黄袍成为皇帝的专利。唐高宗更是规定黄为贵色，民间的一切都不得用黄色。北宋时期，宋仁宗颁布法令，将黄色定为皇家所有，黄色也就成了真龙天子的垄断色、主题色。故而，皇帝居住的地方便以赤黄两色居多。红砖黄瓦，金碧辉煌。

▲ 故宫红墙黄瓦

除了皇宫，我们还会看到一些庙宇、宫观等地方都有同样的红砖黄瓦建筑，难道红砖黄瓦不是皇家专利吗？古代帝王自然是世间之王，可是他同样尊崇神明，因而，在供奉祭拜神明的场所，自然也肯下一番功夫以表虔诚。特别是供奉玉皇大帝的宫观，自然是可以享受皇室规格的。另外，一些皇家寺院，也是可以使用红墙黄瓦的。

在中国古代的民间，建筑风格因地方不同而呈现出迥异的特点。区别于皇家的庄严恢宏，民间的屋顶墙体一般采用灰色陶土瓦。有些豪门大家为了彰显尊贵，在宅所上颇为张扬，因而，雕栏彩绘、彩色琉璃也是有的，但一般不会有皇家的红墙黄瓦。

为什么古代建筑的屋顶上常会排列一些装饰兽？

我们经常会看到很多不同于今日钢筋水泥的建筑。它们或金碧辉煌，或青砖碧瓦、雕栏彩绘，可谓艺术之作。除了这些之外，在建筑的屋顶上，或脊、或檐都有各种各样的小动物装饰，而且大小数量不等，难道这是古人建筑审美的一种表现吗？

中国古代传说有四灵，它们分别是麒麟、凤凰、龟和龙，人们认为是它们各自行使神权，守护着人间，为人们带来和平安康。所以人们便把这四灵称为"四大吉祥兽"。人们喜欢佩戴有四大吉祥兽的配饰。建筑中，将这四大神兽筑于屋顶，以保家宅平安、人丁兴旺。

很多建筑上出现的装饰兽，都是由这四灵派生出来的。通过观察我们会发现，不同的建筑物上，排列的装饰兽多少、大小各不相同，这有什么规律吗？

唐宋时期，脊兽的数量只有一只。后来人们根据传说，不断增加脊兽数量，到了清代便已初步形成完整的体系。按类型划分，房顶上的装饰兽可分为屋脊走兽、檐角走兽、垂脊吻兽和仙人走兽，一般房屋的正脊上安放吻兽和望兽，垂脊上安放垂兽，戗脊上安放戗兽。

安放装饰兽数量的多少，还被视为标榜等级的方式，据相关文献记载，数目越多，表

▲殿顶的装饰兽

示等级越高。在皇权至上的古代，只有皇帝主持朝政的金銮殿可以安置十尊脊兽，其他地方根据等级规模一般安置一、三、五等单位数的装饰兽。而安放何种装饰兽，更是要根据各种动物所代表的意义放置，讲究颇多。现在我们在故宫太和殿所看到的一系列装饰兽，便是根据民间传说铸造的"仙人骑凤"系列。重脊的顶端为骑凤仙人，后面次序则为：一龙二凤三狮子，海马天马六押鱼，狻猊獬豸九斗牛，最后行什像个猴。

安放装饰兽不仅有尊崇神明的意思，也有使用功能。中国古代建筑大部分为砖木结构，房顶所放的琉璃瓦很容易顺着木制檩梁朝房檐向下滑动，因而古人便用瓦钉将檐前的瓦片固定。用一些动物装饰掩饰裸露在外面的瓦钉，这也是古代劳动人民讲究建筑美观的一种艺术表现手法。

"天安门"原名是什么？

如今我们看到的天安门，是几经战火洗礼，多次重建起来的。天安门始建于 1417 年，3 年后落成。在当时，这座黄瓦三层五间式木质结构牌楼，并不叫"天安门"，而是叫作"承天门"。

作为皇家宫殿的重要组成部分，这座门当时被赋予了"承天启运，受命于天"的寓意，故曰"承天门"。明天顺元年（1457 年），承天门城楼遭到雷电袭击，遭到破坏，直至 1465 年才重新建造起来。然而好景不长，1644 年，李自成打进北京城，一把大火将承天门烧成废墟。顺治八年，清政府决定重修此门。这座造型庞大、气势威严的城门重建后，更名为"天安门"，意为"受命于天，安邦治国"。

天安门是明清两代举行帝王登基、册封皇后大典的地方，也是皇帝金殿传胪、招贤纳士的场所。位于北京城中轴线上的天安门，城高 37.4 米，有城台和城楼两部分组成。我们看到的天安门是解放后扩建的，相较于之前的城楼，更加开放，与门前长安街浑然天成。

这座城楼雄伟庄严，充分展现了皇家的威严；而今更是作为中华人民共和国的象征，备受敬仰。那么，这样一座不朽的建筑，最初的设计者是谁呢？

据记载，天安门的主持设计者是明朝有"蒯鲁班"之称的蒯祥。明成祖朱棣决定迁都后，为修建北京城，在全国范围内招募能工巧匠。当时著名的雕刻家陆祥、设计大师蔡信、瓦工杨青等都曾参与了北京城的建设。但是，在这群艺术家之中，蒯祥最为突出。他不仅在绘图设计上技术高超，还具有极高的艺术天赋。同时，他的木工技术也是一流的。因而，很多皇家工程都交给他来主持。《宪宗实录》中记载："凡百营造，祥无不与。"因为营建北京城居功至伟，蒯祥被朝廷提拔为工部左侍郎。

"女墙"是什么墙?

刘禹锡在他著名的《石头城》中写道："山围故国周遭在，潮打空城寂寞回。淮水东边旧时月，夜深还过女墙来。"收录此诗的书下注释说："女墙，城墙上的矮墙。"既然是矮墙，为什么要叫作女墙呢？

女墙又叫"女儿墙"，指的是凸凹不平的小墙。女墙并不高，在建筑中，它常见于房上或城墙上，因而它又被称为"压檐墙"或"垛墙"；建在楼台屋顶之上的女墙充当了护栏的作用，因而相对比较精致。

《释名释宫室》中说："城上垣，曰睥睨，亦曰女墙，言其卑小比之于城。"意思是说，古代女子身份卑微，就像城墙上那些凸凹不均的小墙一样。而且，古代对女子的约束也很严，女子无才便是德，所以，古代的女子深居简出，很少抛头露面。被深锁于庭院的女子们，

▲ 西安城墙

便会通过这些看似屏蔽外界的小墙，偷偷地望一望外面的世界。因而，女墙还包涵着窥视之义，有女子"睥睨"之态的意思。很多女墙的设计也是参考了这种说法而成。

中国古代有很多诗句假借女墙的三分阻挡、七分显彰的建筑特点，谱写了浪漫的情事。苏东坡的《蝶恋花》就有诗句描写"墙里秋千墙外道，墙外行人墙内佳人笑"。叶绍翁更是将女墙的矮小发挥到淋漓尽致："满园春色关不住，一枝红杏出墙来。"

在城墙之上的女墙，通常作为防御敌人的箭孔和护跺。在《三国演义》中，就提到了女墙的这种用途。第五十一回中说"只见女墙边虚搠旌旗，无人守护"。在女墙之上，通常设有瞭望口，守城的士兵可以凭借女墙的掩护，观察敌军情况。而且在瞭望口的下面还设有通风口，这就好比行军打仗的盾牌，因而古代在很多外城墙上都修筑了矮墙。

如今，女墙已经成为建筑结构中的一种常见矮墙，已经没有那些意味深远的含义了，但是它一直是建筑中不可或缺的一部分。

为什么"九龙壁"被视为国宝？

中国被称为东方巨龙。很早以前中国人就把龙作为图腾崇拜，古代的帝王也以真龙天子自居，因而，在皇宫中、龙袍上，到处可见龙纹图案。并且，在一些大规模的建筑群中，我们偶尔会看到刻有九龙图案的壁墙。这种九龙壁墙有什么特殊寓意吗？

龙壁其实是影壁的一种。在中国古代建筑中，常会在大门里面建造一面和门口相对的屏蔽墙，这样便可以遮挡门外的视线。最早，影壁有"隐避"的意思，它形象地将门内隐、门外避的特点展现出来。

九龙壁是影壁中最为尊贵的一类。在古代，还有一龙壁、三龙壁、五龙壁等形式的影壁，

▲北海九龙壁

而能使用九龙壁的建筑，通常是帝王的宫殿、苑囿，或者皇家寺院。九龙影壁代表着最尊贵的地位，因而数量并不多。在国内现存的九龙壁中，以故宫九龙壁、大同九龙壁和北海公园九龙壁最为著名。

位于山西大同的九龙壁号称"九龙壁之首"，兴建于洪武末年，是朱元璋第十三子府前的一座影

壁，因而又名朱桂九龙壁。壁前设有映壁池，龙游其中，壁水相应，很是有趣。壁上雕龙造型雄壮，栩栩如生。这座影壁也是中国规模最大、建筑最早的九龙壁。

坐落在北京北海公园北岸澄观堂东北的北海九龙壁，其建筑年代一直备受争议。相较于大同单面九龙壁，北海九龙壁两面各有巨龙九条，更加美观富丽。此壁壁上之龙，以彩色琉璃为主体雕塑，光彩照人。北海九龙壁也以此驰名中外，广受赞誉。

位于北京故宫东路皇极殿门前的故宫九龙壁，建于1772年。此壁长达29.4米，高度为3.5米，与殿前广场相得益彰。与前两处九龙壁相比，故宫九龙壁所雕之龙玲珑纤细，形态多姿；壁上为黄琉璃瓦庑殿式顶，壁面又分饰碧水青天，彰显腾飞巨龙的磅礴气势；下部是汉白玉石须弥座。九条盘龙自然分踞5个空间，黄龙居正，以彰显帝王"九五之尊"。这座影壁，也是中国唯一一座与原建筑一同保留下来的九龙壁。

"避暑山庄"真的是用来避暑的吗？

位于河北省承德市中心的避暑山庄，享有"中国地理形貌之缩影"和"中国古典园林之最高范例"的盛誉。庄内山水相依，亭台楼榭，交相辉映，无一不让络绎不绝的游客流连忘返。既然这里叫"避暑山庄"，那它真的是用来避暑的吗？

避暑山庄又名承德离宫或热河行宫，始建于1703年。决定修建这座园林的皇帝，是大名鼎鼎的康熙皇帝。这位拥有赫赫武功、政绩卓越，并开创康乾盛世的一代明君为何要大兴土木，兴建这样一座庄园呢？

据史料记载，清军入关之后，进行了一系列巩固政权的措施，平定了国内的叛乱。但是，当时的西北地区仍不安定，尤其是噶尔丹叛乱后，西北边疆更是危机四伏。1683年，皇帝在木兰围场进行过一次大规模的狩猎活动，其规模相当于一次大型军事演习。在这次狩猎中，康熙帝对承德一带的山水有了一定的了解。

清军来自东北的白山黑水，那里气候寒冷。定鼎北京后，每到夏天，皇帝和来自东北的满族贵族都感到炎热难耐。他们到处寻找夏天能够避暑的地方，于是，北京西郊相继兴建畅春园和圆明园。在热河围猎时，康熙帝发现这里是一个不错的避暑之地，因此起了修建行宫之意。但是，热河行宫的修建，有着更深远的政治目的。康熙年间，西北的蒙古诸部时叛时服，葛尔丹更是兴兵挑战皇帝的权威，康熙帝虽然多次用兵，但仍不能彻底驯服蒙古各部。他决定改变策略。热河处于中原与蒙古部族的交界处，在此设立宫殿，便于就近处理蒙古族事务。因此，康熙决定兴建热河行宫。

自山庄建成时起，康熙帝几乎每年都去住上一段时间。期间，皇帝一般会会见蒙古等民族首领，举行会盟。然后率满蒙王公、朝廷诸臣及八旗将士围猎，举行秋狩大典。这样的大型活动，既反复确认皇帝对蒙古地区的统治，又能密切满蒙关系，极大地促进了边疆的稳定。在康熙看来，热河会盟和木兰秋狩，对稳定边疆的作用超过了万里长城。

▲避暑山庄

为了加强对少数民族的控制，除了给少数民族首领封号授爵外，乾隆帝还在庄外修建了 12 座规模宏大的"外八庙"。其豪华程度甚至比山庄还胜一筹。乾隆帝采取"因其教，不易其俗"的政策，密切了他们同中央政府的联系。这样一来，少数民族不但每年进贡朝廷，朝拜寺庙，还在行为上受到了清朝的牵制，从而达到建庄治夷的目的。避暑山庄，正是清朝统治者怀柔政策的体现。

第十章

科技发明

哪个国家是记录日食最早的国家？

夏朝中康时代记载的一次日食，是全世界已知最早的一次日食记录，所以最早记录日食的国家是中国。

我国古代天文学萌芽从原始社会就开始了。最早的天象观察，可以追溯到几千年前。帝尧时代，就设立有专职的天文官，国家派专人专门从事"观象授时"。在仰韶文化时期，已经有了对太阳变化的多次记载，例如已经有描绘太阳边缘有大小如同弹丸、成倾斜形状的太阳黑子的记录。

我国古代的有关天文学现象的记载很丰富，对太阳、月亮、行星、彗星、新星、恒星，以及日食和月食、太阳黑子、日珥、流星雨等罕见天象，都有记载。甲骨文是我国最早的文字，在我国河南安阳出土的殷墟甲骨中，天文现象的记载已经很丰富。所以早在公元前 14 世纪时，我国的天文学已很发达了。以现有的文字记载为依据，我国有世界上最早最完整的天象记载是举世公认的事实。

中国古人敬鬼神、重农事。在遥远的古代，人们就将天象观测作为一个国家极其重要的政事之一，国家设置位高的专官，专门从事观测工作。天官根据观测到的天象来推测凶吉，安排农事，而朝廷对天官的期望也往往很高。

夏朝太康死后，仲康继位。吸取了前朝的教训，仲康进行了全面的整顿，新设立司天的职官羲和，任命胤侯执掌兵权。在这期间，某一个朔日，突然发生了一件对当时人来说惊天动地的大事。前一刻还光芒四射的太阳此刻正一点一点地消失，天色顿时由灰变暗。按照当时的天文认识和宇宙思想，一旦日食出现，则被认为是"天狗食日"，是上天给人类的警告，预示着国家将有大的灾难发生，而且这是一个可能会危及帝王的地位或者性命的灾难。因为国王被认为是上天的使者，所以只有国王亲自率众臣到殿前设坛焚香舍钱，太阳才能被重新召回，灾难也将避免，整个过程被称为"救日"。

这个事件在古文《尚书·胤征》中，有较为详细的记载。司马迁在《史记·夏本纪》中的记载："帝仲康时，羲和湎淫，废时乱日，胤往征之，作《胤征》。"这是我国也是世界上第一次关于日食的记载。

古人是如何计时的？

我们现代人都使用钟表进行计时。现代意义上的钟表是西方人的发明，传入时间是在明末清初的 17 世纪。那么在更早的时候，我们的祖先靠什么来计时呢？

人们最初使用的是一种叫"圭表"的计时器，它是一种依靠计算日影长度来计时的工具。所谓"圭表"由两部分组成：直立在地面测日影的标杆或石柱叫作表，南北放置测量表影的刻板叫作圭。时间又被称为"光阴"，意即太阳在地上留下的阴影，"光阴"一词就和圭表有关系。

在圭表的基础上，人们又发明了"日晷"，还是以光的投影来判断时刻。日晷由一根晷针和一个刻有刻线的晷盘组成。当太阳的方位变动时，晷针在晷盘的投影所指向的方向也不一样。古人根据长期的观察，确立了 12 个时辰所对应的日影方位并以此来判断时间。比如"午时三刻"指的就是日晷盘午时位置的第三个刻度。

▲故宫交泰殿铜壶滴漏

圭表和日晷都是利用太阳来计时的方法。但碰到阴雨天如何计时呢？古人发明了"漏刻"的方法。"漏刻"就是利用水流的均衡性原理，在壶里盛水，通过观察壶上刻有时间的标尺（叫刻箭）位置来判断时间。"漏刻"的方式由于不受天气和气候的影响，在民间长期并广泛使用。

机械动力的计时器在中国古代也是存在的。宋代苏颂在张衡发明的水运浑天仪的基础上改造完成的水运仪象台可以准确报时，并显示 12 个时辰。除此外，还有香篆、油灯钟、蜡烛钟、沙钟等计时工具。17 世纪后，西方更为精密的钟表传入，人们逐渐放弃了原有的计时工具。

在计时方法上，古人采用百刻制的方式，即将一昼夜均分为一百刻，一刻约等于 14.4 分。隋唐时期发明了十二时辰计时。西方钟表传入中国后，为适应 24 小时计时的方法，百刻制改为 96 刻制；一个时辰两个小时，一个小时四刻。

最早的恒星表是什么？

《甘石星经》是世界上最早的恒星表。

《甘石星经》原本不是一整部著作，而是后人把战国时期楚人甘德（今属湖北）、魏人石申（今属河南省开封）各自的一部天文学著作合并起来的，并命名为《甘石星经》。《甘石星经》已入选世界纪录协会世界最早的天文学著作。

春秋战国时期，随着生产力的发展，天文学方面取得了很多成就。"鲁有梓慎，晋有卜偃，郑有裨湛，宋有了韦，齐（一说是楚或鲁）有甘德，楚有唐昧，赵有尹皋，魏有石申夫皆掌著天文，各论图经。"（《晋书·天文志上》）所以甘德和石申夫并没有合作过，而是各自进行天文观测，并各有著作。甘德的著作为《天文星占》，石申夫的著作为《天文》。在汉朝时，这两部著作还是各自刊行的，后来有人把这两部著作合并，并定名为《甘石星经》。

对于金、木、水、火、土五大行星的运行，甘德和石申夫在当时都曾系统地观察过，并初步掌握了这些行星的运行规律。他们的著作中记录了 800 多颗恒星的名字，121 颗恒星的方位，金、木、水、火、土五大行星的运动规律。《甘石星经》是世界上最早的恒星表，比希腊天文学家伊巴谷在公元前 2 世纪测编的欧洲第一个恒星表还早约 200 年。

此外，《甘石星经》不但记录 800 多个恒星的名字，并划分其星官，其体系对后世发展颇有深远影响。

《甘石星经》在宋代以后就失传了，今天我们看到的有关这部伟大的著作只是唐代的天文学书籍《开元占经》里《甘石星经》的一些片断摘录。后世许多天文学家在测量日、月、行星的位置和运动时，都要用到《甘石星经》中的一些数据，以作参考。因此，《甘石星经》在我国和世界天文学史上都占有重要地位。

《甘石星经》是迄今最古老的天文学著作，代表着战国时期我国天文学达到的最高水平。

中国最早的天文学专著是什么？

1973 年，在湖南长沙马王堆三号汉墓中出土的帛书《五星占》，是我国现存最早的天文学专著。《五星占》对研究古代天文学史具有极其珍贵的参考价值，它是中国最早的有关行星运行的记录，它的发现，进一步说明了在古代我国是世界天文学最发达的国家之一。

据考证，《五星占》成书约在汉文帝三年至十二年（公元前 177 ~ 前 168 年），距今已 2100 多年。在西汉初年，我国对于五大行星的视运动已观测得相当精细，书中列举的数值有力地证明了这一点。

《五星占》是用整幅丝帛抄写而成，约 8000 字，篇名是整理者加上的。《五星占》详细记载了五大行星，即水星、金星、火星、木星和土星的运行情况。书中还列有从秦始皇元年到汉文帝三年（公元前 246 ~ 前 177 年）约 70 年间内，木星、土星和金星在天空中运行的位置，及其他的一些相关的内容。书中所记载的金星的会合周

▲《五星占》

期为 584.4 日，比现在测值 583.92 日只大 0.48 日；土星的会合周期为 377 日，比现在测值 378.09 日只小 1.09 日；土星的恒星周期为 30 年，比现在测值 29.46 年大 0.54 年；木星的会合周期为 395.44 日，比现在测值 398.88 日小 3.44 日；木星的恒星周期为 12 年，比现在测值 11.86 年大 0.14 年。这些数值的精度与现代的精确值已经很接近了。

我国古代，分别称水、金、火、木、土五大行星为辰星、太白、荧惑、岁星、填星（或镇星），这说明当时的天文学家和劳动人民对五大行星作出了非常细致的观察，并获得了丰富的知识，而《五星占》中已经出现了这 5 个名称。

我国古代，从帝王将相到平民百姓，都迷信巫术。殷商时期，人们通过龟甲牛骨上被火烧出的裂缝走向来占卜吉凶；在汉代，占星术十分流行，当时人们以观察天象变化来占测吉凶、趋利避害。《五星占》便是以五星行度的异常和云气星慧的变化来占卜吉凶的术数类帛书。

最古老且画星最多的星图是什么？

《敦煌星图》是敦煌经卷中的一幅古星图，为世界现存古星图中星数最多而又较古老的一幅，约绘制于唐中宗时期（705 ~ 710 年），现藏于英国伦敦大英博物馆。

敦煌经卷的画法从十二月开始，以每月太阳沿黄、赤道带分 12 段的位置变化为依据，先用类似墨卡托圆筒投影的方法把紫微垣以南的诸星画出，再在以北极为中心的圆形平面投影上画紫微垣。全图 1350 多颗星都是按圆圈、黑点和圆圈涂黄 3 种方式绘出的。在圆图上画北天极附近的星，在横图上画赤道上空的星，这种画法是现代星图画法的鼻祖。敦煌星图的描绘极为精细，描绘的恒星位置是用眼睛估计星与星之间的相对距离而得出的结论。绘制者还用不同的颜色区分了甘、石、巫三家星官。

《敦煌星图》是一个纸卷，长 3.94 米，宽 0.244 米，图册有手绘十二时角星图各一幅，北极区星图一幅，展示了从中国可见的整个北天星空，另有云气图 25 幅，附占文，星图后还画有一个电神。后来被斯坦因带到英国，但起初并未引起注意。1950 年代初，李约瑟和陈世骧首先发现并在《中国的科学与文明》天文卷中加以介绍。这个图册将北极附近（约相当于赤纬 50° ~ 90°）单独成图，距北极较远处则分成 12 幅（称为横图），这和现代星图册的做法一样。

然而，据考究这卷星图只是当时某一正式星图的草摹本，原图的星数和大体轮廓得到保留，因为正式测绘的星图不会将圆形图上的内规和横图上的赤道与宿度等基本座标线略去，而这幅星图却都略去了，这和与之相近时代的杭州吴越国王钱元瓘墓的石刻星图相比较就可以看出。

关于形图绘制的年代也可以根据图中的细节推测，此卷尾绘有戴硬脚幞头（即古代的乌沙）的电神，而硬脚幞头在盛唐之末才流行，所以此图的绘制时间可能略晚于盛唐。

谁是第一个测量子午线的人？

僧一行，唐代最伟大的科学家，也是中国古代史上的伟大科学家。724 年，他第一次准确地提供了地球子午线一度弧的长度，是我国也是世界上第一个测量子午线的人。

僧一行（683～727 年），唐魏州昌乐人，唐密第六代祖师，俗名张遂。年轻时天资聪颖，博览经史，精通阴阳五行之学。21 岁时出家，后来到嵩山拜普寂为师修习禅门。因契悟无生一行三昧，所以名叫一行。后来四处游学参访，曾经一个人到天台山国清寺向一位隐名大德研习算术，学成之后，造诣颇深。在嵩山修禅期间，一行以博闻强记闻名于众。

唐睿宗即位后，曾派人以礼征聘僧一行，他称病坚辞不就职，却徒步前往湖北武当阳玉泉寺从师悟真，修习律宗经论并纂集注疏，写成《摄调伏藏》10 卷。直到 717 年，玄宗命僧一行的族叔礼部郎中张洽亲自到当阳强行征诏，他才应召入京，并受到玄宗的特别优待。此后的 10 年中，僧一行一直在两京从事科学和佛教活动。

僧一行学识渊博，通晓天文地理，开元九年至十一年（721～723 年），他完成《大衍历》。新历较为准确地阐明了地球围绕太阳运行速度的规律，提出了正确划分 24 节气的方法。此历被使用了半个多世纪，在实际的使用中，被证明具有历法里程碑的意义，对后代编修历法有相当大的影响。

僧一行在天文方面有很多开创性的发明创造，开元十三年（725 年），他受诏制成能测定日、月、五星在本身轨道上的位置的黄道游仪，而且证实了恒星的位置并不恒定的事实。他又制造能显出日月运行的规律并能自动计时的浑天铜仪，这是世界上第一只机械转动的时钟。他又发明了新的测量仪——"复矩"，能够准确测量出冬至、夏至、春分、秋分四天正午时刻的日影长度和漏刻昼夜分差。开元十二年（724 年），僧一行进行了一次天文地理测量，在世界科学史上，第一次较为准确地测算了地球子午线一度弧的长度。

开元十五年（727 年）九月，僧一行卧

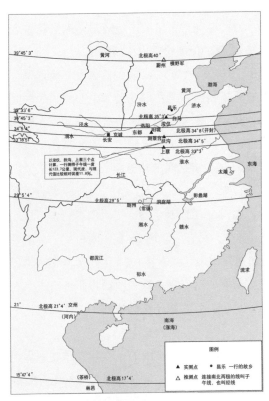

▲僧一行测量子午线示意图

公元724年，僧一行命人在河南地区测量日影长度和北极高度，并根据实测结果得知子午线1°的长度为351.27唐里，即现在的123.7公里。这是世界上第一次地面实测子午线的记录。

病不起，十月八日圆寂，享年 45 岁。玄宗亲制碑铭，下诏葬于铜人原，谥号"大慧禅师"。

地动仪是何时发明的？

张衡是我国东汉时期伟大的天文学家、发明家，为我国天文学、机械技术和地震学的发展作出了很大的贡献。他在阳嘉元年（132 年）发明的候风地动仪被称为"地震仪之祖"。

张衡，字平子，汉族，南阳西鄂（今河南石桥）人。祖父张堪是地方官吏，曾任蜀郡太守和渔阳太守。张衡幼年时候，家境衰落，生活上时常要靠亲友的接济。经历过这种贫困的生活，张衡接触到了社会下层的劳动群众和一些生产生活实际，对他后来的科学创造事业有积极的影响。

▲ 地动仪

张衡是东汉中期浑天说的代表人物之一，世人所熟知的发明就是震烁古今的候风地动仪。他认识到宇宙的无限性和行星运动的快慢与距离地球远近的关系，并且正确地解释了月食的成因。然而，张衡发明的地动仪却毁于战火，现在所能见到的地动仪，是经后人复原的。

在《后汉书·张衡传》中关于地动仪的发明较详细的记载。地动仪的预测原理是在"垂摆下方放一个小球，球位于"米"字形滑道交汇处，地震时，"都柱"拨动小球，小球击发控制龙口的机关，使龙口张开。张衡发明的这台仪器性能良好，甚至可以测到发生在数千里外的地震。当时曾预报过洛阳的一次地震，据当时记载："验之以事，合契若神。"这台仪器不仅博得当时人的叹服，就是今天的科学家也无不赞叹。

张衡的地动仪失传很久了，自 19 世纪以来，就有人力图根据《后汉书》的记载并运用现代科技知识，来复原张衡的这项发明。在国外，直到 19 世纪以后才有仪器来观测地震，候风地动仪不仅是中国最早的地震观测仪器，还是世界上的地震仪之祖。虽然，候风地动仪只能测出震中的大概方位，但它超越了世界科技的发展约 1800 年之久。

浑天仪是个什么样的仪器？

浑天仪是浑仪和浑象二者的总称，为东汉张衡所创。浑仪是测量天体球面坐标的一种仪器，它模仿肉眼所见的天球形状，把仪器制成多个同心圆环，整体看犹如一个圆球，然后通过可绕中心旋转的窥管观测天体。浑象是古代用来演示天象的仪表，最早为西汉耿寿昌所创制，张衡对其进行了改进，它的构造是一个大圆球，上面刻画或镶嵌星宿、赤道、黄道、恒稳圈、恒显圈等天象标志，类似于现今的天球仪。张衡制造的浑天仪，几乎囊括了当时所有先进的天文学知识，能够把天象变化形象地演示出来，人们可以通过浑天仪观察到日月星辰运行的现象，代表着中国古代天文学发展的卓越成就。

最早的印刷技术究竟是如何操作的？

印刷术是中国古代的四大发明之一。它的出现有利于文化的交流和传播，很大程度上推动了社会进步。在现代印刷术出现以前，中国广泛使用的是活字印刷术。但它是最早的印刷术吗？

据沈括《梦溪笔谈》记载，发明活字印刷术的是一个叫毕昇的普通劳动者，他首创了"泥活字印刷术"。方法是先在黏土上雕刻好文字，然后用火烧制成硬块，这就是一个个的活字。需要印刷的时候，事先放一块铁板，板上置有铁框，把需要的字挑选出来放入，这就是制版；然后用火烧铁板，让附着在铁板上松香或蜡融化，等蜡烛凝固后就可以固定"活字"。工作的时候，准备两块铁板，一块印刷，一块制版，这样轮流交替，极大地提高了印刷效率。在现代印刷术出现以前，我们一直采用的是活字印刷术。

活字印刷术的一个显著进步在于"活字"的运用，比起更早采用的雕版印刷术，不需要重复雕刻，省时省力。在宋以前，印刷主要采用雕版的形式，即把需要印刷的文字逐页雕刻成版，然后涂上墨汁，进行拓印。这种古老的印刷术是印章、拓片和印染技术互相融合的结果。

印章与雕版相比，只是字数不同。雕刻方法除了阴刻就是阳刻，均为反体字。印章上面一般为人的姓名或官职名。中国古代有对公文或书信进行加封的习惯。在纸张发明前，简牍多用泥封，就是一种保密的方法；有了纸张后，就直接在纸上盖戳，这已经是个小小的雕版了。

▲雕版印刷工具　唐

拓片技术是临摹碑文的一种方法。首先在石碑上盖一张湿润的纸，轻轻敲打，使纸陷入石碑的凹纹处；纸干后，用布包上棉花，蘸上墨汁，在纸上轻刷，就能显现与石碑上一模一样的字迹。印染技术是在木板上刻出花纹，涂上染料后染在布上。雕版技术可能受其启发，只不过这里的染料换成了墨汁，布换成了纸张。

中国最早的天文台遗址在哪里？

东汉灵台是我国最早的天文台遗址，1974 年发掘，位于洛阳汉魏故城遗址南郊，即现在的河南省洛阳偃师市大郊寨村北。

灵台是东汉的国家天文观测台，创建于东汉建武中元元年（56 年）。灵台原来是一个方形高台建筑，现在只存旧台遗址，灵台遗址中心为一方形夯土高台，面积达 44000 平方米，东西宽约 31 米，南北长约 41 米，高 8 米。灵台下层平台为环筑回廊式建筑，上层平台为观测天象的场所，灵台四周各有五间建筑物，每间面阔 5.5 米，为观测人员整理天象时的衙署。

当时有崇拜四灵（东青龙、西白虎、南朱雀、北玄武）的习俗，所以遗留下来的灵台建筑涂色都不一样，并且是依方位施粉。西面建筑的墙壁涂的是白粉；东面建筑的墙壁涂的是青粉；南面建筑的铺地砖上有朱红色粉的痕迹。灵台的顶部原来置放仪器，是观测天象的露天观测台。

东汉科学家张衡，曾亲自参与主持、领导过灵台的天象观测和天文研究，他发明的地动仪当时就放在灵台上。地动仪发明以后，得到了皇帝的许可，将其安置在京城洛阳，并派专人负责观测工作。一天，地动仪西方龙嘴中的铜球忽然落下，负责观察的人上报了皇帝，但当时的洛阳一切如常并没有地震的感觉。于是，朝廷中很多人就开始怀疑地动仪的准确性，不过后来甘肃方面派人来上报朝廷，说那里发生了地震，于是人们对地动仪也信服起来。灵台一直到曹魏、西晋时还在继续使用，并且作为国家天文台达 250 年之久，在西晋末年毁于战乱。

灵台是当时最大的国家天文台，距今已有 1900 多年的历史。它为我国古代天文学的发展作出了巨大贡献，灵台遗址是我国现存的最早的一座天文观测台遗址。

第一部较完整的历法是什么？

西汉的《太初历》是汉武帝太初元年（公元前 104 年）到东汉章帝元和二年（85 年）实施的历法（共实行 188 年），是第一部比较完整的历法。

《太初历》是我国历法史上一个划时代的进步。西汉初年的历法是沿用秦朝的《颛顼历》，但有一定的误差。于是，汉武帝命司马迁、星官射姓、历官邓平与民间历算家落下闳、唐都等 20 多人编制新历。太初元年，编成并命名为《太初历》。《太初历》规定一年等于 365.2502 日，一月等于 29.53086 日；原来以十月为岁首改为以正月为岁首；开始采用 24 节气以便于农时；以没有中气的月份为闰月，调整了太阳周天与阴历纪月不相合的矛盾。

《太初历》是中国第一部有完整文字记载的历法，首次把 24 节气订入历法，它以正月

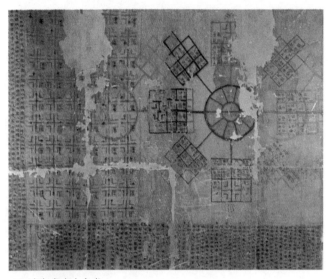

▲ 天文气象杂占帛书

为岁首，对回归年和朔望月长度的调整，仍采用 19 年 7 闰的方法，过去年终置闰或年中置闰的混乱情况得到改善，闰月为中气的月份，这种置闰规则一直延续到今天。《太初历》还根据天象实测和多年来史官的记录，得出 135 个月的日食周期，第一次计算了日、月食发生的周期，发现在 135 个朔望月中，有 23 个"食季"（每个食季可能发生 1 ~ 3 次日、月食）。明确地指出了日、月食的发生有一定的规律性，为我国古代的日、月食预报打下了基础。

然而该历法初制订时也有很多缺点，它把天文数据和黄钟（十二音律之首）联系起来，以显示数据的神圣和奥秘，而且朔望月日数和回归年日数的计算上误差较大，这些缺点直到东汉章帝时（76 ~ 88 年），才由李梵等人对它进行改革，制订了《四分历》。

《太初历》的编制是中国历法史上的第一次大改革，它不仅是我国第一部比较完整的历法，也是当时世界上最先进的历法。

现存实施最久的历法是什么？

现存实施最久的历法是《授时历》。

《大明历》是中国在元统一以前所用的历法，这部历法使用了 700 多年，但是却有很大的误差。元世祖忽必烈决定修改历法，命王恂与江南日官置局改历，以张易总理各项事务，诏命许衡赴京领改历事，至元十五年（1278 年）诏郭守敬，十六年（1279 年）诏杨恭懿改历。

郭守敬等人接受编制新历法的任务后，为编制新历法，向统治者建议组织一次全国范围的大规模天文观测。元世祖接受了郭守敬的建议，派 14 名天文学家，到国内 26 个地点进行天文观测，测定了夏至日的表影长度和昼、夜时间的长度，为编制新历提供了较为精确的数据。

1276 年六月至 1280 年二月间，许衡、王恂、郭守敬、杨恭懿等在东西 6000 余里，南北长 11000 里的广阔地带，建立了 27 个测验所，进行实测。

元世祖至元十七年（1280 年）春天，新历法完成，元世祖按照"敬授民时"的古语，取名为《授时历》。《授时历》为元朝至元十八年（1281 年）实施的历法名，原著及史书均称其为《授时历经》。《授时历》是我国历法史上的第四次大改革，它正式废除了古代的上元积年，截取近世任意一年为历元，打破了古代制历的习惯。

《授时历》反映了当时我国天文历法的新水平，有不少革新创造。在编制过程中，他们所创立的"三差内插公式"和"球面三角公式"，具有世界意义。按照《授时历》的推断，大德三年（1299年）八月己酉朔巳时，应有日食的那天确实有日食发生，是一次路线经过西伯利亚极东部的日环食。

明初颁行的"大统历"基本上就是"授时历"，所以说《授时历》是我国历史上施行最久的历法，达364年，对人们的生活产生了重大的影响。朝鲜、越南都曾采用过《授时历》。

郭守敬的生平事迹是如何的？

郭守敬（1231～1316年），元朝的天文学家、数学家、水利专家和仪器制造专家，他最大的成就就是制定了《授时历》。

郭守敬，字若思，汉族，顺德邢台人，出生于元太宗三年（1231年），死于元仁宗延祐二年（1316年）。少年郭守敬曾在忽必烈的重要谋士、大学问家刘秉忠门下学习，这一段时间的学习对郭守敬后来的一生事业很重要。

刘秉忠守丧期满后回朝，郭守敬也回到了他的家乡。此时的郭守敬已小有名声。脱兀脱和刘肃等人专门聘请郭守敬承担工程的规划设计整治开挖水流河道的工作。这项工程受到了时人的传颂，在郭守敬的调查勘测下，因战乱而破坏了的河道系统很快就畅通了；经过疏浚整治，水泽各归故道，并且在郭守敬的指点之下挖出埋没了近30年的石桥遗物。

1260年，忽必烈登上了皇位。他任命张文谦到大名路等地任宣抚使。张文谦是刘秉忠的同学，他知道郭守敬很有才能，便把郭守敬带在身边协助办事，郭守敬做了许多河道水利的调查勘测工作。中统三年（1262年）春，张文谦向忽必烈推荐了郭守敬。

郭守敬在多方面的实践中掌握了丰富的实际资料，在水利的治理方面也有很丰富的经验，被召见时，郭守敬向忽必烈提出了6项水利工程计划，他提出的计划都很具体且有说服力。忽必烈对他很赞赏，任命他为提举诸路河渠，掌管各地河渠的整修和管理工作。

▲ 铜方日晷　元
郭守敬设计制造的天文仪器，现存于南京紫金山天文台。

元兵攻克南宋首都临安，全国统一在望。忽必烈想要编修新皇朝自己的历法，于是便改革原有的历法。郭守敬在这项工作中发挥了不可估量的作用，他创造力惊人，发明了 10 多件天文仪器，把我国天文仪器制造传统推向了新的高峰。郭守敬还进行了大量的天文观测，为新历提供了坚实的观测基础，经 4 年时间制定出了当时世界上最先进的一种历法——《授时历》。

1981 年，为纪念郭守敬诞辰 750 周年，国际天文学会以他的名字为月球上的一座环形山命名，并把小行星 2012 命名为"郭守敬小行星"。

古代规模最大的历书是哪一部？

《崇祯历书》是由徐光启、李天经、汤若望等人历时 5 年编译的。这是中国第一部比较全面的介绍欧洲天文学知识的著作，也是我国古代规模最大的一部历书。

这部历书因为是崇祯皇帝下令编纂的，所以命名为《崇祯历书》。《崇祯历书》包括 46 种，137 卷，节次六目是关于历法的，基本六目是关于天文学理论、天文数学、天文仪器的。从多方面引进了欧洲的古典天文学知识，还介绍了球面和平面三角学，在坐标系方面介绍了黄道坐标系。

全书的主编是徐光启，徐光启死后由李天经主持。崇祯二年（1629 年）九月成立历局，开始编撰，到崇祯七年（1634 年）十一月全书完成。其中参加翻译欧洲天文学知识的有耶稣会士日耳曼人汤若望、葡萄牙人罗雅谷。

《崇祯历书》包括天文学基本理论、天文仪器、必需的数学知识、天文表、传统方法与西法的度量单位换算表五类。《崇祯历书》采用第谷创立的天体系统和几何学的计算方法，引入了地球概念和地理经纬度概念，以及一些重要的天文概念和有关的计算方法。第谷是一个非常优秀的观测者，他关于仪器的刻度、误差方面在当时的欧洲做得最好，他的体系在实测和理论推算之间的吻合上也是做得最好的。

《崇祯历书》是介绍西方天文学的百科全书，它包括了西方天文学的各种理论和根据这种理论而编算出来的在中国传统的历法里通常不记载的各种天文表。

《崇祯历书》在 1934 年编完之后，由于反对派的干扰与明代晚期的战乱，并没有颁行。清代汤若望对《崇祯历书》进行了修整，更名为《西洋新法历书》，经清政府审批后，才被采用，并改名《时宪历》，正式颁行。

最早的自然科学家传略是什么？

《畴人传》是中国第一部记述历代天文学家、数学家学术活动及其成果的传记体数学史和天文历法史著作。《畴人传》由清朝阮元撰，始创于乾隆六十年（1795 年），完成于嘉庆四年（1799年），共46卷，33.7万余字。

畴人是指有专业知识的人，由于《历书》内容是天文、历法，所以后世就称天文、数学工作者为畴人。《畴人传》共3编，收录了从上古到19世纪末约400个中国天文学家、数学家和约50个外国天文学家、数学家的传记。

从18世纪开始，在中国湮灭已久的古典数学书籍相继发现并重版，数学研究也渐次开展，清代阮元主编《畴人传》46卷，于1799年出版。1840年罗士琳编《续集》6卷，1886年诸可宝又续《三编》7卷，收至光绪初年，并收1884年华世芳著《近代畴人著述记》作为《三编》附录。1898年，黄钟骏放宽了收录标准，撰《畴人传四编》12卷，书中包括一些主要的占星家和其他学者。长期以来《畴人传》是研究中国天文、历法和数学史的重要工具书。

《畴人传》内容涉及历代天文历法推算资料、论天学说、仪器制度以及算学等许多方面，但星占学并没有采收。书中所叙述的事迹、论说和著作，都是摘编有关典籍的原文。人物介绍只有人物姓名、籍贯、生卒年月、曾任主要官职，对个人的政治与文化成就都没有记载。

限于具体条件和编辑者业务水平，阮元对数学发展客观规律的看法还存在着不少的缺点，因此他在编辑《畴人传》的工作上就不可避免地出现一些缺陷，因为中国传统数学中好多重要内容在《畴人传》中被遗漏了。

最早的计算器具是什么？

算盘是中国人在长期使用算筹的基础上发明，是最早的计算器，是我国古代的一项重要发明，在阿拉伯数字出现前是世界上广为使用的计算工具。

算盘的故乡在中国。古时候，人们用小木棍进行计算，并把用于计算的小木棍叫"算筹"，用算筹进行的计算叫"筹算"。随着生产的发展，更先进的计算工具——

▲算盘

算盘发明了。用算盘计算称珠算，珠算有对应四则运算的相应珠算法则。随着时间的推移，算盘的使用更加广泛，人们总结出许多计算口诀，计算的速度也就更快，这又进一步推广了算盘的使用。

相对一般运算来看，如在加减法方面，熟练的珠算不逊于计算器。使用算盘时，依据口诀，上下拨动算珠，便可计算。正是由于珠算盘运算方便、快速，所以几千年来它一直是汉族人民使用最普遍的计算工具，没有一种计算工具可以完全取代珠算盘的作用，即使是现代最先进的电子计算机也不行。

有人说算盘的发明可以与中国古代四大发明相提并论，算盘使用广泛，在当时人们的生活中已经成为必需品，尤其是对做生意的人来说算盘更是必不可少的。北宋名画《清明上河图》中赵太丞家药铺柜就画有一架算盘。到了明代，算盘的使用方法更多、使用的范畴也更广，珠算不但能进行加减乘除的运算，还能计算土地面积和各种形状东西的大小。

算盘的普及促进了论述算盘著作的产生，流行最久的珠算书是 1593 年明代程大位所辑的《算法统宗》。《算法统宗》是以珠算应用为主的算书，书中载有算盘图式和珠算口诀，对口诀也有实例在算盘上演算；并首先提出开平方和开立方的珠算法；书末附录也是宝贵的数学史料，附录"算经源流"记载了自宋元以来的 51 种数学书名，因为其中大部分已失传，所以这个附录也显得尤为重要。

珠算除了口诀好记、运算简便外，算盘制作很简单，价格比较便宜，不但在中国被普遍使用，并且陆续流传到了日本、朝鲜和东南亚等国家和地区。

算盘的灵便、准确等优点是无可比拟的。在今天，虽然计算机已被普遍使用，然而古老的算盘不仅没有被废弃，反而在许多国家方兴未艾。在中国，各行各业都有一批打算盘的高手。使用算盘和珠算，需要脑、眼、手的密切配合，所以还可以锻炼人的思维能力。

现在，古老的算盘仍然发挥着重要作用。

最早的物候学著作是什么？

《夏小正》是我国最早的天文历法著作，也是中国最早的一部物候学著作。

《夏小正》因为原稿散佚与成形的问题，成稿年代争论很大。相传夏禹曾"颁夏时于邦国"，记载表明，《夏小正》在春秋时代以前已经出现，因为春秋时代的杞国在使用它。夏纬瑛、范楚玉认为《夏小正》是春秋以前居住在淮海地区沿用夏时的杞人整理记录而成的，经文成书年代可能是商代或商周之际。

在我国古代，农业具有很重要的地位，因为农业生产与季节、天象有着极为密切的关系，我国古代的天文历法知识，就是在农业生产的实践中不断积累起来、又直接为农业生产服务的。夏代的历法是我国最早的历法，当时已经依据北斗星斗柄所指的方位来确定月份。《大戴礼记》中的《夏小正》，就是现存的有关"夏历"的重要文献。

《夏小正》是中华民族数千年天文学史的初始阶段，反映出上古先民对时令气候的朴素认识，是我国现存最古老的天文历法著作。

《夏小正》由"经"和"传"两部分组成，共 400 多字。内容是按一年 12 个月，分别记载每月的物候、气象、星象和有关重大政事，特别是生产方面的大事。《夏小正》文句简奥不下于甲骨文，大多数是二字、三字或四字为一个完整句子。《夏小正》历法很原始，时代很古老。

《夏小正》保留了许多夏代的东西，书中反映当时的农业生产的很多内容都是首次见于记载，为我们研究中国上古的农业和农业科学技术提供了宝贵的资料。《夏小正》原文收入《大戴礼记》中，在唐宋时期散佚。现存的《夏小正》为宋朝傅嵩卿著《夏小正传》，把当时所藏的两个版本《夏小正》文稿汇集而成。

记载兰花栽培技术最早的古书是什么？

《金漳兰谱》于1233年成书，是我国最早且完整的兰花专著，由南宋赵时庚著。

《金漳兰谱》全书共分5章，介绍了产于不同地区的32个兰花品种，对紫兰（主要是墨兰）和白兰（即素心建兰）的30多个品种的形态特征作了简述，对兰花的品评、爱养、封植和灌溉等方面的经验也有大量介绍，并论及了兰花的

▲墨兰图　明　陈古白

元初郑思肖开创的疏笔简叶兰花为后世文人所推崇，兰成为后世中国文人画的重要题材，此图即为明证：兰叶的穿插，兰花的没骨描法皆是自此之后兰的通行画法。

品位。《金漳兰谱》产生的社会影响很大，宋明两代共有近10部兰谱，其中多数都是抄录《金漳兰谱》中的章节。

该书的作者赵时庚为宋朝皇族的宗室子弟，生卒年份不详。以当时字联名推测，大概是魏王廷美的九世孙。

艺兰发源于中国，外传至日本及朝鲜。现今日本栽兰已自成体系，但日本对中国兰花仍有很大的兴趣，日本兰花的历史渊源也是由中国开始。在朝鲜，兰花被当今朝鲜人民作为高雅的花卉，陈设于居室、寓所、大堂之中；艺兰也成为朝鲜人民崇尚之物，并将兰花作为一种高级的礼品来馈赠。

《金漳兰谱》与同时代王贵学编著的《王氏兰谱》是我国古代专述兰花的双璧。《金漳兰谱》可以说是我国保留至今最早一部研究兰花的著作，也是世界上第一部兰花专著。

我国第一部博物学著作是谁写的？

《博物志》共10卷，是我国第一部博物学著作。此书是继《山海经》后，我国又一部包罗万象的奇书，书中分类记载了山川地理、飞禽走兽、人物传记、神话古史、神仙方术等，填补了我国博物类书籍的空白。这本著作由西晋的张华编纂而成。

张华（232～300年），字茂先，范阳方城人，西晋文学家、政治家，西汉留侯张良十六世孙。父亲张平，曹魏时任渔阳太守。张华幼年丧父，家贫勤学。曹魏末期，作《鹪鹩赋》，通过对鸟禽的褒贬，抒发自己的政治观点，以表达自己的愤世嫉俗。张华博学多能，号称"博

物洽闻，世无与比"，他是我国最早发现自然现象的人。

张华声名开始显著是因为阮籍说他"王佐之才也"。后来他被推荐任太常博士，又做过佐著作郎、长史兼中书郎等职。西晋时，官职达到司空，被封为壮武郡公。在晋惠帝时爆发的八王之乱中，遭赵王司马伦杀害，夷三族。

《博物志》为我国第一部博物学著作。书中内容包括神话、古史、博物等，记有山川地理、飞禽走兽、人物传记、奇异的草木虫鱼以及奇特怪诞的神仙故事。所记山川地理深受《山海经》的影响。前三卷所记的内容，性质几乎相当于《山海经》的缩写，内容采自古籍，并杂有新的传闻。书中已经记有五岳，又说"海外各国"，称五岳为"华、岱、恒、衡、嵩"。

张华知识十分渊博，精通方术，《博物志》除记有神人、神宫、神像、不死树外，还讲到了方士的活动，宣扬服食导引之法。这部广罗各种奇闻怪异的著作足可证明他非凡的才能，晋王嘉《拾遗记》称张华"好观秘异图纬之书，捃采天下遗逸，自书契之始，考验神怪，及世间闾里所说"。

牛耕技术是什么时候出现的？

牛耕技术是在西汉时期出现的，它的出现是农业生产技术的巨大飞跃，也标志着农耕水平达到新的高度。

春秋战国时期，我国进入了铁器时代，出现了铁器农具和牛耕技术，铁犁等多种铁器在春秋晚期的古墓葬中已有出现。牛耕技术的使用是耕作技术的一次重要改革，是人类社会进入文明时代的一个标志。

起初，牛耕技术出现于东方，商鞅变法后，秦国后来居上，也普遍使用牛耕。那时候，人们用马代劳，用于拉车或拉犁，马是耕田的主要畜力，商鞅重视农业，还专门规定："盗马者死，盗牛者加。"

到了汉代时期开始出现了牛耕技术，刚开始是驾二牛，后来发展到驾一牛。牛耕技术在西汉时期已经得到了广泛运用。到了东汉时，耧播技术传入河西，使河西成为"富甲天下"的地方。

牛耕技术一直持续到 20 世纪末，在中国农村存在了 2000 多年，对中国农村的生产和生活影响尤为深刻，在历史上是起过重要作用的。

牛耕的出现标志着人类生产力的进步，标志着农耕社会达到新的高度。畜力与铁器的结合，为精耕细作提供了条件。牛耕技术的普及说明生产力有所发展，极大地节省了社会劳动力，扩大了生产规模，促进了社会生产力的发展，进而推动了当时社会制度的变革，促进了奴隶制社会向封建制社会制度的转变。

如今，作为农耕时代标志的牛耕技术已经退出了历史舞台。耕牛也已经被诸多的农业机械取代，不再是农业生产的主要"动力"。

耧车是谁发明的?

我国古代的耧车是现代播种机的始祖,耧车是我国西汉时期的农学家赵过发明的。

我国早在战国时期就出现了播种机械,当时主要是一脚耧和二脚耧,但早期耧车也有很大的缺陷,那就是播种幅宽不一、行数不同。耧车也叫"耧犁"、"耩子",由耧架、耧斗、耧腿、耧铲等构成,有一腿耧至七腿耧多种,以两腿耧播种较均匀,可播大麦、小麦、大豆、高粱等。

汉武帝的时候,赵过创造发明了能同时播种三行的三脚耧。三脚耧播种时,用一头牛拉着耧车,一人在前面牵牛拉着耧车,一人在后面手扶耧车播种。耧脚在平整好的土地上开沟播种,同时进行覆盖和镇压,省时省力,播种效率很高。后来,汉武帝下令在全国范围里推广播种机,改进了其他耕耘工具,提倡代田法,对当时农业生产发展起了推动作用。西方的第一部种子条播机是受到我国耧车的启示而制成的。

翻车是谁改进的?

翻车是一种水车,我国的应用水车有着悠久的历史,大约在东汉时期就出现了。东汉末年有个叫毕岚的人曾造过"龙骨水车",那时的翻车还比较粗糙,直到三国时期,机械发明家马钧发明创造了一种新式翻车,才使得翻车广泛推广应用。

翻车是一种连续提水机械,是我国古代最著名的农业灌溉机械之一。毕岚制造的翻车,能大量引水,开创了我国水车历史的先河。但毕岚创造的翻车并未直接运用于农业生产,只是用于宫廷游乐。曹操统一北方后,魏国的生产得到恢复和发展,要求当时的科学技术也能够适应生产的需要而有所发展,这时发明家马钧便应运而生了。

马钧在前人创造的翻车基础上,设法加以改进,制造了既轻巧又便于操作的翻车,成为当时世界上最先进的生产工具之一,促进了农业生产的发展。马钧改进的翻车可用手、脚、

▼龙骨水车模型　东汉

翻车又称龙骨车,是一种农业灌溉用具。东汉灵帝(公元168~189年)时毕岚发明,三国时马钧予以完善、推广。它由手柄、曲轴、齿轮链板等部件组成,初以人力为动力,后进而利用畜力、水力和风力。由于制作简便,提水效率高,很多地方一直沿用至今。

牛、水或风来驱动，能连续提水，所以很快流传民间，在今天仍有一定的作用。

翻车的使用很方便，可连续取水，功效得到大大提高，操作搬运方便，还可以及时转移取水点，即可灌溉又可排涝。在实现电力提水浇灌农田以前，我国许多地区一直使用这种翻车。

现存最早的化学专著是什么？

《周易参同契》是中国古代重要的炼丹文献，是现存最早的化学专著。

《周易参同契》简称《参同契》，作者魏伯阳，生卒年不详，东汉会稽上虞（今浙江上虞）人，号云牙子，著名炼丹家。这本书是借《周易》爻象论述作丹，研究养性延年，强己益身。据近代人研究，所谓"丹"是指人身体内部的能量流。该书采用符号作为表意手段，以烧炼外丹者使用的炉鼎象征人身，以炉鼎中变化的药物象征人体内的能量流。

《周易参同契》全书共约 6000 余字，基本是用四字一句、五字一句的韵文及少数长短不齐的散文体和离骚体写成的，但此书却不同于其他书，书中叙述多采取象征或借喻的方法，且多隐语，读起来容易产生误解，所以历代都有很多注本行世。然而历代注释名家对它的基本内容的理解存在着分歧，有"外丹说"，有"内丹说"，有的认为"外丹说"、"内丹说"二者兼有。

魏伯阳认为黄金既然不朽，还丹能发生可逆循环变化，所以饵服黄金和还丹后，就能使人身不朽和返老还童。这种阐述饵服金丹能使人长生不老的类比法是不恰当的，但是企图把黄金、还丹的性质机械地移植到人体中以求长生的想法，虽然现在人看来是荒谬的，但在当时有些人却深信不疑。

限于当时认识的不足和知识的匮乏，魏伯阳在炼丹过程中产生了很多不正确的做法，炼丹术原本就很复杂，而他用《周易》的道理来解释炼丹的道理，这使其更加神秘，也影响了后世炼丹家的哲学思维。魏伯阳把铅汞作为炼丹的主要原料，所炼得的丹药是氧化汞之类的毒药，并导致服丹中毒，这实际上阻碍了炼丹术的发展。

《参同契》是将《周易》理论、道家哲学与炼丹术（炉火）三者结合而成的炼丹修仙著作。书中总结了当时的一些化学知识和化学变化，推动了古代化学事业的发展，在中国和世界科技史上占有重要的地位。

弓箭是什么时候出现的？

1963 年，在中国山西朔县峙峪村发掘出一枚旧石器时代晚期的打制石镞，这个石镞便是中国甚至是世界上已知的最早的弓箭实物。

这枚石镞加工精细，用薄燧石石片制成，坚硬而容易劈裂出刃口。镞的一端具有锋利的尖头，底端两侧经过加工，形成用以安装箭杆的凹形镞座。经放射性碳素测定年代，这枚长约 2.8 厘米的薄片燧石箭镞的产生年代距今约有 2.8 万年以上。但由于原始社会的弓和箭杆是用易于腐烂的竹、木制作的，所以未能保存下来，所以这个石镞便是中国和世界上已知的最早的弓箭实物。

在旧石器时代，农业还没有形成，人类的主要生产活动是狩猎。为了捕捉猎物，而又不被猛兽攻击，原始人类便使用打制过的石块或者削尖的木棒等向猎物投击。后来，人们受到当木制棍棒被外力弯曲变形突然恢复原状时能产生较大能量的启发，于是就选取有弹力的木材或竹材通过坚韧的弦弯曲固定，制成了弓箭。对于以狩猎为主的原始氏族部落，弓箭的应用具有极大的意义。

后来，当人类社会进入新石器时代时，古人类生产和战斗工具不断改进，弓箭也得到不断的演进，箭镞由原来的打制石镞逐渐演变为精细的磨制石镞。镞的后部逐渐加长成为铤，并加上了使箭飞行稳定的尾羽。

弓箭一直是我国古代社会打仗、狩猎的一种主要工具，但随着清末近代化的开始以及西方洋枪大炮的传入，伴随着中国历史发展走过漫长岁月的弓箭终于像西山落日那样，不可挽回地消失在军事革命的战场中。

胆铜法最早出现在哪国？

胆铜法就是胆水浸铜法，是水法冶金的起源。胆铜法最早出现在中国，在世界冶金史上占有重要的地位。

胆铜法，就是把铁放在胆矾（硫酸铜）溶液里，胆矾中的铜离子被金属铁置换，产生的单质铜沉积下来的一种产铜方法。最早发现用铁可以置换出铜的是西汉初期的一些炼丹师。这一奇特的化学现象被历代炼丹师所关注，类似的记载不断。西汉成书的《淮南万毕术》有关胆水取铜的最早描述，其中有"曾青得铁则

▲兽头陶范　春秋
出土于山西侯马古代晋都遗址。此地出土有大量精美的铸铜陶范，证明这里曾大批铸造过青铜器。

化为铜"的话，铁在放入硫酸铜溶液一段时间后，表面会附上一层红色的铜。这说明我国在西汉时期已观察到并记载了"曾青化铁为铜"的现象。

古代中国首创的"胆铜法"是世界化学史上一项重大的发明，它开启了现代水法冶金的先河。胆铜法是一种先进的炼铜方法，这种水法炼铜投资少，见效快，设备简单，技术操作容易，成本低廉，产出的铜质量精纯。水法炼铜在常温下进行，既免除鼓风、熔炉等设备，又节省大量燃料；水法炼铜减轻了工作的劳动强度，减少了环境污染。

胆铜法的问世引起北宋统治者的重视，由于北宋社会发展很快，铜的需要量很大，所以胆铜法很快得到大力推广和发展。到南宋时期，利用胆铜法生产出来的铜已经占全国铜总产量的 85% 以上，并且人们已经根据不同情况掌握了合适的浸铜时间。

而直到 16 世纪，胆铜法才引起欧洲人的注意。胆铜法是中国对世界冶金技术的伟大贡献，在化学史上也占有重要的地位。

最早的降落伞是用来做什么的？

降落伞起源于中国，最早是杂技表演中的一种道具。后来随着人类航空事业的发展，用作空中救生，进而用于空降作战。

降落伞主要由柔性织物制成，是利用空气阻力，依靠相对于空气运动充气展开的气动力减速器，使人或物从空中安全降落到地面的一种航空工具。

降落伞主要由伞衣、引导伞、伞绳、背带系统、开伞部件和伞包等部分组成。伞绳是伞衣的骨架，要求很高，模量要求轻薄柔软，高弹性。伞线是连接材料，要求强度高、润滑好和捻度均匀稳定。伞带用作伞衣加强带和背带系统，采用双层或三层织物的厚型带，要求具备很高的强度和韧度。

随着科学技术的不断发展，降落伞已发展成为独立的完整体系，它使用范围广，种类多，是飞行中必须具备的用具。根据降落伞的用途和特点，可以分为几类：第一，人用伞，这种伞可以帮助飞行人员从空中飞回地面，包括各型伞兵伞、救生伞、运动伞；第二，投物伞，用于空投各种物资；第三，阻力伞，适用于各种飞机着陆刹车伞；第四，根据特种专业需要而设计的特种用途伞。

降落伞俗称"保险伞"。降落伞广泛用于航天航空领域，作用很多，它可以在飞机失事时拯救飞行员的性命；保持飞机弹射椅的姿态稳定；在飞机着陆时减速；飞机器的空中回收。

随着科技的发展、运输机的出现，产生了空降兵这一新的兵种，带来了空降作战这一新的作战样式。今后降落伞将得到进一步改进，并逐步为军队大量广泛使用，现在许多国家都有装备轻型化、高度机动化、兵员精锐化的精良伞兵队伍。今后，降落伞将会有更为广泛的应用领域。

铁犁是什么时候出现的？

铁犁出现在战国时代，是中国传统农具中最具代表性的生产工具，是农业生产中的耕翻农具。随着生产力的进步和社会制度的更迭，犁耕技术也在不断地发展进步，铁犁的出现是我国农业技术史上的一大进步。

历史上曾有几百年时间，中国在许多方面比世界上其他国家领先，犁在社会生产中产生了不可磨灭的作用，并且是中国领先世界的一大优势。西方人几千年来，数百万人以一种消耗体力极大、效率极低的方式犁地，造成时间与精力的极大浪费，只有中国较早地摆脱了劣犁的束缚。当中国犁传到欧洲后，直接导致了欧洲农业革命，中国犁曾被仿制，同时采用种子条播机耧车和分行栽培法。欧洲农业革命引起了工业革命，从而导致西方国家成为世界强国。

▲耱地图砖画 东晋

图中农夫半蹲于耱上，手持鞭驱二牛耱地。现在已知最早记载用耱耱地的典籍为北魏贾思勰所撰《齐民要术》，而砖画中的耱耱则比记载要早二百多年，是我国迄今发现最早的耱耱农具的图像资料。

在农业劳动中，耕田翻土是一项很重要的工作，传说专门的工具——耒耜在神农氏时代就已经出现了，其后最基本和通用的犁叫作"阿得犁"，仅能开出浅沟，有时也用于经常刮风和土壤疏松而干燥的地区。因为这种农具是全用木料制作，所以没有保存下来。目前西班牙仍在使用。

到了公元前2世纪，大量生产铸铁农具的私人作坊已遍及中国，那时并不缺乏这些先进的铁犁，它们在大多数家庭中并非珍贵之物。在汉代，大的官营铸造厂在许多省份建立起来。铁器在百姓中已非常普遍地使用，因此铁犁对人们来说已经是非常一般的东西。

铁犁的出现使中国古代农业在其发展史上进入了一个新的阶段。特别是两汉铁犁影响了我国古代农业长达2000年之久。铁犁的发明、应用和发展，凝聚了中国人和世界其他各国发明家的心血，并彰显了他们的智慧。

铸铁术是何时发明的？

铸铁术是中国人在公元前4世纪发明的。中国至少在公元前4世纪已经开始运用鼓风炉来铸铁，而欧洲在7世纪还没有这种类似的技术。

商周时期高度发展的青铜冶铸业，从生产能力的提高到矿石燃料整备、筑炉、制范技术的加强，为铸铁技术的发明和迅速发展提供了前提。最开始的铸铁件，形制与同类青铜铸件相似。早期的铸铁都是高碳低硅的白口铁，性脆硬，易断裂。随着农业生产的发展，为使铸铁能制作生产工具。战国前期发明了韧性铸铁，通过脱碳热处理和石墨化热处理，分别获得黑心韧性铸铁和脱碳不完全的白心韧性铸铁。

战国中期之后，铸铁器逐步取代其他工具，如木、石、铜、蚌器等，成为主要的生产工具，出土实物有铲、镰、锛、锄、斧、犁、铧、凿等。而且由于对铁器的大量需求，还促成了铁范（铸铁金属型）的发明。1953年，河北兴隆燕国冶铸遗址出土了曾用来铸造锄、铁斧、镰和车具的铁范。这些铁范壁厚均匀，结构合理，形状和铸件轮廓相统一，有的铁范能一次铸两件器物，这表明铸铁技术在这个时期已达到相当高的水平。

铸铁在封建社会后期被广泛用作农具。10 世纪已能铸造重达 50 吨的特大型铁铸件。五代之后，铁建筑物增多，如湖北当阳的北宋铁塔。唐宋时期湖南、广东、湖北、福建等地的铁都以质地优良著称，冶铁生产迅速发展。广东佛山成为著名的冶铸中心，所产铁锅远销东南亚，泥型铸造、铸锅等传统铸铁工艺近代仍在使用。

铸铁术是我国古代劳动人民一项重要的发明创造，对中国文明的发展起了重大作用，对后世也产生了相当大的影响。

中国早期炼钢技术一项最突出的成就是什么？

灌钢法又叫生熟法，或团钢法，是中国早期炼钢技术一项最突出的成就。经过"块炼法"、"百炼钢"、"炒钢法"的发展历程，后来发明了灌钢法，成功解决了"钢铁不能熔化，铁和渣不易分离，碳不能迅速渗入"这一难题，为世界冶炼技术的发展作出划时代贡献。

南北朝时，綦毋怀文对炼钢工艺进行了重大改造和完善。綦毋怀文是南北朝时期著名的冶金家。陶弘景第一次记载了灌钢法，綦毋怀文曾用这种方法制成十分锋利的"宿铁刀"。綦毋怀文的炼钢方法就是选用品位比较高的铁矿石，冶炼出优质生铁，之后，把液态生铁浇注在熟铁上，经过几度熔炼，使铁渗碳成为钢，由于是让生铁和熟铁"宿"在一起，所以炼出的钢被称为"宿铁"。灌钢法是中国古代炼钢技术上一个重大的成就。

经綦毋怀文改进的灌钢法，是中国冶金史上的一项杰出成就和伟大创新，在世界炼钢史上占有一定地位，它使中国古代冶金技术屹立于世界之林。灌钢法的进一步革新，使钢的品质和产量大大提高，为隋唐以后社会生产力的大幅度提高提供了有利条件。

宋代用泥巴把炼钢炉密封起来，把生铁片嵌在盘绕的熟铁条中间，进行烧炼，效果相当好。明代又有改进，为使生铁液可以更好更均匀地渗入熟铁之中，便把生铁片盖在捆紧的若干熟铁薄片上，不用泥封而用涂泥的草鞋遮盖炉口，使生铁可从空气中得到氧气而更易熔化，从而大大地提高了炼钢的效率。明中期以后，灌钢法进一步发展为苏钢法。

在 17 世纪以前，中国的炼钢技术长期处于世界领先地位，受到各国的普遍赞扬，灌钢法的出现是钢铁技术上的一次革新。

最早的错金银工艺品是以谁的名字命名的？

栾书缶，是春秋晚期晋国的器物，是目前所见最早的一件错金铭文铜器，具有极高的价值，相传是栾书子孙为祭祀祖先而做，多年来习惯上称作栾书缶。

此缶造型古朴，但缶上铭文线条柔韧婉转、婀娜多姿，呈风流妩媚之态。栾书缶高 50

厘米，口径 16.5 厘米，现藏于中国国家博物馆。这只缶是用作祭祀祖先时的盛酒容器。缶的外形独特，盖上有四环形钮，口是直的，沿是平的，颈很长，肩很广，底是平的。器腹上有对称四环形耳，器表漆黑光亮，颈和肩部有错金铭文五行四十字。器盖内另外还有铭文二行八字，是传世最早的错金铭文铜器。

▲嵌错宴乐纹壶　战国早期

栾书，姓姬，栾氏（先秦时期男子称氏不称姓，虽为姬姓，却不叫姬书），名书或傀，谥号武。时人尊称栾伯，即栾武子。栾枝之孙，栾盾之子，士匄亲家。他是春秋中期晋国卿大夫，名满天下的阴险政客，栾氏家族振兴的奠基人，世卿世禄制的拥护者。

栾氏原来是晋国公族，晋靖侯的孙子名宾，封于栾邑，公孙宾另立宗庙，为栾氏，称栾宾。然而这个崭新的家族，却立刻显赫起来，并且位列世卿。之后的晋国爆发大规模内乱。曲沃代翼过程中，栾氏的地位虽然显赫但却尴尬，栾宾辅佐公子成师治理曲沃，栾共叔（即栾共子，名成）支持晋侯，最后为保卫晋侯而战死。栾宾成为国家忠良，所以栾氏在晋武公灭掉原晋国大宗后，地位有增无减。

一直以来，栾书缶不仅被学术界视为春秋中期晋国的器物，更将其视为一件极具史料价值的珍贵文物，中国 5000 年璀璨的文明和无可比拟的丰富文字都存在于栾书缶上。它不仅仅是中国古代的一种器物，更是中国书画艺术独特的艺术形式和艺术语言的高超体现。

二进位制的发明最早可以追溯到什么时候？

《周易》中的"易数"用的就是二进制，也就是约公元前 3000 年的伏羲发明了二进制。

《周易》相传是由伏羲画卦、周文王重卦、周公作爻辞，并经过孔丘修订而成的。《周易》是我国最古老的经典之一。《周易》中的"易数"用的就是二进制。当代的电子计算机用的不是十进制而是二进制。伏羲是中国原始农业的开创者，传说神农尝百草才有五谷，我国才有原始农业。伏羲对我国社会的进步作了很大的贡献，我国北京的先农坛就是为了祭奠神农（即伏羲）而建造的。

易经八卦是一个双鱼太极图，四周围绕有乾、坎、震、艮、巽、离、坤、兑八字，象征着无极生太极，太极生两仪，两仪生四象，四象生八卦，八卦生六十四卦。八卦图上有由长短线不同排列组合而成的符号，由阳爻和阴爻构成。如果以阳爻为 1，以阴爻为 0，按照二进位制的逢 2 进 1 的规则，则这从乾到坤的 64 卦均可以用 0 和 1 两个数字表示出来。

统观从"乾"到"坤"的"六十四卦"的排列，其二进位制数序排列恰好为从 63 ~ 0 的自然数顺序排列。

伏羲与黄帝被尊为中华民族的人文始祖，伏羲氏是我国古籍中记载的最早的王之一，他处在新石器时代中晚期，他善于观察，根据天地万物的变化，发明创造了八卦，结束了"结绳记事"的历史。他又结绳为网，教会了人们渔猎的方法，发明了瑟并教会人们音律，他的活动，标志着中华文明的起始。

八卦具有博大精深的文化内涵。以八卦为特征的伏羲文化，到现在仍吸引着国内外无数学者探索、研究。北宋的哲学家邵雍（1011 ~ 1077 年）就是在研究《易经》的著作中提出了比较完备的二进制思想，只是他的二进制思想没有得到传播。

当代的许多学科也都深受《易经》的影响，并从中得到启示。据说，德国大数学家莱布尼茨发明二进制，也是受了八卦的启发。

最早的万向支架在什么时候发现？

▲缕悬法指南针复原模型

缕悬法指南针复原模型高38厘米、底盘各边长21.5厘米。将磁针用蜡粘接在独根蚕丝上，悬挂于木架正中；架下放置方位盘，盘上用八天干、十二地支与四卦标示二十四方位。磁针垂直于方位盘正中上方，因地磁作用，静止时两端分指南北。这种指南针非常灵敏，缺点是只能在平静或无风处使用。

万向支架就是我们常说的常平架。汉晋时期制造的"被中香炉"内有世界上最早的常平架装置。

北宋时发明了指南针，不久后又有了罗盘。罗盘又由水罗盘演变到旱罗盘。旱罗盘因为磁针有固定的支点，在航海中指向的性能优越于水罗盘。但是在海上，当盘体随海船摆动幅度过大的时候，磁针会过分倾斜而靠在盘体上无法转动。为了消除水平加速度和船体倾斜的影响，通常将海洋重力仪安放在一种叫作"常平架"的万向悬挂装置上。常平架的平衡位置可通过调节重力仪配重，使整套装置的重心和支架的联线保持在铅垂方向。

16 世纪，欧洲的航海罗盘出现了一种现在称为"万向支架"的常平架装置。由于海上船体摆动不定，所以用这种由两个直径略有差别的铜圈组成的支架，支架小圈内切于大圈，由枢轴联结起来，然后再由枢轴把它们安在一个固定的支架上，旱罗盘就挂在内圈中。不论船体怎么摆动，罗盘总是保持水平状态。

欧洲航海罗盘上的常平架装置，我国早在汉晋时期就已经出现了。

《西京杂记》成书于公元4世纪以前，记载了当时长安的巧匠丁缓所制的"被中香炉"。书中写道："为机环转运四周，而炉体常平，可置之被褥之中。""被中香炉"的外壳为圆形，开有透气孔，由内外两个金属环组成，两环用转轴联结起来，外环又通过另一转轴与外架联系着；这3个转轴在三维空间中相互垂直，只要转轴灵活，炉缸可以作任何方向的转动，由于受重力作用始终下垂，不论小球怎么滚动，炉缸都能处于平衡状态，而不会使香灰洒落出来。

"被中香炉"在汉以后历代都有制造。它的常平架装置，是现代陀仪中万向支架的始祖，是我国古代劳动人民在机械史上的卓越发明。

谁是最早介绍西方几何学的人？

徐光启（1562～1633年），字子先，号玄扈，明朝南直隶松江府上海县人，中国明末数学和科学家、农学家、政治家、军事家，官至礼部尚书、文渊阁大学士。他是中西文化交流的先驱之一，也是最早介绍西方几何学的人。

徐光启通天文、历算，习火器，与意大利天主教传教士利玛窦研讨学问，与传教士熊三拔共制天、地盘等观象仪。

徐光启中秀才后，在家乡和两广等地教书，他白天给学生上课，晚上阅读古代的农书，钻研农业生产技术。由于农业生产同天文历法、水利工程关系密切，而天文历法、水利工程又离不开数学，于是他又进一步博览古代的天文历法、水利和数学著作。万历三十二年（1604年）中进士。

徐光启是一位很开明的士大夫，他经常与外国传教士在一起讨论科学知识，并且对外国的先进科学技术很感兴趣。1606年，徐光启请求利玛窦传授西方的科学知识，利玛窦爽快地答应了。利玛窦用公元前3世纪左右希腊数学家欧几里得的著作《原本》作教材，给徐光启讲授西方的数学理论。徐光启学习非常刻苦，经常是挑灯夜读，他遇到不懂的地方就虚心地向利玛窦学习，利玛窦也为他这种精神所感动。经过一段时间的学习后，他就完全弄懂了欧几里得这部著作，并为它的基本理论和逻辑推理所折服。他在学习过程中认识到了我国古代数学的很多不足之处。于是，徐光启建议利玛窦同他合作，一起把《原本》译成中文。

因为欧几里得的这部著作中的许多数学专业名词在中文里都没有相应的现成词汇。要译得准确、流畅而又通俗易懂，是很不容易的，所以利玛窦当初对这个建议感到很犹豫，

▲徐光启像

在徐光启的一再劝说下，利玛窦最终同意了。于是从 1606 年的冬天开始，他们便开始了紧张的翻译工作。徐光启对翻译非常认真，常常是到了深夜，大家都回去休息了，他还独自坐在灯下加工、修改译稿。"平行线"、"三角形"、"对角"、"直角"、"锐角"、"钝角"、"相似"等中文的名词术语，都是经过他呕心沥血的反复推敲而确定下来的。

1607 年，《几何原本》前 6 卷正式出版，立即引起巨大的反响，成了明末从事数学工作的人的一部必读书，对我国近代数学的发展起了很大的作用。后来，徐光启又陆续译了许多其他的科学著作，继续把西方先进的科学知识传入中国。

现存最早的数学专著是什么？

《九章算术》是中国古代第一部数学专著，也是一本综合性的历史著作，是当时世界上最先进的应用数学，它的出现标志中国古代数学形成了完整的体系。

关于《九章算术》的成书年代，根据《九章算术》中的官名、地名等推断，现传本《九章算术》的成书年代大约是在公元 1 世纪的下半叶。西汉的张苍、耿寿昌曾对《九章算术》做过增补，所以成书最迟在东汉前期。

《九章算术》的内容十分丰富，全书采用问题集的形式，收有 246 个与生产、生活实践有联系的应用问题。《九章算术》以计算为中心，密切联系实际，以解决人们生产、生活中的数学问题为目的，从此确定了中国古代数学的框架。然而《九章算术》没有任何数学概念的定义，也没有给出任何推导和证明。魏景元四年（263 年），刘徽给《九章算术》作注，才弥补了这个缺陷。刘徽在数学理论方面也是成绩斐然，他对其中的一些数学概念做了定义，全面论证了《九章算术》的公式解法，提出了许多重要的思想、方法和命题。

刘徽对《九章算术》中的一些不足都加以弥补。《九章算术》的算法抽象，相互关系不明显，刘徽对这些都有补充和发展。平面（或立体）图形经过平移或旋转，其面积（或体积）不变；把一个平面（或立体）图形分解成若干部分，各部分面积（或体积）之和与原图形面积（或体积）相等。以这两条为前提的出入相补原理，是中国古代数学进行几何推演和证明时最常用的原理。刘徽发展了出入相补原理，成功地证明了许多面积、体积以及可以演化为面积、体积问题的勾股、开方的公式和算法的正确性。

《九章算术》内容丰富，系统总结了战国、秦、汉时期的数学成就，对后来的中国数学著作有很大影响。《九章算术》在数学上还有独到的成就，书中最早提到分数问题，也首先记录了盈不足等问题，"方程"一章还在世界数学史上首次阐述了负数及其加减运算法则。

立体地图是何时发明的？

中国人在公元前 3 世纪就发明了立体地图，立体地图的发明是我国古代劳动人民的一项伟大创造。

司马迁写的《史记》中曾有关于一张公元前 210 年绘制的秦始皇墓地图的记载，书上写道："以水银为百川江河大海，机相灌输，上具天文，下具地理。"1985 年 6 月《每日电讯》曾报导说，秦始皇墓地虽然还未打开，但是可能已经发现了。据说依据是在墓入口处发现了少量的水银。考古学家猜测这可能就是上述立体地图上所示的水银。

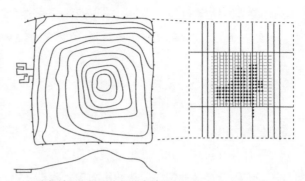

▲ 从陵墓封冢上勘测水银分布情况

史书记载，秦始皇陵墓中放进大量的水银，用以象征江河。近年科学探测发现，骊山陵园的强汞范围达12000平方米。更令人难以置信的是，如果按汞的厚度10厘米计算，陵墓内就储藏有100吨汞。

早在公元前 3 世纪，中国有香炉和罐子上出现蓬莱仙山的地图。这对以后立体地图绘制技巧的发展有着非常重大的影响。除此之外，沈括在《梦溪笔谈》中曾记载了木刻的立体地形图。

1130 年，黄裳也制作了一张木刻立体地图，哲学家朱熹对此很感兴趣，他便收集木刻地形图，进行深入研究。他有时自己用木刻或黏土来制作立体地形图。朱熹制作的一幅地形图的情况在黄裳的《鹤林玉露》里有这样的记述："（朱熹）尝欲以木作华夷图，刻山水凹凸之势。合木八片为之。以雌雄榫镶入，可以折。度一人之力可以负之。每出则以自随，后竟未能成。"

据记载，阿拉伯立体地形图的制作也是由中国传入的，后经阿拉伯又传到了欧洲。1510 年，保罗·多克斯制作了欧洲最早的地形图，这是中国以外的国家有关立体地形图的最早记载。中国立体图形的发明，对世界作出了重大贡献。

最早发明双动活塞风箱的国家是中国吗？

中国是最早发明双动活塞风箱的国家，这种新式的鼓风工具在公元前 4 世纪时已在中国得到了广泛的使用，因此许多专家推测它的发明至少在公元前 5 世纪。冶金上最早应用的鼓风器是一种皮囊，随后是风扇，再之后才出现风箱。现存最早的活塞式风箱是明代制造的。

直至 17 世纪，中国在冶金术上一直处于世界领先的地位。这要得益于双动式活塞风箱的发明。双动式活塞风箱是能驱使空气或液体产生连续气流或液流的泵，能持续不断地鼓风，是我国鼓风术上的重大进步，风箱正逆行程都做有用功，在使用过程中一端排气鼓风，一端吸取等量空气，因而能提供连续风流，鼓风效率得到很大的提高。这种双动式活塞风箱不仅被人们用来鼓风，还可以喷射液体，曾被改装成了火焰喷射器。

这是一个极其简单又聪明的发明，活塞式双动风箱外形是一个作为汽缸的长方形箱子，箱子有一个拉杆，通过推拉拉杆驱动活塞往复运动，促使活瓣一起一闭，以达到鼓风的目的。箱子两端各有一个进风口，箱侧有一个风道，风道侧端有出风口，口上有用羽毛或软纸片塞在四周的活塞。木风箱的动力有人力和水利等。风箱靠活塞推动和空气压力自动启闭活门，成为金属冶铸的有效的鼓风设备。

尽管西方早在公元前 2 世纪就发明了单动式泵，但却是靠其做向外冲程运动时喷射出空气或液体，是一种单向做功的压力筒。直至 16 世纪，在中国的双动式风箱才传入欧洲。1716 年，J.N. 德拉希尔依此原理发明了类似的双动往复式水泵，从而为后来的活塞式机械开辟了道路。

双动活塞风箱的记载始见于明代宋应星著的《天工开物》（成书于 1634 年），它使我国的冶金技术处于世界领先地位，在一定程度上，更反映出我国劳动人民的伟大智慧。

活字印刷术是谁发明的？

活字印刷术是北宋庆历年间平民毕昇发明的，他的发明比德国 J. 谷登堡的发明早约 400 年。

大约在东汉末年的熹平年间（172 ~ 178 年），我国出现了摹印和拓印石碑的方法，人们从刻印章中得到启发，大约在公元 600 年前后的隋朝，在人类历史上最早发明了雕版印刷术。但是当时的雕版印刷使用非常不便，每印一本书都要重新雕一次版，不但要用较长时间，而且加大了印刷的成本。

宋代的毕昇是一个从事雕版印刷的工匠，在长期的雕版工作中，他发现如果改用活字版，只需雕制一副活字，则可排印任何书籍，活字可以反复使用。虽然制作活字的工程大，但排印书籍方便。在这种启示下，毕昇发明了活字版。

毕昇发明的活字印刷提高了印刷的效率，虽然这是一个很伟大的发明，但是当时统治者和社会却并没有重视，直到毕昇死后才流传开来。

▲ 毕昇雕像

古代的印章对活字印刷也有一定启示作用。秦始皇在统一全国度量衡器时，曾在陶量器上用木戳印 40 字的诏书，考古学家认为，这是中国活字排印的开始，不过却未能广泛应用。

毕昇发明的活字是用铁铸成的，后来又出现了铜板活字，但铜板比铁板价格贵，到了明代木活字开始普遍使用。明朝很多著作都是木活字的印本。在清代，木活字技术由于得到政府的支持，获得空前的发展。

当然，用金属材料制造活字，依然是活字印刷的一个发展方向。铜活字印刷在清代进入新的高潮，最大的工程要算印刷数量达万卷的《古今图书集成》了，估计用铜活字达 100 ~ 200 万个。

最早制造光学仪器和发明水晶眼镜的人是谁？

明末光学仪器制造家孙云球，字文玉，或字泗滨，江苏吴江县人。他生于明崇祯初年（1628 年），卒于清康熙初年（1661 年），享年仅 33 岁。是我国历史上最早制造光学仪器的人。

孙云球生平最大的成就在于光学仪器的制造。他曾赴杭州向陈天衢学习光学，陈天衢则学自利玛窦、汤若望等西洋人。他还曾把一批杭州学者请到苏州一起讨论、研究光学问题，这些交流经验对于孙云球有很大的影响。

孙云球把学来的简略且原始的光学知识具体化，利用苏州的琢玉工艺，成功地磨制出了各种凹凸透镜，并在此基础上制作了大量光学仪器，把我国民间光学制造业推向了一个新的起点。

在孙云球短暂的一生中，他制造的各类光学仪器达 70 余种。这些仪器大部分已不知所踪，所幸的是，《吴县志》在介绍孙云球时，提到了他所发明的一些仪器的名称，使我们得以窥其一斑。

在孙云球研制的光学仪器中，望远镜常常被人们提及，他所研制的望远镜性能良好。据《吴门补乘》记载，浙江天台有一个名叫文康裔的人，患有严重近视，孙云球曾和他一道登上虎丘山，用自制的望远镜眺望，居然看到苏州城内的楼台塔院近在眼前，清晰可辨。天石、灵岩、穹窿诸峰苍翠挺拔，历历在目，文康裔惊叹不已，对孙云球赞不绝口。

此外，孙云球还为苏州眼镜业的发展作出了重要贡献。他创造性地以水晶为原料，磨制成各种凹凸镜片，并根据近视、远视不同情况，"随目对镜"，使人们配到适合自己眼睛的镜片。"以年别者老少花，以地分者远近光"，从而使视力得到矫正。这种水晶眼镜在当时很引人注目，人们不惜出重资购买，苏州眼镜业也就在此基础上兴盛起来了。

除了这些仪器之外，孙云球还磨制过多面镜、夜明镜、幻容镜、鸳鸯镜、放光镜、夕阳镜等。这些仪器性能和用途各异，但均巧妙奇异、令人不可思议而又叹为观止。

孙云球还总结多年制镜经验，写成《镜史》一卷，他的母亲董如兰亲自为该书写序。这本书的问世，对后世光学仪器制造技术影响很大，可惜的是它后来失传了，使我们今日难以看到其全貌。但是我们还是可以从史书中了解到他的巨大成就。

第十一章
饮食医疗

从古至今，人们的饮食都是三餐制吗？

▲陶灶　东汉
出土于广州东郊先烈路。

俗话说："人是铁，饭是钢，一顿不吃饿得慌。"现如今，人们的饮食大多一日三餐制，那么，古人也是实行这样的饮食制度吗？

在秦汉以前，人们一天通常吃两顿饭。由于当时的生产力比较落后，人们经常食不果腹，所以，即使是一天两顿饭，也不是人人都能享受得到的。这还要根据家庭，以及人们的地位而定。

一般情况下，人们在 9 点到 11 点左右吃第一顿饭，这顿饭被称为"朝食"或"饔"；下午 4 点左右，人们进行一天中的第二餐，这顿饭被人们称为"飧"或"食"。

《孟子·滕文公上》记载说："贤者与民并耕而食，饔飧而始。"也就是说，一天吃两顿饭，以朝食为开端，飧食结束。吃过了飧食，也就意味着一天结束了。

其实，人们实行一天吃两顿饭的餐制，除了粮食有限这个原因外，还受其他因素影响。据《论语》记载，如果人们私自开了小灶，没有在饭点吃饭，便是违反礼仪规范的行为。如此看来，一日两餐准时准点吃，还是礼仪规范的内容。按照相关规定，如果人一天之内能吃上第三顿饭，多是获得某种特殊奖励。《史记》就曾记载刘邦学项羽三餐犒赏士兵，最终攻夺峣关的史实。

有人说，一日三餐的饮食制度，源自庄子《逍遥游》中的"适莽苍者，三餐而返，腹犹果然"，意思说，只有一天吃三顿饭，才能保证人体基本需要，到了晚上，肚子还是饱饱的。事实是否如此，并没有其他资料佐证。但是，一日三餐的制度逐渐被人们所接受。汉代以后，人们渐渐形成了一日三餐的餐制。

一日三餐的饮食，不仅符合养生学原理，还是人们工作生活最佳的饮食安排。一般来说，早餐是大脑活动的能量之源，所以早饭要吃好；中饭是人身体的加油站，因而要吃饱；晚饭之后人们活动减少，即将进入睡眠状态，所以要吃少。

筷子真的是大禹发明的吗？

东西方餐桌之上，最明显的不同，便是人们吃饭的工具。中国人习惯使用筷子，外国人擅长用刀叉。用过筷子的人都知道，筷子是一件神奇的餐具，手能做的动作，筷子基本都能做。据说经常使用筷子，还可以健脑。那么，这个神奇的餐具是由谁发明的呢？

民间流传，洪荒时代，水患横行。为了尽快将洪水制伏，解人民疾苦，大禹经常吃不好，睡不着。一日，奔波劳碌的大禹感到饥饿难耐，便在野外就地取材煮起肉来。由于煮沸的肉汤很烫，大禹没有时间，也没有耐性等到肉汤凉了再吃。于是，他折下两根树枝，捞出锅中的肉便吃了起来。大禹发现，用树枝夹热的食物吃，既方便又不会烫伤手。后来，这种以树枝捞食物的方式流传开来，人们便形成了用"筷子"吃饭的习惯。

大禹捞肉发明筷子的说法，只是个传说。其实，在远古时期，人们吃的是生食，用手抓取。随着钻木取火的发明，人们的生活也发生了变化。以手抓食的方式不再适用于煮熟的食物，借助于木棒等工具吃饭便成了人们的最佳选择。筷子也就应运而生。

很长一段时间，人们并不以"筷子"称呼这种餐具。据《礼记》记载，商纣王使用一种叫作"象牙箸"的东西吃饭。这种箸，便是我们所说的筷子。

"筷子"一词的出现，是宋朝以后的事。据说，这一名称是从江南的水乡传出来的。在古代，人们很忌讳一些谐音不吉利的字。所操行业、家世背景不同，忌讳的字也有所不同。在水乡，船家尤其忌讳"陈"、"住"等字。在他们看来，"陈"即意味着"沉"；"住"即意味着"蛀"，或船走不快的意思。平时生活中，人们经常使用的"箸"刚好和"住"谐音。于是，船家便将"箸"改为了"快儿"，有穿行飞快的意思。后来这种叫法流行了起来。人们借鉴箸从竹声的方法，在"快"字上加了个竹字头。"筷子"便产生了。

"馒头"跟"头"有什么关系？

《三国演义》中足智多谋的诸葛亮，不仅用兵如神，还是个厨房能手。据说，馒头这种食物，就是诸葛亮发明的。

相传，诸葛亮辅佐刘备建立蜀国，刘备死后又辅佐刘禅。当时，蜀国一片祥和景象，唯有南蛮孟获不断滋生事端。诸葛亮决定亲自带兵讨伐。在七擒七纵孟获后，南蛮事件得以解决。班师回朝途径泸水地区，泸水上波涛汹涌。由于人烟稀少、瘴气湿重，很多士兵都中了泸水毒。听当地人说，要解泸水之毒，必须以 49 颗南蛮人头为祭，以安抚泸水河神。诸葛亮听罢，说道："南蛮的事都已经平定了，

▲南方少数民族铜鼓　三国
南方少数民族传说中，鼓可以驱邪去瘴，故而在他们的军队中也铸造相应形制的战鼓来鼓舞士气。

我怎么能虐杀俘虏呢？"为了解决祭祀河神的问题，诸葛亮想出了一个绝妙的主意。他叫来行厨，命他宰杀牛羊，用面和水，将牛羊肉包至其中，做成人头的形状蒸熟。待一切物件准备就绪后，诸葛亮用这 49 颗"人头"祭祀河神，果然士兵病好了大半。蜀军也浩浩荡

荡地渡过泸水，顺利回朝。

后来，这种面食就流传了下来，因为当初是以面食代替"蛮头"祭祀河神，所以人们就成这种食物为"蛮头"。

其实，馒头的由来并非如此。早在魏晋以前，我国是没有馒头的。人们所吃的发面食物中，只有一种叫"蒸饼"的面食。据《齐书》记载，在太庙祭祀上，人们用"起面饼"作为供物，这种起面饼"入酵面中，样子松松然也"。也就是说，在蒸饼之前，是没有发面食物的，人们吃的大都是死面食物。而且，如今我们所吃的馒头，在当时叫"蒸饼"。

到了晋代，"馒头"的字样出现在史书中。《饼赋》中记载，"馒头"指的是内含肉馅的大个"蒸饼"。唐朝，馒头的形状开始变小，有了"玉柱"、"灌浆"的别称。直至宋代，馒头作为一种常见食物，出现在人们的餐桌上，馒头的形状也渐渐有了现在的模样。

时至今日，馒头的样子仍然没有定式，北方不带馅的馍、卷子之类，被称为馒头；南方带馅的面兜子、汤包等也是馒头。

北方为什么会有"出门饺子回家面"之说？

在北方，外出的人，临行之前都要吃碗热气腾腾的饺子。回家之后，家人会将一大碗面条放在归人面前。这便是俗话说的"出门饺子回家面"，可人们为何这么做呢？

在北方，饺子算是传统饮食文化中"地位"较高的一种食物。逢年过节人们都要煮饺子以示吉庆。

人们在出门之时吃饺子，大致有以下两种原因：

其一，饺子与"交子"谐音，其形又酷似元宝。人们认为，临行之前，能吃上饺子，外出之人便会交到好运，多财多福。古代出行之人，除了赶考书生、外调官员，大部分都是商贾。自然想在离家之前沾沾好运。另外，"饺子"谐音"交子"，有广交朋友的引申义。家人为行者包饺子，也是希望行者在外能够广交朋友，困难时能得到他人相助。其实，出门吃饺子，不过是人们借助"饺子"与"交子"谐音，祈愿行人路途顺利的一种方式。

其二，饺子大都是由面皮包馅而成。各种各样的馅被包在面皮里，煮熟后，会聚成一个团。人们借助饺子的这个特点，希望离家的行人，能够早日归来，一家人团圆。

俗话说"南粥北面"。面条作为北方的一种特色食物，本身就具有"长"的特点。回到家里，家人做碗"长"面，希望归家的人能够长留家中，一家人在一起长长久久。另外，煮熟的面条不易粘连，既顺又散。人们认为，吃了面，外面的一切辛酸不顺都会被除去，有到家归巢、万事顺利的意味。

"出门饺子回家面"是具有北方特色的表达祝愿的方式，人们将对亲人的不舍与祝愿寄托在食物中。

元宵和汤圆是一样的吗？

"正月十五闹花灯，家家团圆吃元宵。"在北方，人们称之为元宵；在南方，人们称之为汤圆。那么，元宵和汤圆是同一种食物的两种叫法呢，还是本就是两种食品呢？

其实，元宵和汤圆属同一种食品。元宵又名"浮圆子"、"元宝"、"圆不落角"等，其中以"元宵"和"汤圆"之名最为常用。据说，这种食品自宋代出现后，很快得到了大家的认可。因为当时的人们只在元宵节食用这种食品，所以汤圆有了元宵的别称。

南方的汤圆软嫩香滑。通常是用糯米以水调制成皮，里面包上桂圆、蜜饯等馅。口味可以调成香、辣、甜、酸等，这也是南方汤圆的特色之一。一碗汤圆，往往配以银耳、莲子、虾仁等熬制成汤。不仅汤圆味美，汤料也鲜。

▲卖元宵　清　选自《太平欢乐图册》

吃一口南方的汤圆，再咬一口北方的元宵，二者最基本的不同便已分晓。北方的元宵大都是先将馅料调制好，做成小球状。然后将馅料球放入盛有糯米的筛萝里，不断地加水摇晃，糯米便像滚雪球一般粘到了馅球上。这样制出来的元宵相对南方的汤圆来说较实成，因而吃起来口感比汤圆硬些。与南方汤圆的多色多味相比，北方的元宵主要以砂糖、豆沙、枣泥等为主馅，香咸为主味。

有关元宵被称为汤圆，民间流传着这样一种说法：窃国大盗袁世凯当了总统，由于名不正言不顺，他终日忧心忡忡，唯恐哪天自己被拉下总统宝座。疑神疑鬼的他，凡是谐音不吉利的字眼，他都要避讳。话说到了正月十五元宵佳节，人们都要吃元宵。袁世凯觉得："元宵元宵，说的不是消灭我'袁'世凯嘛！"他便下令，元宵更名为"汤圆"。随着袁世凯的下台，人们也就不再避讳"元宵"的说法了。事实上，汤圆一称，早在明朝便已确定了下来，民间如此说法，不过增加了元宵的传奇色彩罢了。

"狗不理"包子和狗有关吗？

俗话说："不吃狗不理包子，白来一趟天津。"狗不理包子是天津最有名的小吃，吃过的人都忘不了那薄皮大馅、肥而不腻、满嘴流油的感觉。既然这包子这么好吃，为什么狗却不愿意答理呢？

此"狗不理"非狗不答理。据说，狗不理包子是因它的创始人得名。清咸丰年间，河北武清县杨村有户高姓人家，高家儿子高贵友生性好动，难管教。其父还担心孩子不好养大，便给他起了个贱名"狗子"。

狗子 14 岁那年，只身一人到天津刘家蒸吃铺做学徒伙计，勤学好动的他很得师傅喜爱。在师傅的精心指导下，狗子的厨艺进步很快。满师后，狗子踏上了创业之路。当时天津的包子铺很多，想要在众多包子铺中脱颖而出，必须有所改进。于是狗子潜心钻研做包子的技术，终于创出了令整个饮食界都有为之一震的特色面食。

光顾狗子店的人逐渐多了起来。由于本小利薄，狗子没有太多资金雇工人。狗子一人身兼多职，既做包子，又卖包子。店面门庭若市，狗子自己经常忙得不可开交。后来，狗子想出了一个主意。他在柜台前摆上一大摞碗，来买包子的客人将包子钱放在碗里，狗子按钱分包子。这样客人随拿随走，既省时又省事。

时间一长，老主户中就流传"狗子卖包子，一概不理"的说法，时间一长，"狗子卖包子，一概不理"便传成了"狗不理"。人们也就习惯地将狗子家的包子叫"狗不理"。

狗不理包子能够享誉中外，自然有与众不同的地方。它用面讲究，做工精良，就连馅如何配料都是有严格要求的。据说，当年慈禧太后吃了袁世凯进献的"狗不理"包子，赞叹道："山中走兽云中雁，陆地牛羊海底鲜，不及狗不理香矣，食之长寿也。"狗不理包子也因此更加出名。

粽子为什么要捆起来？

在我国，粽子是一种传统色彩很浓的食品。早在 1600 多年前的《风土记》中，就有关于粽子的记载。当时，人们称这种食品为"角黍"。《本草纲目》解释说："古人以菰叶裹黍米煮成尖角，如棕榈叶之形，故曰粽。"除了这种粽子之外，江南还有一种将米装入竹筒中的粽子，名为"筒粽"。

关于粽子的由来，民间的说法很多。但是流传最广的，便是祭奠著名诗人屈原的说法。据历史文献记载，春秋战国时期，楚国三闾大夫屈原刚直不阿，曾经进谏楚王，联合齐国共同抵抗强秦。楚王非但没有采纳屈原的建议，还听信奸佞谗言将他流放。

公元前 278 年，秦国大败楚国。身在异乡的屈原听到这个消息，心痛不已，便跳汨罗江而死。屈原投江之时，正是农历的五月初五。于是，民间便形成了五月初五，向江中投撒粽子纪念屈原的习俗。

至于粽子为什么要捆起来，《续齐谐记》曾记载说："阴历屈原五月五日投汨罗而死，楚人哀之。每至此日，竹筒贮米，投水祭之。汉建武中，长沙欧回，白日忽见一人，自称三闾大夫，谓曰：'君当见祭，甚善。但常所遗，苦蛟龙所窃。今若有惠，可以楝树叶塞其上，以五彩丝缚之。此二物，蛟龙所惮也。'回依其言。世人作粽，并带五色丝及楝叶，皆汨罗之遗风也。"

意思是说，人们用棕榈叶包粽子，并用五彩绳将粽子捆上，是因为屈原带话给汨罗江一带的人们，说他们投入江中的粽米，经常被江中蛟龙截获。原本祭奠屈原的供品居然成了蛟龙的美餐。所以，他告诉人们，蛟龙最惧怕的就是棕榈叶和五彩绳，只要将米包在棕榈叶中，并用五彩线捆起来，蛟龙就不敢再碰粽子了。之后，粽子便形成了如今的模样。

冰糖葫芦是谁发明的？

冰糖葫芦可以说是中国的传统美食，细说起来，它还是北京的特色食品。歌词里唱道："都说冰葫芦儿酸，酸里面它裹着甜，都说冰葫芦儿甜，可甜里面它裹着酸。"传统的冰糖葫芦，一串穿起来的山楂外面裹着一层糖稀，晶莹剔透的样子看着就有食欲。那么，这种美食是谁发明的呢？

▲ 冰糖葫芦

据说，冰糖葫芦最初是一种药膳。话说南宋绍熙年间，宋光宗赵惇惇最宠爱的黄贵妃得了怪病。终日茶饭不思，口舌生烟，不多日便已身形憔悴，面如枯槁。宋光宗看在眼里，疼在心上。宫里的御医都看遍了，仍然找不出病症所在。试过了很多名贵药材，黄贵妃的病依然没有半分起色。

无奈之下，宋光宗贴出皇榜，悬赏寻找能医治黄贵妃异症的人。一日，一名游历江湖的郎中看到了皇榜，便揭下皇榜进宫行医。诊过黄贵妃的脉，郎中开出了一副药方：以冰糖煎熬山楂，每顿饭前吃 5 ~ 10 颗，不出半月自会痊愈。看到郎中开的药方，众御医都不以为然，吃了那么多名贵药材均未见分毫起色，如此廉价的药方又如何管用？宋光宗看着药方心想：山楂也吃不坏人，照爱妃现在这种情况倒不妨一试。便命人熬冰糖煎山楂。不出半月，黄贵妃果然面色红润起来，食欲大振。宋光宗高兴得不得了，重金答赏了郎中。

山楂在中医中多用于治疗消食积，散瘀血，止水痢等。医药学家李时珍曾经说过："煮老鸡硬肉，入山楂数颗即易烂，则其消向积之功，盖可推矣。"可见，山楂是种很好的健胃消食药膳。

后来，这个药方流传到了民间。人们觉得沾了糖稀的山楂吃起来不方便，就用木签将它穿了起来。久而久之，便形成了今天的冰糖葫芦。药膳糖稀山楂也成了一种特色小吃。

中国古代有冰激凌吗？

夏天的时候，人们都喜欢吃冰激凌消暑。冰激凌是从外国传来的吗？中国古代有冰激凌吃吗？

据史料记载，周文王的孙子在朝中为凌人，这是一个专门负责保存贮藏冰块的官职。也就是说，在 3000 多年前的古代，帝王们就已经利用冰块来消暑了。此时人们所用之冰，还是天然而成，并非人工制造。

到了唐代，人们逐渐掌握了制冰的技术，并将这一技术应用到了生活实践中。据《酉阳杂俎》记载，人们发现将硝石放入水中，水会慢慢变冷。当水凝结成冰块后，既可以用来降温消暑，也可以制成消暑冷食。因而，有些商人便打起了冰块的主意，盛夏时节，他们从借冰消暑的人们身上赚了不少钱。

宋代，商人们在原有冰块的基础上做了改良。他们将一些鲜水果捣成汁，注入冰中。原本晶莹剔透的冰，变得五颜六色。放入口中，也多了些水果的甘甜清香。杨万里有诗云："似腻还成爽，如凝又似飘。玉来盘底碎，雪向日冰消。"

据说，用奶油配置成的冰激凌始于元代。马可·波罗在《东方见闻录》中曾说过，他在大都为官时，最喜欢吃一种叫冻奶的东西。这种冻奶就是元人在冰点基础上做出来的冰激凌。元人将平时爱吃的果酱、牛奶加入冰里。这样凝结成的冰像沙泥一样，不似冰块那样坚硬，入口即化。类似于这样的冰激凌，外国在 14 世纪才出现。所以有观点认为，外国的冰激凌，其实源自于元代的冻奶。由此可知，在遥远的古代，人们已经吃到冰激凌了。

油条的发明和秦桧有关系吗？

很多人都有早餐喝豆浆吃油条的习惯。油条，又被称为"油炸鬼"、"油炸果"、"油炸烩"等。金灿灿的油条咬在嘴里外酥内软，吃过之后满嘴留香。它是中国人最喜爱的食物之一。关于油条的由来，民间流传着这样一个故事。

南宋高宗在位时，奸贼秦桧以"莫须有"之罪杀害了岳飞父子。百姓听闻此事，无不悲恨交加。秦桧和他妻子也因此成了百姓的公敌。人们恨不得吃秦桧的肉，扒秦桧的皮以祭奠岳飞的在天之灵。

在临安城最热闹的集市上，有两个面摊。一家是做芝麻烧饼的，一家是卖油炸糕的。摊主不忙的时候，总是喜欢闲聊一会儿。有一天，俩人的生意都很好，没到太阳落山，东西就卖得差不多了，于是俩人收摊准备回家。闲聊之间，说到奸佞秦桧毒害岳飞一事，俩人都愤恨不已。芝麻烧饼老板揉搓着手里的面团，狠狠地将面团摔在了面板上，好似他刚才摔的是秦桧一样。卖油炸糕的摊主看着被摔成饼的面，抄起来就扔进了油锅里，嘴里还嘟囔着："真应该把他们扔进油锅里，受油煎火烤的惩罚。"烧饼老板一听，更觉义愤填膺，便把剩下的面团都捏成了人形，统统扔到了油锅里。这样还觉得不解恨，又将俩面人捏在一起，意思说出馊主意的秦桧老婆也罪当如此。

两人边做边吆喝："油炸烩了，油炸烩了。"群众一听，都好奇地凑了过来，看到油锅里翻滚着的面人，立刻明白了其中寓意，拍手叫好。

这种"油炸烩"，只要掌握好火候，配以调料，炸出来的面人香脆可口，是种很美味的食品。后来，人们开始简单地将面团抻成长条放入油锅中。久而久之，"油炸烩"便有了"油条"的称呼。

中国有哪些著名的菜系？

我国菜系因地理、气候、习俗、特产的不同形成了不同的地方风味，菜系的划分单就汉族的饮食特点而言，目前有四大菜系、七大菜系、八大菜系、十大菜系、十二大菜系、十四大菜系、十六大菜系、新八大菜系之说。

四大菜系：山东鲁菜系、四川川菜系、江苏苏菜系、广东粤菜系。

八大菜系：山东鲁菜系、四川川菜系、江苏苏菜系、广东粤菜系、湖南湘菜系、安徽徽菜系、浙江浙菜系、福建闽菜系。

十大菜系：山东鲁菜系、四川川菜系、江苏苏菜系、广东粤菜系、湖南湘菜系、浙江浙菜系、福建闽菜系、安徽徽菜系、北京京菜系、上海沪菜系。

十二大菜系：山东鲁菜系、四川川菜系、江苏苏菜系、广东粤菜系、湖南湘菜系、浙江浙菜系、福建闽菜系、安徽徽菜系、北京京菜系、上海沪菜系、陕西秦菜系、河南豫菜系。

十四大菜系：山东鲁菜系、四川川菜系、江苏苏菜系、广东粤菜系、湖南湘菜系、浙江浙菜系、福建闽菜系、安徽徽菜系、北京京菜系、上海沪菜系、陕西秦菜系、河南豫菜系、辽宁辽菜系、湖北鄂菜系。

十六大菜系：山东鲁菜系、四川川菜系、江苏苏菜系、广东粤菜系、湖南湘菜系、安徽徽菜系、浙江浙菜系、福建闽菜系、北京京菜系、上海沪菜系、陕西秦菜系、河南豫菜系、湖北鄂菜系、天津津菜系、云南滇菜系、东北菜系。

新八大菜系：甘肃敦煌

▲湘菜名品——剁椒鱼头

菜系、吉林吉菜系、杭州杭菜系、沈阳辽菜系、西安秦菜系、上海沪菜系、宁波宁波菜系、山西晋菜系。

"满汉全席"到底有多"全"？

满汉全席，兴起于清代，原是官场中举办宴会时满人和汉人合坐的一种全席，逐渐发展成集满族与汉族菜点之精华的最著名的中华大宴。乾隆年间李斗所著的《扬州书舫录》中有关于满汉全席的最早记载："满汉全席，分为六宴，均以清宫著名大宴命名，一为蒙古亲藩宴，二为廷臣宴，三为万寿宴，四为千叟宴，五为九白宴，六为节令宴。全席汇集满汉众多名馔，择取时鲜海错，搜寻山珍异兽。计有冷荤热肴一百九十六品，点心茶食一百二十四品，计肴馔三百二十品。合用全套粉彩万寿餐具，配以银器，富贵华丽，用餐环境古雅庄隆。席间专请名师奏古乐伴宴，沿典雅遗风，礼仪严谨庄重，承传统美德，侍膳奉敬校宫廷之周，令客人流连忘返。全席食毕，可使您领略中华烹饪之博精、饮食文化之渊源，尽享万物之灵之至尊。"

满汉全席是中国一种具有浓郁民族特色的巨型宴席。既具有宫廷菜肴之特色，又吸取地方风味之精华，菜点精美，礼仪讲究，形成了引人注目的独特风格。满汉全席共有 108 道菜，分 3 天吃完。满汉全席取材广泛，用料精细，山珍海味无所不包。烹饪技艺精湛，富有地方特色，突出满族菜点特殊风味，烧烤、火锅、涮锅几乎是不可缺少的菜点；同时又展示了汉族烹调的特色，扒、炸、炒、溜、烧等兼备，为中华菜系文化的瑰宝。

"四菜一汤"的规定是新发明还是古已有之？

为了发扬勤俭节约的传统美德，也为了杜绝官员以公款吃喝的腐败作风，政府规定：官员的招待餐为"四菜一汤"。民间待客也有以"四菜一汤"为标准的做法。那么，"四菜一汤"作为招待餐的说法从何而来呢？

相传，朱元璋当上皇帝后，不改当初勤俭节约的作风。出身贫寒的他，经常微服私访体恤民情。几番出巡后，朱元璋发现，为官者欺上瞒下，穷奢极欲，百姓却过着粗茶淡饭的贫苦生活。为了改变"朱门酒肉臭，路有冻死骨"的现象，朱元璋决定整治官场风气。

与马皇后商量之后，朱元璋在皇后的生日宴上作起了文章。马皇后生日宴这天，满朝文武带着奇珍异宝前来贺寿。待众人落座后，朱元璋吩咐上菜。望着宫女端上来的第一盘菜，朱元璋说："常吃萝卜调息顺气。希望众卿吃了萝卜菜，能够顺应民意，为民谋福。"说罢带头吃起了萝卜丝。宫女端上第二道菜，朱元璋放下筷子说道："韭菜象征长久。祝愿我明朝统治本固邦宁，长治久安。"听罢，众官员纷纷夹起韭菜吃了起来。这时，宫女端上来两碗青菜，朱元璋指着青菜说："两碗青菜一样香，两袖清风好臣相。"官员们只管迎合皇帝吃菜。

不一会儿，朱元璋看着宫女手里捧的小葱豆腐汤，放下筷子说道："当初，村妇一碗珍珠翡翠白玉汤救了我的性命，人不当忘本。今日我以'四菜一汤'为皇后贺寿。从今以后，你们应当效仿，请客吃饭，皆以四菜一汤为标准。如有违反，严惩不贷。"大臣听后，立时明白了朱元璋葫芦里卖的是什么药。皇帝下令，臣子岂敢不从，从此，四菜一汤成了官场待客之道。

人们称吃肉为"打牙祭"是因为吃肉和祭祀有关?

《儒林外史》第十八回中关于"打牙祭"有这样一段描述："伙计们平时每日就是小菜饭，初二、十六跟着店里吃牙祭肉。"看来，"打牙祭"就是吃牙祭肉。那么，人们为什么说吃肉是"打牙祭"呢? 它和祭祀有什么关系吗?

"打牙祭"可以说是祭祀文化和社会现实相结合的产物。古人向来重视祭祀活动。逢年过节，人们都要祭拜已逝亲属或者在天神明。有好吃的自然也要先分给神仙祖宗吃，以求神明保佑。古代祭祀中，牛羊猪是常见的祭品，皇家祭祀全牛全羊，这样做普通人肯定是承受不起。所以，百姓通常是在神龛或者祖先灵位前放上一块肉，点上冥币、蜡烛，以示祭告。

人们认为，祭祀的贡品是神祖的吃食，人吃了很吉利。所以，皇帝经常把祭肉分给王公大臣，分祭肉的故事也史不绝书。此俗流入民间，家长们通常会把祭完神祖的贡品分给家人吃。过去，人们的生活水平不高，而且肉价昂贵，平时吃肉都是奢求。只有逢年过节，人们才能借祭祀的光，吃上些"祭肉"。因而，这样难得的吃肉机会就被人们戏称为"祭牙"，也就是后来人们说的"打牙祭"。

▲烧烤羊肉图　东汉

随着人们生活水平的提高，能吃上肉已经不再是普通百姓人家的奢求了。这种"打牙祭"的说法也就渐渐地被人们淡化了。但是，在老一辈人心中，"打牙祭"却承载了一个时代的历史，记录了他们那个年代的生活。

"涮羊肉"是什么时候出现的？

火锅在全国各地都很受欢迎，而且各地火锅各有特色。但是无论在哪儿，人们吃火锅的时候，都要或多或少涮上盘羊肉。那么，古代人也吃火锅、涮羊肉吗？

据史料记载，早在三国时期，就已经出现了铜制的火锅。南北朝时期，火锅逐渐成了北方人御寒煮食的工具。宋代，京城出现了以火锅招揽生意的特色酒楼。明清时期，火锅的种类已经纷繁多样了。

最初，人们也是用火锅煮些牛羊肉吃。但是像如今这般，将羊肉切成薄片下入锅中涮煮，则始于元代。据说，"涮羊肉"的发明和元世祖忽必烈有关。

相传，元世祖忽必烈讨伐阿里不哥的时候，征途劳顿的他除了睡觉之外，最想的就是饱餐一顿家乡的美食——清炖羊肉。一日，元军在一处旷野安营扎寨。望着周围的青山绿水，忽必烈实在按捺不住，便命行厨宰羊做清炖羊肉吃。一切收拾停当，行厨正准备将肉下锅，忽然有探子来报："敌军在前方不远处安营扎寨，与我军形成对垒之势，随时有进攻的可能。"听到这个消息，忽必烈心想：这炖羊肉又吃不上了。行厨看了看手里的羊肉，对忽必烈说："大王不要着急，我且将羊肉切成薄片，这水已经煮沸，羊肉到锅中翻两下就可以食用了。待吃饱喝足再去收拾他们也不迟。"

说罢，行厨将羊肉切成薄片放入锅中，搅拌了几下捞出羊肉放到蘸料碗里，递给忽必烈吃。大军当前，忽必烈哪里有时间细嚼慢咽，夹起羊肉便狼吞虎咽起来。吃罢便到阵前杀敌去了。这一战元军大捷。

班师回朝后，大宴群臣的忽必烈想起行厨做的羊肉。仔细回想，那肉比清炖羊肉还要清香爽口，便命厨师再做此菜宴请群臣。第二次吃到这样的羊肉，忽必烈觉得好吃万分，看着水中翻腾的羊肉片，便赐名为"涮羊肉"。

后来，这种涮火锅的方法流传到了民间，成为了百姓喜爱的食物。

"东坡肉"为什么以苏东坡名字命名？

到杭州游玩的人，都要尝一尝杭州名菜"东坡肉"。色泽红润，肥而不腻，入口香嫩的"东坡肉"令很多食客回味无穷。这味"东坡肉"，便是大名鼎鼎的苏东坡传下来的。

百姓吃"东坡肉"并非是恨之而食其肉的意思，而是为了感念苏东坡的功德。据说，苏东坡很爱吃猪肉，每餐的饭菜里要是缺了肉，他都觉得难以下咽。好食肉的他还做得一手好肉，而这"东坡肉"便是出自苏东坡之手。

相传，苏东坡任杭州太守之时，带领杭州百姓疏导西湖之水。为了确保人们安居乐业不受水涝威胁，他带人将疏导出来的淤泥堆砌成了长堤。这样不仅解决了西湖水患问题，还改善了当地的生态环境。从此西湖垂柳，一片旖旎风光。

当地百姓为了感谢苏东坡，在过年之时，以他最爱吃的猪肉作为贺礼，送到苏东坡家。看着乡亲们送来的猪肉，苏东坡感念不已。于是，他按照在黄州当团练副使时焖制猪肉的方法，命人将猪肉切成了方块，入锅焖制。待到猪肉焖好后，分发到百姓家里。

百姓吃着父母官送来的猪肉，香在嘴里，暖在心上。有人从苏东坡那里学来了制作这种猪肉的方法，爱戴苏东坡的百姓便将这种肉称为"东坡肉"。

关于东坡肉的做法，苏轼在《猪肉颂》中，这样写道："净洗铛，少着水，柴头罨烟焰不起。待他自熟莫催他，火候足时他自美。"现如今，人们在东坡肉原制作方法的基础上进行了改良，使得"东坡肉"更加味美，并适合今人的口味。

"佛跳墙"的名字从何而来?

"佛跳墙"，原名"福寿全"。它的原料有海参、鲍鱼、鱼翅、干贝、鱼唇、花胶、蛏子、火腿、猪肚、羊肘、蹄尖、蹄筋、鸡脯、鸭脯、鸡肫、鸭肫、冬菇、冬笋等18种之多。将菜入坛之前，还要分别将原料煎、炒、烹、炸……制作工艺十分复杂。它汇集了多种荤菜于一坛，互相借味的同时又各自保持原有味道，被视为福建的招牌菜。

传说清朝同治末年，福州官钱局的一名官员想巴结京城派来的布政司周莲。他不敢大张旗鼓地在外面宴请，怕同僚见了参他一本。于是，他命私厨做拿手好菜在家设宴款待周莲。厨子觉得，想要做出能够取悦布政司的好菜，并不是件容易的事。索性将所有材料都烹制出来，做个大杂烩吧。于是他将鸡、鸭、羊肉、海参等10多种原料加作料煨制，再将其装入绍兴酒坛中呈到了周莲面前。

话说这周莲也是好吃之人，家中备有名厨数人，哪里的奇珍美味没有尝过？望着端上来的酒坛，周莲一脸不屑。待打开坛盖，周莲竟被坛中飘出来的香气吸引，禁不住连吸几口气。顾不得形象，周莲拿起筷子吃了个底朝天。望着空空如也的酒坛，周莲问厨子："这是什么菜？"厨子随口答道："福寿全。"

还有传说称，清时，有一群骚人墨客到福州郊外春游野餐，他们把各自带来的不同山珍海味20余种都放在一个酒坛里，在吟诗之时慢慢地煨着。酒

▲佛跳墙

坛中的菜熟了以后，奇香无比，香味飘到附近的一个钟古寺，引诱得一群和尚跨墙而来，想一尝异味。其中一个秀才见状，不禁赋诗曰："启坛菜香飘四邻，佛闻弃禅跳墙来。"佛跳墙由此得名。如今佛跳墙已随福建华侨扬名海外。

高平的烧豆腐为什么名叫"白起肉"？

山西省高平市有一种特色小吃名为"白起肉"，堪称高平的特色美食之一。而且当地人经常用这种"肉"来招待客人。说是"肉"，实际上是一种烘烤而成的豆腐。那么，当地人为什么叫它"白起肉"呢？

据说，"白起肉"因秦国大将白起得名。如此说，并不是因为白起发明了这种烧豆腐，而是当地百姓以"烧豆腐"代"白起肉"而食之的意思。2000 多年前的战国时期，秦国攻下了韩国的野王城，导致上党郡失去与国都的联系。不想投秦的上党郡守以上党郡为献礼，向赵国求援。赵王派老将廉颇帅军抵抗秦军。公元前 260 年，秦赵两国在上党郡的长平，也就是今天的高平市西北约 10 公里处对峙。

几番作战，秦军没有尝到半点甜头。为了尽快攻破廉颇的阵垒，狡猾的秦相范雎以重金贿赂赵国权臣。并散布谣言说，秦国只怕赵国赵奢之子赵括，廉颇已经老得不中用了，打败赵军指日可待。听到这样的流言，加上收了贿赂的权臣不断在耳边吹风，赵王立刻换下了老将廉颇，派赵括赶赴战场。

赵括向来喜欢纸上谈兵，实战经验不足。面对秦国常胜将军白起，哪里是对手，以至于带领赵军一步步陷入了白起的包围圈。回天无术的赵括中箭而死，被困的 40 万赵军也缴械投降。

抓获了赵军的白起并没有优待俘虏，而是设计将他们全部坑杀在谷口，只放 200 余人回赵国报信。这便是历史上有名的长平之战。

当时的百姓听说了这个消息，恨不得将白起碎尸万段，替死难者报仇。于是，谷口村一带的居民将豆腐捣成泥酱，以火烘烤，假做"白起之肉"，吃掉它既泄心头之恨，又祭奠 40 万亡灵。当地还有民谣唱道："肩挑油灯漫街游，炉中黎起烧悲啼。来人传送长平史，不吃豆腐难慰藉。"

后来，这种烧豆腐成为了高平名吃。就这么简简单单的一味小吃，却记录了历史上的重大事件，中国饮食文化，可谓博大。

菜单起源于何时？

西方人以出自 9 世纪的《烹饪津梁》为最早的菜单，然而，真正将菜单作为一种文化且在文学作品中恣肆张扬铺陈的，还应当首推中国人。战国时期楚国的著名诗人屈原在《楚辞·招魂》篇中为我们记载了中国宴会的第一份菜单。菜单中记录了大量楚国国王的饮食，有"胹鳖炮羔，有柘浆些。鹄酸臇凫，煎鸿鸧。露鸡臛蠵，厉而不爽些……"。中国有关饮食的记载浩如烟海，然而作为一份能反映筵席整体风貌的菜单，这篇《楚辞·招魂》应为最早。这份战国菜单中有稻粢、穱麦、黄粱等主食，有挫糟冻饮的冷饮，有蜜、大苦、咸、辛、柘浆等调味品，有肥牛之腱、胹鳖、炮羔、鹄酸、臇凫、煎鸿鸧、露鸡臛蠵等美味菜式，真是珍馐佳馔，应有尽有。菜单中还充分体现了当时高超的烹饪技艺，如煨、红烧、烧烤、醋烹、水煮、油煎等。

《楚辞·招魂》以后，汉长沙马王堆轪侯墓的竹简菜单记有食品 100 多种、隋朝的尚食执掌谢讽《食经》中记名馔 53 种、唐代韦巨源所著《烧尾食单》中记菜点 58 种，宋代周密记张俊供奉宋高宗赵构的"御宴"馔肴 250 种，《粤菜存真》记录清代"满汉全席膳单"有各色肴点共 100 多种……

中国古代还有几份菜单值得一提。西汉才子枚乘曾赋《七发》，其中一大段为一份出色的美宴菜单，小牛肥肉、兽脊烧烤、鲤鱼脍片、野鸡豹胎……生猛海鲜、九酝八珍都能这在份菜单上找到最初的踪迹。在欣赏赋文遗韵的同

▲ 袁枚像轴

时与纪昀齐名，有"南袁北纪之称"。

时，还能品味千年之古的美味。宋代著名诗人陆游在《老学庵笔记》中曾经记载过宋朝宫廷宴请金国使者的国宴菜单。此单包括：肉咸豉、爆肉双下角子、莲花肉、油饼骨头、白肉胡饼、群仙肉、太平毕罗、假黄鱼、奈花素粉、假沙鱼、水饭、咸豉、旋鲊、瓜姜。另外，主食还有枣子髓饼、白胡饼和环饼等。这份菜单是宴请金人的特色菜单，大有几分"胡味"。

清代著名文学家袁枚不但是美食家，而且还是菜单收藏爱好者，他收藏的菜单有数百种之多，后来收入他的《随园食单》一书中，为烹饪界所珍爱。《随园食单》主要分为须知单、戒单、江鲜单等 14 个方面，其中大到山珍海味，小至一饭一粥，味兼南北，无所不包。行文简明扼要，通俗易懂，既具操作性，也有评议阐述，是一部理论性、实用性很强的饮食菜单。《随园食单》名闻天下，被誉为中国古代菜单之最。

"叫化鸡"真的是叫化子们的杰作吗？

相传，清朝的时候，在江苏常熟的虞山一带，经常有叫化子上街乞讨。有一天，一个叫化子从一户富贵人家讨来一只活鸡。饿了好几天的他不想和伙伴分享美味，便带着鸡到

了一座破庙。

除了手中残缺不全的破碗，叫化子什么都没有，怎样把鸡做熟成了令他头疼的问题。看着庙门外的黄土堆，叫化子突然想起了老家烧乳猪的方法。于是，他将鸡收拾利索，用水将黄土和成了泥，然后将鸡裹入黄泥中。他捡了些干树枝架起火，把黄泥裹起来的鸡放在火上烘烤。不一会儿，鸡身上裹的黄泥就出现了一道道裂缝。叫化子摔掉黄泥，捧着鸡肉就啃了起来。

此时，隐居虞山的明朝学士钱谦益恰巧路过破庙。闻得庙中肉香浓郁，便走进来一看究竟。看着叫化子手里捧着的泛着黄光的烧鸡，钱谦益忍不住吞了几下口水。叫化子见了，很不情愿地分了一小块鸡肉给他。钱谦益一尝，果然美味。于是向叫化子询问制作方法。回到家后，钱谦益命家厨添加作料调制，按照叫化子说的方法烘烤鸡肉。制成的烧鸡比在破庙吃到的烧鸡还要美味。后来，这种烧制鸡肉的方法在民间流传开来。人们在原有烹制方法基础上，将精肉、虾仁、香菇等配料放入了鸡肚中，使其更具风味。因这种烧鸡最初是由叫化子发明的，人们便称它为"叫化鸡"。

"叫化鸡"又称"黄泥煨鸡"。"叫化鸡"不但味美，还有很高的营养价值。所用主原料大都为母鸡，其肉蛋白质含量较高，是很好的强身补品。

酒是什么时候发明的？

中华饮食文化中，人们喜欢在品尝美食的同时也品酌美酒，所谓"无酒不成席"，"无酒不成礼"。

中国的酒有 5000 年以上的悠久历史，形成了独特的风格。据古籍记载："仪狄始作酒醪，变五味。少康作秫酒。"人类最初酿酒，可能起因于谷物保管不善而发芽发霉，这种谷物烹熟后食之不尽，存放一段时间就自然酿成酒了。前人的无心之举，造就了这一美味的饮品。现在，中国的美酒更是享誉全球。从茅台、五粮液、剑南春、二锅头等知名白酒，到长城、张裕等葡萄酒，各种各样的美酒真是不可胜数，中国被誉为美食大国的同时也堪称酒国。

那么关于杜康造酒的传说又是怎么回事？

据《史记·夏本纪》及其他历史文献记载，在夏朝第四位国王帝相在位的时候，发生了一次政变，帝相被杀，那时帝相的妻子已身怀有孕，于是逃到娘家"虞"这个地方，生下了儿子，因希

▲酿酒画像砖 东汉

望他能像爷爷仲康一样有所作为，所以，取名少康。少年的少康以放牧为生，带的饭食挂在树上，常常忘了吃。一段时间后，少康发现挂在树上的剩饭变了味，产生的汁水竟甘美异常，这引起了他的兴趣，就反复地研究思索，终于发现了自然发酵的原理，遂有意识地进行效仿，并不断改进，终于形成了一套完整的酿酒工艺。有些文献中少康作杜康，于是杜康便被称为粮食酿酒的鼻祖。后世又将杜康作为酒的代称。曹操《短歌行》中有"何以解忧，唯有杜康"的名句。

"茶道"是起源于日本吗？

茶道即饮茶之道，是一种以茶为媒的生活礼仪，也是修身养性的一种方式，它通过沏茶、赏茶、饮茶来增进友谊、美心修德、学习礼法，是很有益的一种仪式。茶道最早起源于中国，兴于唐，盛于宋、明，衰于近代。宋代以后，中国茶道传入日本、朝鲜，获得了新的发展。唐朝《封氏闻见记》中有记载："茶道大行，王公朝士无不饮者。"这是中国现存文献中对茶道的最早记载。唐朝陆羽所著的《茶经》是最早记载中国茶道历史发展的巨著。

在中国，茶被誉为"国饮"，被人们视为生活的享受、健康的良药、提神的饮料、友谊的纽带和文明的象征。中国的茶文化博大精深，茶道是核心。茶道包括两个内容：一是备茶品饮之道，即备茶的技艺、规范和品饮方法；二是思想内涵，即通过饮茶达到陶冶情操、修身养性，使思想升华到富有哲理的境界之目的。中国茶道的基本要求是：第一，茶具必须清洗洁净。第二，主张用清水煎茶，有条件的情况下可用泉水、江水，甚至用松上雪、梅花蕊上雪化水煎茶。第三，讲求水沸适度。第四，要求使用名贵优质茶具，将茶碗烫热或烤热，以便茶汤香气充分升扬。中国四大茶道流派分别为贵族茶道、雅士茶道、禅宗茶道和世俗茶道。

中国茶道大胆地探索茶饮对人类健康的真谛，创造性地将茶与中药等多种天然原料有机结合，使茶饮在医疗保健中的作用得以增强，从而获得了更大的发展空间，这就是中国茶道最具实际价值的方面。

"乌龙茶"因何得名？

在中国，饮茶的历史可以追溯至汉代。制作方法不同，茶的味道自然有所差别。根据沏泡出的茶水颜色，茶农们区分出了红茶、绿茶。茶中有一种名为"乌龙"的茶，它是因什么得名呢？

乌龙茶，又名青茶，是一种半发酵茶。据《安溪县志》记载，清雍正年间，在福建省安溪县西坪乡南岩村有一个名叫苏龙的茶农。他不仅是个采茶能手，还是个打猎高手。他身材魁梧，皮肤黝黑，性子直爽，村里人都叫他"乌龙"。

▲ 品茶图

在中国古代，茶是道家最主要的修行辅助物之一。

话说有一天，乌龙上山采茶。中午时分，正欲休息的他发现一头山獐在附近徘徊。于是，他端起随身携带的猎枪，向山獐的要害射了几枪。垂死挣扎的山獐向茂密林中跑去。乌龙沿着血迹找寻山獐踪影。不多时，他便发现了尚有余温的山獐。

傍晚时分，乌龙背着猎物返回家中。家人见有野味，便动手忙了起来。一家人享受了一顿美餐。第二天清晨，乌龙闻到茶篓里飘出阵阵清香，这才想起来，前一天只顾打猎，竟忘了制茶。打开茶篓一看，前一天采的茶已经发酵了。乌龙将有些发酵的茶炒制成成品，原茶的清香更加浓郁了。泡出来的茶水青绿明亮，它的味道比绿茶、红茶更胜一筹。后来，经过反复试验，乌龙终于制得了一种新的成品茶。

因其茶叶成黑褐色，又是由乌龙最先制成，人们便将这种茶命名为"乌龙茶"。乌龙茶主要产于福建、广东、台湾三地。采摘下来的茶叶经过萎凋、摇青、半发酵、烘焙等工序方能成为成品茶。因其茶品上乘，茶香清醇，还有解脂、消食的功效而行销海内外。

《黄帝内经》真是黄帝的著作吗？

《黄帝内经》是中国中医学理论的奠基之作，成书于春秋战国时期，是长期医学实践经验和理论的总结。《黄帝内经》以华夏文明始祖"黄帝"的名字命名，它真是黄帝的著作吗？

《黄帝内经》与《伤寒论》、《金匮要略》、《温病条辨》并称为中国传统医学的四大经典著作，《黄帝内经》成书时间最早，以阴阳五行学说为依据，囊括了"脉象学说"、"藏象学说"、"经络学说"、"病因学说"、"病机学说"、"病症"、"诊法"、"论治"、"养生学"以及"运气学"等学说，反映了古人天人合一的思想理念。

《黄帝内经》包括《素问》和《灵枢》两部分内容，各 9 卷 81 篇。内容除了医学方面，还包括了当时天文学、历算学、生物学、地理学、人类学、心理学等领域取得的成就。后世的著名医学家华佗、张仲景、孙思邈、李时珍等人均熟读《黄帝内经》，他们很多医学方面的成就和建树都受到其启发。

《黄帝内经》以阴阳五行学说为基础，体现了整体性的思维观念。关于其性质，主要有三个方面的看法。其一，它是一部中医理论经典，是公认的中医学奠基之作，曾为人类的健康事业作出过卓越贡献。其二，它是一部养生宝典，《黄帝内经》强调"不治已病治未病，不治已乱治未乱"。其三，它是一部关于生命的百科全书，如它提出"内视"、"内炼"的观念，主张通过改变人体内环境来实现健康长寿的目标。

《黄帝内经》与《易经》、《道德经》并称中国古代三大奇书，是中华民族的瑰宝。作为中华儿女，我们应该在新的历史条件下批判性地继承，使它们的价值真正发挥出来。《黄帝内经》虽冠以华夏始祖"黄帝"

▲ 黄帝像

的名号，却不是黄帝的著作，其中只有经络脉穴疗法始于黄帝时期。

中医为什么被称为"岐黄之术"？

中医理论又被称为"岐黄之术"或"岐黄之道"。与之相关的词语还有："岐黄家"，指以中医给人治病的医生或医学家；"岐黄书"，指有关中医理论的著作；"岐黄业"，指中医行业。

为什么"岐黄"是中医的代名词呢？相传黄帝时期，中国中医理论经过长期的总结和临床实践，已经取得了很大的成就。黄帝和他的臣子岐伯都是治病的高手，二人经常聚在一起探讨中医理论和养生之道。后来，他们的谈话便被记载在《黄帝内经》里。

《黄帝内经》约成书于春秋战国时期，是中国中医学公认的奠基之作。这部著作以"黄帝"和"歧伯"问答的形式，讲解了很多中医理论和养生之道，包括《素问》和《灵枢》两部分。《素问》以研究人体的生理、病理问题为主；《灵枢》主要讲解针灸之术的要略，又被称为"针经"。《黄帝内经》以阴阳五行学说为基础，强调治病于未然，把天人合一作为自己追求的境界。

这部书与《易经》、《道德经》合称"三书"，对中华传统文化的发展具有不可估量的影响。关于"内经"名称的由来，有人认为这是讲内在人体规律的，有人认为是讲内科，还有人认为"内经"是"内求"，意思是要想身体健康，就要注意内在的调理和生息。

不过《内经》是内科的说法似乎更科学些，因当时存在《外经》，据《汉书·艺文志》记载，共有"七经"。除《黄帝内经》外，还有《黄帝外经》、《扁鹊内经》、《扁鹊外经》、《白氏内经》、《白氏外经》和《旁篇》。有说法称《黄帝外经》为黄帝时另一位擅长外科手术的俞跗所创，但具体真相还有待进一步考证。

由于《内经》采用"黄帝"与"歧伯"问答的形式，古人为了表达对先祖的尊敬，就以他们名字的合称"岐黄"来代指中医学。以后"岐黄业"也就逐渐成了中医行业的代名词了。

中药店为什么称"堂"而不称"店"？

▲张仲景塑像及《伤寒杂病论》

中药店为什么叫"堂"呢？这个称呼究竟是从何而来的？

相传这与"医圣"张仲景有关。张仲景，河南南阳人，生于东汉桓帝元嘉、永兴年间（约 150 ~ 154 年），死于建安末年（约 215 ~ 219 年）。曾为长沙太守，有张长沙之称。张仲景年轻的时候就博览群书，尤其喜欢医书，其同乡何颙曾称赞他："用思精而韵不高，后将为良医。"

张仲景生活在东汉末年，当时朝政腐败，民不聊生，人民颠沛流离。全国各地相继爆发瘟疫，洛阳、南阳等地疫情严重："家家有僵尸之痛，室室有号泣之哀。"其中伤寒病占到 70%。张仲景立志改变这种现状，在《伤寒论》中他表达了自己的理想和抱负："上以疗君亲之疾，下以救贫贱之厄，中以保身长全，以养其生。"

他刻苦钻研，认真研究了《素问》、《灵枢》、《难经》、《阴阳大论》、《胎胪药录》等古代医书，师从同宗张伯祖，尽得其真传，在医学上有很高的造诣。在长沙担任太守期间，当地疫病流行，他索性在官府大堂上给人看病，分文不取。在给病人开具的药方上，他经常在自己名字前加上"坐堂医生"几个字，以示自己治病救人的决心。

张仲景后来辞官隐居，潜心研究医学，终于写出传世医学巨著《伤寒杂病论》，被后人尊称为"医圣"。其人品和医学成就都是非常令人敬仰的，后代中医为了纪念他，也把自己开的药铺称为"堂"，时间长了就成了中药店的代名词。

为什么要把行医说成是"悬壶济世"？

"悬壶济世"常用来比喻从事医生的职业，古代还真有在自己诊所前"悬壶"的。那么为什么行医叫"悬壶济世"，医生为什么有的在自己诊所门面"悬壶"，而不是其他的东西呢？

传说历史上有个叫"壶翁"的隐士医生，他经常在自己诊治的地方悬挂一个壶作为行医的标识。姓名已不可考，也有人说他叫谢元。卖药从不讲价，所治过的病人都痊愈了。他甚至能事先说出病人痊愈的时间，没有不应验的。每天行医所得之钱达数万，但他都分给了贫民。

相传壶翁曾传费长房岐黄之术，据《后汉书·方术列传·费长房传》记载，费长房曾为市井小吏，他经常看到一个老翁在市场上卖药，悬挂一个壶作为标识。等到停市的时候，就跳进壶里面，市人都没有看见，唯独费长房在楼上喝闷酒的时候偶然瞥见了。他料定此人绝非普通人，就带上酒礼前去拜访。老翁知道长房对他的神通感兴趣，就对他说："你明天来吧！"费长房第二天去赴约，老翁请费长房到壶中一游。只见里面异常富丽堂皇，有各种美酒和佳肴，二人饱饮后方才出来。过了一段时间，壶翁又找到费长房说："我本神仙，因为犯了错才到你们这里卖药，现在事情完结，我也该回去了。你愿意和我一起走吗？如果不愿意的话，楼下准备了些酒，算是与你的告别。"费长房听后，就想学道，随壶翁入深山。壶翁将一身技艺都传授给了他。费长房学成后，回到家乡，医百病，驱瘟疫，令人起死回生。

当然这只是神话传说，历史上是否真有"壶翁"尚待进一步考证。我们倾向于认为"壶翁"确实存在，其人大概是东汉时期人，医术高明，"悬壶"是他诊病的标识。"壶"与"葫"同音，后世有人仿效，就在药铺门前悬挂药葫芦。久而久之，"悬壶济世"就成了行医的代名词。

官职名"大夫"、"郎中"为何成了医生的称呼？

中医有很多别称，古代有"岐黄"、"杏林"等称呼，宋代以后人们又用"大夫"、"郎中"称呼医生。"大夫"、"郎中"本义指官名，为何用来称呼医生呢？

"大夫"，中国古代官职名，始于西周。当时朝中官员分卿、大夫、士三级，大夫能够世袭且有自己的封地。秦汉以后，中央要职有御史大夫，级别稍低的有谏议大夫、中大夫、光禄大夫等。唐宋尚有御史大夫及谏议大夫之官，明清时废。

"郎中"最初为皇帝的随从官员。战国时期开始设立，主要担任保卫、建议等职能。隋唐以后，国家实行三省六部制，各部下设司，各司长官即为"郎中"。其职能与战国秦汉有很大区别。据《明史》卷七十二《职官一》载，

▲《医林改错》书影

清代医家王清任著，二卷。王清任自20岁左右学医以来，发现古代医书中有关人体结构和脏腑功能的记载有不确之处。于是根据自己的观察，把人体内脏状况绘成"亲见诸脏图"，并与"古人所绘脏腑较"图一并附于《医林改错》卷首，以便比较研究。他强调了人体内脏对于医生治病的重要性，将医学与解剖生理学联系起来，使医术比前人提高了许多。

工部下设"营缮、虞衡、都水、屯田四清吏司，各郎中一人（正五品），员外郎一人（从五品），主事二人（从六品）"。

可见，这两个名称本来指官职，产生时间很早。那什么时候开始用"大夫"和"郎中"称呼医生的呢？医生最初的含义又是什么？

医生现泛指一切以行医为业的人，但最初却是指医科的学生，始见于《唐六典》："医生四十人。"唐朝学堂始开医科，招收学生。

宋朝医事制度和医学教育高度发展，掌管医疗事务的官员不断增多。当时，国家将翰林医官院的医官定为七级二十二种，如和安大夫、成和大夫、成全大夫、保安大夫等。由此，人们开始把医生称为"大夫"。又因为五代以后，官职逐渐泛滥。人们为了表示对医生职业的尊敬，便称医生为"郎中"、"大夫"。

在使用地域上，存在一定的差别。"大夫"一般在北方地区使用，"郎中"在南方使用得更普遍些。从这里我们也可以看出，医生这个职业在古代是地位比较高的，曾有诗云："不为良相，则为良医。"

古代到底有没有能把人麻翻的"蒙汗药"？

《水浒传》中梁山好汉个个身手不凡，但也经常使用蒙汗药来对付厉害的对手。"智取生辰纲"中，青面兽杨志等人正是被蒙汗药麻翻在地，一觉从日当午直到二更方醒。那么古代是否真有能把人麻倒的蒙汗药，它的成分又是什么呢？

总结古代小说中关于蒙汗药的使用，大致有以下几个特点：一是药性很强，人服用后会迅速昏迷，经过一段时间方能苏醒。二是经常与酒水混合，以掩饰其颜色或苦味。三是都有解药，只要以冷水喷面或灌特制的药汤就可快速醒转。

根据以上特征，不难看出蒙汗药其实是一种麻醉剂。中国古代有华佗制"麻沸散"的记载。如《后汉书》："乃令先以酒服麻沸散，既醉无所觉，跨破腹背，抽割积聚；若在肠胃，则断截前洗，除去疾秽。"可见，麻沸散的功效已经不是轻度麻醉那么简单了。李时珍的《本草纲目》中记载了一种印度传入的"曼陀罗花"，有信味，有毒，可做麻醉药。割疮、炙火先服此药后，就不觉得痛苦。

曼陀罗花又叫洋金花，其主要成分为东莨菪碱、莨菪碱、阿斯托品。此 3 种成分在临床上都有麻醉致幻的作用，与小说中关于蒙汗药的描绘基本吻合。洋金花自身气味辛苦，所以要用酒来调和，掩盖其味道。同时酒精本身就有麻醉作用，与洋金花配合就不容易被迅速察觉。

《桂海虞衡志》载："曼陀罗花，盗采花为末，置入饮食中，即皆醉也。据是，则蒙汗药非妄。"可见，中国古代的确存在蒙汗药。

"定心丸"真是一种药吗?

我们常说"定心丸"一词,比如"给某人吃了个定心丸",意思是做了某事让对方感到放心和心情愉快,打消顾虑。但"定心丸"的本义是什么,它是一种药物吗?

历史上确有"定心丸",为中成药,在明朝时还是军中必备之物。古代战争,刀光剑影,伤员众多。很多人因为难以忍受病疼的折磨而死去。还有些人因过于紧张,容易情绪失控,尤其受伤后往往会表现出过度沮丧或歇斯底里。为了安抚伤员的情绪,帮助他们治疗,随军医生发明了"定心丸"。这种药物可以使伤员的情绪得到放松,安静下来。

据明朝末年茅元仪所辑的《武备志》记载,定心丸的配方为:"木香、硼砂、焰硝、甘草、沉香、雄黄、辰砂各等份,母丁洋减半。"其中的木香可解痉、抗菌;硼砂可解毒,防腐;焰硝可解毒消肿;沉香可治呕吐呃逆,胸腹胀痛;甘草可镇痛,抗惊烦;雄黄可治破伤风、惊痫;辰砂可治癫狂、惊悸、肿毒、疮疡。这几味药合炼为丸,功效可想而知。

现代也有"定心丸",只是与古代成分存在差异。其成分为:党参、当归、地黄、茯苓、柏子仁、酸枣仁、麦冬、石菖蒲、五味子、朱砂、甘草、远志、黄芩、琥珀、虫白蜡。具有益气养血,宁心安神之效,用于心血不足,烦躁失眠,健忘怔忡,惊悸多梦。

可见,两种"定心丸"用途不同,其处方也不一样。最初的"定心丸"用于战争,除了"定心"外,还注重解毒、消肿和镇疼。现代药物"定心丸"则更强调宁神和静气,多用于失眠、健忘、烦躁、惊悸等症候。

为什么把走方医生叫"铃医"?

"铃医"是中国古代民间走方医生的一种称呼。又叫"走方郎中"、"草泽医"。铃医自古就有,神医扁鹊和华佗都是走乡串户,为乡邻百姓治病。到了宋元时期,铃医开始盛行。

"铃医"名称的由来与江湖郎中的行为习惯有关。据说古时候铃医外出行医,一手持着铃铛摇动,一手举着自己的招牌,通常上面有"路顺堂"三个字和一些秘方、草药的名字。摇动铃铛是告诉乡邻谁家有了病人赶紧送出来诊治,"路顺堂"则来自古代对于药店的称呼。

铃医替人看病,多依据一些民间疗法和秘方。比如针灸、拔火罐、推拿之法,

▲八卦星月纹串铃　宋

串铃又名虎撑。医生将铁圈做成中空扁环状,内盛铁球,一摇即响,成为外出行医的一种信号和标志,尤为走村串乡的江湖郎中常用。

以及历代口传心授的秘方或单方。很多人只是稍微懂点医术，但对治疗某个方面的病症可能有独到之处。也有些铃医水平不高，就靠着一张嘴，靠卖药骗取钱财，因此又被称为"卖嘴郎中"。所以民间对于铃医的看法向来褒贬不一。

铃医是时代的产物。在封建社会，农村百姓很多看不起病，买不起药。又多是些跌打损伤、伤风感冒的小病症，技术要求不高，于是铃医这种职业便应运而生。它的出现，满足了古代中国农村落后地区对于医疗和药物的需要，同时也使一些民间偏方和治疗手段得以传承。到了清代，名医赵学敏和铃医赵柏云合作编成《串雅内、外编》，对当时的民间医术方药经验进行了总结。赵氏认为："顶串诸术，操技最神，而奏效甚速。""药物不取贵"，有"灵验"与"价廉"之特点。

"大力丸"是一种能够增加气力、强身健体的药物，成分简单。那些卖"大力丸"的人经常被当成骗子。从上面的分析来看，虽然大多数走方郎中医术不高，但有些偏方和药物却能起到出人意料的效果。所以把铃医都当成江湖骗子的做法也不可取，否则，赵名医也不会以他所撰的民间方术命名为"串雅"了。

"夜明砂"、"龙涎香"是用什么原料制成的？

"夜明砂"、"龙涎香"都是传统中药的成分，名字听起来非常雅致。夜明砂让人联想起"夜明珠"、"朱砂"；龙涎香则是一种香料，点燃时香味四溢，比麝香还香。

夜明砂，又名天鼠屎、鼠法、石肝、黑砂星、檐老鼠屎。为蝙蝠科动物蝙蝠、大管鼻蝠、大耳蝠、蹄蝠科动物大马蹄蝠及菊头蝠科动物马铁菊头蝠等的粪便。具有清热明目，散血消积，软坚散结之功效，主治青盲雀目、内外障翳、瘰疬、疳积、疟疾等症。

龙涎香，抹香鲸科动物抹香鲸肠内分泌物的干燥品。其味甘、气腥、性涩，具有行气活血、散结止痛、利水通淋、理气化痰等功效；用于治疗咳喘气逆、心腹疼痛等症。

关于龙涎香的发明，一说在中国汉代，渔民在海里捞到一些白色蜡状漂流物（成品龙涎香），从几千克到几十千克不等，有一股强烈的腥臭味，但干燥后却能发出持久的香气。当地的一些官员收购后作为宝物献给皇上，在宫廷里用作香料，或作为药物。由于谁也不知道它的来历，就请宫中的炼丹术士解释。他们认为这是海里的"龙"在睡觉时流出的口水凝固而成，因此叫它"龙涎香"。也有人认为中国早在殷商和周代就已经使用"龙涎香"了，当时人们把龙涎、麝香和植物香料混合后做成香囊，挂在床头或身上。

另一说法认为龙涎香最早在公元前 18 世纪就已经被发现了，古巴比伦、亚述和波斯的宗教仪式中所用的香料，除植物香料如肉桂、檀香、安息香等之外，就有龙涎。虽然龙涎香发现很早，但人们一直搞不清楚它的来历。

后来，沙特阿拉伯科特拉岛的渔民解开了这个谜题。原来，大乌贼和章鱼口中有坚韧的角质颚和舌齿，不容易消化，当抹香鲸吞食它们后，这些生物的颚和舌齿在抹香鲸的胃肠内积聚刺激肠道，肠道便分泌出一种特殊的蜡状物，将残核包裹起来，慢慢地就形成了龙涎香。

"太医"和"御医"是一回事吗？

"太医"和"御医"是古代给皇宫大内或朝廷大员及其家眷看病的医生统称。这些称呼产生于什么时候，"太医"和"御医"是否存在区别？中国古代有供病人住院和治疗的"医院"吗？

"太医"一词最早可追溯到秦代，当时设有"太医令"一职。西汉时已有太医的官职设置。唐宋时期在太常寺设有太医署或太医局，金朝开始称太医院。元代的太医院已经成为独立机构，负责医疗，并制作御药。明代太医院则已经有了分科。

"御医"的级别比太医要高，一般只给皇帝或其姻亲眷属看病。从明清两代的太医院官职设置我们可以看出二者的区别。据《清史稿·职官志》记载，太医院的大夫分4个级别，第一等叫"御医"，只有13人，雍正乾隆时期为七品，和县令一个级别。第二等称为"吏目"，只有26人，八品与九品各13人。第三等叫医士，共20人，"给从九品冠带"。第四等叫"医生"，有30人，无品。

"御医"只有第一等大夫13人，连院使（正五品）和左、右二判（两位副院长）在内才16人。"太医"则包括整个太医院的医生，共有92人。其中御医、吏目、医士这三级的59位大夫可以独立看病，有处方权；第四级的"医生"只能当助手。

医院在中国产生得也很早，春秋战国时期已见其萌芽。据《诸子集成·管子卷》记载："凡国都皆有掌养疾，聋盲，喑哑，偏枯，握递，不耐自生者，上收而养之疾，官而食衣之，殊身而后止。"齐国管仲当时在首都临淄创建"养病院"，收容各种残疾人进行集中疗养，但还不是"医院"。

▲太医丞印
太医是专门为宫廷服务的医生。战国时代的秦国已有太医令之设置，作为宫廷医院的最高行政长官。汉代，太医丞是职位仅次于太医令的医官。图为故宫博物馆收藏的一枚"太医丞印"。

"医院"的产生与疫病流行有很大关系，这时候需要把大批病人集中起来进行治疗。如西汉元始二年（2年），黄河旱灾，疫病流行，皇帝专门安排地方和屋子，选派医生免费为百姓看病。延熹五年（162年），皇甫规任中郎将，军中疫病流行，死亡率很高。他专门租用民房，集中病员进行治疗，叫"庵庐"，很像现在部队的野战医院。北魏孝文帝时在洛阳设有"别坊"，免费提供诊疗和药物，贫穷无力出钱者均可前往治疗，这是公立慈善医院的雏形。

唐朝时医院叫"病坊"，全国各州县均有设立。

宋朝时改名为"安乐坊"、"安济坊"，并开始开设门诊部，称"和剂局"，和剂局的药方叫"和剂局方"，算是当时通行的一种处方手册。这些机构均为官办，民间则以游医和药房为主。

中国古代有没有女医生？

中国古代到底有没有女医生呢？有人答曰："有，稳婆是也。"想想也是，接生婆也算妇科大夫了。那一般意义上的女医生有没有呢？答案当然是肯定的。只不过中国古代男尊女卑，一些中医师又规定传男不传女，所以女医生就比较少见了，但依然有些女医生的故事流传了下来。她们医术精湛、救死扶伤，深受当时百姓的爱戴。

西汉时期，山西省复县有位叫义姁的女子，是中国历史上早期著名的女医生。她从小就对学医感兴趣，十几岁就上山采药，为乡亲邻居治病，积累了相当丰富的实践经验。有一次，村里来了一个腹部膨大的人，奄奄一息。义姁认真察看后，用针灸在他腹部和腿上扎了很多针，并喂他服中药。过了一段时间，病人肿块消退，竟奇迹般痊愈了。汉武帝知道后，就召义姁进宫，专为太后看病。义姁可以说是中国历史上一位了不起的女医生。

晋代葛洪是个著名的炼丹家，著有《抱朴子》一书。他的妻子鲍姑也是一位了不起的医学家，二人夫唱妇随，在深山老林炼丹采药好不快活。在岭南一带的罗浮山，二人经常为民治病，人们尊称她为"鲍仙姑"。据说《肘后备急方》为其与丈夫合著。在越秀山下，至今还有纪念她的"鲍姑艾"和"鲍姑祠"。

宋代也有一位著名的女医生，叫张小娘子。她的医术既不是来源于祖传，也不是随夫行医所得。据说她年轻的时候曾遇到一位云游郎中向其讨水喝，张小娘子一看此人皓首银髯、气度不凡，就赶紧让到屋里，好酒好菜招待。临走时，老人传授给她很多开刀和制膏的外科秘方，并赠她一本《痈疽异方》。后来张小娘子通过不断实践，终于成为一名外科名医，经她医治的疮疡痈肿病人都是药到病除。

明代有一位叫谈允贤的女名医，其父曾担任朝中侍郎之职，祖父母也精通医道，算是医药世家。她非常喜欢学医，祖母临终的时候把秘方和制药工具都传给了她。她在妇科方面非常有名，当时一些大家闺秀得了妇科病，碍于礼教不便医治，就去找她。她的《女医杂言》流传后世。

中国古代从来没有做过人体解剖吗？

众所周知，现代医学解剖源于西方。中国古代中医理论一直是以内科为主，外科以治疗伤疮痔疣为主，很少有人从事过人体解剖。按儒家伦理，身体发肤受之父母，私自摘去谓之"不孝"，"凌迟"更是被看作最严厉的刑罚。所以很少进行人体解剖，但并非没有。

据《汉书·外戚传》记载，16 年，王莽活捉了政敌王孙庆，"使太医、尚方与巧屠共刳剥之，量度五脏，以竹筵导其脉，知所始终，云可以治病"。这次解剖手段极其残忍，参加解剖者有太医、尚方官员和熟练的屠夫；研究的项目是内脏的大小和相对位置，以及血管的分布和循环规律。这种解剖的确可以在一定程度上获得"治病"的科学根据，但从人性角度上看，则应该受到谴责。

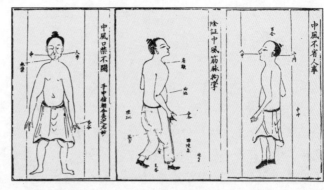

▲中风不省人事（右图）、阴证中风筋脉拘挛（中图）、中风口禁不开（左图）

以上三图均属中风病例，但针灸治疗穴位却各不相同。如"中风不省人事"中要针灸人中、百会、冲门、中冲穴；"中风口禁不开"要灸人中、承浆、合谷穴；而"阴证中风筋脉拘挛"要灸合谷、足三里等穴。

《晁氏读书志》上记载了宋徽宗崇宁年间的一件事："泗州刑贼弃市，郡守李夷行遣医家并画工往，亲决肤，摘膏肓，曲折图之，尽得纤悉。介校以古书，无少异者，比欧希范'五脏图'过之远矣！实有益医家也。"

可见，中国古代是进行过人体解剖的，但主要是针对一些罪犯。近代解剖学则源于意大利的维萨里，他于 1543 年出版《人体的构造》一书。其中详细描述了人体的骨骼、肌肉、血管和神经的自然形态和分布等内容，是生物学发展史上的一个里程碑。

有比"牛痘"更早的"人痘术"吗？

"天花"是一种急性传染病，现已被消灭。这种病最早可追溯到古埃及法老拉美西斯五世等人的木乃伊上，据说其脸上的疤痕就是天花所致。天花在人类历史上曾造成大量人口死亡。法国国王路易十五、英国女王玛丽二世、德皇约瑟夫一世、俄皇彼得二世等，都是因感染天花而死的。整个 18 世纪，欧洲死于天花的人数达 1 亿以上。

1795 年，英国人琴纳率先发现牛痘术。他发现挤牛奶的妇女得过牛痘后就不会再生天花了。琴纳由此得到启发，认为可能是牛痘对天花产生了抗体。于是他从一个正患牛痘的挤奶女孩手上，沾了一些痘浆接种在一个 8 岁的未患天花的男孩手臂上，接种部位生了一个典型的牛痘。6 周后琴纳再给这个男孩接种天花痘浆，结果这个男孩安然无恙，说明他对天花有免疫力。经过反复实验，琴纳最终发明了牛痘术。

牛痘术后来传入中国，由于安全方便，被广泛采用。但在之前包括欧洲在内，一直采用的是中国的"人痘术"。包括琴纳本人小时候也接种过人痘。那么什么是"人痘术"呢，它最早又产生于何时？

据清代朱纯嘏的《痘疹定论》记载，宋真宗时，宰相王旦一连生了几个孩子都死于天花。幼子王素出生后，为避免重蹈覆辙，专门聘请了峨眉山人称神医的道人为其接种人痘。种痘 7 天后，幼子便发烧出痘，12 天便结疤。后来王素没患天花，活了 67 岁。峨眉山道人的这种人痘法被世代继承传播。《重修湖州府志》记述，清初雍正时有人目睹痘医胡美用此法施术。

种痘有很多种方法。早期是痘衣和痘浆法：痘衣法是把害天花小孩的内衣，交给另一小孩穿上，这个小孩便会染上天花。这种方法最为原始，危险性很高。痘浆法采取痘疮的泡浆，用棉花蘸染后，塞进被接种者的鼻孔；这也是直接感染，危险性最大。后来又发明了旱苗法和水苗法：旱苗法是把痘痂研细，用银质的小管吹入被接种的鼻孔；这种方法较为安全，效果也相对可靠。水苗法则是把痘痂研细并用水调匀，用棉花蘸染塞入被接种者的鼻孔。此法更为安全，效果也优于旱苗法。

后来又发明了"熟苗"，其本质是一种减毒的疫苗，已经发生了"质"的改变。欧洲中世纪天花流行，中国的人痘术又是当时最领先的医术，所以，人痘术先后流传到俄罗斯、朝鲜、日本等国，又经过俄罗斯传到欧洲。

"五毒俱全"指的哪"五毒"？

关于"五毒"，历来说法不一。有人认为"五毒"就是五种社会丑恶现象：骗、赌、帮、烟、娼，人们通常所说的"嫖"包含在"娼"中。还有人认为"五毒"是古代的 5 种酷刑：鞭、捶、灼、徽、缧。佛教中"贪、嗔、痴、慢、疑"这 5 种情绪也被称为"五毒"，认为众生只有勘破这五毒之"障"，方可修成正果。

民间传说普遍认为"五毒"就是 5 种毒物：青蛇、蜈蚣、蝎子、壁虎、蟾蜍。也有把蜈蚣换成蜘蛛的。以前过端午节有驱"五毒"的习俗。民谣说："端午节，天气热，'五毒'醒，不安宁。"于是民间多以红纸印画 5 种毒物，再用 5 根针刺于五毒之上，寓意毒物已经被杀死。这是一种古老的辟邪巫术遗俗。还有在衣饰上绣制五毒，在饼上印五毒图案，或用彩色纸把五毒剪成图像（剪纸），以避诸毒。

相对科学的说法，"五毒"是指石胆、丹沙、雄黄、石、慈石 5 种有毒的矿物。古代常用这五种药材混合后来治疗外伤。如《周礼·天官》说："凡疗伤，以五毒攻之。"丹沙主身体五脏百病，雄黄主鼠瘘，慈石主周痹风湿。其制作方法是把这 5 种药材置在坩埚之中，连续加热三天三夜，之后产生的粉末，即是"五毒"的成药。

"五毒"的成药有剧毒，但传统中医理论认为，以毒攻毒可收奇效，因此它又是疗毒和外伤的良药。现在使用的"五毒"多为贬义，形容那些违法乱纪、无恶不作的人。

"五脏"、"六腑"指的是什么?

"五脏"是人体内心、肝、脾、肺、肾5种脏器的合称。其主要生理功能是生化和储藏精、气、血、津液和神,故又名五神脏。由于精、气、神是人体生命活动的根本,所以"五脏"在人体生命中起着重要作用。

"六腑"为人体内胆、胃、大肠、小肠、三焦、膀胱6个脏器的合称。其主要生理功能是受纳、腐熟水谷、泌别清浊、传化精华,将糟粕排出体外,而不使之存留。所以"六腑"以和降通畅为顺。

▲ 唐代《五脏六腑图》中插图

文中说:"且胆者,生于金,金主于武,故多勇,宜抑之大吉。夫胆者乘阴之气,禀金之用,主煞。煞则悲,故人之悲者,金生于水,则目中堕泪失。心主火,胆主水,火主辛,水主苦,所以人有弊者,即言辛苦。火得水而灭,水得火而煎,阴阳交争,水胆胜火,故泪从目出也。"

"五轮八廓"是什么意思?

五轮八廓是中国古代医家阐述眼与脏腑相互关系并指导诊治眼病的两种学说。

五轮为肉轮、血轮、气轮、风轮、水轮的合称。它将眼由外向内划为5个部分,分属于不同的脏腑,在临床上可通过观察各轮外显症状来推断相应脏腑的内在病变。

肉轮——胞睑,属脾胃。

血轮——两眦血络,属心与小肠。

气轮——白睛,肺与大肠。

风轮——黑睛,属肝、胆。

水轮——瞳孔,属肾与膀胱。

八廓是中医眼科在外眼划分的8个部位,用自然界8种物现象或八卦名称来命名。即天(乾)廓、地(坤)廓、风(巽)廓、雷(震)廓、泽(兑)廓、山(艮)廓、火(离)廓、水(坎)廓。

"杏林"的说法是怎么来的？

"杏林中人"指从事医学事业的人，"杏林之家"常用来形容一家人医术都很高。那为什么把医学界叫"杏林"呢？据说这与东汉末年的神医董奉有关，语出自《神仙传》："奉居山不种田，日为人治病，亦不取钱。重病愈者，使栽杏五株，轻者一株。如此数年，计得十万余株，郁然成林。"

董奉是东汉著名的医学家，与当时谯郡的华佗、南阳的张仲景并称"建安三神医"。他早年学医，信奉道教，民间流传着很多他治病救人的故事。交州太守杜燮（一说吴士燮）病危，僵死已经 3 天。董奉恰好路过，用水替他服下 3 粒丸药。不一会儿，病人手脚就可以动了，肤色也渐渐恢复过来；一天后即能坐起，4 天后可以说话，不久完全康复。有一个县令的女儿得了怪病，多方请求名医无效，请董奉医治就好了，于是县令便把女儿嫁给他为妻。

董奉晚年隐居庐山，替人治病从来不收取钱财，只要求治愈的重症患者栽杏树 5 株，轻的栽一株，四乡闻讯赶来治疗的父老乡亲络绎不绝。时间长了，整个庐山南坡都栽满了杏树。等到杏子成熟的时候，董奉就把杏子分给贫穷人家或流离失所的饥民，要不就储藏起来，卖了钱赈济灾民。据说有老虎主动前来镇守"杏林"，以防不肖之徒偷吃，这便是"虎守杏林"的典故。董奉深受老百姓爱戴，他死后人们修建了杏坛、真人坛、报仙坛来纪念他。

董奉的高超医学技术和高尚的品德是值得后人学习的。后来人们用"杏林"来代指医学界，用"杏林春暖"和"誉满杏林"来比喻那些像董奉一样具有高尚医德的医生。

灵芝真的是"仙药"吗？

灵芝为传统名贵中药，味苦，但有香味。又名灵芝草、菌灵芝、木灵芝、三秀、瑞草、仙草等。具有防病治病、益寿延年的功效。据中国第一部药物学专著《神农本草经》记载："灵芝有紫、赤、青、黄、白、黑六种。"常见为紫芝和赤芝，颜色不同，功能和主治也存在差异。青芝，明目，补肝，安神，增强记忆力。赤芝，解胸胃郁结，补中益气，使人神志清明。黄芝，益脾胃，安神。白芝，止咳益肺，安神，亦增强体力。黑芝，利水道，益肾气。紫芝坚筋骨，利关节，疗虚劳。

灵芝为菌科植物，主要含麦角甾醇、有机酸、氨基葡萄糖、多糖类、树脂、甘露醇和多糖醇等，

▲灵芝

又含生物碱、内酯、香豆精、水溶性蛋白质和多种酶类。灵芝广泛分布在亚洲、大洋洲、非洲及美洲的热带及亚热带，少数分布于温带。中国地跨热带至寒温带，灵芝科种类多而分布广。

灵芝能够治疗多种疾病，《神农本草经》把灵芝列为上品，并举出起许多功效。现代医学证明，灵芝可以治疗慢性支气管炎、支气管哮喘、冠心病、心律失常、病毒性肝炎、神经衰弱、糖尿病等疾病，并有抗过敏的作用。

由于灵芝可以治疗多种疾病，又具有很好的医疗保健功能，食之可祛病养颜、延年益寿，所以被称为"仙草"。

真的可以"悬丝诊脉"？

"悬丝诊脉"是指一种诊脉方法，医生将一根丝线拴在病人手臂上，借此推断病人脉象，然后根据诊断的情况看病抓药。相传中国唐代名医孙思邈就曾用"悬丝诊脉"的方法替当时的长孙皇后治好了难产。那么一个细小的丝线真能探知脉象吗？它究竟是事实还是传说？

据说唐太宗时期，长孙皇后怀胎十月而不见临盆，卧床不起，虽然经很多名医治疗，但都不见好转。唐太宗心神不宁，就找来大臣徐茂功商议。徐茂功听说后，便向太宗推荐当时的名医孙思邈。他说："华原县有位民间医生孙思邈，常到各地采药为群众治病，对妇儿科尤其擅长，经他诊治的病人无不药到病除。"

太宗听说，就赶紧派人去请。孙思邈来到宫中认真问询了皇后的饮食起居和病症特点，并拿出太医们做的病历查看。很快，他就对皇后的病情有了大概了解。当时封建礼教甚严，讲究"男女授受不亲"。皇后的凤体不是一般人可以触碰的。孙思邈只好在她手上系上红丝，自帘后拉出，算是"引线诊脉"了。

孙思邈再次见到太宗，就说："万岁，皇后的病是胎位不顺，民间又叫小儿扳心。只须在中指上扎一针就可治愈。"于是，侍女将皇后左手扶出，孙思邈看准穴位猛扎了一针，皇后疼痛，浑身一阵颤抖。不一会儿，就顺利产下皇子。唐太宗非常高兴，要留孙思邈在太医院任职，但孙思邈心在百姓，婉言拒绝了。

这便是"悬丝诊脉"的故事。有人认为"悬丝诊脉"纯属子虚乌有，因为丝线无法传递脉搏的振动，那么悬丝诊脉法根本无从谈起。还有人认为之前孙思邈已经问过宫女，看过病历了，所以悬丝诊脉不过是走个形式。诚然，单凭悬丝诊脉的确难以判断病情，还需要其他手段。

四诊法指的是什么？

四诊法，是我国古代战国时期的名医扁鹊根据民间流传的经验和他自己多年的医疗实践，总结出来的诊断疾病的4种基本方法，即望诊、闻诊、问诊和切诊。

▲ 明切脉罗汉塑像

四川新津观音寺明代重修大雄宝殿中，有一对切脉诊病罗汉十分生动传神。病僧平伸左手微笑待诊，医僧凝神定气，圆睁双眼，全神贯注地沉浸在诊脉之中。表现中医诊脉的古代艺术品不多，遗存今日实属罕见。

望诊，是对病人的神、色、形、态、舌象等进行有目的的观察，以测知内脏病变。

闻诊，包括听声音和嗅气味两个方面。主要是听患者语言气息的高低、强弱、清浊、缓急等变化，以分辨病情的虚实寒热。

问诊，是通过询问患者或其陪诊者，以了解病情，有关疾病发生的时间、原因、经过、既往病史、患者的病痛所在，以及生活习惯、饮食爱好等与疾病有关的情况。问诊是了解病情和病史的重要方法之一，在四诊中占有重要的位置。

切诊，包括脉诊和按诊两部分，是医者运用指端之触觉，在病者的一定部位进行触、摸、按、压，以了解病情的方法。

四诊法的基本原理是建立在整体观念和恒动观念的基础上的，是阴阳五行、藏象经络、病因病机等基础理论的具体运用，是我国传统医学文化的瑰宝。

最早的针灸用针是金属的吗？

"针灸"是针法和灸法的合称，是一种非常有特色的中医治疗理论。讲究"由外治内"，通过经络、腧穴的作用，以及应用一定的手法，达到治疗全身疾病的目的。针法是用特制的针刺扎身体特定位置，运用捻转、提插等手法刺激穴位；灸法则是用燃烧着的艾绒产生的温度和热量灸烤皮肤（特定穴位），以达到治疗疾病的目的。

因为其所使用的工具不过是一根细小的金属针，中医针灸曾一度在世界上引起轰动。最早的针灸术是用金属针吗？关于这个问题可以在《山海经》中找到答案："有石如玉，可以为针。"据考证，最早进行针灸的工具是一种叫作"砭石"的工具，为石器打磨而成。关于针法的起源可追溯到更早，刀耕火种的远古，人们经常被一些石头或荆棘刺伤皮肤，疼痛虽然难以避免，但也有人惊奇地发现，某些疾病竟然不治而愈了。于是人们开始有意识地用一些尖利的石块来刺激身体的某些部位以减轻病痛，治疗疾病。

灸法则来自火的发现和使用。最初人们看到雷电所引发的大火感到恐慌，继而开始储藏火种，到后来发明钻木取火。在与火长期打交道的过程中，人们发现身体一些部位经火烧灼或烘烤后可以治疗疾病。于是，古人用兽皮或树叶包裹烧热的砂土、石块进行局部热烫，这便是灸法的起源。后来人们又发现了艾叶这种易于燃烧、气味芳香，易于获取和加工储藏的材料，便把它作为灸法的燃料。

"砭而刺之"和"热而熨之"最终发展成为成熟的针灸理论。现代中医理论认为，针灸是利用刺激人体穴位的方式影响大脑中枢神经，从而达到舒经活络、平衡阴阳的目的。针灸理论的科学性已经被临床实践反复证明，为很多患者解除了痛苦。

世界上最早的人体模型是什么时候设计的？

世界上最早的人体模型是天圣针灸铜人，它是北宋翰林医官、医学家王惟一设计制造的。集合了当时针灸学、雕塑艺术学、冶金制造学和绘画艺术等方面的成就，被称为"国宝"。

针灸是中国古老的中医治疗方法。早在新石器时代，人们就利用砭石来治病。据《黄帝内经》载，伏羲不仅画八卦，而且制造了用于针灸的"九针"。春秋战国时期，针灸理论趋于成熟，并出现了各种描绘人体穴位的图谱。唐代设太医署，当时针灸科教学主要采用人体实例教学的方法，并不方便学生的学习。

由于只有文字叙述或图形表示，错讹颇多。1026年，朝廷征集、校订医书。王惟一负责整理古籍，考订针灸著作，修正谬误。他绘制了人体正面、背面、侧面图，并在上面详细标明了腧穴的准确位置。在总结古今临床医学实践的基础上，写成针灸学著作三卷本，呈于宋仁宗。仁宗阅后，认为"古经训诂至精，学人执封多失，传心岂如会目，著辞不若案形"，下令"创铸铜人为式"，令王惟一负责监制铜人。

▲针灸铜人

王惟一经过反复摸索和多方征求意见后，终于在天圣五年（1027年）用精铜铸成铜人两具。铜人仿成年男子而制，全裸直立，身高162厘米，胸围88.6厘米，共有穴位657个，穴名354个。造型逼真，结构精巧，体内雕有骨骼脏腑；躯壳由前后两件构成，可拆合。外部刻穴位名，穴位与体内相通，外涂黄蜡，内灌水或水银，用针刺中穴位，则液体溢出，稍有偏差则针不能入，因而可作教学或考试之用。铜人之一置于医官院供学习和考试用；一置于大相国寺仁济殿，供观摩用。

后来金人攻进宋都，北宋皇室携铜人逃难，途中丢失一具。另一具宋亡后献于忽必烈。至明代，天圣铜人下落不明。1988年，开封市重铸天圣针灸铜人成功，还置于大相国寺，但失落的两尊铜人至今仍没有找到。

"药方"和"方剂"有何区别?

"药方"是指针对各种疾病总结的治疗经验，并不针对特定人。中医在长期的理论实践中，总结了众多的药方。这些药方很多到现在仍被广泛使用，具有成本低廉、效果佳等特点。"方剂"则是参考药方做出的，其中的"方"就是药方的含义，《隋书·经籍志》："医方者，所以除疾保性命之术者也。""剂"，古作"齐"解，是调配的含义。《汉书·艺文志》："调百药齐，和之所宜。"

从以上描述我们不难看出，方剂是根据药方产生的，是根据各种药方或药物属性不同，按照一定的配伍原则，结合病人的实际情况以若干药物调配而成的规范化药方。在中国的医学实践中，早期用一种药物治疗疾病，后来发展到几种药物配合。几种药物经过煎煮后，熬成的汤液便是最早的方剂。《黄帝内经》奠定了方剂学的理论基础，所涉及的药方虽然只有 13 个，但对中医的治疗原则、方剂的组成结构、药物的配伍规律以及服药宜忌等内容都有详细的描述。

长沙马王堆汉墓中发现的《五十二病方》，是现存最早的一部方书。张仲景的《伤寒论》载方 113 个。《金匮要略》载方 262 个，由于组方合法，选药精当，用量准确，变化巧妙，疗效卓著，被后世尊为经方。唐代孙思邈著的《千金要方》，载方 5300 个。王焘的《外台秘要》载方 6000 多个。宋代由政府组织编写的《太平圣惠方》载方 16834 个，《圣济总录》载方 2 万余个。明代组织编著的《普济方》共载方 61739 个，是迄今为止记录药方最多的医书。

方剂一般由君药、臣药、佐药、使药四部分组成。"君臣佐使"的提法最早见于《黄帝内经》，在《素问·至真要大论》中有"主病之为君，佐君之谓臣，应臣之谓使"的记载。现代方剂学是研究中医方剂的组成、变化和临床运用规律的一门学科，是中医学的基础学科之一。方剂学的内容包括方剂的组成原则、药物的配伍规律、方剂的组成变化、剂型及方剂的用法等。

方剂学讲究辨证施治，主张根据病人病情程度、身体状态、环境要素等多方面考虑病情，并综合运用药物配伍的一些规律来寻求最有利于治病的方法。

第十二章
国家政治

"公侯伯子男"的爵位制度是从国外引入的吗？

"公侯伯子男"是中国古代的爵位制度，而在西方也有公爵、伯爵或男爵的等级特权制度。那么它是中国本土就有的，还是后来从西方引进的呢？

"公侯伯子男"是中国最早实行的爵位制度。据《通典·职官·封爵》载："黄帝时，方制万里，为万国，各百里。唐虞夏：建国凡五等：公、侯、伯、子、男。殷：公、侯、伯三等，公百里，侯七十里，伯五十里。周：公、侯、伯、子、男五等，公、侯百里，伯七十里，子、男五十里。周公居摄改制，大其封，公五百里，侯四百里，伯三百里，子二百里，男百里。"《孟子·万章篇》说："天子一位，公一位，侯一位，伯一位，子、男同一位，凡五等也。君一位，卿一位，大夫一位，上士一位，中士一位，下士一位，凡六等。天子之制，地方千里。公、侯皆百里，伯七十里，子、男五十里，凡四等。不能五十里，不达于天子，附于诸侯曰附庸。天子之卿受地视侯，大夫受地视伯，士受地视子、男。"

不同爵位虽然封地范围有大小，但在本国内的地位和权力却是相等的，仅仅是礼节上的待遇有一定程度的差别。春秋战国时期，中国的诸侯国内部的爵分为有卿、大夫、士三级，每级又分上中下三等。各国按国之大小待遇不同，如《左传》中载"次国之上卿当大国之中，中当其下，下当其上大夫。小国之上卿当大国之下卿，中当其上大夫，下当其下大夫。"凡此种种，以后历代又存在变更和演化。

西方封建社会也存在类似的封爵制度，但是"公爵"、"伯爵"这些名词仅仅是我们按照汉语文化术语进行的翻译。以英国的爵位制度为例，五爵制度包括：duke（公爵）、marquess（侯爵）、earl（伯爵）、viscount（子爵）、baron（男爵）。下面还有 baronet（从男爵）、knight（骑士）等称号。法国与之类似。其他国家如德国将爵位分为十五等，波兰则实行四等爵位（没有子爵），匈牙利为三等爵位，没有侯爵和子爵。

可见，"公侯伯子男"的封爵制度在周朝以前就广泛存在，西方也存在封爵制度，但彼此不存在传承关系。

"三公九卿"具体是什么官职？

据《礼记》记载："夏后氏官百，天子有三公、九卿、二十七大夫、八十一元士。""设四辅及三公，不必备，惟其人。言使能也。"可见，夏朝时期已经设立三公九卿之职。

然而，"三公九卿"具体为何职位，众说不一。西汉今文经学家认为，《礼记》所载"三公"指司马、司徒、司空；古文经学家则认为太傅、太师、太保为"三公"。

秦朝变革官制,不设三公。"置左右丞相,无三公官。"又设太尉管理军事、御史大夫(掌邦国刑宪、典章之政令,以肃正朝列),为丞相副手。因为秦代最高职位有三,后人遂把"丞相"、"太尉"、"御史大夫"并称"三公"。具体而言:

丞相,最高行政长官,辅助皇帝处理政务,同时负责对文武百官的管理。

太尉,最高军政长官,负

▲文官图　唐

唐初多因袭隋制,帝王及文武百官均能戴图中所示的黑色帻,至贞观后,则为帝王、内臣所专用。

责管理全国军事事务,但他平时没有军权,战时也要听从皇帝的命令,而且要有皇帝的符节才能调动军队,军权实际上也是掌握在皇帝手里。

御史大夫,执掌全臣奏章,下达皇帝诏令,负责监察百官。也是副丞相。

秦汉时期,在这三大职位下设"九卿",作为中央行政机关分掌具体事务,如祭祀、礼仪、军事、行政、司法、文化教育等。其中包括:

1.奉常(汉景帝时改为太常),掌管宗庙礼仪,地位很高,属九卿之首。

2.郎中令(汉武帝时改光禄勋,东汉恢复),掌管宫殿警卫。

3.卫尉,掌管宫门警卫。

4.太仆,掌管宫廷御马和国家马政。

5.廷尉,掌管司法审判。

6.典客(汉时改大行令,武帝时又改为大鸿胪),掌管外交和民族事务。

7.宗正,掌管皇族、宗室事务。

8.治粟内史(东汉时改为大司农),掌管租税钱谷和财政收支。

9.少府,掌管专供皇室需用的山海池泽之税。

随朝代的更替,"三公九卿"又有不同所指。如东汉确立大司马、大司空和丞相为鼎足而立的三公制;宋代以后,则称太师、太傅、太保为三公。

东汉时的九卿为太常、光禄勋、卫尉、太仆、廷尉、大鸿胪、宗正、大司农、少府。到了明清时期,九卿则改为吏、户、礼、兵、刑、工六部尚书,以及都御史、大理寺卿、通政司使。以前的九卿之官已成虚衔或加官、赠官。

"丞相"和"宰相"是一回事吗？

看关于古代的电视剧时，经常听到"宰相"或"丞相"之类的名词，都指代仅次于皇帝的最高行政官员，但历史上却没有"宰相"这个官职，这是为什么呢？

"丞相"一词最早起源于战国时期。秦武王开始，设左、右丞相，但有时也设相邦，魏冉、吕不韦等都曾居此职。秦统一后只设左、右丞相。西汉初萧何为丞相，后迁为相国，萧何去世后，曹参继任。到文帝初年，设左、右丞相，以后只设一丞相。汉初各王国拟制中央，也在其封国中各设丞相，后改称为相。

唐宋以后，尚书省或中书省有时设左、右丞相，相当于原来的尚书左右仆射，位居尚书令或中书令之次，握有实权。明初，中书省无令，仅设左、右丞相，权力极大。1380 年，明太祖朱元璋以"图谋不轨"之名诛杀了丞相胡惟庸，并下令撤中书省，废除丞相。由皇帝亲自掌管六部，直接管理国家政事。至此，中国历史上实行了 1600 多年的丞相制被废除。

"宰相"则并不是我们历史上存在的官名，它是泛指最高的行政长官，通常一人之下，万人之上。西汉的丞相陈平说："宰相者，上佐天子，理阴阳，顺四时，下遂万物之宜，外镇抚四夷诸侯，内亲附百姓，使卿大夫各得任其职也。"所以它的官名随着朝代更替，先后出现过：相国、丞相、大司徒、司徒、中书令、尚书令、同平章事、内阁大学士、军机大臣等多达几十种。

可见，丞相是具体的官职名，宰相则是指最高的行政长官。但在中国长达 2000 多年的封建历史中，丞相和宰相区别并不大，以至于经常被混用。

"太子洗马"真的是为太子洗马吗？

"太子洗马"对很多人而言是个陌生的词汇。它当然不是指太子给别人送马，也不是替太子洗马，而是中国古代设置的一个官职名。

据《国语》记载："勾践为夫差先马，先或作'洗'也。"可见早在春秋战国时期，就存在洗马这个官职了。吴越争霸前期，越国战败，国君勾践被俘。为了将来报仇，他忍辱负重，甘为吴王夫差做臣子奴仆，其中就包括充当夫差的马夫，任由驱使。

《汉书·百官公卿表》中记录了"太子洗马"这个官职："太子太傅、少傅的属官有洗马之官。"颜师古注引张晏说："洗马原十六人，秩比谒者。"又引如淳注："前驱也。"可见在汉朝"太子洗马"是太子太傅或少傅的下属，一共十六人，职在"前驱"。

隋唐时期在司经局置洗马，一变而为掌管书籍的官。可见"洗马"有替太子做辅助工作的含义，引申为书籍官，以后历朝历代均设"洗马"。清代司经局所设洗马用满汉各一人，为从五品官。

可见，"太子洗马"最初是为太子服务的专业人员，后来词义发生变化，洗马之职成了掌管书籍的官。现在已经很少有人知道这个词了，但其表达辅助或次要角色的含义并未发生变化。

"宦官"就是"太监"吗？

"宦官"在古代是伺候皇帝及后宫的人，在清朝，"宦官"和"太监"是划等号的，都是阉人，二者在外延上一致。但纵观中国历史，二者却不完全是一回事。

据记载，先秦和西汉时期的宦官并非全是阉人。自东汉开始，才全部用阉人。据《后汉书·宦者列传序》："宦官悉用阉人，不复杂调它士。"这是由于在皇宫内廷，上自皇太后、太妃，本朝后、妃以及宫女等，女眷较多，如果允许男侍出入，难免会发生秽乱宫帏的事，所以绝不允许其他成年男性在宫内当差。

"太监"一词则产生于辽代。据《辽史·百官志》载，辽代南面官诸"监"职名中，有"太监"之称，但在具体称呼上，仅称监，如太府监。元代的太府和各监，多有"太监"一官（如仪文监、典牧监、典室监、太府监等均设太监）。明代诸监不设此官，但在宦官所领的二十四衙门，各专设掌印太监等，在宫廷内专门侍奉皇帝及其家族。明中叶以后，太监的权力扩大，出现了刘瑾、魏忠贤那样的奸臣太监。

▲三彩宦官俑　唐

可见"太监"在辽元时期是官僚机构的长官，与专门服侍皇宫大内的宦官有很大区别。明朝时不再设立"监"这一官僚机构（用别的名称替代），而专指宦官所领的二十四衙门的长官。这说明"宦官"和"太监"扯上关系，是在明朝。"宦官"和"太监"的区别在于，太监专指宦官的首领。

清朝时，宦官和太监已然没有区别了。只要在宫廷服侍的阉人皆可称太监。"宦官"和"太监"的存在，是中国王权腐朽和残忍的标志。辛亥革命后，太监这一不合理的现象，才最终彻底消失。

上朝时文东武西的列班起于何时呢？

文官与武将的分开，是指文官不再作战，而专门有了指挥作战的武将。人们对它们分开的具体时间有不同的观点。

《史记》中说，黄帝时期已设立了"司马"等军事首领官职。《尚书》称，商朝时期，有了文武百官。虽然夏商时期，文武百官已经分门别类，可是卿、士大夫们既要管理政治上的事务，还要领兵作战。并且"司马"平时只管政治，而无统兵之权，战时统帅也是由天子临时任命的，战争一结束，统兵之权又会上交天子。可以说，在西周之前，文官武将是不分的。

又据《史记》记载，在春秋时期，军队的最高统帅是天子，他常亲自领兵作战。《左传》中也说当时文官武将都可领兵去作战，可见那时"大夫"是文武一体。也可以说，文官武将在春秋时期尚未分开。

战国时期，地主阶级掌握了国家最高行政权。各国君主觉得那些既能管理行政事务、又能领兵作战的官员，一旦造反，后果将不堪设想。即使不造反，时间长了也会引起君权旁落。于是，他们决定采用文武分职的方法，让文官只负责管理内政，武将只负责领兵打仗。这样，几千年的封建君主专制体制得以确立。可以说，战国时才出现了专职将军。

随着社会经济的发展，战争规模不断扩大，士兵总量不断增加，指挥作战逐渐成为一门艺术，一支军队的指挥必须要有军事方面的专业知识，富有管理、训练和指挥作战的经验。就在这个时期，一批名将应运而生，例如吴起、孙膑、乐毅、白起、廉颇等，都是专职武将。而文官则专职负责朝中政事，不再领兵出征。

可见，文官武将分开的具体时间，应是战国时期。

那么，上朝时，文东武西的列班又起于何时呢？《史记·刘敬叔孙通列传》记载："功臣列侯诸将军军吏以次陈西方，东乡；文官丞相以下陈东方，西乡。"据此可知，文东武西是汉初叔孙通所定的朝仪，文东武西的排列位次也是从这时候开始的。

"九品中正制"最早由谁创立的？

九品中正制是魏晋南北朝时期的一种官吏选拔制度，最早由三国时期的曹魏政权所创。三国时期，一方面由于乱世之中的士人大多流离失所，主要凭借宗族乡党评价的汉代举孝廉制度在操作手段上已经不太现实；另一方面，曹操为加强政府对人才选拔的控制力，采取了下派专门官员到各处评定选拔人才的方法。后来曹丕为拉拢士族，将这种办法定为制度，即九品中正制。其具体操作方法是由政府在各州郡派驻名为中正的官员，中正依据家世、道德、才能三个角度评议各州郡中人物，具体分为九品，分别是：上上、上中、上下、中上、中中、中下、下上、下中、下下。中正将评议结果汇报中央，中央则根据中正的评议结果来对这些人才分别委以官职。九品中正制初行时非常有效，为曹魏政权有效地遴选了大量的人才，当初曹操帐下之所以人才济济与此制度不无关系，这也是魏国最终得以统一三国的重要制度保障（晋实际上是魏的继续）。但到魏国晚期及晋朝，由于门阀政治的兴起，中正们评议人才逐渐忽略才德，而仅以家世为标准，所选人才基本为世家大族，以至于出现"上品无寒门，下品无庶族"的局面，九品中正制仅是世族统治的工具。到南北朝之际，由于北方政权多为胡族建立，九品中正制更趋衰微。到隋朝科举制度建立，九品中正制遂废。

"三省六部"是什么时候创立的制度？

中国历史上曾经实行过"三省六部"制，它是行政权力的一种划分方式，是最早从汉代开始，经隋朝确立，到唐朝完善的一种制度。其中三省是指中书省、门下省、尚书省，六部是指吏部、户部、礼部、兵部、刑部、工部。

唐朝三省为中央最高中枢政务机构，一般为中书决策，门下审核，尚书执行。三省长官分别为中书令（隋为内史令）、门下侍中（隋为纳言）、尚书令共行宰相之职。六部为尚书省属下的中央行政机构，分掌各方面的政务及政令的贯彻执行，并对中央担任具体事务的九寺五监及地方上的府、州、县等，有领导、监督之权。

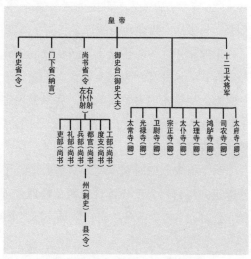

▲隋三省六部制简表

三省长官共议国政，执宰相之职，他们议政的场所叫政事堂。尚书令位高权大，自隋以来，基本不设（炀帝曾封杨素为尚书令），后唐太宗曾任此职，此后，唐朝不再授人以尚书令之职。左、右仆射代领尚书省事，职务等同宰相。贞观年间，唐太宗也经常召见品位较低的官员同三省长官共议国政，并加以"参知政事"、"参预朝政"、"参议得失"等头衔，后来又出现"同中书门下三品"、"同中书门下平章事"等宰相名号。

这些做法表明皇帝任用宰相的范围已不限于三省长官。宰相成员增多，既便于集思广议，又使之互相牵制，从而避免出现权臣专权的局面。这样，大大加强了中央集权，防止皇帝大权旁落。但是由于职位重复与普遍化，所以三省六部制在唐中叶以后，趋向名存实亡。

宋朝沿用唐朝制度，亦设三省六部。元朝则只保留中书省，后来明代朱元璋废中书省，由皇帝直接领导六部，清代沿用明制，至此三省六部制退出历史舞台。

"乌纱帽"为什么会成为官位的别称？

如今，"乌纱帽"已成为"官位"的代名词。那么，"乌纱帽"为什么会成为官位的别称？这又是从何时开始的？

乌纱帽原本是民间的一种便帽，正式作为"官服"则开始于隋朝，兴盛于唐朝，到宋朝时加上了"双翅"，明朝以后，戴乌纱帽才正式成为做官的代名词。

东晋成帝时，在宫廷中做事的官员都戴一种用黑纱制成的帽子，就是最早的"乌纱帽"。南朝宋明帝时期，王休仁对这种帽子做了改进。改进后的乌纱帽在当时很流行，官员百姓都喜欢戴。当时的乌纱帽颜色样式都不固定，全看个人喜好。

直到隋唐时期，乌纱帽仍然是作为常服的帽子。据《中华古今注》记载，唐武德九年（626 年），唐太宗李世民下诏书说："自古以来，天子服乌纱帽，百官士庶皆同服之。"但是，为了适应封建社会的等级制度，隋朝用乌纱帽上的玉饰来显示官职的大小。

宋朝初年，为防止议事期间朝臣们交头接耳，赵匡胤想了一个办法，从此改变了乌纱帽的样式。这种乌纱帽其实叫幞头，是方形的，上面有一折，幞头后背的左右两侧各伸出一只脚，用铁丝或者竹篾为骨，后来慢慢把脚加长。这种幞头貌似庄严，其实在官员群聚的朝廷，甚为不便。至于地位比较低下的公差等都戴交脚或局脚幞头，乐官则戴牛耳幞头、银叶弓脚幞头等。

明太祖朱元璋时期，乌纱帽的命运有了关键性突破。由于官员们特别爱戴乌纱帽，朝廷遂正式将它列为王公百官上朝及处理公务的必要配备。并下了规定："凡文武百官上朝和办公时，一律要戴乌纱帽，穿圆领衫，束腰带。"从此，乌纱帽成为了官员的特有标志。

现在的"省"与古代的"省"有关系吗？

▲晚清两江总督衙门
两江总督兼任南洋大臣，管理东南沿海与长江沿岸的通商口岸。

"省"在中国指地方的一级行政单位。中国自隋唐以来就存在"三省六部制"，三省分别为中书省、门下省、尚书省。那么这两个"省"之间存在联系吗？

"省"是中华人民共和国的一级行政单位。现我国共有 34 个省级行政区域——23 个省、5 个自治区、4 个直辖市和 2 个特别行政区。

"省"最早的含义是指天子所居之所。唐朝时中央设三省六部，"尚书省"为其中一个。元代中央行政机关叫"中书省"，又于各地方行政区设"行中书省"，这是中书省的地方派出机关，简称"行省"。后来演变为"省"。现在"省"的概念由此发展而来。

"省"的概念反映出中国古代大一统的思想，是封建社会加强中央集权的象征。它说明中国从来就是一个统一的多民族国家。

知府见知州，谁给谁磕头？

知府和知州都是中国古代官职名，均为地方行政长官。但这两个概念又存在一定的差异，二者在官衔和职能方面都是不同的。

"知府"一词最早产生于唐，当时建都之地称府，以府尹为行政长官。宋升大郡为府，以朝臣充各府长官，称以某官知某府事，简称知府。明以知府为正式官名，为府的行政长官，管辖所属州县。清沿明制不改。知府又尊称太守、府尊，亦称黄堂。

"知州"的产生是为了削夺节度使权力。宋太祖为了防止唐、五代以来藩镇割据的局面重演，规定诸州刺史得直接向朝廷奏报和接受诏令，节度使不得干预除所驻州之外（所谓支郡）的政务。后来，逐步派遣京朝文官接替刺史管理州务，称"权知××州州军事"。"权"表示不是正式职务，只是代理；"知"就是管理的意思；州军事的"州"代表民政，"军"代表军政。简称知州。明、清以知州为正式官名，为各州行政长官。

据《日知录》载："宋叶适言，五代之患，专在藩镇。艺祖思靖天下，以为不削节度，则其祸不息。于是始置'通判'，以监统刺史，而分其柄；命文臣权知州事，使名若不正、任若不久者，以轻其权……唐制，京郡乃称府。至宋，则潜藩之地，皆升为府。宋初，太宗、真宗皆尝为开封府尹。后无继者，乃设'权知府'一人，以待制以上充。"可见，宋以前实行的是秦汉以来的郡县制，并无"府"之说。

不过"州"是很早就有的，比如三国志中刘备曾为"益州牧"。那时候州比郡大，所以州牧就是一方诸侯，但没有"知州"的概念。唐初虽有"府"，但"府"的长官叫府尹，而非知府。准确讲，这两个官职都是宋以后才有的。一般来讲，知府比知州官衔要高，但也有和知州平级的；知州比知县管辖范围广，但也有和知县平级的。

西方国家"内阁"与中国古代的"内阁"性质一样吗？

现在电视里经常有"某国首相"来访的新闻报道，这里的首相指的是国家行政首脑，即"内阁首相"。在中国古代也存在内阁大学士的称呼，在明朝时代行宰相职权。二者在性质上有什么差异呢？

"殿阁学士"一说在唐朝时就有，如唐朝集贤殿中的学士、直学士等，其职责主要是编辑图书、发现推荐文学贤才，并不是掌握行政权的中央机构。宋朝设立的"殿阁大学士"名目繁多，如"观文殿、端明殿、龙图阁、天章阁、宝文阁、显谟阁"等学士，但都是给做过宰相的人加上的荣誉衔，无实际职权。

明朝时，朱元璋废除宰相职，由皇帝亲自指挥六部，但又需要有人帮助处理政务。于是"殿阁大学士"一职应运而生。1382 年，明仿宋代制度，置华盖殿、谨身殿、武英殿、文渊阁、东阁等大学士，为皇帝顾问。又置文华殿大学士以辅太子，品秩都是正五品。明成祖即位后，特派解缙、胡广、杨荣等入午门值文渊阁，参预机务，称为内阁。仁宗时，任用杨士奇、杨荣为华盖殿、谨身殿大学士，权力加重。明世宗时，改华盖殿为中极殿，改谨身殿为建极殿，将大学士的朝位班次，列在六部尚书之前，地位大大提高。明代之内阁大学士虽无宰相之名，实有宰相之权。

清代沿置，天聪年间设内三院，顺治年间改称内阁。以大学士分兼殿、阁之衔。乾隆年间，规定三殿、三阁大学士之制。但因实权掌握在满族贵族手中，内阁职权低落，参与重要政务的人多由皇帝指定，不一定是内阁成员。军机处成立后，实权集中到军机处，内阁徒有虚名，仅成为传达皇帝谕旨、公布文告的机关。但名义上仍为清代最高级之官署。

可见"内阁"一词始见于明成祖时期。西方直到 20 世纪才有"内阁"的称呼并确立其合法性，但产生历史却很早。"内阁制"是君主立宪制的一种形式，内阁是由议会中占多数席位的某个政党或构成多数席位的几个政党联合组成，由国家元首任命。内阁最初始于英国，由英王的枢密院外交委员会演变而来。17 世纪英国资产阶级革命后，在英王威廉三世时，枢密院与外交委员会已有"内阁"之称。一般认为，正规的内阁制始于英国 1721 年成立的以华尔波尔为首的内阁。以后，内阁这一形式为许多资本主义国家所采用，成为这些国家的最高国家行政机关。内阁首相或总理就是政府首脑。

可见，二者是完全不同的两个概念。中国的"内阁制"虽然产生时间要早，但却是中央集权的反映，内阁成员属于皇帝的心腹或幕僚。西方的"内阁"则是资产阶级革命的产物，其本质是要限制王权，是政府的首脑机关。

"三宫六院七十二妃"，真的只有七十二个妃子吗？

在民间，如果问一个人皇帝的老婆有多少，答案十有八九是"三宫六院七十二妃"。那么，"三宫六院七十二妃"是实指呢，还是泛指呢？

民间所谓的三宫，一般指后妃居住的中宫和东西两宫，其实这是明清以后才划分的。三宫最早指的是诸侯夫人的住所，而天子后妃居住处称六宫。《礼记》中记载："王后六宫，诸侯夫人三宫也。"由于六宫为皇后居住地，所以往往用六宫指代皇后。

后来，三宫的含义发生了变化。汉朝时，以皇帝、太后、皇后合称为三宫，又称太皇太后、太后、皇后为三宫。唐代穆宗时又将两太后与皇后合称三宫。可见，历代说法各不相同。

六院原作六苑，指后妃居住的宫苑。白居易《长恨歌》中有"回眸一笑百媚生，六宫粉黛无颜色"；李贺《贝宫夫人》中有"六宫不语一生闲，高悬银牓照青山"。

七十二妃也是泛称，指皇帝后宫人数众多，实际上皇帝后宫侍妾的人数远远多于七十二人。《管子·小匡》记载："九妃六嫔，陈妾数千。"《礼·昏仪》记载："古者天子后立六宫，三夫人，九嫔，二十七世妇，八十一御妻。"

清朝曾对皇帝老婆的基本数量有过规定：皇后一人，皇贵妃二人，贵妃二人，妃四人，嫔六人。规定是规定，皇帝仍然可以随心所欲地无限"扩军"。

▲唐乐舞女群俑

比如，嫔以下的贵人、常在、答应等，就没有具体名额限制。据记载，康熙皇帝一生中曾拥有妻妾 55 名，数量之多令人惊讶。不过，这仅仅是"有名位"的一小部分，据说，他实际拥有妻妾 200 多名。

清朝为皇帝选秀有评委吗？

清代的选秀是一种挑选后宫粉黛的制度——凡满、蒙、汉军八旗官员、另户军士、闲散壮丁家中年满 14 岁至 16 岁的女子，都必须参加三年一度的备选秀女。

每到选秀年度，户部都会在奏报得到允许后，发文给八旗都统衙门的各级长官，命其呈报适龄女子花名册，先由八旗都统衙门汇总，再由户部上报皇帝。

皇帝决定选阅日期后，各旗选送的秀女会被骡车提前送到京城。应选前一天，秀女们要按照满、蒙、汉的顺序和年龄排列先后次序：宫中后妃的亲戚；以前被选中留了牌子的、本次复选的女子；本次新选送的秀女。

排好顺序的秀女，要在入夜时乘坐骡车进入地安门，等到神武门宫门开启后下车，在太监的引导下，按顺序进入顺贞门。秀女们乘坐的骡车则要离开一段时间——从神武门夹道东行，出东华门，由崇文门大街北行，经北街市，然后再经地安门到神武门外。骡车再次来到神武门外时，已是第二天中午了。

被太监引入宫中的秀女，或五六人一排，或三四人一排，或一人一排，供皇帝或太后选阅。被选中者，就留下牌子，再定期复选。没被选中的，就撂牌子。

复选再度被选中的，才有机会成为后妃的候选人，或被赐予皇室王公或宗室之家。

后妃候选人，还要屡屡"复看"，还会有留牌子的和撂牌子的。这一阶段留牌子的，有"记名"的，也有"上记名"的。"上记名"是指皇帝亲自选中留牌子的。

不管是"记名"的，还是"上记名"的，都还要经过"留宫住宿"进行考察。最后一关中会选定数人，其余的又都是撂牌子的。

"黄袍"是皇帝的"专利"吗？

960 年，率兵北征的赵匡胤到陈桥驿时，手下的一些将领全副武装，带领一些士兵直奔他的寝室。惊恐的赵匡胤刚穿好衣服，还未及反应，将领们便将他强行拖出去，并将事先准备好的黄袍披到他的身上。接着，大家跪拜在地高呼万岁。

这就是宋太祖因陈桥兵变而"黄袍加身"的典故。从此后，皇帝穿黄袍得以广为人知。

那么，"黄袍"是皇帝的"专利"吗？是不是只有皇帝才能穿黄色的衣服呢？

黄色服饰在中国古代一直比较流行，谁都能穿，只是到了隋唐时期，因为以黄为贵，"黄袍"才成为帝王的专用衣着。尤其是在唐朝，皇帝不愿意自己和一般人同着黄袍，就颁布了"禁士庶不得以赤黄为衣服"的命令。《野客丛书·禁用黄》中记载："唐高祖武德初，用隋制，天子常服黄袍，遂禁士庶不得服，而服黄有禁自此始。"唐高宗时又重申"一切不许着黄"。但这时的规定并不严格，一般百姓着黄衣仍然较多见。

到了北宋，赵匡胤登基后，"黄袍"正式成为皇权的象征。宋仁宗时还规定：一般人士衣着不许以黄袍为底或配制花样。自此，不仅黄袍为皇帝所独有，连黄色亦为皇帝专用。

其实，在唐宋之前，君王、皇帝对穿什么颜色的袍服，并没有明确的规定。西周、东周时期，据《礼记·月令》记载，天子"着青衣"。春秋时期，各诸侯国纷争，国君的袍服更是五花八门。到了秦朝，由于盛行"五行"之说，秦王朝尚水德，以黑色为贵，所以，秦始皇就穿黑色袍服。而晋代，因为尚金德，以赤色为贵，所以，晋代的皇袍就采用了红色。

庙号、年号、谥号是一样的吗？

中国古代帝王，除了他们的姓名外，一般在死后都有庙号、谥号。

庙号是皇帝死后，在太庙（皇帝的家庙）立室祭祀时所特立的名号。

在上古时期，帝王在生前死后都用的是同一个名字。后来，人们觉得直呼已死的先帝、先王有些不妥。于是，商时祭祀就用他们的生日天干来称呼，以表示恭敬。如夏朝太康、少康、孔甲，商朝的祖甲、帝乙等。

谥号是古代帝王或其他有地位的人死后，朝廷或后人按其生平事迹以示褒贬所给予的称号。它最早出现于周朝。

据说，周公做谥法，每个天子死后，根据他生前的行为，给他一个代名。譬如，周武王因为灭商朝有武功，死后谥为"武"。周文王因为发扬文化，重视本国的农业生产，关心内政，就谥为"文"。这种谥法一直流传了 2000 多年，直到辛亥革命爆发后，才跟着清王朝一同消失了。

一般说来，臣子的谥号由朝廷赐予，一般以两字居多，如诸葛亮谥号"忠武"，欧阳修谥号"文忠"。

谥法在秦朝时也曾一度中断。这是因为秦王嬴政统一中国后，认为加谥号是"子议父，臣议君"，不可取。于是下令废除了谥法。后来到了汉朝，庙号、谥号才恢复过来。

东汉以后，也曾出现私谥。它不是由朝廷赐予的，而是由儒生们评定的。如陶渊明的私谥是"靖节"。

年号是皇帝在位期间纪年的名号。年号最早从汉武帝开始。新皇帝即位，必须改变年号，称改元。同一个皇帝在位时，也有改元的。明清两代皇帝基本上不改元，绝大多数只有一个年号，因此可用年号做皇帝的称谓。如明神宗年号叫万历，被称为万历皇帝。清高宗年号乾隆，被称为乾隆帝。

▲ 康熙帝读书像

皇帝的龙袍上到底绣有几条龙？

看电视时，我们也会注意到，皇帝的龙袍上通常会绣着好几条龙。那么，到底绣有几条龙呢？

在抚顺市博物馆，珍藏着一件清代光绪皇帝的御用龙袍。据介绍，这件龙袍长 125 厘米，两袖通长 172 厘米，下摆长 110 厘米。龙袍为圆领，右衽，具有满族风格的马蹄形袖。龙袍上的前胸、后背及两肩各绣有正龙，前后襟和底襟绣有升龙、降龙和行龙。

据史籍记载，皇帝的龙袍上都绣有 9 条金龙，胸前、背后各一，左右两肩各一，前后膝盖处各二，还有一条被绣织在衣襟里面。

为什么龙袍要绣九条龙呢？因为古代帝王受《周易》的影响，崇尚"九五至尊"。《易·乾》中说："九五，飞龙在天，利见大人。"意思是说这条龙已经飞上天了，表示达到了最高境界。也是因为这个缘故，皇室建筑、家具陈设和生活器具等多用九、五两个数字。

为什么要将一条龙绣在里襟呢？因为九是奇数，很难在布局上做到均衡对称，于是，将一龙绣在里襟。这样，龙袍的实际龙纹不少于 9 条，而且在正面或背面看又都是 5 条（两肩之龙前后都能看到），正好与九五之数吻合。

不过，也有例外的，明朝皇帝龙袍的龙纹数就多于 9 条。

1958 年出土的万历皇帝的"缂丝十二章衮服"，就有 12 条龙，被绣在一个圆形的中间，俗称"团龙"。

12 条龙因位置不同而有不同的名称，位于衮服前胸和后背位置的龙，是正身的龙，也就是面向外的龙，被称为"正龙"或者是"坐龙"；侧身的龙叫作"行龙"，行龙也按照朝向上下的不同分为升龙和降龙。

万历皇帝龙袍上龙的数目比起明世宗嘉靖七年创制的"燕弁服"上的就不能算多了。由弁帽、袍服、玉带、袜子和丝履构成的"燕弁服"上的龙纹呈九九之数：前身一个盘龙团纹，后身两个盘龙方纹，领子与袖子上的龙纹加在一起是 45 条，衣襟上的龙纹是 36 条。另外，在腰间的玉带上还装饰着 9 件刻有龙纹的玉片。

从何时起皇帝的坟墓叫"陵"？

"箫声咽，秦娥梦断秦楼月。秦楼月，年年柳色，霸陵伤别。乐游原上清秋节，咸阳古道音尘绝。音尘绝，西风残照，汉家陵阙。"

这是李白的《忆秦娥》。词中说到的"汉家陵阙"，是指现在陕西关中平原上的西汉帝王陵墓。在中国，帝王陵墓很多，比如秦始皇陵、乾陵、明十三陵、明孝陵、清东陵、清西陵、定东陵、崇陵等。慈禧的定东陵是中国现存规制豪华、体系比较完整的一座皇后陵寝建筑群。

帝王们为了"厚葬以明孝"、"事死如事生"，登基即位伊始，就着手为自己建造陵墓，不惜花费大量的人力、物力和财力。

那么，为什么古代帝王的坟墓称为"陵"呢？这种叫法是从什么时候开始的呢？

周朝以前，君王的坟墓也都称"墓"。大约从战国中期以后，帝王的坟墓逐渐开始称为"陵"。《史记·赵世家》记载："赵肃侯十五年经营寿陵。"《秦始皇本纪》记载："秦惠文王葬公陵，悼武王葬永陵，孝文王葬寿陵。"

▲秦始皇陵外景

"陵"的本意是大土山。帝王为了显示王权至高无上的地位，便将坟墓建得像一座山陵，故皇帝的坟墓得名陵墓。唐代皇陵更是"因山为陵"，气势恢宏。有诗句描写乾陵"千山头角口，万木爪牙深"。

帝王陵墓，实际上包括陵墓及其附属建筑，合称为陵寝，不仅占地广阔，而且还有相当的高度。帝王以"九五"为尊，所以，规定将墓建成九丈高，可实际上，多数皇陵都超过了这个高度。

"社稷"是什么意思？

古人把国家称为"江山社稷"。"社稷"是"社"和"稷"的合称，社是古代的土地之神，按五行方位：东方青土，南方红土，西方白土，北方黑土，中央黄土。5种颜色的土覆于坛面，称五色土，实际象征国土。稷，指五谷之神，有时特指其中的原隰之神——能生长五谷的土地神，这是农业之神。

传说，发明"社"的是共工的儿子句龙，共工氏族是世代的水正，发洪水的时候，句龙就让人们到高地土丘上去住，没有高地就挖土堆丘，土丘的规模是每丘能住25户，称之为"社"。句龙死后，被奉为土神，也叫社神。后人为了纪念他，就专门建造了房屋祭祀，称之为"后土"。烈山氏的儿子柱做夏的稷正（主管农业的官职），在其死后，被奉为农神，也叫五谷神。

这是神与其原型的对应。从词源角度分析，"社"字在甲骨文中与"土"字一样，像女性生殖器。也就是说，社起源于原始时代的生殖崇拜。在春秋时代，还可以看见这种原始崇拜的流风余韵。社与"土"本是一字，后来加上了"礻"旁，也就成了土地神的名称。社祭的神坛也称为社。从天子到诸侯，凡是有土地者都可以立社，甚至乡民也可以立社祭祀土地神，社日成为睦邻欢聚的日子，同时还有各种欢庆活动，"社戏"、"社火"就是很好的例子。现代生活中的"社会"一词，也与社日活动有关。稷原是周民族的始祖后稷，在西周始被尊为五谷之长，与社并祭，合称"社稷"，也与社日活动有关。

中华文明是从农耕社会开始的，由于人们崇拜大地和能生长谷物的神灵，于是产生了"社稷"的概念，并形成了从中央政权到地方百姓的祭祀活动。"社"和"稷"这两个神灵相近，人们便一起祭祀他们，久而久之形成了"社稷"的概念。据《周礼·考工记》载，社稷坛设于王宫之右，与设于王宫之左的宗庙相对，前者代表土地，后者代表血缘，同为国家的象征。

女主"临朝称制"的做法是从谁开始的？

"临朝称制"是指皇后、皇太后或太皇太后在皇帝年幼的时候代理行使皇帝权力的制度。古代女子不得干预政治，后妃们要想掌权就得"临朝"。"制"是皇帝的命令，始于秦始皇。"临朝称制"最早的是秦昭王的母亲芈八子，但从实现大一统或"制"产生后来看，则是吕后。

芈八子是秦惠文王来自楚国的姬妾，其中"芈"是楚国姓，而"八子"是她的封号。八子的地位不高，位于皇后、夫人、美人、良人之后，在秦国后宫的八级（下面还有七子、长使、少使的封号）中只是居于中下游。因此，在秦惠文王身后，她和儿子嬴稷就在皇后和新君秦武王的合谋下，被送去燕国当了人质。三年后，秦武王死于意外。芈八子在燕国的支持下，果断地联络了自己的异父弟魏冉拥立嬴稷回国即位，是位昭王，经过三年，平定了"季君之乱"，终于使嬴稷坐稳了王位的宝座。她也因此成为宣太后，并在秦国"临朝称制"了 41 年。在她统治期间，秦国的国力日益强盛，为后来秦始皇嬴政统一六国奠定了基础。

汉高祖刘邦的皇后吕雉也是"临朝称制"的代表。她在儿子惠帝死后正式临朝代行天子之权，是当时西汉真正的掌权者。在她执政的七八年中，史书中直接以"高后某年"记事，《史记》、《汉书》等正史也为她专门立了帝王资格的"本纪"。吕后的执政生涯也算成功，她虽然扶植诸吕，对待朝臣心狠手辣，但政治局面基本稳定，社会经济得到恢复，为其后的"文景之治"打下了基础。

在中国历史上，历代都有些"临朝称制"的后妃。其中唐朝的武则天和清末的慈禧太后就是其中很出名的两位。武则天不但临朝称制，还当上了女皇帝，并改国号为周。慈禧太后虽然没有更改大清国号，但控制中国政治长达数十年之久。

齐桓公为什么称管仲为"仲父"？

管仲是中国春秋时期的著名政治家，曾经辅佐齐桓公九合诸侯，尊王攘夷，使齐桓公成为了春秋五霸之首。齐桓公很尊敬他，由于其名仲，因此以"仲父"称之，意为"仅次于父亲的人"，那么"仲父"这个名称如何产生，历史上只有管仲这一位"仲父"吗？

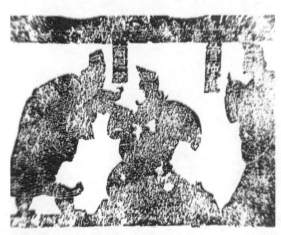

▲ 齐桓公与管仲画像砖

中国古代兄长之间以"伯、仲、季"排行，老大称"伯"，老二叫"仲"。《说文·人部》："伯，长也。""仲，中也。"后来指月份也有"仲季"之说。所谓"仲父"就是仅次于父亲的人。在中国古代讲究三纲五常，父为子纲，父亲在家长制度下非常有权威。对于自己尊敬的人"以父事之"，但又不能认别人为父亲，所以"仲父"一词已经是非常高的尊崇了。

吕不韦也当过"仲父"。他原来是一位韩国商人，投机政治后一跃而成了秦国宰相。按理他已位极人臣，权倾天下了，可他并不满足，非逼着年幼的秦王嬴政封自己为"仲父"。但是"仲父"这个称号应该是帝王自愿给的，自己硬要来的，终归是个祸患，最后吕"仲父"被毒死，成为所有"仲父"中命运最悲惨的一位。

西周初年的姜尚姜子牙，帮助周文王、周武王父子伐商灭纣，开创了周朝800多年的基业，他就被周武王亲切地称呼为"尚父"。楚汉相争时，项羽的谋士范增被称为"亚父"，其实和"仲父"含义完全相同。"亚"是第二的含义，都是尊称。三国时期东吴的大臣张昭，位高权重，被人称为"江东仲父"。三国蜀汉丞相诸葛亮，被后主刘禅称为"相父"。

可见君主对臣子的极大荣誉便是称"父"，意为值得尊敬的长辈。其中又以"仲父"的称呼为多，表示仅次于父亲的人。

改元和改朝换代是一回事吗？

世道兴衰，治乱更迭。当一个朝代腐朽到一定程度，就会爆发农民起义，继而被新的王朝取代。这便是中国历史上的改朝换代。从夏朝建立，历经商、西周、春秋和战国、秦、汉、南北朝、隋、唐、五代十国、宋、元、明、清，其间不知经历了多少王朝更迭。而新君登位，一般都会改元，采用新的年号。那么改元和改朝换代是一回事吗？

改元就是改变年号。中国古代最早使用的是干支纪年法，以十天干配合十二地支，六十年一个循环，也称一甲子。在官方，统一使用的则是年号纪年法。一般新帝登基，都要改变以前的年号，然后这新改号的第一年则称"元"年。所以改变年号也称"改元"。

改元和改朝换代不同。改朝换代同时面临着年号的改变，改元在同一个朝代的不同皇帝之间也可以发生。通常新帝继位，都会改元，确立新的年号。就是同一个皇帝，也可以更换年号。如汉武帝改了11次年号，唐高宗用过14个年号，唐玄宗即位初年改元"先天"，这一年称先天元年，后改元"开元"，又改元"天宝"。

到了明代以后，才规定一帝一元，所以可以用年号来称呼皇帝。如清高宗年号是乾隆，就被称为乾隆皇帝。

东汉"清议"和魏晋"清谈"是一回事吗？

在中国历史上，存在"清议"和"清谈"两种现象。清议有两种含义，一指按儒家伦理来选拔人才，二指东汉末年官僚士大夫阶层为打击宦官专权而进行的抨击朝政的活动，谈论内容多和政治有关。"清谈"则属于魏晋名士对哲学的探讨。

清议是庶族反对士族的一项制度。它是指以儒家的伦理道德为依据，臧否人物。为官者一旦触犯清议，便会丢官免职，被禁锢乡里，不许再入仕。清议禁锢之科的设置从政治上来说是为了利用庶族来遏制士族，但客观上也起到了维护封建家族关系和封建伦理道德

▲双羊铜饰　东汉

这件铜饰作双羊伫立状，羊首低俯，双目圆睁，长角盘曲，短尾上翘，显得活泼可爱，为南匈奴遗物。

的作用。

此外，清议还指东汉末年官僚士大夫阶层和太学生反对宦官、抨击朝政的行为。当时宦官垄断仕途，引起士大夫和儒生等的不满，当时太学生已经发展到 3 万余人，各郡县的儒生也很多，他们入仕无门，就与官僚士大夫结合，在朝野形成一个庞大的官僚士大夫反宦官专权的社会政治力量，公开与宦官集团相对抗。

清谈则是魏晋文人一种娱乐和消遣的方式。围绕本和末、有和无、动和静、一和多、体和用、言和意、自然和名教的诸多具有哲学意义的命题进行深入的讨论。清谈的进行有一套约定俗成的程式，清谈一般都有交谈的对手，借以引起争辩。

争辩或为驳难、或为讨论。

所以二者虽然都有"清"字，但在概念和意旨上却相去甚远。

武则天是中国唯一的女皇帝吗？

武则天是唐高宗李治的皇后，后改国号为周，自称圣神皇帝。史学界一般认为她是中国历史上唯一的女皇帝，但也有人认为中国最早的女皇帝是北魏孝明帝的女儿元姑娘。

北魏时，胡太后生了个儿子，取名元诩。宣武帝死后，年仅 4 岁的元诩当上了皇帝，这便是孝明帝。胡太后被尊为皇太后，并因孝明帝年幼而临朝听政。胡太后恣意擅权，生活上更是风流不羁，引起群臣的不满。在群臣的支持下，孝明帝决定向太后夺权。于是令秀容川、豪酋尔、尔朱荣率兵来洛阳，准备逼太后退位。胡太后知道后，召集心腹密商对策。这时恰好明帝妃潘嫔生了个女孩，胡太后假称是个男孩，大赦天下，改年号"孝昌"为"武泰"，接着暗中毒死孝明帝，然后奉其女元姑娘当皇帝，说是太子即位，中国历史上第一个女皇帝就这样登基了。后来，等人心安定下来，胡太后又说皇帝其实是个女孩子，要另立嗣君，就将元姑娘废了。

元姑娘其实是位公主，即位当皇帝也是胡太后一手包办，并很快被废，所以史学界很多学者并不承认其为中国历史上第一位女皇帝。此外，在唐高宗时期还有位民间义军领袖陈硕贞，她曾自称"文佳皇帝"。

陈硕贞，睦州淳安县梓桐人，自称仙人，民间奉以为神。她早年丧夫，家境贫寒，由于不忍见乡亲受官吏的压榨和迫害，便率众起义，表现了无比的勇气和才智。起义后，她自称"文佳皇帝"，任用章叔胤为尚书仆射，童文宝为大将，建立农民政权。后连续攻克桐庐、睦州，并逼近歙州、婺州，威名大震。朝廷闻讯后，派扬州刺史房仁裕带兵前往镇压，婺州刺史崔义玄亦赶紧征集兵力拒之。由于义军缺乏实战经验，几经浴血奋战，死伤无数，最终全军覆没。

元姑娘是被太后挟持，陈硕贞的起义也没有成功，所以史学界一般只承认武则天是中国历史上唯一的女皇帝。

为什么称"唐玄宗"为"明皇"，杨贵妃为"太真"？

唐玄宗李隆基又叫"唐明皇"，是中国唐朝著名的皇帝。在其执政早期社会安定，政治清明，经济空前繁荣，唐朝进入鼎盛时期，后人称这段时期为"开元盛世"。唐玄宗后期，他贪图享乐，宠信杨贵妃，并任用杨国忠、李林甫等奸臣，导致安史之乱发生，唐朝开始从强盛走向衰落。

玄宗是李隆基的庙号。其谥号为"至道大圣大明孝皇帝"，简称"唐明皇"。杨贵妃是其宠信的妃子，中国古代四大美女之一。杨贵妃是在开元后期进入皇宫的，白居易《长恨歌》中"春宵苦短日高起，从此君王不早朝"则是描写杨贵妃入宫后备受恩宠，唐明皇沉溺于美色而逐渐荒废政事的事。

"太真"是杨贵妃的号。据《旧唐书·后妃传上·玄宗杨贵妃》载："时妃衣道士服，号曰'太真'。"唐代诗人罗隐在《牡丹》诗中说："日晚更将何所似，太真无力凭栏干。"元代王实甫《西厢记》第二本第一折："（莺莺）有倾国倾城之容，西子、太真之颜。"

明代杨珽的《龙膏记》中有："丰若有余，柔若无骨，啧啧太真、飞燕，旷世兼长。"

"太真"本为混沌之气。据《文选》记载："启太真之否隔兮，超遗物而度俗。"李善为这句话作注说："太真，太极真气也。"《子华子·阳城胥渠问》："太真剖割，通之而为一，离之而为两，各有精专，是名阴阳。"杨贵妃喜欢穿道士的衣服，所以称为"太真"，

▲白居易《长恨歌》"七月七日长生殿，夜半无人私语时"诗意图　清　袁江

这当然与唐朝尊儒重道有关，而"玄宗"是明皇的庙号则表明他是一个对道教感兴趣的皇帝。

史上对外自称"儿皇帝"的是谁？

▲ 石敬瑭像

"儿皇帝"常用来形容对外称臣，甘当傀儡政权的首领。中国历史上第一位儿皇帝是五代时期后唐的石敬瑭。他为了获取契丹支持，对契丹可汗耶律德光称"儿皇帝"。语出自《新五代史·四夷附录第一》："学士以先君之命为书以赐国君，其书常曰：'报儿皇帝云。'"

唐朝末年，藩镇割据，天下大乱，李存勖推翻后梁，建立了后唐政权。石敬瑭是个非常受器重的人物，李存勖曾称赞他："将门出将，言不谬尔。"李嗣源则将女儿嫁给他，任为心腹。后来明宗继位，加封石敬瑭为宣武军节度使，开国公，加驸马都尉，后改河阳节度使，赐号"竭忠匡运宁国功臣"。

岐阳兵乱后，兵士推潞王李从珂（李嗣源义子）为帝，唐闵帝（李嗣源之子李从厚）诏石敬瑭赴阙救援，双方相遇于道。乱世之际，忠义最难，石敬瑭权衡利弊，终于杀尽闵帝左右，奔投李从珂，致使自己的小舅子闵帝为李从珂毒杀。

按理说，石敬瑭应该支持其小舅子闵帝登位，但最后却投靠了李从珂，这主要由当时的形势决定。后来李从珂也不放心石敬瑭，有一次，石敬瑭的妻子到洛阳为李从珂祝寿，宴会后要回家见丈夫，李从珂趁酒醉说了句玩笑话："这么着急干嘛，是不是要回去和石郎一起造反啊？"终于二人矛盾激化，李从珂率大军讨伐石敬瑭。石敬瑭自知不是他的对手，遂向契丹借兵。

果然，耶律德光亲率军队自代州扬武谷南来，有众 5 万，号 30 万，旌旗不绝 50 多里。石敬瑭闻契丹兵至，连夜出城，拜见耶律德光，双方相见恨晚，"因论父子之义"。石敬瑭认耶律德光为父，但实际上他比耶律德光还要大十几岁。石敬瑭这一招，连其手下大将刘知远（后汉高祖）也觉过分，劝他说："称臣就可以了，奈何以儿子居之！"石敬瑭不听，而耶律德光则大喜，在得到石敬瑭割送燕云十六州、输岁币三十万帛，并称"儿皇帝"的许诺后，马上册封这位比自己大十多岁的"大干儿子"为大晋皇帝，改元天福。然后二人联手克后唐，李从珂兵败，后唐覆灭。

这便是儿皇帝的由来。现多用来形容甘心认贼作父，充当傀儡政权的头目。如，宋灭后，金人立刘豫为皇帝，刘豫对金人便自称"儿皇帝"。

宋朝"不杀文人"的祖训是怎么回事？

"不杀文人"的祖训是宋太祖赵匡胤立下的规矩，与宋代重文轻武的政策有关。

据说北宋初年，有个翰林学士叫陶谷，在太祖身边担任起草各种文书公告的工作。时间一长，他认为自己有功劳，便向宋太祖讨个高官做。谁知宋太祖却认为，翰林学士起草文告，无非是参照前人的旧本，其间不过换几个字句，充其量不过照葫芦画瓢而已，谈不上有什么贡献。宋太祖虽然对陶谷等文人颇为不屑，但出于巩固政权的考虑，鼓励重文轻武，并留下了"不杀文人"的祖训。他要求后世子孙继位时，都要在他留下的"誓碑"前发誓，其中的一条就是凡上奏章的士大夫绝对不杀，不管他写的奏章多么激烈，都不能杀。文人即使犯了罪，通常也都是被流放了事。此外，宋代大大放宽科举名额，考中进士就可以直接授官。文官可以带兵，最高军事机构枢密院副使也长期由文官担任，北宋时仅狄青一人，南宋时也仅岳飞、韩世忠等名将任到此职。

所以，宋代是文人的乐土。当时文化繁荣昌盛，涌现出一大批文学家、史学家、书法家、画家。"学而优则仕，仕而优则学"成为当时文人的真实写照。没有"廷杖"，没有迫害，有的只是书生意气。虽然党同伐异，却都是忠君爱国。

但是同时对于武将长期戒备的态度以及采取的一些不适当措施，导致宋朝一度出现文强武弱的局面。后来辽、金相继入侵，北宋被迫南迁，最后为元朝所灭。

哪个皇帝最早使用"奉天承运，皇帝诏曰"？

在历史剧中，我们很容易看到这样一幕：传圣旨的人高呼"圣旨到"，众人马上跪倒在地。传圣旨的人念道："奉天承运，皇帝诏曰……"

不管什么朝代，圣旨好像都是以这一句开头的。这符合历史事实吗？

答案是不符合。因为据考证，"奉天承运，皇帝诏曰"的最早使用者是明太祖朱元璋，依据就是"奉天承运"中的"奉天"其实指的就是"奉天殿"，取意遵照天意，即皇帝的权力受命于天。而奉天殿正是明太祖朱元璋首建的。1368年，朱元璋在南京称帝后建造了一座皇城，并将其中规格最高的朝会大殿命名为"奉天殿"。燕王朱棣迁都北京，后来建紫禁城时，又将"奉天殿"原封不动"搬到了"北京。

关于此一说，清朝大学者俞樾也有考证。他在《茶香宝续钞》中说，"奉天承运"是"论奉天殿名而及之"。

说"奉天承运，皇帝诏曰"开始于明朝，还有一个依据，就是朱元璋所捧的大圭上面刻着"奉天承运"这几个字。此说法来源于明朝万历时期的天文学家沈德符。

其实，明朝圣旨的开头并不是"奉天承运，皇帝诏曰"，而是"奉天承运皇帝诏曰"，意即"奉天承运皇帝"朱元璋颁布的诏书。而"承运"指的是继承新生的气运，实指君权神授。

"奉天承运，皇帝诏曰"大意就是，皇帝遵照上天的旨意，对你下一些需要执行的命令。借用天命，无非是为了加强中央集权。

皇太极把国号改为"清"与明朝有关吗？

▲清太宗皇太极像

皇太极是清朝第二个皇帝，又称"清太宗"。他当政期间，将原来年号天聪改为崇德，将国号改为清。至于"清"的来历，历来说法颇多，莫衷一是。

有人认为"清"字与努尔哈赤当年逃难骑过的一匹大青马有关。据说因为跑得太急，大青马活活给累死了，努尔哈赤却因此逃脱大难。他对这匹马很有感情，就说："大青啊，大青啊，你是为我累死的，将来我得了天下，我这个国号就叫大青。""清"跟"青"是谐音，后来皇太极在盛京称帝后便以此作为国号。

还有人认为"清"和"金"在满族语中读音非常相近，所以用"清"。满族是金人的一支，清指出了这个民族的渊源。还有人解释说"清"就是"青"，不带三点水的"青"和带三点水的"清"是一个音，青天是通天、吉祥的意思。另外还有人认为是皇太极进兵中原的需要，因为"金"让人联想起南宋时候的大金国，人们一提起金人，就想起岳飞，改国号为"清"有利于减少阻力。

此外，有人认为皇太极懂得五行数理或在确定国号时得到高人指点。因"清"五行属水，而"明"由于左边有"日"，所以属火，而水克火。意思是大清必将战胜大明朝，取而代之。

翻遍正史也没有皇太极改国号为"清"原因的叙述，皇太极自己没有作解释，清朝的《太宗皇帝实录》亦无记载。所以这也就成了一个谜，上面的几种说法都是后人的推断。

在皇帝之最中，乾隆独揽了哪三项？

乾隆皇帝是雍正帝第四子，在他统治中国的 60 年间，政治比较安定，社会经济繁荣，史称"康乾盛世"。乾隆皇帝能书善画，很有才华，在古代皇帝之最中，荣获三项桂冠，你知道是哪三项吗？

首先，他很长寿，是中国皇帝中寿龄最高的，享年 88 岁。在他之下的是北朝时的梁武帝萧衍活了 85 岁，女皇帝武则天享年 81 岁。古代皇帝生活一般骄奢淫逸，纵欲无度，所以很多短命。乾隆能有此高寿，完全和自身修养有关。他总结出养生四决："吐纳肺腑，活动筋骨，十常四勿，适时进补。"其中"十常"为齿常叩，津常咽，耳常弹，鼻常揉，睛常运，面常搓，足常摩，腹常捋，肢常伸，肛常提。"四勿"为食勿言，卧勿语，饮勿醉，色勿迷。

乾隆还是中国历史上执政时间最长的皇帝。他生于康熙五十年（1711 年），雍正元年（1723 年）被立为太子，1733 年封为和硕宝亲王，开始参与军国要务。雍正十三年（1735 年），雍正去世，弘历即位，改年号乾隆。嘉庆四年（1799 年）正月卒。乾隆共在位 60 年，退位后又当了 3 年太上皇，所以实际执政 63 年，超过康熙的 61 年。

此外，除了皇帝中的两项桂冠，乾隆皇帝还是历史上写诗最多的人。他在世 88 年，据统计共作诗 41800 首，平均每天作诗 1.3 首。乾隆作诗没有定稿，或即兴口授，或朱笔作草，称为"诗片"。诗片由延臣学士退下"抄录"，然后恭进，遂成御诗。其诗虽多，但仅韵平字正而已，无论是思想内容还是艺术形式，均无多大价值，流传至今能为人传诵者寥寥无几。故世人对乾隆亦无"诗人"之称。

清朝时，汉族大臣为什么不能对皇帝自称"奴才"？

"奴才"一词无疑是个贬义的称谓。可是，在清朝，满族人却以自己是皇上的"奴才"为荣耀，满族人自称"奴才"，表示自己是皇帝的臣子，是皇帝的家奴。而汉臣因为和皇帝没有主奴关系，只有臣子的身份，所以，就不能自称"奴才"。

1773 年，也就是乾隆三十八年，天保和马人龙为科场舞弊案共上了一个奏折。奏折开头是这样写的："奴才天保、马人龙……"看过奏折后，乾隆皇帝大为恼火，斥责马人龙是冒称"奴才"。

乾隆为什么要说马人龙冒称"奴才"呢？因为马人龙是汉人。本来，满族统治者一向严格要求汉人与自己保持一致，他们强迫汉人剃头发，易衣冠，搞得血雨腥风，都是为了让汉人归化于自己，臣服于自己，但唯独不肯让汉人也与自己一样称"奴才"。正因为这个原因，马人龙奏事时自称了"奴才"，才被认为是冒称。

从表面看，"奴才"似乎不如"臣"体面、有尊严，但这种判断与清朝的实际情况相差甚远。鲁迅先生在杂文《隔膜》里写过一段话，实际上回答了这个问题。他说："满洲人自己，就严分着主奴，大臣奏事，必称'奴才'，而汉人却称'臣'就好。这并非因为是'炎黄之胄'，特地优待，锡以佳名的，

▲岳钟琪画像

其实是所以别于满人的'奴才'，其地位还下于'奴才'数等。"

原来，"奴才"是满族人主奴之间的"自家称呼"，而汉人是没有资格这样称呼的。

什么人才能乘坐"八抬大轿"出行？

看古装戏，经常能看到官员出巡的情景。前面有差役鸣锣开道，后面是"八抬大轿"；一时间行人急着闪避，当官的耀武扬威而去。就是这样普通的细节，里面也有很多学问，它与中国古代封建等级制度密切相关。

鸣锣开道，现多用来指为某人或某物的出现做好准备，在过去则是为了宣扬官家的威严和权势。首先锣声的多寡就有讲究。锣鸣 7 下，表示县太爷起轿或行辕出行；鸣锣 9 下，是府一级的官员出行；鸣锣 11 下，代表省、道一级的官员出行；皇帝出行，则要鸣锣 13 下。

"轿子"也是中国古代官员或贵族喜欢乘坐的交通工具，产生年代非常早。《尚书·益稷》中，大禹自称："予乘四载，随山刊木。""四载"当中，就包括原始的轿子。1978 年，在河南固始县侯古堆开掘的春秋战国的古墓中出土了三乘肩舆（古轿子）。它们的制作颇为精巧，包括屋顶式和伞顶式两种类型，这说明在此之前，肩舆已有了一段较长的发展过程。

先秦到两晋时期，统治者和官员出行主要以乘车为主，但轿子一直存在。唐朝时，轿子的使用则仅限于皇帝或妇女、老弱。宋朝时，轿子得到普及，大到皇帝官员，小到普通百姓，皆有使用。按照用途不同，分为三类：皇室王公所用的，称为舆轿；达官贵人所乘的，称为官轿；人们娶亲所用的那种装饰华丽的轿子，则称为花轿。抬轿子的人有多有少，一般 2 ~ 8 人。

人们常说的"八抬大轿"起初是官员等级的一种反映。民间的便轿一般为二人抬，官员则分为四人抬和八人抬。如清朝就规定，凡是三品以上的京官，在京城乘"四人抬"，出京城乘"八人抬"；外省督抚乘"八人抬"，督抚部属乘"四人抬"；三品以上的钦差大臣，乘"八人抬"等。可见在清朝，"八抬大轿"是三品以上官员才能乘坐的，不像"鸣锣开道"，一个小县令也可以。

古代的官府为什么叫衙门？

古代，人们都称官府为衙门。这种说法从何而来呢？

由于猛兽拥有利牙，人们便用利牙象征武力，而"爪牙"则指代地位重要的将领。《诗经·小雅·祈父》记载："祈父，予王之爪牙。"《后汉书集解》记载："武帝征四夷，有前后左右将军，为国爪牙。"由此可见，古代君王非常器重能力超群的将领，把他们视为左膀右臂，并让他们执掌国家军事和武卫。这些将领就是君王的爪牙——像猛兽的利牙一样。

君王为了突出自己的地位，常常将猛兽的爪牙摆放在办公和指挥场所。后来因为嫌麻烦，就在军营门外的营门两侧，用木头刻画夸张的兽牙作为装饰。这就是"牙门"。可见，"牙门"在古代是一个军事用语，是军旅营门的别称。

至于"牙门"何时演变为"衙门"，并成为官府的代称，没有详细的记录。但据史学家们研究，最迟应该出现在唐代。据唐人封演《丰氏闻见记》记载："近俗尚武，是以通呼公府为公牙，府门为牙门，字稍讹变转而为衙也。"

▲平遥县署

县署即县衙，是古代县官办公审案之地，堂中悬挂着"明镜高悬"匾额，象征办案官员目光敏锐，识见高明，能洞察一切。

可见，当时官员都有点尚武精神。宋人周密《齐东野语》中也说："近世重武，通谓刺史治所曰牙……俚语误转为衙。"

"衙门"一词在唐朝以后更加流行起来。到了北宋以后，人们几乎只知道"衙门"而不知道"牙门"了。以"衙门"为基础，又产生了一系列与官府相关的职业和物品的称谓，如"衙役"、"衙内"、"衙牌"等。到了近世和当代，"衙门"和"衙门作风"又逐渐演化成官僚主义的代名词。

古代为什么把官员的报到称为点卯？

"点卯"在北京方言中是指"到哪报到或看一眼"，有打个招呼或应付差事的意思。在古代则是指衙门开办公事和早朝的时间，具体来说，这与中国古代地支计时的方法有密切联系。

古代通常把一天分为12个时辰，分别用十二地支指代。如子时是指晚上的11点到凌晨的一点，然后依次是丑、寅、卯、辰、巳、午、未、申、酉、戌、亥。一个时辰对应两小时，卯时就是凌晨的5点到7点这段时间。

以明朝早朝为例，大臣必须午夜起床，穿越半个京城前往午门。凌晨3点，大臣到达午门外等候。当午门城楼上的鼓敲响时，大臣就要排好队伍。到凌晨5点左右钟声响起时，宫门开启。百官依次进入，过金水桥在广场整队。官员中若有咳嗽、吐痰或步履不稳重的，都会被负责纠察的御史记录下来，听候处理。通常，当皇帝驾临太和门或者太和殿时，百官行一跪三叩大礼。大臣向皇帝报告政务，皇帝则提出问题或者作出答复。

可见凌晨5点是宫门开启的时间，皇帝在卯时接见大臣并讨论政务，故有点卯一说。

而不需要上朝的官吏则将这个时间作为开办公务的时间。每次事先查点人数时称点卯，吏役听候点名叫应卯，其点名册称为卯册。若需签到，则称为画卯。如李存《义役谣》："五更饭罢去画卯，水潦载道归业晡。"

后来点卯制度流于形式，很多官员不过前去报个到或者敷衍应付一下。于是点卯也就有了应付差事的意思。北京是明清两代的定都之地，深受皇权文化的熏陶，于是成为民间俗语也就不足为怪了。

中国古代的官员能休假吗？

现代人工作或学习都是一周公休两天，而在中国古代，普通劳动者是没有休假概念的，官员们的休假制度，则散见于各代官志中。

据《汉律》记载，早在西汉时就有明文规定："吏员五日一休沐。"意思是公务人员上了 4 天班，第五天则放假洗澡更衣，修发刮脸。到了东汉，这个制度又有了放宽。据《史记·百万君传》载："官员每五日洗沐归谒亲。"它规定官员不但可以洗澡更衣等，还可以回家看望老小、夫妇团聚。

到了唐代，休假制度从 5 日休一天改为 10 日休一天，即在每月的上旬、中旬、下旬的最末一天休息。除此之外，每年的"清明"、"冬至"还放 1 ~ 3 天假，让官员回家祭祀祖宗，称为"至日"。宋朝公务人员的休假制度更加宽松，他们全年的实际休假达到 98 天。

明朝的休假制度较之宋朝有所改变。月假是 3 天，加上元旦、元宵、中元、冬至等节日可放假 18 天，每年休假只有 50 多天。清朝的休假制度前期基本上沿袭明朝，到后期则发生变化。鸦片战争以后，西方人大量进入中国，他们每星期休假一天，时间一长，国人产生了认同感。到了 1910 年，清朝政府在上层基本上实行了星期天公休日制度。

可见，中国古代是有官员的休假制度的，除了正常的公休日，还存在节假日，这与现代相同，但在具体规定上却有差异。中国双休日的规定开始于 1995 年 3 月 25 日，国务院重新发布修改关于职工工作时间的规定，将每周工作时间改为 40 小时，即实行双休日工时制，从当年 5 月 1 日起实施。

古代官员也可以退休吗？

中国法律规定，国家公务员退休年龄为：男 60 岁，女 55 岁。到了这个年龄，就可以回家养老，享受天伦之乐了。

那么，古代官员们也可以退休吗？当然可以，官员退休在古代有一个非常文雅的称谓，叫作"致仕"，意思就是"把官职还给君王"。

《周礼》记载，周朝是"大夫七十而致仕"。即做官的到了 70 岁就要告老还乡，"还禄位于君"。

周以后各朝各代基本都沿用了这个制度。唐朝规定"诸职官年及七十，精力衰耗，例行致仕"。明清两代则改成了60岁退休。尤其是清朝，官越小退得越早。低级武官的退休年龄是：参将54岁，游击51岁，都司守备48岁，千总、把总45岁。

官员退休后是否依然享受国家的俸禄呢？

唐以前，官员退休后，朝廷就不再发给他们俸禄了。比如，建初六年（81年），东汉大臣郑均退休后，皇帝只赐给他一个"终身尚书"的空名，没有分毫退休金。

唐代五品以上官员退休后，可拿到一半的禄米。宋代，真宗帝赵恒登基后，朝廷明文规定：文武百官退休后可按其俸禄，给予一半退休金。退休金制度便是从这时候开始的。

由于退休后，权力和地位都失去了，于是，有些官员便运用各种手段，尽量拖延退休时间。但也有不少贤达之士，退休年龄一到就主动退休，让位于年轻人。

有些人为此还写了退休诗以明心志。南北朝时期的梁代，人称"山中宰相"的陶弘景，既是医学家，也是文学家，退休后便写了一首"退休诗"：

眼前流水自悠悠，歇卧偷闲恋绿畴。

笑看金笼牵鼻去，等闲落得用鞭抽。

▲彩绘文官俑　唐

"八百里加急"的公文真的要求一天飞驰八百里吗？

在文艺作品中，常能见到这样精彩的一幕："一卷黄尘滚滚，骏马飞驰而至，但见人影一晃，跳将下马。大喝：'八百里加急！御赐金牌，阻者死，逆者亡！'话音未落，烟尘滚滚中，骑者已如箭一般飞驰而去。"

这是古人在快马传递紧急公文，有点像现代的邮政特急件。

古代没有邮局，传递文件靠的是驿站，一般每隔二十里设一个驿站，一站一站地往下传。文件传递时间则由紧急程度来定，紧急的要求每天三百里，特别紧急的每天四百里、六百里，所谓的"八百里加急"，就是特急件。遇到这样的信件，就要用最快的马死命跑，差不多可以日行千里。每到一个驿站换一次，吃喝全在马上。

非到万不得已，一般不会启用八百里加急送信。因为这样的送信方式基本上是要跑死马的，如果送信人体质差一些，也会劳累过度而亡。历史记载，南北朝的北周宣帝曾亲自驾驭驿马日行三百里。而唐朝的最紧急通信要求日行五百里，其级别用的无疑是御马。比如，天宝十四载，安禄山在范阳起兵叛乱。唐玄宗则在华清宫，两地相隔三千里。可 6 日之内唐玄宗就得到了消息，算下来每天传递速度达到了五百里。

正如诗人岑参在《初过陇山途中呈宇文判官》一诗中所写的"一驿过一驿，驿骑如星流；平明发咸阳，暮及陇山头"。

那么，对于这样紧急的任务，如果被强盗劫去了怎么办？

对于这一点，唐朝律法也有规定，如果耽误的是紧急军事文书，则罪加三等，一旦延误时机导致战事失败则处于绞刑。《唐国史补》中就记载了这样一件事：一个负责签发公文的员外郎，处理从河北发配到岭南的囚犯文书。本来应该向河北、岭南两处发文，因夜间疏忽，只发了岭南一地。事后，这个员外郎就被免了职，而泄露机密的人则被处以绞刑。可见，如此严厉的法律，一般强盗是不会抢劫的。

第十三章
哲学法律

什么是"中庸"？

"中庸"是儒家思想所推崇的核心理念之一，也是中国哲学的重要思想之一。孔子的孙子子思专门写了《中庸》阐述"中庸"思想。孔子则将"中庸"解释为"中立不倚"、"执两用中"、"过犹不及"。北宋的程颢、程颐对之解释为："不偏之谓中；不易之谓庸。中者，天下之正道。庸者，天下之定理。"南宋的朱熹在《四书章句集注》中这样解释中庸："中者，就是不偏不倚。无过无不及之名。庸，平常也。"现代也有学者提出："中庸之道，就是忠恕之道。"

"中庸"的中心思想是儒学中的中庸之道，表面上看，似乎并不复杂。许多现代人望文生义地将之简单理解为中立、平庸、折中主义，其实并非如此。中庸之道的理论基础是相当深奥的"天人合一"思想，这反倒与一向反对儒家的道家思想的理论根基相同。而"中庸"的主旨在于修养人性，其主题思想是教育人们通过一种自我管理，将自己培养成为具有理想人格的人。

因为儒家思想在中国两千多年来被尊为"圣学"，所以中国无论是政治、文化，还是社会生活的方方面面都打上了"中庸"的烙印。古语所说的"利不十，不变法"，便是一种中庸思想之下的政治保守主义，而我们所遵循的"己所不欲，勿施于人"，也可以说是我们在处理人际关系时体现出来的一种中庸主义。

需要注意的是，"中庸"之"中"并非是始终不变的，而是会随着时间的推移与条件的变化而变化。

"五行"为何按"金木水火土"排序？

"五行"学说，是中国古人用 5 个文字符号代表物质能量的形态间相互关系及运动变化规律的学说，是中国古代的一种物质观。该学说大概发源于战国时期。五行学说认为宇宙万物都由木、火、土、金、水 5 种基本物质的运行和变化所构成。随着这 5 个要素的盛衰，大自然产生变化，宇宙万物循环不已。

需要指出的是，五行学说中的"五行"并不仅仅指具体 5 种物质，而是根据事物的不同性质、作用和形态，采用"比象取类"的方法，将宇宙间所有事物或现象大体上分为 5 类，分别归于金、木、水、火、土五行之中。"五行"之间有其内在的联系，首先体现为相生、相克理论。在相生关系中，金生水、水生木、木生火、火生土、土生金；在相克的关系中，金克木、木克土、土克水、水克火、火克金。除此之外，五行之间还存在相乘、相侮、制化、胜复的关系。古人运用五行和五行之间的复杂关系，认识宇宙并将宇宙万物的内在运行规律化。

五行学说的产生和五行观念的形成，对中国古代哲学和中国人的世界观、生活方式都产生了极其深远的影响。中国先贤把五行理论运用于医学领域，以五行辩证的生克关系来认识、解释生理现象，通过掌握人体运行机制来防病、治病。比如，肝主升而归属于木，心阳主温煦而归属于火，脾主运化而归属于土，肺主降而归属于金，肾主水而归属于水。当代仍有中医在研究"五行"在医学上的进一步运用，以期医治西医无法解决的疑难杂症。除此之外，季节、方位等万事万物都可以按"五行"归类。

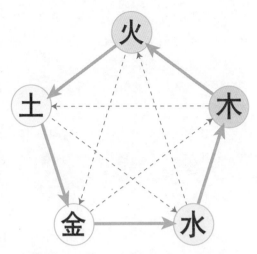

▲五行图

五行说是中国古代论说宇宙构成万物的元素论，它的特点是从万物中分析出5种完全不同形质的基本物质——水、火、木、金、土，认为这是构成宇宙万物的根本元素。图中实线所示为相生关系，虚线所示为相克关系。

关于五行的排序，有多种排法，其中按相生的顺序为"木火土金水"，按相克的顺序则为"水火金木土"，而"金木水火土"这种排法却找不到内在规律上的依据，之所以在人们口中流行，大概是因为念起来比较顺口吧。

什么是"阴阳"学说？

"阴阳"学说是产生于中国古代的一种古老的哲学思想。"阴阳"两字最初只是指阳光的向背。向日为阳，背日为阴。经过引申，夜晚为阴，白天为阳；雌性为阴，雄性为阳；下为阴，上为阳，等等。《易经》中"一阴一阳谓之道"将该学说上升为宇宙间最根本的规律和最高的准则。阴阳学说的基本内容包括阴阳一体、阴阳对立、阴阳互根、阴阳消长和阴阳转化5个方面。

随着"阴阳"学说的发展，"阴阳"两字所代表的意思越来越抽象、丰富。最终，凡是剧烈运动着的、外向的、上升的、温热的、明亮的，都属于阳；相对静止着的、内守的、下降的、寒冷的、晦暗的，都属于阴。"阴阳"两字最终成为组成这个宇宙的最基本的两种元素。两者相互依存，相互影响，此消彼长。两者的运动变化成了宇宙万物变化的最基本原因。另外，"阴阳"学说的重要特征便是强调了"变"，万事万物都时刻处在一种变化之中。事物的阴阳属性，也不是绝对的，而只是相对的。这种相对性，表现为在一定的条件下，阴和阳之间可以发生相互转化，所谓"阳极则阴，阴极则阳"。

"阴阳"学说，大概萌芽于西周初年，成形于战国时期。对于中国的哲学、文学、医学等产生了巨大的影响，并深刻影响了中国人的世界观和人生观，在中国历史上占有重要地位。由老子所创立的道家哲学便把"阴阳"理论作为自己的基础理论之一；而民间俗语所说的"乐极生悲"、"苦尽甘来"、"福祸相倚"的典故，显然也是一种"阴阳"思想的反映。

尤其"阴阳"与"五行"相结合的阴阳五行学，对于中国的天文学、气象学、化学、算学、音乐和医学等，都产生了深远的影响。《黄帝内经》便是第一本将阴阳学说成功地应用于医学的伟大医学理论著作。

"八卦"是用来算命的吗?

"八卦"是中国最古老、最神秘的文化之一，相传为华夏先祖伏羲氏所作。当时伏羲氏将他观察到的一切，用一种数学符号（这种二进制数学模式成为当今计算机技术发展的基石）描述了下来，这就是八卦。

"八卦"用"—"代表阳，用"--"代表阴，用三个这样的符号，组成八种形式，叫作八卦。春秋时期，人们开始对"八卦"作出哲学阐释，认为每一卦形代表天地间一种最原始的物质：乾代表天，坤代表地，坎代表水，离代表火，震代表雷，艮代表山，巽代表风，兑代表沼泽。后来《易经》又对"八卦"作出了进一步阐释，提出了比较系统的理论：无极生太极，太极生两仪，两仪生四象，四象生八卦，八卦生六十四卦，并最终以六十四卦象征各种自然现象和人事现象。民间有时用汉字"三求平未，斗非半米"来记八卦符号。

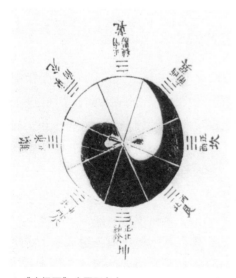

▲《太极图》（阴阳鱼）

这种《太极图》据考始于东汉炼丹家和气功学家魏伯阳的《周易参同契》。它反映了阴阳两方面既相互对立，又相互依存，阴中有阳，阳中有阴。这种阴阳对立互根的思想在中国古代医学中得到了广泛的应用。

需要指出的是，虽然"八卦"一直被算命先生们拿来作为算命的工具，但其绝对不是一种用来算命的"小玩意儿"。其深邃的化繁为简的哲学思想一直影响着中国人的思维方式，最终形成了"大道至简"的哲学理念；而"八卦"在中医中也有应用，中医中的推拿穴位名，多有以"八卦"命名的；此外，随着现代科技的发展，"八卦"所蕴含的科学知识也越来越得到人们的进一步认识。

至于八卦的"先天"与"后天"之分，相传是因为伏羲和周文王先后创造了八卦，人们为区别它们，将伏羲所创的"八卦"称作"先天八卦"，而将周文王所创的"八卦"称为"后天八卦"。后天八卦只是和先天八卦位置不同，其卦面及含义不变。

孔子"敬鬼神而远之"的态度对中国有何影响？

中国殷商时代的鬼文化非常发达，人们相信人死了之后会变成鬼，飞到天上，关注并保佑他们在世的子孙。天地之间的种种自然现象以及人的命运都是由神掌控的，鬼神可以给世间的人带来好处，也能带来灾祸。因此商代的巫文化非常发达。到周朝之后，鬼文化不再像商朝那么感性。虽然理性了许多，但人们仍然普遍相信鬼神的存在，并继承沿袭了商朝的许多祭祀制度，希望能从鬼神那里祈福。正是在这样的文化背景之下，孔子提出了"敬鬼神而远之"的说法。

孔子认为鬼神与天命一样，是存在的，但不是一个可以追问与讨论的问题，而企图通过祭祀从鬼神那里得到好处也是不可能的。孔子提出，人对于鬼神的真正敬畏与侍奉，是按照上天赋予人的德性，尽到自己的本分与责任。孔子说："非其鬼而祭之，谄也。"祭祀与己无关的别人家的鬼，是一种谄媚。有人向他请教鬼神的问题，他以"未知生，焉知死"回避这个问题，又说"未能事人，焉能事鬼"。从这些言语可以看出，孔子反对人们用功利的心态去祭祀鬼神，认为对鬼神只要心存敬意就行了，不要过分深究。他主张通过对鬼神的敬畏净化自己的心灵，提高自己的德性，并将精神集中在自己的心灵，注重内在精神生活，过好现实生活。他在《论语》中言："慎终追远，民德归厚矣。"意思是谨慎对待丧事，怀念自己的先祖，人民的德性自然便回归淳朴了。可见，孔子将祭祀归为社会教化的一部分。

与"敬鬼神而远之"相照应，孔子又提出了"天地之性人为贵"、"人者，天地之心也"的看法。孔子这种"人本主义"思想对后世产生了深远的影响。

孔子为什么对管仲赞誉有加？

管仲，又名夷吾，也称敬仲，春秋时期任齐国宰相，辅佐齐桓公创立霸业，是春秋时期的大政治家。管仲以自己卓越的管理才能，将齐国治理得井井有条、国强民富。因为管仲在出任齐桓公的宰相之前，本来是辅佐齐桓公的君位竞争对手公子纠，在公子纠被齐桓公杀死之后，他转而投靠了齐桓公，这在当时颇受非议。

一次，子路问孔子："齐桓公当年杀死了公子纠，召忽为此自杀了，而同样辅佐公子纠的管仲却不自杀，因此管仲这个人不仁，对吧？"孔子却说："齐桓公能够不用战争而团结起多个诸侯、抵御四夷，这完全是管仲的功劳，这是非常大的仁啊！"管仲虽然违背了君臣之义，但因为他利用和平的手段使诸侯团结了起来，抵御北方的蛮族，使人们得以安居乐业，孔子便称赞他。由此可见，强调君臣节义的孔子，并不将君臣之义放在最高的位置上，而是将民生放在了高于君的位置上。这里体现了孔子以民为本的价值取向。

另一次，子贡又以同样的问题问孔子，孔子便将自己的想法阐释得更清楚了："管仲辅佐齐桓公，称霸诸侯，匡正天下，人民到今天还享受这个好处。如果不是管仲，我们都可能被夷人统治而成为野蛮人，一些平常的小信用的丧失怎么会影响管仲的大功劳呢？"

从孔子的两次回答我们可以看出，针对管仲的不为公子纠殉死反而投靠政敌的行为，子贡和子路都以为管仲是不忠，也是不仁的，但是又有些犹疑不定，所以就来询问老师孔子。结果出乎他们的意料，孔子大大地夸赞了管仲的功绩，而对他不为公子纠殉死的事却只字不提，这说明孔子看问题和人物并非单一地固守某种标准，而是整体统一地来看待。

另外，管仲辅佐齐桓公称霸的过程中，对于鲁国也多有侵犯，不仅对鲁国使用经济制裁，而且还占领了鲁国的不少土地，但孔子并不因为自己是鲁国人而否定了管仲，这也说明了孔子不以狭隘的一己利害为标准，而是从客观的角度评判别人。

《孙子兵法》为什么在国外备受追捧？

《孙子兵法》应该是在国外知名度最高的中国典籍之一。《孙子兵法》在西方被译作《战争的艺术》（*The Art of War*），早在 18 世纪即由西方传教士带到了西方，直到现在还常年处于畅销书行列。而在东方，《孙子兵法》则早在 8 世纪就已经传入日本，并融入了日本文化之中。

《孙子兵法》之所以在国外长时间地受到尊崇，首先因为它深富哲理的军事思想。《孙子兵法》被誉为"兵经"、"第一部战略学著作"。书中提出的"以智克力"、"以柔克刚"、"不战而屈人之兵"、"避实就虚"等深刻的战略理念，历经 2000 多年仍然为军事家、政治家们所推崇。美国国会研究防务问题的高级专家约翰·柯林斯说："今天，没有一个人对战略的相互关系、应考虑的问题和所受的限制比他（孙武）有更深刻的认识。他的大部分观点在我们当前的环境中仍然具有和当时同样重大的意义。"这句话基本上道出了《孙子兵法》至今受欢迎的原因。《孙子兵法》的战略思想，并不因为战争双方所使用的兵器是矛戈或者冲锋枪，甚至核武器而受到限制。可以说，只要存在战争与军事对抗，《孙子兵法》便有其存在的价值。第二次世

▲孙武塑像

界大战后，西方的战略家再一次发现《孙子兵法》的重大价值，运用其中的战略原理思考现实难解的战略问题，均获得满意的答案和结果。

除了军事领域，《孙子兵法》的思想还在政治、经济、外交、体育等各个领域得到广泛的应用，因此也是这些领域领导者的必读书。随着现代商业社会的繁荣，《孙子兵法》又被人评为商战中的"圣经"，它用东方文化全面阐释了当代西方的管理、战略、资本运作、市场营销等诸多商业理念，在商业和金融等现代生活领域得到应用。

另外，《孙子兵法》在思想上亦蔚为巨观，蕴涵着中国古老的"天人合一"哲学，文字与修辞上也具有极高的文学价值。这些都是它备受推崇的原因。

为什么说《春秋》一书包含着圣人的"微言大义"？

所谓"春秋笔法"，顾名思义，是一种写作方法，或者说是一种使用语言的艺术，因孔子写《春秋》时首次使用而得名。这种写作方法的特点是寓褒贬于曲折的文笔之中，不直接在文中作判断。形象点说，好比是故意给文章糊上一层窗户纸，读者能否明白作者的意思便只能凭自己的理解力了。

孔子当时根据鲁史作《春秋》时，对于当时那些重大的、不好定论的史实，往往欲言又止，采取讳而不言的态度。即不明记其事，只以三言两语，作蜻蜓点水的提示，然后让读者自己体味；有时则暗含褒贬，行文中虽然不直接阐述对人物和事件的看法，但是却通过细节描写、修辞手法或对材料的筛选，委婉而微妙地表达自己的观点。春秋三传之一的《春秋公羊传》认为孔子有其明确的原则，即为尊者讳耻、为贤者讳过、为亲者讳疾。孔子的这种"春秋笔法"后来被广泛应用于中国的史学、文学、艺术等领域。

孔子并非史官，却作一部史书流传后世，确实是有着"微言大义"的心思，他的目的是借历史表达自己的思想。甚至许多经学家认为，《春秋》每用一字，必寓褒贬。战国时期史学家左丘明最先对这种"微言大义"作了精当的概括："《春秋》之称，微而显，志而晦，婉而成章，尽而不污，惩恶而劝善，非贤人谁能修之？"意思是，《春秋》的记述，用词细密而意思显明，记载史实而含蓄深远，婉转而顺理成章，穷尽而无所歪曲，警诫邪恶而褒奖善良。如果不是圣人谁能够编写？这里提出了《春秋》为善恶、正邪立标准的目的。孟子又有言："孔子作《春秋》，而乱臣贼子惧。"这里提出孔子作《春秋》的用意并非只是记录史实，而是要起到警世之用。孔子自己也曾对弟子说过："后世知丘者以《春秋》，而罪丘者亦以《春秋》。"意思是后代了解我的凭这部《春秋》，而怪罪我的也凭这部《春秋》。可见，孔子的确是在《春秋》之中寄予了自己的政治思想和是非观的。

"君子"和"小人"划分的依据是什么？

古人之所以将人分为"君子"和"小人"，完全是继承了孔子的说法。而其标准也大体上是按照孔子针对这两种人的言论而定，只是后来逐渐有所发展完善，形成了一种普遍而固定的说法。

孔子的言论中对于"君子"和"小人"的说法相当多。按照孔子的说法，"君子"与"小人"首先不一样的地方在于"畏"。"君子有三畏，畏天命，畏大人，畏圣人之言。小人不知天命而不畏也，狎大人，侮圣人之言。"这里提出了君子不以自己为大，心存敬畏，敬畏天命，敬畏有德行

▲君子慎独

的人，敬畏圣人的教海；而小人在内心里以自己为大，没有敬畏，不信天命，不敬畏圣人，任意而行。这里道出了君子、小人深层心理上的区别。

其次，君子的行为与小人的行为的出发点不一样："君子喻于义，小人喻于利。"君子行事是依据道义所在，超脱自己的利害得失和好恶。如同孔子所说："君子之于天下也，无适也，无莫也，义之于比。"意思是君子对于天下之事，没有一定执着的，没有一定否定的，只按照"是否合乎道义"的原则来衡量。而小人则是按照一己的利害行事，所谓"拔一毛而利于天下，不为也"。这里从行为动机上道出了君子与小人的区别。

还有，"君子和而不同，小人同而不和。"意思是君子之间见解不一定相同，各自拥有独立的思想，却可以相处得很融洽；而小人之间因为没有自己的精神坚持而显得彼此相同，却不和睦，这里从人际关系的处理上说出了君子与小人的区别。"君子坦荡荡，小人常戚戚"，君子因为不在意得失而内心坦荡，小人因为在意得失而经常表现得很忧虑，这是"君子"与"小人"在精神状态上的区别。另外，还有"君子上达，小人下达"、"君子周而不比，小人比而不周"，等等。

总之，古人主要是根据一个人的德性、心胸以及是否心怀道义来评价一个人是"君子"还是"小人"。这种分法体现了古人重视责任、道义以及德行的儒家伦理道德观念。随着时代的演变，"君子"与"小人"逐渐简单化，分别指"品德高的人"与"品德低的人"。时至今日，"君子"一词则很少有人提了，"小人"的人格标准则进一步下降，多指人格卑鄙的人。

"学在四夷"是什么意思？

"学在四夷"的完整说法是"天子失官，学在四夷"，意思是天子丧失了自己的职守，原本由天子掌握的文化学术流落到诸侯国乃至东夷、西戎、南蛮、北狄所处之地。

鲁昭公十七年（公元前 525 年），郯国国君郯子前来访问鲁国，鲁昭公摆宴招待。席间鲁国大夫叔孙昭子向郯子询问有关少昊氏以鸟命名官员职位的事，郯子做了回答。郯子在介绍时如数家珍，很是熟练。孔子听说后，便来拜见郯子，向他请教少昊氏的事。回来之后，孔子感叹道：我以前听说过"天子失官，学在四夷"的说法，看来的确是这样啊。

孔子之所以发出这样的感叹，是有一个大的社会背景的。在西周时期，周王室不仅掌管政治权力，而且统一掌管教育学术，因此那时的学术一直有"王官学"之谓。但到东周以后，王权衰落，文化学术随之出现下移。后世学者一般认为这个过程大致分为两个步骤。

首先是因为周王室的权力衰落，政治变故频繁，一些文化官员纷纷离开都城洛阳，流落到各个诸侯国。如原为周守藏史的老子看到周王室衰微，天下即将大乱，便弃掉官职，骑青牛西出函谷关而去；《论语·微子》里记载了一批乐官弃官而去，散落至各诸侯国；《左传》里记载了王子朝和一批贵族子弟携带周王室的许多典籍去了楚国。文化官员以及典籍的外流，导致周王室的学术文化中心地位的衰落，使诸侯国的文化学术逐渐繁荣起来。一些原本因为使用"夷礼"而被视为夷族的诸侯，开始通过使用"周礼"而逐渐融合于主流文化。孔子所说的"天子失官，学在四夷"便指这种现象。此现象的出现，也因此导致了中国历史上第一次"夷夏之辨"。

第二个步骤则是在春秋末期，诸侯衰落，"士"阶层崛起。许多文化官员丢了官职，流入民间，通过祭祀、礼仪等方式谋生，这导致了民间文化的繁盛。许多民间文化人聚众讲学，使民间学术日趋繁荣，各种流派纷纷出现，"百家争鸣"便是在此基础上才有了可能。通过这两个步骤，文化学术最终完成了由官府向民间的转移。

孔子"仁者爱人"和墨子"兼爱"一样吗？

儒家所提倡的"仁爱"与墨家所说的"兼爱"虽然都提倡"爱"，但其内在层次上是有差别的。

儒家的爱是推己及人，是有次第的，即以自己为中心，层层外推，由近及远。先是爱自己的父母兄弟，然后才是宗族、国家等。先"老吾老"、"幼吾幼"，然后才"以及人之老"、"以及人之幼"。不仅先后有别，深浅也不同，离自己越近，爱的程度越深。其中，尤以"亲亲为大"，即对父母的爱最深。所谓"孝悌也者，其为仁之本与"，体现儒家的仁爱以"孝"为基点。而墨家所提倡的爱则是一种无差别的"爱"，主张对一切人都

▲孔子讲学图　清

此图表现了春秋时期孔子在杏坛讲学的情景。图中孔子端坐讲授，弟子们在周围恭敬地聆听。作品因是宫廷绘画，所以特别讲求用色和整体结构。

平等地去爱。墨子以"兼爱"为其社会伦理思想的核心，认为当时社会动乱的原因就在于人们不能兼爱。他提倡"兼以易别"、"爱人不外己，己在所爱中"、"视人之国若视其国，视人之家若视其家，视人之身若视其身"的观点，反对儒家所强调的"爱有差等"的观点。关于这点，儒家和墨家曾经针锋相对地展开辩论。当时孟子对于墨子的"兼爱"说法很不认同，说墨子将自己的父亲视同众人，与禽兽没有差别。

除了亲缘关系，儒家的爱还有一定的阶级性、道义性，主张"亲亲有术，尊贤有等"，对于值得爱的人才去爱，对于一些恶人则不需去爱；而墨子则主张打破这种差别，不管好人、坏人都应该对之有怜爱之心。

另外，墨家的爱比之于儒家的爱，又多了一些现实的功利性，提出"兼相爱，交相利"，意思是爱人就要体现为物质利益，这比儒家的爱更为现实具体。

总之，儒家和墨家都提倡爱，但儒家之爱从顺遂人的本性出发，更符合人之常情。而墨家之爱是一种更为崇高的理想之爱，与基督教所提倡的博爱类似，两者本质上并不冲突，只是着眼点不同。相较之下，儒家的观点因为更符合统治阶层的利益，而被统治者所推崇，成了中国历史中的正统。而墨家之爱则遗留于民间，所谓"侠"便是一种墨家之爱，墨子也因此被尊为"侠"之鼻祖。

"人性本善"和"人性本恶"的说法是如何产生的？

孔子的"原始儒家"蕴含了丰富的发展可能性，因此在孔子去世后，"原始儒学"先是经历"儒分为八"，然后到战国晚期又变成孟子学派和荀子学派对峙的格局。而同为儒家大师的孟子和荀子之所以"掐"起来，其焦点便在于人性的"善恶之辩"。孟子主张"人性本善"，而作为晚辈的荀子在对孟子的思想多有继承的基础上，在人性的问题上却提出了"人性本恶"的观点。

孟子将人区别于动物的属性看成是人性的合理之处，并认为其具有善的根性，也即是说，道德是一种先验的东西。他认为仁、义、礼、智四种"常德"是人性中与生俱来的"四端"发展而来，即"恻隐之心，仁之端也；羞恶之心，义之端也；辞让之心，礼之端也；是非之心，智之端也。人之有是四端也，犹其有四体也。"（《孟子·公孙丑》）因此道德是人性所固有的，并非经由外力灌输。只要对人性"四端"小心培养，就可以通向四种"常德"，推向极致之后，甚至"人皆可以为尧舜"。

相反，荀子却在《荀子·性恶》中开宗明义地说："人之性恶，其善者伪也。"他认为人生而好利多欲，内中根本不存在仁义道德，一切符合善的行为都是后天理性思考之下的选择，所谓"天性有欲，心为之制节"。人之所以收起了自己的本性，完全是因为道德规范以及法制的约束；之所以做有一些符合道德的行为，也只是权衡利弊的结果。

先秦学说诸说并作，各执一端，但有一个共同特点，即都想提出一种救治时弊的主张。孟子与荀子人性论的不同，其实与两人的政治主张密切相关。孟子的"性善说"是为其"仁政"的政治主张寻找人性的基础；而荀子的"性恶说"则是因为看到战国末期秩序混乱，人欲横流，因此才力斥孟子的"性善说"，希望强化秩序的作用。两人不约而同地从"人性"而非神性去寻找价值的支撑，则共同体现了一种人本主义思想。只是孟子从一种唯心主义出发，是一种理想主义；而荀子则出于一种唯物主义，提出的是一种更具操作性的现实主义主张。

"百家争鸣"有 100 家吗？

春秋战国时期，西周灭亡，天下诸侯割据，连年纷争。读书人于是争相思考天下兴亡，由此打破了"庶人不议"的传统观念，取而代之的是"处士横议"的活跃局面。而这个时期也正好处于德国哲学家雅斯贝尔斯所说的"轴心时代"，中国人的精神和文化获得了空前的发展。这个时期，一大批赫赫有名的思想家相继涌现。他们在如何统一天下、治理国家、教化民众等方面形成了各自不同的学说。为表示对他们的尊重，人们不称其名字，而称其为"子"。后来合在一起，人们统称他们为"诸子百家"，后人概括那个时期的学术繁荣程度，则称之为"百家争鸣"。

"百家"表明当时思想家较多，其实是一种夸张的说法，并无一百家。其中主要人物有孔子、墨子、老子、庄子、列子、荀子、孟子、韩非子、商鞅、申不害、许行、告子、杨子、公孙龙子、惠子、孙武、孙膑、张仪、苏秦、田骈、慎子、尹文、邹衍、晏子、吕不韦、管子、鬼谷子等。在这些"子"中，有些同属于一派，比如老子与庄子同属道家，鬼谷子、苏秦与张仪同属纵横家；有些是师承关系，比如孔子与孟子，也划为一家。最后综合起来，大约有 10 家左右，而不同的人也有不同的分法。最早的是司马迁的父亲司马谈，他在《论六家要旨》中，将百家首次划分为"阴阳、儒、墨、名、法、道"等六家。后来，刘歆在《七略》中，又在司马谈划分的基础上，增"纵横、杂、农、小说"，于是总共 10 家。今人吕思勉在《先秦学术概论》一书中再增"兵、医"，认为："故论先秦学术，实可分为阴阳、儒、墨、法、道、名、纵横、农、小说、杂、兵、医十二家也。"

当时各学派的人物针对一些社会问题四处游说，推行自己的政治主张，著书立说。人们的思想空前活跃，在中国文化史上形成了一个百家争鸣的空前繁荣的局面。在这些学派中，最有影响的主要是儒家、墨家、道家和法家。

"黄老学派"和老子、黄帝有关吗？

▲紫气东来 清 任颐

图中老子身着赤衣，须眉皆白、高额、凸颧、阔耳、长颌、笑意盈盈、童颜鹤发。

"黄老学派"产生于战国中期，原是齐国稷下学宫的一个学派。战国中后期，由于长期以来的诸侯纷争，各国朝野都希望政治统一、和平安定的局面出现。黄帝作为华夏祖先，曾经开创了中国第一个大一统的文明时代。在当时的思潮下，黄帝便成了人们所推崇的政治家，一时为"学者所公述"。当时的道家也积极吸收黄帝思想中的尚法宗旨，形成了以"道德"为核心，以老子、黄帝为共同的创始人的新道家学派，该学派以"黄老之言"为学派的指导思想，因此时人称之为"黄老学派"。

"黄老学派"的代表作是《老子》，核心思想是提倡"于民休息"的"无为政治"。西汉时期，统治者鉴于秦王朝"举措暴众而用刑太极"以致被迅速推翻的教训，将黄老派的学说作为治国的指导思想，并将它运用到政治和法制实践中，以安定社会、恢复经济、缓和阶级矛盾和统治集团内部的矛盾。尤其在文、景两帝时期，黄老之学盛极一时。

其实，黄老之学并非仅仅是黄帝思想与老子思想的简单结合，而是兼采了"墨、名之要"，尤其吸收了儒家、法家的东西，为自己所用，最终形成了以儒、道、法三者相互渗透的混合学说。而且，从先秦到汉初，黄老之学根据政治的变化，不断调整自己的主张。先秦以道、法并提，重点在于法而不在于道。史载，一些著名的法家代表人物如申不害、慎到、韩非等大都"学本黄老"。到了汉初，黄老之学则大量吸收儒家智慧，既强调无为的道，力求"道胜"而"反于无为"，又在重视法的作用的同时，反复强调礼、德的功用，并在德刑关系问题上提出了一套完整的主张。在湖南长沙马王堆出土的《十六经》中，就有"春夏为德，秋冬为刑，先德后刑以齐生"的记载。

西汉初期，黄老之学一直是汉王朝的"御用"学术。到汉武帝时期，董仲舒提出"罢黜百家，独尊儒术"之后，黄老之学才慢慢衰落，为儒学所代替。

"太极图"里面暗藏着什么样的玄机?

太极图是以阴阳相互涵容交感的圆形图案，俗称阴阳鱼，相传由宋代华山道人陈所绘。

对于神秘的太极图，现代学者普遍认为它是宇宙万物运化的全息稳态模式。它以简单而形象的方式深刻地概括了阴阳易理、相反相成的哲理，生动地表示了宇宙万物的结构及其运动规律，堪称中国古人的最高智慧。

太极图上的黑代表阴，为阴仪；白代表阳，为阳仪。黑白两部分像两条鱼一样彼此依托，相互缠绕。寓意阴阳既对立，又统一。阴阳在相互排斥、相互斗争中，此消彼长，并始终保持一种动态的平衡。图中的黑色部分有白点，白色部分有黑点，则寓意阴阳互根，阴中有阳，阳中有阴，所谓"孤阴不长，独阳不生"。而最外层的圆圈则象征太虚或无极，表示宇宙万物是由元气化生的，同时又在进行着运动和循环。

宋代一些儒学大师以人学视角解读太极图，认为太极图包括天、地、人三部。它的阳方代表天部，阴方代表地部，中间的曲线代表人部，太极图是一个研究天地万物共同规律的法象图。所谓"太极元气，含三为一。"由此提出了立天之道、立地之道、立人之道三纲领，也就是三才之道。并把太极法则设定为人的一切行为的标准，从而把"太极"学说发展为"人极"学说。

朱熹曾将"太极图"解释为描述道教内丹修炼的图。

总之，所谓大道至简，太极图本身虽简单，一个圆圈、两条黑白鱼图形、两个圆点，但经过历代的图解与诠释，已经构成了一个涵义丰富深邃的庞大的"太极哲学"体系。

在中国古代，"诚"为什么具有至高无上的地位?

诚，是儒家思想的一个核心范畴，不贰与不妄，则是诚的基本含义。《礼记·中庸》曰："天地之道，可一言而尽也，其为物不贰，则其生物不测。"所谓"不贰"，即始终如一，亦即是诚，"生物"是指化生万物的意思，而所谓"不测"，是言数量之无限。朱熹认为："诚者何? 不自欺、不妄之谓也。""不妄"，也就是不虚假的意思，也就是诚。"诚"，是《礼记》中《中庸》一篇的核心表述，其篇有言："诚者自成也，而道自道也。诚者物之始终，不诚无物。诚者非自成己而已也，所以成物也。"由此可见，在《中庸》的表述中，天地之道就是一个字"诚"，"诚"是天地之道运动变化的属性，或者说是一种与天地同存的属性，"诚"可以与天地共存，"诚"亦能够化生万物。在这里，"诚"，已经远远超越了伦理的范畴，而具有了本体论的意义。孟子说："反身而诚，乐莫大焉。"这与《中庸》所言的"至诚如神"

都是将"诚"推崇到了一种至高无上的地位。

"性三品说"具有怎样的哲学内涵?

　　"性三品"是董仲舒提出的人性论。董仲舒将阴阳的观念引入对人性的分析，如同天有阴阳一样，人也分善恶。人所具有的善的品质，体现了天的阳性，董仲舒称之为"性"；人所具有的恶的品质，体现的是天的阴性，他称之为"情"。尽管"性"孕含着善的一面，但并不等同于善，而只是意味着善的可能，他比喻说："性比于禾，善比于米；米出禾中，而禾未可全为米也；善出性中，而性未可全为善也。"董仲舒依据人所具有的"性"和"情"的地位不同而将人性分为三品，上品为"圣人之性"，是"性"主导，而"情"很少，因此不教而可为善的品性；下品为"斗筲之性"，是"情"主导，而"性"缺乏，因此虽教而亦不能为善的品性；介于两者之间的为"中民之性"，是"性"、"情"相当，是为善而亦可以为恶的品性。董仲舒的"性三品"说将先天的人性进行了有差异的类分，这与孔子所言的"性相近"和孟子所说的"人皆可以为尧舜"是迥然不同的。东汉时期的思想家王充指出，董仲舒之言本性有善有恶，说的是普遍的人的本性；孟子之言性善，说的是上等人的本性；荀子之言的性恶，说的是下等人的本性，几种言说的差异在于论说对象范畴的不同。王充的这种提法对董仲舒的"性三品"说给予了充分的肯定。到唐朝，韩愈作《原性》，对董仲舒的"性三品"说进行完善，更进一步地将"性"与"情"都分为上、中、下三品，"性"与"情"相互对应，"上品之性"发为"上品之情"，"中品之性"发为"中品之情"，"下品之性"发为"下品之情"，这是一种更为精致化的"性三品"说。

"道法自然"具体内容是什么?

　　"道法自然"，语出《老子》第二十五章："人法地，地法天，天法道，道法自然。"其中的自然是指事物的本然之义。道法自然是道家哲学中的一个核心观念，其基本涵义在于强调自然的崇高地位，而相应地去掉人为的力量，即所谓的绝圣弃智，返璞归真，达到一种素朴无为的自然境界。庄子曰："夫赫胥氏之时，民居不知所为，行不知所之，含哺而熙，鼓腹而游，民能以此矣。"这句话就是对人之去除雕饰、

▲道教养生追求无为、飞升、得道成仙。图中所表达的正是这种思想。

任其真性的自然境界的一种形象的说明。道法自然的重要价值在于告诫人们要遵从自然之理，所行所为不要违背自然之性，要回归自然的人性，而弃除人性的异化。

"合纵"与"连横"分别指的是什么?

"合纵"与"连横"，指的是战国时期列国之间为了配合自己的军事行动和捍卫自身的国家利益而根据随时变化的政治形势所采取的两种不同的外交策略。《韩非子·五蠹》言："纵者，合众弱以攻一强也；横者，事一强以攻众弱也。"到了战国后期，由于秦国独强，实力远远超过其他各国，"合纵"主要指的是东方六国相联合以共同抵御西方强大的秦国，而"连横"则基本上是秦国所采取的外交方略，是对东方各国"合纵"策略的瓦解，令六国之间分崩离析，从而将六国各个击破。这两种策略驰骋匹敌，相互颉颃，造就了一批叱咤风云的纵横家，张仪和苏秦是其中最为杰出的代表。东方各国之间因为有着明显的利益分歧，面对日益强大的秦国，只图取眼前的一时利益，而缺乏长远的筹算，并不能够真正地联合一心，这使得"合纵"政策始终没有得到良好的执行，结果是秦国的"连横"策略占据上风，最终六国相继覆灭，秦国结束了长达数百年的诸侯纷争，实现了天下的统一。

"忠"具体包含什么样的内容?

忠，是中国传统社会中一项基本的道德要求。"忠"原是指对别人尽心尽力的忠诚态度，而不是专指臣对君的道德规约和行为职责。《论语·述而第七》载："子以四教: 文、行、忠、信。"忠，就是孔子的四项基本教育内容之一。在先秦时代，并没有后来那样的忠君观念，孔子关于臣对君忠的看法是："君使臣以礼，臣事君以忠。"也就是说，不是单方面地要求臣对君的忠诚，首先提到的是君要以礼待臣。孟子更说："贼仁者谓之'贼'，贼义者谓之'残'。残贼之人谓之'一夫'。闻诛一夫纣矣，未闻弑君也。"由此可见，在孟子看来，暴虐之君如纣者，实为民贼独夫，杀掉这样的暴君，是无所谓弑君的。这样的话里完全没有死忠、愚忠的色彩。而要求臣下绝对忠于君主的始作俑者还是法家的韩非。韩非认为，根本不存在所谓的共同的国家公利，君主和臣民之间的利害完全相反，因而绝无道义可言，彼此之间纯粹是相互利用的关系。但是，韩非是以君主本位来处理君臣关系的，他倡言："故人臣毋称尧舜之贤，毋誉汤武之伐，毋言烈士之高，尽力守法专心于事主者为忠臣。"这可以说是汉代大一统时期董仲舒的"君为臣纲"的理论渊源。自从"忠"被列入"三纲"之后，这一观念为封建统治者绝对化，皇帝作为万民之君，受命于天，受权于神，要求民众对皇帝无条件地履行忠诚，也就是所谓"君让臣死，臣不得不死"。另外，在帝制时代，皇帝往往被视为国家的代表，臣民效忠于皇帝常常与尽忠于国家是合在一起的，出于对国家的情感和职责，贤臣也要求自己尽到对皇帝的忠诚。

"仁者爱人"具体指什么？

　　"仁者爱人"，语出《孟子·离娄下》："君子所以异于人者，以其存心也。君子以仁存心，以礼存心。仁者爱人，有礼者敬人。爱人者，人恒爱之；敬人者，人恒敬之。"其实在《论语》中就已经有了"仁者爱人"这样的表述，只是没有在字面上将其连接起来。"樊迟问仁。子曰：'爱人。'""仁"，是儒家思想的核心理念，《汉书·艺文志》在阐述儒家学派的特点时概括说："游文于六经之中，留意于仁义之际。"而早在孔子之前，"仁"就已经是华夏民族的一个重要的道德范畴，《尚书·商书·太甲下》中记载："民罔常怀，怀于有仁。"也就是说，唯有仁德才是民心的常归之所。孔子将"仁"这一为世人所崇尚的理念发扬为一种至高的人生境界。在《论语》一书中，有关"仁"的表述屡屡可见，诸如："志士仁人，无求生以害仁，有杀身以成仁。""士不可以不弘毅，任重而道远。仁以为己任，不亦重乎？死而后已，不亦远乎？""克己复礼为仁。一日克己复礼，天下归仁焉。""仁者先难而后获，可谓仁矣。"孔子对"仁"进行了多种不同角度的阐释，"仁"可以说是孔子心目中的道德极则。后来孟子继承和发展了孔子的"仁"的学说，积极倡导"仁政"，提出"仁者天下无敌"的观念，将"仁"看作是帝王为政的最高标准。孔孟之后，"仁"的思想更是深深地刻在中国人的头脑中，"仁"成为自我修养与评价他人的一项根本准则。

"克己复礼"的哲学内涵是什么？

　　"克己复礼"，语出《论语·颜渊第十二》："颜渊问仁。子曰：'克己复礼为仁。一日克己复礼，天下归仁焉。为人由己，而由人乎哉？'"这段话的意思是，颜渊向孔子请教仁的含义是什么。孔子说："克制自己，令自己的言行思想符合礼的要求，这就是仁。一旦做到了克己复礼，那么天下的人就都会称许你是仁人。实践仁德，全靠自己，难道还能凭借别人吗？"仁，是孔子道德思想的核心理念，在不同的时候，孔子对于"仁"的内涵有着不同的阐发，而在这次对颜渊的回答中说的是"克己复礼为仁"，回答得干脆而肯定，可见，孔子是将"克己复礼"视作"仁"的基本要求的。之所以说"克己复礼为仁"，是因为孔子强调礼治，在其思想中是有着一套严整的礼法规约的，而履行这种礼法，使自己的言行适宜自己的身份、符合礼法的约定，这对于人际的和谐与社会的稳定是至关重要的。因此，"克己复礼"，是儒家思想中对于自我人生修养的一项基本要求。

"义"的具体内容是什么?

义,是中国传统的基本价值规范之一。"义"的本义是指合宜的行为表现,而这种合宜的判断标准是社会公认的准则,"义"的繁体字为"義",在造字上含有群我关系的因素,也就是说令自己的言行符合群体的规范要求者乃称之为"义"。概而言之,"义"体现了一种超乎个人利益之上的道德范畴。孔子曾言:"不义而富且贵,于我如浮云。"并且有"义然后取"、"见得思义"、"见义勇为"等关于"义"的行为要求,孔子是将"义"作为自身去就取舍的准则来看待的,如有所取,必当符合义的要求而后可;若有所去,亦当首先思考是否符合义的标准。孟子发扬了孔子的义的思想,言称:"生,我所欲也;义亦我所欲也。二者不可得兼,舍生而取义者也。"由此人们常将"舍生取义"与"杀身成仁"相并述,"仁"、"义"二字也成为儒家思想的标志,作为中国传统的核心价值理念,传承千年,根深蒂固。

"礼"的具体内容包括哪些?

礼,是中国传统价值的一个核心范畴。礼最初是指祭神的宗教仪式,后来发展到人事方面,表示与人的身份地位相应的行为规范和仪式制度。《礼记·中庸》载:"礼仪三百,威仪三千。"可见当时的礼仪是非常繁复的,礼制涉及到人们生活的方方面面,无

▲ 灵公问陈

鲁哀公二年,孔子从陈国返回卫国,卫灵公询问陈国的事,孔子说:"军事方面我还没有学,明天再回答你吧。"这时,灵公看到有大雁飞过,抬头凝视,心思已不在孔子身上,孔子觉得受到了轻视又返回了陈国。

大无小，细至举手投足之间都有相应的礼节来规范。如此繁缛的礼仪显然只有在物质生活余裕的贵族阶级才能施行，所谓"刑不上大夫，礼不下庶人"。根据传统的说法，西周初年，周公旦制订了严密的礼乐体系，奠定了以礼为治的教化传统。孔子对周公之礼极为尊奉，将礼视作修身与治国的基础，曾对其子孔鲤言："不学礼，无以立。"并且提出著名的"克己复礼为仁"的论说。礼之所以具有如此之重要的地位，是因为礼所反映的不仅仅是行为表面上的一套规矩，更是体现着言行规范的后面所蕴含的严肃的道德伦理基础，其严格的形式性承载着重要的实质性。

"智"的具体含义是什么？

智，是儒家的核心价值范畴之一。儒家思想中的"智"，指的并不是科学智慧，而是一种道德智慧，也就是辨别善恶、是非的能力，也就是孟子所言的人的与生俱来的"是非之心"。《论语·雍也第六》记载："樊迟问知（即智）。子曰：'务民之义，敬鬼神而远之，可谓知矣。'"孔子的解释是，致力于民众应当遵从的义德，尊敬鬼神但是并不亲近它，这就是可以叫作"智"了。又，《论语·宪问第十四》记载："子曰：'君子道者三，我无能焉：仁者不忧，知者不惑，勇者不惧。'子贡曰：'夫子自道也。'"孔子在这里将"知者不惑"作为君子所具有的基本美德之一，其后孟子进一步指出，所谓"智"（"知"，通"智"），就是生而有之的"是非之心"，只要尽心将这种智慧来发扬，就能够做到知性，由知性而知天，知天则意味着达到超凡脱俗的人生之境，这是"智"的最高境界，也是儒家思想中作为一种道德智慧范畴的"智"的概念的本真之义。

"信"具体指什么？

信，是中国传统的核心价值范畴之一。信，就是诚，是无欺，是使人无疑。"信"不仅被奉为人际相处的起码准则，亦是治理国家的基本理念。孔子曾说："人而无信，不知其可也。大车无輗，小车无軏，其何以行之哉？"孔子将人没有诚信比作车没有輗、（軏，指车辕与横木相连接的关键部位）无法立足于世。孔子在回答子贡关于政事的提问时指出"足食"、"足兵"与"民信"这基本的 3 点，又言其中最为重要的是取信于民这一点，称："民无信不立。"另外，孔子的弟子子夏也说："与朋友交，言而有信。"曾子的每日三省其身中的一项重要内容同样是"与朋友交而不信乎"。在法家的治国之术中，尤其重视对人民的守信，商鞅"南门立木"就是重信的一个明证。到了汉代，"信"这一道德准则被奉为五常之一，更是确立了至高无上的地位和影响力。

"勇"的具体内涵是什么?

勇,是儒家的重要道德范畴之一,指勇敢、果断的品格,孔子将勇看作是仁者所必备的条件,并且将勇与智和仁相并举,曰:"知者不惑,仁者不忧,勇者不惧。"但是君子的勇是应当以义为前提的,"君子以义为上,君子有勇而无义为乱,小人有勇而无义为盗"。孔子又说"恶勇而无礼者",可见,勇的品质的发扬是应当以对于礼和义的尊崇为基础的。孟子继孔子之后对勇的内涵做了更为详细的阐发,指出真正的勇是深明大义,能够通过自省而作出进退选择的"理性"之勇,是合于气节、道义,敢于担当的道德之勇,而不是逞强好胜的血气之勇、匹夫之勇。孟子以气养勇,以义配勇,崇尚"舍生取义",其勇与"心"、"志"、"气"有着密切的关系,是一种体现情感与行动相统一的道德品质。孟子认为勇的培养需要立其志、养其气,从而最终形成具有"浩然之气"的理想人格。

▲宋人伐木

孔子离开曹国,路过宋国,在大树下与弟子练习礼法,宋国司马要害他,欲拉倒那棵树,弟子们说:"可以离开这里吗?"孔子镇静地说:"天地赋予了我德行,司马能把我怎么样呢?"

为什么庄子会有"庄周梦蝶"这么古怪的想法?

"庄周梦蝶"的故事出自《庄子·内篇·齐物论》:"昔者庄周梦为胡蝶,栩栩然胡蝶也。自喻适志与!不知周也。俄然觉,则蘧蘧然周也。不知周之梦为胡蝶与?胡蝶之梦为周与?周与胡蝶则必有分矣。此之谓物化。"其大意就是有一天,庄周梦见自己变成了胡蝶,翩翩起舞,感到悠然自得,非常快乐,不知道自己是庄周。过了一会儿梦醒了,发现自己是躺在床上的庄周，于是感到迷惑：是庄周做梦变成了胡蝶呢，还是胡蝶做梦变成了庄周？

庄子之所以会有如此奇怪的想法，原因在于他一向"齐物"的哲学思想，而这篇寓言就是宣扬他齐物思想的名篇。庄子一向认为人的生死、物我的界限其实是虚幻的，并且可以打破，而且只有打破之后，人才会得到真正的快乐。在一般人看来，醒是一种境界，梦是另一种境界，二者是不相同的。但在庄周看来，它们都只是一种现象，是"道"在运动中的一种形态、一个阶段而已，所谓"物与我皆无尽也，物与我皆无界也"。这其实也就是道家一向的"宇宙万物本为一体"的哲学思想。

通过"梦蝶"寓言，庄子提出一个哲学问题——人如何认识真实？如果梦足够真实，人便没有任何能力知道自己是在做梦。其实不只是庄周，许多人都会偶尔在某一瞬间产生人生如梦的想法，只是庄周将这种感悟利用寓言形象化地表达出来了。李白在《古风五十九首》中写道："庄周梦胡蝶，胡蝶为庄周。一体更变易，万事良悠悠。乃知蓬莱水，复作清浅流。青门种瓜人，旧日东陵侯。富贵固如此，营营何所求。"意思是人生本如蝴蝶梦一般，变化莫测，昔日的东陵侯，现在成了城外的种瓜人，富贵哪有定数，又怎值得去追求呢？可见，庄周的这种想法虽古怪，但并不"曲高和寡"，反而引起了不少人的共鸣。

"寡欲"的具体含义是什么？

"寡欲"，是儒家提倡的修身方法。《孟子·尽心上》："养心莫善于寡欲。"欲望本是一种生物本能，但在人的身上却有着特殊性，一方面因为人类世界较动物的世界远为复杂，相比于动物很单纯的欲望而言，人类的欲望呈现出纷繁之状。另一方面，动物的欲望追求仅限于几种基本的生理欲望的满足，而生理欲望一般而言都是有限度的，不会产生过度膨胀的问题，人类的欲望则不然。俗语说"人为财死，鸟为食亡"，这句话很好地表现出人的欲望与动物的欲望的区别。鸟为食而奔逐，人则为财而争斗，食者为一腹之欲，食量再大也是有限度的，有了一定的食物就可以满足；而财则是一种无限的欲望，人对财的追求是没有界限的，也就是说没有"满足"的可能，所以人类有贪得无厌之说，动物却不大可能出现这种情况。人类这种欲望的特殊性，决定了人常常要遭受欲望得不到满足之苦（事实上，从一定意义上来讲，人的欲望必然是永远不会获得满足的），与此同时，一些人为追逐欲望不择手段而给社会带来罪恶。这样，如何正确处理欲的问题就成为思想者所必然要认真面对的一大人生困局。思想家们常常不约而同地选择人要对自身的欲望进行限制，但是具体的提法却有所差别。与佛教的严格禁欲相比较，儒家对于人的欲望方面是很开明的，认为饮食男女乃人之大欲，是完全应当追求和满足的，只是提倡"欲不可纵"，人对自身的欲望要有所节制，这也就是儒家的"寡欲"思想。宋代理学家所提出的"存天理，灭人欲"的主张，不应简单地按字面理解为禁欲主义，这里所说的"人欲"实际上指的是超出人的基本生理欲求的过分的欲望。寡欲虽然有倡导人们安于清心素朴的生活以免去诸多的扰攘纷争的积极的一面，仍未免失之于保守，如言"美味"即是应当革去的"人欲"，实在是过于严苛，另外，这种提倡如果达到有失分寸的过分化的地步，对于社会的发展前进也是不利的。更为正确的提倡应当是求欲而有道，也就是不应当只看一个人的欲望本身是处于一种什么样的程度，而且更要看其对欲望的追求是否是以遵守既定的道德规范与公认的行为准则并且不为害于他人为前提的。同时，应倡导对于欲望不要过分地热衷，也就是说，"寡欲"依然是人们持身的一种重要参照，只是不必机械地去一味尊奉。

▲ 知足常乐

梁楷的画被时人评为"描写飘逸"，"逸"指的是自由奔放、意趣超尘、潇洒自然、不拘法度的风格，这种风格对以后中国绘画产生了重大影响，此图正是梁楷"逸"格的集中体现。

"知足常乐"中的"知足"具体指的是什么？

"知足"，是道家提倡的伦理观念。《老子》第四十六章："罪莫大于可欲，祸莫大于不知足，咎莫大于欲得。故知足之足，常足。"第四十四章："名与身，孰亲？身与货，孰多？得与亡，孰病？甚爱，必大费；多藏，必厚亡。故知足，不辱；知止，不殆，可以长久。"老子提倡去掉身外之欲，劝导人们知足知止，而可常足常乐。人处于一个物欲横流的世界，老子的话有着鲜明的规劝意义，只是要让人们实践中对这样的理念给予执守和认同却并非易事。

"温、良、恭、俭、让"具体指的是什么？

"温、良、恭、俭、让"，是儒者所具有的 5 种美德，语出《论语·学而第一》："子禽问于子贡曰：'夫子至于是邦也，必闻其政，求之与，抑与之与？'子贡曰：'夫子温、良、恭、俭、让以得之。夫子之求之也，其诸异乎人之求之与？'"这段话的意思是，子禽问子贡："孔子到了一个国家一定会了解到那个国家的政事，这是主动问来的呢，还是别人自动告诉的呢？"子贡回答说："那是孔子依靠温、良、恭、俭、让这些美德所得来的，孔子得到这些听闻的方式与别人获取的方式是不相同的吧。"温、良、恭、俭、让，指的就是温和、善良、严肃、节俭、谦虚这 5 种品德，这是孔子的学生对他的评价，可见孔子自身是躬行着这些美德的，而这也成为后世效法的榜样。

"知耻"具有怎样的哲学内涵？

"知耻"是儒家思想中的一个重要的道德范畴，指的是个人通过自己内心的省察而产生羞恶感。孔子曾以"行己有耻"来表述士人之行，也就是说要以羞耻之心来约束自己的行动，自己认为羞耻的事就不会去做。这是知耻的重要意义。知耻则有所不为，若不知耻则无所不为，知耻是君子之行的一条基本的道德约规。孔子言："知耻近乎勇。"朱熹对此的解释是，"勇"指"勉力而行、自强不息"的精神，是君子应当具备的美德。孟子将"知耻"称作"羞恶之心"，将其作为人皆有之的"良知"。荀子继承和发展了孔孟的知耻观念，并且对荣辱问题进行了详细的阐述，将"知耻"作为人生修养的要则。明末清初的思想家顾炎武提出："朝廷有教化，则士人有廉耻；士人有廉耻，则天下有风俗。"并且说："士大夫之无耻，是谓国耻。"可见，知耻与否不仅关乎个人之善恶，亦系于国家之荣辱兴衰。

"立德、立功、立言"出自何处？

立德、立功、立言，即"三不朽"，语出《左传·襄公二十四年》："太上有立德，其次有立功，其次有立言。虽久不废，此之谓不朽。"当年，鲁国的叔孙豹与晋国的范宣子就何为"死而不朽"这一问题各自发表过见解。范宣子认为，他的祖先自虞、夏、商、周以来世代为贵族，家世显赫，香火不绝，这就是"不朽"。叔孙豹则以为不然，他认为这只能叫作"世禄"，而并非"不朽"，在言及什么是真正的"不朽"时，叔孙豹说了上面那段话。唐代孔颖达在《春秋左传正义》中对立德、立功、立言三者分别做了明确的阐释："立德谓创制垂法，博施济众"；"立功谓拯厄除难，功济于时"；"立言谓言得其要，理足可传"。也就是说，"立德"指道德操守，"立功"乃指事功业绩，而"立言"指的是把真知灼见形诸语言文字，著书立说，传于后世。"立德"、"立功"与"立言"，指向的都是身后之名的流传不绝，因此而谓之"不朽"。而对身后不朽之名的追求，正是古圣先贤超越个体生命的局限而追求永生、超越物质欲求而追求精神满足的独特形式。孔子说："君子疾没世而名不称焉。"屈原在《离骚》中说："老冉冉其将至兮，恐修名之不立。"司马迁在《报任安书》中也说道："立名者，行之极也。"这些话语都表达了先贤对于不朽之名的热衷，不朽之名与通常而言的名利之名并不是一回事，因为不朽之名指向的是一种极致的人生境界，对这种人生境界的追求，激励着个体生命拼搏奋进，敢于取舍，从而释放出无比巨大的能量，昭己名于后世，亦泽被于千秋，而绝非指求得一时的浪声虚名以得心慰而已。

"独善"和"兼济"的具体内涵分别是什么？

独善和兼济，是儒家提倡的修身准则，语出《孟子·尽心上》："穷则独善其身，达则兼善天下。""独善"和"兼济"，是这两句话的简括的提法，其意为，一个人在不得志的时候，要汲汲于修善己身，而在发达的时候，则要有志于普济天下，惠被苍生。孟子还说："得志，与民由之；不得志，独行其道。""得志"，就是"达"；而不得志，也就是"穷"。这里的"穷"与"达"，意指是否有为官参政的机会，只有获得了执掌政权的机会，才能够将自己的治世理想进行实践和推广，否则自己的一腔热情只是纸上空谈。即使是一介平民，依然要严格自律，保持操守，而不可放任自流，放弃自我的修养。这就是儒家的退则修己身、进则济天下的积极入世的人生观念。

▲ 退则修己身，进则济天下。

"万物皆是一个天理"是谁提出来的？

"万物皆是一个天理"，是程颢、程颐兄弟所提出的理学观念，他们认为，"理"或"天理"是一个例外的存在，不是从事物中所抽象出来的，这唯一的"理"是永恒存在的，而且是先验地存在于一切事物之中的。"所以谓万物一体者，皆有此理"，世界必先有一个普照万物的理，然后才有被照的万物存在。天理之照物，犹如"月印万川"，也就是说，千万条河流中都映照着月亮，可是这许多条河流中的月亮却全都是那同一个月亮。这就是程氏兄弟的"天下只有一个理"、"万物皆是一个天理"的理学思想。

"知行合一"哲学观点的具体内涵是什么？

"知行合一"是王守仁的哲学观念，明武宗正德三年（1508 年），王守仁在贵阳文明书院讲学时首次提出"知行合一"的说法。王守仁所讲的"知行合一"，指的并不是实践与认识相符合的含义，这里的"知"，是一种良知，也就是指人的道德意识和思想理念，而"行"，是指人的道德践履。王守仁指出，"知"与"行"二者之间，互为表里，不可分离，知必然要表现为行，不行不能算真知。而良知，无不行，自觉的行，也就是知。在王守仁看来，知决定着行，道德意识是人之行为的指导思想，按照道德的要求去行动就是达到良知，在道德指导下产生的良知是行为的开始，符合道德要求的行为则是良知的完成。

"无为而治"的思想内涵是什么？

▲老子像

老子主张人的本性应走向"自然"、"无不为"这一最高境界。相传老子应函谷关关尹之请写了《道德经》后，出关向西归隐而去。

"无为而治"，是道家的基本思想，首先是由老子提出来的。老子认为天地万物都是由道化生的，而且天地万物的运动变化也都遵循着道的规律，而道所遵循的又是自然的规律，也就是"道法自然"。既然道以自然为本，那么对待事物就应该顺其自然，无为而治，让事物按照自身的必然性自由地发展，使其处于符合道的自然状态，不对它横加干涉，不以有为影响事物的自然进程，只有这样，事物才能正常地存在和健康地发展。老子说："是以圣人处无为之事，行不言之教。""上德无为，而无以为；下德有为，而有以为。""为学日益，为道日损，损之又损，以至于无为。无为而无不为。"这些讲的都是"无为而治"的好处。当然，所谓"无为"，并不是一无所为，不是说什么都不做，而是不妄为，不随意而为，不行违反自然规律之为。

"损一毛利天下而不为"说的是谁？

"损一毛利天下而不为。"语出《孟子·尽心上》："杨子取为我，拔一毛而利天下，不为也。"杨子，就是杨朱，是战国时期的一个重要的思想家，但是没有著作流传。杨朱的思想被记载下来的部分概括起来是"贵生"、"重己"，也就是珍视自己生命的保存，反对因利于他人而损伤自己的利益，也就是所谓的"损一毛利天下而不为"，这与墨家的"摩顶放踵利天下而为之"的"兼爱"思想是相对立的。

"中和"是一种怎样的哲学思想?

"中和",原为中正、平和之意,后来引申为中庸之道的思想内涵,成为一个哲学概念。《礼记·中庸》言:"喜怒哀乐之未发谓之中,发而皆中节谓之和;中也者,天下之大本也,和也者,天下之达道也。致中和,天地位焉,万物育焉。"这段话的意思是,喜怒哀乐没有发作失控,叫作"中";各种情绪表现出来而又都恰到好处,叫作"和"。"中",是天下最大的根本;做到"和",天下才能归于道。君子如果能将中和做到完美的程度,天地都会赋予他应有的位置,万物都会养育他。可见,"中和"是儒家所提倡的一种最为高尚的修养范畴。

"男子汉大丈夫"和孟子所说的"大丈夫"是一个意思吗?

"大丈夫"是用于表达杰出人物所具有的不凡之品质的一个概念。关于何谓大丈夫,孟子有过一段著名的阐述:"居天下之广居,立天下之正位,行天下之大道。得志,与民由之;不得志,独行其道。富贵不能淫,贫贱不能移,威武不能屈。此谓大丈夫也。"意思是说,居住在天下最广大的居所里,站立在天下最正大的位置上,行走在天下最广阔的大道上,能实现志向就与民众一起去实现,不能实现志向就独自固守自己的原则,不受富贵诱惑,不为贫贱动摇,不为武力屈服,这才叫大丈夫。孟子在这里用"大丈夫"这一概念来表述自己所崇尚的人格理想,讲述的是一种巍巍然乎具有浩然之气的君子品格。

"治大国若烹小鲜"是一种怎样的哲学思想?

"治大国若烹小鲜",语出《老子》第六十章,意思是治理大国就如同烹制美味的小鱼一样,这是老子所崇尚的治国方法。据说上古时期的贤君汤曾向伊尹询问治国的主张,伊尹用这样的比喻来说明:"做菜既不能太咸,也不能太淡,要调好作料才行;治国就如同烹饪,既不能操之过急,也不能松弛懈怠,只有恰到好处,才能把事情办好。"老子取用了伊尹的这个说法来表达自己的政治方略,强调治理国家要依照规律循序行事,一切有条不紊,长此以往,国家必定和谐而昌盛。

"小国寡民"是一种后退的意识吗？

▲桃花源就是陶渊明理想中的小国寡民之地

"小国寡民"出自《老子》第八十章："小国寡民，使民有什佰之器而不用，使民重死而不远徙。虽有舟舆，无所乘之；虽有甲兵，无所陈之，使民复结绳而用之。至治之极，甘其食，美其服，安其居，乐其俗。邻国相望，鸡犬之声相闻，民至老死不相往来。""小国寡民"是老子对自己的社会理想所作的阐述，这种社会生活状态，颇有桃花源式的意境，也是一种只能形诸书面的空想，无论在既往，还是在未来，都是不可能出现的情形。有人批判老子的这种思想表现的是一种后退的意识，而其实这是老子有感于当时社会纷争扰攘的混乱局面所提出的一种以寡欲思想出发的、人民世代安居乐业的美好愿望。

韩愈坚持的"道统"是什么？

韩愈，字退之，河阳（今河南省焦作孟州市）人，唐代文学家、哲学家。在思想上，他是中国"道统"观念的确立者，是尊儒反佛的里程碑式人物。

韩愈所生活的唐代中后期，儒家思想自被汉武帝奉为正统以来，日益僵化，失去活力。在人们对儒家思想兴味索然的同时，佛、道开始盛行，佛教尤其受到上自皇帝，下自普通百姓的普遍信奉。杜牧的"南朝四百八十寺，多少楼台烟雨中"便是当时的真实写照。韩愈为反对佛教，维护儒家的正统地位，提出了"道统"说。

韩愈所谓的"道"，即指孔孟的"仁义道德"。韩愈认为"仁"就是"博爱"，"义"就是做该做的事，内心具备了"仁义"便是"德"，照着自己的这个方向去实践便是"道"。他还称儒家之"道"与佛教的所谓"道"有根本的区别。针对佛教性情对立、要求灭情以见性的观点和主张"出世"的态度，韩愈则主张因情以见性，即在克制情欲的道德修养中改善人性，以符合现实伦理道德的要求。同时，为弥补儒家思想仅以政治伦理为务，没有自己的宇宙观和心性理论的缺点，韩愈又综合了孟子、荀子、扬雄的人性理论，并继承了董仲舒的性三品说，确立了自己的"性三品"说。第一次将儒家的"道"抽象为以道德为中心的客体精神，从而使儒家能在世界本原问题上与佛、道相抗衡。

所谓"统"讲的是儒家学说的师承关系。韩愈认为，"道"发端于尧，经舜、禹、汤、文、武、周公，至孔子发展到完备。孔子后，诸儒不得要领，只有孟子得其真传，孟子后失传，到他自己又续接上了。所以他提出，他的使命是师道、传道和卫道。

据《旧唐书·韩愈传》记载，韩愈"触排异端，镶斥佛老，补苴罅漏，张皇幽眇。寻坠绪之茫茫，独旁搜而远绍；障百川而东之，回狂澜于既倒"。他毕生"以兴起名教弘奖仁义为事"，努力以自己的学术重建儒家精神，对于儒学的弘扬，功劳甚巨。后世儒人多认为他继承了孟子的儒学正统地位，对之格外尊崇。

"存天理，灭人欲"阐述了怎样的哲学思想？

"存天理，灭人欲"，这一说法的提出习惯上被归于朱熹的名下，而实际上，类似的提法早有渊源，《礼记·乐记》中说："人化物也者，灭天理而穷人欲者也，于是有悖逆诈伪之心，有淫作乱之事。"意思是讲，人为外物所诱惑而丧失了天理、纵容人的欲望，于是有了各种邪恶的想法和恶劣的行为。这里已将"天理"和"人欲"相对立，"天理"，也就是孟子所说的人的与生俱来仁、义、礼、智等良知，而"人欲"则是对"天理"的违背，是为所欲为的不善之举。程颐说："人心私欲，故危殆。道心天理，故精微。灭私欲则天理明矣。"这也是将"人欲"和"天理"相对立的表述，说的也就是"存天理，灭人欲"。

朱熹传承了这种思想，说道："孔子所谓'克己复礼'，《中庸》所谓'致中和'，'尊德性'，'道问学'，《大学》所谓'明明德'，《书》曰'人心惟危，道心惟微，惟精惟一，允执厥中'，圣贤千言万语，只是教人明天理，灭人欲。"朱熹实际上并非"存天理，灭人欲"的首倡者，但是他将此看作是儒家思想的精髓之所在，并且对其进行了详细的阐发，极大地提高了这一观念的影响力。值得注意的是，朱熹并非是一概反对人的任何欲望，他所说的"人欲"是指那些超出了正当要求以及违反了社会规范的欲望，是属于"非分之想"一类的欲求，只是后来人们脱离了具体的语境对字面的含义发生了误解，因而严厉地抨击朱熹对于人欲的否定。事实上，朱熹的这种倡导之于纷杂混乱的社会实际乃及乱世之中人的行为操守也并非是毫无积极意义的，但不可否认的是，朱熹的这种表述对后来的社会思想产生了很为不良的影响，以致出现了"以理杀人"的现象。"存天理，灭人欲"的错谬的根本之处不在于对"人欲"的否定，而在于将"天理"和"人欲"相对立，使"理"和"欲"之间不是相和谐的关系，而是此生彼灭的相冲突的关系。

"玄学"是一门什么样的学问?

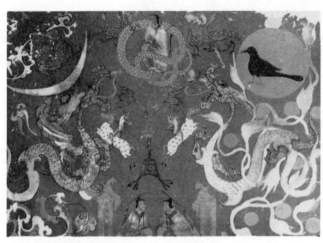

▲天人感应帛画　汉代

古代天文学中天象和人文有密切关联，这种关联被称为"天人感应"。至汉代，董仲舒为"天人感应"作出了理论上的阐明。他认为天与人之间存在象与数的关联，天与人是同类的，是可以彼此感应，互相影响的。从此"天人感应"论被历代王朝纳入上层建筑与社会意识形态之中。

"玄学"的"玄"并非是玄奥难懂之意。王弼注《老子》时，曾提出"玄者，物之极也"，"玄者，冥也。默然无有也"。因此，这里的"玄"意指诸如万物根源、本体等观念。而玄学是魏晋时期王弼、何晏等在儒家的基础上，吸收道家的精神形态，探究事物原理的一种唯心主义哲学。

魏晋时期，因党争酷烈，政治暴力时常绞杀名士，加之汉末以来在意识形态上居于支配地位的儒家思想的动摇，老庄思想受到推崇。当时的知识分子一改臧否朝廷人物的"清议"，摈弃世务，转而热衷于抽象玄理的讨论。玄学家多是当时的名士，他们以出身门第、容貌仪止和虚无玄远的"清谈"相标榜；以"三玄"（即《周易》、《老子》、《庄子》）为依据，将儒家与道家思想相互贯通；以解决名教（儒家礼教）与自然的关系为其哲学目的，究极宇宙人生的哲理。当时的玄学家们对于宇宙自然的本质、生命的本质、人存在的终极意义，以及有无、本末、才性、言意、动静等命题，都有深入的讨论。其代表人物有王弼、阮籍、嵇康、向秀、郭象等。

玄学思辨所带来的本体感悟，除了在哲思层面上对宇宙自然中的生命意义作一种感触和领悟外，又与各种不同因素结合在一起，作为一种动力和构成，体现为魏晋士人本身的生活方式和格调，并表现在他们的艺术创造活动中。而魏晋人士之所以以其性格行为的旷达潇洒、为言为文的玄妙灵动，以及个人气度的精致清峻形成了历史上一个独特的群体，与玄学的流行可以说是互为因果。

玄学家们从个体生命的角度体验到天地宇宙的某种永恒，体味到人在此之中的自由。同时又因人生短暂，则更珍惜这种自由。这种领悟和发现，导致了以阐释老庄和佛教哲理为主要内容的玄言诗以及稍后更加成熟从容的山水诗的出现。这样一种纯粹的、非功利的精神活动和精神生产，为后世的艺术和审美奠定了一种不同于儒家的观念基础，为中国文学与审美开拓了巨大的空间。

"格物致知"是什么意思?

"格物致知"是中国古代儒家思想中的一个重要概念，属于《礼记·大学》"八目"——格物、致知、诚意、正心、修身、齐家、治国、平天下——中的前两目。在《大学》原文中为"欲诚其意者，先致其知；致知在格物。物格而后知至，知至而后意诚"。《大学》"八目"是儒家对于读书人从修身、学习，到实现政治抱负的具体指导，尤其宋代以后，"四书"成为科举考试的命题来源，因此这"八目"就更被读书人挂在笔端口头了。

但《大学》全文中只在此提及了一次"格物致知"，且未在其后作出任何解释。而在其他先秦古籍中也看不到与"格物"与"致知"这两个词汇有关的意涵，因此"格物致知"的真正含义，成了儒学思想史上的千古之谜。历代至今，对于它的各种版本的解释，不下百种，至今仍无定论。

明清到现代，最权威的解释是宋代理学家的阐释。北宋的程颢认为："格，至也，格犹穷也，物犹理也，犹曰穷其理而已也。"因此将之解释为："穷究事物道理，知性不受外物牵役。"程颐则解释为"穷究事物道理，致使自心知通天理"。南宋的朱熹在吸收程氏观点的基础上，进一步提出："格，至也。物，犹事也。穷推至事物之理，欲其极处无不到也。"即"穷究事物道理，致使知性通达至极"。

朱熹的《四书集注》在元朝中叶被官方采用为科举取士的应试准则，后来明太祖朱元璋也独尊朱熹学说为《四书》的唯一官方思想权威，故朱熹学说便成为元明清时代在科举考试中的官方观点。也因此，朱熹在"格物致知"上的观点也就成为后世普遍流行观点。

"心学"就是王阳明说的凭"良知"做事吗?

王阳明，名守仁，字伯安，阳明是他的号，明代著名哲学家，中国主观唯心主义哲学"心学"大师。

"心学"作为儒家的一门学派，最早可以追溯到孟子，然后经北宋程颢开其端，南宋陆九渊则大启其门径，与朱熹的理学分庭抗礼。至明朝王阳明首度提出"心学"两字，至此，"心学"开始有清晰而独立的学术脉络。其实就其本质而言，"心学"是理学内部衍生出来的一种反叛。

总体而言，王阳明的"心学"是靠批判朱子之学发展起来的，因此其特点很大程度上是在与朱熹理学的对比中体现出来的。理学持"心与理为二"，"理在事先"，理是宇宙本源。而"心学"则认为"心外无理"，心是宇宙本源。在此基础上，心学进一步提出了"良知说"。认为心之本体即是良知，而良知即是天理，故不可在良知之外寻求天理。并且，良知是造化的"精灵"，天地万物都是由良知所生，"生天生地，成鬼成帝，皆从此生，真是与物无对"。王阳明又称良知是"天源"，天地万物的发育流变都要以此为根源。总体上，"心学"包含了浓厚的唯心主义色彩，并且明显吸收了佛家和道家的理论。

另外，相比于其他儒学学派，"心学"格外强调生命活泼的灵明体验。王阳明在《传习录》中言："学贵得之心。求之于心而非也，虽其言之出于孔子，不敢以为是也。"此话打破了圣人与凡人之间的界限，提倡崇尚自我，尊重个人思考价值，为 16 ~ 17 世纪中国思想的解放打下了基础。

总体而言，"心学"即是把心作为宇宙万物的本原，而将"良知"作为心之本体。这里所谓的"良知"，不仅仅包含了事实判断，而且包含了价值判断。总之，一切事物都在人心内，依心而有，心外无物。

虽然笼统而言，"心学"可以说成是凭"良知"做事，但这里所说的"良知"，与我们通常所说的良知是有区别的。这里的"良知"是超出了善恶之上的绝对的善，超出了是非之上的绝对真理，人只有通过格物致知，经过严格的实践、体验，才能达到这种"良知"。

明末三大思想家是谁？

明末清初，社会时局的动乱，促使许多人潜心反思社会剧变、朝代更迭的原因，从而拉开了启蒙思想的序幕。其中，顾炎武、黄宗羲、王夫之三人成就最大，被称为明末清初三大启蒙思想家，尤其是黄宗羲有"中国思想启蒙之父"之誉。

▲ 黄宗羲像

明朝灭亡之后，顾、黄、王以批判社会为突破口，在哲学、历史、政治、经济和教育诸方面提出了一系列"别开生面"的主张，尤其在经济以及政治方面的主张已经突破了传统思想的樊篱，具有近代启蒙思想的光芒。

在经济上，顾、黄、王均提倡重视手工业、商业的发展。其中黄宗羲提出了"工商皆本"说，首次突破了中国以农为本的传统经济观；王夫之提倡政权对经济的不干涉主义，反对国家垄断，主张自由买卖；顾炎武则主张国家对于商人应该给予保护。这些都明显带有一些资产阶级经济观的色彩。

在政治上，三人批判君主专制，倡导民主议政。黄宗羲石破天惊地将专制君主称之为"天下之害"，并明确反对封建"家天下"制度，进而提出"天下为主，君为客"的观点；顾炎武认为改姓易号的"国"之兴亡，是统治者的事，天下的兴盛，才是平民百姓的责任，首次将政权与国家两个概念分开；王夫之提出"预定奕世之规，置天子于有无之"的设想，并否定"普天之下，莫非王土"的传统观念。认为人都应享有对土地山川的天赋权利，"有其力者治其地，不待王者之授之"，这与卢梭的"天赋人权"有相通之处。此外，三人还提倡"清议"，鼓励人们对时政得失进行评论，希望通过舆论监督来制约君权，并提出分君权以行"众治"，顾炎武还提出了"地方分治"、"有治法而后有治人"的制度设想。

这些具有启蒙意味的思想，使顾、黄、王等人被后世认为是"历史的觉醒者"。虽然这些思想未能得到实践，但在清末却成了洋务派、维新派乃至革命派的非西方思想来源。

历史上真有"午门斩首"的制度吗?

古装戏中，大臣得罪了皇帝，皇帝一生气，便下令将其"推出午门斩首"。那么"午门"究竟是指什么地方，中国历史上真的存在这种制度吗?

"午门"在历代宫殿沿革中都存在。紫禁城中午门为正门，位于南北中轴线上，因其居中向阳，位当子午，故名午门。其前有端门、天安门、大清门，其后有太和门（明代称奉天门，后改称皇极门，清代改今名）。各门之内，两侧排列整齐的廊庑。这种以门庑围成广场、层层递进的布局形式是受中国古代"五门三朝"制度的影响，有利于突出皇宫建筑威严肃穆的特点。

午门的平面呈"凹"字形，沿袭了唐朝大明宫含元殿以及宋朝宫殿丹凤门的形制，是从汉代的门阙演变而成。午门分上下两部分，下为墩台，正中开三门，两侧各有一座掖门，俗称"明三暗五"。墩台两侧设上下城台的马道。五个门洞各有用途：中门为皇帝专用，此外，皇帝大婚时，皇后乘坐的喜轿可以从中门进宫；通过殿试选拔的状元、榜眼、探花，在宣布殿试结果后可从中门出宫。东侧门供文武官员出入。西侧门供宗室王公出入。两掖门只在举行大型活动时开启。正楼两侧有钟鼓亭各3间，每遇皇帝亲临天坛、地坛祭祀则钟鼓齐鸣，到太庙祭祀则击鼓，每遇大型活动则钟鼓齐鸣。午门整座建筑高低错落，左右呼应，形若朱雀展翅，故又有"五凤楼"之称。

午门是皇帝举办各种仪式的地方，如颁发诏书。皇帝在立春赐春饼，端午日赐凉糕，重阳日赐花糕也在这里举行仪式。每年腊月初一，要在午门举行颁布次年历书的"颁朔"典礼。遇到战争，大军凯旋，要在午门举行向皇帝敬献战俘的"献俘礼"。明代皇帝处罚大臣的"廷杖"也在午门举行。

古代皇帝处决臣子一般不在午门举行，一般是押往柴市或菜市进行，如著名的"戊戌六君子"就是在菜市口被杀害的。那为什么会存在"推出午门斩首"的说法呢? 这与上面提到的"廷杖"有关。明代时，如果大臣触犯了皇家的尊严，便以"逆鳞"之罪，被绑出午门前御道东侧行"廷杖"之刑。起初只是象征性的责打，后来发展到打死人。如1519年皇帝朱厚照要到江南选美女，群臣上谏劝阻，皇帝发怒。大臣舒芬、黄巩等受廷杖者130人，有11人被当场打死。嘉靖皇帝欲追封他的生父兴献王为帝，遭到群臣抵制。群臣百人哭谏于左顺门，皇帝下令施行廷杖惩罚，当场毙命 17 人，所以民间才有"推出午门斩首"的流传。实际上，午门是紫禁城的入口，绝不会轻易成为刑场。

为什么要选在"午时三刻问斩"？

▲ 死刑图

我们常听说"午时三刻问斩"，那么，古人为什么要选在"午时三刻"行刑呢？

这就要从古人的时辰划分说起。古人将一昼夜划分为 12 个时辰，又划为 100 刻（"刻"指的就是计时的滴漏桶上的刻痕。一昼夜滴完一桶，划分为 100 刻）。

"午时"大约在一天的中午 11 点至 13 点之间。午时三刻则将近正午 12 点，太阳挂在天空中央，是地面上阴影最短的时候。这在当时的人看来是一天当中"阳气"最盛的时候。

古人认为，杀人毕竟是件"阴事"，就算被杀的人真的罪有应得，他的鬼魂也会前来纠缠，会对法官、监斩官、行刑刽子手不利，而在阳气最盛的时候行刑，则可以压抑鬼魂。这应该是"午时三刻"行刑的最主要原因。

另外，"午时三刻"的时候，人的精力最为萧索，处于"伏枕"的边缘，此刻处决犯人，犯人的痛苦相对会小一些。也就是说，选择"午时三刻"行刑也是从体谅犯人的人道主义角度考虑的。

"刑不上大夫"是什么意思？

"礼不下庶人，刑不上大夫"这句话，出自春秋时期成书的《周礼》。一般解释为"庶人没有资格接受礼遇，大夫拥有特权不受刑"。那么在古代是否真的"刑不上大夫"，它得到真正的贯彻和执行了吗？

"大夫"是中国春秋战国时期官衔的一种品级，当时分为卿、大夫、士 3 个级别。每级又分为上、中、下。如上大夫就是"大夫"中职位最高的。在古代，官员犯罪，尤其是牵涉到官和民的诉讼中，"刑不上大夫"体现得很充分。例如百姓杀了官，是杀头的大罪，相反，皇室、官员杀死了百姓或奴婢则可能只是"杖责五十"。这是封建等级制度的表现，是人与人之间不平等的表现。

但大夫真的从不被上刑吗？当然不是。一旦触犯皇帝或宗室利益，恐怕就不只是大夫本人上刑，而且还要满门抄斩或灭九族了。比如，身为秦朝丞相的李斯就被腰斩，身为明朝帝王之师的方孝孺被诛十族，等等，这在中国封建社会不胜枚举。

古代同样有"王子犯法，与庶民同罪"的思想，但几乎从未实施。封建统治者对于官僚阶层的浪荡公子有时候可能会给予惩戒，但谁可以轻言处决皇子呢？所以最后也不过是一句空话而已。

有人也曾提出这句话的新解，认为"礼不下庶人，刑不上大夫"中"下"或"上"应做以动用法，表示鄙视或尊崇的含义。那么整个词义就反过来了，就是"礼并不因庶人而废，刑不以大夫为上"，这与现代法律面前人人平等的思想内涵一致。

"三堂会审"是哪"三堂"？

喜欢越剧的朋友都知道，《三堂会审》是《玉堂春》的著名选段。剧中讲述的是书生王金龙和名妓苏三的一段情缘。那么什么是"三堂会审"，古代真有这项制度吗？

越剧《玉堂春》中，南京官家子弟王金龙与名妓苏三发誓白头偕老。王公子钱财被盗，潦倒关王庙。苏三得悉后，赴庙赠金资助，使王金龙得以回到南京。后来，老鸨和山西富商沈延林以假信私下将苏三卖给沈延林为妾，沈延林之妻皮氏"大娘"与赵监生私通，用药毒死沈延林，反诬告苏三。洪洞县官受贿一千两，将苏三问成死罪，解至太原三堂会审。主审官恰为巡按王金龙，遂使冤案平反，王金龙、苏三得以团圆。

剧中的王金龙所任巡按一职，又称"巡按御史"，是古代官僚机构监察机关的一种设置。"三堂会审"指的是刑部、大理寺、御史台共同处理案件的一种制度。公元前221年秦灭六国后，在皇帝之下设置3个最重要的官职，即丞相、太尉、御史大夫，并称三公。丞相掌政务，太尉掌军务，御史大夫掌监察。这种体制奠定了中国几千年官僚政治的基本格局。汉承秦制，监察机构称御史台，长官为御史大夫。唐代监察机构内部形成严密的三院制，其监察制度还有一个特点是御史参与司法审判，重大案件皇帝"则诏下刑部、御史台、大理寺同案之"。这种制度延续到明清，人称"三堂会审"。明改御史台为都察院，与刑部、大理寺合称"三法司"，为中央最高审判机关。凡"三法司"参与审判的称"三司会审"，习惯的说法便是"三堂会审"。

可见"三堂会审"是从唐代开始的一项政治制度，它是统治机关内部监督的一种形式。类似于现在的检察机关，但又有所不同。现代检察机关可以直接侦办官员违法的案件，但不参与案件的审理，而是作为公诉人一方存在。

古代审讯中的"五听"具体指什么？

▲ 审案图

"五听"是指中国古代审判官在审判活动中，观察当事人心理活动的 5 种方法。这种方法始于西周，对后世影响较大。

《周礼·秋官·小司寇》记载："以五声听狱讼，求民情，一曰辞听；二曰色听；三曰气听；四曰耳听；五曰目听。"后人注释，辞听是"观其出言，不直则烦"，指听当事人陈述，理亏则语无伦次；色听是"察其颜色，不直则赧"，指观察当事人表情，理亏则面红耳赤；气听是"观其气息，不直则喘"，指听当事人陈述时的呼吸，理亏则气喘；耳听是"观其聆听，不直则惑"，指观察当事人的听觉反应，理亏则听觉失灵；目听是"观其眸子视，不直则然"，指观察当事人眼睛，理亏则不敢正视。

自西周起，以后各朝各代均将"五听"作为刑事审判的重要手段，如《唐六典》规定："凡察狱之官，先备五听。"

直到清朝，"五听"仍然是刑讯的后盾。

"春秋决狱"是说春天秋天才审案吗？

中国是一个重视伦理和道德的国家，传统伦理观念也必然会反映到法律制度上。这便是西汉董仲舒提倡的"春秋决狱"。"春秋决狱"不是字面理解的"在春秋两季审理案件"，而是一项法律裁判的原则。

《春秋》是孔子修订的一部鲁国的编年史。所谓"春秋决狱"便是用孔子的思想来对犯罪事实进行分析、定罪。即除了用法律外，可以用《易》、《诗》、《书》、《礼》、《乐》、《春秋》六经中的思想来作为判决案件的依据。

春秋决狱主要是根据案件的事实，并同时追究犯罪人的动机来断案。如果他的动机是好的，那么一般要从轻处理，甚至可以免罪。如果动机是邪恶的，即使有好的结果，也要受到严厉的惩罚，犯罪未遂也要按照已遂处罚。首犯要从重处罚。

董仲舒关于断狱的案例还曾被汇编成十卷的《春秋决事比》，在两汉的司法实践中被经常引用。到现在，原来的案例遗失很多，现存史料中仅记载了少量案例。如"父子相互隐匿不为罪"，他认为父子关系亲密，相互隐匿为人之常情，且《春秋》上有云：父子一方犯罪后可相互隐藏。所以不构成犯罪，唐朝亦采此说。

再如儿子误伤父亲，按律当处死。但考虑到动机并非真心忤逆，所以应为无罪。若父子关系已断绝，一方殴打另一方，不作"打父亲判死罪"处。

从这些案例中，我们可以看出，董仲舒提倡的决狱方式是以"父子"为基本框架的，这也是三纲五常的核心内容。其实法律是道德的底线，现代社会中动机和伦理也是法律考虑的范畴，如动机是可以作为量刑情节考虑的。董仲舒虽然也尊重事实，提出区分"既遂"和"未遂"、"首犯"和"从犯"之别，在当时具有进步意义，但与现代法制精神仍然存在差距。

"十恶不赦"具体指的是哪"十恶"？

形容一个人恶贯满盈的时候，我们经常会用到一个词"十恶不赦"，表示这个人罪大恶极、不可饶恕。在现代汉语中，"十恶"是泛指重大的罪行。

但是，在中国古代，"十恶"却是实有所指的。那么，"十恶"到底是指哪十种罪恶呢？

有律法规定的"十恶"，制定于1300年前的北齐。到了隋唐时期，内容略有增删，并正式定名为"十恶"写在法典的最前面。以后经历宋、元、明、清各代，都规定犯了"十恶"罪不能赦免。

"十恶"罪具体指的是：

1. 企图推翻朝政的谋反罪。对统治阶级来说，谋反罪历来都是十恶之首。

2. 毁坏皇室的宗庙、陵墓和宫殿的谋大逆。

3. 背叛朝廷的谋叛罪。

4. 殴打和谋杀祖父母、父母、伯叔等尊长的恶逆罪。

5. 杀一家非死罪3人及肢解人的不道罪。

6. 冒犯帝室尊严的大不敬罪，包括偷盗皇帝祭祀的器具和皇帝的日常用品，伪造御用药品以及误犯食禁等违法行为。

7. 不孝敬祖父母、父母，或在守孝期间结婚、作乐等不孝罪。

8. 谋杀亲属，或女子殴打、控告丈夫等不睦罪。

9. 官吏之间互相杀害，士卒杀长官，学生杀老师，女子闻丈夫死而不举哀或立即改嫁等不义罪。

10. 亲属之间通奸或强奸等内乱罪。

可以说，"十恶"之罪直接危害了君权、父权、神权和夫权，危害了封建专制制度，所以，

"十恶"之罪确立后，历代封建法典皆将之作为不可以得到赦免的重罪。由于其影响深广，所以人们一接触到罪恶大、不可宽恕的事情，很自然就想到"十恶不赦"这个词。

"连坐"和"诛族"分别指的是什么？

连坐又称相坐、随坐、从坐、缘坐，是中国古时因一人犯法而使和其有一定关系的人（如亲属、邻里或主管者等）连带受刑的制度。连坐制度的起源很早，夏代便有"罪人以族"的说法；春秋时期，秦国的商鞅将连坐规定为明令的法律；秦汉进一步完备，至隋唐之际，连坐制度形成系统的法律体系，并写入《唐律》；明清时期的连坐刑罚频繁实施，尤其在清朝的文字狱中盛行。在实施对象上，连坐主要针对的是谋反、谋逆、谋叛等重大犯罪。其一般是对犯罪者本人处以死刑，然后对与之关联者根据关系远近分别实施死刑、流刑、财产刑等一系列刑罚。

诛族是连坐制度中最为严厉的一种，即对罪犯整个家族实施死刑。具体又可分为诛二族、诛三族、诛七族，最惨烈者为诛九族。另外，明永乐皇帝曾对建文帝的老师方孝孺实施过历史上仅有一次的诛十族。诛族刑罚存在于整个封建社会，尤其是西周以后，历代王朝均以家族作为政治、法律的基本单位，一人高升，则一族受益；一人获重罪，也往往会波及全族。

连坐和诛族在历代都存在，直到 1905 年才被光绪帝废除。

"五刑"指的是哪 5 个？

五刑是中国古代的刑法，分为奴隶制五刑和封建制五刑。夏朝初步建立了奴隶制的五刑制度，从轻到重依次是：墨（在面或额头上刺字涂墨）、劓（割去鼻子）、刖（挖去膝盖骨）、宫（毁坏生殖器）、大辟（死刑）。奴隶制五刑均是以摧残人的身体来实施惩罚，俗称肉刑。汉代时，肉刑被汉文帝、汉景帝废除，以自由刑为主的封建五刑制度逐步形成。在隋《开皇律》中，封建五刑正式以法令形式出现，经过唐朝的完善，封建五刑形成了完整的法律体系。这五刑分别是：笞（用竹板或荆条拷打犯人脊背或臀腿，按次数分等级）、杖（用大竹板或大荆条拷打犯人脊背臀腿，按次数分等级）、徒（强制服劳役，按期限分等级）、流（把罪犯押解到边远地方服劳役或戍边，按里程分等级）、死（即死刑，隋、唐定死刑为斩、绞两等）。相比于奴隶制五刑，封建五刑的建立乃是中国刑法制度的重大进步，直到清末方被废除。另外，在五刑之外，封建社会还一直存在一些极其严酷的刑法，如凌迟、腰斩、诛九族、车裂等，这些都是针对犯了谋反等重罪的犯人而言。

为什么把砍头叫作"枭首"?

为什么古人将砍头叫作"枭首"呢?这种刑罚和枭有关系吗?

传说,枭是中国上古时期的一种食肉鸟,羽色黑褐,头上长着两根上翘于天的白色羽毛,和猫头鹰极为相似。

由于它在出生后会把父母吃掉,只剩一个头颅,因而被古人认定为天下第一狠毒凶险的动物。所以,古人有"枭雄"、"枭将"、"毒枭"、"枭首示众"等说法。

"枭雄"为雄霸一方的王者,"枭将"是战场上能征善战的人,"毒枭"为手段狠毒异常的人,"枭首示众"则是把人的脑袋砍下来并悬挂于高竿上警示世人。

可是,枭在出生后为什么要吃掉自己的父母呢?

在母枭孵化小枭的时候,由于没有食物可吃,公枭便把自己的身体奉献出来,公枭跳起来,用自己有力的勾喙咬住枭巢上方树枝,从此便不再松口。

处于孵化期的母枭在饥饿难耐的时候,便用锋利似刀的勾喙啄食公枭的身体充饥,直到小枭出生。

小枭出生后,母枭没有任何食物可以喂它。它只能像公枭那样将身体奉献出来,作为小枭飞离枭巢前的"食物"。母枭先给小枭示范:它跳跃起来啄食悬吊着的公枭残骸,等树枝上仅留下枭首,母枭便会毫不犹豫地用最后一丝力气,将身体悬吊在公枭咬住的那根树枝上。

小枭饥寒交迫之下,按照母枭示范的样子,奋不顾身地去撕咬"食物",为了吃到下一口"食物",小枭唯一能做的就是死命地腾跳啄食。最后,小枭出窝了,树枝上又多了一只枭首。

司马迁所受的"宫刑"是什么样的刑罚?

司马迁是中国古代著名的史学家,鲁迅曾称赞他的《史记》为"史家之绝唱,无韵之离骚"。他本为汉武帝史官,后触犯帝威而被施以"宫刑"。那么什么是"宫刑",为何遭受这种刑罚会令司马迁感到耻辱呢?

公元前99年,汉武帝派李广利领兵讨伐匈奴,另派李广的孙子、别将李陵随从李广利押运辎重。李陵带领步卒5000人出居延,孤军深入浚稽山,与单于遭遇。匈奴以8万骑兵围攻李陵。经过八昼夜的战斗,李陵斩杀了1万多匈奴,但由于得不到主力部队的增援,不幸被俘。由于信息传递有误,朝廷

▲司马迁像

接到的消息说李陵投降了匈奴。汉武帝十分愤怒，询问太史令司马迁的看法，司马迁替李陵辩护，结果被打入大牢。后又传出李陵带匈奴兵攻打汉朝的消息，汉武帝信以为真，处死了李陵的母亲和妻子。司马迁也因此被判死刑。

按照汉朝刑法，死刑有两种减免办法：一是拿五十万钱赎罪，二是受"腐刑"。司马迁官小家贫，当然拿不出这么多钱赎罪。腐刑既残酷地摧残人的身体和精神，也是对人格的极大侮辱。司马迁当然不愿意忍受这样的刑罚，悲痛欲绝的他甚至想到了自杀，可他最终还是选择了面对。据《史记》记载："是以肠一日而九回，居则忽忽若有所亡，出则不知所往。每念斯耻，汗未尝不发背沾衣也。"因为受辱，所以坚韧，也才有了《史记》。

"宫刑"中"宫"作动词，即"丈夫割其势，女子闭于宫"，就是阉割男子生殖器、破坏女子生殖机能的一种肉刑。宫刑又称蚕室、腐刑、阴刑和椓刑。宫刑是古代最残忍的刑法，为五刑之一，仅次于大辟（斩首）。

古人常以"七出"之罪休妻，"七出"是什么意思？

▲ 古代女性依附于男性

"七出"是中国古代法律和礼制规定的男子休妻的 7 种条件。妻子只要触犯其中任何一种，丈夫或夫家便可以提出休妻。具体是：1. 不孝顺公婆，此被认为是"逆德"。2. 无子，即妻子不能生儿子，被休理由是"绝世"。在中国古代，某种意义上，结婚就是为了传宗接代，不能生儿子，婚姻便失去了意义。不过因古代实行一妻多妾制，真正为此休妻的不多。3. 淫，即妻子红杏出墙，被休理由是"乱族"。古人认为这会造成后代在血缘和辈分上的混乱。4. 嫉，理由是"乱家"。因古代实行一妻多妾，妻子嫉妒会造成家庭不和。5. 有恶疾，指妻子患严重疾病，其理由是"不可共粢盛"。是指不能一起参与祭祀，这显然有些借口的性质。6. 口多言，指妻子搬弄是非。其理由是"离亲"。在古代，涉及家族中事，都由男子议定，女子被视作外人，不让插嘴，一旦插嘴便被认为是破坏家庭和睦。7. 窃盗，即偷东西。理由是"反义"，即违背义理。

"七出"的内容在汉代已经基本形成，当时叫作"七去"，只是民间约定俗成的规矩。至唐代，则形成法律制度，但并不严格执行。自宋代起，其执行才逐渐严格。可以看出，"七出"完全从男方立场和利益出发，是一种维护夫权的法律与民俗。"七出"几乎贯穿于整个封建时代，直到 20 世纪 30 年代才被完全废除。

"幽闭"是一种怎样的刑罚？

"幽闭"是对女子实施的宫刑，开始于秦汉。王夫之《识少录》中说："传谓'男子去势，妇人幽闭'，皆不知幽闭之义。"那么"幽闭"究竟是怎么回事呢？

鲁迅在《病后杂谈》中说："对于这种刑罚，向来不大有人提起那方法，但总之是决非将她关起来，或者将它缝起来。近时好像被我查出一点大概来了，那办法的凶恶、妥当，而又合乎解剖学，真使我不得不吃惊。"鲁迅没有细说"幽闭"是怎么回事，他可能只是不忍说出或实在是耻于说出祖宗的这桩"伟大发明"。

清朝褚人获《坚瓠集》，在卷四里有"妇人幽闭"一条，作者引用明代王兆云《碣石剩谈》中的一段话，把"幽闭"解释为用"木槌击妇人胸腹，即有一物坠而掩其牝户，只能便溺，而人道永废矣。是幽闭之说也。今妇有患阴颓病者，亦有物闭之，甚则露于外，谓之颓葫芦，终身与夫异榻"。王兆云自称，这个解释得自"刑部员外许公"，大概是可信的。由此可见，"幽闭"就是人为地造成的子宫脱垂，是破坏女性生殖器官的酷刑。古人亦认为这是仅次于死的酷刑。所以王夫之说："国初用此，而女往往多死，故不可行也。"大概正因为这样，此刑渐废。

宫刑与五刑中的其他四刑一样，后来被废除，这是人类进步的必然结果。

谁规定的"笞刑"只打屁股不打背？

"笞刑"是一种抽打犯人身体的刑罚，一般只打屁股不打背，并且对于施刑用的竹板也有详细规定。那么这个刑罚最初是如何产生的，只打屁股不打背又是谁规定的呢？

先秦时期，五刑为墨、劓、剕、宫、辟，都是破坏人体器官的残忍刑罚。到了汉朝，统治者有感于前朝统治者因严刑峻法灭亡的教训，制定了新五刑，就是人们常说的笞、杖、徒、流、死 5 种。笞是其中最轻的一种，汉以前虽然也有，但并非主要的刑种。汉文帝时实行刑法改革，笞刑从此成为常用的刑种。

但最初的的笞刑并不规范，笞打什么部位、用什么刑具、怎样施刑，都没有严格的规定，笞数最多时竟达四百，常常是刑未毕而人已亡。公元前 149 年颁布《棰律》，对笞刑作了详细的规定。规定用刑的部位为"臀"，这样就避开了人最重要的胸、腹、腰等要害部位。但并不包括笞背，相传只打屁股不打背的做法是唐太宗规定的。

甄权是唐初著名的针灸学家，曾长期担任潞州地方官李袭誉的随军征士。后来李袭誉官至少府监，甄权拿自己精心绘制的《明堂人形图》给他看。李袭誉将其献给唐太宗，李世民觉得很有用处，就下令修订，修订完成后唐太宗仔细观阅，他发现人体经络穴位多集中于胸和背，而臀部穴位则较少。唐太宗于是联想到五刑中的笞刑，遂下令以后施行"笞刑"一律不准打背，而只能打屁股，这便是只打屁股不打背的由来。

笞刑其实是一种很残酷的刑罚。关汉卿的《窦娥冤》中，窦娥这样唱道："一杖下，一片血，一层皮。"足见其残忍。唐太宗的做法一定程度上避免了将罪犯打死，在当时是一种进步。现在世界各国已基本废除笞刑，这是人类法制文明的进步。

为什么监狱又叫"班房"？

在古代，监狱里关押的主要是未决犯，即未经最后裁决的等待秋审的人犯。而那些已经批复的徒、流犯，则要解赴配所的驿站、仓场、衙门、军营、边疆做各种劳役和杂务，如无危险甚至可不收监。

当然，监狱也关押新捕获的案犯和解囚路过的人犯。

而班房则相当于"看守所"。衙役拘捕或传唤来人犯、人证等，恐其逃脱，延误审判，又想乘机敲诈，于是就有了"班馆"的出现。发展到现在，人们就用班房泛指监狱了。

那么，古代监狱经过了怎样的演变呢？

远古时代，狱是用来驯养野兽的栅栏或岩穴。到了氏族社会，狱则用来关押俘虏。到夏朝，正式出现了中国最早的监狱。

商周时期，监狱也叫"圜"、"圜土"或者"囹圄"。周朝监狱中关押的犯人，如果能改过自新，重罪三年后释放，中罪两年后释放，轻罪一年释放，但是释放后三年内不能被当作平民对待。

到了春秋战国时代，监狱规模不断扩大。到秦朝时，监狱数量更多，基本上各郡县都有监狱。秦律中已有了监狱管理方面的详细规定。

汉朝时期的监狱更多更滥，中央设廷尉狱，各官府、地方各县也自行设置监狱。当时，全国约有监狱 2000 多所。像这样监狱泛滥的现象，在东汉以后得到了改变——实行了地方州县各置监狱的制度。

后世多沿袭东汉的监狱体制，只是在形式上有所改变。隋唐以大理寺为中央司法机关，设大理狱；明清以刑部为中央司法机关，改设刑部监狱，同时对监狱的管理也作了明确规定。

第十四章
军事交通

古代的"三军"也是指陆、海、空吗？

看古典演义小说或戏剧经常有"三军"的说法。统帅在下命令的时候，开头一句便是"三军听令"。那古代所说的"三军"是现在所指的陆、海、空三军吗？

很明显，古代有水军；至于空军的出现，则是在飞机发明以后。所以按照逻辑判断，古代所指的三军与现在绝不是同一个概念。"军队"一词的产生源于周朝的分封制，当时规定各诸侯国可以有一定数量的武装力量存在。编制约为 2 万多人，称为一个军；军中最小的编制是队，"军队"因此而得名。

到了春秋战国时期，东周王室统治力逐渐衰微，很多强大的诸侯国开始扩充军队，积极进行土地兼并和掠夺的战争。著名的春秋五霸之一晋文公打破祖制，将原来的一个军扩充到 3 个军（约 7 万人），并分别称他们为"上军"、"中军"、"下军"。这便是"三军"称呼的最早来源。后来，随着社会的动荡和兼并战争的加剧，很多诸侯纷纷仿效晋文公，将军队扩大为"三军"。比如楚国的三军叫"左军"、"中军"、"右军"。各军分设将、佐；其中"中军"大将为全军统帅。

随着时代的发展，上、中、下三军的称呼逐渐被前军、中军、后军所取代。唐宋时期，这样的编制是军队的固定编制，各军的职责和任务也发生了变化。其中，前军为先锋部队，中军为大将所率之主力，后军则担任运输粮草或警戒的任务。古代军队编制中，军为最大的单位，但由于编制方式的不同，人数存在一定差异。如汉代实行五人一伍，二伍为火，五火为队，二队为官，二官为曲，二曲为部，二部为校，二校为裨，二裨为军的编制。

古代战争讲究行伍编队、阵式战法，与冷兵器的使用有着密切的关系。一个摆开的合理的阵势往往容易取得战斗的胜利，所以团队的组织以及保证队伍在作战过程中连贯通畅（不受阻隔和分散）非常重要。

我国第一支建制骑兵是何时出现的？

据史书的记载，先秦时期赵国武灵王胡服骑射改革后建立的骑兵可以称得上是中国第一支建制骑兵。我国是世界上较早拥有骑兵的国家之一，在《诗经·大雅·绵》中就有"走马"一词，顾炎武解释为"单骑之称"。这说明骑术在殷商时代就已经出现了，但遗憾的是，虽然骑术历宗周、春秋数百年，但却没能发展成为正规的骑兵部队。

战国后期，北方游牧民族的入侵使赵、燕、魏、秦各国都受到威胁，庞大而笨重的战车在来去如风的游牧骑兵面前无用武之地，只有被动挨打的份。这使中原各国感受到骑兵真正的威力，于是痛定思痛，以赵国为首，各国纷纷大力发展骑兵，一时间大有超越车兵之势，其中，赵武灵王学习骑射的决心最坚定。赵武灵王经过改革军制，

▲ 漠北之战　绘画

建立了中原第一支骑兵部队，以对付北方游牧民族，从此，骑兵作为中国一个正式兵种出现在战场上。但在这时候骑兵的规模还是有限的，楚汉争霸以前，车兵始终是主战兵种，一直被广泛使用，也就是说，一直到这时，骑兵的作用仍没能完全发挥出来。

早期的骑兵和现在的骑兵有很大的不同，那时的骑兵没有马镫，只有马鞍，所以无论如何也不可能解放双手，而必须要有一只手按在鞍桥上。另外，由于当时的治炼技术有限，还不能够造出足够长的长刀，所以初期的骑兵破坏力和杀伤力非常有限，主要就是起一个骑马步兵的作用，用于突袭敌人后方。当时骑兵的主要战术是：所有骑兵一拥上前，在步兵前200步止住，然后一齐放射弩箭，箭放完后就立即后撤，再一次重复这种战术。在秦始皇陵兵马俑中便有很多骑马的弩兵，他们也都是无镫、有鞍、持弩的造型。

这也再次证明了在春秋时代以前，骑兵基本上称不上是作战的主要兵种，即使到了春秋时期各国的军队中出现了少量的骑兵，也都是同战车步兵混编在一起的，骑兵仅仅是一种辅助力量。一直到了战国时代随着战争规模的扩大，战术的多样化及反击北边游牧民族需要，骑兵才开始逐渐展示自己的风采，作为一种独立的兵种开始受到重视。

楚汉之间的最后一次战役发生在哪一年？

汉高帝五年（公元前202年）十二月，在项羽和刘邦的争霸战争中，楚汉两军在垓下（今安徽灵璧东南沱河北岸）进行了一场战略决战，这是决定楚汉命运的最后一战。

刘邦攻进咸阳后，子婴投降，秦朝灭亡，项羽佯尊楚怀王为义帝，并自立为西楚霸王，分封了18个诸侯王，其中分封刘邦为汉王。随着项羽和刘邦的矛盾日益加深，双方展开了争霸战争。楚汉之争就是指汉元年（公元前206年）八月至汉五年（公元前202年）十二月，西楚霸王项羽、汉王刘邦两大集团为争夺政权而进行的一场大规模战争。这场战争的最终结局是项羽兵败，刘邦建立西汉王朝。

项王兵败后，兵少粮尽，将部队驻扎在垓下，汉军及诸侯兵把他团团包围了好几层。

深夜，项羽听到汉军在四面唱着楚地的歌，大为吃惊，说："难道汉军已经完全取得了楚地？怎么楚国人这么多呢？"这就是成语"四面楚歌"的来历。胆战心惊的项王连夜起来，在帐中饮酒，项羽的爱妾虞姬默默地陪在项王身边。这时候，项王不禁慷慨悲歌，自己作诗吟唱道："力拔山兮气盖世，时不利兮骓不逝。骓不逝兮可奈何，虞兮虞兮奈若何？"项王唱了几遍，美人虞姬在一旁应和。左右侍者的眼泪一道道流下来，没有一个人能抬起头来看他。

后来，项王骑上兮骓马率领部下壮士 800 多人趁夜突破重围，向南冲出，飞驰而逃。天快亮的时候，汉军发觉，立即报告刘邦，刘邦便命令骑将灌婴带领 5000 骑兵追赶。项王来到乌江岸边的时候乌江亭长正停船靠岸等在那里，亭长对项王说："江东虽然小，但土地纵横各有一千里，民众有几十万，也足够称王了。希望大王快快渡江，现在只有我这儿有船，汉军到了，就没法渡过去了。"项王笑了笑说："上天要灭亡我，我还渡乌江干什么！再说我和江东子弟八千人渡江西征，如今没有一个人回来，纵使江东父老兄弟怜爱我让我做王，我又有什么脸面去见他们？"眼看自己的一世英名毁于一旦，宏图大业转头空，项王坚持不肯渡江，最终汉军追来，项王不肯投降，无奈之下自刎于乌江。

垓下之战是楚汉相争中最具有决定性意义的战役，它既是楚汉相争的终结点，又是汉王朝繁荣强盛的起点。因为这场战争规模空前、影响深远，在世界上也产生重要影响，被列为世界著名古代七大战役之一，称为"东方的滑铁卢"。

西汉的骑兵配有马镫吗？

▲骑俑 西晋
这件骑俑装束轻便，适于行动，战马只带前护甲，是典型的轻骑兵形象。

马作为一种运输工具，轻捷健走、力大温良的优点很早就被人类所认识。在新石器晚期，中国古老的氏族部落就开始驯养马。但骑兵的产生却比步兵和战车要晚得多。春秋战国时期，军队作战以"车战"为主，后面跟上大队的步兵。赵武灵王胡服骑射，中国骑兵兵种才正式建立，但是，当初的骑兵没有马镫。

根据出土的证据，马镫产生的历史应不早于西汉。相关史料表明，马镫当为鲜卑发明。来自北方游牧地区的鲜卑，在发明马镫后，骑兵的战斗力猛增，因而强盛一时。1960 年，考古人员在南京象山发掘了东晋琅琊王氏族墓群，7 号墓中出土了一件装双镫的陶马，墓葬年代为东晋永昌元年（322 年）或稍后。这件陶马的双镫是已知马镫的较早实例。同时期，考古工作者在辽宁北票西官营子发掘了北燕冯素弗墓。北燕是 5 世纪初建立的鲜卑族政权，冯素弗是北燕王冯跋的弟弟。所以，这是一座时代明确的北燕墓葬。墓中出土了一副马镫，形状近似三角形，木芯外面包镶着镏金的铜片。

可见，马镫最初应为北方游牧民族所发明，西汉的骑兵应是没有配备马镫的。汉武帝时，卫青、霍去病率领的骑兵主要装备为"马刀"。有人认为"马刀"的存在说明当时已经有了"马镫"，否则很难舞动马刀。其实并非如此。古代骑兵打仗，在没有马镫前，多为骑射，因为对面的交战产生的颠簸很容易把骑士摔下马来。但汉朝时期，中原骑兵的弩不及匈奴骑兵的弓，所以远射非常吃亏。卫青、霍去病吸取教训，主要采取突然袭击的方式，迅速靠近匈奴营寨，然后斩杀匈奴骑兵。这时候，弓的作用就不如大刀了。

西汉骑兵刚刚产生，没有考古证据证明在西汉之前就已经有了马镫的存在。所以我们认为西汉骑兵是没有马镫的。

"飞将军"真是一个命运不济的人吗？

在中国历史上有位著名的"飞将军"李广，他曾先后在汉文帝、汉景帝和汉武帝三朝任职，对匈奴先后作战70余次，勇猛无比。王昌龄《出塞》"但使龙城飞将在，不教胡马度阴山"中的"飞将"就是指李广。卢纶《塞下曲》："林暗草惊风，将军夜引弓。平明寻白羽，没在石棱中。"更是描写李广箭法出众，力大过人。但就是这样一个人物最终却没能封侯，这是什么缘故呢？

有个成语叫"冯唐易老，李广难封"。典出自《史记·李将军列传》："李广与从弟李蔡俱事汉，蔡为人在中下，名声出广下甚远，然广不得爵邑，官不过九卿，而蔡为列侯，位至三公。"意思是说，李广和他从弟李蔡均在汉朝为官，李蔡才能平庸，名声和李广比起来也相差很远，但最后却封侯拜相，而李广官位最高的时候也不过九卿之位。后遂用"李广难封"来慨叹功高不爵，命运多舛。

在《史记·李将军列传》中还记叙了这样一个故事。一次，李广和算命先生交谈。李广说："攻打匈奴的战役我基本都参加了，就是我下属的一些将领依靠军功取得侯位的也有数十人，为何我就不能封侯呢，难道是命吗？"算命先生说："你在当陇西太守时，羌族人造反，你诱降并杀死了他们。人之罪过没有比杀降更大了，这就是你不得封侯的原因。"

仔细分析史书，可以发现李广虽然威名远播，战争经历丰富，但同样也犯过很多过错。如七国之乱时，李广随太尉周亚夫抗击吴楚叛军，因夺取叛军帅旗在昌邑城下立下显赫战功，但却接受了梁王私自授给他的将军印。回朝后，因此没得到封赏。公元前129年，李广率军出雁门关，被成倍的匈奴大军包围，因寡不敌众而受伤被俘，但最终逃脱。汉朝廷把李广交给法官，法官判李广部队死伤人马众多，自己又被匈奴活捉，应当斩首，后来李广用钱赎罪，成为平民。公元前121年，李广以郎中令身份与博望侯张骞一起出征匈奴。虽然击退匈奴兵，但自己的军队也几乎全军覆没，李广功过相抵，没有得到赏赐。公元前

119 年汉匈决战，李广更因迷失道路，寸功未立，而羞愤自杀。

汉朝沿用秦朝军功制度，以斩首数计算军功大小。由于李广数次全军覆没，所以虽然勇气和威名远播，但终不能封侯。

"匈奴未灭，何以家为" 是谁的豪言壮语？

▲ "马踏匈奴" 石雕　西汉

这是霍去病墓前众多石雕之一，是汉武帝为表彰霍去病出征匈奴的战功而建立的纪念碑。

"匈奴未灭，何以家为" 是汉代著名军事家霍去病的名言。据说，一次霍去病打完胜仗回来，汉武帝亲自迎接并要为他修建精美的房舍，霍去病说："匈奴还没有彻底消灭，要家干什么？" 表达了自己心中只有朝廷的高尚情操。那么历史上的霍去病战功如何？

霍去病是卫青的外甥，好骑射，善于长途奔袭。为人沉默寡言，但很有气魄，敢做敢为。他 18 岁参军，亲率一小分队偷袭匈奴大本营，杀死匈奴单于的爷爷，俘虏了匈奴的相国和单于的叔父，被封为"冠军侯"（冠军是第一，古代常把这称号封给战功最为卓著的将领）。他攻无不克，战无不胜。公元前 121 年，年轻的霍去病作为统帅，率军出征匈奴。在千里大漠中闪电奔袭，扫荡强敌。此后，他又孤军深入，在祁连山斩敌 3 万余人。匈奴不得不退回漠北，汉朝收复河西平原。曾经强悍无比的匈奴哀唱："亡我祁连山，使我六畜不蕃息；失我焉支山，使我妇女无颜色。"

公元前 119 年，汉朝与匈奴决战，霍去病率领大军横越大漠，追击匈奴军队 2000 余里，直到狼居胥山下，并举行宏大的祭天仪式，立碑为念。辛弃疾的词"元嘉草草，封狼居胥，赢得仓皇北顾"便是描述霍去病威临狼居胥山的事迹。此战后，匈奴分为南北两支，再也没有能力对汉朝进行大规模的进攻，北部边境几十年没有发生战争。

霍去病等人击破匈奴，不仅为汉朝消除了北部边境的威胁，还大大拓展了汉朝疆域。从那时起，祁连山以西和蒙古草原的大部分地区也成为中华民族共同繁衍生息的地方。故而，称其为伟大的英雄并不过分。

"云台二十八将" 都有谁？

汉光武帝刘秀（公元前 6 ~ 57 年），字文叔，为汉景帝后裔。新朝末年，起兵反对王莽，先后平王郎，降铜马，一统天下，定都洛阳，重新恢复汉室政权，为汉朝中兴之主。刘秀执政后，政治措施以清静俭约为原则，兴建太学，提倡儒术，尊崇节义，是中国古代一位贤明的君王。

刘秀礼贤下士，手下能臣武将很多。汉明帝永平三年（60年），刘庄在南宫云台阁命人画了28位功臣画像，称为云台二十八将。这二十八将是追随光武帝开创东汉基业并且战功卓著的将领，皆封侯。由于当时谶纬之学的盛行，人们便把这二十八将和天上的二十八宿联系起来，认为是它们的转世。同时也证明光武帝刘秀是"真命天子"。

这28位将领联系各自爵位和对应星宿分别是：太傅高密侯邓禹，角木蛟；大司马广平侯吴汉，亢金龙；左将军胶东侯贾复，氐土貉；建威大将军好畤侯耿弇，房日兔；执金吾雍奴侯寇恂，心月狐；征南大将军舞阳侯岑彭，尾火虎；征西大将军夏阳侯冯异，箕水豹；建义大将军鬲侯朱祐，斗木獬；征虏将军颍阳侯祭遵，牛金牛；骠骑大将军栎阳侯景丹，女土蝠；虎牙大将军安平侯盖延，虚日鼠；卫尉安成侯铫期，井木犴；东郡太守东光侯耿纯，室火猪；捕虏将军扬虚侯马武，奎木狼；中山太守全椒侯马成，胃土雉；河南尹阜成侯王梁，昴日鸡；琅邪太守祝阿侯陈俊，毕月乌；骠骑大将军参蘧侯杜茂，参水猿；积弩将军昆阳侯傅俊，觜火猴；左曹合肥侯坚镡，危月燕；上谷太守淮阳侯王霸，鬼金羊；信都太守阿陵侯任光，柳土獐；豫章太守中水侯李忠，星日马；右将军槐里侯万修，张月鹿；太守灵寿侯邳彤，翼火蛇；骁骑将军昌成侯刘植，轸水蚓；城门校尉郎陵侯臧宫，壁水貐；骠骑将军慎侯刘隆，娄金狗。

历代开国功臣多为皇帝所忌，被以莫须有的罪名杀掉的更不在少数，但光武帝刘秀却并非如此。他赐予他们很高的爵位和封赏，如果立下新功，则增加封赏；对于功臣的一些小过错，也以宽大为怀，很少追究。外国进贡的宝物和礼品也是优先赏给这些功臣。因此，云台二十八将皆荣华富贵，得以安享晚年。

刘秀死后，以后各代皇帝对这28位功臣的后代，均给予很高的礼遇，其中封侯29人，位列三公者2人，官至大将军者13人，列卿14人，校尉2人，州牧和郡守多达48人。尽可能保持了他们在政治和经济上的特权地位，甚至对已经废除爵位功臣之后也格外开恩，赐予田宅和衣禄。

赤壁之战，曹操是败于火攻还是败于瘟疫？

赤壁之战是中国历史上著名的以少胜多的战例。当时曹军兵力至少是孙刘联军的3倍，但在赤壁却被周瑜打得大败。在《三国演义》中，周瑜先利用黄盖诈降，然后火烧赤壁，接着水陆并进，曹军丢盔弃甲，死伤无数。至此三分天下定矣！

但据《三国志·武帝纪》载："公至赤壁，与备战，不利。于是大疫，吏士多死者，乃引军还。备遂有荆州、江南诸郡。"也就是说，曹军北还的原因在于瘟疫的流行。《蜀书·先主传》："先主遣诸葛亮自结于孙权，权遣周瑜、程普等水军数万，与先主并力，与曹公战于赤壁，大破之，焚其舟船。先主与吴军水陆并进，追到南郡，时又疾疫，北军多死，曹公引归。"《吴书·吴主传》："瑜、普为左右督，各领万人，与备俱进，遇于赤壁，大破曹公军。公烧其余船引退，士卒饥疫，死者大半。备、瑜等复追至南郡，曹公遂北还。"

三段关于赤壁之战的描写虽侧重点有所不同，但均提到曹军疫病流行。《周瑜传》中对整个战争的过程描述更详细些："权遂遣瑜及程普等与备并力逆曹公，遇于赤壁。时曹公军众已有疾病，初一交战，公军败退，引次江北。瑜等在南岸。瑜部将黄盖曰：'今寇众我寡，难与持久。然观操军船舰，首尾相接，可烧而走也。'乃取蒙冲斗舰数十艘，实以薪草，膏油灌其中，裹以帷幕，上建牙旗，先书报曹公，欺以欲降。又豫备走舸，各系大船后，因引次俱前。曹公军吏士皆延颈观望，指言盖降。盖放诸船，同时发火。时风盛猛，悉延烧岸上营落。顷之，烟炎张天，人马烧溺死者甚众，军遂败退，还保南郡。备与瑜等复共追。曹公留曹仁等守江陵城，径自北归。"

综合这些材料，我们不难作出判断：曹军在与孙刘联军交战过程中失利，同时军中又爆发了大规模的瘟疫，因此败退。交战失利是一方面的原因，但如果军中没有爆发瘟疫，曹操未必会那么快北还。在曹操写给孙权的一封信中，也说了自己撤退的真实原因是军中瘟疫流行，而非周瑜之功，当然这也可以理解为曹操不愿意承认自己失败的托辞。

事实上，曹军多为北方军队，不服南方水土，对一些南方的传染病免疫力不足，因而致病。至于疫病的开始，很可能在大规模交战前就已经有了一些病例。等到战争进入白热化的阶段，曹军中疫病流行更多。周瑜火攻赤壁，曹军伤亡颇重。于是曹操才下令焚毁剩余战船。曹操当时可能还想再战的，但疫病这时候已经非常严重了："时又疾疫，北军多死。"所以最后不得不撤军。

哪次战役奠定了三国鼎立的基础？

汉献帝建安十三年（208 年），孙权、刘备联军，在长江赤壁（今湖北赤壁西北）大胜曹操军队，奠定了三国鼎立的基础，这是历史上以少胜多的著名战例之一。

曹操基本上统一了北方之后，于建安十三年（208 年）正月回到邺城（今河北临漳西南），立即开始为南征做军事上和政治上的准备。同时为了解除后顾之忧，他对可能动乱的关中地区采取措施，上表天子封马腾为卫尉，封其子马超为偏将军，继续代替马腾统领部队，令马腾及其家属迁至邺作为人质，以减轻西北方向的威胁，然后率领大军出兵东吴。

当时，曹操来势汹汹，以张昭为代表的一部分僚属主张投降，劝孙权迎接曹操。他们认为曹操托名汉相，挟天子以征四方，抵抗的话于理不合；再加上曹操已占长江，江东没有天险可守。如果曹军水陆俱下，攻势强大，江东绝无抵抗之力。但鲁肃表示坚决反对，他趁孙权入厕的机会，偷偷跟到孙权身边，先指出张昭等人的意见不足以采用；又说他自己投降曹操，还可官至州郡长吏，但身为一方之主的孙权如果投降的话，曹操是绝对容不下的。

　　孙权同意鲁肃的看法，便将周瑜召回。周瑜坚决主张抗曹，他逐一分析曹军的弱点，同时建议孙刘联军，一起对付曹操。十二月，周瑜率领军队在樊口与刘备会合。孙刘联军火烧赤壁，横渡长江，趁乱大败曹军。曹操见败局已无法挽回，当即自焚剩下的战船，引军沿华容小道（今湖北监利北），向江陵方向退却。

▲赤壁之战旧址，在今湖北蒲圻。

周瑜、刘备军队水陆并进，一直尾随追击，取得了赤壁之战的胜利。赤壁之战的失利使曹操失去了在短时间内统一全国的可能性，而孙刘双方则借此胜役开始发展壮大各自势力。

　　此后，曹操退回北方，再没有机会以如此大规模进行南征，但仍旧占据着南阳、南郡二郡。刘备则开始挥军向长江以南的零陵、武陵、桂阳、长沙四郡发起进攻。孙权则命令周瑜围攻南郡治所江陵县，最终形成了三国鼎立的局面。

空城计名闻天下，诸葛亮真用此计吓退了司马懿吗？

　　在《三国演义》中有一段诸葛亮使用"空城计"吓退司马懿的精彩描写："'如魏兵到时，不可擅动，吾自有计。'孔明乃披鹤氅，戴纶巾，手摇羽扇，引二小童携琴一张，于城上敌楼前，凭栏而坐，焚香操琴，高声昂曲。"

　　三国后期，诸葛亮用人不善，马谡失掉街亭后，司马懿率兵直逼西城。诸葛亮手中并无兵马可以调遣，但他镇定自若，大开城门，自己在城楼上弹琴唱曲。司马懿怀疑设有埋伏，引兵退去。等得知这不过是"空城计"后，赵云已赶回解围，最终大胜司马懿。这是"空城计"的大致经过，但诸葛亮真的摆过空城计吗？

　　空城计至少在正史中是没有记载的。《三国志》中倒是有两处关于"空城计"的记叙，但均与诸葛亮无关。《三国志·赵云传》中记载："值操扬兵大出，云猝与相遇，遂前突其陈，且斗且却。魏兵散而复合，追至营下，云入营，更大开门，偃旗息鼓。魏兵疑云有伏，引去。"赵云以"空营"虚张声势，骗走曹军。《三国志·文聘传》："孙权尝自将数万众卒至。时大雨，城栅崩坏，人民散在田野，未及补治。聘闻权到，不知所施，乃思惟莫若潜默可以疑之。乃敕城中人使不得见，又自卧舍中不起。权果疑之，语其部党曰：'北方以此人忠臣也，故委之以此郡，今我至而不动，此不有密图，必当有外救。'遂不敢攻而去。"就这样，文聘以"空城计"，退了孙权大军。

　　空城计作为一种军事谋略，在很早就有。据说春秋时期，楚国的公子元，在他哥哥楚文王死后，非常想占有漂亮的嫂子文夫人。为讨得文夫人的欢心，他率车五百乘攻打郑国。大军迅速逼近郑国首都，但齐国援军未到。这时有个叫叔詹的郑国大臣献策，命令士兵全部埋伏起来，不让敌人看见一兵一卒。店铺照常营业，大开城门，放下吊桥，摆出完全不设防的样子。公子元看到这种情况，以为有埋伏；又听到齐国大军将近，料难取胜，就撤兵了。这可能是"空城计"的最早记载。

兵法有云："虚者虚之，疑中生疑；刚柔之际，奇而复奇。""空城计"作为一种军事战略，很早就有。即使在三国时期，赵云和文聘也曾使用过。关于诸葛亮的"空城计"，虽具传奇色彩，确是于史无据。

宋元的"最后一战"是指哪场战役？

在中国历史上，襄樊之战被称作是宋元的"最后一战"，它直接决定了宋元两个封建王朝的更迭。这次战役持续了很长一段时间，从南宋咸淳三年元将阿术进攻襄阳的安阳滩之战开始，历时近 6 年，最终以南宋襄樊失陷而告终。

南宋时期，襄樊是襄阳和樊城的合称，襄樊地处南阳盆地南端，依靠汉水，"跨连荆豫，控扼南北"，地势十分险要，自古以来为兵家必争之地。因此，这里是南宋抵抗蒙古族军队的边隆重镇。

咸淳三年（1267 年）十一月，南宋降将刘整向忽必烈进献攻灭南宋的策略，"先攻襄阳，撤其捍蔽"，他认为南宋如果"无襄则无淮，无淮则江南唾手可下也"。元军统帅忽必烈经过分析，采纳了刘整"攻宋方略，宜先从事襄阳"的建议，此后派兵大举进攻襄阳，宋元战争进入了元军对南宋战略进攻的新阶段。

蒙哥死后，忽必烈为夺取汗位，从鄂州匆匆北归。就是在这一时期，元朝灭宋战争的进攻重点由川蜀战场向荆襄战场的转变，襄樊成为双方争夺的焦点。同时，南宋京湖安抚制置副使、襄阳知府吕文焕，也几次主动出击，力图打破元军的包围，但是都没有成功。1269 年 12 月，南宋最具威望的军事指挥官吕文德病故，吕文德镇守临边 40 年，深得民心，他死后，京湖战场的宋军士气低落，一蹶不振，这给襄阳保卫战带来了极大的消极影响。

从 1235 年开始宋元之间的军事同盟破裂，襄阳开战到襄樊之战结束，中间经历了许许多多的变故，各种事端层出不穷，出现了襄阳城的失守与收复、再失守与再收复，元与南宋各自的内乱甚至内战，双方尔虞我诈的谈判，打打停停的消耗等复杂的情况，双方为了争夺这个决定双方命运的关键之地，几乎集中了当时世界上最精锐的骑兵和水军，动用了当时能找到的一切先进武器，双方死伤人数超过 40 万人。

参加襄樊战役的南宋吕氏军事集团，纪律严明，战斗力强，但可惜的是，由于南宋王朝腐败无能，指挥失误迭出，吕氏军事集团的部队虽然浴血奋战，最终不能挽救这场关键战役的失败。襄樊之战后，南宋王朝不思收复，放弃抵抗，没有几年便迅速败亡了。元军攻进杭州后，南宋皇族逃亡，1279 年陆秀夫背着南宋最后一个皇帝跳海，南宋灭亡。

诸葛亮的《八阵图》就是一座石阵吗？

唐代大诗人杜甫在避乱成都期间，曾多次游览武侯祠，并留下了很多脍炙人口的诗句。比如"三顾频烦天下计，两朝开济老臣心"是赞美诸葛亮鞠躬尽瘁、死而后已的精神；"功盖三分国，名成八阵图"则是赞其丰功伟绩和高明的军事才能。这里的"八阵图"究竟是什么，中国最早的阵法始于什么时候？

阵法与冷兵器时代密切相关。在中国漫长的氏族社会时期，部落之间经常发生斗殴和流血冲突。那时打仗都是一哄而上，没有特定的组织方式和作战规律。据说最早的阵法始于黄帝时期，当时为打败蚩尤，黄帝曾得"九天玄女"传授兵书和阵法。进入奴隶社会后，奴隶主为巩固统治和掠夺更多的奴隶，开始注重利用阵法来提高军队战斗力。

有史可考的阵法源于商朝后期，当时编制了左、中、右"三师"，从"三师"的命名来看，军队已经采用固定的阵形。大约在公元前 1046 年，武王伐纣时，"周师三百五十乘，陈于牧野"，"陈"通"阵"。阵法的普遍使用，则是在春秋战国时期，当时的很多兵书都记载了各种军队排兵布阵的方法，如《六韬》（相传为姜尚所作，但有后人考证为汉或战国）、《吴子》（战国名将吴起所作）、《孙膑兵法》等。后代《唐太宗与李卫公问对》深研阵法。南宋岳飞留有兵法残篇讲授阵法。明代戚继光撰《纪效新书》、《练兵实纪》，创立有"鸳鸯阵"和"三才阵"，在抗倭战争中显现了威力。

其中最有名的还是"八阵图"，此阵法在唐朝时传入日本，成为日本各种阵法的起源。八阵图相传为诸葛亮所创，《三国志·诸葛亮传》记载："亮长于巧思，损益连弩，木牛流马，皆出其意；推演兵法，作八阵图，咸得其要云。"《三国演义》中也有大量关于八阵图的描述，

▲水陆攻战画像石
水上、陆地，刀光、剑影在狭小的空间里得到充分体现，反映了当时战争的一个侧面。

其中非常有名的是诸葛亮在"鱼腹浦"立巨石阵以阻东吴追兵，陆逊误入阵中差点没有走出来。

《八阵图》是行军打仗的一种阵法。诸葛亮按照太乙方位确定为休、生、伤、杜、景、死、惊、开八门，依靠八卦阴阳之理设定，实际上是周易数理的一种运用。

"大战三百回合"中的"回合"是什么？

有人认为，古代作战，武将骑在马上，往来厮杀。一次交战的过程便是"合"，一次交战完成后退便是"回"，因此叫"回合"。大战 300 回合也就是大战 300 个来回的含义。这种解释有一定道理，但最初的"回合"却不是指骑马作战，而是指车战。

车战比大规模的骑兵作战要早，中国从商朝后期到西汉初期一直是以车战为主，在春秋战国时期更是普遍。当时衡量一个国家军队力量的强弱和国力大小经常就用"有车多少乘"来表达。车战以战车为基本单位，按照《司马法》的记载：车一乘有甲士 3 人，步兵 72 人。步兵就是徒兵，车上 3 人分别为"射"、"御"、"车右"。"射"是精通弓箭之人，在双方战车未接触前，拿弓箭对射；"御"负责驾驭马匹、驱动战车，一般为一车四马，中间两匹为服，左右两边的称"骖"；"车右"的职责为保护和警戒，手持长矛和坚盾，由勇力过人的武士担任。

"射"和"御"的人选一般为宫廷贵族，战车后面的徒兵为"国人"。战斗开始时，双方战车互相靠近，先拿弓箭对射，然后靠近后交战便是"合"，"合"就是"合战"，双方勇士各持长矛对刺。一"合"结束后，双方战车各自返回本军阵营，便是"回"的过程。战场上一来一往，便是一个"回合"。经过很多回合后，一方战败后撤退便不再"合"，另一方"回"后再"合"却又找不到作战对象了，所以这种战法想要活捉对方将领是很困难的。

到了汉武帝时候，由于频频与匈奴作战，骑兵逐渐取代了战车成为主要的兵种，但这种"回合"制的作战方式一直还保留着。此外，象棋中的"回合"也出自这里，指双方各走一步棋。

"冠军"开始就是指比赛的第一名吗？

"冠军"一词多用于体育比赛，但它最初的含义是指比赛的第一名吗？

这个词语的来历与秦末农民起义有关。秦朝末年，赵高把持朝政，二世昏庸无能，终于在公元前 209 年引发了中国历史上第一次大规模的农民起义。陈胜、吴广自大泽乡揭竿而起，沿途百姓纷纷相应。当时楚国有位大将叫宋义，英勇善战，战功卓著，屡次打败秦兵。由于功劳显赫，位居众将之上，于是将士尊称其为"卿子冠军"。据《史记·项羽本纪》载："诸别将皆属宋义，号为卿子冠军。"这是历史上第一位获得"冠军"称号的人。

汉代有"勇冠三军"的说法，出自汉李陵《答苏武书》："陵先将军功略盖天地，义勇冠三军。"另《汉书·霍去病传》载，霍去病以战功官拜骠骑将军，封"冠军侯"。汉朝以后，战功卓著的武将，多封以冠军的官衔。魏晋南北朝时期，均设有"冠军将军"。唐朝也设有"冠军大将军"的官衔。清朝护卫帝王的銮仪卫及旗手卫的首领，也称为"冠军使"。

可见，"冠军"一词最初和军事关系密切，它用来称谓那些作战勇敢、战功卓著的武将。被封为"冠军将军"的人一般都为朝廷和社稷立过汗马功劳，所以"冠军"有超出其他将军，居于第一位的意思。

进入现代以后，词义发生转变，人们把各项比赛的第一名称为"冠军"。

"将军"这个称谓是怎么来的？

"将军"这个词语相信大家都不会陌生。中国现行军衔制度分为将、校、尉三级，其中校和尉分为少、中、上、大四级，将分为少将、中将、上将三级。"将军"通常指拥有少将以上军衔的人。"将军"一词产生的时间非常早，在春秋时期就已经有了。

按照周礼，天子统六军，诸侯可领一军。晋文公时期，为适应争霸战争的需要，扩建三军，为"上、中、下"三军，其他诸侯纷纷效法。三军之统帅，由三卿任之，出将边营，入掌机密。春秋时尚没有"将军"的官职，至于三卿，据《礼记·王制》："大国三卿，皆命于天子。"孔颖达疏："崔氏云：三卿者，依周制而言，谓立司徒，兼冢宰之事；立司马，兼宗伯之事；立司空，兼司寇之事。"可见，三卿指的是司空、司徒、司马3个官职，大诸侯国的三卿如果严格按照周礼规定还需要周天子的任命。

▲彩绘骑马俑　西汉

马昂首嘶鸣，骑俑肃穆端庄，整个造型生动概括，体现了激越昂扬的精神风貌。

"三军"产生后，由三卿各掌一军，卿代行将军之职。"将军"的初始含义就是"将领一军"的意思。战国时期，开始设立"将军"的官职。后来由于军队的数量一再扩充，将军也越来越多，需要一人来加以统帅，所以又有了"大将军"或"上将军"的称呼。汉代以后，由于兵种的增多，一个大将军也管不过来了。所以又有了骠骑将军、车骑将军、卫将军等级别。明清两代，有战事出征，置大将军和将军，战争结束则免。清朝，将军为宗室爵号之一，驻防各地的军事长官也称将军。

古代的军队依据什么给军人加官进爵？

在中国古代，有君主授予贵族和功臣爵位的制度。古代君主为巩固自身统治地位，调整统治阶级内部关系，经常封给亲属或功臣一定的爵位。爵位分为不同的等级，有些可以世袭。受封爵位的人可以获得爵禄，通常为一定的食邑或相当数量的财富。封爵制度在数千年的历史进程中经历了数次演变。

封爵制度很早就有，但最初只封给与统治者有亲属关系的人群，为公、侯、伯、子、男五等。商鞅变法后，庶民也可依靠军功获得爵位，这是中国最早的军功等级制度。秦军功爵位制度共分为 20 级。商鞅信奉法家的思想，他设立这一制度的目的在于提高秦军战斗力。为奖励军功，商鞅规定：凡行伍中人，不论出身门第，一律按照其所立军功的大小接受赏赐。宗室若未立军功者不得列入宗族的簿籍，也不得拥有爵位。

至于具体军功奖励的办法，则以斩获的敌军首级数为依据。商鞅的奖励军功制度，大大提高了秦军的战斗力，使秦军成为所向披靡的"虎狼之师"。汉承秦制，基本继承了秦代的 20 级军功爵位制度。不过，这 20 级大体又可分为 4 类：一是侯级爵，包括关内侯和列侯；二是卿级爵，相当于秦 10 ~ 18 级的爵位；三是大夫级爵，相当于秦 5 ~ 9 级爵位；四是小爵，相当于秦 1 ~ 4 级。

曹操执政时，废二十等爵。魏文帝即位后，定爵制为九等：王、公、侯、伯、子、男、县侯、乡侯、关内侯。两晋南北朝时期，军功爵位制度甚是混乱。李渊父子定天下后，设定亲王、嗣王、郡王、国公、郡公、县公、郡侯、县侯、县男、县子十等爵位，封赏宗亲功臣。比如，李渊封自己的从弟李神通为淮安王；李世民封大将秦琼为英国公。

宋承唐制。明朝，王爵专封皇族，另有公、侯、伯三等爵授予功臣，比如胡大海被封为越国公、沐英被封平西侯、刘基被封诚意伯。清朝时，形成完备的爵位制度，乾隆十六年（1751 年）定制，分爵位为九阶二十七等。九阶分别为公、侯、伯、子、男、轻车都尉、骑都尉、云骑尉、恩骑尉。比如，为清朝平定太平天国的曾国藩就被封为一等勇毅侯。

皇帝召岳飞退兵的 12 道"金牌"究竟为何物？

现在我们通常说的金牌是指各项比赛的第一名所获奖牌。中国古代也有各种各样的金牌，比如"免死金牌"，还如宋朝皇帝下令岳飞班师回朝的 12 道"金牌"，这些金牌又究竟为何物呢？

"免死金牌"在中国民间曾广为流传，戏文中也经常出现。又称为"金书铁券"或"丹书铁券"，它是古代帝王赐给功臣世代享受优待或免罪的凭证。其材质为铁，上用朱砂写字，因此又称"丹书"。为防止假冒，将铁券从中分开，朝廷和受赐人各持一半。唐代后改用嵌金的方法（金书）。据《辍耕录》载，吴越王钱镠曾受赐一块铁券，形状如瓦，高尺余，阔三尺许，券词黄金镶嵌。誓词包括所封的爵衔、官职以及功绩等内容，另刻有"卿恕九死，子孙三死，或犯常刑，有司不得加责"。

▲ 岳飞像

丹书铁券始于汉高祖时期，最初为一种身份和爵位的象征。免死金牌的确可以免死，但谋反等罪名除外，如明沈德符《野获编》："所谓免死，除谋反大逆，一切死刑皆免。然免后革爵革薪，不许仍故封，但贷其命耳。"

宋朝皇帝下令岳飞班师回朝用了 12 道"金牌"。此"金牌"是一种红漆金字的木片，为皇帝专属，可以不经过三省（政府机构）和枢密院（最高军事机构）直接下达。沈括《梦溪笔谈》中对此有详细记载："驿传旧有三等，曰步递、马递、急脚递。急脚递最遽，日行三百里，唯军兴则用之。熙宁中，又有'金字牌急脚递'，如古之羽檄也。以木牌朱漆黄金字，光明眩目，过如飞电，望之者无不避路，日行五百余里。有军前机速处分，则自御前发下，三省、枢密院莫得与也。"

古代战争中有"斗将"行为吗？

《三国志》中有大量"斗将"的描写。如曹操东征袁绍时，命张辽和关羽为先锋，至白马坡后，"羽望见（颜）良麾盖，策马刺良于万众之中，斩其首还，（袁）绍诸将莫能当者，遂解白马围。"魏将张辽率领五百死士攻破孙权大营一战。此战中，张辽"被甲持戟，先登陷陈，杀数十人，连斩二将，大呼自名，冲垒入，至权麾下"。另《三国志》注解中引《英雄记》称，郭汜攻长安，吕布对郭汜说："且退兵，你我决一胜负。"于是二人对战，吕布以矛刺中郭汜。这是正史中有关"斗将"的描写，《三国演义》中这种情节就更多了，似乎成了主要的作战方式。

那么古代到底有没有"斗将"呢？据《兵筹类要》载："两阵既立，各以其将出斗，谓之挑战。"可见挑战和斗将是同一含义。这些在各类稗史、小说、笔记中记载颇多，但除《三国志》外，其他正史中提及较少。后来，清朝两位著名的考据专家王士和赵翼就从正史中发现了一些关于"斗将"的记载。

王士认为古代真有斗将之事，并非稗官之妄说。其引《剧谈录》说："唐时白敏中征讨吐蕃，有一黑衣酋帅上前挑战，这时本军阵中有一员小将驰马而出，弯弓搭箭，射中其面，然后冲上前去抽剑将酋帅砍落马鞍。"此外，王士还举了白孝德斩贼将刘龙仙及《五代史》中周德威生擒陈夜叉的例子作为证据。赵翼举的例子更多，他说《左传》中提到："鲁国公子友帅军在郦击败了莒国军队，当时公子友对莒挐说：'我们两人之间有仇隙，士卒何罪？'

于是屏退左右而相互搏杀，莒挐被击败而活捉。"这可能是关于"斗将"最早的记载。

此外，其他正史上也有一些关于"斗将"的记载，但并不多见。人们认为，"斗将"在历史上应该是存在的，正史虽然描述不多，但已经涉及到了。但"斗将"并不是古代战争的主要形式，也不能决定整个战争的胜负。

古代军队真的是"击鼓而进"、"鸣金收兵"吗？

▲甬钟　秦

关于古代战争，历来有"击鼓进军"和"鸣金收兵"的说法。击鼓和鸣金是古代军事指挥号令，所谓击鼓进军就是在战争开始前敲击战鼓，激励士气，命令军队向前推进；"鸣金收兵"是个成语，意指敲打钲发出声音以停止军队的前进，结束战斗。那么古代军队是否真有这样的规定，这里"鸣金"用的"钲"究竟为何物呢？

《荀子·议兵》载："闻鼓声而进，闻金声而退。"意为听到鼓声就前进，闻到金声就后退。《左传》中有："战，勇气也。一鼓作气，再而衰，三而竭。"这里击鼓也是进军的意思。俗语"鼓噪而进"意指一边敲打着战鼓，一边大声喊叫着前进。由此可见，古代战争确实有"击鼓而进"的规定。《三国演义》第 65 回："恐张飞有失，急鸣金收军。""鸣金收军"也就是"鸣金收兵"，可见古代战争中，"鸣金"确是收兵的信号。

关于"鼓"的来历有个传说。据说源于黄帝与蚩尤作战时制造的革鼓。黄帝从东海流波山上猎获了一种叫作"夔"的动物。形状像牛，全身青黑，并有幽光，头上没有角，而且只有一只脚。这种动物目光如电，叫声如雷，非常威武。当时黄帝为它的叫声所倾倒，就剥下它的皮制成了 80 面鼓，请玄女娘娘亲自击鼓，顿时声似雷霆，直传出 500 里外。"金"有人认为是锣，但实为"钲"，为古代的一种铜制乐器。《说文解字》中记载："钲，似铃，柄中上下通。""鸣金"最初指的就是敲打这种乐器，后来可能为锣一类的工具所取代。

古代战争中使用密码吗？

密码在现代军事学上是一项非常重要的技术。通过破译密码，可以知晓对方的行军或作战部署，得到这些信息后就可以提前做好准备，从而取得战争的胜利。那么中国古代是否有密码，最初又是什么形式呢？

密码在中国起源很早，相传它的发明人是姜子牙。他在与周武王的谈话中，曾提到两种密码方式：阴符和阴书。据《六韬》载，太公曰："主与将，有阴符，凡八等。有大胜克敌之符，长一尺。破军擒将之符，长九寸。降城得邑之符，长八寸。却敌报远之符，长七寸。警众坚守之符，长六寸。请粮益兵之符，长五寸。败军亡将之符，长四寸。失利亡士之符，长三寸。诸奉使行符，稽留，若符事闻，泄告者，皆诛之。八符者，主将秘闻，所以阴通言语，不泄中外相知之术。敌虽圣智，莫之能识。"武王问太公曰："符不能明，相去辽远，言语不通。为之奈何？"太公曰："诸有阴事大虑，当用用书，不用符。主以书遗将，将以书问主。书皆一合而再离，三发而一知。再离者，分书为三部。三发而一知者，言三人，人操一分，相参而不相知情也。此谓阴书。敌虽圣智，莫之能识。"

可见，阴符是一种尺寸长短不同的简或牍片；不同的尺寸代表不同的含义，一共 8 种。如前方获得大胜，用来传达军情的符长一尺，然后依次递减，最短的一种只有 3 寸，代表军队完全战败，丧失土地。但这 8 种简单的符号对于传递复杂的军情是远远不够的，于是又有了"阴书"。其做法便是把一份完整的军事文书分成 3 份，即"书皆一合而再离，三发而一知"，送信的各持一份，这样即使送信的被抓，也不至于泄露全部的军事机密。

当然，这种密码体系并不完善。到了宋代，军事家曾么亮发明了一种密码系统。他将当时军中常用的 40 个短语分别编上序号，另以一首没有重复的五言律诗（也刚好 40 个字）作为解码的工具。当部将率部出征时，主将会分发给他们一本密码本，并临时约定某首诗作为解码的工具。这样主将只要看到其发来文书中所包含的诗中"字"，就可以对应找到与之相关联的特定含义。这是一种相对可靠的军事密码，较之阴符、阴书有显著进步，可以说是现代密码的雏形。

清朝的"八旗制度"到底是怎么一回事？

清朝是中国封建社会的最后一个朝代，从努尔哈赤在明万历二十九年（1601 年）正式创立，到 1912 年成立时瓦解，前后存续 300 余年时间，历经兴衰。可以说整个清朝的历史，也就是一部清朝"八旗子弟"从兴起、繁荣、落后再到衰亡的历史。

满族是女真人的后裔，早期主要以采集和狩猎为生。依靠血缘和地域形成以氏族或村寨为单位的部落，部落集体组织的方式称为牛录制，总领称为牛录额真，额真又称厄真。努尔哈赤统一女真各部后，建立了四旗：黄旗、白旗、红旗、蓝旗。后来由于归附者众，就将原来的四旗改为正黄、正白、正红、正蓝四旗，并增设镶黄、镶白、镶红、镶蓝四旗，总称八旗。这是八旗制度的形成。八旗之下每 300 人为一牛录，设牛录额真一人，五牛录为一甲喇，设甲喇额真一人，五甲喇为一固山，设固山额真一人，副职一人，称为左右梅勒额真。

皇太极时期为扩大兵源，在满八旗的基础上又建立了蒙古八旗和汉军八旗，编制与满八旗完全相同。满、蒙、汉八旗共二十四旗构成了清代八旗制度的整体。清军入关后八旗军又分成了禁旅八旗和驻防八旗。

八旗中，正黄、镶黄和正白旗为上三旗。上三旗归皇帝亲自指挥，兵是皇帝亲兵，皇

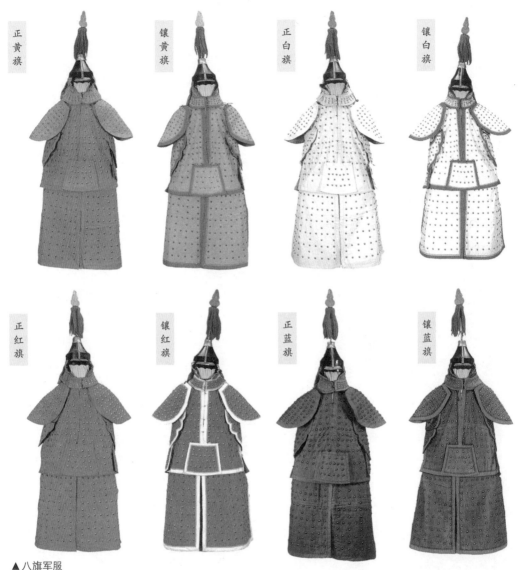

▲八旗军服

八旗军服以颜色作区别，但只为大阅礼时穿着，平时不用。起初各旗是地位平列的，入关之后才有皇帝自领上三旗的做法。所以正黄旗、镶黄旗、正白旗被称为上三旗，其余五旗为下五旗。

宫侍卫也从上三旗中挑选。下五旗包括正红旗、镶红旗、镶白旗、正蓝旗、镶蓝旗，由诸王、贝勒和贝子分别统领。八旗初建时兵民合一，全民皆兵，凡满族成员皆隶于满族八旗之下。旗的组织具有军事、行政和生产等多方面职能。入关前，八旗兵丁平时从事生产劳动，战时荷戈从征，军械粮草自备。入关以后，建立了八旗常备兵制和兵饷制度，八旗兵从而成了职业兵。

　八旗制度是清王朝统治全国的重要军事支柱，为发展和巩固统一的多民族国家、保卫边疆和防止外来侵略作出过重要贡献，但随着历史的发展，八旗制度中落后的一面也日益显现，战斗力也逐渐减弱，在清朝后期更是屡战屡败，不得不依靠汉族的一些地主武装。

哪次战争标志着中国开始沦为半殖民地半封建社会？

1842年8月，清朝在鸦片战争中的失败标志着中国开始沦为半殖民地半封建社会。从此，我国开始进入近代史阶段，展开了艰苦卓绝的反帝反封建的斗争。

清道光十八年（1838年）冬，道光帝派湖广总督林则徐为钦差大臣，赴广东查禁鸦片。次年3月，林则徐到任后，秘密展开缉毒斗争，查缴鸦2万余箱，并于虎门海口悉数销毁，这就是"虎门销烟"事件。"虎门销烟"使英国资产阶级的利益受损，于是，英国议会决定派出远征军侵华，英国国会也通过了对华战争的拨款案。1840年6月，英军派出舰船47艘、陆军4000人在海军少将懿律、驻华商务监督义律率领下，陆续抵达广东珠江口外，封锁海口。鸦片战争自此开始。

英国侵略者到达广东珠江口时，看到林则徐戒备森严，便沿海北上。8月，英舰抵达天津大沽口外，道光帝畏惧英军兵力，罢免林则徐，改派直隶总督琦善为钦差大臣与英军议和。英方由于疾疫流行，秋冬将临，也同意南下广东进行谈判。英军返回广州后，清廷下令沿海各省督抚建设港口，设置炮台，并命两江总督伊里布率兵至浙东，准备收复定海。

1840年12月，琦善与义律在广东开始谈判。次年1月，英军由于不满谈判的进展，出动海陆军攻占虎门，"虎门之战"爆发，爱国将领关天培阵亡。道光帝闻讯下令对英宣战，1841年7月27日，英舰队驶抵南京江面，清政府放弃抵抗，全部接受英国侵略要求。8月29日，耆英与璞鼎查签订了中国历史上第一个不平等条约——中英《南京条约》。

此后，列强不欲英国坐大，纷纷与中国签订更多不平等条约。1844年7月3日，中美签订《中美望厦条约》；1844年10月24日，中法签订《黄埔条约》，规定法国在中国享有领事裁判权和传教权等；1843年10月8日，中英签署了《虎门条约》作为《南京条约》的补充条约，重新规定了英国所享有的最惠国待遇和领事裁判权。

鸦片战争的失败和《南京条约》等一系列不平等条约的签订，使中国社会发生了根本性的变化，从此，中国开始走向半殖民地半封建社会。

晚清士兵军服后为什么有的写"兵"，有的书"勇"？

晚清战争题材的电视剧中，在一些战争场面上，士兵军服背后的字并不一致。有的写"兵"，有的为"勇"。那么"兵"和"勇"有区别吗？

要弄明白这个问题，首先就要明白清朝军队的编制。清军最初的军队编制为努尔哈赤开创的八旗部队。后来随着队伍的不断扩大，又增加了蒙八旗和汉八旗。八旗兵实行世兵制，平时耕猎，战时出征。"兵"在16岁以上的八旗男性子弟中挑选，剩下的叫"余丁"，不满16岁的叫"幼丁"，属于预备兵的范围。

清军入关后，又陆续招募了大量绿营兵。绿营兵插绿色旗帜，以营为建制单位，故称绿营兵。八旗兵和绿营兵都属于"兵"的范围。但后来八旗兵养尊处优，逐渐丧失了战斗力。平定三藩叛乱时，康熙主要借助的就是绿营兵的力量。到雍正时，由于一再强调"八旗乃满洲之根本"，士气有所恢复。八旗兵一般卫戍京师，绿营兵则分散于全国各地。

"勇"的产生是在乾隆以后，当时由于战争大量减员，需要及时补充兵员。于是一些乡勇、团练被临时招募来组成军队，战争结束后就解散。可见"勇"和"兵"比起来就是杂牌军，没有正式的编制。太平天国运动时期，曾国藩曾大量招募乡勇组成湘军，定兵制，发饷粮，称为勇营。从此后"勇"逐步代替了"兵"，成为国家军事的主要力量。勇营是拿国家粮饷的私募武装，所谓"兵为将有"，士兵和军官只效忠自己的长官，不直接听命于皇上。

"盔"与"甲"有何区别，它们是什么样的装备？

▲ 唐代铠甲

"顶盔贯甲"意思是戴着头盔，身披战甲。后代常把"盔"和"甲"合称"盔甲"。那么它们究竟是什么装备，又有什么区别呢？

"盔"在古代又叫首铠，是用来保护头部的装备，多用金属制成，如"头盔"、"钢盔"。也用来表达像盔或半球形的，如"帽盔儿"。盔后面的丝织饰物叫"盔缨"，多为红色。盔也称"胄"，长期以来变化不大。"甲胄"就是指"盔甲"。

唐末农民起义军领袖黄巢有诗云："待到秋来九月八，我花开后百花杀，冲天香阵透长安，满城尽带黄金甲。"甲是古代军人打仗护身的衣服，一般为皮革制成（士兵用），也有金属制成的（将军用）。如"带甲百万"、"甲兵"、"甲士"都是指武士或军队服役人员。

盔甲在中国历史上有着漫长的演变过程，各代盔甲的制式都不尽相同。春秋战国以铁盔皮甲为主，秦汉时铁甲开始普及。魏晋南北朝时期，出现了用铁甲重重防护的重装骑兵。与之相对，也出现了防护不够严密，但行动便捷的轻骑兵。中国铁甲多是仿皮甲制成，为鱼鳞甲片。隋唐广泛使用铠甲（前心后背加上铜铁制成的大块护心镜），较前代有所进步。宋元以后没太多变化，火器兴起后，盔甲逐步朝现代形式演变。

古代铠甲与冷兵器时代要求相适应。既讲究良好的防护效果，又强调轻捷性。随着热兵器的大量使用，铠甲的防护效果已不明显。

我国最早的海军基地在哪里?

宋朝庆历二年（1042 年），我国的第一个海军基地建成，这个海军基地在当时叫作"水城"，建于山东蓬莱阁丹崖东侧的渤海岸边。自建成以来，这里一直是停泊战舰、驻扎水师、屯兵练兵的地方。

我国大陆海岸线十分漫长，共 18000 多千米，沿岸分布的岛屿面积超过 0.5 平方千米的就有 6500 多个，这些岛屿平坦宽阔、风平浪静，适于建港，散布着超过 300 处属于中国海军的各种基地。通常意义中所说的海军基地，主要是指较大规模的港口，比如舰队司令部所在的青岛港、舟山港和湛江港等。

蓬莱市水域建造海军基地的条件更是得天独厚，这里是胶、辽半岛交通及中国与日本、朝鲜的交通枢纽，自古就是中国著名的天然海港，在对外交通上发挥着重要的作用，特别是明清两代，军事地位十分重要。明永乐六年（1409 年），这里建成了中国历史上第一个海军基地——蓬莱水城，这是著名爱国将领戚继光抗击倭寇的主要军事基地。据专家介绍，无论是从港址的选择、港湾的开辟，还是海上建筑技术和结构布局等方面来看，蓬莱水城都是中国建筑最好、保存最好的古代水军基地，在中国海港建筑史上占有重要地位。第二次鸦片战争后，沿海军事要地分别向南和北转移，蓬莱水城的军事、交通地位日渐衰落，再加上由于战争的缘故，蓬莱古建筑逐渐遭到破坏，曾与蓬莱阁一度齐名的蓬莱水城光辉不再。

近年，山东省蓬莱市开始恢复修缮蓬莱水城。此次修复除了在保护现有文物资源的基础上，恢复城墙炮台、校场等外，还会增加一些现代建筑，例如建设博物馆、明代民居展示区、水下元代沉船展示馆等，同时还会进行小海清淤、迁建渔港、建设迎宾桥等工程。届时，一个焕然一新的蓬莱水城就会展现在世人面前。

谁发明了最早的机关枪?

戴梓（1649 ~ 1726 年），字文开，号耕烟，浙江仁和（今浙江杭州）人。他精通兵法，诗书绘画，天文地理无所不知。更重要的是，他是我国清代著名的火器制造专家，曾制造了"连珠火铳"和"子母炮"等新型武器，这些发明被誉为世界上最早的机关枪。

清康熙十三年（1674 年），康亲王杰书奉命到浙闽招募军事人才，听说戴梓很有才能，就礼聘戴梓从军。戴梓从军后，充分发挥自己在机械制造和兵器研究等方面的才能，创造和仿制了一系列先进的机械工具和兵器，增强了军队的作战能力，得到朝廷的赏识。据《清史稿》记载，戴梓曾向康亲王献"连珠火铳法"，因其随军有功，升为监军道。

19 年后，康亲王杰书班师回朝，康熙欣赏戴梓的才能，特别召见了他，并授予他翰林院侍讲的官职，入南书房，参预纂修《律吕正义》。康熙二十六年（1687 年），康熙帝令戴梓监造"子母炮"，即冲天炮。戴梓不负重望，8 天即造成，炮长 0.7 米，约 0.672 米；重约 180 千克，携带便利。戴梓还铸造了外形如瓜状的炮弹，每枚重 20～30 斤，内装"子弹"。此炮发射时，"子在母腹，母送子出，从天而降，片片碎裂，锐不可当"。康熙帝观看试射后，十分高兴，授予此炮"威远将军"的称谓，并命人把戴梓职名镌刻在冲天炮的炮身，用来表彰他的功绩。

戴梓发明的"连珠火铳"和"子母炮"，避免了旧式火铳用火绳点火容易遭受风雨潮湿影响的缺点，同时还吸收了西方洋火器能够连续射击的优点，使用便利，其威力和优越性超过当时世界强国的同类火器，比欧洲人发明的机关枪早了 200 多年。

然而，可惜的是，这个发明最终的命运只是"器藏于家"，由于没能引起当时统治者的足够重视，到了乾隆后期该武器便逐渐失传，给中国人留下了极大的遗憾。戴梓的个人命运也很悲惨，他后来被诬陷革职，流放到铁岭，只能靠卖字画维持生计。后来，戴梓虽然得到朝廷赦免，但在返京途中逝世，终年 78 岁。

指南车最早在什么时间出现？

指南车是中国用来指明方向的一种工具，它也被称作司南车。指南车在 5000 多年前就已经出现了，传说当时黄帝就是在大雾中借助指南车指明方向打败蚩尤的。

指南车不但是指明方向的工具，它还是古代皇帝出门时作为仪仗的一种车辆，显示着皇家的气派和尊威。指南车进行指向并不是利用地磁原理而是利用差速齿轮原理，车上安装了木人，它会根据车轮的转动来指明方向，但不管车轮如何转动车轮上木人的手始终指向南方。

历史典籍显示，三国时期的马钧是第一个创造出指南车的人。马钧创造的指南车不仅运用了齿轮转动的原理，而且还有自动离

▲ 晋代记里鼓车复原模型

记里鼓车是晋代创制的一种机械车辆。它利用车轮在地面转动时带动齿轮的转动，变换为凸轮杠杆作用，拉动木人右臂击鼓。

合装置，利用齿轮传动系统和离合装置两套设备来指示方向的。虽然这些都有相关记载，但是它的造法早已失传。根据历史记载，只有在帝王出行时才会运用此车，社会上并没有广泛地使用。

东晋安帝义熙十三年（417 年），刘裕北伐进兵长安，后秦姚兴命令狐生制造指南车；

北魏时期的郭善明也对此进行过研发，但可惜没有成功；我们所熟悉的南朝数学家祖冲之也发明过指南车。《宋史·舆服志》则详细地记载了燕肃和吴德仁所造指南车的结构和技术规范，成为世界史上最宝贵的工程学文献。

指南车的出现是齿轮传动和离合器应用技术得到很好运用的一个标志，充分显示了我国劳动人民的聪明智慧。

我国第一辆电车在哪里出现？

城市的空间布局很大程度上受到交通的影响，近代交通业拉近了人与城市之间的距离。电车，作为我国近代公共交通的一种，在104年前的天津第一次出现了。

1881年，电车问世，作为一种重要的交通工具，它在全世界范围内得到了广泛使用。我国在清朝末年开始出现电车，但当时的电车公司主要由比利时公司经营。清光绪二十五年（1899年），北京从德国西门子公司进购了一批电车，修建了从永定门外马家堡到崇文门的线网、轨道，但清朝光绪年间的义和团运动将所有的线网都拆除，车辆也不幸遇难。

正式的"天津电车电灯公司"在1904年才成立，当时经直隶总督兼北洋大臣袁世凯批准，该公司被准许以国内鼓楼为中心，周边不超过3千米的地区范围内开展业务，期限为50年。1906年2月16日，天津第一辆电车成功运行，这也是中国第一辆电车。同年，天津有轨电车"围城转"的线路完工，线路总长5.16千米，但只能单向运行。当时的通车典礼是异常热闹，道路两旁站满了围观的群众，从没看见过电车的百姓对电车的运行很好奇。

这辆电车是白牌，市民俗称"白牌电车围城转"。由于最初的电车线路有限，不必使用数字命名，所以线路常常根据车牌的颜色命名。最早的电车线路叫作白牌，之后又设黄牌、蓝牌、红牌、绿牌、花牌。到1918年天津已经有6条电车线路，将天津比较繁华的商业区和居住区以及租借地段连在一起，成了一个交通网络。1947年，又增设由金钢桥通往北站的紫牌电车，这样就形成天津有轨电车——红、黄、蓝、绿、白、花、紫的七彩线路。

1913年5月，北洋政府通过与中法实业银行签订了《五厘金币实业借款合同》，向法国借款1亿法郎，作为浦口等通商口岸还有北京市区的建设。但很不幸的是，由于第一次世界大战的妨碍这些计划最终没有被实施。

我国第一条自办的铁路是什么？

火车在清朝时期传入中国，使得中国人民大开眼界，中国有识之士为了加快中国的工业化进程，在开平煤矿的开设过程当中，出现了我国近代自办的第一条铁路"津唐铁路"。

在洋务运动时期，负责开平煤矿的唐廷枢在英国人巴赖的建议下主张修筑一条负责煤矿运输的铁路，并认为铁路若不修成，难以富强，他的想法得到了李鸿章的赞同。开平矿

▲李鸿章像

务局成立之后，巴赖再一次建议修筑一条连接开平到唐山的铁路来运送煤矿，但是受到多方面条件的限制，使得这个计划落空。但唐廷枢始终坚持在矿区使用铁路运输煤矿，然后或向北通至山海关，或向南通往各海口，李鸿章极力支持这个方案。光绪六年（1880 年），开平矿务局终于着手修筑开平到胥各庄的铁路干线，次年竣工，全长仅 9 千米，用英国的标准确定了轨道距离，中国近代铁路运输干线的第一条铁路建成了。

清光绪十一年（1885 年），中法战争以清政府的惨败宣告结束，清政府要大臣们"切实筹办善后，为久远可恃之计"。"总理海军事务衙门"应运而生，它负责统一指挥海军，该衙门还监管铁路各方面事宜，从而铁路和海防联系到一起。后来军机大臣、督办福建军务左宗棠和出使俄国的钦差大臣曾纪泽奏请修北京到镇江的铁路，筑路浪潮再次高涨。清光绪十二年（1886 年），李鸿章经奏准把唐山至胥各庄铁路展筑至芦台，并设立"开平铁路公司"，唐胥铁路被开平煤矿公司分离了出去，从此便独立经营。

清政府批准了这个计划，于是开平铁路公司改组扩大，在天津三岔河口处，购地建房组建了中国第一家铁路公司"天津铁路公司"，中国管办铁路便从此开始。清光绪十四年（1888 年）三月，唐胥铁路的范围已经扩展到塘沽，这就是当时的"北洋铁路"，即中国第一条自办铁路——津唐铁路。

我国第一台自制的蒸汽机车何时试制成功？

我国第一台自制的蒸汽机于 1952 年 7 月 26 日在青岛四方机厂试制成功，后来这台蒸汽机被命名为"八一"号。8 月 1 日的时候，人们载歌载舞，热烈欢迎首长和青岛市党委领导和广大职工对其进行检阅。

青岛四方机车车辆股份公司厂志资料记载，从 1881 年我国第一条铁路建成一直到 1952 年的 70 多年的时间里，中国大地上行走奔跑的全都是从美国、英国、德国、日本、捷克、比利时等国家进口的机车，没有一台是我们自己制造的。到了中华人民共和国成立时，据相关统计，我国拥有机车 4069 台，分别出自 9 个国家的 30 多家工厂，机车的型号各异，多达 198 种，因此，中国成为了有名的"万国机车博物馆"。

在中华人民共和国成立之初，我国一方面处于国民经济的恢复时期；另一方面，正处于抗美援朝时期。在这样的情况下，为了拥有自己研制的最先进的蒸汽机车，增强我国铁路运输能力，也为了能够支持抗美援朝斗争，中央人民政府决定让青岛四方机厂担任研究制造新型蒸汽机车的这一重要任务。中央的任务下达以后，四方机厂立即成立了由厂领导、技术人员、熟练工人组成的设计攻关小组，他们通过仔细研究后做出了相关论证，用最快的速度设计好了"解放"型（JF 型）干线货运蒸汽机车的图纸，接着便抓紧时间进行机车的研制工作。

1952 年 8 月 1 日，在青岛四方机厂厂区内，当"八一"号机车身披彩绸，鸣着响亮的汽笛出现在人们视线中时，人们激动得载歌载舞。至此，我国第一台自行研究制造的蒸汽机车问世了。

从此以后，我国结束了只能依靠他国机车的历史，翻开了中国铁路机车车辆工业史崭新的一页。"八一"号机车奔驰在我国大江南北，为社会主义和现代化建设作出了重大贡献。

"八一"号于 1992 年 5 月 30 日光荣退役，2010 年 10 月，它被送到了离开了 58 年的"故里"——南车青岛四方机车车辆股份公司，现在这个机车还保留在该厂区里，记载着中国当年的光荣历史。

世界上海拔最高的铁路在哪里？

西藏自治区位于我国西南边陲，处在世界屋脊青藏高原上，面积 122 万平方千米，平均海拔 4 千米以上，也被称为"地球第三极"，而世界上海拔最高的铁路——青藏铁路就在这里。

青藏铁路是世界上海拔最高、线路最长、穿越冻土里程最长的高原铁路，是我国进行西部大开发战略的标志性工程之一，也是我国在当代的四大工程之一。

"青藏铁路"全线共分为两期工程。第一期工程于 1984 年 5 月全段建成通车，东起高原古城西宁，翻过了高山，越过了草原戈壁，经过了盐湖沼泽，一直到达昆仑山下的戈壁新城格尔木，全长约 846 千米。这条铁路沿线部分的海拔多数是在 3 千米以上，是中国首条高原铁路。

青藏铁路二期工程是格尔木至拉萨段，北起青海省格尔木市，经纳赤台、五道梁、沱沱河、雁石坪，翻越唐古拉山，之后又经过了西藏自治区的安多、那曲、当雄、羊八井，最后到达拉萨，全长 1142 千米。这段铁路从 2001 年 6 月 29 日开工直到 2006 年 7 月 1 日全线通车，整个过程包含着青藏铁路全体参建人员的共同努力。至此，青藏铁路

▲青藏铁路

全线所有轨道铺设全部完成。

青藏铁路在冻土攻关、卫生保障、环境保护、质量保证等方面的工作做得很完善，并屡创佳绩。青藏铁路的全线通车，对改变西藏地区贫困落后的面貌，促进民族团结和经济的发展有着十分广泛深远的影响。

青藏地区的旅游资源、矿产资源以及水利资源都十分丰富，自从青藏铁路建成以后，这些资源得以开发，这对于国民经济的发展以及社会的和谐进步有着重要意义。又因为青藏处于我国的西南边陲，与印度、巴基斯坦等国接壤，有着非常重要的地理位置，所以青藏铁路的建成大大密切了西藏与祖国内地的联系，同时也带动了整个南亚次大陆的发展。

我国最大的港口在哪里？

上海港处在我国大陆海岸线中部，长江与东海的交汇处，是我国最大的港口。截至到 2010 年，上海港货物、集装箱吞吐量在世界上都是排名第一，因此还获得了中国世界纪录协会"世界货物吞吐量最大的港口"的称号。

上海港之所以能够成为我国最大的港口，是由其地理位置和经济区位决定的。首先，上海港依靠着上海市，而上海市是全国最大的经济、金融、贸易、科技、文化以及信息交流中心，也是全国最大的港口城市。其次，上海港依江临海，位于长江三角洲前缘，依附着长江流域，其经济腹地非常广阔，而上海港还包括江苏、浙江、安徽、江西、湖北、湖南、四川等省和重庆市等主要的经济腹地。再次，上海港的交通非常便利，水陆交通发达，集疏运渠道畅通，经过高速公路和国道、铁路干线还有沿海运输网可以将其辐射范围扩展到整个长江流域乃至全国范围，对外则靠近世界环球航线，位于世界海上航线的边缘地带。最后，上海的航空运输也十分发达。

上海港是一个综合性、多功能以及现代化的大型枢纽港，同时位居于世界大港之列。

中国最长的石拱桥位于何处？

永济桥位于河北省涿州市城北 1.5 千米处，总长 627.65 米，南北横跨于拒马河之上，是中国最长的石拱桥。

涿州市位于河北省保定市北部，是北京、天津、保定 3 座城市的焦点，区位优势得天独厚。永济桥是涿州八景之一。该桥造型优美，跨度极大，桥的倒影映在河水中，宛如一道彩虹，因此永济桥又有"拒马长虹"的美誉。

永济桥于明万历二年（1574 年）开始建造，清乾隆二十五年（1760 年），由于桥梁被毁，便在旧桥南建九孔新桥，乾隆皇帝亲自为它提名"永济"二字。这座桥梁是 18 省通衢的必经之地，也是古代御道的要冲，具有重要的地理位置。

关于永济桥实际的长度，历史上一直有不同的说法，2004 年 12 月，科学家经过对该桥引桥进行探查和试掘，测得永济桥主桥并南北引桥总长为 627.65 米，其中主桥总长 151.15 米，桥面宽 10.7 米，由分水石至桥面最高点 6.3 米。

在桥的北面，还有一座大厅，俗称"九间厅"，有 8 条石柱支撑。大桥南段有一石碑，上面为李鸿章亲笔所书"永济桥"3 个大字。大桥北端的西侧原来还有碑亭一座，内立石碑一幢，上刻乾隆帝御书满汉碑文，但"文革"初被拆毁。

永济桥是我国最著名的石拱桥之一，我国古建筑专家罗哲文曾题此桥为"中国第一长石拱桥"。2006 年 5 月 25 日，国务院公布的第六批全国重点文物保护单位，涿州永济桥名列其中。

全世界最长的铁路公路两用吊桥在哪里？

香港的青马大桥是全球最长的铁路公路两用吊桥。吊桥又称悬索桥，由悬索、桥塔、吊杆、锚锭、加劲梁及桥面系所组成，它以在各种桥梁体系中跨越能力最大而闻名。

香港青马大桥从水面至桥顶高 131 米，全长 1377 米，纵向桁架之间为空腹式桁架横梁，在青衣岛侧采用隧道式锚碇，在马湾岛侧采用重力式锚碇，加劲桁梁高 7.54 米，高跨比 1：185。青马大桥由行车道、路轨组成，为封闭式桥梁，在大桥上层桥面中部和下层桥面路轨两侧均设有通气空格。

青马大桥横跨青衣岛及马湾之间的马湾海峡，是配合香港国际机场（赤腊角机场）而建的十大核心工程之一，它与汲水门大桥两相呼应，犹如两道彩虹挂于马湾海峡之上，成为香港的观光景点。青马大桥是同类建筑中建造时间最短的大桥，它从 1992 年开始建造到 1997 年完成，仅用了 5 年的时间，它的造型大气恢宏，完全可以和美国的金门大桥相比美。包括青马大桥在内的"香港机场核心计划"还于 1999 年荣获美国建筑界"20 世纪十大建筑成就奖"。

青马大桥开放通车以来就成为连接大屿山香港国际机场及市区的主要交通干线。凭借

▲青马大桥

着秀丽的风景，青马大桥也成为了香港主要的标志性建筑和旅游观光景点，吸引了世界各地的游客前来参观。

我国第一条海底隧道何时开通？

厦门翔安海底隧道是中国大陆第一条海底隧道，它于 2010 年 4 月 26 日建成通车。厦门翔安海底隧道是厦门岛第五条出入岛通道，兼具公路和城市道路双重功能，它的建成通车使厦门出入岛形成了从海上到海底的全天候立体交通格局。

厦门翔安海底隧道于 2005 年 9 月开工，全长 8.695 千米，其中海底隧道长 6.05 千米。隧道的设计采用三孔隧道方案，两侧为行车主洞，各设置 3 车道，计算行车速度每小时 80 千米，中孔为服务隧道。隧道内部宽敞明亮，行车主洞隧道建筑限界净宽 13.50 米，净高 5.0 米，主洞隧道测设线间距为 52 米，服务隧道建筑限界净宽 6.5 米，净高 6 米，服务隧道与主洞隧道净间距为 22 米。除了这些建筑之外，在左、右线隧道两侧还各设通风竖井 1 座。隧道全线共设 12 处行人横通道和 5 处行车横通道，横通道间距为 300 米。隧道跨越海域宽约 4200 米，最深在海平面下约 70 米，最大纵坡为 3%。

目前，跨海隧道主要分布在欧洲、日本和我国香港地区。厦门翔安海底隧道是完全由我国自主设计、施工的，它的设计使用寿命为 100 年。这条隧道的贯通为探索适合我国国情的海底隧道建造技术以及类似工程的动工兴建提供了依据，具有里程碑式的意义。当然，建设这样一条隧道必然是一个规模浩大的工程，据统计，从翔安海底隧道中开挖、弃运的土石方约 235 万立方米，几乎可以将埃及大金字塔塞满。

这条隧道使厦门市本岛和大陆架翔安区连为一体，是厦门市本岛第六条进出岛公路通道。翔安隧道的通车，使厦门地区的交通更加便利，有利于推动周围地区旅游业的发展，有利于吸引外资，促进经济的发展。

厦门翔安海底隧道创造了我国和世界上多个纪录，它采用的钻爆法暗挖方案为世界领先，这对我国隧道建设技术的进步和发展，缩小与世界先进水平的差距起到了里程碑式的作用。

第十五章

农商经贸

"五谷"具体指哪几种农作物？

"五谷"是粮食作物的总称。俗话说"人吃五谷杂粮"为生，那些整日享乐、不知民间疾苦的纨绔子弟被讽刺为"四体不勤，五谷不分"。那么，"五谷"具体指哪五种粮食作物呢？

早期人类种植的谷物有上百种之多，比《论语》成书更早的《书经》中，只见"百谷"，没有"五谷"之说。从"百"到"五"经历了漫长的历史演变，一是受当时阴阳五行学说的影响，人们以"五"代指所有谷物。另外也反映出人们经过长期实践，逐步确定了 5 种最主要的粮食品种。

"五谷"有两种说法。一说认为指稻、黍（黄米）、稷（粟，谷子）、麦、菽（大豆）；另一种说法是麻、黍、稷、麦、菽。二者的区别在于前者有稻无麻，后者有麻而没有稻。麻籽虽然可以供食用，但是主要是用它的纤维来织布。谷指的是粮食，前一种说法没有把麻包括在五谷里面，比较合理。但是从另一方面来说，当时的经济文化中心在北方，稻是南方作物，北方栽培的有限，所以五谷中有麻而没有稻，也有可能。

五谷的争论主要集中在"稻"和"麻"上，人们更认同"稻"而非"麻"，因麻确非主要粮食作物，而北方无"稻"则说"稻"非"五谷"也有失偏颇。实际上，春秋战国时期南方的楚国和吴越并不比北方的诸侯弱，夏商的文献中也存在大量南方的记载。

后世有将两种说法结合起来，得出稻、黍、稷、麦、菽、麻 6 种作物。战国时代的名著《吕氏春秋》里有 4 篇专门谈论农业的文章，其中"审时"篇谈论栽种禾（稷）、黍、稻、麻、菽、麦这 6 种作物的情况；"十二纪"篇中说到的作物，也是这 6 种。

"一亩三分地"作何解释？

"一亩三分地"常用来指个人利益或势力范围，如："别人的事你就别过问了，还是先管好自己的一亩三分地吧！"那么，为什么用"一亩三分地"来代指个人利益，为何是"一亩三分"，而不是别的什么呢？

这与传统农耕社会有关。我国历代统治者都非常重视农业，存在祭祀社稷之神的仪式和典礼。在每年农耕时节，统治者亲自耕作，做出表率，以诏告天下，新一年的春耕又开始了。清朝建立后，在先农坛划出一块地，叫"演耕田"，每年由皇帝、皇后亲自耕种，以便及时了解农时，熟悉节令。

由于皇帝所种之地恰好"一亩三分"，他人不得将地改为他用。所以后世用"一亩三分地"

来表示个人势力范围。当然这种制度并非清朝才有，相传上古时期，三皇之首的伏羲氏"重农桑，务耕田"。每年农历二月初二这天，便由"皇后送饭，御驾亲耕"，自理一亩三分地。

古代帝王为显示自己以苍生社稷为重，效法伏羲、尧舜那样的明君，也在惊蛰（惊动蛰伏的动植物、鸟兽，春天来了）

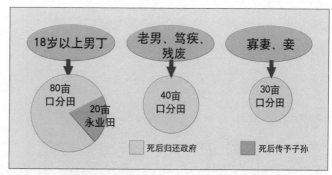

▲ 唐朝均田制示意图

唐时均田制规定寡妻妾以外的妇女及奴婢均不受田，以减少贵族养奴获田的数量，比前代更加完善。

前后，进行自理"一亩三分地"的活动。后来词义演变，人们就用"一亩三分地"来表示个人的事情、利益或势力范围。

"耒"和"耜"各有什么用途？

从农业的产生来看，最初人类发现可以通过种植一些固定的植物来获得果实，于是农耕应运而生，最初刨地的方式是用手。进入新石器时代后，人们把石、木打磨或削尖后并辅以一定的长柄就制成了最古老的农具。"耒"和"耜"是我国夏商时期广泛使用的耕作工具。

"耒"是个象形字，形如木叉，上有曲柄，下面是犁头，用以松土，是犁的前身。"耒"是汉字部首之一，从"耒"的字都与原始农具或耕作有关。

考古学家认为，耜是一种曲柄起土的农器，即手犁。各地曾出土木耜、骨耜，青铜耜出现于商代晚期，实际出土的都是耜头。形制为扁状尖头，装在厚实的长条木板上。木板肩部连接弯曲而前倾的长柄。柄与耜头连接处有一段短木，末端安横木。使用时，手执横木，脚踩耜头短木，使耜头入土起土。

在古代文献中，存在大量"耒"和"耜"的记载。如《说文》中："耒，手耕曲木也。"《礼记·月令》："天子亲载耒耜。"《后汉书·章帝纪》中有："耒其柄，耜其刃。"

可见，"耒"和"耜"是古代早期农具，产生比犁要早。耒主要指这种农具的柄，耜则更多指农具的前端用于翻土的部分，最初为木或骨制，后改为青铜和铁器，相当于今天所说的"犁头"。

人们一开始就用牛耕地吗？

众所周知，我国古代耕地是用牛拉犁。那为何"耕"字以"耒"为偏旁，而不像"犁"用"牛"做部首呢？牛耕到底是什么时候开始的呢？

▲农耕图　南北朝

北魏孝文帝颁布了均田令，授给平民与奴隶农田耕种，农田不得买卖。均田制以法律形式确认了劳动者对于土地的占有权与使用权。其后，隋唐均沿用并完善了此土地制度。

"耕"是个会意字，左边为"耒"，右边为"井"。耒是我国古代犁产生以前主要的耕作工具，而"井"则反映了夏商周时期的井田制度。用"耒"在"井田"上劳作，便是耕。所以"耕"这个造字是很形象的。由于使用牛耕远比"耒"耕要晚，所以不以"牛"为偏旁。而"犁"通常指铁制翻土工具，这时候已大量使用牛代替人力，故以"牛"为部首。

牛耕始于何时？存在争论。一说认为产生于西汉中期，我国古代著名农学家贾思勰的《齐民要术》中有"赵过始为牛耕"的说法。据《汉书·食货志》载，西汉武帝时，搜粟都尉赵过在陕北一带推广牛耕，并令当地善耕种者前往学习。这是我国史籍明确记载的第一次大规模推广牛耕技术。

可见，当时只是推广牛耕，其产生应该更早。史学界比较一致的观点认为牛耕在战国时期已经很普遍。

"布衣"就是指棉布做成的衣服吗？

我们知道，古代的平民被称为"布衣"，在多数人的印象里，"布衣"应该是棉布衣服，其实这个判断是错误的。因为棉布在我国出现很晚，而"布衣"一词出现得要早得多。

在棉花推广、棉布出现以前，我国先民最早用于纺织的原料主要是葛、麻和蚕丝。一般王公贵族或有权势的人多穿绫罗绸缎，一般老百姓购买不起昂贵的丝帛，又因为法律的禁止，所以只能穿麻布的衣服。故而，人们用"布衣"指称一般平民。

葛就是葛藤，其长数十米，皮坚韧，用沸水煮过，就能抽出白而细的纤维来。这种纤维最早用来搓绳、结网，随着纺织技术的进步，葛被织成布，用来制作衣服。先期时期，这种布是平民服饰的最基本材料。

秦汉时期，麻布取代葛布，成为民间服饰的主要衣料来源。麻包括苎麻（南方）和大麻（北方），比葛更容易加工处理。在长沙楚墓中出土的战国细苎布细密坚韧，可见我国劳动人民很早就掌握了熟练的麻纺技术。《战国策》中说的"布衣之士"，和诸葛亮《出师表》的"臣本布衣"，都说到"布"，这"布"指的就是麻布。

棉布取代麻成为主要纺织原料，则是在宋元以后。据学者考证，棉花最迟在南北朝时已经传入中国，主要在边疆地区种植，传入中原地区很迟。而且，宋以前，我国只有带丝旁的"绵"字，没有带木旁的"棉"字。"棉"字最早出现在《宋书》中。宋末元初，内地开始种植棉花，史载："宋元之间始传其种于中国，关陕闽广首获其利，盖此物出外夷，闽广通海舶，关陕通西域故也。"

由此可知，汉唐时期的平民，穿的是"麻布衣"，而不是"棉布衣"。

胡萝卜何时传入中国？

胡萝卜具有很高的营养价值。除了煲汤、炖肉外，它还具有治疗夜盲、保护呼吸道等药用价值。它为什么叫"胡萝卜"？是何时传入中国的？

胡萝卜又称甘荀，原产亚洲西南部，在阿富汗的栽培历史可追溯到 2000 年前。胡萝卜富含胡萝卜素，20 世纪时，人们认识了胡萝卜素（含丰富维生素 A）的营养价值，从而提高了胡萝卜的身价。

胡萝卜于 10 世纪从伊朗引入欧洲大陆，15 世纪见于英国，16 世纪传入美国。胡萝卜从伊朗引入中国是在 13 世纪的宋元时期，并于 16 世纪从中国传入日本。同时期传入中国的还有越南的占城稻、红薯、马铃薯、玉米等农作物。这是宋元时期我国对外交流加剧的表现。

"胡"在汉语中指的是北方或西域的少数民族，后来词义演变，人们把外国人统称为"胡人"。把胡人的衣服叫"胡服"，胡人不遵守礼仪和原则说的话或做的事叫"胡说"、"胡作非为"。这种从西域引入的萝卜就被称为"胡萝卜"。

黄瓜的颜色并不黄，可为什么要叫黄瓜呢？

黄瓜是家常菜肴常见的材料，或炒或拌，鲜嫩可口。市场上黄瓜大多青葱可爱，叫"青瓜"似乎比黄瓜合适；浑身带刺，叫"刺瓜"也不错，为什么要叫"黄瓜"呢？

这背后还有个鲜为人知的故事。黄瓜并非中国土产，而是来自西域，最初叫"胡瓜"。南北朝时期，后赵政权建立者石勒本是入塞的羯族人。他在襄国登基做皇帝后，对国人称呼羯族人为胡人大为恼火。石勒颁布了一条法令：无论说话写文章，一律严禁出现"胡"字，违者问斩不赦。

有一次，石勒在单于庭召见地方官员，这时襄国郡守樊坦衣衫褴褛地走进来。石勒见状，很不满意，就说："樊坦，你为何衣冠不整就来见朕？"樊坦慌乱之中不知如何是好，只好随口应道："这都怪胡人没道义，抢了我衣物，害得我只好褴褛来朝。"话刚说完，樊坦立刻意识到自己犯了禁，急忙叩头谢罪。石勒见他知错，也就不再指责。等到召见后例行"御赐午膳"时，石勒又指着一盘胡瓜故意问樊坦："这是何物？"樊坦知道石勒有意考问，于是恭敬答道："黄瓜也。"石勒听后方才满意。

自此以后，胡瓜就被称为黄瓜，在朝野之中传开了。唐朝时，黄瓜已成为南北常见的蔬菜。现在黄瓜的种类很多，大致分为春黄瓜、架黄瓜和旱黄瓜。而闻名全国的品种是北京刺瓜和宁阳刺瓜，二者均外形美观、皮薄肉厚、爽脆可口。

冬瓜、西瓜和南瓜是以什么命名的？

▲西瓜

民以食为天，瓜果蔬菜，每天必食之物。比如各种瓜类，如黄瓜、苦瓜，这是按颜色和味道命名，另有一类按方位命名，如西瓜、南瓜，这些蔬菜名是怎么来的？

先说"冬瓜"，明明是夏天成熟，为何叫"冬瓜"？原来在冬瓜成熟之际，表面上会有一层白粉状物质，就好像是冬天所结的白霜，故曰"冬瓜"。也正是这个原因，冬瓜俗称白瓜。冬瓜耐热，产量高，易于贮运，是夏秋的重要蔬菜品种之一。

接着看"西瓜"，夏天到了，人们很渴的时候，便想起它来。相传神农氏尝百草时发现了西瓜，由于水多肉少，谓之"稀瓜"，后来人们传讹成了"西瓜"。不过比较通行的说法还是此瓜来自西域。西瓜原产地为埃及，后来传入中国。据明代科学家徐光启《农政全书》："西瓜，种出西域，故之名。"同时代李时珍《本草纲目》载："按胡峤于回纥得瓜种，名曰西瓜。则西瓜自五代时始入中国；今南北皆有。"可见西瓜在我国已有很长的栽培历史。

西瓜因出自西域而得名，南瓜也一样。南瓜本产于中南美洲，故曰"南瓜"。

"商人"的名称来自商朝吗？

现代社会是个商业社会，各种市场主体生产出商品用以交换。专门从事商业活动的人被称为"商人"，"商业"也成为一个行业的代名词。那么"商人"一词出自何处，与商朝有联系吗？

答案是肯定的。商代由于农业和手工业的发展、社会分工的扩大，出现了专门以从事商业交易为生的人员，被称为"商人"。"商苞翼翼，四方之极"是形容当时商业的盛况。商代出现了许多牵着牛车和乘船从事长途贩运的商贾，到后期，都邑里出现了专门从事各种交易的商贩，姜子牙就曾在朝歌以宰牛为业，还在孟津卖过饭。商代统治者鼓励经商，还修整大路，以利天下物流。

可见，"商人"职业产生于商代后期。武王伐纣后，商朝灭亡。一些商朝遗民没有了生活来源，便以经商为生。这部分人走街串巷，吆喝叫卖。人们听到他们的声音，就知道"商人"来了。据载，西周初期，周成王年幼，管、蔡二叔与纣王之子武庚联兵反叛。周公东征平叛后，将洛阳建为军事要塞，称为"成周"，"成周既成，迁殷顽民"。原来商朝的遗老遗少们被遣送

▲ 商汤像

到成周监视起来，这些人丧失了政治权利，又没了土地，只好通过贩卖物品为生，这便是"商人"的来源。

后来人们从商业贸易中发现了利润，很多周人也参与到市货买卖中来。于是，商人的意义泛化，成了一个职业的代称，直到今天我们仍然沿用。

古人为什么把富翁称为"陶朱公"？

古代称呼富翁为"陶朱公"，陶是地名，朱公是范蠡退隐后的名字。众所周知，范蠡是春秋末期吴越争霸的关键人物，是著名的政治家。为何将富翁称为"陶朱公"，当时除了"陶朱公"，还有别的大商人吗？

范蠡是辅助勾践灭吴复国的第一谋臣，官拜上将军。

后来，范蠡认识到勾践是个可以共患难但不能同安乐的人，于是急流勇退，毅然弃官而去。首先他到了齐国，改名为鸱夷子皮。但是齐国人知道他的品德才能，请他当宰相。由于他退归林下的决心已下，不久又辞官而去。后来到了当时的商业中心陶地定居，自称"朱公"，人们称他"陶朱公"。他在这里既经营商业，又从事农业和牧业。凭借非凡的经商才能，在19年时间内有3次赚了千金之多。但他仗义疏财，因此有"富而行其德"的美名，成为几千年来我国商业的楷模。

春秋战国时期，是民族融合和商业大发展的时期。当时著名的大商人还有吕不韦，史载他"往来贩贱卖贵，家累千金"，结识秦流亡公子异人并资助其回国即位，从而成功实现个人由商从政的历史性转变。端木子贡则是儒商的代表，他是孔子的弟子，是孔子能够周游列国的主要经济来源，曾担任鲁、卫两国宰相，为孔门弟子首富。孔子称他乃"瑚琏

之器"，后世多用"端木遗风"来赞美儒商。此外还有以智慧闻名的大商人白圭，《汉书》中称其为商业生产贸易的理论鼻祖，即"天下言治生者祖"。他是先秦著名经济谋略家和理财家，诸如"人弃我取"、"知进知守"等经商理论至今仍具有指导意义。

古人为何把路费叫"盘缠"？

▲大泉五百　三国

古人将差旅费叫"盘缠"，一般人出外办事都会带上盘缠。与之相关的词语叫"腰缠万贯"，形容财大气粗。那么为何钱财会有"盘缠"的怪名，古代钱真是缠在腰上的吗？

这要从古钱币的形状说起。古钱一般都是外圆内方、中间有孔的金属硬币，常用绳索将一千个钱币串好再吊起来，穿钱的绳索叫作"贯"，所以，一千钱又叫一吊钱或一贯钱。古时人出门之时，只能带上笨重的成串铜钱。把铜钱盘起来缠绕腰间，既方便携带又安全，因此古人将这又"盘"又"缠"的旅费叫"盘缠"了。

"腰缠万贯"语出自南朝殷芸的《小说·吴蜀人》："有客相从，各言所志，或愿为扬州刺史，或愿多赀财，或愿骑鹤上升。其一人曰：'腰缠十万贯，骑鹤上扬州。欲兼三者。'"与"盘缠"的来历大相径庭。

现代社会由于纸币的流行，很少有人把钱缠在腰间，但"盘缠"一词却沿用至今。

算赋和口赋有什么不同？

简单说，算赋和口赋是古代的两种人头税。其中，算赋是针对 15 岁以上、56 岁以下的成年人征收，其出现比口赋要早，始于秦商鞅变法，名目是"为治库兵（兵器）车马"，算是一种军赋。汉代时，算赋成为政府财政收入的一个重要来源。当时，每个成年人每年算赋为一百二十钱。政府为抑商和限制蓄奴，规定商人和奴仆缴两倍；另为增加人口，鼓励早嫁，规定 15 ~ 30 岁女子未嫁者缴 5 倍。

口赋则是对未成年人征收的人头税，始于汉代，与算赋共同构成汉代的人头税。口赋数额为每人每年二十钱。对儿童的起征年龄为 7 岁，汉武帝时因匈奴用兵，将之提前到 3 岁，汉元帝时又改回 7 岁。东汉末年军阀混战，政治黑暗，口赋一度自 1 岁起征。与算赋不同的是，口赋收入不归政府，而算作皇帝收入。

人头税存在于后世历代，直到清雍正年间实行"摊丁入亩"，将人头税摊入土地税中，其名目才完全消失。

"一条鞭法"是什么？

▲张居正像

　　"一条鞭法"是明代中后期实行的一种赋税制度，初名条编，后因谐音而得此名。明朝中期，由于土地兼并严重，被兼并者交不起赋税，大量逃亡；同时，作为兼并者的官僚地主阶层则瞒报土地，逃避赋税，加上官僚阶层的免役政策，明朝政府的赋税收入逐年下降，出现严重的财政危机。鉴于此，万历朝的内阁首辅张居正改革税制，施行一条鞭法。其内容总体上是将一县的田赋、种类繁多的徭役、杂税合并为一，折成银两，分摊到该县农地上，最后按照拥有农地的亩数来向土地主人收取赋税。这样，国家的财税负担便从中下层百姓转移到了官僚地主阶层，国家的财政收入得以增加，社会矛盾也得到缓和，因此此法被后世认为是挽救了晚明王朝。另外，从税制本身来说，首先，"一条鞭法"大大简化了赋税征收程序，改良了行政效率；其次，限制了官吏巧立名目加征赋役，减轻了农民负担；最后，首次实行赋税折银的办法，客观上促进了商品经济的发展。并且，以银抵役的做法使农民具有了较大的人身自由，从此，他们可以离开土地，为城市手工业的发展提供劳动力。总体而言，"一条鞭法"上承唐代"两税制"，下接清雍正的"摊丁入亩"，是中国税制的重大进步。不过"一条鞭法"以银代粮的做法也带来了农户争相种植经济类作物，导致粮食产量不足的弊端，成为农民起义的诱因。

中国古代的户籍制度是怎样的？

　　户籍是登记户口的簿册。户口包含两个概念，以家为户，以人为口。中国最早的户籍制度建立于战国时期，当时的秦国曾实行五家为一保，十保相连，一人犯罪，十保连坐的制度。这就是后来的保甲制度的雏形。其他诸侯国也采取了类似的制度。秦统一六国后，在全国范围内推行户籍制度。汉承秦制，将户籍制度进一步完善。汉代每年八月都要进行一次全国人口普查，以作为征税、派役、征兵的依据。唐代，户籍制度得到进一步完善。当时朝廷规定，每3年修订一次户籍，各县户籍一式3份，州、县、中央的尚书省各保存一份。唐代的户籍登记已经相当详细，一家之中的男女人口、年龄、土地、财产情况都一一登记造册。后来历代基本上都沿用唐代的户籍制度。

　　古代的户籍制度只有一种统计学意义，用以作为政府自上而下收税派役的依据，而没有作为身份证明的意义。另外，古代许多地方官担心人丁增多而催征不上加收的赋粮，因此往往瞒报人口，加上商贾流民不能及时登记等原因，古代的户籍登记总体上是比较粗糙的。

货币单位"元"是怎么来的？

我国目前发行的人民币以"元"为单位，辅以"角"和"分"。古代的货币单位是什么？"元"这个词语又是如何产生的呢？

商代以前，都是广泛运用自然物为交换的媒介，也就是龟甲和贝壳。在殷墟出土的大量甲骨文中有大量这类买卖的记录，当时使用的计量单位为"朋"。

后来金属货币产生，成为一般等价物，有金、银、铜等。其中较易发现和开采的是铜，所以春秋战国时期所铸的钱都是铜钱，各国不统一，各种形状的都有。秦始皇统一六国后，颁令实行统一的度量衡，货币得到统一，才有了两、文这些计量单位。

"两"和"文"在我国封建社会长期占据主导地位，元则产生于明朝中后期。万历年间，欧美流行最广泛的货币"银圆"传入中国，最通行的是墨西哥银圆，上面有鹰的图案，所以又称鹰洋。因其质地为"银"，形状呈圆形而得名。一枚就称为一圆。"圆"既是货币名称，又是单位名称。为了书写方便，后来人们就借用同音字"元"代替了。此后，虽然又使用过多种货币，单位"元"却一直沿用。

可见，"元"最初来自"圆"，是金属货币的形状。

古人为什么把钱称作"孔方兄"？

"孔方兄"在古代指钱币，由于铜钱大多外圆内方，所以又被称为"孔方"。

"孔方兄"的由来与一些历史典故有关。西晋惠帝元康年间，政治腐败，贪污贿赂盛行，达官贵人多有"钱癖"，社会风气也是"唯钱是求"。鲁褒作《钱神论》讽刺当时的庸俗社会风气。"钱之为物，无德而尊，无势而热，排金门，而入紫闼，危可使安，死可

▲金钱世界图

使活，贵可使贱，生可使杀，是故忿争非钱不胜，幽滞非钱不拔，怨仇非钱不解，令闻非钱不发……凡今之人，唯钱而已！""钱无耳，可使鬼""钱为世神宝，亲之如兄，字曰孔方。失之则贫弱，得之则富昌。"其中，"亲之如兄，字曰孔方"形象刻画了人们对于金钱的追逐。之所以为"兄"，以其"可使鬼"故，以其为"神也"，故不曰"弟"或"叔"。

"孔方兄"一词最早见于宋朝大诗人黄庭坚的诗句"管城子无食肉相，孔方兄有绝交书"。当时黄庭坚被朝廷贬职，他的亲友开始和他疏远。伤心之余，黄写了这首诗。意思是笔墨（管城子）没有庸俗相（食肉，比喻），钱却与我疏远了（引申为嫌贫爱富的亲戚朋友）。由于此诗的广泛流传，"孔方兄"也就成了"钱"的代名词。

古代有没有"下海"一词？

改革开放之初，很多人辞职来经营商业的活动被称为"下海"。最初的"下海"是什么意思呢？

下海最初是稀里糊涂做某事。据元代戏曲《洛阳桥》载，宋朝的一个蔡姓状元遵照母亲遗愿为家乡建一座洛阳桥。在建桥过程中，桥墩突然打不下去，于是请来阴阳先生，说是海龙王不同意。于是，蔡状元贴出布告，寻求能下海之人。结果数月过去，还是无人应征。衙役担心县官怪罪，就胡乱在酒馆里找了个"夏德海"的人，谎称找到了"下得海"的人。

以上是民间故事，事实上，"下海"在古代含义众多。旧时戏曲界票友转为职业演员为"下海"。老舍的《四世同堂》中有："论唱，论做，论扮相，她都有下海的资格。可是，她宁愿意作拿黑杆的票友，而不敢去搭班儿。"另外，妓女第一天接客也称为"下海"。如老舍《四世同堂》："每逢有新下海的暗门子，我先把她带到这里来，由科长给施行洗礼，怎样？"

现代流行的"下海"基本上只是指放弃原来工作而经营商业。

我国古代有经纪人吗？

经纪人是市场经济的一个活跃主体，它在促进买卖双方达成交易方面起到了不可替代的作用。现在的券商、二手房买卖中介都是经纪人。那么我国古代有经纪人吗？经纪人又有哪些职责？

经纪人古已有之。唐代以来经纪人的正式称谓，主要有"牙"、"牙人"、"牙商"等。为何称"牙"呢？其实是传讹造成的。"牙"系"互"字之误。古代贸易称"互市"，商人称"互郎"，"牙郎"乃由"互郎"讹衍而来。"牙"与"侩"均指经纪人，所以又被称为"牙侩"。

清末，上海俗称经纪人为"掮客"。掮，本指以肩扛物，用称经纪人，当含常言所谓"一手托两家"之义。现代口语又称经纪人为"跑合的"或"对缝的"，意思是在交易双方作中间商，从中撮合，有的也直称为"介绍人"或"中间人"。

为什么人们要用"市井"来指称商品交换的场所？

▲《清明上河图》描绘了北宋市井风光

"市井"在古代指商品交换的场所，也叫市廛，是指商肆集中的地方。那么为什么"市"和"井"能联系到一起？

《管子·小匡》曰："处商必就市井。"尹知章作注："立市必四方，若造井之制，故曰市井。"可见最初的"市场"是四方的，在东、西、南、北都可以买到商品，状如"井"字，所以称为"市井"。《木兰辞》中"东市买骏马，西市买鞍鞯，南市买辔头，北市买长鞭"概指此义，只不过后来格局变迁，多为"东、西二市"。

市井在城市布局中属于商业区。按照礼制，一般为"前朝后市"。市场在城市空间位置被定位于宫殿或官衙的背后，这是周礼的一种体现。但是城市商业的发展却未被"礼"所完全束缚。自汉至隋唐，在一些大的城市，以"市"命名的区域并非一处。如汉代长安有九个市，六市在大路西边，统称西市；三市在大路东边，统称东市。东西市以外还有个槐市。北魏洛阳有东市、大市、四通市等。

古代"市井"虽然提供了一定的商业空间，但也存在封闭性。商业区和居民区完全分离，并不利于商业的发展。通常，市周围围以市墙，分设四门，以时启闭。如唐代的市，由司市掌管锁钥。"凡市，以日中击鼓三百声而众以会。日入前七刻，击钲三百声而众以散。"市场门禁甚严，"越官府廨垣及坊市垣篱者，杖七十，侵坏者亦如之"。可见当时"市井"贸易受到严格的管制。

"市井"中自然有人缺斤短两，有人偷窃，或为鸡毛蒜皮互相叫骂，众生相俱足，人们便用"市井小人"或"市井无赖"来形容那些平庸之辈。"市井"、"市侩"这些词语的贬义也反映出我国古代重农抑商的政策。

会计这个职业最早出现在什么时候？

会计是现代经济生活中常见的职业，一般企业或事业单位都有自己独立进行核算的人员。那么这个职业最早出现在何时，"会计"一词的准确含义又是什么呢？

会计有两层含义。一是以货币为主要计量单位，运用一定程序和方式对经济进行统计和分析的一种管理活动。二是从事上述会计活动的人员。

会计职业的出现伴随着人类的记账、算账活动而产生，在中国有着悠久的历史。据史籍记载，我国早在西周时代就设有专门核算官方财赋收支的官职——司会，司会对财物收支进行"月计岁会"的计量工作，这可能是最早的"会计"了，后来的"会计"便产生于此。当时"零星算之为计，总合算之为会"。

西汉时期出现了专门的会计账册，称为"计簿"或"簿书"。以后各朝代都设有官吏管理钱粮、赋税和财物的收支。宋代办理钱粮报销或移交，要编造"四柱清册"，通过"旧管＋新收＝开除＋实在"的平衡公式进行结账。这是我国会计学科发展过程中的一个成就。明末清初，出现了以四柱为基础的"龙门脉"，它把全部账目划分为"进"、"缴"、"存"、"该"四大类，运用"进－缴＝存－该"的平衡公式进行核算，这又是一次巨大的进步。

今天"会计"则进一步细化。

"店小二"的称呼是怎么来的？

古代客栈饭店里的伙计为什么被称为"店小二"呢？

这要从古代人的日常称呼说起。在古代，妇女很没有地位，因此经常跟着自己男人姓，如一张姓女子嫁入王家，就叫"王氏"，如果想加上自己娘家的姓，最多叫"王张氏"（并不流行）。如果官人三妻四妾，也不直呼名，就按顺序"大娘，二娘，三娘……"或"大奶奶，二奶奶……"的称呼。

这在一定程度上体现出男女的不平等，但其实很多男子也没名。通常情况下，那些读书人和当官的人才取名字。但一般老百姓由于名字并没有那么重要，只以排行和辈分论之。如明朝开国皇帝朱元璋的二哥叫"重六"，三哥叫"重七"，他本人叫"重八"。

古代酒店或旅店里的服务人员，也是普通老百姓，所以，为了称呼方便，人们也要给他们取数目字代号。老板叫"店老大"那是当仁不让，识两个字能记账的叫"先生"。那些服务人员也就被人们称为"店小二"或"小二哥"了。

▲《清明上河图》里的店铺

古代酒店、饭店为何多挂有幌子？

"幌子"在我国古代有两层含义。一种是由图腾崇拜演化而来，传达政治、文化信息的旗帜；另一种类型则是在商品生产和商品交换过程中，起陈列广告作用的高度抽象化且较为成型的表、帜、帘。我们所说的幌子，是指后一类。那么幌子是什么时候产生，又有什么作用呢？

幌子的产生年代很早，现已不可考。其来历主要与气候有关。北方寒冷，从前商店无陈列窗，冷天紧闭窗门，顾客不知店内经营何物，故产生了作为标志的幌子。

唐代饮酒之风日盛，酒店多悬挂长方形布幔，中间写斗大一个"酒"字，这便是酒幌。古代文献里，对酒幌的称谓各不相同，较常见的有"望子"、"招旗"等。孟元老在《东京梦华录》里就有"至午未间，家家无酒，拽下望子"之说。长篇小说《水浒传》中亦有"当日晌午时分，走得肚中饥渴，望见前面有一个酒店，挑着一面招旗在门前"的记载。

幌子形状各异。葫芦形、三角形、菱形以及各种实物形状的幌子广告的出现，打破了布幔特有的长方形形状，使幌子广告的表现形式日益丰富多彩。因不同形状的幌子广告均有特定的含义，代表不同商品的经营类别，因此，幌子广告逐渐成为各种行业的特殊标记。

什么是"水牌"？

现代社会，人们娱乐可以打纸牌、桥牌，那么"水牌"是一种什么牌，今天还存在吗？

其实"水牌"是一种登记账目、记事用的漆成白色或黑色的木板，一般会被店家挂在墙壁上，上面记录了店家要告示给顾客的一些内容，如商品目录、价格等。是告示牌的一种，俗称"水牌"，例如饭店的酒水牌。可见，水牌在古代只是商家传递价格或相关信息的一个平台。

至于为什么叫"水牌"，估计最初与商家多在木板或铁板上记录酒水价格有关。古代店家为表示明码标价，童叟无欺，多在进门显著的地方立水牌，让顾客一目了然，按自己需要取舍。这与菜单的作用类似，但后来由于价格的变动，对木板或铁板上的价目修改不便，于是"水牌"逐渐被菜单所取代。

"水牌"是一种传递信息的方式，所以流传至今。传统文化中有很多关于水牌的记载，如元杂剧《破风诗》第三折："你将这三门闭上，怕有宾客至，你记在水牌上，等我回来看。"四大名著之一的《红楼梦》第六十一回："把天下所有的菜蔬用水牌写了，天天转着吃。"

旅店最早出现在何时？

俗话说"投亲不如住店"，意思是有事出门，到亲戚那住宿还不如找家旅馆。这除了反映出古人不愿意叨扰亲朋，不方便外，也说明旅馆古已有之。那么它最早出现在何时，是官办还是民营的呢？

旅馆是伴随着驿站发展起来的。古代由于战争，需要迅速往来传递信息，于是一种专门为情报人员提供便利的机构——驿站产生了。驿站可以为他们提供住宿、换马等方面的服务，这便是最早的旅馆。根据历史记载，商朝时就有"驿站"，当时是供官方传递文书和往来宾客居住的外所。西周初期，为了方便诸侯进贡和朝觐，在通往都城的道路上广修客舍，所谓"凡国野之道，十里有庐，庐有饮食"，"市有候馆……以待朝聘之官也"。来宾按爵位高低，分别受到不同的接待，这实际是一种"官营"的旅馆。

春秋战国时期，由于商业兴盛和交通发达，民间旅馆渐渐兴起。这些旅馆最初叫"客栈"或"旅店"，食宿不分，主要为商人服务。西汉时期，旅馆的范围得到扩大，都城长安不光有各地客商住的"郡邸"，还有供外宾居住的"蛮夷邸"。唐朝时，旅馆业就更发达。据《旧唐书·太宗本纪》载，唐太宗时恢复了地方官朝觐制度，为使官员住宿方便，下令建造邸第300余所。后来，又在少数民族地区修建了一条"参天可汗道"，供来访中国的外国客人使节居住。当时甚至还按宾客的国籍或民族，分设国家宾馆，由鸿胪寺属下的典客署负责管理接待。到了元代，旅馆已成为最兴旺的行业之一，甚至出现了皇家开办的旅馆。明清时，因科举需要，京城出现接待应试举子和客商的"会馆"。光绪初年，北京共有会馆367所。

可见，旅店最初为官办，是从驿站逐步发展而来。后来，由于商品经济的繁荣，各种贸易往来不断，旅馆数量又有很大增加。

中西的海上交通道究竟是"丝绸之路"还是"陶瓷之路"？

▲青花西厢记人物故事图瓶　元

我国历史悠久，在漫长的历史进程中，一直与世界各民族保持着广泛的联系。丝绸之路是陆上通西域各国的道路。但你是否知道"陶瓷之路"以及它对中西方贸易和文化交流的贡献呢？

陶瓷是中华民族的传统工艺。进入中世纪后，随着中国瓷器的大量外销，中国开始以"瓷国"享誉于世。从 8 世纪末开始，中国陶瓷开始向外输出。经晚唐五代到宋初，达到了一个高潮，从而形成了"陶瓷之路"。

"陶瓷之路"是我国与世界沟通的海上交通线。当时主要有两条：一是从扬州、宁波经朝鲜或直达日本的航线；二是从广州出发，到东南亚各国，或出马六甲海峡，进入印度洋，经斯里兰卡、印度、巴基斯坦到波斯湾的航线。这两条道路，在很长一段时间，被人叫作"海上丝绸之路"，但是，从贸易的商品看，却以陶瓷为主，实际上是"陶瓷之路"。

宋元时期，我国主要输出的瓷器有景德镇青白瓷、青花瓷、釉里红瓷、吉州窑瓷、定窑瓷等。与唐朝相比，除了品种增加外，贸易范围也有所扩大。除了东南亚、南亚和西亚的大部分国家，还包括非洲东海岸各国及内陆的津巴布韦等。明代中晚期至清初是中国瓷器外销的黄金时期。输出品种除传统瓷器外，还能够按国外定制生产，这被称为纹章瓷。运输路线可绕过好望角或通过墨西哥横越大西洋到达欧洲。

可见，"陶瓷之路"丝毫不亚于丝绸之路对于人类的贡献，它促进了世界各民族的交流，对人类历史发展具有深远影响。

当铺是如何兴起的？

当铺是收取他人动产，并按一定折扣向质押人放贷的机构。旧称质库、解库，亦称质押。在中国经济史上，当铺和市坊的名气不相上下。

当铺起源很早，南北朝时期已有寺院经营以衣物等动产作抵押的放款业务。唐朝当铺称为质库，唐玄宗时有些贵族官僚开设质库，从事商业和高利贷剥削。会昌年间，朝廷的一则文告中曾说：高官贵族还有一些闲散职务的官员都私设质库楼店，与民争利。宋代当铺称长生库，由于宋朝商品经济日益发展，长生库亦随之发达。富商大贾、官府纷纷经营以物品作抵押的放款业务。抵押的物品除一般的金银珠玉钱货外，有时甚至还包括奴婢、牛马等，而普通劳动人民则多以生活用品作抵押。长生库放款时限短，利息高，还任意压低质物的价格，借款如到期不还，则没收质物，因此导致许多人家破产。

元代当铺称解库。典当放债的利息很高，典当人多有无钱赎当者，自己的质品被当铺吞没。"当铺"一词产生于明朝，当时商人经营的范围较之前更广泛，不仅一般平民受剥削，有的富有之家也因典当而濒临破产；小乡镇中还有"代当"的业务。清朝的当铺就更为普遍，乾隆时北京已有当铺六七百家，利息苛重，而且到一定时期不能取赎即成死当，质品没收。

旧时当铺是高利贷的一种形式，质押人只按质押物价值的一定折扣，通常为一半获得贷款。如果到期不能还本付息，则没收质押物。由于利息苛重，当户又多为贫苦百姓，所以经常不能按期回赎。

▲永乐通宝

"上当"与当铺有关吗？

"上当"是日常口语常见的词汇，比喻受到欺骗。那么"上当"与当铺是否有关呢？

当铺是中国古代商业社会的一种融资手段。质押人把自己值钱的东西送到当铺，然后当铺按照其实际价值的一定折扣发放贷款给质押人，到时候由质押人还本付息。如果质押人到期不能还本付息，则由当铺取得物的所有权，可以变卖。由于利息苛重和其他一些因素，经常出现质押人到期不能按时回赎的现象，很多人因此而破产。一些经营当铺的商人通过这种手段获取了不少钱财。"上当"的最初含义是指上当铺，而"上当"基本上意味着受骗。

当铺是古代高利贷盘剥的一种方式，在普通老百姓中口碑很差。由于很多贫苦百姓不能按时回赎而丧失质押物，所以上当铺就有了受欺骗的含义。

"元宝"一词是怎么来的？

元宝，古钱币。最早出现于唐肃宗时，史思明在洛阳铸的"得壹元宝"和"顺天元宝"。顺天元宝是由得壹元宝改制的。这两种钱可以说是一种占领货币。大历年间曾铸有大历元宝，制作不精。当时钱价很低，铜价却很高。因此官铸也不精良。以后还有天福元宝、淳化元宝、圣宋元宝、宣和元宝、靖康元宝等。

"元宝"名称的由来，一说是将唐朝"开元通宝"误读为"开通元宝"，另一说认为是"元朝之宝"的含义。元朝至元年间，以平准库的白银熔铸成"锭"，凡重量达 50 两者，名曰："元宝。""元宝"一般为银，但也有金元宝，是财富的象征。过去元宝中间并没有凸出的部分，颜色也是银色。之所以演变成今天的样子，一是人们的忌讳（原本的形状有点像棺材），二是为了造型美观，颜色更亮丽（金色）。

中国最早的票号出现在何时？

▲ 日昇昌票号

票号又称汇兑庄或票庄，是古代的一种金融信用机构。开始主要承揽汇兑业务，后来也进行存放款业务。票号是现代银行的雏形，最早经营的是汇兑业务。

票号是明清时期社会经济发展的产物。明代中叶以后由于社会生产力的提高，国外白银流入的刺激，商品货币经济有了明显的发展。这种势头一直延续到康熙、乾隆年间。据刘献廷《广阳杂记》卷四载："天下有四聚，北则京师，南则佛山，东则苏州，西则汉口，然东海之滨，苏州而外，更有芜湖、扬州、江宁、杭州以分其势，西则维汉口耳。"可见当时商品经济已有相当发展。

商品经济的发展，刺激了人们的金融需求，于是各地票号便发展起来。对于票号产生的年代，学术界看法不一。有认为在明末清初，陈其田《山西票庄考略》认为，票号开始于山西的康氏。清初，李闯王从北京败退，所携金子悉放于康氏的院子里而去，康氏拾得八百万两，遂创票号。徐珂所著《清稗类钞》也称："相传明末李自成携巨资败走山西，及死，山西人得其资以设票号。"

此外亦有康熙朝说，乾隆、嘉庆时说，道光初年说。公认的我国最早的票号是清道光三年创办的日昇昌票号。据陈其田《山西票庄考略》载："大概是道光初年，天津日昇昌颜料铺的经理雷履泰，因为地方不靖，运现困难，乃用汇票清算远地的账目，起初似乎是在重庆、汉口、天津间，日昇昌往来的商号试行成效甚著。第二步乃以天津日昇昌颜料铺为后盾，兼营汇票，替人汇兑。第三步在道光十一年北京日昇昌颜料铺改为日昇昌票庄，专营汇兑。"

日昇昌票号是晋商的典型代表，是中国第一家专营存款、放款、汇兑业务的私人金融机构。总号设于山西省平遥县城内繁华街市的西大街路南，占地面积 1000 多平方米，分号达 35 处之多，遍布全国。

"榷场"是什么场？

榷场是辽、宋、西夏、金政权各在接界地点设置的互市市场。据《宋史·真宗纪》载："(景德二年二月)置霸州、安肃军榷场。"另据《建炎以来系年要录》载："(九月)又欲于河阳置榷场，以通南贷。"场内贸易由官吏主持，除官营贸易外，商人须纳税、交牙钱，领得证明文件后方能交易。贸易物品宋代以茶叶、香料、丝织品、药材、木棉、象牙为主，辽和金以毛皮、马、人参等为主。元灭宋前，双方在边境地区都设榷场贸易，管理方法较先前严格，如对榷场地点的选定、货物内容、交易的方法等都有限制。

▲货郎图　明　计盛

明中后期，商品经济高度发展，分工日益细化，社会职业越来越多，社会生活也随着发生了巨大的变化，日益丰富多彩。货郎就是为了满足人们交换和物质需要而产生的一种职业。

榷场贸易是因各地区经济交流的需要而产生的，对于各政权统治者来说，它还有控制边境贸易，提供经济利益，以及安边绥远的作用。所以榷场的设置，常因各政权间政治关系的变化而兴废无常。

清代著名的商帮有哪些？

商帮是以亲缘、地缘关系为基础的商业组织。在明清时期，商业繁荣，竞争激烈，出现了"十大商帮"。他们是如何发展起来的，实力最强的是哪个？

明清时期，我国商品行业日益繁杂，数量不断增多，商人队伍也日渐壮大，竞争激烈。而封建统治者向来推行重农抑商的政策，在社会阶层的排序"士、农、工、商"中，商也是居于末位。国家对商人没有明文的法律保护，民间又多以"奸商"之名进行歧视。因而，商人自相联络，互相支持，商帮应运而生。

在彼此竞争过程中，逐步形成了著名的十大商帮。具体为山西晋商、徽州徽商、陕西商人、福建闽商、广东粤商、江右赣商、洞庭苏商、宁波浙商、龙游浙商、山东鲁商等。这些商帮均以亲缘和地缘关系为纽带，反映出中国人浓厚的乡土观念。商帮按地域划分，有本帮和客帮之分；按行业划分，又有行帮之分。

在十大商帮中，尤以山西晋商和徽商实力最强。晋商多以皇商、官商的身份出现，与政府关系密切。我国近代金融业多为晋商从事，最早的日昇昌票号在全国各地分号达30多处。徽商与晋商齐名，多贩卖食盐、茶叶，或经营文房四宝等。徽商贸易范围广泛，东进苏杭，北上京冀，南抵港粤，西进巴蜀，甚至出海和日本进行贸易，实力雄厚。明清时期，有"无徽不成商"之说。

"会馆"原是一个什么所在?

"会馆"是我国明清时期城市中由同乡或同业组成的社团。最早产生于明代前期，已知最早的会馆是建于永乐年间的北京芜湖会馆。主要为同乡官僚和科举之士提供居留、聚会之处，故又被称为试馆。嘉靖、万历时期同乡会馆趋于兴盛，清代中期最多。

明清会馆大致分为三类：北京的会馆以试馆居多，因当时科举殿试在京城举行，此外亦有少部分会馆为工商业性质。苏州、汉口、上海等工商业城市的会馆，大多数是以工商业者、行帮为主体的同乡会馆。四川的会馆，大多为清初各地移民所建，以联系同乡情谊为主。可见，早期会馆与工商业联系并不密切，更多是一种应试或同乡组织。

明朝中后期，商业贸易逐渐繁荣，资本主义萌芽不断发展，具有工商业性质的会馆才大量出现。会馆制度开始从单纯的同乡组织向工商业组织演变，但仍然保持着浓厚的地域观念，绝大多数都是工商业者的同乡行帮会馆。即使到了清代后期，突破地域界限的行业性会馆仍然只是个别的、以同业公会的形式出现。明清时期工商业会馆的出现，对于保护工商业者的自身利益有一定的促进作用；但是会馆与乡土观念及封建势力的结合，也在一定程度上阻碍了商品经济的进一步发展。

▲湖广会馆

买办是什么意思？

　　"买办"，从本质上讲是经纪人，是中国经纪人和经纪业发展史上的一个特殊的阶层。"买办"一词是葡萄牙文（compardor "康白度"）的意译，原义是采买人员，中文翻译为"买办"。它原指欧洲人在印度雇用的当地管家。在中国，指外国资本家在旧中国设立的商行、公司、银行等所雇用的中国经理。

　　历史上对买办的认识褒贬不一，但从经济史角度看，买办是中国近代史上的一种特殊的经纪人。买办的活动一直延续到中华人民共和国成立。